Ulrike Renk

Die Australierin

Von Hamburg nach Sydney

Roman

aufbau taschenbuch

ISBN 978-3-7466-3002-1

Aufbau Taschenbuch ist eine Marke
der Aufbau Verlag GmbH & Co. KG

2. Auflage 2014
© Aufbau Verlag GmbH & Co. KG, Berlin 2014
Umschlaggestaltung Mediabureau Di Stefano, Berlin
unter Verwendung eines Motivs von Susan Fox/Trevillion Images
und Nicoolay Classix/iStockphoto
Satz LVD GmbH, Berlin
Druck und Binden CPI – Clausen & Bosse, Leck
Printed in Germany
www.aufbau-verlag.de

Für Robyn Jessiman

»Carefully study the life of the Author
And remember his blood flows in your veins
Prove yourself of the Lessings a worthy daughter
A Lessing in Deed, not only in name.
Genius cannot be imitated
Nor acquired by the most ardent will,
To prove that you are of him related
Remain what you are, my genial good …

Your loving father

December 13th 1887
C. G. Lessing«

1842–1844

Emilia

1. Kapitel

Der Tag, an dem Julius zur Welt kam, hatte sich für immer in Emilias Gedächtnis eingebrannt. Schon in der Nacht auf den 5. Mai wanderte ihre Mutter unruhig durch die Stube des Hauses in Othmarschen. Der Vater sah ihr verängstigt zu und wies das Mädchen an, Emilia früh zu Bett zu bringen.

Die Luft war lau, von der Elbe wehte der salzige Wind das Kreischen der Möwen ans Ufer.

»Es ist viel zu früh«, beschwerte Emilia sich. »Warum muss ich schon zu Bett gehen?«

»Deiner Mutter geht es nicht gut«, sagte Inken, die Dienstmagd. »Also füg dich.«

»Ich habe noch Hunger«, quengelte die Sechsjährige.

»Dann bringe ich dir eine Schale mit Dickmilch. Aber danach huschst du ins Bett.«

Ihre Mutter, das wusste Emilia, würde ein Kind zur Welt bringen. Sie würde schreien und weinen, und ihr Vater würde durch das Haus laufen und die Hände ringen. Es war nicht das erste Mal, dass dies geschah. Auf dem Friedhof gab es eine Reihe kleiner Gräber, und jedes Mal, wenn ihre Mutter ein Kind gebar, kam ein weiteres Grab hinzu. Diesmal hatte die Mutter das Kind länger getragen als sonst, und alle hofften auf ein gutes Ende.

Inken brachte die Dickmilch und strich dem Kind über den Kopf. »Du musst heute und morgen ganz brav sein, Emma.«

»Das weiß ich doch.« Emilia biss sich auf die Lippe, sie versuchte immer, ganz brav zu sein. Manchmal lächelte ihre Mutter, doch die Falten um ihren Mund wurden tiefer und ihre Augen blieben traurig, selbst wenn sie lachte.

Emilia öffnete das Fenster ihrer kleinen Kammer und schaute über die Bäume hinweg. Dort war die Elbe, und die floss ins Meer. Auf der anderen Seite des Meeres lagen fremde Länder. Über diese Länder sprachen ihr Vater und ihr Onkel, wenn die beiden zusammensaßen. Und das taten sie oft, auch wenn Onkel Hinrich in Hamburg wohnte.

Manchmal nahm der Vater Emilia mit an das sandige Ufer des großen Stroms und zeigte auf ein Segelschiff, das gerade den Hafen verließ.

»Das haben wir gebaut«, erklärte er stolz. »Unsere Familie baut Schiffe, die über die Weltmeere segeln.«

Es war noch hell, als Emilia sich ins Bett legte. Von unten waren leise Stimmen zu hören, aber noch keine Schreie und kein Weinen. Vielleicht würde es diesmal anders werden. Sie schloss die Augen und betete, so, wie ihre Mutter es ihr beigebracht hatte.

Es war immer noch hell, als sie wieder wach wurde. Lautes Jammern drang aus dem Erdgeschoss nach oben und Emilia kniff die Augen zusammen und presste die Hände auf die Ohren. Es roch seltsam, wunderte sie sich und öffnete die Augen. Rotes, flackerndes Licht fiel durch das Fenster in die Stube. Es roch wie im Herbst, dachte Emilia, wenn die Felder abgebrannt wurden. Vorsichtig nahm sie die Hände herunter und lauschte. Inken war es, die jammerte, nicht die Mutter. Was war nur passiert? War das Kind schon da und tot? Sie traute sich nicht, die Tür zu öffnen und nach unten zu gehen. Der Lichtschein war so seltsam, dass sie ans Fenster trat. Über der Elbe war der Himmel dunkel, doch in Richtung Stadt leuchtete es hell. Es brennt, dachte sie erschrocken. Es brennt in der Nachbarschaft. Dort wohnte der Lotse Jörgensen mit seiner Familie. Sie lief oft hinüber, um mit den Kindern zu spielen. In deren Haus war es immer laut und fröhlich, so ganz anders als bei ihnen.

Sie hörte Schreie von draußen und das Klappern von Hufen auf dem Kopfsteinpflaster der Straße. Und dann sah sie die Flammen, die wie Zungen über den Nachthimmel leckten.

Voller Angst öffnete sie die Tür, raffte ihr Nachthemd zusammen und stapfte die Treppe hinunter. Die Tür zur Stube war geschlossen, doch sie konnte Stimmengemurmel hören. Inkens Weinen kam aus der Küche.

»Inken, der Lichtschein da draußen …« Emilia blieb unsicher an der Tür stehen. Die Magd hatte das Gesicht mit den Händen bedeckt, sie schluchzte laut.

»Ich weiß, mein Mäuschen«, sagte sie und wischte sich mit dem Schürzensaum die Tränen ab. »Hamburg brennt.«

»Es brennt nicht bei Jörgensens?«

»Nein. Komm her.« Sie breitete die Arme aus. Emilia kletterte auf Inkens Schoß und drückte sich an die Magd. Inken roch immer nach frischem Brot und Lavendel. Ein tröstlicher Geruch.

»Hamburg ist weit weg.« Emilia nickte, kuschelte sich aber noch enger an Inken. »Warum bist du so traurig?«

»Ich habe Angst um meine Familie. Das Feuer ist gewaltig, man kann es bis hierher sehen«, flüsterte sie.

Onkel Hinrich und Tante Minna wohnten auch in Hamburg, dachte Emilia und steckte sich den Daumen in den Mund.

»Ole soll anspannen.« Ihr Vater kam atemlos in die Küche. Emilia machte sich ganz klein, doch er schien sie gar nicht zu bemerken. »Wir fahren in die Stadt.«

»Jetzt?« Inken riss erschrocken den Mund auf. Sie setzte Emilia auf die Küchenbank am Herd. »Und Eure Frau?«

»Sie ist in Gottes Händen. Ich habe Mats nach der Hebamme geschickt. Jörgensen und Olufson kommen mit in die Stadt. Sie werden dort jede Hand, die einen Eimer halten kann, brauchen.«

Inken lief in die Gesinderäume, sie musste den Knecht nicht wecken. Wohl kaum einer schlief in dieser Nacht. Die Sorge, die sich in das Gesicht der Magd eingrub, wurde immer deutlicher. Emilia rollte sich auf der Küchenbank zusammen. Manchmal fielen ihr die Augen zu, doch dann kam jemand in die Küche und sie wurde wieder wach.

Inken kochte Suppe und Tee, sie buk Brot und holte einen Schinken aus dem Keller. »Wenn sie wiederkommen, brauchen sie etwas

Kräftiges zu essen«, murmelte sie. Zwischendurch ging sie in die Stube. Durch den Türspalt konnte Emilia die Mutter sehen, die sich an die Lehne des Ohrensessels klammerte und stöhnte. Ihre Haare hingen ihr wirr und schwitzig ins Gesicht. Sie trug ein Nachtgewand und sah so fremd aus, dass es Emilia Angst machte. Dennoch konnte das Kind den Blick nicht abwenden, sobald sich die Tür öffnete.

»Was machst du hier?«, fragte die Hebamme verblüfft, als sie in die Küche kam.

Emilia hockte auf der Bank, hatte die Beine angezogen und den Saum des Nachthemdes unter die Füße gestopft.

Inken schaute sich um. »Sie ist heute Nacht wach geworden und hat dann auf der Bank geschlafen. Ich habe es nicht übers Herz gebracht, sie nach oben zu schicken.«

Die Hebamme, eine runzelige Alte, die nach Kampfer und anderen scharfen Kräutern roch, schüttelte den Kopf. »Sie sollte nicht hier unten sein. Heute ist Christi Himmelfahrt, sie sollte in die Kirche gehen und für uns alle beten.«

Inken schlug sich mit der Hand vor die Stirn. »Das habe ich ganz vergessen. Lauf, Emma, zieh deine guten Sachen an und kämm dir die Haare. Sicher nimmt Frau Jörgensen dich mit. Du musst dich sputen.«

Emilia stand zögernd auf.

»Nun geh schon, Kind«, sagte die Hebamme. »Und koch du mir einen Kaffee, Inken. Das wird sicher noch ein langer Tag werden.«

»Wie geht es ihr denn?«, fragte Inken. Emilia blieb hinter der Tür stehen und lauschte.

»Es geht. Sie verkrampft sich, das ist nicht gut. Ich werde ihr einen Aufguss machen.«

»Hat das Kind eine Chance?«

»Das weiß man doch nie. Aber mehr als die anderen vorher«, sagte die Hebamme.

Emilia schlich die Treppe nach oben. Obwohl der Tag schon angebrochen war, sah es düster draußen aus. Seit Wochen hatte es nicht geregnet, alles war ausgedörrt, das Gras vor dem Haus gelb und welk.

Sie ging ans Fenster, öffnete es. Hatte Inken sich in der Zeit vertan? Bis zum Kirchgang war es sicherlich noch lange hin. Doch dann sah Emilia, dass dicke, schwarze Wolken die Sonne verdunkelten. Wind war aufgekommen, die Bäume rauschten wie das Meer bei Sturm. Emilia zog die Schultern hoch, in ihrem Magen grummelte es. Der rote Lichtschein des Feuers, der unter dem Qualm hervorleckte, wirkte angsteinflößend. Wie feuerspuckende Drachen, von denen ihr Onkel Hinrich manchmal erzählte. Doch Drachen gab es nur im Märchen, und dies war kein Märchen. Es roch beißend nach Rauch, Emilia musste husten und schloss schnell das Fenster, als könne sie so alle Gefahren aussperren.

Das gute Kleid sollte sie anziehen. Und waschen sollte sie sich. Schnell schlüpfte sie aus dem Nachthemd und tauchte den Lappen in das Wasser der Waschschüssel. Jeden Morgen brachte Inken ihr warmes Wasser, meist half sie ihr beim Ankleiden und mit den Haaren, aber heute war Inken beschäftigt. Sie hatte wichtige Dinge zu tun. Wenn ich alles ganz richtig mache, dachte Emilia, dann wird auch alles gut. Das Kind in Mamas Bauch wird am Leben bleiben. Es wird in der Wiege liegen und nicht auf dem Friedhof. Wenn ich alles richtig mache, dann hört das Feuer auf zu brennen. Das Feuer bedeutete etwas Schreckliches, das hatte sie in den Gesichtern der Erwachsenen gesehen. Feuer war beides – schrecklich, aber auch gut. Ohne Feuer hätten sie kein warmes Wasser. Der nasse Lappen war kalt und glitschig, sie fuhr sich über das Gesicht und die Arme, erschauerte. Reichte das? Die Hände, die müssen sauber sein, und der Hals. Das war wichtig, darauf achten die Leute. Sie rubbelte sich trocken, bis die Haut brannte, nahm dann ein sauberes Unterkleid aus der Truhe, eine Wäschehose mit Rüschen, die für Feiertage vorbehalten war. Ob sie es allein schaffte, die Hose an das Unterkleid zu knöpfen? Es musste gelingen. Dann nahm sie das gute Leinenkleid und zog es sich über den Kopf. Wer sollte die Knöpfe schließen? Wer würde die Schnüre schnüren, die Schleifen binden? Wie sie sich auch drehte und wendete, ihr gelang es nicht. Doch es musste, es war ihre Aufgabe, alles richtig zu machen.

Tränen stiegen ihr in die Augen, als sich die Zimmertür öffnete.

»Wie weit bist du?«, fragte Inken und schlug die Hände vor den Mund. »Oh lieber Herr Jesus, Kind!«

Nun flossen die Tränen ohne Halt. »Ich habe es versucht«, schluchzte Emilia.

»Nun, nun, nun, Mäuschen. Alles ist gut.« Mit flinken Händen schloss Inken Knöpfe, zog Säume gerade, schnürte Bänder. Dann bürstete sie Emilias Haare und steckte sie fest. »Noch die Schuhe, und schon bist du fertig. Was ist mit deinen Strümpfen?«

Die Strümpfe hatte das Mädchen ganz vergessen.

»Dann eben ohne«, beschloss die Magd. »Schnell, schnell, bevor Frau Jörgensen los ist.«

»Aber ich … habe Hunger.«

Emilia folgte Inken die Treppe hinunter, ließ sich die Schnürstiefel anziehen. »Komm, ein Brot mit Butter auf die Hand muss ausreichen. Nachher bekommst du eine gute Suppe und nun lauf.« Sie setzte dem Mädchen die Haube auf und schob es hinaus. Als Emilia draußen stand, schrie die Mutter zum ersten Mal laut und quälend auf. Das Kind presste die Hände auf die Ohren und lief den Hang hinunter.

Etwas weiter zur Chaussee hin stand das Haus der Jörgensens. Es war aus rotem Backstein, hatte nur das Erdgeschoss und Kammern unter dem Reetdach. Vor zwei Jahren hatte die Familie angebaut, um der Heerschaar der Kinder Platz bieten zu können. Es gab eine Scheune und einen Stall. Einen Garten, so, wie bei der Familie Bregartner, gab es dort nicht. Emilias Mutter hatte vor dem Haus eine Rasenfläche anlegen lassen, mit einem Pavillon und vielen blühenden Büschen sowie gestutzten Buchsbäumen. Jörgensens hatten eine Wiese mit Obstbäumen und Beerensträuchern vor dem Haus, hinter dem Haus befand sich der Wirtschaftsgarten. Sie hielten einige Schafe und Ziegen auf den Deichen, so wie Bregartners auch. Beide Familien hatten einen Wirtschaftsgarten, doch gab es Unterschiede. Emilias Familie besaß Land und die Werft, Vater Jörgensen war Lotse im Hafen.

»Euch geht es viel besser als uns«, sagte Mette Jörgensen oft. »Deine

Mutter kann Inken auf den Markt schicken, Schinken und Speck kaufen.«

Mette war zwei Jahre älter als Emilia, die beiden Mädchen liebten sich aufrichtig und verbrachten viel Zeit miteinander.

Doch bei Jörgensens, dachte Emilia oft, ist es anders als bei uns. Allein schon, dass Ida, die Magd, ihre Herrschaft mit »Mutter« und »Vater« ansprach, während Inken »gnädige Frau« und »gnädiger Herr« sagte. Es war wie mit den Kleidern, die sie trugen. Das Leinen ihrer Wäsche war immer gestärkt, während Mettes Sachen sich viel leichter und weicher anfühlten.

Emilia war gerne bei den Nachbarn drüben, während es für Mette nichts Schöneres zu geben schien, als bei Bregartners zu sein. Ida hatte immer etwas zu tun. Viel mehr als Inken und Sofie. Sofie war die alte Magd der Bregartners. Sie wohnte noch beim Gesinde, aber ihre Hände waren von der Gicht verkrümmt. Sie taugte nur noch, um den Besen ein wenig zu schwingen, die Hühner zu füttern und Unkraut zu zupfen. Doch sie würde bei ihnen wohnen bleiben, bis sie starb, das hatte Emilias Vater versprochen.

Schon kam das Reethaus des Lotsen in Sicht, das sich unter dem großen Rosskastanienbaum duckte wie ein Tier. Emilia lief schneller. Die Schreie der Mutter waren nun nicht mehr zu hören, seltsam still war es. Die Bäume rauschten im Wind, aber kein Vogel schrie, keine Möwe kreischte. Plötzlich bemerkte Emilia, dass es schneite. Flocke um Flocke landete auf ihrem Kleid, auf dem Gras und den Büschen. Dabei war es gar nicht kalt. Verwundert schaute sie in den Himmel, der von dunklen Wolken bedeckt war. Ein Schneesturm schien herniederzugehen. Sie fing die weichen Flocken ein, die nicht in der Hand schmolzen, und zerrieb sie zwischen den Fingern. Es waren Ascheflöckchen. Oh nein, dachte sie und strich hektisch über das helle Kleid, das dadurch graue Streifen bekam.

Ich muss doch alles richtig machen, aber es will mir einfach nicht gelingen. Wieder stiegen ihr Tränen in die Augen. Sie rannte zum Haus der Jörgensens und riss die Küchentür auf, ohne anzuklopfen. Schluchzend blieb sie stehen.

»Emma, Kind!« Grete Jörgensen lief zu ihr. »Was ist denn passiert?«

»Ich … ich soll … es ist doch … Kirche …« Emilia versuchte, die Luft anzuhalten, doch der Schluckauf wollte nicht aufhören.

»Sch-sch-sch.« Grete nahm sie in den Arm. »Beruhige dich, Kind. Ida, hol einen Becher Wasser und gib einen Fingerhut Branntwein hinein.«

Emilia wich aus ihrer Umarmung zurück. »Ich bin ganz dreckig«, flüsterte sie. »Es schneit Asche.«

Grete warf einen Blick aus dem Küchenfenster, ihr Blick wurde ernst. »Ja, ich weiß. Als ob das Fegefeuer naht.«

Der Weg zur Kirche in Ottensen erschien Emilia länger als sonst. Meistens fuhren sie mit dem Wagen, bei gutem Wetter liefen sie manchmal bis nach Ottensen. Mutter ging alle paar Tage zum Friedhof und betete. Vielleicht, wenn Emilia alles richtig machte und das Kind am Leben blieb, würde die Mutter bald nicht mehr so oft dorthin gehen müssen. Aber so viel war schon schiefgelaufen. Sie würde sich ab jetzt ganz besonders anstrengen, nahm sich Emilia vor.

»Lieber Gott«, keuchte Ida und hustete. »Dieser Qualm ist ein Elend.«

Besorgt schaute Grete Jörgensen in den Himmel. Der Wind trieb die Wolken zu ihnen. »Sie müssten das Feuer doch längst im Griff haben«, murmelte sie. »Gebe Gott, dass es nicht zu schlimm ist.«

»Da werden wohl die Speicher brennen«, meinte Ida düster. »Und so trocken, wie es in den letzten Wochen war, brennt alles wie Zunder.«

Gut eine halbe Stunde betrug der Weg zur Kirche, doch wegen der kleinen Kinder und der rauchgeschwängerten Luft kamen sie nur langsam voran.

Auf dem Kirchplatz hatten sich bereits viele Menschen versammelt, die immer wieder besorgt in Richtung Hamburg schauten. Die meisten Frauen waren ohne ihre Männer gekommen.

»Grüßt Euch, Frau Jörgensen«, sagte Frau Carstensen. »Mögt Ihr einen Schluck Wasser?« Sie reichte ihr einen Krug. »Und die Kinder sicher auch.«

Dankbar nahm Grete den Krug entgegen, trank durstig und reichte ihn dann an Levke weiter.

»Euer Mann ist auch in der Stadt?«

»So wie auch Herr Bregartner und Herr Peters. Sie haben die Knechte mitgenommen. Habt Ihr schon gehört, wie es steht?«

»Das Nikolaiviertel brennt. Bisher haben sie es nicht geschafft, das Feuer einzudämmen.«

»Das ganze Viertel?«, Grete schlug entsetzt die Hand vor den Mund.

»So wurde es berichtet.« Frau Carstensen schüttelte den Kopf. »Man kann es sich gar nicht vorstellen.«

In der Kirche war es kühl wie immer. Die Jörgensens saßen im hinteren Teil der Kirche. Die Familie Bregartner hatte eine eigene Bank mit einem kleinen Messingschild an der Seite. Diese Bank blieb heute leer, Emilia setzte sich neben Mette. Ihr Blick ging zu dem Engel, der über dem Taufbecken schwebte. Das rötliche Licht des Feuers, das man hier noch deutlicher sehen konnte als in Othmarschen, schien durch die hohen, bunten Fenster, malte farbige Flecken an die Wände und den Kanzelaltar. Es sah unheimlich aus, fand Emilia, die ansonsten die helle Kirche mit den weißen Bänken liebte.

Ida, die neben Mette saß, murmelte die ganze Zeit: »Das Fegefeuer, das ist das Fegefeuer. Möge der Herr uns gnädig sein.«

»Ida!«, zischte Grete vom anderen Ende der Bank wütend. »Du machst allen Angst. Senk den Kopf und bete still.«

Die Stimme des Pfarrers war ernster als sonst.

»Wir feiern Christi Himmelfahrt an diesem Tag. ›Er ist am dritten Tag auferstanden nach der Schrift und aufgefahren in den Himmel. Er sitzt nun zur Rechten des Vaters und wird wiederkommen in Herrlichkeit, zu richten die Lebenden und die Toten, seiner Herrschaft wird kein Ende sein.‹«

Der Pfarrer richtete den Blick zum Fenster.

»Dieser Tag, den wir lobpreisen, ist überschattet von einem großen Unglück. Wir beten für alle, die das Feuer bekämpfen.«

Zwei Stunden dauerte der Gottesdienst, eine Zeit, die Emilia sonst lang wurde. Doch diesmal betete sie, so gut sie konnte. Das Feuer, obwohl es in der Stadt war, bedrohte sie alle irgendwie, das hatte sie verstanden. Wieso und weshalb, wusste sie nicht, aber sie spürte Angst und Sorge bei allen um sich herum und auch aus den Worten des Pfarrers. Das Feuer musste etwas ganz Böses und Schlimmes sein. Onkel Hinrich und Tante Minna wohnten im Nikolaiviertel. Ob ihr Haus auch brannte? Vor Schreck bekam Emilia wieder Schluckauf. Sie schloss die Augen und faltete die Hände, so fest sie konnte.

»Lieber Gott, bitte, lass ihnen nichts passiert sein. Auch nicht dem schönen Kinderzimmer mit dem weißen Schaukelpferd.« Sie biss sich auf die Lippe. Frederik, ihr Cousin, war letztes Jahr an Cholera gestorben. Im Jahr davor war das kleine Mädchen von Tante Minna, Luisa, im Siel ertrunken. Erst vor zwei Wochen hatte sich Emilia, als sie in Hamburg zu Besuch waren, in das Kinderzimmer geschlichen und sich auf das Schaukelpferd gesetzt. Frederik hatte ihr das nie erlaubt, als er merkte, wie gut ihr das Spielzeug gefiel. War das böse von ihr gewesen, dass sie sich auf das Schaukelpferd gesetzt hatte?, fragte sie sich nun. Brannte es deshalb in der Stadt?

»Du sollst nicht begehren deines Nächsten Gut«, predigte der Pfarrer.

Nein, ich will das Pferd ja gar nicht, dachte sie beklommen. »Lieber Gott, bitte mach, dass Mutter ein gesundes Kind bekommt. Dass alles gutgeht und gut wird. Bitte mach, dass Mutter wieder glücklich wird. Ich werde alles dafür tun, immer lieb sein. Ich werde auch nie mehr von der Sahne naschen und es dann auf die Katze schieben. Nie, nie mehr. Das verspreche ich. Ich werde nie wieder etwas tun, was Mutter erzürnt.« Sie kniff die Augen zusammen. Dieses Versprechen war so schwer zu halten, weil Mutter so schnell wütend und zornig wurde. Manchmal reichte es schon, wenn Emilia singend durch das Haus hüpfte. Oder wenn sie sich dreckig machte oder aus Versehen eine der Blumen im vorderen Garten abbrach. »Ich werde mich nie wieder dreckig machen«, fügte sie in Gedanken ihrem Gebet hinzu. Dann öffnete sie die Augen und sah an sich herab. Die weiße Schürze war grau und fleckig, die Rüschen ihrer Wäschehose waren dunkel, das Kleid mit Rußflecken übersät. Oh nein, dachte

16

sie. Dann sah sie sich um. Kaum einer sah besser aus. Der Ruß und die Asche hatten jeden getroffen. Selbst der Boden der Kirche und die weißen Bänke waren mit einer Ascheschicht bedeckt.

»Lieber Gott, ich verspreche, ab morgen sauber und reinlich zu sein. Und mich gar pfleglich zu verhalten, wenn du machst, dass alles gut wird.« Sie holte tief Luft. »Bitte!«

2. Kapitel

»Lass uns zusehen, dass wir schnell nach Hause kommen«, sagte Grete mit einem Blick zum Himmel. Der Wind hatte gedreht, die Sonne war nun zu sehen. Aber immer noch stand Rauch über Hamburg.

»Unsere Gebete haben geholfen«, sagte Ida erleichtert.

Sie machten sich auf den Rückweg. Als sie endlich das Haus der Jörgensens erreichten, hatte der Wind abermals gedreht. Wieder regnete es Asche. Diesmal kam ein beißender Geruch hinzu.

»Wer weiß«, sagte Grete besorgt, »was da verbrennt. Alle ins Haus. Levke und Kasper, bringt die Tiere in den Stall.«

»Können wir nicht erst etwas essen?«, fragte Kasper und verzog das Gesicht.

»Ihr dürft rasch etwas trinken, aber dann bringt ihr die Tiere hinein«, sagte Grete ungewohnt streng.

Emilia blieb unsicher an der Tür stehen. Sie wusste nicht, ob sie mit hineinkommen oder nach Hause gehen sollte. Die Familie Jörgensen verschwand im Haus, niemand schien Emilia zu beachten.

Levke kam wieder heraus, wischte sich über den Mund und sah Emilia erstaunt an. »Was stehst du denn hier so rum? Willst du nicht reingehen?«

»Weiß nicht.« Emilia trat von einem Bein auf das andere, schaute den Hügel hinauf zu ihrem Elternhaus und wieder zurück.

»Geh rein. Es gibt Wasser mit Apfelwein, Brot und Schmalz. Frische Erbsensuppe mit Einlage gibt es gleich auch.«

17

Wasser mit Apfelwein. Das ließ sich Emilia nicht zweimal sagen. Sie schlüpfte ins Haus. Grete saß auf dem Stuhl, einen Lappen auf der Stirn. »Gebe Gott, dass es das wert war«, seufzte sie. »Gebetet haben wir für alle.«

»Mutter.« Ida räusperte sich. Grete schlug die Augen auf und bemerkte Emilia, die sich an der Tür herumdrückte.

»Ach Kind, was machen wir denn mit dir? Ida, lauf rüber und frag nach.«

Die Magd seufzte, fügte sich aber.

»Nimm dir etwas zu trinken und eine Scheibe Brot, meine Kleine«, sagte Grete freundlich und sofort fühlte sich Emilia besser.

Ich darf keine Fehler mehr machen, ich muss brav sein, sagte sie sich. Wenn ich brav bin, wird alles wieder gut.

Sie nahm sich eine Scheibe von dem dunklen und festen Brot, das Ida immer buk. Es schmeckte würziger, auch wenn es nicht so fein war wie das weiße Brot, das es bei ihnen gab.

Gerade als sie hineinbiss, hörte sie das Hufgetrappel eines Gespanns. Kasper kam in die Küche gestürzt.

»Sie sind zurück, Mutter. Vater ist da!«, rief er, drehte auf dem Fuß um und rannte wieder hinaus. Emilia drückte sich in die Ecke. War das Feuer gelöscht? War sie brav genug gewesen?

Johann Jörgensen taumelte in die Küche. Seine Haare waren angesengt, sein Gesicht schwarz vor Ruß, er roch nach Verbranntem.

Emilia riss erschrocken die Augen auf. Wo war ihr Vater? Sie schlüpfte an dem Lotsen vorbei in den Hof. Dort stand das Gespann ihres Vaters. Mats, der Stallbursche, saß auf dem Kutschbock, fast hätte sie ihn nicht erkannt, er sah aus wie einer der Neger, die manchmal im Hafen waren. Neben ihm hing Ole, der Knecht, mehr, als dass er saß.

»Wo ist Vater?«, fragte sie leise, doch Mats hatte sie gehört.

»Fräulein Emma, was macht Ihr denn hier?« Er grinste breit und die weißen Zähne leuchteten in seinem schwarzen Gesicht.

»Wir waren zum Kirchgang. Wo ist Vater?« Ängstlich spähte sie in die leere Kutsche.

»Er ist schon daheim.« Mats lächelte schief.

Plötzlich tauchte Ida hinter der Hecke auf. »Fräulein Emma bleibt noch ein wenig bei uns.« Sie sah Mats an. »Das ist besser so. Inken hat Suppe und Braten für euch vorbereitet. Sie wartet schon.«

Mats nickte. Emilia schaute von ihm zu Ida. Ihr schien es, als hätten die beiden einander etwas gesagt, was sie nicht gehört hatte. Eine Botschaft, die sie nicht verstand. Erwachsene waren manchmal seltsam, dachte sie und ärgerte sich. Eigentlich wollte sie jetzt nach Hause und auf die Küchenbank kriechen. So sehr es ihr bei den Jörgensens gefiel, ihr Zuhause war dort oben auf dem Hügel.

Ida zog sie in die Küche. »Komm, Emma, wir machen etwas zu essen. Inken hat mir ein schönes Stück Speck und etwas Schinken mitgegeben.«

Sie legte beides auf den Tisch und sah Grete an. Wieder schienen die Erwachsenen sich durch Blicke zu verständigen. Das machten sie oft und Emilia verstand die Botschaften nicht, sie spürte nur, dass es um sie ging, irgendwie.

»Hol Wasser«, wies Johann Kasper an. »Ich brauche ein Bad.«

Kasper eilte in den Hof zum Brunnen. Die Jörgensens hatten keinen Knecht oder Burschen, alle harte Arbeit mussten sie selbst verrichten. Die Kinder mussten mithelfen, so gut sie konnten. Das war Emilia fremd, aber meist fand sie die Aufträge lustig. Die Gänse scheuchen, die Hühner füttern, Eier einsammeln, Ziegen melken. Meistens sah sie zu, manchmal half sie auch. Wasser holen hörte sich einfach an, aber Kasper stöhnte, als er einen Eimer nach dem anderen in die kleine Kammer neben der Küche schleppte, wo der Zuber stand.

»Und?«, fragte Grete ihren Mann.

Johann schüttelte nur den Kopf. »Du kannst es dir in deinen schlimmsten Träumen nicht ausmalen. Es ist ein Grauen. Kein Ende in Sicht. Wir wollen uns ein wenig ausruhen und dann wieder in die Stadt fahren.«

»Aber es gibt doch die Spritzleute und Mannschaften in der Stadt, was brauchen sie euch vom Land, Johann?«

»Nein, das Feuer ist zu mächtig, als dass die Spritzleute allein damit fertig würden. Es brennt und brennt und brennt. Wir waren am anderen Ufer der Alster, der Wind weht Funken und Flammen und er dreht ständig. Wir mussten an jeder Ecke Brandherde löschen. Es ist eine Qual. Die meisten Siele sind ausgetrocknet oder voller Schlamm durch die Trockenheit, es gibt noch nicht mal genügend Wasser im Nikolaiviertel. Sie wollen Gebäude sprengen, wenn es nicht besser wird.«

»Sprengen?« Grete sah ihn entsetzt an. »Sie wollen die Stadt sprengen?«

»Nicht doch, du Dummchen.« Lachend hob er die Hand, wollte ihr über die Wange streichen, hielt dann aber inne und ballte die dreckigen Finger zur Faust. »Nicht die Stadt, nur einzelne Gebäude, um eine Brandschneise zu schaffen. Einen Graben, der das Feuer aufhält. Das Haus der Bregartners ist jedoch verloren, so wie viele andere.« Er seufzte. »Junge, ist das Bad bereit?«

»Sogleich, Vater!«

Das Haus der Bregartners ist verloren, hallte es in Emilias Ohren. Sie huschte hinaus, packte den Rock mit beiden Händen, hob ihn an und lief, so schnell sie konnte, den Hügel hinauf. Das Haus, unser Haus. Doch dann sah sie erleichtert die weiß verputzten Wände und das Schieferdach durch die Bäume auftauchen.

In der Einfahrt stolperte sie über eine Wurzel und stürzte in den Kies. Ein scharfer Schmerz durchzuckte sie und trieb ihr Tränen in die Augen. Sie richtete sich auf und bemerkte voller Schrecken, dass der gute Leinenrock zerrissen war. Ihre Wäschehose färbte sich rot. Sie zog sie über das Knie, sah die Wunde und biss sich auf die Lippe. Was mache ich jetzt nur?, dachte sie verzweifelt. Ich habe das gute Kleid zerrissen, Mutter wird schimpfen. Sie presste ihr Schnupftuch auf die Wunde, band es dann um das Knie und humpelte zum Haus. Im Hof stand der Wagen, Mats spannte die Pferde ab. Ole füllte die Eimer am Brunnen.

»Als ob ich nicht genug Eimer heute geschleppt hätte«, knurrte er mürrisch.

Emilia öffnete die Küchentür. Auf der Bank saß Sofie und schälte mühsam Kartoffeln. Von Inken, ihrem Vater oder gar der Mutter war nichts zu sehen.

»Emma?« Sofie sah sie erstaunt an. »Du solltest doch bei Jörgensens bleiben, was machst du denn hier?«

»Der Johann hat gesagt, unser Haus sei verloren.« Sie wischte sich über die Nase. Immer noch liefen ihr die Tränen übers Gesicht.

»Komm her, mein Vögelchen«, sagte die alte Magd. »Du siehst doch, dass hier alles in Ordnung ist. Nun, nun.« Tröstend nahm sie das Kind in den Arm. Emilia schmiegte sich an sie und sog ihren Duft tief ein. Sofie roch immer ein wenig nach Kamille und Pfefferminze. Sie kümmerte sich, so gut sie es noch konnte, um den Kräutergarten hinter der Küche.

»Und …«, schluchzte Emilia nun auf, »ich habe mir das Knie aufgeschlagen und das Kleid zerrissen.«

»Zeig mir dein Knie.« Sofie zog das Mädchen auf die Küchenbank und hob den Rock an. »Oh je. Tut es sehr weh?« Sie stand auf, nahm einen Lappen und tauchte ihn in den Krug, der neben dem Ofen stand. Sie säuberte die Wunde. Emilia zuckte zusammen, versuchte dann aber ganz stillzuhalten. Sie biss die Zähne fest zusammen und schloss die Augen. Sofie nahm ein Töpfchen mit Salbe aus ihrem Kräuterkorb. »Ringelblumen helfen beim Heilen. Und das hier hilft gegen Kummer«, sagte sie und gab Emilia zwei gezuckerte Pflaumen.

Das Mädchen stieß den Atem aus, den sie angehalten hatte, und lutschte an den kandierten Früchten, schmeckte die Süße.

Ein lauter Schrei hallte durchs Haus, erschrocken fuhr Emilia auf. »Mutter …«

»Ja«, murmelte Sofie. »Es zieht sich.« Nachdenklich schaute sie auf das kleine Mädchen. »Vielleicht solltest du wieder zu Jörgensens gehen.«

»Wo ist Inken?«

»Oben. Sie richtet die Zimmer.«

»Welche Zimmer?«

Sofie seufzte. »Deine Tante wird gleich kommen. Dein Vater macht sich frisch und wird etwas essen, dann fährt er zurück in die Stadt zu deinem Onkel.«

»Tante Minna? Was will sie denn hier?« Emilia runzelte die Stirn. Sie mochte ihre Tante, auch wenn sie seit letztem Jahr immer so traurig war und oft weinte.

»Irgendwo müssen sie ja wohnen«, murmelte Sofie.

Wieder schrie die Mutter auf.

Emilia zuckte zusammen und straffte die Schultern. Sie stand auf und humpelte in die Diele, schlich sich die Treppe hoch.

Die Schreie kamen aus dem Schlafzimmer der Eltern, welches sich im linken Flügel befand. Emilias Zimmer war auf der rechten Seite des Hauses.

Sie schlüpfte in ihre Kammer und setzte sich seufzend auf das Bett. Sie war nicht brav genug gewesen, sonst würde ihre Mutter nicht solche Schmerzen erleiden müssen. Besorgt sah Emilia an sich herab, hob das Kleid an und untersuchte den Riss. Zu ihrem sechsten Geburtstag hatte die Mutter ihr ein Nähkästchen geschenkt. Sie hatte schon gelernt, ein Taschentuch zu säumen, auch wenn der Saum noch nicht gerade war.

Sie nahm das Kästchen, Nadel und Faden. Angestrengt versuchte sie, den Faden durch das Nadelöhr zu ziehen. Vor lauter Anstrengung streckte sie die Zungenspitze heraus. Endlich hatte sie es geschafft. Nun nahm sie den Rock hoch und inspizierte wiederum den Riss. Allein ausziehen konnte sie das Kleid nicht, die Schleifen und Schließen waren hinten, sie hatte es vergeblich versucht. Es musste also so gehen. Sie drehte den Rock auf links, so weit es ging, und legte die beiden Hälften aufeinander. Ob es funktionieren würde, wenn sie das einfach so zusammennähte? Es musste. Immer wieder drückte sie die Nadel durch den festen Stoff, er war viel dicker als der des Schnupftuchs, das sie gesäumt hatte. Es war mühsam, und diesmal mischten sich Tränen mit Schweiß. Ihr Zeigefinger blutete, weil sie den kleinen Fingerhut nicht gefunden hatte. Es muss gehen, dachte sie wieder und wieder. Ich muss alles richtig machen, ich muss brav sein und darf

Mutter keinen Kummer bereiten. Die Schreie, die ab und an durch das Haus hallten, verdrängte sie, so gut sie konnte.

Schließlich verknotete sie den Faden, riss ihn ab und drehte den Rock um. Natürlich sah man die geflickte Stelle noch, aber Emilia fand, dass sie es ganz gut hinbekommen hatte. Erleichtert legte sie Nadel und Faden zurück in das Kästchen und stand auf. Das Knie schmerzte noch, aber die Salbe schien zu helfen. Ihr Magen knurrte. Sollte sie es wagen, nach unten zu gehen? Inzwischen war es Nachmittag, immer noch schob der Wind die dunklen Rauchwolken über den Himmel, die Sonne war nur hinter einem Schleier aus Qualm zu sehen. Der Rasen, auf den ihre Mutter so stolz war, war von einer Ascheschicht bedeckt. Grauer Schnee, dachte Emilia, seltsam sieht das aus. Irgendwie unheimlich.

3. Kapitel

Die Hufe der Pferde knirschten weniger als sonst auf dem Kies der Einfahrt. Die dicke Ascheschicht dämpfte den Aufschlag. Als würde die Kutsche durchs Wasser gleiten, dachte Emilia verwundert. Das Fuhrwerk hielt vor dem Eingang und nicht, wie sonst, hinter dem Haus am Stall.

Wilhelmina Bregartner war eine stattliche Frau. Die Haare hatte sie normalerweise streng nach hinten zu einem Knoten gebunden, ohne die modischen Locken an den Schläfen. Doch diesmal hingen sie wild um ihren Kopf. Noch nie zuvor hatte Emilia die Tante ohne Haube gesehen. Tante Minna ließ sich von dem Knecht aus dem Wagen helfen und sah sich um, als wäre sie zum ersten Mal auf dem Familienanwesen. Dann ging sie langsam die Treppe hinauf.

Ich muss sie begrüßen, dachte das Mädchen und ging zum Spiegel, um ihre Haare zu richten. Ihre Haube, stellte sie entsetzt fest, musste sie verloren haben. Das Gesicht war von Ruß und Tränen verschmiert, ihre Haare glichen einem Vogelnest, obwohl Inken sie am Morgen frisiert hatte. Sie nahm den Lappen, tauchte ihn in das kalte Wasser der Waschschüssel und rieb sich über das Gesicht. Es wurde schlim-

23

mer statt besser. Auch die Seife, die leicht nach Lavendel duftete, half nicht viel. Schließlich gab Emilia auf, versuchte, die losen Haarsträhnen in dem Knoten im Nacken zu befestigen, aber auch das wollte ihr nicht wirklich gelingen.

Schließlich nahm sie all ihren Mut zusammen und ging langsam nach unten. Tante Minna saß auf der Küchenbank und nicht, wie sonst, in der Stube. Erstaunt blieb Emilia an der Tür stehen. Auch ihr Vater saß in der Küche am Tisch und löffelte den Eintopf aus einer Schüssel. Es duftete nach fettem Speck, Erbsen, Bohnen und Kartoffeln, nach Bohnenkraut und Zwiebeln. Ein deftiger Geruch. Emilias Magen krampfte sich zusammen.

Tante Minna sah wie zerrupft aus. Auch ihr Gesicht war grau und streifig, als hätte sie nur halbherzig versucht, die Asche rasch abzuwischen. Der Kragen war grau und hob sich kaum von dem dunklen Kleid ab. Die Haare waren zerzaust und angesengt. Sie sah auf, ihr Blick traf auf Emilia.

»Kind!« Schrill klang die Stimme der Tante durch die Küche, und Inken, die am Herd stand, fuhr herum. »Sollte sie nicht bei den Nachbarn sein?«

Auch ihr Vater hob den Kopf und sah sie an. Emilia fühlte sich plötzlich ganz klein und verloren. Sie wollte doch alles gut und richtig machen. Vaters Haut glänzte rötlich, er hatte gerade gebadet. Das Haar war noch feucht. Die Koteletten viel kürzer als sonst. Emilia zog die Stirn kraus, doch dann erinnerte sie sich an die angesengten Haare von Johann Jörgensen. Ihr Vater hatte eine tiefe Schramme auf der Stirn, wie sie erschrocken feststellte.

»Vater, du hast dich verletzt!« Sie lief auf ihn zu, zögerte jedoch kurz, bevor sie ihn erreichte. Doch er öffnete die Arme und zog sie an sich.

»Mein Täubchen, du sollst doch gar nicht hier sein«, seufzte er. »Dies sind schwere Zeiten für uns. Willst du nicht lieber zu den Jörgensens gehen?«

Sie schüttelte heftig den Kopf. »Nein! Ich habe aber Hunger«, sagte sie dann leise. »Darf ich auch etwas essen?«

Ihr Vater lachte auf, auch wenn es bitter klang. »Zumindest zu essen haben wir noch reichlich.« Er sah zu seiner Schwägerin. Ihr Mund war zu einem dünnen Strich geworden.

»Das Kind sollte nicht hier sein«, zischte sie und schaute nach oben. »Sie sollte das nicht mitbekommen.«

Emilia streckte das Kinn nach vorn. »Ich weiß, dass Mutter ein Kind bekommt«, sagte sie trotzig. Dann drückte sie sich wieder an ihren Vater. Er roch nach Seife und Leder. Nach Rosmarin, weil Sofie Rosmarin zur Seife gab, nach Lavendel, weil die getrockneten Blüten in Säckchen in den Schränken lagen – aber er roch auch nach Rauch, obwohl er gerade gebadet hatte. Oder kam der Geruch von ihren eigenen ascheüberzogenen Kleidern?

»Komm, setz dich auf die Bank und lass deinen Vater essen.« Inken klang fröhlich, aber es wirkte nicht echt. Sie wich dem Blick der Tante aus und stellte eine Schüssel mit dem dampfenden Eintopf auf den Tisch, legte ein Stück Brot daneben. »Und iss. Ihr Bad sollte gleich fertig sein, gnädige Frau«, sagte sie dann zu Tante Minna.

Wieder wechselten die Erwachsenen stumme Blicke. Emilia zog fröstelnd die Schultern hoch. Langsam ging sie zur Küchenbank und setzte sich neben die Tante.

»Ich habe für alle gebetet«, sagte sie leise. »Wir waren in Ottensen in der Kirche. Alle zusammen. Die Jörgensens und ich.«

»Das ist fein, mein Kind«, sagte ihr Vater.

»Lieber Herr Jesus, ihr lasst das Kind SO in die Kirche gehen? Wer hat denn das Kleid geflickt? Etwa die alte Sofie? Die kann ja kaum mehr einen Löffel halten. Warum gebt ihr sie nicht ins Armenhaus?«

Emilia hätte in den Boden versinken mögen, doch dort tat sich kein Loch auf. Inken ging um den Tisch herum, besah sich das Kleid und grinste zu Emilias Erstaunen. »Hast du das selbst versucht?«, flüsterte sie. Emilia nickte.

»Wilhelmina, Sofie ist schon ihr Lebtag in dieser Familie. Sie hat meinen Bruder und mich großgezogen, hat unsere Mutter unterstützt«, sagte Martin Bregartner mit leiser, aber keineswegs freundli-

25

cher Stimme. So sprach er immer mit Emilia, wenn er nicht zufrieden mit ihr war. »Ich werde den Teufel tun und Sofie auf die Straße setzen oder ins Armenhaus geben, nur weil sie inzwischen alt ist und keine Familie hat, die sie aufnehmen kann. Wir sind ihre Familie.« Er räusperte sich. »Dies ist ein schwerer Tag für uns alle. Wir sollten versuchen, ihn so gut wie möglich hinter uns zu bringen.«

Mats kam in die Küche. Auch er hatte sich gewaschen und umgekleidet. »Ich habe den Badezuber gefüllt, gnädige Frau«, sagte er und verbeugte sich leicht. Sein Gesicht war grau vor Müdigkeit.

»Schön. Hilfst du mir, Inken? Ich hoffe, ihr findet unser Personal noch in dem Chaos. Vermutlich werden sie bei ihren Familien Zuflucht gesucht haben. Aber bis dahin …« Sie warf Inken einen eindringlichen Blick zu.

»Aber selbstverständlich, gnädige Frau.« Inken folgte Tante Minna in die Badestube. Sie ging nicht so forsch und schnell wie sonst, wunderte sich Emilia.

»Mats, du und Ole, ihr könnt euch noch zwei Stunden ausruhen, doch dann sollten wir wieder los.« Emilias Vater schaute durch das Fenster in den Küchenhof. Es war düster, immer noch schneite es Asche. »Wir müssen meinen Bruder unterstützen.«

»Sehr wohl, gnädiger Herr.«

»Habt ihr schon gegessen?«

Mats knüllte seine Mütze zwischen den Fäusten und blickte verlegen auf den Küchentisch, an dem sich normalerweise das Gesinde zum Essen versammelte.

»Nein. Wir wollten Euch nicht stören«, murmelte er.

Martin Bregartner sah verwundert auf, dann schien er zu begreifen. »Du lieber Himmel, hol Ole und dann setzt ihr euch und esst. Das Essen ist gut und reichhaltig.« Er überlegte kurz. »Und bring uns einen Krug Branntwein aus dem Keller. Den können wir jetzt gebrauchen.« Dann wandte er sich Emilia zu. »Was ist mit deinem Kleid geschehen?«

»Oh Vater«, sie senkte beschämt den Kopf. »Ich bin gestürzt und habe das Kleid zerrissen. Es war keine Absicht und ich hatte mir so vorgenommen, heute besonders vorsichtig zu sein. Dreckig habe ich mich auch gemacht.« Wieder stiegen ihr Tränen in die Augen.

»Kind, wohl kaum einer wird an diesem Tag sauber bleiben können.« Er strich sich über die Stirn. Dann lauschte er. Oben konnte man Schritte hören, manchmal ein Wehklagen oder einen Schrei. Doch es war nicht so wie sonst, dachte Emilia. Die Schreie klangen nicht ganz so verzweifelt wie bei den Malen zuvor.

Ole und Mats setzten sich zögernd zu ihrem Herrn an den Tisch. Sie rochen nach der grünen Seife, die Inken auch für die Wäsche und den Boden benutzte. Sofie kochte immer noch die Seife für den Haushalt, auch wenn man diese Dinge auf dem Markt für ein paar Pfennige erwerben konnte. Auch buken sie ihr Brot selbst und räucherten im Herbst die beiden Schweine, die hinter dem Nutzgarten gehalten wurden und die Küchenabfälle bekamen. Tante Minna lachte oft darüber. »Die Familie ist wohlhabend«, hatte sie zu Mutter gesagt. »Aber ihr verhaltet euch wie arme Bauern.«

»Geld haben kommt von Geld halten«, hatte die Mutter geantwortet. Den Satz hatte Emilia nicht verstanden, aber sie hatte ihn sich gemerkt.

»Mats und ich fahren gleich wieder in die Stadt. Ole, du solltest besser hierbleiben, um die Frauen zu unterstützen«, sagte der Vater. »Mein Bruder und seine Frau werden eine Zeitlang bei uns wohnen müssen.«

Plötzlich wieherte eins der Pferde im Stall, ein anderes Pferd antwortete. Dann hörten sie Hufgetrappel auf dem Kies.

»Nanu?« Martin Bregartner stand auf und ging zur Küchentür. »Ole, da ist mein Bruder. Versorg sein Pferd.«

»Jawohl, gnädiger Herr«, seufzte Ole. Er sah bedauernd auf die dampfende Schüssel mit dem Eintopf, von dem er kaum drei Löffel gegessen hatte.

»Hinrich. Wir wollten gleich wieder los«, sagte Martin. »Komm rein, komm!«

Hinrich betrat die Küche. Er sah genauso müde und verdreckt aus wie die anderen Männer nach ihrer Ankunft. Der Gestank von angesengtem Haar und verbrannter Wolle breitete sich in der Küche aus. Emilia hielt die Luft an.

»Es ist alles verloren«, sagte Hinrich. »Heute Morgen noch haben sie den Gottesdienst in der Nikolaikirche abgehalten und gebetet. Heute Mittag gab es noch einen Gottesdienst, doch die Kirche war nicht mehr zu retten. Wir haben alles versucht, aber wir haben es nicht geschafft. Vor einer Stunde ist der Turm eingestürzt.« Er schaute seinen Bruder an und schüttelte den Kopf. »Die Glocken haben noch geläutet, dann fiel der Turm in sich zusammen. Ist das ein Zeichen Gottes, Bruder? Ist das ein Zeichen?«

»Das glaube ich nicht«, sagte Martin leise. »Warum sollte Gott uns so strafen wollen? Komm, setz dich.«

Hinrich schaute an sich herab. »Ich werde die ganze Küche verschmutzen.«

»Das macht nichts, das kann man wieder in Ordnung bringen. Deine Frau ist gerade in der Badestube. Mats, hol Wasser, damit wir es für meinen Bruder erwärmen können.« Er schenkte einen Becher voll mit Branntwein und reichte ihn seinem Bruder. »Trink!«

»Unsere Dienerschaft hat sich retten können«, sagte Hinrich, trank gierig und hielt seinem Bruder den Becher abermals hin. »Sie sind bei ihren Familien. Gregor hat mich noch getroffen, bevor ich losgeritten bin.«

»Immerhin«, sagte Martin. »Sie können auch hier unterkommen für die nächste Zeit. Es ist noch Platz im Gesindetrakt und im rechten Flügel.«

»Wir können dich doch jetzt nicht so belasten.« Hinrich zog die Stirn in Falten. »Wie steht es um deine Frau?«

Martin schüttelte den Kopf. »Sie ist noch in den Wehen. Die Hebamme sagt, es wird noch dauern.«

»Möge Gott geben, dass wenigstens das gutgeht«, seufzte Hinrich.

Ja, dachte Emilia, bitte, lieber Gott, lass alles wieder gut werden. Sie ging in den Keller und holte einen Krug Bier.

Inken stand am Herd, rührte in Töpfen und Pfannen. Onkel Hinrich saß zusammengesunken auf der Bank und seufzte. Er hob

28

den Kopf, als sie den Krug abstellte, griff danach und füllte die Becher.

»Prost, Bruder.« Sein Atem roch nach Weinbrand, er lallte leicht.

Martin Bregartner nahm einen Becher und trank. Dann schaute er seinen Bruder an. »Du bist hier kein Gast, dies ist unser Elternhaus, es ist dein Haus wie meins.«

Hinrich nickte. »Da sprichst du ein wahres Wort gelassen aus.« Er nahm einen weiteren großen Schluck. »Ich mag nicht an unser Haus denken. Mir zerreißt es das Herz.«

Mats kam in die Küche. »Inken, die gnädige Frau verlangt nach dir. Sie ist fertig mit dem Bad, hat aber nichts zum Anziehen.« Er grinste schief.

»Du lieber Gott«, stieß die Magd hervor. »Daran habe ich ja gar nicht gedacht.« Sie nahm die Pfanne vom Feuer und stellte den Topf neben die Kohlen. »Das braucht nicht mehr lange. Es muss nur noch ziehen.« Die Pfanne mit Rührei und Speck stellte sie auf den Tisch, dazu einen großen Topf Sülze, Butter und Brot. »Nehmt euch.«

Dann eilte sie in die Diele und lief nach oben.

»Täubchen, du riechst, als wärst du ins Bierfass gefallen«, sagte der Vater zu Emilia und zwinkerte ihr zu. »Du solltest dich umziehen.«

»Ja, Vater.« Emilia blieb unschlüssig am Tisch stehen. Allein konnte sie sich nicht ausziehen, geschweige denn etwas Neues anziehen. Sofie war bei Mutter, Inken kümmerte sich um Tante Minna. Sie hatten keine Zofe oder ein Kindermädchen.

»Kind, willst du nicht auf deinen Vater hören?«, sagte Hinrich und schenkte sich wiederum ein.

»Emilia?« Martin Bregartner sah seine Tochter fragend an. »Ist noch etwas?«

»Nein, Vater.« Sie verließ die Küche, machte jedoch in der Diele kehrt. »Ich kann die Schlaufen und Schließen nicht allein lösen«, sagte sie leise, als sie wieder vor ihrem Vater stand.

»Ach je.« Er runzelte die Stirn. »Ich verstehe. Sonst macht das Inken.«

»Oder Sofie«, sagte Emilia zaghaft.

29

»Verstehe.« Er richtete sich auf, reckte sich, packte dann das Kind und nahm es huckepack. »Dann marschieren wir beide nach oben und ich helfe dir.«

»Martin?«, sagte sein Bruder fragend. »Was machst du?«

»Ich helfe meiner Tochter.«

»Das schickt sich nicht.«

»Mag sein, aber deine Frau will aus dem Bad und du willst rein. Meine Frau bekommt ein Kind und wir haben nur zwei Mägde.« Er zuckte mit den Schultern. »Ösen und Schlaufen öffnen kann ich.«

Dann trug er Emilia die Treppe hoch.

»Ich wollte lieb sein und alles richtig machen«, sagte sie kaum hörbar.

»Du machst alles prima. Aber du musst jetzt dieses Kleid ausziehen, bevor dich alle für einen Bierkutscher halten.« Er lachte leise und stellte sie in der Mitte ihres Zimmers auf den Boden. Der Feuerschein war deutlicher als zuvor zu sehen. Martin ging zum Fenster und schaute in Richtung Stadt. »Der Herr sei uns gütig«, murmelte er.

Emilia löste den Knoten der Schürze, legte sie auf ihr Bett und seufzte dann laut. »Mehr schaffe ich nicht allein, Vater.«

»Was?« Er drehte sich zu ihr um. »Ach je, komm her. Warum müsst ihr Weiber auch so komplizierte Kleidung tragen?« Nach und nach löste er jede Schlaufe und Öse, jedes Häkchen. Dann zog er sie aus dem Kleid.

»Das ist nur die Sonntagskleidung«, sagte Emilia ernst. »In der Woche kann ich mich fast schon allein anziehen.«

Martin lachte leise. »Dann ist es ja gut.«

In diesem Moment hörten sie wieder einen Schrei aus dem Schlafzimmer.

»Geh runter«, sagte er. »Iss etwas. Ich schau mal nach deiner Mutter.«

Ohne sie noch einmal anzusehen, verließ er das Zimmer.

Emilia stand in ihrer Unterwäsche da, zog die Schultern hoch. Das konnte er nicht so gemeint haben, sie konnte nicht so nach unten gehen. Rasch nahm sie sich eines der Kleider aus dem Schrank, das

30

sie nur über den Kopf zu ziehen brauchte. Eine frische Schürze und gut. Strümpfe hatte sie den ganzen Tag schon nicht getragen, und dass der Saum der Wäschehose fast schwarz war, würde hoffentlich niemand bemerken. Sie strich mit der Bürste einmal kurz durch ihre Haare und sah sich im Spiegel an. Grau sah ihr Gesicht aus, dreckig und erschöpft. Und ihr Magen knurrte. Sie schaute zum Fenster hinaus und sah die dunkelroten Flammen unter den Wolken. Immer noch brannte Hamburg lichterloh.

Auf der Küchenbank saß die Hebamme und trank einen Becher Bier. »Der Krug ist leer«, sagte sie mürrisch.

Mats griff nach dem Krug und nahm einen weiteren vom großen Kasten in der Ecke. »Bei dem Wetter haben wir alle Durst.«

Erleichtert sah Emilia ihm hinterher. »Wo sind denn Tante und Onkel?«, fragte sie Inken verwundert.

»Deine Tante liegt in der Stube auf der Chaiselongue, mit einem kühlen Tuch auf der Stirn.« Inken biss die Zähne zusammen. »Und dein Onkel ist in der Badekammer und säubert sich. Sobald er fertig ist, werde ich den Ofen erneut anfeuern und die Wäsche waschen müssen.«

»Hast du noch Eier und Speck?«, fragte die Hebamme.

Inken stellte die Schüssel auf den Tisch. Auch Emilia nahm sich. Das Essen tat gut, aber sie spürte, wie ihr immer wieder die Augen zufielen.

»Das wird eine lange Nacht werden«, sagte die Hebamme.

»Eine weitere lange Nacht? Ist denn kein Ende abzusehen?« Inken seufzte laut. »Die arme Herrin.«

»Hast du eine Henne, der du den Kopf umdrehen kannst? Eine kräftige Brühe wird sie brauchen, wenn alles vorbei ist. Sie ist jetzt schon sehr geschwächt. Möge der liebe Gott seine Hände schützend über sie halten.«

»Der liebe Gott«, schnaubte Mats und stellte die Krüge mit dem würzigen Bier auf den Tisch, »scheint uns alle vergessen zu haben.«

»Mats!«, rief Inken entsetzt.

»Ist doch wahr«, sagte er wütend. »Ich hoffe, die Familie meiner

Schwester ist dem Feuer entkommen. Ihr Hab und Gut werden sie nicht gerettet haben. Wie vielen anderen mag es genauso gehen? Was ist mit deiner Familie, Inken?«

»Ich habe noch nichts gehört.« Sie faltete die Hände und schien ein stilles Gebet zu sprechen.

»Bursche!«, rief der Onkel aus der Badekammer. »Bring mir etwas zum Anziehen!«

»Hier!« Martin Bregartner kam in die Küche. Über dem Arm trug er Kleidungsstücke. »Gib dies meinem Bruder.«

Inken sah ihn fragend an, doch er schüttelte den Kopf.

Die Hebamme erhob sich stöhnend. »Dann werde ich mal nach Eurer Frau schauen.«

»Gebe Gott«, murmelte Martin, »dass sie es bald überstanden hat.« Er trat zum Fenster und rieb sich über den Nacken. Die Anspannung, die von ihm ausging, war spürbar.

Ole brachte weitere Eimer mit Wasser in die Badestube. Der feuchte Dampf verteilte sich im Erdgeschoss. Die trockene Hitze hatte immer noch nicht nachgelassen und auch der Wind fegte weiterhin um das Haus.

»Hoffentlich legt sich der Wind bald, der facht doch immer wieder die Brandherde an.« Martin schaute besorgt nach draußen.

»Es sieht danach aus«, meinte Hinrich und ließ sich schwer auf die Bank fallen. »Wenn das so weitergeht, wird noch die ganze Stadt in Flammen aufgehen.«

»Da kommt jemand angeritten«, sagte Ole und brachte zwei weitere Eimer voll Wasser ins Haus. Inken war in die Badestube gegangen, wo auch die großen Waschbottiche standen. Der Geruch von grüner Seife drang in die Küche.

»Wer kann das sein?« Hinrich schenkte sich einen Becher voll Bier ein und trank mit großen Schlucken, dann seufzte er laut auf und wischte sich mit dem Handrücken über den Mund.

»Es ist Gregor, dein Bursche.« Martin öffnete die Tür zum Hof. »Mats, nimm ihm das Pferd ab und versorg es. Dann lauf zum Röperhof. Inken braucht Hilfe, sie schafft das nicht allein.«

Emilia hörte das Quietschen des Pumpschwengels, hörte Wasser im Hof plätschern.

»Wo bleibt er denn?«, fragte Hinrich ungeduldig. »Martin, deine Hosen sind zu eng. Bekommst du nicht genügend zu essen?«

»Ich bewege mich wohl mehr als du.« Martin grinste schief. »Wir werden die Schneiderin bemühen müssen. Ihr braucht eine komplett neue Garderobe, so schnell es geht.«

»Die Schneider werden sich eine goldene Nase an dem Brand verdienen, ebenso wie die Zimmerleute, die Schreiner und alle anderen Gewerke auch.« Nachdenklich zog er die Stirn in Falten. »Wir haben doch auch Länder an der Este, nicht wahr?«

»Ja, mütterlicherseits haben wir dort einige Äcker und Brachland geerbt. Aber der Boden ist lehmig und zum Deich hin sandig. Dort gedeihen nur Obstbäume.«

»Lehmig. Das ist es doch, Bruder.« Hinrich stand auf und klopfte Martin auf die Schulter. »Es ist Lehmboden, dort werden wir eine Ziegelei errichten. Die zwei alten Schleppkähne an der Werft bringen wir zur Este. Sie können die Ziegel nach Hamburg bringen. Gleich morgen werde ich Brennholz ordern und Ziegelformen machen lassen.«

Martin drehte sich um. »Ist das dein Ernst, Hinrich? Du denkst jetzt ans Geschäft, willst aus dem Unglück anderer Gewinn schlagen?«

»Es ist auch mein Unglück und deines. Unser Haus ist niedergebrannt, wir werden es neu errichten müssen. Viele Häuser werden neu errichtet werden. Warum sollen wir uns nicht daran beteiligen? Schon in einigen Wochen könnten wir Ziegel produzieren. Was glaubst du, wie lange es dauern wird, bis man bauen kann?« Seine Augen leuchteten.

»Noch brennt die Stadt und du denkst schon über den Aufbau nach. Wahrscheinlich berechnest du schon die Preise, die wir nehmen können.«

Martin schüttelte die Hand seines Bruders ab. »Ist gut, Gregor. Komm rein und berichte.«

33

»Nein, Herr, ich bin voller Asche und Staub«, rief der Bursche und steckte den Kopf abermals unter den Wasserstrahl.

»Lass gut sein. Wir sahen nicht anders aus. Hier wartet ein kühles Bier auf dich.«

Nur zögernd betrat der Bursche die Küche. Er hatte seine Jacke abgelegt, die Ärmel hochgekrempelt. Sein Gesicht glänzte rot, er schüttelte das Wasser aus den Haaren und fuhr sich mit den Fingern über den Kopf.

»Hier.« Martin reichte ihm einen Becher. »Trink. Und setz dich.«

»Wie sieht es aus in der Stadt?«, fragte Hinrich. »Ist das Feuer bezwungen?«

Gregor schüttelte den Kopf. »Es wütet und wütet und wütet. Wie das Fegefeuer«, sagte er leise. »Sie haben das Rathaus geräumt und dann gesprengt. Aber es hat nichts genutzt, die Flammen haben die Schneise übersprungen.«

»Großer Gott!«, rief Martin aus.

»Es sind Spritzen aus der ganzen Umgebung gekommen, um zu helfen. Die Wehren aus Altona, Wandsbek, Wedel und Uetersen. Ich habe gehört, dass weitere Spritzen kommen sollen, sogar aus Lübeck und Kiel. Aber ob das wirklich stimmt, weiß ich nicht«, sagte er erschöpft.

»Es ist unglaublich«, sagte Hinrich.

»Hast du Dörte oder Inge gesehen?« Tante Minna stand plötzlich in der Küche.

»Nein, gnädige Frau. Ich denke, sie sind wohl zu ihren Familien geflohen, wenn sie nicht hier sind.«

»Siehst du sie etwa hier?«, fragte Tante Minna schnippisch. »Hinrich, wir sollten sie morgen suchen. Es ist unerträglich ohne eigene Dienstmagd.«

Inken kam in die Küche. Sie wischte sich den Schweiß von der Stirn. Ihre Wangen waren gerötet, die Haare und die Kleidung feucht vom Dampf. Doch um ihre Augen herum war sie blass.

»Gregor, lass dir von Mats Anziehsachen geben, damit ich deine gleich mitwaschen kann«, sagte sie leise.

»Lass den Burschen doch erst einmal etwas essen. Es ist noch ein Rest von dem guten Eintopf da«, meinte Martin und drehte sich dann zu seiner Magd um. »Hast du schon etwas gegessen?«

»Einen Kanten Brot.«

»Dann setz du dich auch und iss. Es hat keinen Zweck, wenn wir bis zum Umfallen schuften. Die nächsten Tage wird es noch genug zu tun geben. Mats hab ich zum Röperhof um Hilfe geschickt.«

Dankbar setzte sich Inken und nahm sich eine Schale Eintopf.

»Und wir gehen in die Stube. Dort können wir in Ruhe überlegen, wie es weitergehen soll«, beschloss Martin.

Niemand achtete auf Emilia. Sie drückte sich in die Ecke der Bank, zog die Beine an den Körper und steckte den Daumen in den Mund. Im Dämmerschlaf hörte sie das Gesinde reden.

»Alles wird sich verändern«, sagte Gregor.

»Das wird es«, stimmte ihm Inken zu. »Und ich weiß nicht, ob mir das gefällt.«

»Wie meinst du das?«

»Nun, deine Herrschaft wird hierherziehen müssen und ihr alle auch. Es wird ganz schön eng werden.«

Gregor lachte leise. »Das Haus hier ist groß. Aber ich glaube nicht, dass mein Herr es lange auf dem Land aushalten wird.«

»Er hat doch keine andere Wahl? Will er etwa im Schutt leben?«

»Ihm würde ich das zutrauen, aber ihr nicht.«

Inken lachte. »Wahrlich nicht.«

Sie hielten inne, als von oben wieder ein Schrei ertönte.

»Die Arme«, murmelte die Magd. »Nimmt das denn kein Ende?«

»Wenn das Kind überlebt, wird meine Herrin noch neidvoller sein, als sie es jetzt schon ist. Sie hofft immer noch, dass auch ihr Leib wieder gesegnet wird.« Gregor nahm sich noch einen Schluck Bier.

»Wo finde ich etwas zum Anziehen?«

»Frag Ole, er ist wohl im Stall. Er soll dir etwas geben.«

Emilia nickte ein. Es war dunkel draußen, als es wieder unruhig wurde in der Küche. Mats hatte zwei Mägde vom Gutshof mitgebracht. Sofort spülten sie die Wäsche aus, die Inken in die Lauge gelegt hatte.

35

»Es macht keinen Sinn, sie nach draußen zu hängen. Immer wieder weht der Wind Asche her. Wir bringen sie auf den Speicher, dort ist es staubig, aber trocken«, beschloss Inken.

Und dann wurden die Schreie heftiger. Verzweifelt klang es, bald auch kraftlos.

»Das nimmt kein gutes Ende«, meinte Gritt, die blonde Magd. »Das hört man schon.«

»Mal den Teufel nicht an die Wand«, schimpfte Inken. »Wir wollen beten, dass du unrecht hast.«

Gegen Morgen, als das Feuer die Börse in Hamburg umschloss, gebar Anna Bregartner ihren Sohn.

Das rote Licht der aufgehenden Sonne verblasste hinter dem Feuerschein.

Hektik herrschte in der Küche. Das Gesinde war kaum zum Schlafen gekommen und nun musste das Frühmahl für etliche Personen mehr bereitet werden.

Für die Mutter köchelte ein Topf mit Brühe auf dem Herd. Der Duft zog durch die Räume und ließ Emilia das Wasser im Mund zusammenlaufen. Wenn Inken die Suppe kochte, bedeutete das, dass ihre Mutter die Geburt überstanden hatte, hoffte Emilia.

»Na, magst du auch etwas?«, fragte Inken und reichte ihr ein Schüsselchen. »Anschließend kannst du dir die Hände und das Gesicht waschen und deinen kleinen Bruder begrüßen.«

Das Mädchen sah sie aus großen Augen an. »Ein Bruder?«

Inken nickte und lächelte.

»Und … Mutter?«, traute Emilia sich kaum zu fragen.

»Sie ist geschwächt, hat aber alles gut überstanden.« Inken strich ihr über den Kopf, sie sah nachdenklich aus.

»Darf ich zu ihr?«, wollte Emilia wissen.

»Heute noch nicht. Sie braucht Ruhe. Aber deinen Bruder darfst du begrüßen, wenn du möchtest.«

»Ja.« Emilia sprang auf und lief in die Badekammer, wusch sich die Hände und das Gesicht. Der Raum war immer noch feucht und roch nach Seife, auch wenn die Fenster weit geöffnet waren. Das Mädchen

36

schaute nach draußen, sah den dunklen Himmel mit den Rauch-
schwaden. Immer noch brannte es.

Darüber denke ich später nach, beschloss sie.

»Willst du nicht erst deine Suppe essen?«, fragte Inken.

Emilia stemmte die Fäuste in die Seiten. »Also weißt du, Inken,
Suppe kann ich jeden Tag essen, aber meinen neuen Bruder begrüßen kann ich nur einmal. Wie heißt er denn?«

Die Magd lachte laut auf. »Das muss dein Vater entscheiden.
Komm, lass uns hochgehen.«

»Bin ich sauber genug?« Emilia zeigte ihre Hände vor.

»Ich denke, zum Schauen reicht es, Liebchen.«

4. KAPITEL

Hamburg brannte bis zum 8. Mai. Das Feuer hatte in der Nacht des
5. Mai in der Deichstraße am Nikolaifleet begonnen, sich in alle
Richtungen bis zum Gänsemarkt, zur Petrikirche und Gertrudenka-
pelle und bis zur Binnenalster hin ausgedehnt. Mehr als ein Viertel
der Stadt war zerstört. Einundfünfzig Menschen starben, fast zwei-
tausend Häuser brannten nieder und zwanzigtausend Menschen
wurden obdachlos. Einhundertzwei Speicher gingen mitsamt ihrem
Inhalt in Flammen auf, drei Kirchen, das Rathaus, das Archiv und
die alte Börse wurden vollständig zerstört.

Unter den Obdachlosen waren nun auch Onkel Hinrich, seine
Frau Wilhelmina und die vier Bediensteten Gregor, Dörte, Inge und
Heinz. Heinz hatte so schwere Brandwunden erlitten, dass er ins
Hospital gebracht werden musste. Die anderen zogen zu Bregartners
auf den Familiensitz.

Es war eine große Umstellung für alle. Sie mussten zusammenrücken und Platz schaffen.

Emilia konnte kaum fassen, dass sie ihr Zimmer räumen und in
die Mansarde ziehen sollte.

»Du bist doch schon ein großes Mädchen«, versuchte Inken das aufgebrachte Kind zu beschwichtigen. »Wir machen die Kammer schön für dich, ja? Mats wird uns helfen.«

»Schön? Dort oben?« Emilia zog eine Schnute. »Warum kann ich nicht in meinem Zimmer bleiben?«

»Du weißt, dass deine Tante ein eigenes Zimmer haben möchte. Schau, sie hat alles verloren. Wir müssen ein wenig Verständnis für sie zeigen.« Inken seufzte. »Immerhin bekommst du eine eigene Kammer, ich muss mein Zimmer mit Dörte teilen.« Sie beugte sich zu Emilia und flüsterte: »Dörte schnarcht.«

»Oh nein.« Emilia schluckte, biss sich dann auf die Lippe. »Magst du mit mir in die Mansarde ziehen? Ich schnarche nicht.«

Inken lachte, aber sie klang nicht fröhlich. »Das geziemt sich nicht, Kind. Und nun lauf, Mette wartet bestimmt schon auf dich.«

Obwohl Dörte und Inge schon in der Woche nach dem Brand zu ihnen gebracht worden waren, halfen die beiden Frauen vom Gutshof noch einige Zeit weiter mit. Der Schreiner zimmerte in aller Eile einige neue Möbel, die Mägde nähten und säumten wochenlang die Kleidung, die die Schneiderin zurechtschnitt. Aber nicht nur Kleidung und Möbel wurden gebraucht, es fehlte an allen Ecken und Enden.

Eilig wurde der Stall erweitert, in der Remise musste Platz für die beiden Kutschen geschaffen werden. Die Wand der Bade- und Waschstube wurde eingerissen und ein Anbau gemauert. Der Küfer fertigte Zuber und Waschbottiche an.

Tante Minna war mit der geschneiderten Kleidung nicht zufrieden, sie bestand darauf, dass Hinrich mit ihr nach Lübeck und Kiel fuhr, damit sie sich dort neu einkleiden und das ein oder andere kaufen konnte.

Anna, Emilias Mutter, war durch die Geburt sehr geschwächt, sie blieb lange bettlägerig. Die Familie sorgte sich und die Angst vor dem Kindbettfieber schlich wie ein Gespenst durch das Haus. Tante Minna schien das gerade recht zu sein, sie übernahm den Haushaltsvorstand.

»Es ist ja nicht zu glauben, wie mittelmäßig und spartanisch dein

38

Bruder und seine Familie hier leben«, sagte sie zu Hinrich. Sie hatte wohl nicht bemerkt, dass Emilia in der Ecke der Stube saß und an einem Kleid für ihre Puppe nähte.

»Wir sind hier auf dem Land, Minna«, sagte Onkel Hinrich und zündete sich eine Zigarette an.

»Aber so kann man doch nicht leben, nicht in den heutigen Zeiten. Sie kochen ihre Seife selbst, ist das zu fassen?« Minna seufzte auf. »Und Anna besteht darauf, ihr Kind zu stillen, das ist doch nicht die Möglichkeit. Auch hier wird es doch wohl Ammen geben.«

»Das ist doch nicht dein Problem.« Er schlug die Zeitung auf.

»Natürlich ist es mein Problem, wie wir hier leben.«

»Wir sollten froh sein, dass wir überhaupt hier sein dürfen, Minna. Genieß doch einfach die Ruhe und die gute Luft hier. In der Stadt hast du dich oft genug über den Lärm und Gestank beschwert.«

»Nun ja, ich möchte trotzdem einiges ändern. Dörte soll die Küche übernehmen. Inken kocht ja wie eine Bäuerin. Sie weiß noch nicht einmal, wie man eine Consommé macht.«

»Herrgott, Minna, Inken kann eine kräftige Brühe kochen, auch wenn du das anders nennst. Ihr Essen ist einfach, aber gehaltvoll und bekömmlich. Misch dich nicht zu sehr in den Haushalt ein.«

»Es ist jetzt auch mein Haushalt«, sagte Minna spitz. »Es ist der Familiensitz, er gehört euch beiden. Und Anna ist nicht in der Lage, ihn vernünftig zu führen.«

»Mach, was du nicht lassen kannst, aber ich will keinen Streit«, brummte er und vertiefte sich wieder in die Zeitung.

Emilia schlich sich aus der Stube, die laut Tante Minna jetzt Salon hieß, und rannte die Treppe nach oben. Vor dem Schlafzimmer ihrer Eltern blieb sie keuchend stehen, versuchte sich zu sammeln.

Dann klopfte sie. »Mutter?«

»Emma? Liebes, komm rein.«

Ihre Mutter lag in dem großen Bett aus dunklem Holz, das so wirkte, als hätte es schon immer dort gestanden und das Zimmer wäre um es herum gebaut worden. Die Pfosten waren dick und schwer, ein Baldachin aus schwerem Stoff bildete den Himmel. Ihre

Mutter saß im Bett, an mehrere Kissen gelehnt. Die Haare hatte sie zu einem Zopf geflochten, der ihr über die Schulter hing. Immer noch sah sie blass aus, doch sie lächelte Emilia freudig entgegen.

Langsam näherte Emilia sich dem Bett. In der Wiege schlummerte Julius, ihr kleiner Bruder. Sie fand ihn winzig, aber alle anderen waren von seiner Größe und seinem Gewicht beeindruckt. Sie hatte ihn ein paar Mal gesehen, durfte ihn auch einmal mit Hilfe des Vaters halten. Seine Stupsnase und die dunklen Augen, der süße Mund und die kleinen Finger bezauberten sie.

»Emma? Hast du Kummer?«, fragte die Mutter besorgt, nachdem sie ihre Tochter gemustert hatte. »Komm, setz dich hier auf das Bett und erzähl mir, was passiert ist.«

»Mutter, dies ist doch unser Haus, nicht wahr?«

»Aber natürlich. Warum fragst du?« Anna lachte leise.

»Weil, weil, nun, weil Tante Minna gesagt hat, es gehöre ihr.«

»Ach? Da musst du dich verhört haben, Liebes. Sie wohnen jetzt hier, bis das Haus in Hamburg wieder aufgebaut ist. Und so lange ist das auch ihr Zuhause. Aber sie werden wieder nach Hamburg ziehen, das ist gewiss.«

»Wirklich? Aber, aber, aber sie mag nicht, was Inken kocht, sie findet es hier mittellich oder so.«

»Mittellich?« Anna zog die Stirn kraus.

»Mittellichmass oder so, hat sie gesagt.«

»Mittelmäßig?«

»Genau, das hat sie gesagt. Und dass wir die Seife selbst machen und alles, will sie ändern. Darf sie das? Sie hat doch schon mein Zimmer bekommen. Darf sie noch mehr?«

Anna schwieg nachdenklich. »Kind«, sagte sie schließlich leise. »Komm her, komm in meinen Arm.«

Emilia senkte den Kopf. »Ich habe mir nicht die Hände gewaschen«, sagte sie und versteckte ihre Arme hinter dem Rücken. »Vater hat mir gesagt, dass ich dein Zimmer nur betreten darf, wenn meine Hände ganz sauber sind.«

Anna lachte. »Du solltest Julius nicht anfassen, aber ich darf dich

in den Arm nehmen. Und das möchte ich jetzt auch. Also komm
her.«

Emilia rückte näher und kuschelte sich vorsichtig an ihre Mutter.
Seit Julius auf der Welt war, war Mutter anders, dachte sie. Sie war
nicht mehr so traurig und voller Sorge.

»Schau, Tante Minna hat es sehr schwer. Sie hat alles verloren.«

»Ich weiß«, murmelte Emilia. »Das sagt Inken auch immer.«

»Siehst du. Du bist auch traurig, weil du dein Zimmer abgeben
musstest, nicht wahr?«

Emilia nickte. »Oben ist es so klein, auch das Fenster ist winzig.
Ich kann gar nicht richtig rausgucken. Jetzt sehe ich nicht mehr,
wenn Mette draußen wartet.«

»Aber du weißt, dass es nur vorübergehend ist. Wenn Tante Minna
und Onkel Hinrich zurück in die Stadt ziehen, bekommst du dein
Zimmer wieder.«

»Ja?« Emilia schaute ihre Mutter mit großen Augen an.

Anna nickte ernsthaft. »Ja, natürlich. Aber Tante Minna kann nie
wieder in ihr Haus zurück, weil es kaputt ist. Es ist nichts mehr davon da. Sie hat alles verloren. Ihre Kleider, ihre Möbel, ihren
Schmuck, ihre Bücher, ihre Briefe. Alles. Auch alles, was sie an ihre
Kinder erinnert. Weißt du noch, wer Frederik war?«

Emilia nickte. »Mein Cousin.«

»Er ist leider gestorben. Und sie hat keine Erinnerungsstücke mehr
von ihm. Noch nicht mal eine Haarlocke.«

»Das ist traurig.« Emilia seufzte.

»Ja, das ist es. Und wenn Leute sehr traurig sind, sagen sie manchmal Sachen, die sie nicht so meinen.«

»Also schmeckt ihr Inkens Essen doch? Tante Minna will, dass
Dörte die Küche führt. Aber Dörte spricht so seltsam und sagt immer französische Wörter. Und sie kann Sofie nicht leiden.«

Anna holte tief Luft. »Ich wünschte, ich könnte schon aufstehen«,
murmelte sie.

»Nein, nein, Mutter, das darfst du nicht. Du musst dich erholen,
das hat Vater mir gesagt.«

41

»Ja.« Anna nickte. »Wir müssen durch diese schweren Zeiten hindurch und uns immer wieder vor Augen halten, dass es für Tante Minna und Onkel Hinrich viel schlimmer ist als für uns.«

»Ja, Mutter.«

Julius rührte sich. Er quäkte leise. Anna beugte sich über die Wiege und nahm ihn hoch. »Sch-sch-sch«, wisperte sie. »Hast du Hunger, kleiner Mann? Emma, kannst du Inken hochschicken? Julius muss gewickelt werden.«

»Natürlich!« Das Mädchen sprang auf. Sie schaute ihre Mutter und den kleinen Bruder an und plötzlich wurde ihr ganz warm vor Glück.

Es ging auf Weihnachten zu und so langsam gewöhnten sie sich an die Enge und die vielen Leute im Haus.

Dörte hatte die Leitung der Küche übernommen, Inken kümmerte sich um Anna und Julius. Die alte Sofie wurde nur noch geduldet. Sie schien immer kleiner zu werden. Auch das Haus selbst hatte sich verändert. Die neuen Möbel rochen nach Holz, Leim und Farbe, Teppiche lagen auf dem Boden. Fast jede Woche fuhr Tante Minna nach Hamburg oder Lübeck und brachte Sachen mit. Bücher, Geschirr, Stoff, Kleidung. Erst hatte Onkel Hinrich das begrüßt, doch nun wurde er jedes Mal mürrischer.

Anna wollte nicht so recht auf die Beine kommen, doch Julius gedieh prächtig.

Es war kalt und unter den Regen mischte sich Schnee, als Emilia im Salon saß und mit ihren Puppen spielte. Bei Jörgensens war sie schon etliche Tage nicht gewesen, dort herrschte die Bräune. Tante Minna schätzte den Kontakt ihrer Nichte zu den Nachbarn nicht und hatte dies schon mehrfach geäußert. Meistens überhörte Emilia das, was ihre Tante sagte, einfach.

»Mats soll das Feuer schüren«, sagte Hinrich, als er den Salon betrat, und rieb sich die Hände. »Was für ein Schietwetter.«

»Es wird gleich Essen geben«, erwiderte Martin und schüttelte sich. »Mats«, rief er. »Das Feuer im Salon ist heruntergebrannt. Wir werden uns noch den Tod holen.«

»Sofort, gnädiger Herr.« Mats legte Holz nach und zündete die Kerzen an. »Die Zeitung ist gekommen. Ich habe sie dort auf den Tisch zur Post gelegt«, sagte er.

»Guter Mann.« Martin klopfte ihm auf den Rücken. »Gibt es sonst noch etwas?«

»Die Stute lahmt immer noch. Wir machen jetzt Umschläge mit Huflattich. Die Räucherware haben wir in den Trockenkeller gebracht. Ich habe neues Brennholz geordert.«

Martin nickte zufrieden. Mats verbeugte sich leicht und verließ den Salon.

Die beiden Männer setzten sich vor den Kamin. Hinrich nahm die silberne Zigarettenschachtel hervor. Martin entdeckte seine Tochter.

»Täubchen, komm, gib deinem Vater einen Kuss«, sagte er.

Emilia sprang auf und lief zu ihm. Er roch nach Schnee und nach grünem Holz. Sie küsste ihn auf die Wange.

»Wie geht es deiner Mutter?«

»Sie war heute Nachmittag ein wenig auf und sogar hier unten«, berichtete das Mädchen. »Julius hat wieder gelacht. Er ist ein Schatz!«

Martin nickte zufrieden. Dann wandte er sich seinem Bruder zu.

»Das Schiff sollte nächstes Jahr rechtzeitig vom Stapel laufen.«

»Das ist gut. Sehr gut sogar. Ich war an der Ziegelei. Wir können uns vor Aufträgen kaum retten. Mit Lindley habe ich morgen einen Termin, auch Chateauneuf wird dabei sein. Rund um die Kleine Alster wird ein komplett neues Stadtbild entstehen.« Hinrich lehnte sich zufrieden zurück.

»Ob Architekten und Ingenieure tatsächlich eine Stadt planen können? So etwas muss doch wachsen«, sagte Martin skeptisch.

»Nein, das muss nicht wachsen. Die ganze Wasserwirtschaft und die Abwässer können so viel besser geregelt werden. Es hat alles nur Vorteile. Aber das Beste ist, Bruder, wir verdienen daran. Und wir verdienen gut.«

»Das ist auch nötig«, murmelte Martin. »So, wie deine Frau das Geld mit vollen Händen ausgibt.«

Hinrich räusperte sich. »Da sprichst du ein wahres Wort gelassen

43

aus. Ich werde nochmals mit ihr reden. Es nimmt überhand zurzeit. Ich wünschte, wir müssten euch nicht so zur Last fallen. Wilhelmina fühlt sich hier nicht wohl.«

»Ja«, sagte Martin bedrückt. »Das tut mir sehr leid und Anna auch. Ich wünschte, wir könnten etwas tun, damit es ihr bessergeht.«

Hinrich lachte rau. »Ihr tut schon alles und mehr als das. Was wollt ihr noch tun? Es ist schwer für sie. Besonders schwer ist es, Julius zu sehen.« Er blickte auf und legte seinem Bruder die Hand auf den Arm. »Wir sind sehr glücklich für euch, freuen uns, dass es Julius gibt, dass er lebt. Missversteh mich da nicht. Aber sie trauert doch so sehr um unsere Kinder.«

»Ja«, sagte Martin und seufzte. »Gott gibt und Gott nimmt. Manchmal sind seine Werke schwer zu verstehen.«

Die beiden Männer schwiegen für einen Moment. Dann hob Hinrich wieder den Kopf. »Wir sollten über das Geschäft nachdenken.«

»Es läuft doch gut. Die Werft hat Aufträge und jetzt noch die Ziegelei in den Ländereien, die bisher wertlos erschienen. Was willst du mehr?«

»Wir sollten in die Kauffahrtei einsteigen. Hamburg braucht mehr als Ziegel, und Ziegel bringen wir schon mit den alten Frachtkähnen herbei. Wir bauen Schiffe, warum sollen wir nicht auch handeln? Eigene Schiffe auf die große Fahrt schicken! Wir haben alles, was es dazu bedarf.«

»Hinrich, der Großseehandel und die Kauffahrtei läuft mehr über Amsterdam und Gravesend, weniger über Hamburg. Und jetzt erst recht nicht, jetzt, wo Hamburg quasi eine Ruine ist.«

»Der Hafen ist nicht betroffen, der Handel floriert mehr denn je. Denk darüber nach, Bruder.«

»Mangez!«, rief Dörte.

»Herrje«, seufzte Hinrich. »Es würde doch reichen, wenn sie uns zum Essen riefe.«

Martin lachte. »Es ist deine Dienstmagd, nicht meine.«

44

Früher hatten sie an dem Tisch in der Stube gegessen, aber die Stube war nun der Salon. Dort, wo einst der Tisch stand, war nun ein Sofa. Regale bedeckten die Wände. Nach und nach wollte Tante Minna sie mit Büchern füllen, sie war schon eifrig dabei. In einem der Wirtschaftszimmer waren die Wände in aller Eile getäfelt worden, dort standen nun der Tisch und die Stühle und dort wurde das Essen serviert. Emilia schlüpfte hinter ihrem Vater aus dem Salon und kam vor ihm im Esszimmer an. Sie setzte sich auf ihren Platz, schaute auf ihre Hände und seufzte. Dann stand sie wieder auf und ging in die Waschstube, wo jetzt immer frisches Wasser bereitstand. Tante Minna kontrollierte Emilias Finger jedes Mal vor dem Essen und schickte sie oft genug zum Händewaschen.

Es roch köstlich nach Schweinebraten und Grünkohl. Dörte kochte gar nicht so anders als Inken. Nur hatte Inken die Speisen immer in Schüsseln und Schalen serviert, alle zugleich. Suppe, Fleisch, Beilagen, Gemüse. Dörte brachte erst die Suppe in einer großen Terrine auf den Tisch. Danach servierte sie das Fleisch und die Beilagen. Manchmal gab es etwas, was sie einen »Zwischengang« nannte.

Zuerst war es sehr ungewohnt, und Emilia, wie auch ihr Vater, nahmen sich von der Suppe mehr als früher, weil der erste Hunger so groß war. Die Hauptspeise brachten sie dann kaum noch hinunter. Aber inzwischen hatten sie sich daran gewöhnt, dass das Essen erst nach und nach serviert wurde.

Tante Minna achtete streng auf die Tischmanieren, sie fand bei fast jeder Mahlzeit etwas, was Emilia anders und besser machen sollte.

»Es ist so anstrengend«, seufzte Emilia, als sie später bei Inken in der Küche saß. »Ich werde das nie richtig lernen.«

»Madame hat eben genaue Vorstellungen.« Inken verzog das Gesicht. Dörte kochte zwar, aber alle anderen Küchentätigkeiten, wie Gemüse schnippeln, Erbsen auslesen und auch das Geschirr spülen, hatte Inken zu erledigen. Inge, das zweite Mädchen von Wilhelmina, war für die Kleidung und die Räume der Herrschaft zuständig. Sie putzte Staub, wischte die Böden und klopfte die Teppiche aus. Allerdings nur in den Räumen, die Hinrich und Wilhelmina bewohnten.

»Gibt es noch Suppe?« Die alte Sofie kam in die Küche geschlurft. Sie hatte das Umschlagtuch fest um ihre Schultern gewickelt und rieb sich die Hände. »Es wird schneien heute Nacht.« Sie hustete. »Wo sind die anderen?«

Inken zuckte mit den Schultern. »Wer weiß. Mats und Ole sind noch draußen und versorgen die Tiere, Gregor ist in Hamburg, er hat einen Auftrag von seinem Herrn. Nun setz dich, ich habe extra etwas Suppe für dich aufbewahrt.« Sie neigte den Kopf und flüsterte: »Braten ist auch noch da, komm, ich schneide dir ein Stück ab.«

»Ich dachte, wir dürfen nichts vom Essen der Herrschaft?«, sagte Sofie spitz.

»Solange Dörte das nicht sieht.« Inken lachte leise, aber freudlos. »All diese neuen Regeln. Ich verstehe nicht, warum unsere Herrschaft das zulässt. Dörte bestimmt hier über die Küche, als wären wir die Flüchtlinge und sie hätte uns aufgenommen. Dabei ist es doch andersherum.« Sie warf Emilia einen scharfen Blick zu. »Dass du das bloß nicht weiterträgst, Fräulein. Hier«, sie gab ihr gezuckertes Obst. »Aber du leidest ja auch unter all den neuen Regeln.«

Emilia nickte ernsthaft. Sie war stolz, dass sie dabeisitzen und zuhören durfte.

»Wann ziehen Onkel und Tante endlich wieder weg? Mutter hat gesagt, ich darf dann mein Zimmer wiederhaben. In der Mansarde ist es so kalt und ungemütlich. Da habe ich noch nicht einmal einen Kachelofen, sondern nur die olle Kohlenpfanne, und die stinkt.« Sie rümpfte die Nase.

»Wer weiß, ob die je wieder zurückziehen«, sagte Sofie düster. »Eher zieht unsere Herrschaft aus.«

Emilia riss vor Schreck den Mund auf. »Oh nein, das werden wir nicht.«

»Immer mit der Ruhe.« Inken warf Sofie einen warnenden Blick zu. »Nun mach dem Kind doch keine Angst. Unser Herr wird sein Elternhaus nie verlassen. Er ist ja auch damals nicht nach Hamburg gezogen, obwohl sein Bruder ihn dazu gedrängt hat.«

46

»Das weiß ich ja gar nicht.« Emilia steckte sich eine gezuckerte Aprikose in den Mund und lutschte genüsslich.

Inken lachte. »Das kannst du auch nicht wissen, da gab es dich ja noch gar nicht.«

Emilia dachte nach. Der große Brand hatte ihr ganzes Leben verändert, sie würde sich immer daran erinnern. Sie erinnerte sich auch noch gut daran, wie das Leben war, bevor Tante Minna und Onkel Hinrich nach Othmarschen gezogen waren. Vielleicht zogen sie ja doch bald wieder aus und alles würde wieder so werden wie früher. Nicht alles, denn für Emilia hatte eine neue Zeit angefangen. Es begann kurz nach dem Brand.

»Das Kind braucht eine Ausbildung«, hatte Tante Minna damals gesagt.

»Sie kommt im Herbst in die Dorfschule. Da wird sie lesen, schreiben und rechnen lernen«, hatte Martin erwidert.

Darauf freute sich Emilia schon lange. Sie würde mit den Jörgensens zusammen zur Schule gehen.

»Das ist nicht standesgemäß, mein lieber Schwager. Du kannst sie doch unmöglich mit den Kindern der einfachen Leute auf die Schule schicken.«

»Ich bitte dich, Wilhelmina, alle unsere Nachbarn, und darunter sind recht betuchte Kaufleute, schicken ihre Kinder hier zum Lehrer und zum Pastor. Auch die Mädchen lernen die Grundlagen des Wissens. Außerdem unterrichtet die Frau des Lehrers die Mädchen in der Handarbeit. Alles, was Haushaltsdinge angeht, wird Anna dem Kind beibringen.«

»Wir hatten einen Hauslehrer für unsere Kinder. Schon mit vier Jahren haben sie zu lernen begonnen. Emilia ist jetzt sechs.« Wilhelmina zog die Augenbrauen hoch. »Und sie wächst hier auf wie eine Distel.«

Martin räusperte sich. Das tat er immer, wenn er sich ärgerte, wusste Emilia. Sie fühlte sich seltsam, weil ihre Tante über sie sprach, als wäre sie gar nicht da, dabei stand sie doch neben den beiden.

»Ich freue mich schon so auf die Schule. Und ich will auch ganz

47

fleißig lernen. Meinen Namen schreiben kann ich schon, das hat mir Mette beigebracht. Und von Kasper kenne ich die Zahlen bis zwanzig. Ich kann auch schon ganz gut zusammenzählen«, sagte sie stolz.

»Schweig, Kind, wenn du nicht angesprochen worden bist.« Tante Minna sah sie streng an und Emilia zuckte zusammen.

»Aber, aber es geht doch um mich«, sagte sie trotzig.

»Emilia.« Ihr Vater runzelte die Stirn. So kannte sie ihn gar nicht. »Geh in die Küche. Du kannst bestimmt Inken helfen. Heute ist doch Backtag.«

Emilia trollte sich missmutig.

Sie durfte dann aber doch ab dem Sommer in die Dorfschule gehen, nachmittags unterrichtete Tante Minna sie zu Hause zusätzlich in Latein und im Nähen. Emilia hasste Latein.

»Wenn Onkel und Tante wegziehen«, sagte sie und nahm sich eine weitere Aprikose, »hab ich keinen Unterricht mehr bei Tante Minna.« Sie grinste. »Hoffentlich ist ihr Haus bald wieder aufgebaut.«

Inken seufzte. »Das wird dauern, mein Täubchen. Aber vielleicht hast du Glück und deine Tante Minna hat bald keine Zeit mehr für dich.«

Sofie lachte auf, hustete und rang nach Luft.

»Ich mach dir gleich einen Brustwickel«, sagte Inken und schnitt der alten Magd noch eine Scheibe von dem Braten ab. »Iss, damit du bei Kräften bleibst.«

»Glaubst du wirklich, dass sich ihr Wunsch erfüllt?«, fragte Sofie, nahm das Fleisch und kaute vorsichtig an der Kante. »Ich nicht. Es ist Wunschdenken.«

»Aber sie ist über ihre Zeit. Und es wäre gut für uns alle, wenn sie ein Kind trüge.«

Sofie schüttelte den Kopf. »Versprich dir nicht zu viel davon. Selbst wenn sie über ihre Zeit ist, sie kommt langsam in ein Alter, wo es für eine Frau schwierig wird, zu empfangen. Und selbst wenn, ich glaube nicht, dass sie dann milder gestimmt wäre.«

»Wenn sie wieder ein eigenes Kind hätte, würde sie nicht mehr so viel an unserer guten Frau und an Julius herummäkeln. Vielleicht würde sie dann auch unsere Emma in Frieden lassen.« Inken sah zu dem Kind und nickte.

»Der Winter wird lang und hart werden, Inken, das sage ich dir. Und wir werden uns auf weitere Unannehmlichkeiten mit ihr einstellen müssen.« Sofie nickte düster.

Sofie hatte ihr Zimmer räumen müssen und war in die Remise gezogen. Dort wohnte Ole schon immer, so war sie wenigstens nicht allein. Er hatte ihr eine kleine Kammer im Heuboden hergerichtet und versorgte sie jeden Abend mit Kohle für den kleinen Ofen. Trotzdem war es dort zugiger als im Haupthaus, und seit einigen Tagen plagte Sofie ein hartnäckiger Husten, den Inken mit Sorge beobachtete.

Emilia verstand nicht alles, was die Frauen sagten. Nachts im Bett dachte sie über die Worte nach. Die Kohle glühte in dem Becken in der Ecke und verbreitete eine diffuse Wärme, aber gleichzeitig war die Luft voller Rauch. Emilia wälzte sich im Bett. Stimmte das, was sie da gehört hatte? Tante Minna erwartete ein Kind? Zumindest vielleicht. Das wäre schön für die Tante, befand Emilia. Dann hätte sie wieder ein eigenes Kind, um das sie sich kümmern könnte. Der Gedanke machte sie froh. Sie drehte sich um und schaute zu dem kleinen Dachfenster. Der Mond schien und Schneeflocken tupften an das Fenster. Der Winter war da und bald kam Weihnachten. Zufrieden schlief sie ein.

Die Hoffnungen wurden enttäuscht. Am Weihnachtstag noch saß Tante Minna im Sessel am Ofen und hatte die Hand auf den flachen Bauch gelegt, schon am nächsten Tag aber lag sie im Bett und wollte nicht aufstehen.

»Es lag nicht am Essen«, sagte Dörte und schrubbte wütend den Messingtopf. »Ganz sicher nicht.«

»Wer sagt denn so etwas?«, fragte Inken verwundert.

»Ach, niemand. Der Herr meinte nur, die Gans sei zu fettig gewesen und vielleicht krank.«

Inken lachte. »Die Gans kam aus unserem Nutzgarten. Mats hat sie geschlachtet, da warst du doch dabei. Lass dich nicht verunsichern, sie sind halt traurig.«

»Aber es ist doch Weihnachten«, rief Emilia. »Da soll keiner traurig sein.«

Sie zumindest war es nicht. Am Weihnachtstag hatte die Mutter das erste Mal wieder den ganzen Tag unten verbracht. Julius war gesund und munter, er krähte und lachte. Bald schon würde er seine ersten Kleider bekommen. Er hatte schon zwei Zähnchen, die wie kleine Reiskörner in seinem Mund blitzten. Manchmal weinte er auch, so dass er Emilia leidtat.

»Es tut weh, wenn die Zähne kommen«, erklärte Sofie ihr an diesem Morgen. »Gib ihm diese Veilchenwurzel, darauf kann er kauen.« Sofie hielt Emilia eine Wurzel hin.

»Er soll das essen?«, fragte sie verwundert.

»Nein, er soll nur daran lutschen und darauf herumkauen, das hat dir auch geholfen. Und nun lauf und bring deinem Bruder die Wurzel.«

Sofie hatte, wie mit so vielem anderem, recht. Julius nahm die Wurzel begeistert in seine dicken Fäuste, steckte sie in den Mund und kaute und lutschte sie. Die Schmerzen schienen nachzulassen. Er lag in einem Körbchen in der Küche, da Inken half, das Geschirr zu spülen und das nächste Mahl vorzubereiten.

»Brauch ich das auch?« Emilia grinste breit. Sie hatte die Schneidezähne oben und unten kurz hintereinander verloren und lispelte nun, egal, wie sorgsam sie sprach. Die Tante hatte angefangen, französisch mit ihr zu sprechen, und regte sich jedes Mal über Emilias Aussprache auf.

Sofie lachte. »Hast du denn Schmerzen?«

»Nein.« Emilia schüttelte energisch den Kopf und schielte immer wieder zu Mats, der am Ofen saß und die Schlittschuhe, die sie zu Weihnachten bekommen hatte, schliff.

»Dann brauchst du auch keine Veilchenwurzel.« Sofie beugte sich vor, hielt ihr Schnupftuch vor den Mund und hustete.

»Sie sollte nicht hier in der Küche sein«, sagte Dörte empört und warf Sofie einen verächtlichen Blick zu. »Sie sollte gar nicht hier sein, sie bringt uns noch allen den Tod.«

»Aber sie gehört doch zu uns!«, rief Emilia empört. »Sie gehört zur Familie, schon immer.« Sie ging zu Sofie und drückte die alte Frau, erschrak aber, als sie nur Knochen durch die wollene Kleidung fühlte. »Sofie, du musst mehr essen«, wisperte sie.

»Ist schon gut, Kleines.« Mühsam stand die alte Frau auf und humpelte zur Tür. »Ich ziehe mich von der hohen Herrschaft hier zurück.« Beim Hinausgehen warf sie Dörte einen giftigen Blick zu.

»Inken …« Emilia schaute verzweifelt zur ihrer Magd, doch die hatte den Kopf gesenkt. »Es ist eisig draußen. Es hat gefroren und es schneit.« Emilia drehte sich verzweifelt um, sah Mats und Ole an. »Sie kann doch nicht in die Remise gehen. Dort erfriert sie doch.«

»Ich bringe ihr Kohlen.« Ole stand auf, seine Schultern hingen tief und sein Rücken erschien Emilia auf einmal sehr gebeugt. Er ging zum Ofen, füllte Kohlen in einen Eimer und folgte Sofie.

»Deine Schlittschuhe!« Mats hielt die geschliffenen Kufen hoch, sie blitzten im Schein der Lampen.

Emilia vergaß alles andere und klatschte in die Hände. »Darf ich sie gleich ausprobieren? Bitte!«

»Nein«, sagte Mats. »Es dämmert schon. Bis zum Weiher am Röperhof ist es zu weit.«

»Zur Teufelsbek, bitte, lass uns zur Teufelsbek gehen«, flehte sie. »Ich will sie ja nur kurz ausprobieren.«

Mats sah zu Inken, doch die schüttelte den Kopf. »Kein fließendes Gewässer. Die Bäche sind gerade erst zugefroren. Das Eis wird noch nicht halten.«

»Aber es ist mein Weihnachtsgeschenk«, beschwor Emilia sie. »Bitte! Nur einmal kurz.«

»Auf unserem Teich? Da ist das Eis dick genug. Es trägt mich«, sagte Mats. »Ich habe es ausprobiert.«

Emilia zog eine Schnute. »Unser Teich ist winzig.«

Inken seufzte. »Da oder gar nicht. Aber zieh dich ja warm an, Täubchen.«

Emilia stürmte in den Flur, griff nach der wollenen Mütze, den Fäustlingen und ihrem Mantel. Sie zwängte sich zappelnd hinein und schlang einen Schal um ihren Hals. Die Schnürstiefel standen in der Küche am Ofen. Um die Schnüre schließen zu können, musste sie die Handschuhe wieder ablegen. Aufgeregt zog sie an den Bändern.

»Ich helfe dir«, erbarmte sich Inken lächelnd und band die Schnürsenkel zu festen Schleifen. »Und jetzt geh. Dass du gut auf sie aufpasst, Mats«, ermahnte sie den Knecht.

»Sie ist doch unser Sonnenschein. Als ob ich da nachlässig wäre.« Mats schüttelte empört den Kopf. »Dann komm, min Deern«, sagte er grinsend und nahm sie bei der Hand.

Die eisige Luft biss in ihre Wangen, aber sie streckte tapfer das Kinn in die Luft. Jetzt galt es, keine Schwäche zu zeigen, wollte sie doch unbedingt eislaufen. Sie hatten zwei Teiche – einer davon ein Zierteich vor dem Haus, in den ein kleiner Steg führte. Mutter hatte ihn anlegen lassen und saß im Sommer gerne am Rand des Wassers im Schatten der Bäume. Im hinteren Garten war ein weiterer natürlicher Teich. Er wurde im Frühjahr von der Teufelsbek gespeist. Im Sommer trocknete der Zufluss meist aus und im Herbst füllte ihn das Regenwasser wieder. Die Tiere nutzten den Teich als Tränke, auch gab es ein paar Karpfen, die Mats ausgesetzt hatte und von denen hin und wieder einer auf den Tisch kam.

Emilia setzte sich am Rande des Teichs auf einen Baumstumpf und band die Schlittschuhe, Stahlkufen, die an einer Holzsohle befestigt waren, unter ihre Stiefel. Die Schlittschuhe der Jörgensens waren schlichte Eisenkufen, die sie unter die Schuhe banden. Emilia besah sich stolz das schöne Geschenk an ihren Füßen. Sie prüfte mehrfach, ob die Schnüre auch fest genug saßen, dann stand sie vorsichtig auf.

Mats war auf das Eis getreten und stapfte fest auf. Es knirschte zwar, hielt aber.

»Du läufst nur hier vorn«, sagte er mit ernster Stimme. »Nicht dort hinten, wo der Zufluss ist. Dort ist das Eis immer dünner.«

»Natürlich! Ich bin doch nicht dumm, Mats.«

Langsam ging sie das Ufer hinunter bis zur Eisfläche. Bisher hatte sie sich Schlittschuhe von einem der Jörgensens leihen müssen, sie hatten sich dann immer abgewechselt, aber nun besaß sie ihre eigenen.

Erst noch unsicher glitt sie über das Eis, doch dann ging es fast wie von selbst. Immer schneller und schneller drehte sie ihre Runden. Es war ein herrliches Gefühl, so mühelos und leicht.

»Pass auf, Deern!«, rief Mats vom Ufer.

Sie hatte sich, ohne es zu bemerken, dem nördlichen Rand des Teichs genähert. Emilia stoppte. Dort glänzte das Eis, als ob es feucht sei. Und gluckerte es nicht auch? Sie lauschte, das Herz pochte ihr bis zum Hals.

»Komm langsam zurück«, rief Mats. »Ganz langsam.«

Plötzlich schienen ihre Füße vergessen zu haben, wie man über das Eis glitt. Sie hob den rechten Fuß, statt ihn nach vorn zu schieben, schwankte, hätte beinahe das Gleichgewicht verloren.

»Emma, vorsichtig!«

Sie blieb stehen, die Arme zu den Seiten ausgestreckt, und holte mehrfach tief Luft. Wieder glaubte sie, ein lautes Knacken gehört zu haben. Im Jahr zuvor war Müllers Jens in das dünne Eis eingebrochen und ertrunken. Wieder hob sie den Fuß, wollte zu Mats laufen.

»Emma! Schieben, du musst die Füße über das Eis schieben. Nicht laufen. Komm schon, du kannst das!« Mats war auf die zugefrorene Teichfläche getreten und kam ihr ganz langsam entgegen.

Emilia schnaufte, dann schob sie den Fuß vor, zog den anderen nach und wieder den ersten.

»So ist es gut, Vögelchen«, lobte Mats sie, doch seine Stimme klang immer noch angespannt.

Schnaufend erreichte sie ihn, er schloss sie in seine Arme.

»Lass uns gehen«, schluchzte Emilia auf und drückte sich an ihn. »Nach Hause. In die Küche.«

»Ganz ruhig«, erwiderte Mats. »Ich möchte, dass du hier vor mir noch zwei Runden fährst.«

»Warum?« Sie schaute ihn aus großen Augen an. »Ich will aber nicht mehr.«

»Hier ist es sicher, min Deern, nun lauf noch ein paar Schritte, sonst traust du dich morgen erst recht nicht mehr und das schöne Geschenk war umsonst.«

Unsicher lief sie eine kleine Runde um ihn herum, doch dann wurde sie wieder schneller. Diesmal achtete sie genau darauf, nicht zu weit zu fahren.

»So, und nun ist es gut. Es wird schon dunkel.« Mats grinste und stapfte ans Ufer. Emilia folgte ihm, er drehte sich um und hob sie hoch. »Du bist ein tapferes Fräulein. Ich bin stolz auf dich.«

»Trägst du mich nach Hause?« Sie schlug die Augen treuherzig auf und legte ihm die Arme um den Hals.

»Ich dachte, du bist schon groß?« Mats lachte. »Aber nur ausnahmsweise.«

Anna Bregartner saß im Salon und las, als Emilia hereinstürmte. Die Wangen des Mädchens glühten, ihre Augen blitzten.

Anna zog die Stirn kraus. »Hast du Fieber? Komm her, Liebes.«

»Nein! Ich war eislaufen. Es war so schön. Die Schlittschuhe sind viel besser als die von Mette und Levke.«

Anna lächelte. »Ach so.« Dann wurde sie wieder ernst und schaute nach draußen. Inzwischen war es dunkel und es hatte wieder zu schneien begonnen. »Du warst doch nicht allein an der Teufelsbek?«

»Mutter, natürlich nicht. Mats war mit mir am Pferdeteich.« Sie drückte sich an Anna. »Aber morgen gehe ich mit Mette, Kasper und Levke eislaufen. Ich muss ihnen doch meine neuen Schlittschuhe vorführen.«

»Wenn das Wetter es zulässt«, sagte Anna und zog ihre Tochter auf den Schoß.

»Mutter«, sagte Emilia nach einer Weile nachdenklich, »warum ist Dörte immer so gemein zu Sofie?«

54

Anna schob das Mädchen ein Stück von sich weg und schaute ihr ins Gesicht. »Sie ist gemein? Wie denn?«

»Na, Dörte ist zu allen gemein. Sie bestimmt in der Küche, sie schimpft mit Mats und Ole und sie schickt Sofie immer in die Remise. Dabei ist es dort doch so kalt und Sofie hustet schon.«

»Sofie hustet? Warum weiß ich das nicht? Und was bestimmt Dörte in der Küche?«

»Na, Dörte bestimmt, was gekocht wird. Sie kocht auch und es schmeckt ja wirklich gut, aber Inken muss immer alles machen. Die Kartoffeln schälen und das Gemüse putzen und so. Dann muss Inken sich ja auch noch um Julius kümmern und saubermachen. Sie ist schon ganz grau und sieht immer müde aus.« Emilia beugte sich vor und flüsterte dann: »Sie teilt ja mit Dörte die Kammer und Dörte schnarcht.« Emilia nickte ernsthaft.

»Ach, ich habe mich viel zu lange nicht wirklich gekümmert.« Anna seufzte, dann straffte sie ihre Schultern entschlossen. »So geht es aber nicht.« Sie seufzte. »Musst du nicht noch Latein lernen?«

Emilia zog eine Schnute. »Aber es ist doch Weihnachten, Mutter. Und Schule habe ich auch nicht, warum muss ich dann immer dieses doofe Latein lernen?«

»Weil es wichtig ist, Kind.« Sie nahm das Mädchen noch einmal in ihre Arme und drückte sie. »Aber du hast recht, es ist Weihnachten. Magst du ein wenig spielen? Ich muss in die Küche und nach Julius sehen.«

Mit den Puppen spielen, das ließ sich Emilia nicht zweimal sagen. In einer Ecke des Zimmers stand der Korb mit ihren Spielsachen. Unter dem Weihnachtsbaum, der in der anderen Ecke des Salons stand, hatte sie außer den Schlittschuhen noch ein kleines Schaukelpferd für die Puppenkinder gefunden, außerdem Stoff für neue Kleider, die Mutter mit ihr nähen wollte.

Ole kam, zündete weitere Lampen an und legte Holz nach.

Nach einer Weile betrat ihr Vater den Salon, nahm die Zeitung und setzte sich in einen der Sessel, die vor dem Kamin standen. Obwohl es ein Feiertag war, hatten Martin und Hinrich lange zusammen im

Kontor gesessen und waren die Zahlen durchgegangen. Jetzt aber wollte er seinen Feierabend genießen. Emilia schien er nicht bemerkt zu haben. Auch Anna, die kurz nach ihm in die Stube zurückkehrte, beachtete das Mädchen nicht. Anna trug Julius im Arm, der fröhlich brabbelte.

»Martin«, sagte Anna ernst, »wir müssen miteinander reden.«

»Ist etwas mit dem Kind?«, fragte er erschrocken.

»Julius geht es gut, das sieht man doch.« Sie lächelte, dann sah sie ihren Mann an. »Wo ist Hinrich?«

»Er ist oben bei Minna. Er macht sich große Sorgen um sie. Er fürchtet, dass sie schwermütig wird.«

»Ach? Den Eindruck macht sie mir nicht.« Anna holte tief Luft. »Martin, es geht so nicht weiter. Ich weiß, ich war lange schwach und bettlägerig, in der Zeit hat Wilhelmina hier das Ruder in die Hand genommen …«

»Darüber können wir sehr froh sein, nicht wahr?«

»So dachte ich auch, bis mir heute auffiel, was Minna alles verändert hat.« Sie schnaufte. »Wusstest du, dass Sofie in der Remise schlafen muss? In einer Kammer auf dem Heuboden? Dass Inken sich das Zimmer mit Dörte teilt? Dass Inge nur die Zimmer von deinem Bruder und seiner Frau putzt, Inken alle anderen Räume allein saubermachen muss? Gregor hilft nicht im Stall, er ist ständig unterwegs und erledigt Aufträge für deinen Bruder. Inken darf nicht mehr kochen, das macht Dörte, aber Dörte spült nicht, sie schält auch keine Kartoffeln.« Anna lehnte sich zurück. »Wusstest du das alles?«

»Nun ja.« Martin räusperte sich.

»Du wusstest es, Martin?« Anna klang entsetzt. »Warum hast du mir nichts davon erzählt?«

»Du warst kränklich. Wir hatten Sorge um dich, wollten dich nicht belasten. Und am Anfang schien es mir, als ob Minna frischen Wind in den Haushalt bringt. Niemand hat sich bei mir beschwert. Ich wusste allerdings nicht, dass Sofie in der Remise schlafen muss. Das geht nicht, dort holt sie sich den Tod, vor allem bei dem Wetter.« Besorgt sah er nach draußen. Es schneite immer heftiger.

56

»Warum hast du mir nichts davon erzählt, Martin?«, fragte Anna wieder.

»Du weißt doch, wie Minna ist. Sie will immer alles bestimmen. Sie meint das gar nicht böse. Vermutlich weiß sie gar nicht, was ihre Dienerschaft so treibt.« Martin schüttelte den Kopf. »Aber wir werden das ändern.«

»Wie?« Die Frage fiel wie ein Stein in einen Brunnen.

Martin schwieg.

»Wie werden wir das ändern?«, fragte Anna erneut. Ihre Stimme klang scharf. Julius begann zu weinen.

»Jetzt hast du das Kind verängstigt!«, sagte Martin ärgerlich. »Können wir das nicht später besprechen?«

»Gib ihn mir.« Emilia trat zu den Eltern. »Ich bring ihn zu Inken.« Entgeistert sahen die Eltern ihre Tochter an. »Wo kommst du denn her?«

»Ich habe mit den Puppen gespielt.« Emilia lächelte und griff nach ihrem Bruder. »Hallo, Julius. Sollen wir in die Küche gehen?«

Anna schüttelte den Kopf und stand auf. »Er hat Hunger. Ich gehe mit ihm nach oben. Danke, Emma, für dein freundliches Angebot.«

5. KAPITEL

Am nächsten Morgen, in aller Herrgottsfrühe, noch bevor sich die Familie aufmachte, um zum Gottesdienst zu fahren, fingen Mats und Ole an, die beiden anderen Kammern in der Mansarde herzurichten. Inken und Inge fegten und wischten die Räume. Die Fenster wurden mit Bast und Kitt abgedichtet, Kohlepfannen herbeigeschafft. Die Männer brachten Bettgestelle und Kästen nach oben.

Als die Familie vom Gottesdienst nach Hause kam, hatten Inken und Sofie bereits ihre eigenen Zimmer in der Mansarde.

Beim Essen war es ungewohnt still am Tisch. Hinrichs Miene war verächtlich verzogen. Er stocherte im Essen, schob dann seinen Stuhl zurück.

»Findest du dein Gebaren richtig, Bruder?«, fragte er eisig.

»Bitte?« Martin legte Messer und Gabel zur Seite und wischte sich den Mund mit der Serviette ab.

»Du bringst deine Dienstleute in der Mansarde unter, im Haupthaus. Du willst die Ordnung in der Küche verändern. Du übergehst bei all diesen Dingen meine Frau und untergräbst so ihre Kompetenz unserer Dienerschaft gegenüber. Wilhelmina geht es schon schlecht genug«, sagte er mit Grabesstimme, »jetzt weint sie sich die Augen aus.«

»Und daran willst du mir die Schuld geben? Dies ist mein Haushalt, ich habe mich um meine Dienerschaft zu kümmern und für sie zu sorgen. Das habe ich viel zu lange vernachlässigt. Wir müssen alle hier zusammenrücken und wohl auch für das nächste Jahr zusammenwachsen, aber nicht auf Kosten meiner Leute.«

»Was willst du damit sagen?«, herrschte Hinrich ihn an. »Willst du meiner Frau etwas vorwerfen? Dann tue es laut und deutlich.«

»Mein lieber Schwager«, sagte Anna sanft. »Ich kann nachfühlen, dass eure Nerven blank liegen. Ihr seid in einer schwierigen Situation. Aber deshalb müssen wir doch nicht streiten.« Sie schob ihren Teller beiseite, obwohl sie noch nicht aufgegessen hatte. »Deine liebe Frau hat dankenswerterweise den Haushalt übernommen, als ihr hierhergezogen seid und ich es nicht konnte. Das war eine großartige Hilfe und wir sind alle sehr froh, dass sie es übernommen und so gut gemeistert hat.« Sie lächelte. »Es ist nicht einfach, unterschiedliche Familien unter einen Hut zu bekommen, und die Dienerschaft gehört nun einmal zur Familie, nicht wahr?«

Sie blickte ihn offen an. Hinrich zuckte zusammen und verschränkte die Arme vor der Brust.

»Was willst du mir damit sagen, Schwägerin?« Noch immer klang er feindselig.

Emilia zog den Kopf ein und machte sich so klein wie möglich.

»Ich wollte deine Frau loben, Hinrich«, sagte Anna beschwichtigend. »Und ich will unser Handeln erklären. Wir mussten alle zusammenrücken, als ihr so plötzlich hierherkamt. Es war nicht euer

Wunsch, doch die Katastrophe, der Brand, machte es unumgänglich.«

»Dies ist mein Elternhaus, liebe Anna«, sagte Hinrich bissig.

»Aber auch meines, lieber Hinrich«, fügte Martin hinzu. »Du wolltest es damals nicht. Hast dich auszahlen lassen, um in Hamburg zu bauen.«

»Wir hatten den Bauplatz. Auch du hättest dort ein Haus errichten können«, fauchte Hinrich. »Du kannst es noch immer. Es ist jetzt genügend Bauland vorhanden. Uns gehören drei Parzellen. Warum baust du nicht in der Stadt?«

»Darum geht es doch gar nicht, Hinrich«, sagte Anna. »Wir fühlen uns wohl hier, leben gerne auf dem Land. Dies ist unser Zuhause. Und ja, es ist auch dein Elternhaus und ihr werdet immer einen Platz in diesem Haus haben. Aber …«, sie stockte, lächelte. »Aber es ist unser Haushalt. Und wir entscheiden, wo unsere Dienerschaft wohnt.« Ihre Stimme klang nun energischer und nicht mehr so freundlich. »Sofie gehörte schon zu diesem Haushalt, als du noch kurze Hosen trugst, Hinrich. Sie gehört zur Familie. Sie ist alt, aber sie ist nicht unnütz. Und selbst wenn? Könntest du deine Mutter einfach so in die Remise abschieben? Dort ist es kalt und zugig.«

»Wie kannst du Sofie mit meiner Mutter, Gott habe sie selig, vergleichen? Wie kannst du das wagen?«, eiferte Hinrich sich.

Anna blieb ruhig. »Meine Mutter, Gott habe sie selig, ist schon lange von uns gegangen. Desgleichen eure Mutter. Sofie war immer für mich da, hat mich in den Haushalt eingeführt, hat Emma aufgezogen, wie eine Muhme es tut. Sie hat Kenntnisse in der Kräuterkunde und weiß für alles einen Rat. Sofie hat natürlich nicht den Stand deiner Mutter oder auch meiner Mutter, aber sie ist ein Teil dieser Familie. Sie hat auch deine Wunden versorgt, wenn du dir als kleiner Junge die Knie aufgeschlagen hast, oder etwa nicht? Bei Martin hat sie das jedenfalls getan.«

Hinrich senkte beschämt den Kopf. Dann sah er sie wieder an. »Trotzdem übergeht ihr die Weisungen meiner Frau«, sagte er trotzig.

»Die Weisungen deiner Frau.« Martin ließ die Worte in seinem

59

Mund zergehen wie ein Stück Eis. »In unserem Haushalt, Bruder?«
Er zog die Augenbrauen hoch.

»Es ist unser Elternhaus. Ich bin mit dir hier groß geworden und
aufgewachsen, Martin.«

»Und du hast dich auszahlen lassen, als Vater starb.«

»In Gottes Namen, ja!«, fauchte Hinrich. »Das ist dennoch kein
Grund, dass ihr die Autorität meiner Frau untergrabt. Was sollen
denn jetzt unsere Dienstboten von uns denken?«

»Ich frag mich die ganze Zeit, was denn unsere Dienstboten von
uns denken, dass wir es so weit haben kommen lassen«, sagte Anna
leise. Dann richtete sie sich auf. »Hinrich, ihr seid hier immer willkommen. Dies ist euer Zuhause, wie es unseres ist. Und umgekehrt
wäre es sicher genauso. Wir sind eine Familie.«

»Ach?« Hinrich sah sie skeptisch an.

»Natürlich sind wir eine Familie. Und wir schätzen und lieben
euch.« Anna stand auf, ging zu ihrem Schwager und sah ihm fest in
die Augen. »Ich bin sehr froh, dass Wilhelmina in der Zeit, in der ich
hinfällig und schwach war, alles geregelt hat. Aber nun bin ich wieder
auf den Beinen und kann für meinen Haushalt selbst sorgen. Das
entlastet sie auch, denn ihr müsst ja euer neues Heim planen, bauen
und einrichten.«

»Richtig«, sagte Hinrich und straffte die Schultern. »Das müssen
wir.«

Anna lächelte und setzte sich wieder. »So ist es. Und ihr werdet es
mir sicher nicht übelnehmen, dass ich, jetzt, wo ich es wieder kann,
meinen Haushalt neu ordne. Dazu gehört, dass Sofie und Inken in
der Mansarde wohnen. So muss auch Emma dort oben nicht mehr
allein schlafen.« Sie holte tief Luft. »Auch in der Küche werde ich
einige Änderungen vornehmen. Jetzt bin ich wieder so weit wohlauf,
dass ich den Haushalt führen kann.«

»Ist das so?« Hinrich maß sie mit seinen Blicken, dann wandte er
sich Martin zu. »Und du siehst das genauso, Bruder?«

Martin nickte. »Anna geht es viel besser. Es wird Zeit, dass sie wieder unseren Haushalt führt.«

Hinrich schüttelte den Kopf. »Dass du so unter dem Pantoffel stehst …« Er stand auf, knüllte seine Serviette zusammen und verließ den Raum.

Eine Weile schwiegen sie und folgten dem Geräusch seiner schweren Schritte auf der Treppe. Dann sahen sich die Eheleute an.

»Herrgott, Anna«, seufzte Martin. »Er ist doch mein älterer Bruder.«

Anna streckte das Kinn vor. »Und dies ist mein Haushalt. Ich kann nicht zulassen, dass meine Dienerschaft unter Wilhelmina leiden muss.«

»Wir sollten nicht zu hart sein. Sie haben alles verloren: Haus, Hof, Kinder – alles, was wir noch haben.«

»Martin, das Geschäft läuft besser denn je. Ihr bereichert euch mit der Ziegelei und den Plattschiffen an all den Armen, die wirklich alles verloren haben. Denk mal darüber nach.« Anna seufzte. »Und ich sehe nicht ein, dass Sofie in der Remise schlafen soll.«

»Das muss sie ja nun nicht mehr«, seufzte Martin.

Emilia schob ihren Stuhl leise zurück und schlüpfte aus dem Esszimmer. Sie rannte die Treppe hoch. Im ersten Stock blieb sie stehen, aus ihrem ehemaligen Zimmer, das nun Tante Minna bewohnte, erklang lautes Schluchzen.

»Ich will hier weg, Hinrich. Ich will wieder mein eigenes Haus haben.«

Was der Onkel erwiderte, hörte Emilia nicht. Sie stieg bis in die Mansarde und klopfte an der Tür zu der Kammer, die Sofie nun bewohnte. Die alte Magd lag auf dem Bett, rang nach Luft.

»Täubchen.« Sofie lächelte schwach.

»Du bist meine Muhme, hat Mutter gesagt.« Emilia biss sich auf die Lippe. »Soll ich Inken holen?«, fragte sie dann leise.

»Auch Inken kann mir nicht mehr helfen.« Sofie schloss die Augen. »Täubchen«, murmelte sie nochmals. Dann seufzte sie laut und hörte auf zu atmen.

Der Boden war gefroren, und so musste auf der Grabstätte ein Feuer entfacht werden, um die Grube auszuheben. Emilia weinte bittere Tränen um Sofie, selbst Inken konnte sie nicht trösten.

Obwohl Sofie nicht mehr viel zum Haushalt beigetragen hatte, fehlte sie doch sehr. Es war, als sei ein guter Geist verschwunden.

In den langen Wintermonaten gruselte sich Emilia zunehmend in der Mansarde. Sie meinte, nachts Sofies Stimme aus der kleinen Kammer nebenan zu hören. Oft wachte sie auf, lag mit pochendem Herzen im Bett und lauschte auf den Wind, der unter der Dachtraufe heulte, an den Fenstern rüttelte und durch die Dachsparren fuhr. Sie wurde immer blasser und stiller.

»Das Kind ist krank«, sagte Tante Minna besorgt. »Sie ist heute schon wieder mitten in den Übungen eingeschlafen. Sie isst auch nicht mehr richtig, Anna.«

Die beiden Schwägerinnen hatten sich zusammengerauft, sie sprachen den Haushalt untereinander ab. Wilhelmina hatte zudem eine neue Beschäftigung gefunden – gemeinsam mit dem Architekten plante sie das neue Haus in Hamburg.

»Ja.« Anna nickte besorgt. »Das ist mir auch schon aufgefallen. Ob es an diesem langen und kalten Winter liegt? Es ist doch schon Ende März und immer noch fürchterlich kalt. Ich sehne mich so nach Licht und Wärme, nach frischem Gemüse. Ich kann bald kein Sauerkraut mehr ertragen.«

»Vielleicht leidet sie wirklich unter dem langen Winter. Sie ist ständig erschöpft und schlapp und geht kaum noch aus dem Haus, um mit den Nachbarskindern zu spielen. Am liebsten sitzt sie am Kamin und starrt ins Feuer. Wir sollten einen Arzt konsultieren.«

Inken, die die Lampen in der Stube anzündete, hörte das Gespräch der beiden. Nachdenklich kehrte sie in die Küche zurück. Auch ihr war das veränderte Verhalten des Mädchens aufgefallen.

Emilia saß gerade auf der Küchenbank und hielt ihre Puppe fest in den Armen.

»Möchtest du etwas essen?«, fragte Inken.

Emilia schüttelte den Kopf. »Nein danke«, sagte sie artig.

Inken setzte sich neben sie. »Was ist denn los mit dir? Hast du dich mit Mette gestritten?«

»Nein.«

»Oder mit Levke?«

»Nein.«

»Ach, Emma, etwas bedrückt dich doch. Nun sag mir, was es ist.«

Emilia schaute sie an und biss sich auf die Lippen. »Es ist nichts«, flüsterte sie.

»Das glaube ich nicht. Vertraust du mir denn nicht mehr?«

»Doch, Inken.« Tränen stiegen ihr in die Augen.

»Aber?«

»Ich bin schuld«, wisperte das Mädchen und senkte den Kopf.

»Schuld? Woran?«

»An Sofies Tod.«

»Du?« Inken schüttelte verwundert den Kopf. »Wie kommst du denn auf diese dumme Idee?«

»Ich habe lange darüber nachgedacht, aber ich muss schuld sein. Es fing mit dem Brand an, im Mai, als Julius geboren wurde.«

»Ja?«

»Ich wusste genau, dass ich alles richtig machen musste, damit es gut ausgeht. Aber ich habe es nicht geschafft. Ich habe meine Haube verloren und … und mein Kleid zerrissen, dann habe ich mir das Knie aufgeschlagen, weil ich … ich gerannt bin und nicht gegangen, so, wie Mutter es immer verlangt. Ich wollte alles gut machen, aber ich habe es nicht geschafft«, schluchzte sie.

»Also ich finde, du hast dich an jenem Tag recht wacker gehalten.«

Emilia kaute auf ihrer Unterlippe. »Weißt du, ich habe gebetet an diesem Tag, ich habe gebetet zum lieben Gott, er möge machen, dass alles gut wird. Ich würde mich auch ganz besonders anstrengen, ein liebes Kind zu sein und alles richtig zu machen, aber das ist mir nicht gelungen.«

»Täubchen, mit dem lieben Gott kann man doch nicht handeln. Auch wenn wir es immer wieder möchten. Aber nichts, was du gemacht hast, hat etwas mit dem Brand zu tun.«

»Wenn ich aufmerksamer und vorsichtiger gewesen wäre, dann hätte Mutter vielleicht eine leichtere Geburt gehabt und Sofie würde noch leben.«

»Kindchen, was denkst du denn da? Was hat denn die Geburt von Julius mit Sofie zu tun?«

»Wenn Mutter nicht so lange so schwach gewesen wäre, hätte sie nie zugelassen, dass Sofie in der Remise schlafen musste. Dann wäre Sofie nicht krank geworden und wäre nicht gestorben«, schluchzte Emilia.

»Aber du kannst doch nichts dafür, dass deine Mutter nach der Geburt deines Bruders so schwach war.« Inken zog das Mädchen an sich, drückte und wiegte sie.

»Aber wenn ich doch …«

»Nein, Emma, nein. Einen solchen Handel mit dem Schicksal oder dem lieben Gott gibt es nicht. Du bist an nichts schuld, an gar nichts. Glaube das bloß nicht. Sofie war schon alt, es war nur eine Frage der Zeit, wann sie stirbt.«

»Wirklich? Es ist nicht meine Schuld?« Emilia putzte sich die Nase.

»Nun wirklich nicht, du Dummchen. Hast du dir darüber so viele Sorgen gemacht?«

»Ja.« Emilia senkte wieder den Kopf. »Und dann die Geräusche.« Inken zog die Augenbrauen hoch.

»Nachts, weißt du?«, flüsterte das Kind. »Hörst du das nicht auch? Als ob Sofie aus ihrem Zimmer ruft. Und es knarrt immer, als würde dort jemand laufen.«

»Das ist doch nur der Wind, den höre ich auch. Aber keine Stimmen.« Inken dachte nach. »Weißt du was? Heute Abend gehen wir gemeinsam in Sofies Kammer und schauen, ob dort jemand ist.«

Inken hielt ihr Versprechen. Es war sehr spät, das Mädchen hatte schon eine ganze Weile in ihrem Bett gelegen und gelauscht, als sie wieder Schritte hörte. Die Dielen knarrten, jemand stand vor ihrer Tür. Emilia zog sich die Decke über den Kopf und drückte sich an die Wand. Die Tür wurde geöffnet.

»Täubchen? Bist du noch wach?«, wisperte Inken.

Emilia linste vorsichtig unter der Decke hervor.

Inken kam zu ihr und setzte sich auf das Bett. »Und? Hast du Stimmen gehört?«

»Nein, noch nicht.«

»Komm, wir gehen nachschauen.«

Das Mädchen presste die Lippen aufeinander. »Und wenn dort ein Geist ist?«

»Ich bin doch bei dir.«

Langsam stand Emilia auf, zog sich ihre dicken Wollstrümpfe an und tapste hinter der Magd her. Im Flur war es bitterkalt, Emilia zog fröstelnd die Schultern hoch. Oder war es die Angst, die sie zittern ließ? Inken nahm ihre Hand, hielt die Lampe hoch. Das Licht flackerte, die Schatten an den Wänden und in den Ecken wichen zurück.

»Hier ist niemand, siehst du?«, sagte Inken mit fester Stimme. Dann zog sie Emilia zur Tür der kleinen Kammer, lauschend blieben die beiden davor stehen. Eine Windböe traf das Haus, es schien zu schwanken. Oder war das nur das Licht der Lampe?, fragte sich Emilia, die sich fürchtete. Doch Inken machte keinen verängstigten Eindruck. Sie öffnete die Tür weit und ging in den schmalen Raum. Bis auf die Bettstatt war er leer geräumt, die Kisten und Kästen mit Sofies Sachen waren verschwunden. Es roch staubig, aber auch ein Hauch von Kamille und Minze lag in der Luft, erinnerte an die alte Magd.

»Siehst du hier einen Geist?«, wollte Inken wissen und drehte sich einmal um sich selbst.

»Nein.« Emilia tat einen Schritt nach vorn, dann noch einen. Sie schaute in die Ecken, aber dort waren nur Wollmäuse und Staub, der vom Luftzug aufgewirbelt wurde.

»Glaubst du mir jetzt?«

Das Mädchen nickte.

»Dann husch wieder in dein Bett.« Inken lächelte.

Doch an der Tür zu ihrem Zimmer blieb Emilia verzagt stehen. »Und wenn der Geist erst später kommt?«

65

»Ach, Täubchen.« Inken seufzte. Dann nahm sie das Kind wieder an die Hand. »Willst du bei mir schlafen?«

»Darf ich?«, fragte das Kind fast tonlos. »Wirklich?«

Inken nickte. Wie ein Wirbelwind lief Emilia zu Inkens Kammer, öffnete die Tür und schlüpfte in das Bett. Kaum hatte sich die Magd neben sie gelegt, war Emilia schon eingeschlafen.

Der Winter dauerte lange, noch im April gab es Frost. Doch Emilia blühte langsam wieder auf. In den ersten Wochen kam sie fast jede Nacht in Inkens Bett geschlichen und kuschelte sich an die Magd. Dann nur noch, wenn der Wind heftig wehte und das Gebälk knackte. Schließlich schlief sie wieder jede Nacht in ihrem eigenen Bett.

»Es muss doch das Wetter gewesen sein. Der lange, kalte Winter hat uns allen zu schaffen gemacht«, sagte Anna. »Emma scheint es jetzt jedenfalls wieder viel besser zu gehen.«

Der große Brand jährte sich im Mai und Julius feierte seinen ersten Geburtstag. Nun bekam er richtige Kleider angezogen. Mit seinen blonden Löckchen und den blauen Augen sah er ganz zauberhaft aus. Emilia liebte es, ihn zu herzen und ihn zum Lachen zu bringen. Seine ersten, vorsichtigen Schritte tat er auf dem weichen Gras vor dem Haus.

»Gib gut acht«, ermahnte Tante Minna sie, »dass er bloß nicht zu nahe an den Teich kommt.« Ihr war der Zierteich ein Dorn im Auge. »Denk an meine arme Luisa, die im Siel ihr Leben lassen musste.« Die Tante wischte sich mit dem Schnupftuch über die Augen.

»In Hamburg wird das jetzt alles anders«, sagte Onkel Hinrich und streckte sich. Den ganzen Vormittag über hatte er mit Martin über den Geschäftsbüchern gehockt.

»Was wird anders?«, fragte Anna.

»Alles.« Er setzte sich auf die Decke, die auf dem Rasen lag. Die Frauen hatten sich Stühle in den Schatten gestellt und stickten. Inken brachte Brot, Käse und Wein.

»Die Bürgerschaft plant ein ganz neues Stadtkonzept«, erklärte Onkel Hinrich.

»Ich verstehe immer noch nicht, wie du dich dafür so begeistern kannst«, sagte Martin und setzte sich neben ihn. Julius kam auf ihn zugetapst, stolperte und fiel hin. Er jauchzte kurz, stand wankend wieder auf und stolperte weiter auf seinen Vater zu.

»Sie wollen Enteignungen vornehmen.« Martin streckte seinem Sohn die Arme entgegen und der Kleine ließ sich hineinfallen.

»Enteignungen? Aber wir sind doch nicht betroffen?«, wollte Wilhelmina wissen.

»Das steht noch nicht fest, Minna. Macht euch keine Sorgen. Selbst wenn sie unser Grundstück konfiszieren, werden wir ein anderes bekommen. Es wurden weitere zehntausend Ziegel bei uns geordert, wir kommen mit dem Brennen kaum nach.« Zufrieden schenkte sich Hinrich Wein ein.

»Das war ein genialer Schachzug von dir«, sagte Martin anerkennend. »Auch dass du direkt nach dem Brand losgelegt hast, war gut. Seit November nehmen sie fast nur unsere Ziegel für die neuen Abwasserkanäle. Der Ingenieur, der sich das ausgedacht hat, ist genial.«

»Lindley, ja. Ich habe ihn eingeladen, er kommt am Wochenende.«

»Hinrich!« Anna schlug die Hände vor den Mund. »Das sagst du erst jetzt? Das ist ja schon in drei Tagen. Was sollen wir denn servieren? Die Mädchen müssen die Teppiche ausklopfen und Wäsche muss gewaschen werden.«

»Ach, ihr Frauen immer. Er kommt doch nicht, um die Teppiche oder die Wäscheschränke zu inspizieren. Er will mit uns diskutieren. Außer ihm kommen noch zwei Männer von der Bürgerschaft und der Herr Semper.«

»Das ist ja schon eine ganze Gesellschaft«, seufzte Wilhelmina und stand auf. »Bringen die Herren auch ihre Damen mit?«

Hinrich schaute sie verwundert an. »Das weiß ich nicht.«

»Du liebe Güte, Hinrich! Aber das ist doch wichtig zu wissen.« Wie aufgescheuchte Hühner eilten die beiden Frauen ins Haus.

In den nächsten Tagen wurde geklopft, gefegt, gewaschen und gewienert. Die Fenster wurden geputzt und das Silber poliert. Anna

und Wilhelmina planten das Essen, verwarfen ihre Pläne, planten
neu. Der Unterricht in den Nachmittagsstunden, den Emilia mittlerweile richtig gerne mochte, fiel aus, und das machte sie ganz traurig.
Sie hatte Gefallen an der fremden Sprache gefunden und ihre Tante
ging nun viel versöhnlicher und liebevoller mit ihr um als zu Anfang.

Am Freitag kochte Dörte Sülze. Es würde am Samstag ein fünfgän-
giges Menü geben. Inzwischen war bekannt, dass die beiden Herren
der Bürgerschaft ihre Damen mitbrachten, der Herr Semper doch
nicht kommen würde und Herr Lindley ohne Begleitung käme. Gegen sieben würden die Gäste aus Hamburg eintreffen, das Essen
sollte um halb acht serviert werden.

Emilia würde mit dem Gesinde essen und um acht kurz den Gästen vorgestellt werden. Dafür wurde ihr bestes Kleid gewaschen, gestärkt und geplättet. Auch die Kleidung der Erwachsenen wurde ge-
prüft und gesäubert. Die Wäsche hing im Garten auf der Leine, in
der Waschküche brodelte die Lauge im Bottich. Zwei Waschfrauen
aus dem Dorf waren gekommen, um zu helfen.

Inge stöhnte, sie hatte alle Teppiche ausgebürstet, das Esszimmer
und die Stube geputzt, jetzt musste sie das Silber polieren. Emilia saß
neben ihr in der Küche, sie durfte die kleinen Löffel abreiben.

»Als Vorspeise gibt es Sülze«, besprach Mutter mit Dörte und In-
ken. »Dann eine klare Brühe mit Einlagen. Als Zwischengang den
Räucheraal und als Hauptgang Braten mit Kartoffeln und Rote
Beete. Zum Nachtisch gibt es Apfelkuchen mit Schlagsahne.«

Dörte nickte. »Gregor hat den Wein schon herausgesucht. Der
gnädige Herr möchte ihn bitte prüfen. Wir haben aber nur noch zwei
Flaschen Schaumwein.«

Anna überlegte. »Zwei Flaschen sollten reichen. Leg sie im Keller
auf Eis. Branntwein ist noch genügend da?«

Dörte nickte.

»Gut, dann haben wir ja alles besprochen.« Sie schaute zu Emilia.
»Deine gute Kleidung wird allmählich zu kurz, obwohl die Schneiderin schon die Säume ausgelassen hat. Ich fürchte, wir werden demnächst neue Sachen für dich brauchen.«

»Warum darf ich nicht mit am Tisch sitzen, Mutter?«, wollte Emilia wissen. »Ich werde auch ganz brav sein.«

»Täubchen, das ist etwas für Erwachsene. Dein Vater und dein Onkel haben wichtige Dinge mit den anderen Herrschaften zu besprechen.« Sie wischte sich über die Stirn. Immer noch war es drückend heiß und in der Küche stand die Hitze noch mehr als sonst.

»Aber ich bin doch schon sieben! Viel älter als Julius.«

Anna lachte. »Nein, Kind, das ist nichts für dich.«

Am nächsten Morgen war die Dienerschaft noch früher auf als sonst. Die Suppe, die sie am Vortag schon gekocht und in den kühlen Keller gestellt hatten, war umgeschlagen und sie mussten sie wegschütten.

»Was mache ich jetzt nur?«, jammerte Dörte.

Mit grimmiger Miene nahm Inken das Beil und ging zum Hühnerhaus. »Dann kochen wir jetzt eben eine Geflügelbrühe.«

Kurze Zeit später stoben die Federn im lauen Wind durch den Hof. Julius saß mittendrin und klatschte begeistert jauchzend in die Hände. Inken saß auf der Bank und rupfte das Huhn mit wilder Entschlossenheit.

»Kann ich helfen?«, wollte Emilia wissen.

Inken sah auf. »Ich weiß nicht, Täubchen. Vielleicht kannst du Gemüse putzen. Frag Dörte.«

Emilia trollte sich in die heiße und stickige Küche. Dörte stand am Tisch und verschlug Eier. »Wenn die Sülze nicht fest geworden ist, erhänge ich mich.«

»Soll ich nachschauen?«, fragte Emilia.

»Kind, die Sülze steht im Keller auf Eis. Willst du wirklich dort runtergehen?«

Emilia straffte die Schultern. »Natürlich.« Sie ging in den Keller und kehrte kurz darauf stolz zurück. »Sie ist fest geworden, Dörte.«

»Dem Himmel sei Dank. Kannst du mal nachschauen, ob Inge den Tisch eindeckt? Ich habe sie seit Stunden nicht mehr gesehen.«

Emilia hüpfte durch den Flur zum Esszimmer. Dort lagen die gebleichten und gebügelten Leinentücher schon auf dem Tisch, waren aber noch nicht ausgelegt. Auf der Anrichte stand das Tablett mit den Gläsern, die im Sonnenlicht glänzten. Von Inge war jedoch nichts zu sehen. In der Stube saßen Vater und Onkel Hinrich und diskutierten miteinander. Sie blickten nur kurz auf, als Emilia die Tür öffnete.

»Ist Inge hier?«

»Nein, aber sie soll uns frischen Kaffee bringen.«

Kaffee, dachte Emilia und schloss die Tür wieder. Aus dem ersten Stock konnte sie Stimmen hören. Sie stieg die Treppe hinauf, schaute sich um. Die Stimmen kamen aus ihrem alten Zimmer, in dem immer noch Tante Minna wohnte.

»Aber wie soll ich Euch die Haare denn aufstecken?«, fragte Inge.

»Na, ich habe dir doch die Zeichnung gezeigt. So trägt man das jetzt wohl bei Hofe. Hier vorn straff gescheitelt und dann zu einem hohen Knoten gesteckt«, sagte Tante Minna und seufzte laut.

»Ach, Minna«, meinte Anna, die auf dem Bett saß, noch in ihrem Unterkleid, »es ist doch nur ein Essen und kein Ball.«

»Es ist ein ganz besonders wichtiges Essen für Hinrich, da darf nichts schiefgehen. Au! Pass doch auf«, herrschte sie Inge an.

Das Mädchen trat einen Schritt zurück und senkte den Kopf. »Es tut mir leid, gnädige Frau. Ich weiß aber nicht, wie ich das stecken soll.«

Emilia schob sich ins Zimmer. »Dörte sucht dich, Inge. Und Papa und Onkel Hinrich wünschen Kaffee.«

Das Mädchen seufzte.

»Geh ruhig, Inge«, sagte Anna, »und hilf unten weiter. Ich versuche es mal, Minna.« Sie stand auf und nahm dem Mädchen die Bürste und die Haarnadeln ab und schaute auf den Zeitungsausschnitt, der auf der Frisierkommode lag. »Ich fürchte, ganz so werden wir das nicht hinbekommen, dafür sind deine Haare einfach zu dünn.«

Wilhelmina verzog das Gesicht. »Ich weiß. Aber wenigstens ein bisschen.«

Emilia setzte sich auf das Bett und schaute zu, wie die beiden sich gegenseitig frisierten und dann ankleideten. Es faszinierte sie, wie aus ihrer Mutter und der Tante plötzlich zwei elegante Damen in Kleidern mit weiten Ärmeln und Röcken wurden, die Haare wie ein Vogelnest auf dem Kopf aufgetürmt.

»Ich möchte auch so aussehen«, hauchte sie.

»Wenn du groß bist, Täubchen«, lachte ihre Mutter und drehte sich im Kreis, so dass die Seide im Licht schillerte. »Gefalle ich dir?«

Emilia nickte.

»Ach«, sagte Tante Minna. »Es ist so wichtig, dass Herr Lindley sich bei uns wohl fühlt.«

»Was hast du bloß immer mit ihm?«, fragte Anna und schnürte das Mieder ihrer Schwägerin.

»Es ist wichtig für uns. Für Hinrich und mich, weil wir einen guten Platz für unser neues Haus haben wollen und dabei Lindleys Wissen als Ingenieur gefragt ist, aber auch für die Firma. Er hat zahlreiche Kontakte, gerade nach England, die für uns nützlich sein können. Immerhin ist das erste von unseren eigenen Schiffen bald fertig und soll auf große Fahrt gehen.«

Anna biss sich auf die Lippen. »Der Werft geht es gerade recht gut, wir haben mehrere Aufträge, kommen schon fast nicht hinterher. Dann die Ziegelei dazu. Warum müssen wir jetzt auch noch Schiffe auf unseren Namen bauen und auf große Fahrt schicken?«

Wilhelmina seufzte. »Du bist genauso wie dein Mann, liebe Anna – die Zeiten ändern sich und man muss mithalten können. Die Macht steckt im Handel, im Überseehandel.«

»Die Risiken auch. Wir sind gut darin, Schiffe zu bauen, die Familie macht das seit Hunderten von Jahren. Warum müssen wir jetzt auf eigene Kosten Schiffe bauen und sie auf Fahrt schicken? Sie können untergehen, dann ist alles verloren – das Schiff, das wir bezahlt haben, und die Ladung.«

»Immer mehr Leute wandern nach Amerika aus, sie brauchen Schiffe, die sie dort hinbringen. Immer mehr Reis wird hier gegessen, der lässt sich aber hier nicht anbauen. Salpeter ist gefragt, der kommt aus Südamerika. Auf den Weltmeeren liegt die zukünftige Macht des Handels, meine Liebe. Die Engländer und Niederländer haben das schon längst erkannt. Wir wären dumm, wenn wir nicht in dieses Geschäft einsteigen würden.«

»Du magst recht haben, allerdings gehen die meisten großen Schiffe mit Order aus England, nicht aus Bremen oder gar Hamburg.«

»Eben.« Wilhelmina lächelte. »Deshalb wollen wir das ja auch ändern.«

6. Kapitel

Wie in einem Bienenstock summte und brummte es in der Küche. Um sechs war der Tisch eingedeckt, die Vorspeise angerichtet. Die Hühnerbrühe köchelte im Kessel, der Braten schmorte schon seit Stunden im Ofen.

Emilia saß auf der Bank vor dem Haus und naschte Beeren aus der Schüssel, die ihr Inken gegeben hatte.

Auch wenn Mutter und Tante nicht laut gestritten hatten, war Mutter doch verärgert über die Worte der Tante gewesen, das hatte Emilia gespürt. Weshalb das so war, hatte sie nicht verstanden. Es hing mit der Firma zusammen, das wusste sie wohl.

Wie ein graues Tuch sah der Himmel aus, es wehte kein Wind mehr. Die Luft war voller Spannung, nicht nur in der Küche und im ersten Stock. Die Hühner scharrten aufgeregt in ihrem Gehege, die Pferde wieherten auf der Weide, und selbst die Gänse, die bei heißem Wetter lieber im Schatten verharrten, schnatterten laut. Waren die Tiere nicht gefüttert worden?, wunderte Emilia sich. Doch dann kam Ole mit den Blecheimern um die Ecke, er hatte das Vieh versorgt, wusch sich nun am Brunnen.

»Na, Deern«, sagte er und grinste. »Kannst mich jetzt noch ankieken, gleich muss ich den feinen Anzug und Handschuhe tragen und die Gäste begrüßen, die Kutschen in Empfang nehmen. Aber erst mal werde ich eine smöken.« Er zog den Tabak aus der Tasche und drehte sich eine Zigarette.

»Was ist mit dem Vieh?«, fragte Emilia.

»Die sind ganz tüddelig, weil das Wetter umschlägt. Wird wohl gewittern die Nacht.« Ole lachte und setzte sich neben Emilia auf die Bank. »Aber du brauchst nicht bang werden.«

»Ich habe doch keine Angst vor dem Wetter«, sagte Emilia und richtete sich auf. »Meinst du, es wird schlimm?«, fragte sie dann leiser nach.

Ole zuckte mit den Schultern. »Wer weiß das schon? Aber die Tiere sind unruhig. Die Pferde kommen gleich in den Stall und die Gänse auch. Besser ist das.«

Er zog an seiner Zigarette, trat sie dann im Staub aus und stand auf. »Dann werde ich jetzt mal einen feinen Burschen aus mir machen«, sagte er und lachte laut.

Emilia schaute auf. Keine Wolke war zu sehen, der Himmel war dumpf, und eine drückende Schwüle lag, wie eine Pferdedecke, über allem. Es würde doch gewiss nicht gewittern, dazu gehörten dicke Wolken und Wind. Kaum hatte sie das gedacht, kam ein Lüftchen auf und strich kühl über ihre nackten Waden und Füße.

Ich muss mich noch anziehen, dachte sie und rümpfte die Nase. Aus der Küche klang das müde Quäken ihres Bruders. So sehr sie ihn auch liebte, an diesem Abend hatte sie keine Lust, sich um ihn zu kümmern. Sie schlich sich an der Küche vorbei in den Flur und warf einen Blick in das Esszimmer, wo schon die Kerzen angezündet worden waren und das Geschirr im Lichterschein funkelte. Zu gerne hätte sie heute mit am Tisch gesessen.

In der Stube saßen ihre Eltern und Onkel und Tante beisammen, tranken ein Gläschen Sherry und warteten auf die Gäste. Alle sahen so feierlich und herausgeputzt aus, wie Emilia es noch nie gesehen hatte. Das ganze Haus schien zu glänzen.

Inge kam ihr im Flur entgegen. »Jetzt aber husch, husch nach oben, Fräulein. Anziehen und Frisieren. Komm, ich helfe dir.«

Emilia ließ alles bereitwillig über sich ergehen. Das Mieder wurde im Rücken geschnürt, die Knöpfe mussten alle geschlossen werden. Schließlich hieß Inge sie, sich umzudrehen, dann nickte das Dienstmädchen zufrieden. »Und jetzt noch die Haare.«

Die Bürste ziepte und Emilia hasste die Haarnadeln, die sie stachen. Aber als sie sich im Spiegel betrachtete, war sie begeistert. Ganz anders sah sie aus, so fein und viel älter.

»Schnell, ich muss weiter helfen«, seufzte Inge. »Aber vorher muss auch ich mich umziehen.«

Emilia folgte ihr, sie wollte nichts verpassen. Sehr vorsichtig, um das schöne Kleid nicht zu zerknittern oder zu beschmutzen, ging sie nach unten.

Eine Magd vom Röperhof war gekommen, um in der Küche zu helfen. Betriebsamkeit herrschte in der Küche. Emilia schaute mit großen Augen Ole und Gregor an, die schwarze Anzüge und weiße Handschuhe trugen. Wo hatten sie die Sachen denn her? Und vor allem, warum trugen sie das?

Dörte und Inken waren den ganzen Tag in der Küche beschäftigt gewesen, sie waren verschwitzt und ihre Schürzen fleckig. Inge tauchte aus den Gesindezimmern auf. Sie trug plötzlich ein dunkles Kleid und eine saubere, weiße Schürze. Ungläubig schüttelte Emilia den Kopf. Seltsame Dinge gingen hier vor.

Inken hatte wohl ihren Blick bemerkt und lachte. »Na, wunderst du dich, Täubchen?«

»Ja.« Mehr brachte Emilia nicht heraus.

»Dies wird jetzt ein herrschaftliches Haus.« Sie zwinkerte Emilia zu. »Die Sitten werden sich ändern.«

In diesem Moment rief Mats, der draußen lauerte: »Die Kutschen kommen!«

Alle hielten für einen Moment inne, doch dann ging das Treiben umso hektischer weiter.

Mette war auch da, sie kümmerte sich um Julius. Dafür bekam sie ein kleines Handgeld, hatte sie Emilia stolz erzählt.

Die Freundschaft zwischen den beiden Mädchen hatte sich im vergangenen Jahr deutlich abgekühlt. Das lag auch daran, dass Emilia nachmittags noch Unterricht bei ihrer Tante bekam und lernen musste, während Mette mit den anderen Dorfkindern über die Wiesen und Weiden tollte.

Manchmal vermisste Emilia ihre Freundschaft, die täglichen Treffen, die Spiele, die Gespräche, aber oft genug hatte sie gar keine Zeit, daran zu denken. Wenn Emilia nicht lernte, bei ihrer Mutter oder Tante saß, passte sie auf den kleinen Bruder auf.

Die Gäste kamen. Emilia wusste, dass sie bei dem Empfang nicht dabei sein durfte, aber von ihrem alten Zimmer aus hatte sie die beste Sicht auf die Einfahrt und die Treppe vor dem Haus. Sie huschte nach oben in das Zimmer ihrer Tante. Natürlich war ihr das ohne Erlaubnis nicht gestattet. Aber eigentlich ist das doch mein Zimmer, dachte sie trotzig und stieß das Fenster auf, schob sich den Schemel davor und schaute nach draußen.

Zwei Kutschen trafen ein. Die Pferde sahen prächtig aus und Emilia musste die Faust auf den Mund pressen, um nicht laut zu lachen, als Ole in seinem ungewohnten Aufzug und mit Handschuhen die Kutschen in Empfang nahm.

Gregor wirkte genauso komisch verkleidet. Er half den Damen aus dem Wagen und führte sie zur Treppe.

Emilia lehnte sich, so weit wie möglich, aus dem Fenster und beobachtete, wie ihre Eltern, der Onkel und die Tante die Gäste begrüßten. Dann gingen alle ins Haus und Emilia lief wieder nach unten. Sie wollte auf keinen Fall irgendetwas verpassen. Auf der Treppe blieb sie stehen.

Die Gäste standen plaudernd in der Diele und ließen sich von Inge und Gregor den Willkommenstrunk reichen. Schaumwein mit Holunderblütensirup, den Inken im Frühjahr gekocht hatte.

Dann gingen alle ins Esszimmer.

»Der Herr Lindley spricht aber komisch«, sagte Emilia. Inken hatte ihr ein Glas mit Holunderblütensirup und Wasser gegeben.

»Der ist auch aus England«, sagte Ole. Er war kurz in die Küche gekommen, um die Schmalzbrote und Bier für die Kutscher zu holen, die in der Scheune saßen.

»Braucht ihr noch etwas?«, fragte Dörte ihn.

»Ich weiß nicht, ob die Brote reichen. Das sind Mietkutscher, die haben Hunger.«

»Ich mach dir gleich noch mehr.«

»Was sind Mietkutscher?«, wollte Emilia wissen. »Und warum haben die mehr Hunger als andere Kutscher?«

Mats lachte. »Ach, Deern, du bist so süß. Mietkutscher sind nicht bei einem Haushalt angestellt, so wie Gregor, Inken und Dörte. Sie verdingen sich bei jedem, der ihre Dienste braucht. Sie werden für eine Fahrt gemietet. Heute bleiben sie so lange hier, bis die Leute wieder in die Stadt wollen, dann bringen sie sie zurück und danach ist ihr Dienst für diese Leute beendet. Sie bekommen einen Lohn ausgezahlt, aber mehr nicht.«

Emilia nickte und dachte nach. »Und weshalb haben sie dann Hunger?«

»Schau, ich bin bei deinen Eltern angestellt. Gregor ist bei deinem Onkel und deiner Tante im Verdienst. Wir bekommen Unterkunft und Essen, ob wir sie nun in die Stadt fahren müssen oder nicht. Wir müssen natürlich auch andere Dinge im und am Haus machen, aber egal, was ist, Essen und ein Bett haben wir frei. Das haben diese Kutscher nicht. Sie haben die Pferde und den Wagen, stehen immer und jedermann zur Verfügung, aber Bett und Essen müssen sie von ihrem Lohn bezahlen.«

Emilia zog die Stirn kraus. »Darüber muss ich nachdenken«, sagte sie leise.

Die Sülze war tatsächlich gelungen und wurde aufgetragen, dann die Suppe, die köstlich roch und von der Emilia auch eine Schale bekam. Der Aal war schon am Tag zuvor geliefert worden, in einem Steinguttopf. Da lebte er noch. Jetzt lag er gebraten auf den Tellern. Emilia mochte ihn nicht kosten.

Dann kam der Hauptgang, doch da schlief Emilia bereits auf der Küchenbank.

Als Inken die Sahne für den Kuchen schlug, wurde sie jedoch wieder wach. Wind war aufgekommen und es wurde kühler. Alle Fenster und Türen waren geöffnet.

Plötzlich trat Onkel Hinrich in die Küche.

»Herr Lindley bleibt über Nacht. Ist das Gästezimmer bereit?«

Ohne auf eine Antwort zu warten, ging er zurück in den Salon, wo man sich nun versammelt hatte.

Inken und Dörte schauten einander entsetzt an. »Das Gästezimmer? Davon hat vorher niemand etwas gesagt.« Dörte hob die Arme. »Lieber Himmel, sollen wir jetzt auch noch hexen?« Dann sah sie sich um. Mette schlief am Ofen, Julius lag schon lange in seinem Bett im ersten Geschoss. »Sie muss uns helfen.« Die Magd stieß das Mädchen an. »Wach werden.«

Mit großen Augen beobachtete Emilia das Treiben, wagte es aber nicht, sich zu rühren.

Dann endlich hatten die Gäste den Nachtisch verspeist und begaben sich in den Salon, um einen Sherry oder Branntwein zu trinken und sich zu unterhalten. In der Küche entspannte sich die Lage, es gab jede Menge Geschirr und Besteck, das gespült, getrocknet, poliert und wieder eingeräumt werden musste, aber keinen weiteren Gang. Die Dienerschaft hielt sich an den Resten gütlich, nur Inken eilte nach oben.

»Hätte er das nicht eher sagen können?«, schimpfte sie, als sie das Zimmer betrat.

Mette hatte den Boden ausgefegt und schrubbte nun die Dielen. Emilia wischte mit einem feuchten Lappen über die Kommode, das Fensterbrett und das Betthaupt, so, wie sie es bei Inken beobachtet hatte.

»Ihr Engel«, sagte Inken. Sie lief in die Wäschekammer und holte frische Bettbezüge. Dann schüttelte sie Decke und Kissen am Fenster kräftig aus.

»Das habe ich doch schon gemacht«, murmelte Emilia und zog eine Schnute.

Schnell war das Bett bezogen. Es duftete nach Schmierseife und Lavendel, den Inken immer zwischen die Wäsche steckte. Sie schüttete das Wasser aus dem Fenster auf die Rabatten vor dem Haus, wischte noch einmal über die Waschschüssel und den Krug und kontrollierte das Nachtgeschirr, das zum Glück sauber war. Dann steckte sie frische Kerzen in die Halter und seufzte erleichtert auf. »Geschafft«, sagte sie. »Ole bringt dich nach Hause, Mette. Und du, Täubchen, huschst ins Bett.«

»Oh, darf ich nicht noch aufbleiben, bis die Gäste gehen? Bitte.« Sie war den Gästen vorgestellt worden, hatte allen die Hand gereicht und geknickst. Die Frauen sahen so schön aus mit ihren Frisuren und dem glitzernden Schmuck, die Herren so stattlich in ihren Anzügen, den engen Hosen und den steifen Kragen. Es musste ganz wunderbar sein, an so einer Gesellschaft teilzunehmen.

»Ins Bett.« Inken ließ sich nicht erweichen. »Den gnädigen Herren wirst du morgen Früh noch sehen. Ob er wohl mit uns zur Kirche geht?«

»Wird er hier einziehen, Inken?«, fragte Emilia und gähnte.

»Um Himmels willen, nein, das glaube ich kaum.« Sie lachte.

Während Inken und Mette hinuntergingen, schlich Emilia nach oben. Noch einmal blieb sie im Treppenhaus stehen und lauschte dem Stimmengewirr, das von unten zu ihr drang.

Ich werde aufstehen und zusehen, wenn die Kutschen vorfahren, sagte sie sich. Das werde ich bestimmt hören.

Doch dann verschlief sie den Abschied der Gäste.

Am nächsten Morgen fiel es ihr schwer, aufzustehen. Am liebsten hätte sie sich umgedreht und weitergeschlafen.

»Täubchen, wie sieht dein Kleid aus?«, fragte Inken und öffnete das Fenster weit. In der Ferne grollte Donner. Die Dienstmagd hob das Kleid, das Emilia über den Stuhl gelegt hatte, hoch und betrachtete es genau. »Du bist sehr vorsichtig gewesen. Es ist noch sauber und nicht sehr verknittert. Das kannst du heute noch einmal anziehen. Wasch dich, ich komme gleich wieder und helfe dir beim Anziehen und mit den Haaren.«

Emilia streckte sich aus und wollte sich noch einmal umdrehen, doch dann fiel ihr der Gast ein. Vielleicht durfte sie ja mit am Frühstückstisch sitzen. Schnell sprang sie aus dem Bett. Inken hatte ihr einen Krug mit warmem Wasser gebracht. Emilia wusch gründlich ihr Gesicht und den Hals sogar zweimal. Dann zog sie saubere Wäsche an. Wo bleibt Inken denn nur?, dachte sie ungeduldig.

Endlich hörte sie die Schritte auf der Treppe. »Frisierst du mir die Haare auch so schön, wie Inge es gestern gemacht hat?«, wollte Emilia wissen.

»Das war eine Abendfrisur. Jetzt haben wir aber Tag. Ich werde dich so frisieren wie immer.«

»Und Mutter und Tante Minna? Machen sie sich wieder so fein?«

»Sie werden sich so anziehen wie jeden Sonntag, wenn wir zur Kirche gehen.« Inken sah aus dem Fenster. »Ich fürchte aber, dass es gleich ein Unwetter gibt.«

»Vielleicht wartet es ja bis heute Nachmittag.« Emilia sah an sich herunter. Das Kleid war ein wenig zu eng und es wurde wirklich zu kurz, dabei war es so schön. Nur ganz selten, zu besonderen Anlässen, durfte sie es anziehen.

»Sind deine Hände sauber? Zeig her.« Inken kontrollierte jeden Finger. »Und denk daran: Kind am Tisch, stumm wie ein Fisch.«

»Das weiß ich doch.« Blut schoss Emilia in die Wangen. Sie durfte tatsächlich mit am Tisch sitzen. Ganz aufgeregt ging sie hinunter. Bevor sie das Esszimmer betrat, kontrollierte Anna die Hände und den Hals ihrer Tochter.

»Kein Wort außer ›Guten Morgen‹ und ›bitte‹ und ›danke‹.«

»Ich weiß.«

Der Gast kam etwas später. Er sah ganz frisch und munter aus, während Inken und das andere Personal erschöpft wirkten. Sie hatten bis zum frühen Morgen aufgeräumt, gespült und die Sachen in den Schränken verstaut.

»Hab Ihr wohl geruht?«, fragte Vater den Gast.

»Oh, ich habe hervorragend geschlafen. Die frische Landluft ist wirklich erholsam.«

Emilia riss die Augen auf. Der Mann sprach seltsam, seine Stimme hatte einen merkwürdigen Klang.

Brav gab sie ihm die Hand und knickste. »Guten Morgen.«

»Ah, die kleine Lady. Bezaubernd.«

Das Frühstück wurde aufgetragen. Es gab mehr als sonst und auch eine größere Auswahl. Inken hatte einen Topf der kostbaren Leberwurst, die sie im Herbst immer kochte, hervorgeholt. Eier waren gekocht und gebraten worden, das Brot dampfte, es gab süße Butter, Marmelade, Schinken und einiges mehr. Emilia konnte sich kaum sattsehen an der ganzen Pracht. Sie hob die Hand, um nach einer Scheibe Brot zu greifen, sah dann aber den warnenden Blick der Mutter. Erst nahm sich der Gast, dann die Familie. Emilia war an letzter Stelle, sie musste warten.

Herr Lindley trank genüsslich seinen Kaffee und ließ sich noch einmal nachschenken.

»Ich habe über Eure Worte nachgedacht«, sagte Martin, er klang nachdenklich. »Ihr glaubt wirklich, dass der Handel sich immer mehr ausweiten wird?«

»Natürlich. Je mehr wir von der Welt entdecken und erobern, umso mehr Handel wird es geben. Exotische Hölzer, Reis, Zucker, Tee – das ist doch aus unserem Leben nicht mehr wegzudenken.«

»Damit haben Sie unbestritten recht.« Onkel Hinrich lehnte sich zurück und lächelte zufrieden. »Deshalb sollten wir auch bei unserer Entscheidung bleiben und unser Geschäft dahin gehend ausdehnen.«

»Das ist eine gute Entscheidung.« Wieder hielt Lindley die Kaffeetasse hoch, Inge schenkte ihm nach.

»Lieber Herr Lindley«, sagte Anna freundlich, »möchten Sie gar nicht zugreifen? Es ist alles ganz frisch.«

»Oh, nein. Ich frühstücke nie. Aber bitte lassen Sie sich nicht davon abhalten zuzugreifen.«

Ihr Vater schien über diese Aussage erleichtert zu sein, wie Emilia feststellte. Er nahm sich reichlich.

Endlich war auch sie an der Reihe. Ihr Magen knurrte schon laut. Aber was sollte sie nehmen? Die leckere Leberwurst oder lieber die köstliche Marmelade? Ein gekochtes Ei oder Spiegelei? Sie schaute zu ihrer Mutter. Anna hatte sich von mehreren Sachen kleine Portionen genommen.

Das mache ich auch so, dachte Emilia zufrieden, von jedem ein bisschen.

Wäre der Gast nicht gewesen, so hätten sie nur einen kleinen Imbiss zu sich genommen und wären dann nach Ottensen in die Kirche zum Frühgottesdienst gefahren. Die Familie in der Kutsche, das Personal auf dem Karren.

Jetzt würden sie den mittäglichen Gottesdienst besuchen. Eilig räumten Inken und Inge den Tisch ab, während Ole, Mats und Gregor die Kutschen aus der Remise holten und die Pferde anspannten. Immer wieder schauten sie besorgt zum Himmel. Es hatte sich noch weiter zugezogen, ein bedrohlich wirkender, gelblich grauer Himmel hing so tief über ihnen, dass Emilia dachte, er würde am Dach hängenbleiben. Dann wurde es dunkel. Es ging ganz schnell und ein heftiger Wind kam auf. Die Pferde wieherten erschrocken, eines bäumte sich sogar auf.

Dicke Regentropfen platschten auf das Pflaster des Hofes, der Regen wurde immer heftiger, die Luft kalt.

Hinrich stand kopfschüttelnd in der Eingangstür. »Das wird ein Unwetter. Schnell, bringt die Pferde zurück in den Stall, die Kutschen in die Remise.«

Sie schafften es gerade noch, bevor der Hagel über sie hereinbrach wie eine der sieben Plagen. Hagelkörner, so groß wie Murmeln, schlugen auf das Dach ein. Der Rasen vor dem Haus wurde weiß. Inge schrie erschrocken auf und versteckte sich in der Küche.

»Die Läden«, rief Anna, »schließt die Fensterläden.«

Es war unheimlich, in der dunklen Stube zu sitzen. Die Kerzen flackerten im Luftzug und draußen schienen tausend Hämmer gegen die Läden und Wände zu klopfen.

Doch der Spuk war schnell vorbei, bald regnete es nur noch. Schließlich hörte auch der Regen auf und die Vögel zwitscherten wieder in den Bäumen.

»Um Himmels willen«, rief Anna aus, als sie die Läden wieder öffneten. Der schöne Rasen vor dem Haus war bedeckt mit Blättern und Zweigen. Als hätte ein Riese sie von den Bäumen abgerissen und achtlos auf den Boden geschmissen. Dazwischen glitzerten die Eiskugeln in der Sonne, die vorsichtig auftauchte, so, als wolle auch sie den Schaden kontrollieren.

81

Den Gemüsegarten hatte es am schlimmsten getroffen.

»Alles zerstört«, murmelte Inken und wischte sich verzweifelt die Tränen von den Wangen. »Alles. Auch die Äpfel und Birnen, die Erbsen und Bohnen.«

Martin ging mit ernster Miene um das Haus herum. Ziegel waren zerbrochen und vom Dach geweht worden.

Mats, der noch zuletzt im Garten gewesen war, um die Hühner in den Stall zu scheuchen, hatte ein großer Hagelbrocken am Kopf getroffen. Er saß in der Küche und drückte einen Lappen auf die stark blutende Wunde.

»Das muss genäht werden«, vermutete Anna. »Ole, lauf los und hol den Doktor.«

»Gnädige Frau«, sagte Mats, und man konnte hören, wie unangenehm ihm die Situation war, »das wird schon wieder heilen. Dazu braucht es keinen Doktor.«

Doch Anna bestand darauf.

»Nun gut«, sagte Herr Lindley mitten in den Trubel hinein. »Ich sehe, Sie haben jetzt genügend zu tun. Ich möchte mich verabschieden, um Ihren Haushalt nicht noch mehr zu belasten. Wäre es möglich, mir ein Pferd zu leihen?«

»Sie können gerne noch bleiben«, meinte Hinrich, aber Lindley schüttelte den Kopf. »Wir bleiben in Verbindung, Herr Bregartner. Und natürlich werde ich dafür Sorge tragen, dass Ihr neues Haus an die Wasserversorgung angeschlossen wird, so, wie es Eure Frau wünscht. Sie werden sehen, Hamburg wird eine ganz neue Stadt, die modernste Europas.«

Der Gottesdienst fiel an diesem Tag aus. Noch bis zum Abend waren sie mit den Aufräumarbeiten beschäftigt. Der Doktor kam spät, es hatte noch mehr Verwundete im Dorf gegeben und Hein, der Fischer, war gar von einem Ast erschlagen worden. Mit drei Stichen nähte der Arzt die große Platzwunde an Mats' Kopf und legte einen Verband an. »Der Mann sollte einige Tage im Bett verbringen«, sagte er und zuckte bedauernd die Schultern. »Ich weiß, sie brauchen hier

82

jede Hand, aber die Wunde ist tief und mit Kopfverletzungen ist nicht zu spaßen.«

»Es ist, wie es ist.« Anna seufzte.

Tante Minna hatte sich hingelegt. Die Aufregung sei zu viel für sie, hatte sie gesagt und nach einer kräftigen Brühe verlangt, um wieder zu Kräften zu kommen.

Sie brauchten Tage, um das Anwesen wieder einigermaßen zu richten. Auch im Dorf sah es schlimm aus.

»Als wäre ein Heer hindurchgezogen und es hätte eine Schlacht stattgefunden«, sagte Ole düster. »Wie Einschüsse sehen die Löcher aus, die der Hagel geschlagen hat.«

In den nächsten Wochen saßen Emilias Eltern oft zusammen und hatten wichtige Dinge zu besprechen. Ihre Mienen waren ernst und angespannt. Emilia spürte, dass irgendetwas vor sich ging. Vielleicht, so dachte sie, hängt es mit dem Haus zusammen, das Onkel Hinrich in der Stadt baut. Schon im nächsten Jahr sollte es fertig sein und die Familie wieder dorthin ziehen.

Ende September ließ Martin seine Koffer packen. Er begab sich, erfuhr Emilia, nach England, um die Geschäfte dort voranzutreiben.

Hinrich hielt sich meist in der Stadt auf, er hatte dort Zimmer in einem Hotel angemietet. Die Werft wurde vergrößert, jetzt bauten sie auch Schiffe, die auf ihren Namen auf große Fahrt gehen sollten. Tante Minna besuchte ihren Mann oft in der Stadt und überwachte die Fortschritte beim Hausbau.

»Wir haben solch ein Glück«, erzählte sie Anna freudestrahlend. »Dank unserer Ziegelei haben wir genügend Material, um den Bau voranzutreiben. Und das Schiff wird uns Fliesen und Marmor, Kupferrohr und andere Dinge heranschaffen können.«

Anna war sehr still geworden. Oft saß sie auf der Bank vor dem Haus und wartete auf die Post. Doch nur selten kam Nachricht von ihrem Mann.

Endlich, es war schon kurz vor Weihnachten und Mats hatte eine

Tanne geschlagen, die in der Remise darauf wartete, im Salon aufgestellt und geschmückt zu werden, kam Martin zurück. Emilia begrüßte ihn freudestrahlend.

»Hast du mir etwas mitgebracht? Wie ist es in England? Ist es dort schöner als hier? Darf ich auch mal dorthin?«

»Geh in die Küche, Kind«, sagte er, »ich habe einiges mit deiner Mutter zu besprechen.«

Emilia blieb vor der Tür stehen. Lauschen war verboten, aber im Flur stehen nicht.

»Ich habe dir gesagt, dass ich das nicht machen werde, Martin«, hörte sie ihre Mutter sagen. »Ich dachte, darüber wären wir uns einig gewesen.«

»Es ist doch nicht für immer, Anna. Es ist nur für ein oder zwei Jahre, dann kommen wir wieder zurück.«

»Nein, Martin. Wir sind hier zu Hause. Du kannst die Werft leiten und Hinrich kann die anderen Geschäfte führen. Schließlich war es seine Idee.«

»Anna, er möchte, dass ich das übernehme. Und zudem hat er ein besseres Händchen für die Werft als ich, das weißt du doch. Sobald alles gut läuft, kommen wir wieder zurück. Es geht doch nur darum, alles aufzubauen und die passenden Agenten zu finden. Dafür muss man vor Ort sein. Wenn ich Order per Post nach England gebe und das Wetter nicht mitspielt, sind die Briefe wochenlang auf See. Es wird zu unserem Vorteil sein, glaube mir. Ich werde diesen Teil des Geschäftes einrichten und mir eine Reputation aufbauen. Dann stehe ich endlich nicht mehr im Schatten meines Bruders.«

»Täubchen?« Inken kam den Flur entlang. »Was machst du denn hier? Möchtest du mir helfen? Ich will Plätzchen backen.«

Schweigend folgte das Mädchen der Magd. Es duftete köstlich nach Braten und Honigkuchen in der Küche, doch Emilia war in Gedanken immer noch bei den Worten ihrer Eltern. Sie hatten sehr ernst geklungen. Was hatte das Ganze zu bedeuten? Wohin wollte Mutter nicht? Emilia sah sich in der Küche um. Inken und Dörte wirkten nicht beunruhigt und auch nicht anders als sonst. Nichts deutete auf

84

einen Aufbruch hin. Vater war doch gerade erst wiedergekommen, seine Koffer noch nicht einmal ausgepackt.

»Magst du?« Inken reichte ihr noch warmes Mandelgebäck. »Aber verrate nicht, dass du schon naschen durftest.« Sie zwinkerte ihr zu.

Die Stube wurde geschmückt, der Baum aufgestellt. Emilia beobachtete ihre Eltern genau, doch sie konnte keine Verstimmungen mehr erkennen, auch wenn ihre Mutter stiller war als sonst.

Onkel Hinrich und Tante Minna kehrten aus der Stadt zurück. In ihrem Gepäck befanden sich viele Schachteln und Pakete, die Emilia gespannt betrachtete. Ob dort auch ein Geschenk für sie dabei war? Sie wünschte sich eine feine Feder, Papier und Tinte, denn Schreiben machte ihr Spaß. Schon längst war sie besser als die Dorfkinder. Doch diese verbrachten auch nicht so viel Zeit damit, zu lernen und zu üben. Mette und die anderen Mädchen mussten in Haus, Garten und auf den Feldern helfen. Die Jungen hatten bei der Wirtschaft mit anzufassen.

Es wurde ein schönes Fest mit reichlich gutem Essen und vielen Geschenken.

Mutter schenkte Emilia eigenes Briefpapier.

»Aber wem soll ich denn schreiben?«, wunderte Emilia sich. Wie eine Wolke zog Traurigkeit über Mutters Gesicht. Sie strich Emilia über den Kopf. »Das kann man nie wissen«, sagte sie leise.

Julius hatte ein Schaukelpferd bekommen, ein feines weißes mit einem Ledersattel und Lederzügeln. Emilia biss sich auf die Lippe. So eines hatte sie sich immer gewünscht, doch nun war sie zu groß dafür.

Tante Minna hatte ihr einen neuen Stickrahmen und zwei Bücher mit Versen und Gedichten geschenkt.

»Noch kannst du es nicht lesen, aber bald, mein Kind«, sagte sie.

Die Familie fuhr zur Mitternachtsmette nach Ottensen. Emilia blieb mit Inge zu Hause. Es war schon spät, aber sie durfte helfen, alle Kerzen zu löschen, bevor Inge sie ins Bett schickte.

»Bist du zufrieden mit dem Weihnachtsfest?«, fragte die Dienstmagd. Emilia nickte und drückte die neue Puppe an sich, die sie bekommen hatte. Im April würde Emilia acht Jahre alt werden und allmählich war sie zu alt, um mit Puppen zu spielen, dachte sie. Doch heute noch nicht.

Zu ihrem Geburtstag nahm Tante Minna Emilia mit in die Stadt. »Wir machen uns zwei schöne Tage«, sagte die Tante. »Und ich zeige dir unser neues Haus. Bald ist es fertig.«

Staunend saß Emilia in der Kutsche, als sie durch die Straßen fuhren. Sie erkannte die Stadt kaum wieder. Überall wurde gegraben, aufgeschüttet und gebaut.

Die Kutsche blieb in einer Häuserzeile stehen, in der prächtige Bauten errichtet wurden. Die Fenster hatten Rundbögen, Stufen führten in die Häuser, manche Eingangstüren wurden von Säulen geschmückt.

»Komm.« Tante Minna nahm Emilia an die Hand. »Hier werden wir wohnen.« Sie führte das Kind in eins der Häuser. Die Diele war mit Steinplatten ausgelegt, geschnitzte Säulen stützten Treppe und Galerie. Die Diele war sehr groß und Emilia sah sich staunend um.

»Gefällt es dir? Wir werden nach vorn heraus wohnen. Unten sind die Küche und die Wirtschaftszimmer. Hinten ist das Kontor von deinem Onkel und oben und im Hinterhaus befinden sich Speicher.«

Emilia schüttelte den Kopf, alles war so fremd und anders, die Räume größer und höher als in ihrem Elternhaus.

»Hier ist es umgekehrt«, sagte sie nachdenklich, nachdem die Tante sie durchs Haus geführt hatte und sie wieder auf der Straße standen. »Bei uns sind die Zimmer kleiner und enger, dafür haben wir viel Licht und Luft um die Häuser herum. Hier sind die Räume riesig, aber die Häuser stehen eng beieinander und der Hof ist klein.«

»So ist das. Aber du bist ja kein Dorfmädchen, das über Wiesen und Felder laufen muss.«

»Hättest du denn nicht auch gerne einen Zierteich und Rasen, so wie Mutter? Die Bank unter der Kastanie?«

»Man kann nicht alles haben.« Tante Minna lachte. »Und das Leben in der Stadt ist doch sehr viel leichter als das auf dem Lande.

Hier kann man alles kaufen und muss es nicht mühselig herstellen. Brot, Butter, Schinken und solche Dinge werden geliefert.«

»Inkens Brot schmeckt aber viel besser als das vom Bäcker«, warf Emilia ein. Dann zuckte sie mit den Schultern. Ihrer Tante musste es ja gefallen, sie zog schließlich hierhin. Emilia würde in Othmarschen bleiben.

Sie nächtigten im Hotel, was Emilia furchtbar aufregend fand. All die Eindrücke machten sie schwindelig und abends fiel sie erschöpft ins Bett. Das Abendessen und Frühstück nahmen sie in einem großen Saal ein, in dem auch viele andere Leute aßen. Die Tante musste sie nicht ermahnen, die Pracht und Vielfalt machten Emilia schier sprachlos.

Am nächsten Tag führte Tante Minna sie durch viele Geschäfte.

»Lass uns Stoff für Bettwäsche kaufen. Such dir aus, was dir gefällt.«

»Aber wir haben doch Bettwäsche, Tante«, wandte Emilia ein.

Wilhelmina lachte nur. »Die ist noch von deiner Großmutter. Ich finde, es ist Zeit für neue.«

Emilia hatte viel gesehen und erlebt. Sie hatte Kuchen mit Schokoladenguss probiert und edle Pralinen, sie hatte Leberwurst gekostet, die so fein war wie Butter. Sie hatte französisches Brot gegessen, aber es hatte ihr nicht geschmeckt.

Als sie in Othmarschen vorfuhren, schloss Emilia die Augen und atmete den Duft der Wiesen und des frisch gemähten Rasens ein. Hamburg roch ganz anders, an manchen Stellen stank es sogar unerträglich, schlimmer noch als die Güllegrube am Ende der Wiese.

Überrascht sah sie sich um, als sie ins Haus kam. Überall standen Kisten, Kästen, Schachteln und Koffer. Was war hier los? Ließ Tante Minna schon ihre Sachen packen? Ihr Haus war doch noch gar nicht fertig. Sie konnte unmöglich jetzt schon dort hinziehen. Die Fenster waren noch nicht eingesetzt, manche Böden noch nicht verlegt und einige Wände noch nicht verputzt.

»Mutter?« Emilia lief suchend durch die Räume, fand schließlich ihre Mutter und Tante Minna in der Stube.

87

»Wie hat es ihr gefallen?«, fragte Anna leise.

»Ich glaube, sie war sehr angetan. Ich habe mir auch größte Mühe gegeben. Ach, Anna«, sagte Tante Minna, »nun weine doch nicht schon wieder. Es ist wirklich das Beste für das Kind.« Sie holte ein Taschentuch hervor und reichte es ihrer Schwägerin. »Ich werde mich doch gut um sie kümmern.«

Emilia, die auf ihre Mutter zustürmen wollte, blieb verdutzt stehen. Worüber sprachen sie?

»Das tun wir alles nur Hinrich zuliebe«, schluchzte Anna.

»Es wird euer Nachteil nicht sein, das wirst du schon sehen. Es sind doch nur ein paar Jahre.« Tante Minna klang plötzlich sehr streng.

Emilia drehte sich um und rannte in die Küche. Sie brauchte eine Erklärung. Inken saß am Küchentisch, das Gesicht in den Händen vergraben.

»Du weinst auch«, sagte Emilia leise und verstört. Dann holte sie erschrocken Luft. »Julius? Ist etwas mit Julius?«

»Oh Kind, wo kommst du denn so plötzlich her?« Inken rieb sich mit beiden Händen über die Wangen. »Julius geht es gut. Inge geht gerade mit ihm spazieren.«

»Was ist denn dann los? Wem gehören all die Koffer und Kisten? Warum ist Mutter so traurig? Und was ist mit dir? Du weinst, dabei musst du doch gar keine Zwiebeln schneiden. Ich sehe zumindest keine.« Hilflos ließ sie die Arme hängen.

»Täubchen, mein Täubchen.« Inken breitete die Arme aus und Emilia lief zu ihr und ließ sich fallen. Der vertraute Geruch der Magd umgab sie, sie saugte ihn tief ein, fühlte sich plötzlich nicht mehr so verloren und allein. Hier ist mein Zuhause, dachte sie. Inken hielt sie fest in den Armen, wieder schluchzte die Magd. Dann holte sie tief Luft, rieb sich mit der Schürze über die Augen und lächelte zaghaft.

»Hat es dir in Hamburg gefallen?«

»Oh, es ist so anders dort. So eine große Stadt. Früher, als wir Tante und Onkel besucht haben, sind mir viele Dinge nicht so aufgefallen, aber jetzt – jetzt wird überall gebaut und alles neu gemacht. Das sieht schön aus, aber eng, irgendwie. Leben möchte ich da nicht«, sprudelte es aus dem Kind heraus.

Inken erstarrte. »Hat deine Tante nicht mit dir gesprochen?«

»Doch, die ganze Zeit. Was ist mit Mutter? Und wem gehören all die Kisten und wofür sind sie?«

»Zum Packen«, sagte Inken düster und stand auf. »Weil alles anders werden wird.«

»Ja, ich weiß! Tante Minna und Onkel Hinrich ziehen zurück in die Stadt. Dann bekomme ich mein Zimmer wieder, nicht wahr?« Emilia hüpfte durch die Küche.

»Ja.« Inken zog die Schultern hoch und beugte sich über den Herd.

Was war hier los? Emilia lief zurück in die Stube. Dort saß Mutter immer noch im Sessel, Vater stand neben ihr. Tante Minna hatte sich zurückgezogen. Emilia blieb in der Tür stehen.

»Komm herein, Kind«, sagte Vater.

»Guten Abend.« Emilia schluckte. Plötzlich wurde ihr flau. Etwas Bedrohliches lag in der Luft.

»Emma, meine Emma.« Mutter lächelte mühsam.

»Mutter. Vater.« Sie ging zwei Schritte in das Zimmer, blieb dann unsicher stehen.

»Komm zu uns. Wir müssen mit dir reden. Es gibt wichtige Dinge zu besprechen.« Der Vater lächelte, aber seine Stimme klang ernst. »Wir reisen ab.«

»Wir?«

»Deine Mutter und ich. Wir werden nach England segeln.«

»Und ich?«

»Du bleibst bei Tante Minna und Onkel Hinrich. Du gehst doch hier zur Schule.«

Emilia hielt die Luft an, dachte nach. Vater war drei oder vier Monate in England gewesen. So lange müsste sie also bei Tante Minna wohnen. Aber Tante Minna wohnte ja noch hier. Außer dass die Eltern auf Reisen wären, würde sich nicht viel für sie ändern. »Ich passe auch gut auf Julius auf«, sagte sie und lächelte.

»Julius kommt mit uns.«

Die Worte waren wie ein Schlag in die Magengrube.

»Aber warum … er kann doch auch hier bleiben, bis ihr wiederkommt.« Emilia kaute auf ihrer Unterlippe, versuchte zu rechnen. »Ihr seid doch vor dem Herbst wieder hier.«

»Nein, Emilia. Wir werden für ein oder zwei Jahre nach England gehen.«

Sie brauchte einen Moment, bis sie begriff, was das bedeutete.

»Ohne mich?«

Die Mutter stand auf und ging zum Fenster, schaute hinaus. Der Vater nickte. »Ja, du bleibst hier bei Tante Minna und Onkel Hinrich. Sie werden sich um dich kümmern.«

»Aber … aber …« Emilia schüttelte wild den Kopf. Dann rannte sie in ihr Zimmer und warf sich auf ihr Bett. Sie weinte haltlos, doch irgendwann wollten keine Tränen mehr kommen. Sie gingen nach England? Ohne sie? Aber Julius durfte mit? Das konnte Emilia nicht begreifen. Warum? Warum gingen sie nach England?

»Schatz?« Anna öffnete vorsichtig die Tür. Emilia drehte sich zur Wand, sie mochte ihre Mutter nicht anschauen. »Mein Schatz.«

Anna setzte sich aufs Bett, nahm Emilia in den Arm. »Meine Tochter«, murmelte sie. »Lass dich drücken.«

Emilia wand sich aus den Armen der Mutter. »Warum wollt ihr mich nicht mehr?«

»Darum geht es nicht. Es geht um das Geschäft. Dein Vater muss nach England …«

»Ich geh mit. Bitte, lasst mich mitkommen …«, flehte Emilia.

Doch ihr Flehen war vergebens.

1853–1856

Emilia

7. Kapitel

»Fräulein Emilia, der Tiffin wird gleich serviert!«, rief Jule, das Dienstmädchen.

Emma drehte sich zur Seite. Es war ein heißer Tag im August, sie hatte die Fenster weit geöffnet und der Lärm der Stadt drang in ihr Zimmer im zweiten Stock. Vor neun Jahren war sie mit Tante und Onkel nach Hamburg gezogen. Damals bekam sie ein Zimmer im ersten Geschoss. Ein schönes Zimmer mit Himmelbett und großen Fenstern, mit Stuck an den Decken und geschnitzten Türstöcken. Ihre Tante und ihr Onkel taten alles, um ihr den Umzug in die Stadt zu erleichtern. Sie hatte einen Hauslehrer und eine Kinderfrau, die nur für sie angestellt war. Emilia hasste zwar den Prunk, sog dafür aber alles, was sie lernen konnte, in sich auf wie ein Schwamm.

Im Jahr darauf, 1845, wurde ihr Cousin Jasper geboren, zwei Jahre später kam die Cousine Mathilda. Emilia musste wieder einmal ihr Zimmer räumen und einen Stock höher ziehen. Es war wie ein Déjà-vu. Ihren Cousin und die Cousine liebte sie von Herzen, aber den Bruder konnten die beiden ihr dennoch nicht ersetzen.

Jahr um Jahr hatte sie gehofft, dass ihre Eltern zurückkehren oder sie nach England holen würden, aber nichts davon war geschehen.

Seufzend stand sie auf. Ihre Tante hatte den Tiffin – eine leichte Nachmittagsmahlzeit – vor zwei Jahren eingeführt. Der Brauch kam aus Indien, wo es gewöhnlich heißer war als in Hamburg. In diesem Jahr, dachte Emilia, könnten wir ähnliche Temperaturen erreichen. Zwischen den Häuserzeilen am Nikolaifleet und am Deichgraben stand die Hitze, als könnte man sie in Tortenstücke schneiden.

Sie kannte Erzählungen von Indien, Südamerika und der Neuen Welt von den Kapitänen und Schifffahrtsleuten, die bei ihrer Familie angestellt waren. Regelmäßig lud die Tante zu Tiffins, Lunches oder gar Bällen ein. Was gesellschaftliche Ereignisse betraf, war die Familie Bregartner in Hamburg führend. Kaum ein Tag verging ohne Gäste. Manchmal fuhren sie im Sommer nach Othmarschen und verbrachten dort einige Wochen auf dem Gut der Familie. Inken und Mats hatten geheiratet und verwalteten das Gutshaus das Jahr über. Fünf Kinder liefen inzwischen in den Gesinderäumen herum. Jedes Mal war Emilia traurig, wenn sie wieder abreisen musste.

»Fräulein Emilia?« Jule stand vor Emilias Bett. »Was macht Ihr denn? Wir müssen uns jetzt ankleiden, gleich kommt Besuch. Nach dem Tiffin wird es ein Diner geben, mit geladenen Gästen.«

»Ich habe Kopfweh.« Emilia legte die Hand auf die Stirn. »Ich kann nicht«, seufzte sie und schielte zum Dienstmädchen.

Jule nickte. »Ich bring Euch Kaffee. Überlegt schon einmal, welches Kleid Ihr tragen wollt.«

»Muss ich?«

»Ja, es ist der gnädigen Frau sehr wichtig. Ein Herr kommt, der ein Schiff bauen lässt. Eine Brigg. Sie sollen nett aussehen und freundlich sein.«

Emilia drehte sich zur Wand und ballte die Fäuste. »Ich brauche keinen Kaffee. Ich stehe gleich auf.«

Tante Minna betrachtete sie als nettes, hübsches und gebildetes Mittel zum Zweck. Sie hatte freundlich und zuvorkommend zu den Kunden zu sein. Nett, hübsch, still. Sie hasste diese Rolle.

»Was soll ich denn anziehen, Jule?«, fragte Emilia und stand auf.

»Zum Tiffin? Das blaue Seidenkleid. Das schmeichelt Euch. Die Farbe passt zu Euren Augen und Eure dunklen Haare bilden einen schönen Kontrast.«

»Wunderbar, dann nehmen wir das. Ist Post gekommen?«, fragte Emilia hoffnungsvoll.

»Noch nicht.«

Jeden Tag wartete sie darauf, dass er kommen würde. Der Brief, mit dem ihre Eltern sie nach England baten. Irgendwann wird es so weit sein. Sie hatte in diesem Sommer das Lyzeum abgeschlossen. Ab

Herbst konnte sie noch für ein Jahr die höhere Mädchenschule besuchen und weiterhin sticken lernen. Viel mehr wurde dort den Töchtern aus der feinen Gesellschaft nicht beigebracht. Küchenzettel und Rechnungen kontrollieren, Menüs zusammenstellen, den Haushalt beaufsichtigen, sticken. Verse in Latein sticken. Blümchen, Muster.

Emilia hasste es zu sticken. Zu gerne hätte sie ihre Hände in Hefeteig gesteckt, diesen geknetet und gewalzt. Mitgearbeitet, statt nur zuzusehen. Lediglich in den Sommermonaten in Othmarschen, wenn ihre Tante mit den Kindern an der Elbchaussee lustwandelte oder erschöpft von der Hitze im Schatten vor dem Haus lag, konnte sie in ihr früheres Leben zurückkehren. Dann hielt sie sich in der Küche beim Personal auf, half im Nutzgarten oder fütterte die Hühner.

In Hamburg war sie die Marionette ihrer Tante, ein nettes Mädchen, bald im heiratsfähigen Alter.

Jule schnürte ihr das Korsett.

»Das ist zu eng«, stöhnte Emilia. »Ich bekomme keine Luft mehr.«

»Aber Ihr wollt doch eine schöne Wespentaille haben, gnädiges Fräulein, so, wie es der Mode entspricht.«

Emilia seufzte. Sie hasste die engen Mieder und die weiten, unbequemen Röcke mit den Gestellen darunter, den vielen Unterröcken und dem ganzen Zierrat. Aber Tante Minna legte Wert darauf, dass sie immer nach der neuesten Mode gekleidet war. Zweimal im Jahr fuhr sie nach Paris, um neue Stoffe einzukaufen.

»Kommt jemand, den ich kenne?«, fragte Emilia kurzatmig, als sie auf dem Hocker vor dem Frisiertisch saß und Jule ihr die Haare kämmte.

»Der Herr Lessing kommt, er hat gerade ein Schiff in Auftrag gegeben. Und Doktor Schneider will vorsprechen, er ist so begeistert von Euch. Und dann noch der Herr Rickmers und der Herr Amsinck.«

Emilia lachte leise. »Alle Herren der Gesellschaft. Das wird ein Spaß. Nur den Lessing kenne ich noch gar nicht.«

»Na, der wird auch nur ein Mann sein.« Jule lachte.

Der Tiffin war eine Erfindung der Briten in Indien, wie Emilia herausgefunden hatte. Es gab nur Häppchen und leichten Wein und diente dem Kennenlernen. Danach folgte das Diner. Ein Essen mit mindestens drei Gängen. Nicht immer waren die Gäste vom Tiffin auch zum Diner geladen. Es kam auf deren Wichtigkeit an. Wer wichtig war, durfte bleiben und weiterspeisen. Bei den Diners ihrer Tante wurde manchmal Musik gespielt. Aber nicht immer, das lag an den Gästen.

Und dann gab es auch noch richtige Gesellschaften, Einladungen mit fünfgängigen Menüs, mit Musik und Vorträgen. Und schließlich veranstaltete man noch Bälle, mit Tanz, Musik, Unterhaltung und Essen.

In Othmarschen war alles ganz anders gewesen. Sie konnte sich lediglich an eine Gesellschaft erinnern, bei der es ein mehrgängiges Menü gegeben hatte. Meist hatten sie es schlicht gehalten, damals. Jetzt war alles anders. Aus den zwei oder drei Jahren waren neun geworden. Ihre Eltern und Julius lebten in England und Emilia in Hamburg.

Emilia straffte die Schultern. Sie würde die Erwartungen ihrer Familie erfüllen, das hatte sie schließlich immer getan. Eine Verbindung zur Familie Rickmers wäre wünschenswert, hatte ihr Tante Minna gesagt. Andreas Rickmers war nun schon zum vierten Mal Gast im Hause. Aber er hatte noch nie ein Wort mit Emilia gewechselt.

Martin Amsinck war auch schon öfter zu Gast gewesen. Er lachte viel, war ein lebhafter Mensch und hatte Emilia mehrfach eingeladen. Sie mochte ihn, er war lustig. Immerhin. Ein Lichtblick an diesem Tag.

Lessing, dachte sie. Ob er mit dem Dichter verwandt war? In ihrem Zimmer stand ein großes Bücherregal. Bücher waren ihre Zuflucht, ihre Heimat, die sie in diesem Haus nicht finden konnte. »Minna von Barnhelm« war eines der Bücher, die sich in jedem gelehrten Haushalt befanden, und auch »Nathan der Weise« hatte Emilia gelesen. Sollte der Gast aus dieser Familie stammen? Sie mochte es kaum glauben. Noch einmal prüfte sie ihr Spiegelbild, dann ging sie entschlossen hinunter. Die weiten Röcke schwangen bei jedem Schritt.

Jasper und Mathilda durften am Tiffin teilnehmen. Sie saßen artig auf dem Sofa, eine Serviette auf den Knien, und tranken heiße Schokolade aus feinen Porzellantassen. Sie waren in dieses Haus und dieses Leben hineingeboren worden, kannten es nicht anders. Sehr behütet und beschützt wuchsen sie auf, niemals durften sie das Haus allein verlassen. Tante Minnas größte Furcht war, dass noch eines ihrer Kinder ertrinken würde. Deshalb hatte sie auch den Zierteich in Othmarschen zuschütten lassen und den Kindern streng verboten, zum Nutzteich zu gehen.

Tante Minna schaute Emilia prüfend an. »Das Kleid steht dir sehr gut, aber du trägst es nun schon zum dritten Mal hintereinander beim Tiffin. Ich wünsche, dass du dich zum Diner umziehst.«

»Jawohl, Tante Minna.« Emilia seufzte leise, dann lächelte sie Jasper und Mathilda zu und nahm sich auch eine Tasse mit dem süßen und heißen Getränk.

»Sei besonders aufmerksam zu Doktor Schneider, er hat sich extra nach dir erkundigt.«

Emilia biss sich auf die Lippe. Doktor Schneider war ein netter Mann, jedoch fast vierzig und verwitwet. Sie mochte ihn wohl, aber eine Verbindung konnte sie sich beim besten Willen nicht vorstellen.

Der Diener öffnete die Tür und begleitete die ersten beiden Gäste in den Salon.

»Doktor Schneider, schön Sie wiederzusehen«, sagte Tante Minna. »Und Herr Amsinck, welch eine Freude.«

Auch Herr Rickmers gesellte sich bald zu der kleinen Gesellschaft, nur der vierte Gast war noch nicht eingetroffen, auch Onkel Hinrich schien noch im Kontor zu sein.

Das Mädchen reichte dünne Brotscheiben mit Gurken und kleine Küchlein, der Diener schenkte Kaffee oder Wein aus.

Emilia hatte gelernt, Konversation zu betreiben.

»Und wie lange werden Sie sich noch in Hamburg aufhalten?«, fragte sie Martin Amsinck.

»Nicht allzu lange. Mein Weg führt mich nach England.« Er lächelte.

Emilia zuckte zusammen. Nach England, dorthin, wo ihre Familie lebte.

»Das hatten Sie mir noch gar nicht erzählt. Was haben Sie denn dort vor?«

»Oh, ich habe neue Berichte über die Weltausstellung in New York gelesen. Vielleicht führen mich meine Wege auch nach Amerika. Jedenfalls hinaus aus diesem Land, um die ganzen neuen Errungenschaften, die neuen Techniken, kennenzulernen und zu inspizieren.«

»Hattet Ihr mir nicht erzählt, dass Ihr Schiffbauer werden wollt?«

»Euer Onkel ist mein großes Vorbild. Ich bin Kaufmann, aber die Zukunft liegt im Welthandel, und wer in Zukunft erfolgreich sein will, muss dort tätig werden.«

»Technik, ja, davon redet man allenthalben. Dampfmaschinen, die die Arbeit der Menschen übernehmen.« Emilia schüttelte den Kopf.

»Ihr glaubt nicht daran?« Amsinck lachte leise. »Wieso nicht?«

»Weil eine Maschine den Menschen doch nicht ersetzen kann. Eine Maschine kann nicht denken. Sie kann nur ganz bestimmte Arbeitsschritte erleichtern, wie dreschen oder Wasser pumpen, aber den Menschen wird sie nie ersetzen können.«

»Damit habt Ihr sicherlich recht, aber der Fortschritt wird kommen. Jetzt schon werden jeden Tag neue, aufregende Erfindungen gemacht. Und ich möchte dabei sein, ein Teil davon sein. Ich möchte die Welt verändern.« Er straffte die Schultern und streckte das Kinn hoch. Ein aufwendig gezwirbelter Schnurrbart zierte sein Gesicht.

»Ihr wollt also die Welt verändern«, sagte Onkel Hinrich, der plötzlich aus seinem Kontor aufgetaucht war, und klopfte dem jungen Mann jovial auf die Schulter. »Wie wollt Ihr das machen?«

»Herr Bregartner, welch eine Freude, Euch zu sehen«, sagte Amsinck und reichte ihm die Hand.

Hinter ihrem Onkel stand ein Mann, er war groß und schlank, hatte ein hageres Gesicht mit einem Vollbart – nicht der neuesten Mode entsprechend. Lag es an dem Bart oder an ihm selbst, dass er viel ernsthafter wirkte als die beiden anderen jungen Männer? Sie schätzte ihn auf Mitte zwanzig, wobei sein Gesicht wettergegerbt war und das Alter deshalb schwer zu ermessen. Auch trug er einen grauen Anzug, Hose wie Jacke, und eine ebensolche Weste, kein buntgestreiftes Beinkleid, wie es Mode war.

Er schien Emilias Blick zu bemerken, lächelte freundlich und trat auf sie zu.

»Carl Gotthold Lessing«, stellte er sich vor und reichte ihr die Hand.

»Lessing, wie der Dichter.« Emilia empfand den Händedruck als warm und fest.

»Ja, Ephraim Lessing war mein Großonkel, der Bruder meines Großvaters.«

»Dann seid Ihr auch verwandt mit dem Maler?«

»Das ist mein Bruder, einer meiner Brüder.« Wieder lächelte er, ein Lächeln, das Emilia berührte. »Ihr seid das Fräulein Bregartner, von dem ich schon so viel gehört habe?«

»Emilia Bregartner, in der Tat, die bin ich.« Emilia lächelte verschmitzt. »Ihr führt Geschäfte mit meinem Onkel, habe ich gehört?«

»Das will ich zumindest hoffen, denn ich möchte ein Schiff bauen lassen. Ich habe vor zwei Jahren mein Kapitänspatent erworben und will nun unter meiner eigenen Flagge segeln.«

»Sagt, guter Mann«, wandte sich Amsinck an ihn, »glaubt Ihr nicht, dass die Epoche der Segelschiffe sich dem Ende zuneigt? Und Ihr, Herr Bregartner, wie seht Ihr das?«

»Amsinck, Ihr spielt auf die Dampfschiffe an?« Hinrich lachte laut. »In Amerika tun sie ihren Dienst, diese Schaufelraddampfer, aber für die große Fahrt taugen sie nicht.«

»Das denke ich auch.« Lessing sprach ruhig, schien seine Worte mit Bedacht zu wählen. »Bisher rentieren sich Dampfschiffe nicht. Sie müssen so viel Kohle aufnehmen, dass kaum Platz für andere Ladung bleibt.«

97

»Aber sie sind schneller und von den Winden unabhängig.«

»Das mag wohl stimmen, aber dennoch sind sie nicht tauglich, die großen Meere zu befahren.«

»Das stimmt«, sagte Amsinck und nickte, »noch nicht, vielleicht noch nicht. Die Technik entwickelt sich rasant. Ich habe aufregende Dinge von der Weltausstellung in New York gehört und bin mir sicher, dass sich in den nächsten Jahren viel verändern wird.«

»Ich glaube auch an den Fortschritt«, sagte Onkel Hinrich, »aber im Moment sind Dampfschiffe tatsächlich noch keine Alternative zu den Segelschiffen. Die Dampfschiffe sind zu anfällig für technische Probleme und auf hoher See wäre das fatal. Jedoch für die Binnenschifffahrt könnten sie in ein paar Jahren durchaus interessant werden.«

»Mir reicht ein Segelschiff, eine schöne Brigg.« Lessing lächelte. »Solide gebaut, wie man es von Eurer Werft kennt.«

»Und das sollt Ihr haben, mein lieber Mann. Über die Details können wir noch in Ruhe verhandeln.«

Lessing nickte zufrieden.

»Möchtet Ihr nicht etwas essen oder trinken? Unsere Köchin ist ganz fabelhaft«, sagte Emilia und wies auf die Tabletts und Platten, die schon ordentlich geleert waren.

»Das ist zu freundlich.« Er nahm sich drei Stückchen Brot und dann noch zwei Küchlein.

»Ihr bleibt doch sicher zum Essen, Lessing?«, meinte Onkel Hinrich.

Emilia sah, wie ihre Tante zusammenzuckte. Anscheinend hatte sie diesen Gast nicht eingeplant.

»Zum Essen? Wenn ich darf, gerne. Ich habe schon eine Weile nicht mehr in solch einem schönen Haus gespeist.«

Tante Minna stand auf und ging mit raschelnden Röcken in den Flur. Sie musste ein weiteres Gedeck auflegen lassen.

»Ihr seid also Kapitän und kommt aus einer großen Familie, wie ich Euren Worten entnehme«, sagte Emilia.

»Beides ist richtig. Ich habe zwanzig Geschwister.«

98

»Oh.« Emilia hob den Fächer zum Gesicht. Zwanzig, dachte sie, die arme Frau.

»Zwölf sind aus der ersten Ehe meines Vaters. Seine Frau starb im Kindbett. Ich bin das Fünfte von neun Kindern meiner Mutter.«

»Eine so große Familie. Dieses Glück ist mir nicht beschieden.«

»Eine große Familie ist nicht immer von Vorteil«, sagte er leise. »Mein Vater hat viele Söhne, die er alle unterbringen musste, was nicht gerade einfach war. Mein Vater starb vor fünf Jahren.«

»Mein Beileid.« Sie spürte, dass er einen Groll gegen seinen Vater hegte.

Lessing zuckte mit den Schultern. »Wir sind alle unseres Glückes Schmied. Mich hat es zur Seefahrt hingezogen, während meine Brüder andere Wege gehen. Carl Robert zum Beispiel ist Jurist und Herausgeber der Vossischen Zeitung in Berlin.«

»Carl scheint ein häufiger Name in Eurer Familie zu sein«, sagte Emilia belustigt.

»Mein Vater hieß Carl Friedrich. Seinen Rufnamen hat er all seinen Söhnen vermacht.«

»Das ist, wenn ich es recht überlege, sehr praktisch. Eure Mutter musste nur ›Carl‹ rufen und alle kamen angelaufen.«

Lessing lachte. »So habe ich das noch gar nicht betrachtet, aber Ihr habt nicht ganz unrecht. Sollte ich mal Kinder bekommen, könnte ich ihnen auch denselben Namen geben und würde somit alle ansprechen. Aber«, er schüttelte belustigt den Kopf, »es hat sicher auch Nachteile. Stellt Euch vor, man fragt ›Wer war das?‹, wenn eines der Kinder Unfug angestellt hat, und die Antwort lautet nur: ›Carl‹! Dann ist das sehr unbefriedigend.«

»Also wurdet ihr alle mit Vor- und Zweitnamen gerufen?«

»Wir wurden alle mit unserem Zweitnamen gerufen und werden es immer noch. Wobei ich bei geschäftlichen Dingen meinen ersten Namen vorziehe, ›Gotthold‹ klingt zu pathetisch für einen Protestanten wie mich.«

»Ihr habt Euer Kapitänspatent erworben und wollt nun auf große Fahrt gehen?«

»Mein Vater hätte mich gerne in der britischen Marine gesehen, doch als Ausländer war das nicht möglich. Also wurde ich mit fünfzehn Schiffsjunge und habe eine lange und harte Ausbildung von der Pike auf hinter mir. Ich wurde Steuermann und schließlich hat mir mein Bruder, Carl Friedrich«, er zwinkerte ihr zu, »Geld gegeben, damit ich hier in Hamburg auf die Kapitänsschule gehen konnte. Mein Patent bekam ich schon nach vier Monaten. Ich habe für einen Reeder ein Schiff nach Südamerika gesegelt und dann nach Asien. Ich werde nächste Woche wieder nach Chile aufbrechen und dort Kohle und andere Waren gegen Salpeter tauschen. Wenn ich, so Gott will und die Winde um Kap Hoorn es zulassen, nächstes Jahr zurückkomme, möchte ich mein eigenes Schiff übernehmen und unter meiner eigenen Flagge segeln.«

»Das sind doch ganz großartige Pläne«, sagte Emilia. »Dann hoffe ich für Euch, dass die Winde nicht widrig sein werden und Ihr Euer Ziel erreicht.«

Sie wechselte noch ein paar Worte mit den anderen Gästen, doch dann sah ihre Tante sie an und zog die Augenbrauen hoch.

In der Diele hatte ein Musiker Platz genommen und spielte nun heitere Weisen auf dem Klavier, um die Zeit bis zum Diner zu überbrücken.

Emilia hastete die Treppe nach oben in den zweiten Stock, wo Jule schon auf sie wartete.

»Ich habe so einen Hunger«, stöhnte Emilia.

»Aus der Küche duftet es schon ganz hervorragend«, sagte Jule und grinste breit. »Aber warum habt Ihr denn beim Tiffin nicht zugelangt?«

»Sehr komisch, Jule. Wenn du das Mieder so eng schnürst, dass ich kaum Luft holen kann, kann ich auch nichts essen.« Sie schnaubte. »Also locker das Korsett, damit ich wenigstens beim Diner etwas zu mir nehmen kann.«

»Aber nicht zu viel, Ihr wollt Euch doch nicht Eure Chancen bei den jungen Herren verspielen, indem Ihr zulangt wie ein Scheunendrescher.« Jule lachte.

100

»Ach, meine Chancen. Ich möchte nicht Frau Doktor Schneider werden, das passt auch nicht recht zu den Erwartungen meiner Tante. Da ist dann noch Herr Rickmers, doch der scheint mir eher aus geschäftlichem Interesse herzukommen. Er wird irgendwann die Werft seines Vaters in Bremen übernehmen. Und Herr Amsinck will erst die Welt erkunden, bevor er sich bindet. Vielleicht möchte er schon vorher gewisse Kontakte in trockenen Tüchern haben, aber was soll ich mit jemandem, der durch die Weltgeschichte reist und nach technischem Fortschritt sucht?«

»Beide jungen Herren wären mögliche Geschäftspartner Eures Onkels.«

»Rickmers haben sogar Reismühlen gebaut und der Handel mit Asien floriert, das mag sein. Aber ich bin doch keine Kuh, die man versteigert.«

»Was ist mit dem dritten jungen Mann?«

»Lessing, Carl Gotthold Lessing.« Emilia dachte nach. Er hatte einen guten Eindruck auf sie gemacht. Endlich mal kein Geck, der sich mit bunten Hosen und neumodischen Bartfrisuren in Szene setzen musste. Er war ein nachdenklicher, ehrlicher Mann, jemand, der sein Schicksal ganz patent selbst in die Hand nahm. So schien es ihr zumindest. Sein Händedruck war angenehm fest gewesen, die Konversation mit ihm äußerst anregend. Sie mochte ihn. Aber er war lediglich ein Kapitän mit einem Schiff, das noch gebaut werden musste. Er würde unter eigener Flagge, auf eigene Verantwortung segeln. Sie war zwar nur ein Mädchen, aber so viel wusste sie nun doch vom Geschäft: Reich wurde man damit kaum. Um erfolgreich Fahrten vorzunehmen, bedurfte es eines guten Agenten, der einem für Hin- und Rückfahrt Ladungen verschaffte. Ihr Vater war ein Agent, er kaufte und verkaufte Ware. Er charterte Schiffe und Ladungen. Ihr Vater und Onkel Hinrich hatten aber auch mehrere Schiffe, die unter ihrer Flagge fuhren. Damit minderten sie die Risiken. Und da sie die Schiffe zum Selbstkostenpreis auf der eigenen Werft bauen konnten, war Gewinn eigentlich immer sicher. So wurde die Familie immer wohlhabender. Ein einzelner Kapitän, der für sich fuhr, konnte so etwas kaum erreichen.

Doch vielleicht hatte Lessing ja auch Größeres im Sinn? Ihr Onkel wollte zumindest mit ihm ins Geschäft kommen.

Lessing hatte sie auf irgendeine Weise beeindruckt. Und er würde zum Essen bleiben, somit hatte sie also die Chance, ihn besser kennenzulernen.

»Welches Kleid, Jule?«

»Das graue?«

Emilia schüttelte den Kopf. »Nein, das samtige, das dunkelblaue. Das mit dem feinen Spitzenkragen und dem tiefen Dekolleté.«

»Es steht Euch ausgezeichnet, aber Ihr tragt es doch nicht gerne?«

»Der Zweck heiligt die Mittel, und heute Abend möchte ich prachtvoll aussehen.«

Die Köchin hatte sich wahrhaft selbst übertroffen, die Dienerschaft ebenso. Heute wurde ein besonderer Gast erwartet – Herr William Lindley. Seine Frau hatte gerade einen Sohn entbunden und würde leider nicht mitkommen können. Lindley arbeitete immer noch in der Wasserwirtschaft und am Wiederaufbau der Stadt, hatte aber inzwischen eine große Reputation erworben und wurde zu fast jedem großen Bauprojekt in Europa angehört. Lindley und seine Frau Julia waren häufig bei den Bregartners zu Gast, inzwischen verband sie eine innige Freundschaft, und Tante Minna hatte sogar die Patenschaft für Lindleys erstes Kind übernommen.

Im Esszimmer funkelte und blitzte alles. Noch saßen die Gäste in der Diele und lauschten der Musik. Emilia schlich sich an ihnen vorbei und warf einen Blick auf die Tischkarten. Natürlich hatte die Tante sie zwischen Amsinck und Rickmers gesetzt. Lessing hatte den Platz neben Onkel Hinrich, wohl, damit sie ihre geschäftlichen Gespräche fortführen konnten, und Lindley saß neben der Tante. Kurzerhand tauschte sie die Platzkarten aus. Es kamen noch zwei weitere Ehepaare mit ihren Töchtern. Sollten die Mädchen sich doch mit Amsinck und Rickmers vergnügen, Emilia würde neben Lessing sitzen und somit gegenüber von Lindley.

Er war charmant, ein gebildeter Mann von Welt, sehr belesen und mit guten Umgangsformen. Seinen englischen Akzent, den Emilia als kleines Mädchen so seltsam gefunden hatte, hatte er nie ganz abgelegt. Inzwischen fand sie seine Art zu sprechen amüsant. Sie hatte Englisch gelernt und sprach die Sprache nun fließend, was den Ingenieur begeisterte. Ihm war nicht bewusst, dass sie mit ihm immer jenes Unwetter in Verbindung brachte. Und das Unwetter damals hatte all die Veränderungen und schließlich auch den Wegzug ihrer Eltern und ihres Bruders eingeläutet. Es war wie ein Meilenstein, eine Wegmarkierung in ihrem Leben. Lindley hatte ihren Onkel dahin gehend unterstützt, die Geschäfte auszuweiten.

Nein, er trägt keine Schuld, Vater und Onkel hatten das entschieden, auf ihre, Emilias Kosten, dachte sie, auch wenn niemand sonst ihre Gedankengänge nachvollziehen konnte. Ihr ging es gut, sie hatte eine ordentliche Ausbildung, war eine gute Partie. Sie war im emporstrebenden Hamburg groß geworden, kannte alle wichtigen Familien, hatte alles im Überfluss, bis auf die Wärme und Geborgenheit, die sie in ihren ersten Lebensjahren in Othmarschen erfahren hatte. In Hamburg fühlte sie sich deplatziert, auch wenn ihr das keiner ansah oder anmerkte. Die eleganten Kleider trug sie, als wären sie angegossen. Sie bewegte sich im gesellschaftlichen Leben der Stadt, als hätte sie nie etwas anderes gemacht und kennengelernt. Doch in ihrem Inneren sehnte sie sich nach den sorglosen Tagen in Othmarschen ohne Etikette und strenge Regeln, ohne Korsett und Reifrock, zurück. Aber das durfte niemand wissen, schon gar nicht ihre Tante Wilhelmina.

Die Gäste betraten, geführt von Tante Wilhelmina, das Esszimmer. Emilia blieb an dem Platz stehen, den sie für sich gewählt hatte. Vor den Gästen würde die Tante sie nicht umsetzen.

»Miss Bregartner«, begrüßte William Lindley sie. »What a delight to see you again.«

»Mister Lindley.« Emilia reichte ihm die Hand. »The delight is on my side. Congratulation to the birth of your son. I hope, your wife is fine.«

»Thank you so much. Fatherhood is a new adventure in my life.«

»Ihr sprecht ein ausgezeichnetes Englisch«, sagte Lessing zu ihr, als sie am Tisch saßen.

Emilia senkte den Kopf. »Nun, meine Familie lebt in England. Irgendwann möchte ich zu ihnen.«

»Ihre Familie, Fräulein Bregartner?«

»Meine Eltern und mein Bruder, um genau zu sein. Sie sind vor einigen Jahren nach England gegangen. Ich bin bei meinem Onkel und meiner Tante geblieben.«

»Ach, ich verstehe. Mit fünfzehn hat mich mein Vater nach Hamburg zur Verwandtschaft geschickt. Ich habe meine Familie sehr vermisst. Aber Ihr steht doch in Kontakt mit Euren Eltern?«

»Natürlich. Wir schreiben uns regelmäßig.«

Was sie ihm nicht sagte, war, dass sie die Briefe ihrer Mutter als kalt und oberflächlich empfand. Möglicherweise lag es daran, dass das Leben in England so ganz anders war als hier und ihre Mutter nicht wusste, wie sie es beschreiben sollte. Vor drei Jahren waren die Eltern für einige Monate zu Besuch gewesen. Emilia hatte sich sehr darauf gefreut und gehofft, dass sie mit ihnen zurückreisen dürfe. Doch statt eines innigen Wiedersehens hatte ein eher kühles Treffen stattgefunden. Als ob sie sich auch im Herzen fremd geworden wären. Mutter verbrachte viel Zeit in Ottensen auf dem Friedhof bei den Gräbern ihrer Kinder. Und dann wieder auf den Gesellschaften ihrer Schwägerin. Zeit für Emilia hatte sie kaum und zu liebevollen Gesprächen kam es nicht.

Julius war gerade acht geworden. Er sprach zwar Deutsch, jedoch mit einem starken Akzent. Er fuhr oft mit Onkel Hinrich und Vater zur Werft und interessierte sich für alles, was mechanisch war. Seine Schwester, an die er keine Erinnerungen mehr hatte, war ihm wohl genauso fremd, wie er es für Emilia war.

Als sie wieder fuhren, fühlte sich Emilia noch einsamer und verlassener als zuvor. Und natürlich nahmen sie sie nicht mit.

Sie versuchte, die düsteren Gedanken abzuschütteln und wieder den Gesprächen am Tisch zu folgen.

104

»Wir kämpfen immer noch um eine Genehmigung beim Bürgerrat, gnädige Frau«, sagte Lindley mit ernster Stimme.

»Meine Freundinnen und ich«, sagte Tante Minna mit Nachdruck, »setzen uns sehr für dieses Projekt ein. Es ist eine Schande, dass es nicht schon längst genehmigt wurde. Eine öffentliche Badeanstalt ist in dieser Stadt dringend erforderlich. Wir sammeln fleißig weiter Geld. Nächste Woche werde ich einen Liederabend veranstalten.«

»Wunderbar.« Lindley nickte. »So eine Badeanstalt hat eine größere Bedeutung, als nur die Reinlichkeit der ärmeren Bevölkerung zu unterstützen.«

»Ihr wollt eine öffentliche Badeanstalt einrichten?«, fragte Lessing verblüfft.

»Oh ja. Am Schweinemarkt. Körperliche Unreinlichkeit erzeugt sehr bald einen Mangel an Selbstachtung, bringt Rohheit und Laster. Wenn man die niedrige Bevölkerung dazu anhalten kann, sich und ihre Wäsche zu reinigen, wird sie das auch von den Wirtshäusern fernhalten.«

»Baden als gesellschaftliche Erziehungsmaßnahme? Es gibt doch Badeschiffe an Alster und Elbe«, meinte Lessing.

»Die Badeschiffe dienen eher dem Vergnügen und der Erholung, mein guter Mann, als der Säuberung.« Lindley lächelte zufrieden.

»Durch Herrn Lindleys Erfindungen in der Wasserwirtschaft sind viele der neuen Häuser mit ordentlichen Badezimmern, sogar mit Wasserklosetts, ausgestattet«, sagte Tante Minna und klang so stolz, als wäre das ihr Verdienst. »Dadurch kann sich die bessere Gesellschaft mühelos rein halten. In Europa ist das bisher einmalig.«

»Andere Städte modernisieren ihre Wasserwirtschaft ebenfalls«, sagte Lindley. »Es gibt viele moderne Techniken, die immer besser und besser werden. Doch leider haben einige Teile der Bevölkerung zu diesen Dingen noch keinen Zugang. Und das wollen wir ändern. Frau Bregartner hilft mir mit Rat und Tat und Spenden.«

»Es soll also ein Haus errichtet werden, in dem diese Bevölkerungsschichten baden können?« Lessing war immer noch verblüfft.

»Eine Anstalt, ein Gebäude mit Wannen und heißem Wasser, in

Verschlägen natürlich. Und außerdem Waschstände mit sauberem Wasser, so dass sie ihre Wäsche nicht mehr mit Fluss- oder Brunnenwasser waschen müssen. Das wäre doch ein hervorragender Fortschritt. Hygiene würde in Hamburg an erster Stelle stehen.«

»Und was sagt der Bürgerrat?«, wollte Onkel Hinrich wissen.

»Nun, es gibt zwei Probleme: zum einen – wie immer – das Geld. Obwohl Eure Frau und Ihre bezaubernden Freundinnen schon viel Geld gesammelt haben, es großzügige Spender gibt, ist es doch ein teures Unterfangen. Noch wollen die Räte den Vorteil nicht sehen, jedenfalls nicht genügend. Und zum anderen gibt es eine Fraktion, die meint, damit würden der Unmoral Tür und Tor geöffnet werden.«

Lessing lachte. »Das kann ich mir vorstellen.«

Tante Minna sah ihn verärgert an. »Ihr werdet doch diese dumme Ansicht nicht teilen?«

»Ich?« Lessing schüttelte den Kopf. »Ich bin sehr für Reinlichkeit und auch dafür, allen Schichten die Möglichkeit dazu zu geben. Aber man kennt ja die Räte.«

»Meine Frau ist fast besessen davon, wohltätig zu sein. Diese Sache hat es ihr besonders angetan«, sagte Onkel Hinrich. »Nun lasst uns aber noch einmal über unser Projekt sprechen. Denn schließlich muss ich ja erst einmal Geld einnehmen, bevor meine Frau es an Bedürftige verteilen kann. Im Groben sind wir uns einig über die Größe des Schiffes.«

Lessing nickte. »Ich werde noch heute Abend einen Brief an meine Brüder schicken, die sich finanziell beteiligen wollen.«

»Das klingt nach einem guten Plan. Wann seid Ihr wieder unterwegs?«

»In zwei Wochen soll die ›Poseidon‹ in See stechen. Der Ballast ist schon geordert. Ich hoffe, in vierzehn Monaten aus Chile zurück zu sein.«

»Vierzehn Monate, eine sportliche Vorgabe.«

»Zumindest habe ich bei der letzten Reise so lange gebraucht. Je früher ich das Kap umrunde, umso schneller kann ich zurück sein.«

»Euer Weg führt Euch zuerst nach England?«

»Dort werde ich Stückgut laden und auch einige Aussiedler mitnehmen. In Chile ist Silber entdeckt worden, und den Glücksrittern macht es nichts aus, auf einem Frachtschiff zu reisen.«

»Aber es ist doch ein Unterschied, ob man Frachtgut geladen hat oder Menschen«, warf Emilia ein, die interessiert zugehört hatte.

»Das ist wohl richtig. Aber diese Männer sind anspruchslos. Sorge machen mir nur die Lebensmittelvorräte. Denn vor Kap Hoorn habe ich kaum eine Gelegenheit, diese aufzufüllen. Und schon manch einer hat Wochen oder gar Monate vor dem Kap gekreuzt, bis die Winde günstiger wurden.«

»Was macht Ihr, wenn Ihr in Not geratet?«

Lessing zuckte mit den Schultern. »Die Vereinbarungen und Anweisungen sind eindeutig – die Crew, meine Männer, gehen vor. Fracht ist Fracht.«

»Das ist ja fast unmenschlich«, sagte Emilia leise. »Ihr würdet die Männer also verhungern lassen?«

»Ich habe keine Wahl, ich bin für diese Fahrt geheuert worden. Verhungern werden sie nicht, aber die Rationen müssten dann deutlich eingeschränkt werden. Eine kraftlose Crew ist unbrauchbar. Und wie Euer Onkel schon sagte: Geld muss erst verdient werden, bevor man es ausgeben kann. Mein größtes Ziel ist ein eigenes Schiff, bei dem ich über die Fracht selbst entscheiden kann.«

Das Essen, das an diesem Abend serviert wurde, war, wie immer, köstlich. Die Gespräche waren amüsant und erfrischend. Emilia bereute es nicht, ihren Platz getauscht zu haben, um neben Lessing zu sitzen. Er war anders als die jungen Männer, die sie bisher kennengelernt hatte. Nachdenklicher, ernsthafter.

Vielleicht lag das daran, dass er selbst für seinen Lebensunterhalt aufkommen musste. Auch wenn ihn seine Brüder beim Kauf des Schiffes unterstützten, so hatte er doch kein Vermögen und keine Firma im Hintergrund, die ihn auffangen würden, wie bei Rickmers und Amsinck.

»Ich werde noch einmal bei Eurem Onkel vorsprechen«, erzählte er ihr, »bevor ich in See steche. Darf ich Euch auch wiedersehen?«

»Ich bitte sehr darum. Ich habe das Gespräch mit Euch genossen.«

Er verbeugte sich und ging, ohne noch irgendwelche Floskeln von sich zu geben. Anders verhielt es sich mit Amsinck, der sie mit Komplimenten überschüttete und wortreich um ein Wiedersehen bat.

»So viel Honig nach diesem reichlichen Essen bekommt mir nicht«, erwiderte Emilia spöttisch. »Aber vielleicht gibt es ja demnächst eine mechanische Lösung dafür.«

»Ihr macht Euch über mich lustig. Ich werde die ganze Nacht nicht schlafen können. Eine der Perlen Hamburgs verschmäht mich.«

»Lieber, guter Amsinck, übertreibt es nicht. Und geht, ich möchte mich zur Ruhe begeben, damit ich Euch das nächste Mal frisch und munter begegnen kann.«

»Es wird also ein nächstes Mal geben?« Er lächelte und küsste ihre Hand.

Das wird sich wohl nicht vermeiden lassen, dachte Emilia und unterdrückte ein Gähnen.

Sie war froh, als Jule ihr endlich aus dem schweren Rock, dem Gestell und dem Korsett half.

»Was für eine Wohltat, endlich wieder Luft holen zu können«, sagte sie und öffnete das Fenster weit. »Bitte schleich in die Küche und besorg mir einen Imbiss. Ich verhungere ansonsten.«

»Habt Ihr nichts gegessen, gnädiges Fräulein?«, fragte Jule verblüfft.

»Nur wie ein Vögelchen. Die Suppe habe ich wohl hinunterbekommen, alles andere blieb mir im Halse stecken, da kein Platz in meinem Magen war. Du hattest ihn zu sehr eingeschnürt.«

Jule lachte und eilte flink nach unten.

8. Kapitel

»Sehr verehrtes Fräulein Bregartner,
es war mir eine besondere Freude, Euch heute Morgen am Kai zu treffen. Und natürlich werde ich dafür sorgen, dass die Briefe Ihre Eltern sicher erreichen, es ist mir ein ganz besonderes Vergnügen, sie befördern zu dürfen. Gegen Mittag wollten wir die Leinen lösen und ablegen, doch immer noch fehlte Ladung. Im letzten Moment wurden die wichtigen Konserven gebracht und die Katze, ohne die es nicht geht, wollen wir kein Rattenschiff werden, in einem Sack an Bord gebracht. Sie kommt immer zuletzt und wird in dem Sack gelassen, bis wir sicher den Hafen verlassen haben.

So manches Tier ist auf Planken oder Seilen wieder zurück auf Land geflohen, da sind wir vorsichtig. Endlich aber hieß es ›Leinen los‹ und ›Segel setzen‹. Die Winde waren uns wohlgesinnt und flugs konnten wir den Hafen verlassen. Ich schreibe diese Zeilen, die Elbchaussee rechts von mir, die letzten Zeichen Hamburgs im Rücken. Der Himmel ist blau und Schäfchenwolken täuschen ruhiges Wetter vor, doch der Wind zieht an und schon bald werden wir die offene See erreichen. Dann wird uns auch der Lotse verlassen, ein alter Mann aus Othmarschen, Jörgensen genannt. Ihn bat ich, diesen Brief zu Euch zu bringen. Er kennt Euch wohl. So ist diese Welt, die ich über die Meere erkunde und befahre, so manches Mal nicht größer als ein Dorf.

Mein liebes Fräulein Bregartner, ich hoffe, Ihr verübelt mir diese persönliche Anrede nicht, aber lieb seid Ihr mir geworden in der kurzen Zeit, die wir uns kennen. Ich hoffe, von Euch zu hören. In Gravesend werde ich vermutlich zwei oder drei Wochen verbringen, bevor es auf die große Fahrt geht. Valparaiso werde ich frühestens in einem halben Jahr erreichen. Aber wenn Ihr mögt, so schreibt mir. Und wenn ich darf, werde ich Euch auch schreiben.

Euer aufrichtiger Diener
Carl Gotthold Lessing«

Emilia las den Brief wieder und wieder. Überhaupt dachte sie viel an diesen ernsten Mann, der die Mode missachtete, aber seine Träume verwirklichen wollte. Noch als er in Hamburg weilte, hatten sie begonnen miteinander zu korrespondieren. Manchmal waren es nur kurze Briefe, über einen Gedanken, den sie besprochen hatten und den er vertiefen oder ihr erläutern wollte. Ihm lag nichts an der Schaumschlägerei, die die anderen so reichlich betrieben und fast schon zur Kunst ausbauten.

Auch wenn Carl Gotthold schon mit fünfzehn die höhere Schule verlassen hatte und danach als Schiffsjunge zur See gefahren war, so war er doch sehr belesen und gebildet.

Seinem Brief vom Beginn seiner Schiffsreise verdankte sie ein Wiedersehen mit dem mittlerweile alt gewordenen ehemaligen Nachbarn Jörgensen. Zufällig war sie in der Diele, als er den Brief überbrachte. Sie bat ihn in den kleinen Salon, ließ Kaffee und Kuchen bringen und fragte ihn nach seinen Kindern, mit denen sie in jungen Jahren so eng befreundet gewesen war. Mette war verheiratet und bekam schon das zweite Kind, hörte sie mit Erstaunen. Wie unterschiedlich sich doch ihr Leben entwickelt hatte. Grete Jörgensen war im letzten Winter verstorben. Da Emilia in diesem Sommer nicht in Othmarschen gewesen war, hatte sie keine Nachricht darüber erhalten. Der Gedanke an Gretes Tod schmerzte sie sehr, hatte die Frau sie doch wie ihr eigenes Kind behandelt.

Ich sollte, sagte sie sich, nach Othmarschen fahren. Wie mochte es Inken und Mats ergehen? Inken war der Trost und die Stütze ihrer Kindertage gewesen, hatte immer eine gezuckerte Pflaume oder einen kandierten Apfel für sie bereitgehalten. Sie hatte sie vor Geistern und bösen Gedanken beschützt.

Emilia faltete den Brief sorgsam zusammen und legte ihn in den Kasten auf ihrem Schreibtisch, in dem sie auch die Briefe ihrer Eltern aufbewahrte. Dann ging sie eine Etage tiefer zum Zimmer ihrer Cousine Mathilda.

Jasper und Mathilda wurden vom Kindermädchen und vom Hauslehrer betreut. Jeden Morgen und an manchen Abenden wurden sie ihrer Mutter vorgeführt und durften ein bisschen Zeit mit ihr verbringen. Tante Minna war stolz auf sie und sehr besorgt, aber viel Zeit verbrachte sie nicht mit ihnen.

Am schönsten war es immer, wenn sie nach Othmarschen fuhren. Dort durften die Kinder über die Wiesen laufen, in der Remise und im Heuschober spielen, in der Küche naschen und so manches machen, was ihnen in der Stadt nicht möglich gewesen wäre. Natürlich musste das Kindermädchen immer sorgsam auf sie achten. Dennoch hatte Emilia ihnen heimlich in der Teufelsbek Schwimmen beigebracht, war mit ihnen auf die Apfelbäume geklettert und sie hatten die Gänse über den Deich gejagt.

Sie liebte ihren Cousin und ihre Cousine von Herzen, versuchte möglichst viel Zeit mit ihnen zu verbringen, aber die Termine in Hamburg waren so eng geschnürt wie ihr Korsett.

Oft ging sie abends vor dem Essen noch in die erste Etage und las den beiden etwas vor. Die Familie frühstückte gemeinsam, aber die anderen Mahlzeiten nahmen die beiden Kinder zusammen mit dem Kindermädchen ein. Hin und wieder wurden sie bei festlichen Gelegenheiten den Gästen vorgestellt und auch am Tiffin durften sie teilnehmen, um die Tischsitten von klein auf zu lernen.

An diesem Tag gab es weder ein Tiffin noch kamen Gäste. Bregartners waren für eine Woche nach Lübeck gereist.

Mathilda saß auf dem Fenstersitz und starrte auf die Straße.

»Liebes, stimmt etwas nicht?«, fragte Emilia besorgt. Sie setzte sich neben das Mädchen und legte den Arm um ihre Schultern.

»Nein. Es ist alles gut«, sagte Mathilda leise.

»Das klingt aber nicht so. Hat dich jemand geärgert?«

Mathilda schüttelte stumm den Kopf.

»Mir kannst du es doch sagen.« Emilia zog das Kind enger an sich und vergrub ihre Nase in den weichen Locken, die nach Kamille dufteten.

»Ach, Emma, diesen Sommer sind wir gar nicht rausgefahren auf das Gut. Stattdessen sind die Eltern immer unterwegs oder es sind Leute hier. Mutter hat kaum Zeit für uns. Und jetzt spricht sie immer wieder davon, dass du bald heiraten wirst. Wenn du weg bist, bin ich ganz allein.« Das Kind schniefte.

Emilia hielt sie fest und wiegte sie hin und her. »Noch habe ich nicht vor zu heiraten. Ich bin doch erst siebzehn, es wird noch ein paar Jahre dauern, bis ich zum Altar schreite. Und so lange bin ich immer für dich da.«

»Ja«, seufzte das Kind. »Aber irgendwann wirst du heiraten und uns verlassen. Dann sind Jasper und ich ganz allein.«

Emilia zog es das Herz zusammen. Sie konnte die Pein des Kindes so gut nachvollziehen und schämte sich plötzlich dafür, dass sie sich so sehr nach England sehnte. Wenn ihre Eltern sie jetzt zu sich rufen würden, so müsste Emilia ihren Cousin und ihre Cousine zurücklassen, und sie wusste genau, wie schmerzlich das für die Kinder wäre.

»Aber ihr werdet auch immer größer«, sagte sie hilflos, »und irgendwann braucht ihr mich nicht mehr.«

»Aber jetzt brauchen wir dich«, sagte Mathilda und legte ihre Arme um Emilias Hals.

»Und jetzt bin ich noch da.« Emilia überlegte. »Sollen wir uns in die Küche schleichen und schauen, ob die Mamsell etwas Leckeres für uns hat?«

»Oh ja!« Mathilda sprang auf und strich ihren Rock glatt.

Die beiden gingen hinunter ins Erdgeschoss und dann eine Treppe tiefer. Dort befanden sich die Wirtschaftsräume. Sie hatten schmale Fenster, die den Blick auf das Trottoir, die Schuhe und Rocksäume der Vorbeigehenden freigaben. Heißer Dampf drang aus den Wirtschaftsräumen, wo die tägliche Wäsche gewaschen und gemangelt wurde. Bei gutem Wetter konnte das Personal sie im Hof trocknen, bei schlechtem Wetter wurden die schweren Körbe mit der nassen Wäsche auf den Dachboden getragen und auf Wäscheleinen gehängt. Daneben war ein Zimmer für die Bügelfrau mit einem kleinen Öfchen, auf dem sie die Plätteisen Sommer wie Winter erhitzte. Es gab Vorratskammern und Kellerräume, die tief in das Erdreich eingegraben waren. Dort lagerten das Eis der Alster und die verderbliche Ware.

112

Schweine und Federvieh, Schafe oder Ziegen hielten sie nicht. Fleisch, Brot und Milchprodukte wurden geliefert.

Dennoch war es immer geschäftig in der großen Küche. Ein riesiger gusseiserner Herd beherrschte die Mitte des Raumes. Immer kochte dort etwas und sei es nur das Wasser, das sie zum Spülen brauchten. Und zu spülen gab es reichlich jeden Tag, zwei Mädchen waren fast unablässig damit beschäftigt.

Auch hier stand die Hitze, obwohl es sich draußen deutlich abgekühlt hatte und dem heißen August ein milder September und Oktober gefolgt waren.

»Mamsell?« Emilias Reifröcke waren nicht küchentauglich, sie kam damit kaum durch die Tür. Und auch auf dem Weg zu dem großen Holztisch, der am hinteren Ende des Raumes stand, musste Emilia die Röcke zusammendrücken, um nicht Kannen, Töpfe und Gefäße umzuwerfen oder gar an den glühenden Ofen zu stoßen.

Die Mamsell erhob sich von ihrem Platz am Tisch und schaute ihnen entgegen. Sie entdeckte Mathilda und ihr fragendes Gesicht wurde von einem Lächeln überstrahlt.

»Unsere Prinzessin kommt uns besuchen. Und ich dachte schon, es gäbe Ärger.«

»Aber i wo, Mamsell«, sagte Emilia lachend. »Kein anderer Haushalt wird so gut geführt wie dieser.«

»Man kann alles immer noch besser machen, sagt die gnädige Frau«, seufzte die Mamsell. Ihr unterstand die Dienerschaft, sie war für den Haushalt und das Personal verantwortlich. Sie musste die Mädchen einteilen, angeben, wann welche Zimmer zu säubern, welche Fenster zu putzen waren. Sie überwachte die Wäsche und den Einkauf. Sie musste die Menüabfolgen für die Essen zusammenstellen und den Koch beaufsichtigen. Die Mamsell war Anfang dreißig, und ihre verantwortungsvolle Aufgabe hatte Spuren in ihrem Gesicht hinterlassen. Sie trug ein gestärktes Kleid mit einer Schürze, aber weder Krinoline noch Reifrock.

Damit könnte sie sich in dieser Enge auch gar nicht bewegen, dachte Emilia und verspürte sogar ein wenig Neid.

»Unser Fräulein ist etwas wehmütig, haben wir hier irgendwo vielleicht ein Trostzückerchen?«, fragte Emilia.

»Natürlich!« Die Mamsell nahm das Mädchen an den Schultern und führte es zu dem alten Holztisch, an dem die Bücher geführt und Proben gekostet wurden. Manchmal wurde er auch zum Anrichten benutzt, wenn es große Diners gab. Es war Mamsells Schreib- und Arbeitstisch, ihr Heiligtum. Das Gesinde durfte dort nicht sitzen, sie hatten einen Raum nebenan, wo sie aßen.

Mathilda wusste die Ehre zu schätzen und nahm stolz Platz.

»Setzt Euch doch auch, bitte«, sagte die Mamsell zu Emilia.

Das war nicht so einfach, ihre Röcke waren sperrig und nahmen viel Platz ein. Emilia quetschte sich hinter den Tisch auf die kleine Bank, sie schnaufte.

»Mögt ihr Madeleines? Oder lieber gezuckerte Früchte, mein Fräulein?«

Mathilda starrte zum Koch, der mit kräftiger Hand Zucker und Eiweiß verschlug.

»Herr Breitenbach macht uns Baisers für den Nachtisch. Eine Portion ist schon im Ofen. Sie müssen gleich mit Schokolade überzogen werden«, erklärte die Mamsell. »Vielleicht mögt Ihr helfen?«

»Darf ich?«, fragte Mathilda und sprang auf.

»Natürlich. Nur zu.« Die Mamsell setzte sich an ihren Platz und schaute Emilia an. »Ist etwas passiert?«, fragte sie leise. »Das Kind sah so traurig aus.«

»Nun ja, ich glaube, sie vermisst ihre Eltern. Und ihr fehlen unsere Tage in Othmarschen in diesem Jahr.« Emilia straffte die Schultern, ihr fiel es auch nach all den Jahren immer noch schwer, sich als Höherstehende zu betrachten. Zu Hause waren die Grenzen nicht so strikt, die Regeln nie so streng gewesen wie hier in Hamburg. Sie war quasi in der Küche aufgewachsen. Es war eine große Familie gewesen, auch wenn das Personal natürlich die ganze Arbeit zu machen hatte. Aber Emilia war immer mittendrin und dabei gewesen. Sie kannte die Arbeit des Wäschewaschens, des Einmachens und andere häusliche Dinge. Erfahrungen, die Mathilda nie machen würde. Ihre Cousine

114

würde später Anweisungen geben, ohne zu wissen, wie viel Arbeit dahintersteckte.

»Wir waren dieses Jahr nicht auf dem Familiengut«, sagte Emilia. Und dann verließ sie der Mut.

»Das ist richtig. Ihrer Tante stand nicht der Sinn danach. Ich glaube, sie fühlt sich dort nie wirklich wohl.«

»Das ist richtig.« Emilia räusperte sich.

»Aber den Kindern haben die Tage dort immer gutgetan.« Die Mamsell sah Emilia nachdenklich an. »Nicht wahr?«

»Doch, doch, das fand ich auch.« Emilia knetete die Hände. Sie war erst siebzehn, noch lange nicht volljährig und eigentlich auch nur Gast des Hauses. Konnte sie Anweisungen geben?

Als ob die Mamsell ihre Gedanken lesen konnte, sagte sie: »Der Herbst ist schön, ein goldener Oktober. Nach dem heißen Sommer in der stickigen Stadt täten den Kindern ein paar Tage auf dem Land sicher gut, meint Ihr nicht?«

»Genau das meine ich.« Emilia lachte erleichtert auf. Dann wurde sie wieder ernst. »Wäre das möglich?«

Die Mamsell lächelte verschmitzt. »Natürlich. Ich schicke gleich noch einen Boten nach Othmarschen. Ihr reist morgen Mittag mit den beiden Kindern, dem Mädchen und dem Lehrer. Der wird vermutlich nicht begeistert sein, aber darauf nehmen wir keine Rücksicht. Zudem kann ich noch zwei Mädchen und einen Burschen entbehren, solange der Oheim und die Muhme unterwegs sind. Das sollte reichen.«

»Wird meine Tante nicht … nun … befremdet sein, dass wir ohne Erlaubnis aufgebrochen sind?«

»Rückgrat, junges Fräulein, Rückgrat. Ihr wollt aufs Land, Ihr fahrt aufs Land. So hat Euch Eure Tante erzogen – zumindest möchte sie das. So handelt sie auch. Mir ist das sehr recht, denn ich kann die Mädchen in der Zeit die oberen Stockwerke gründlich putzen lassen vor dem Winter. Und das kann ich der gnädigen Frau auch sagen, wenn sie sich empören sollte, was ich aber nicht glaube.«

Emilia schluckte. »Wirklich? Das erscheint mir so einfach.«

115

»Es ist einfach«, sagte die Mamsell, »in Eurer Position. Und es würde den Kindern guttun. Macht Euch keine Sorgen.«

»Was, wenn Onkel und Tante eher zurückkehren?« Emilia zweifelte immer noch.

»Selbst dann. Der Bursche ist in einer Stunde bei Euch. Ich schicke ihn jetzt, er hat eh zu wenig zu tun und nur Blödsinn im Kopf. Er kann dem Gesinde Bescheid geben.«

»Oh.« Emilia dachte an Inken und Mats, die nun in Aufruhr geraten würden und vermutlich die ganze Nacht brauchten, um das Haus zu richten. »Das ist aber eine zu kurze Frist.«

Die Mamsell lachte. »Macht Euch keine Gedanken, ich kenne Inken gut. Ich werde ihr sagen, dass die Herrschaft nicht anreist, nur Ihr und die Kinder.« Sie zwinkerte Emilia zu und verließ den Raum.

»Woher kennt Ihr Inken so gut?«, wollte Emilia wissen, als die Mamsell zurückkam.

»Ach, immer wenn wir Obst und Gemüse oder Fleisch vom Gut holen, tauschen wir auch Nachrichten. Manchmal fahre ich selbst hin und suche Sachen aus dem Nutzgarten aus.«

»Das wusste ich gar nicht«, sagte Emilia leise. »Wenn ich es gewusst hätte, so hätte ich Euch ab und an begleiten können. Das wäre vielleicht sinnvoller, als nur Menükarten zu schreiben und Speisefolgen aufzustellen.«

Die Mamsell lachte. »Aber auch das müsst Ihr können. Ihr werdet einen Mann von Eurem Stand heiraten und eine Mamsell haben, die all dies erledigt.«

»Aber es fühlt sich falsch an, nur Speisefolgen und Menüs zu entwerfen und dem Küchenpersonal die ganze Arbeit zu überlassen.«

Die Mamsell seufzte tief. »Das ist schon in Ordnung. Es ist so, wie es ist. Ihr seid in Euren Stand hineingeboren worden, in eine namhafte Familie, die weiß, wie man Geschäfte macht. Und ihr werdet in eine ebensolche Familie einheiraten.«

»Ich weiß, wie man Brot bäckt. Wie man Rührkuchen macht und Apfelmus. Das hat mir Inken beigebracht.«

»Ihr braucht dieses Wissen aber gar nicht. Ihr müsst wissen, was Äpfel kosten und ob es sich lohnt, welche zu kaufen, um daraus Kompott zu kochen, oder ob das zu teuer ist. Ihr müsst rechnen können, nicht selbst machen.«

»Ich kann aber beides.« Wieder straffte Emilia ihre Schultern. »Und wer weiß, in welche Familie ich einheirate.«

Wie es wohl als Frau eines Kapitäns sein mochte, fragte sie sich plötzlich. Wahrscheinlich wäre sie furchtbar einsam, weil der Mann immerzu auf See war. Aber es gab auch einige wenige Frauen, die ihre Männer auf die große Fahrt begleiteten. Das wurde nicht gerne gesehen bei den Reedereien und war auch eher die Ausnahme. Unter der einfachen Besatzung hielt sich hartnäckig der Glaube, dass Frauen an Bord Unglück brachten. Das einzig Weibliche auf den Schiffen waren die Galionsfiguren und die Katze, die unabdingbar war auf jeder Fahrt und Glück brachte, wenn sie zudem noch trächtig war.

Obwohl Emilia aus einer Bootsmacherfamilie stammte, hatte sie so gut wie keine Ahnung von der Seefahrt. Bisher hatten sie Schiffe gebaut und verkauft. Keiner aus ihrer näheren Verwandtschaft war selbst zur See gefahren und erst jetzt bauten sie Schiffe, um sie unter eigenem Namen auf große Fahrt und auf die hohe See zu schicken.

»Ihr solltet in Euer Zimmer gehen und Eure Sachen packen, wenn Ihr wirklich morgen nach Othmarschen fahren wollt«, riss die Mamsell Emilia aus den Gedanken. »Jule habe ich schon nach oben geschickt.«

»Packen. Richtig, das sollte ich.« Emilia stand auf und drückte wieder ihren Reifrock zusammen.

Mathilda stand selig am Herd und tauchte die Baisers in die dunkle Schokoladensoße. Immer wieder leckte sie sich genüsslich die Finger ab. »Emma, willst du nicht probieren? Das schmeckt köstlich.«

»Gut. Eines.« Emilia nahm ihr vorsichtig das Gebäckstück aus der Hand und steckte es sich in den Mund. »Grandios. Wie eine Schokoladen-Zuckerwolke. Aber Thilda, du musst gleich auch nach oben und schauen, was du mitnehmen willst. Wir fahren für ein paar Tage nach Othmarschen.«

117

Dem Kind blieb der Mund offen stehen. »Wirklich?«

»Ganz wirklich.« Emilia lächelte.

»Ganz, ganz wirklich? Auch ohne Mutter und Vater?«

»Ja.«

»Oh!« Mathilda fiel ihr um den Hals. »Weiß Jasper das schon? Und was nehme ich mit? Und – oh – es ist zu kalt, um schwimmen zu gehen, oder? Aber können wir ausreiten? Ist das Pony noch da?«

Emilia lachte. »Lass uns erst einmal hinfahren, dann werden wir sehen, was wir dort machen. Jasper sage ich jetzt Bescheid und eurem Lehrer auch, der kommt nämlich mit.«

Mathilda zog eine Schnute. »Aber warum denn?«

»Ihr werdet trotzdem lernen müssen. Ein wenig. Und nun komm.« Sie musste es dem Lehrer schonend beibringen. Herr Grünwald war ein gebildeter Mensch, aber sie hatte nie wirklich einen Draht zu ihm gefunden. Würde er sich sträuben?

Die Mamsell, die hinter ihr stand, stupste sie in den Rücken. »Nur Mut!«, sagte sie. »Es ist Euer Wunsch, macht das deutlich. Grünwald ist bei Euch angestellt, er muss Eurer Weisung Folge leisten. So einfach ist das.«

War es wirklich so einfach? Emilia hob die Röcke an und stieg nach oben, erst die enge Treppe vom Souterrain bis zur Diele, dann in den ersten Stock. Jasper saß in seinem Zimmer und lernte mit Grünwald Verse.

»Herr Grünwald, Sie sind aber gründlich mit den Lektionen.« Emilia schaute ihn streng an.

»Heute Nachmittag waren wir an der Alster. Wir haben quasi die Unterrichtsstunden nach hinten verlegt«, verteidigte sich der Hauslehrer, »weil wir das schöne Wetter nutzen wollten.«

»Ein guter Entschluss. Aber jetzt müssen Sie packen. Wir fahren nämlich morgen für ein paar Tage nach Othmarschen.«

»Ehrlich, Emma? Nach Othmarschen?« Jasper sprang begeistert auf.

»Ja.«

»Wissen das die Eltern?«, fragte Grünwald ungläubig.

»Es ist meine Entscheidung.« Emilia hob das Kinn. »Mein Oheim und seine Frau werden aber sicher nichts dagegen haben, dass die Kinder ein paar Tage in der guten Landluft verbringen. Vor allem, nachdem der Sommer hier so heiß und stickig war.«

»Wenn Ihr meint«, sagte er und klappte mürrisch das Buch zusammen. »Morgen schon?«

»Gegen Mittag«, antwortete Emilia und war plötzlich sehr fröhlich. »Sie haben also genügend Zeit zum Packen. Die kleine Reise wird uns allen guttun.«

Jasper umarmte sie. »Ich freu mich so«, sagte er und strahlte.

In diesem Moment wusste sie, dass sie die richtige Entscheidung getroffen hatte. Und sie würde es in die Tat umsetzen. Wenn Tante Minna hinterher schimpfte, blieb Emilia immer noch das Strahlen der Kinderaugen und der Glaube, es richtig gemacht zu haben.

Sie verbrachten nur drei Tage dort, aber die waren herrlich. Jasper und Mathilda liefen jauchzend über die Wiese. Obwohl die Sonne schien, war es doch zu kalt, um schwimmen zu gehen. So beschränkten sie sich darauf, mit nackten Füßen in der Elbe zu waten und Muscheln zu suchen.

Die Mahlzeiten waren einfach, aber köstlich. Sie aßen alle zusammen in der Küche am großen Gesindetisch. Grünwald rümpfte zunächst die Nase, ließ sich aber dann durch den Schweinebraten und das frischgebackene, noch dampfende Brot versöhnen.

Es tat allen gut, ein wenig die Seele baumeln zu lassen.

Emilia besuchte ihre alte Freundin Mette, doch sie stellte fest, dass sich ihr Leben allzu unterschiedlich entwickelt hatte. Während Mette auf der Küchenbank saß und ihre neugeborene Tochter stillte, konnte Emilia unmöglich von den Gesellschaften, den rauschenden Bällen und den Opernbesuchen erzählen.

Auf einer Decke vor dem Herd lag die Hündin des Hauses mit vier Welpen. Emilia hockte sich vor die Tiere und streichelte sie begeistert. Sie war froh, dass sie auf ihren Reifrock verzichtet hatte und in einem schlichten Kleid gekommen war.

»Ach, sind die niedlich.« Sie nahm eines der Kleinen hoch, eine sandfarbene Hündin.

»Die ist noch zu haben«, sagte Mette. »Es ist ein Weibchen. Die Rüden sind alle schon vergeben. Ihr Vater ist ein guter Wachhund, aber das Mädchen will keiner.«

»Behältst du sie dann? Sie ist so hübsch.« Emilia drückte das Tier an sich. Es leckte ihr über die Finger.

Mette lachte. »Nein, mein Mann wird sie in der Elbe ersaufen. Noch eine Hündin, die dann nächstes Jahr auch wirft, können wir nicht gebrauchen.«

»Was?« Emilia sah ihre Freundin entsetzt an. »Ihr ertränkt den kleinen Hund?«

»Wir können doch nicht alle Tiere durchfüttern, Emma.« Mette lachte auf. »Wie stellst du dir das vor?«

Emilia schaute in die treuen Hundeaugen, wieder leckte ihr das Hundemädchen über die Hand.

»Wenn du sie haben willst, nimm sie mit.«

»Ich glaube nicht, dass meine Tante das erlauben würde«, sagte Emilia nachdenklich.

»Bis nächste Woche hast du noch Zeit. Dann werden die anderen Hunde abgeholt. Wenn sie keiner haben will, kommt sie in den Sack.«

»Das ist so grausam.«

»Das ist weniger grausam, als wenn wir sie verscheuchen würden und sie verhungern müsste.«

Noch in der Nacht dachte Emilia an das kleine Hundekind. Ihre Tante mochte Hunde, hatte auch schon welche besessen. Aber es gefiel ihr nicht, die Tiere ständig um sich zu haben. Immer wieder waren sie nach kurzer Zeit in den Dienstbotentrakt verbannt worden. Was dann mit ihnen passiert war, wusste Emilia nicht, sie hatte sich nie Gedanken darum gemacht. Doch vermutlich hatten die Tiere keinen neuen Besitzer gefunden, sondern waren auch »in den Sack« gekommen.

Die Vorstellung gruselte sie. Das Hundemädchen hatte so treu geschaut, ihr Fell war weich und anschmiegsam gewesen. Vielleicht würde Inken sie ja haben wollen.

»Bist du verrückt? Eine Hündin?«, sagte Inken, als Emilia sie am nächsten Morgen fragte. »Mir reicht schon der alte Hofhund. Wenn er nicht mehr ist, werden wir uns einen neuen anschaffen, es gibt ja genug. Aber keine Hündin. Alle halbe Jahre stehen dann die Rüden auf dem Hof, wenn sie läufig ist. Dann ist der Teufel los. Und dann die Welpen, wohin damit? Außerdem ist eine Hündin, wenn sie tragend ist, träge und zu nichts nutze. Das kann ich nicht gebrauchen. Einen Wachhund, ja. Aber keine Hündin.«

»Sie ist wirklich ganz lieb.«

Inken zuckte mit den Schultern. »Lieb sind auch die Zicklein und die Lämmer, die Kälber. Alle jungen Tiere sind niedlich.«

»Ich weiß, dass du recht hast, Inken«, sagte Emilia traurig.

Am Abend des dritten Tages deckte Inken im Esszimmer. Sie brachte das gute Porzellan, die Kristallgläser und das Silberbesteck auf den Tisch.

»Das ist doch viel zu viel Arbeit«, sagte Emilia verblüfft. »Das muss doch nicht sein.«

»Zweimal die Woche kommt Katja von Jörgensens und hilft mir im Haushalt. Heute habe ich ihr gezeigt, wie man das Silber poliert. Dann können wir es auch benutzen«, sagte Inken und lächelte. »Es ist doch auch ganz schön, festlich einzudecken. Da die Familie dieses Jahr noch nicht hier war, geht das schon in Ordnung. Ist doch auch gut, wenn ich nicht aus der Übung komme.«

Das Kerzenlicht spiegelte sich in den silbernen Leuchtern und in den Fensterscheiben, im Kamin brannte ein lustiges Feuerchen, denn draußen wurde es kühl. Emilia fühlte sich um Jahre zurückversetzt und ihr tat das Herz weh bei dem Gedanken an früher, als sie noch mit ihren Eltern hier gewohnt hatte.

Früh am nächsten Morgen bepackten sie die Kutsche. Nebel lag über den Feldern, kalter Wind kam über den Deich, der goldene Herbst war endgültig vorbei. In der Luft lag der Geruch der Kartoffelfeuer. Das Laub fiel von den Bäumen, während sie sich auf den Weg zurück in die Stadt machten.

»Warte«, wies Emilia den Kutscher an. Sie waren gerade erst auf die

121

Chaussee gelangt. Emilia stieg aus dem Wagen, raffte ihre Röcke und rannte den Deich hoch.

»Ich nehme sie«, sagte sie keuchend zu Mette. Die junge Frau schaute sie aus müden Augen an. Der Säugling schrie in der Stube und der zweijährige Sohn saß in der Küche und weinte. »Oh, ich komme ungelegen«, entschuldigte Emilia sich.

Mette schüttelte den Kopf. »Ist schon gut. Das ist hier jeden Morgen so.« Sie seufzte. »Aber mit der Zeit wird es sicher besser.«

In der Küche roch es nach saurer Milch und Kohl. Emilia blieb unschlüssig stehen.

»Was hast du denn vor?« Mette betrachtete ihre einstige Freundin. »Du siehst aus, als würdest du zu einer großen Gesellschaft gehen.«

»Nein, das ist nur mein Reisekostüm.« Emilia berührte den kleinen Hut, der auf ihrem Kopf festgesteckt war. Ihre Hände steckten in ledernen Handschuhen, sie trug die schmale Krinoline, damit sie besser in der Kutsche sitzen konnte. Ob Mette überhaupt einen Reifrock besitzt?, fragte sie sich und fühlte sich plötzlich sehr unwohl. »Die Hündin. Ich dachte … ist sie noch da?«

Mette wies auf die Decke. Dort lag die Hündin zusammengerollt und die Welpen neben sich. Die Rüden waren alle dunkel und hatten spitze Ohren, nur die Hündin sah aus wie in Karamell getaucht. Sie hatte Schlappohren und eine breitere Schnauze als ihre Brüder. Emilia ging einen Schritt auf den Ofen zu, die Hündin hob den Kopf, schaute sie an und klopfte mit der Rute auf die Decke.

»Du nimmst sie?«, fragte Mette verblüfft.

»Ja.« Emilia beugte sich hinunter und hob den Hund hoch. »Ja, ich nehme sie, wenn ich darf.«

»Nur zu.« Mette lachte. »Im kommenden Jahr wird es den nächsten Wurf geben.«

»Es tut mir leid, aber die Kutsche wartet schon …«

»Geh nur«, sagte Mette leise. »Schön, dass du hier warst. Uns verbindet nicht mehr viel, fürchte ich.«

»Jetzt verbindet uns dieser Hund.« Emilia lächelte. »Wie heißt sie?«

»Sie hat noch keinen Namen. Ich dachte, das lohnt sich nicht.«

»Karamell, ich glaube, ich nenne sie Karamell.«

Mit dem Hund im Arm lief Emilia wieder zurück zur Kutsche. Grünwald war ausgestiegen und wanderte ungeduldig, die Hände auf dem Rücken, hin und her.

»Wo bleibt Ihr denn?«, fragte er verärgert. »Die Kinder frieren.«

Du frierst wohl mehr, dachte Emilia. »Ich bin doch schon da«, sagte sie aber nur und schlüpfte in die Kutsche.

»Was hast du da?«, fragte Jasper neugierig.

»Einen Hund. Meinen Hund. Sie heißt Karamell.« Emilia rutschte zur Seite, damit Grünwald auch Platz nehmen konnte.

»Oh, ist die süß«, sagte Mathilda und beugte sich vor. »Darf ich sie streicheln?«

»Ja, aber nur ganz sachte. Sie ist noch klein und hat sicher Angst.«

Mathilda strich sanft über den Kopf des Tieres. Karamell schloss die Augen und hob das Kinn.

»Ich glaube, das mag sie«, sagte Mathilda selig. »Ihr Fell ist so weich.«

Hoffentlich hat Tante Minna nichts dagegen, dachte Emilia, während sich die Kutsche wieder schaukelnd in Bewegung setzte.

Über Othmarschen hatte Nebel gehangen, über Hamburg lag eine Wolke aus Qualm und Gestank. Aus den Kaminschloten stieg der Rauch, in den alten Vierteln, die nicht abgebrannt waren, stank es nach Abfall und brackigem Wasser. In dem Viertel um das Nikolaifleet standen noch viele Behelfsunterkünfte. Armselige Baracken, in denen die Tagelöhner mehr hausten als wohnten. Nur in den ganz neu angelegten Straßen gab es keine Abfallhaufen und Abwassergruben. Doch auch dort qualmten die Kamine und Öfen.

Emilia hatte Glück. Tante Wilhelmina rümpfte zwar die Nase, erlaubte ihr aber, den Hund zu behalten. Auch war sie nicht entzückt von dem spontanen Ausflug der Familie nach Othmarschen, aber Emilia bekam unerwartete Rückendeckung von ihrem Onkel.

»Das war eine gute Idee, Emma. Ich hatte mir schon Sorgen um Jasper gemacht, er war so blass und still geworden. Nun wirkt er wieder viel munterer. Nächstes Jahr müssen wir unbedingt länger auf das Gut fahren, es erfrischt die Kinder immer so. Die Luft ist dort auch viel besser.«

Emilia lächelte glücklich. Noch mehr freute sie sich, dass sie endlich Post bekommen hatte. Einen Brief von ihrer Mutter und einen von Kapitän Lessing. Beide wollte sie in Ruhe lesen. An diesem Abend waren nur zwei Ehepaare zu Gast. Die beiden Frauen arbeiteten zusammen mit Tante Minna an verschiedenen wohltätigen Projekten. Nach dem Essen gingen die Herren ins Kaminzimmer, um ein Glas Port zu sich zu nehmen, und die Damen in den Salon, wo süßer Sherry und Schokolade gereicht wurde.

Tante Minna wollte unbedingt, dass Emilia bei den Gesprächen dabei war. Sie wollte sie in die Arbeit der Wohltätigkeitsorganisationen einführen.

Nach einer halben Stunde, in der die Frauen über die Familien und Bekannte erzählt hatten, hielt Emilia es nicht mehr aus.

»Entschuldigt mich, ich muss zu Bett. Ich glaube, ich bekomme Kopfschmerzen.« Sie legte die Hand an die Stirn.

»Ach Kindchen«, sagte Margret von Beummels, »Kopfschmerzen sind ein großes Übel. Lasst Euch Kaffee bringen.«

»Oder ein Glas Sekt«, meinte Frau Henders. »Das hilft mir immer, deshalb genehmige ich mir schon eines zum Frühstück. Dann gehe ich gleich beschwingt in den Tag.«

Tante Minna sah Emilia kopfschüttelnd an. »Den ganzen Tag hast du schon so rote Wangen, du wirst doch wohl nichts ausbrüten? Das wäre kein Wunder.« Sie sah zum Fenster. Der Regen peitschte gegen die Läden und der Wind heulte über der Alster. »Geh ruhig, Kind. Lass den Ofen ordentlich anheizen und eine Wärmflasche in dein Bett legen. Jule soll dir Wollsocken geben. Nichts ist schädlicher als kalte Füße.«

Emilia verabschiedete sich. Als sie endlich in der Diele stand, seufzte sie erleichtert auf. Sie ging zur Tür, die ins Souterrain führte. Die Mamsell hatte einen Narren an Karamell gefressen. Der Bursche musste jeden Morgen mit dem Hund spazieren gehen. Nachmittags übernahm das Emilia, wenn das Wetter und ihr Terminkalender es zuließen. Sie hatte Karamell eine rote Lederleine gekauft und ein schönes Halsband. Der Hund hatte sich erstaunlich schnell daran gewöhnt. Nur selten passierte ihm noch ein Missgeschick im Haus. Und wenn doch, beseitigte es das Personal schnell und unauffällig. Nachts schlief Karamell in Emilias Bett, zusammengerollt zu ihren Füßen. Emilia hatte Jule das Versprechen abgenommen, dass sie der Tante nichts davon erzählen würde.

Auf leisen Sohlen schlich sie nach unten. In der Küche wurde gespült, immer wieder brachte der Aufzug, der durch einen Seilzug betätigt wurde, weiteres dreckiges Geschirr nach unten.

»Kara?«, rief Emilia. Die Hündin sprang auf und stürmte auf sie zu. Schon jetzt, nach wenigen Wochen, erreichte ihr Kopf Emilias Knie.

»Sie hat breite Pfoten«, hatte der Kutscher gesagt, »die wird mal groß.« Er schien recht zu haben.

»Hallo, meine Süße.« Immer noch konnte Emilia das Tier auf den Arm nehmen. Sie drückte ihre Nase in das weiche Hundefell, verzog aber dann das Gesicht. Der Hund roch wie feuchte Wäsche.

»Ich hatte den Burschen noch einmal mit ihr nach draußen geschickt«, erklärte die Mamsell. »Die Pfoten habe ich zwar abgewischt, aber ich hoffe, dass sie Euer Kleid nicht ruiniert hat.«

Emilia setzte den Hund wieder auf den Boden und schaute an sich herab. »Schokoladenfarbener Samt ist ziemlich praktisch«, sagte sie und strich grinsend über den Stoff. »Vermutlich reicht es, wenn wir das Kleid über Dampf hängen und es dann gut ausbürsten.«

Die Mamsell nickte. »Ist der Abend schon beendet? Es hat keiner geläutet und der Diener hat gerade neuen Portwein hochgebracht.«

»Es tut mir leid, ich fürchte, die Gäste werden noch eine ganze Weile bleiben.« Emilia zog eine Grimasse. »Nur ich habe mich entschuldigt. Kopfschmerzen.«

»Soll ich Euch einen Tee kochen? Pfefferminze hilft mir immer.«

Emilia biss sich auf die Lippe. »Mir geht es gut. Ich möchte nur in mein Zimmer und ein wenig nachdenken.«

125

»Das verstehe ich.« Die Mamsell nickte. »Ich werde Jule gleich zu Euch schicken, damit sie Euch aus dem Korsett befreit.«

»Dankeschön. Komm, Kara.«

»Soll Jule Euch noch einen kleinen Imbiss mitbringen?«, fragte die Mamsell schmunzelnd. »Ich habe noch schöne heiße Brühe mit Markklößchen und ein wenig Roastbeef.«

»Ach, das wäre herrlich. Gute Nacht.«

»Und gebt dem Hund nicht zu viel von dem Fleisch. Er hatte schon …« Die Mamsell grinste.

Emilia lief die Treppe wieder hoch, in der Diele blieb sie stehen und schlüpfte aus den unbequemen, wenn auch sehr eleganten Seidenschuhen. Dann stieg sie nach oben.

In ihrem Zimmer war der kleine Kachelofen angeheizt worden, der eine wohlige Wärme verbreitete. Draußen tobte der erste Wintersturm, aber drinnen war es sehr heimelig.

Sollte sie die Briefe sofort lesen? Aber da kam auch schon Jule mit einem Tablett. »Die Mamsell hat mir noch eine Karaffe Wein für Euch mitgegeben. Sie meinte, das würde euch guttun.«

Emilia holte tief Luft, als die Schnüre endlich gelöst waren.

»Soll ich Euch noch die Haare flechten?«, fragte das Mädchen.

»Nein, das mache ich schon. Gute Nacht, Jule.«

Endlich war sie allein. Karamell lag vor dem Ofen, alle viere von sich gestreckt, und schlief. Ihre Pfoten zuckten rhythmisch. Was sie wohl träumen mochte?

Sie zog sich den Stuhl an den Ofen, stellte den Leuchter auf das kleine Tischchen daneben, trank ein wenig von der heißen Suppe und schenkte sich ein Glas Wein ein. Der Rotwein schimmerte samtig in dem Glas, sie nippte kurz und ließ die süße Flüssigkeit langsam an ihrem Gaumen hinunterrollen. Köstlich. Dann nahm sie die beiden Briefe und setzte sich. Welchen sollte sie zuerst lesen?

Der Brief ihrer Mutter schien zwischen ihren Fingern zu brennen, sie brach das Siegel und entfaltete den Bogen.

»Meine liebe Emma,

ich habe mich sehr gefreut, von dir zu hören. Wir alle sind wohlauf.

Julius lernt fleißig und ist ein wahrer Schatz. Gerne begleitet er Vater in die Stadt und hört eifrig den Gesprächen zu. Mit dem Burschen und unserer Mamsell feilscht er um Süßigkeiten und andere Leckereien. Er wird ein wahrer Geschäftsmann werden. Im Herbst hatten wir alle schrecklichen Husten. Die Luft war sehr feucht und kalt. Ganz London hatte es erwischt, so schien es mir. Kaum eine meiner Freundinnen konnte aus dem Haus. Aber wir haben es alle überstanden, auch wenn dein Vater immer noch ein wenig unter einem Husten leidet. Seine Geschäfte führen ihn ja immer wieder in den Hafen und die Luft dort ist so ungesund.«

Emilia ließ den Bogen sinken. Ihr Vater war krank? Ob Onkel Hinrich das wusste? Und wieso hatte er kein warmes Kontor wie der Onkel und empfing dort die Geschäftspartner? Auch Onkel Hinrich fuhr zumeist einmal in der Woche zur Werft, zwei Tage war er dann für gewöhnlich unterwegs. Manchmal durfte Emilia ihn begleiten. Sie mussten auf die andere Seite der Elbe. Dort hatten sie ein Haus, in dem sie unterkamen. Es war schlicht, aber immer wohl gewärmt. Anders verhielt es sich bei der Ziegelei. Dort war sie nur einmal gewesen, es war alles feucht und matschig.

Aber ihr Vater war als Agent tätig, er sollte nicht durch den Hafen laufen, zumal man schreckliche Dinge von den Londoner Docks und jenen bei Gravesend hörte.

Sie nahm den Brief wieder auf.

»Kapitän Lessing überbrachte uns deine Post. Er sprach von dir und schien sehr angetan zu sein. Lessing erwähnte seine Familienbande. Ich hoffe jedoch, du bist nicht zu sehr von ihm eingenommen. Mir erschien er tumb. Das Haar nicht nach der Mode frisiert und auch sein Beinkleid, überhaupt seine ganze Erscheinung, wirkte altbacken und billig. Mag sein Großonkel auch ein großer Dichter gewesen sein, dieser Mann ist nur ein Kapitän unter der Flagge einer Reederei und noch nicht mal unter unserer.

Doch Tante Minna wird dies wohl wissen und dich gut behüten.

Mein liebes Kind, ich bin froh zu hören, dass du das Lyzeum beendet hast. Das weitere Jahr auf der Töchterschule wird dir noch einige

Erkenntnisse bringen. Danach hat Tante Minna mein volles Vertrauen, dich zu schulen und in die Gesellschaft einzuführen.

Mein Kind, ich hoffe, du bist wohlauf und alles in Hamburg geht seinen geregelten Lauf. Sei immer lieb und nett zu Onkel und Tante, dankbar, dass du sie hast und bei ihnen sein darfst.

In Liebe

Deine Mutter«

Für einen Moment saß Emilia ganz still da, dann faltete sie den Bogen ordentlich zusammen, strich ihn glatt und legte ihn auf das Tischchen.

9. Kapitel

Eine ganze Weile blickte sie starr vor sich hin und dachte über die Worte der Mutter nach. Wieder erschien ihr der Brief kühl und distanziert. Sie machte sich Sorgen um den Vater, der immer all das tat, was sein Bruder von ihm erwartete. Lebte Vater überhaupt gern in England? Ihre Mutter, daran erinnerte Emilia sich noch, hatte nicht gehen wollen. Sie musste sich beugen. Doch inzwischen schien sie sich dort wohl zu fühlen. Aus ihren Briefen klang keine Sehnsucht nach Othmarschen, kein Heimweh. Und ihre Worte verrieten auch nicht, ob sie ihre Tochter vermisste. Julius entwickelte sich also prächtig. Er würde in die Firma einsteigen, genauso wie Jasper. Die beiden Cousins würden vermutlich das Werk ihrer Väter fortführen.

Emilia wie auch Mathilda würden heiraten. Eine Liebesheirat, wie man sie aus der Literatur kannte, war das höchste Ideal. Die möglichen Partner, denen Emilia nun nach und nach vorgestellt wurde, gehörten natürlich ihren gesellschaftlichen Kreisen an. Eine Verbindung mit jemandem von einer anderen Werft oder Reederei würde ihr Onkel sicherlich befürworten. Aber an eine baldige Heirat mochte Emilia nicht denken. Im vorigen Jahr war die Hamburger Hochschule für Frauen wieder geschlossen worden, dabei hatte sie so gehofft, dort studieren zu können. Bildung war ein wertvolles Gut, das war ihr wohl bewusst.

Bücher hatten schon immer eine wichtige Rolle in ihrem Leben gespielt, oft hatten Mutter oder Vater ihr vorgelesen, und als sie selbst die Buchstaben zu Wörtern und diese zu Sätzen zusammenfügen konnte, hatte sie ganz neue Welten für sich entdeckt.

Wie oft hatte sie, mit einem Buch in der Hand, Zuflucht gesucht, war ihrem begrenzten Alltag entflohen und eingetaucht in Sphären, die so ganz anders waren als ihr Leben.

Jetzt griff sie nach dem Brief, der noch ungeöffnet auf dem Tisch lag. Die Schrift darauf war sauber und ordentlich, schwungvoll.

»Liebes Fräulein Bregartner,

Ihr habt mich ›Lieber Kapitän Lessing‹ genannt und so nehme ich mir die Freiheit, Euch auch derart freundlich und vertraut anzusprechen.

Euer Brief, der mich gerade noch rechtzeitig erreichte, hat mich sehr erfreut. Und wie schön, dass Ihr mit dem alten Lotsen Erinnerungen austauschen konntet.

Bei Euren Eltern habe ich persönlich vorgesprochen und ihnen Eure Post gebracht. Eure Mutter bat mich hinein und kredenzte mir süße, heiße Schokolade und Gebäck – dabei war ich doch nur der Überbringer von Nachrichten. Sie sprach sehr freundlich von Euch und vermisst Euch wohl sehr.«

Emilia schüttelte den Kopf. Das konnte sie gar nicht glauben. Sie schätzte Lessing als einen Mann ein, der schon einige Lebenserfahrung hatte und sich nicht täuschen ließ. Entweder wollte er nur höflich sein, aber das würde sie ärgern, oder er hatte ihre Mutter verkannt. Denn warum sollte sie ihm gegenüber so tun, als ob? Das verstand Emilia nicht. Sie nahm den Brief wieder zur Hand.

»Unser Halt in Gravesend war nur von kurzer Dauer. Vor dem Kanal stehen die Schiffe seit Wochen und warten auf günstige Winde. Auch wir mussten durch den Kanal, um dann in Cardiff ein letztes Mal anzulegen, bevor es weitergeht bis nach St. Vincent und von dort aus gen Süden zum Kap.

Ich reihte mich also ein bei den Schiffen, die auf eine gute Passage hofften. Meine ›Ladung‹, die Glücksritter, hatte ich in Gravesend an Bord genommen. Sie betragen sich leidlich, auch wenn sie sich wohl erst noch an den Seegang gewöhnen müssen.

Zehn Tage lang kreuzen wir nun auf der Breite von Newcastle. Im Umkreis sammeln sich Fahrzeuge aller Art, die auf guten Wind hoffen. Das beständige Auf- und Abkreuzen zerrt an den Nerven aller, zumal wir auch in die Gründe kommen, wo Hunderte von Fischerbooten vor ihren Netzen liegen. Nachts sieht man, wie Glühwürmchen an einem lauen Augustabend, von allen Seiten ihre warnenden Lichter. In manch stürmischer Nacht denke ich an all die Normannen, die früher diese See befuhren. Manch einer ruht nun dort auf Grund.

Verzeiht meine abgehackte Schreibweise. Immer wieder werde ich unterbrochen und an Deck gerufen. Der Wind dreht, aber nicht lange genug, um die Segel zu setzen, kaum stehen sie, ist er auch schon wieder abgeflacht. Fünfzehn Tage sind nun vergangen, seit es in Gravesend hieß: »Leinen los!«

Sperlinge kamen an Bord, aber nicht für lange. Sie spreizten ihre Flügel und zogen nach Südwest davon. Wie gerne wäre ich ihnen gefolgt. Aber Sturm kam auf und wir mussten uns wieder in die Nordsee zurückziehen. Mir scheint es fast, als sollte ich noch in Eurer Nähe verharren. Dabei wäre mir eine schnelle Fahrt lieber, damit ich zügig nach Hamburg zurückkehren und mein eigenes Schiff in Empfang nehmen kann.

Jetzt hat der Wind endlich gedreht, der Segelmacher singt den Männern vor und mit schrägem Gesang ziehen sie das Groß-Marssegel auf. Der Wind geht nach Ost und endlich, endlich können wir in den Kanal einfahren.

Meine letzten Zeilen, bevor ich den Brief schließe, schreibe ich aus Cardiff.

Wir hatten in gut dreißig Stunden und mit flottem Wind den Kanal durchquert und den Atlantik erreicht, dann drehte der Wind erneut und wir standen vor dem Kanal von Bristol. Die Mannschaft wetterte, und auch mir war das Kreuzen inzwischen über, mochte ich doch meine Fahrt endlich angehen.

Das Schiff stampfte und schlingerte, die Glücksritter scheinen zu überlegen, ob sie dies noch wochenlang aushalten sollen. Noch konnten sie sich anders entschließen. Aber erst mussten wir den Hafen erreichen.

Nachts fuhren wir nach Norden, tags nach Süden. Das Wenden ist ein Spaß, wenn man es nicht täglich vollziehen muss und dabei seinem Ziel keinen Schritt näher kommt.

Es war zum Verrücktwerden, doch endlich drehte der Wind und wir schossen durch den Kanal, als wollte uns Poseidon persönlich zum Hafen tragen.

Eines möchte ich Euch, mein liebes Fräulein, noch berichten. Gegen Nachmittag war es, die See wie Blei und der Himmel grau, da klatschte es schwer neben dem Schiff – ein Wal. Es ist imposant, diese Tiere zu sehen. Ihre Fluken so groß wie Droschken, groß und schwarz der massige Körper neben dem Schiff. Er könnte uns wohl rammen, aber er tut es nicht, er taucht ab, die See scheint zu kochen. In einiger Entfernung dann kommt er wieder hoch, bläst, so, als wolle er uns noch ein Zeichen setzen. Zu gerne würde ich Euch dieses Schauspiel persönlich zeigen.

Nun muss ich schließen, der Lotse ist schon an Bord. Er geht von hier nach Calais, nimmt die Post mit aufs Festland. Über den Landweg wird Euch der Brief wohl eher erreichen als auf dem Seeweg, denn die Winterstürme stehen bevor und bald wird der Kanal nur noch mit Glück zu passieren sein.

Sendet, so Ihr denn schreiben wollt, die Briefe an die Reederei in St. Vincent oder Valparaiso. Auch ich werde Euch weiterhin schreiben. Wenn Ihr es nicht mögt, verbrennt meine Worte ungelesen. Sie sind nur Geplauder und keine Literatur.

Euer aufrichtiger Diener

Carl Gotthold Lessing«

Sie holte tief Luft. Dann legte sie den Brief zur Seite und ging zum Fenster, um es zu öffnen. Der Wind heulte in der Gasse, der Regen prasselte auf das Dach und das Pflaster der Straße. Sie schloss die

Augen und lauschte. Mit ganz viel Fantasie konnte sie sich einbilden, dass das Rauschen des Regens dem des Meeres entsprach. Sie war schon einmal bis in die Nordsee gesegelt, mit einem der Schiffe ihres Onkels. Aber nur die Elbe runter bis in die See und wieder zurück. Einen Tag hatte es gedauert, zur Nacht waren sie wieder im Hafen gewesen. Das musste schon acht Jahre her sein. Wie ein Schiff aussah, wie es gebaut wurde, davon wusste sie einiges, aber wie die Kajüten, die Kombüse, wie das Leben an Bord war, davon hatte sie wenig Ahnung.

Wie mochte es sich anhören, wenn plötzlich so ein gewaltiges Tier wie der Walfisch neben dem Boot platschte? Wie sahen Fliegende Fische aus, von denen sie gehört hatte? Wie schlief man an Bord, kochte dort, aß und lebte?

Plötzlich wollte sie all das wissen.

Von unten hörte sie Lachen und Abschiedsworte heraufklingen. Die kleine Gesellschaft hatte wohl ein Ende gefunden. Die Uhr auf ihrem Schreibtisch zeigte schon halb zwei an. Nur wenige Stunden, dann würde das Gesinde bereits wieder das Frühstück vorbereiten.

Das Feuer in ihrem Ofen war heruntergebrannt. Emilia schloss das Fenster, legte Holz nach und drehte die Lampe an ihrem Schreibtisch auf. Sie nahm Feder, Tinte und einen Bogen Papier. Sie wollte Lessing noch schreiben, jetzt sofort, auch wenn er den Brief erst Monate später erhalten würde.

»Mein lieber Kapitän Lessing,

gerade heute brachte die Post Eure Zeilen. Ich habe sie gelesen und bin noch ganz verzaubert. Ihr habt mich mitgenommen auf eine Reise, die ich nie machen werde. Leider, muss ich hier und jetzt sagen, denn Eure Worte machen mir Lust auf die große Fahrt. Zu gerne wäre ich mit Euch an Bord, würde das Singen des Segelmachers hören, das Ächzen der Mannschaft, wenn der Klüver dreht, und das Platschen der Walfischfluke neben dem Schiff. Ich schließe die Augen und versuche, es mir vorzustellen. Indes, es will mir nicht gelingen. Wie auch? Es sind Dinge, die ich nie erlebt, Geräusche, die ich noch nie gehört habe. Und gerade jetzt, hier, in diesem Moment, wünsche ich mir nichts sehnlicher, als eben dies zu tun. Auf einem Schiff zu stehen und auf große Fahrt zu gehen. Ein verwegener, nein, ein abwegiger Gedanke für ein Fräulein, so, wie ich es bin.

Ich habe von diesem Buch gehört, »Moby Dick«, und will es nun, nachdem Ihr mir über den Wal erzählt habt, unbedingt lesen. Darf ich Euch davon schreiben? Und auch die Werke Eures Oheims, die ich gelesen habe und die in meinem Regal stehen, will ich noch einmal hervornehmen und mir zu Gemüte führen. Darf ich Euch davon berichten?«

Emilia legte die Feder beiseite. Hatte diese Art der Korrespondenz einen Sinn? Lessing würde die Zeilen erst Monate später lesen, wenn überhaupt. Manche Briefe erreichten nie den Empfänger, manches Schiff nicht den Zielhafen. Und dennoch, sie verspürte den Wunsch, sich mit diesem Mann auszutauschen, ihm zu schreiben.

Aber würde er ihre Zeilen nicht für sehr naiv halten? Er stand seinen Leuten vor, war für sie, für ihr Leben, verantwortlich, für die Fracht und den Gewinn seiner Reederei. Er musste seinen Lebensunterhalt selbst bestreiten, während sie in einem wohlig warmen Zimmer saß, über Bücher nachdachte und darüber, welche Schuhe sie am nächsten Tag anziehen sollte. Hatte sie irgendetwas mit diesem Menschen gemeinsam? Gab es eine Schnittmenge ihrer beider Leben? Aber ja doch, ihre Familie baute das Schiff, auf dem er segeln, seinen Lebensunterhalt verdienen wollte. Zumindest das gab es. Vielleicht aber auch noch mehr. Sie fühlte sich ihm nahe und verbunden, ohne sagen zu können, weshalb.

Ich werde darüber schlafen, dachte sie, und morgen entscheiden, ob ich ihm schreibe oder nicht.

Sie löschte die Lampe, wusch sich flüchtig, putzte sich die Zähne mit reichlich Zahnpulver und huschte dann ins Bett. Bevor sie die Kerze ausgeblasen hatte, war Karamell, die vorher wie erschlagen auf dem Teppich vor dem Kamin gelegen hatte, zu ihr gesprungen. Der Hund drehte sich dreimal im Kreis und rollte sich dann, zufrieden seufzend, zu ihren Füßen nieder.

Karamell, dachte Emilia glücklich, ist mein Schatz. Ob man wohl

133

Hunde mit an Bord eines Schiffes nehmen kann? Ach, schalt sie sich, was für müßige Gedanken, du wirst nie auf große Fahrt gehen. Keine Frau geht auf die große Fahrt, zumindest niemand aus meiner Gesellschaftsschicht.

In dieser Nacht träumte sie von großem Meeresgetier, hohen Wellen und leuchtenden Sternen.

»Guten Morgen!« Jule zog die Vorhänge beiseite, doch es wurde nicht heller. Draußen tobte noch immer der Sturm.

Emilia kniff die Augen zusammen und drehte sich auf die Seite. »Mir ist nicht gut«, sagte sie schwach.

»Etwas Ernstes?«, fragte Jule fidel. Sie räumte das Geschirr zusammen, füllte den Krug mit frischem, dampfendem Wasser. Jeden Morgen trug sie die Wassereimer nach oben, füllte die Krüge in den Schlafzimmern und leerte das Nachtgeschirr in einen Eimer, den sie dann wieder nach unten trug.

»Mein Kopf schmerzt.« Emilia mochte kaum die Augen öffnen. Karamell stand vor ihrem Bett und jaulte leise.

»Komm, Kara«, rief Jule, »der Bursche nimmt dich mit zum Markt.«

Doch der Hund blieb vor dem Bett sitzen.

»Gnädiges Fräulein?«, fragte Jule unsicher. Meist entschuldigte sich Emilia mit Kopfschmerzen, wenn sie keine Lust auf irgendetwas hatte, doch diesmal stand kein Besuch an. »Geht es Euch wirklich nicht gut?«

»Mir ist übel«, brachte Emilia hervor.

Eilig stellte Jule ihr die Waschschüssel hin, gerade noch rechtzeitig. Emilia erbrach sich mit einem Schwall und sank dann erschöpft zurück.

»Gnädiges Fräulein?« Jule trat von einem Fuß auf den anderen. »Sollen wir den Arzt rufen?«

In Emilias Kopf hämmerte es, ihr Magen war flau. So krank hatte sie sich schon lange nicht mehr gefühlt. Eigentlich, dachte sie, habe ich letzte Nacht doch gut geschlafen. Ein wenig warm war es gewesen

134

und stickig, aber nur, weil ich noch Holz nachgelegt habe. Sie holte tief Luft, ihr war immer noch übel.

»Öffne das Fenster und lass Luft hinein.«

»Und der Arzt?«

Emilia winkte ab. Sie fühlte sich zwar schlecht, aber nicht schlecht genug für Doktor Schneider, den ihre Tante sicherlich rufen würde. Der Gedanke daran, dass er sie untersuchen würde, erfüllte sie mit Scham. »Es geht sicher gleich wieder.«

Jule nahm die Schüssel mit spitzen Fingern, leerte sie im Flur in den Exkrementeneimer und spülte sie mit heißem Wasser aus.

»Stell sie wieder hierher«, Emilia deutete schwach auf den Schemel neben ihrem Bett.

»Fräulein, ich sag der gnädigen Frau Bescheid, Ihr macht mir ja richtig Sorgen.« Jule raffte die Röcke und verließ eilig das Zimmer.

Emilia seufzte. Das Mädchen hatte das Fenster nicht geöffnet, immer noch war es stickig im Raum. Vorsichtig setzte sie sich auf. Die Hündin lag vor dem Bett und rührte sich nicht, schaute Emilia nur mit treuen Augen an.

»Mein Kopf«, stöhnte Emilia. Dann stand sie langsam auf und öffnete das Fenster. Die feuchte und kalte Luft traf sie wie eine nasse Wand. Sie schauderte und kroch zurück ins Bett, ihre Zähne klapperten und ihr war plötzlich bitterkalt. Die Hündin sprang auf das Bett und drückte sich an sie, als würde sie spüren, wie es Emilia ging.

»Heißer Tee! Und eine Wärmflasche!« Wie ein Feldwebel stürmte Tante Minna ins Zimmer. »Kind, was hast du bloß gemacht? Schon gestern dachte ich, dass du unwohl aussiehst. Du wirst doch wohl nicht ernsthaft krank werden? Und welcher Dummkopf hat bei dem scheußlichen Wetter das Fenster aufgerissen?« Mit einem Knall schlug sie es zu und schob den Riegel vor. Dann drehte sie sich zu ihrer Nichte um. »Hast du Fieber?«

»Ich fürchte ja«, stöhnte Emilia leise.

»Was macht die Töle da auf deinem Bett? Los, runter mit dir! Jule, bring den Hund nach unten, lass Tee und eine Wärmflasche machen. Frag die Mamsell, ob sie etwas gegen das Fieber dahat.«

135

Tante Minna blieb in einigem Abstand zum Bett stehen und stemmte die Fäuste in die Hüften. »Ich hoffe, du kommst bis zum Wochenende wieder auf die Beine. Du musst mit zum Opernball.«

»Ja, Tante.« Emilia schloss die Augen. Um sie herum drehte sich alles.

»Jule und die Mamsell werden sich um dich kümmern.« Krachend fiel die Tür hinter ihr ins Schloss und Emilia zuckte erschrocken zusammen. Karamell war tatsächlich verschwunden, stellte sie bedauernd fest. Dabei hätte sie die Wärme und den liebevollen Trost des Hundes gerade jetzt gut gebrauchen können.

»Was ist denn hier los?«, sagte die Mamsell, als sie das Zimmer betrat. »Ich hörte, Ihr seid …«, dann stockte sie, eilte zum Bett und legte ihre kühle Hand auf Emilias Stirn. »Bei Gott, Ihr glüht ja. Jule, hol Tücher und warmes Wasser. Wir müssen Wadenwickel machen.«

»Wadenwickel? Wäre es nicht doch besser …«

Die Mamsell richtete sich auf. »Hast du nicht gehört, was ich gesagt habe?«

»Natürlich.« Jule stürzte aus dem Raum.

Die Mamsell setzte sich aufs Bett und strich Emilia über die Wangen. »Tut Euch etwas weh?«

»Alles, einfach alles«, schniefte Emilia.

»Der Bauch?« Die Mamsell klang besorgt.

»Nein, eher der Kopf und alle Gelenke und meine Knochen …«

»Gut«, sagte die Mamsell. »Das deutet auf ein Fieber hin.«

»Gut?« Emilia öffnete die Augen. »Ich fühle mich gar nicht gut.«

»Das weiß ich. Aber ein Fieber bekommen wir in den Griff.«

Jule kam mit dem Wasser und den Tüchern.

»Du kannst jetzt Wadenwickel machen, ich werde einen Tee kochen«, sagte die Mamsell und stand auf. Sie ging zum Waschtisch hinüber und tauchte einen Lappen in den Krug mit dem inzwischen erkalteten Wasser, wrang ihn aus und legte ihn Emilia auf die Stirn.

Das tut so gut, dachte Emilia, schrak dann aber auf, als Jule die Decke hob und ihr die feuchtwarmen Wickel um die Waden legte.

Doch nach dem ersten Schrecken half es ihr. Emilia schloss die Augen und sank in einen unruhigen Schlaf.

Sie träumte von Meeresgetier, hohen Wellen, von unmelodiösen Rufen und von kreischenden Vögeln. Dann wurde sie wach, als jemand ihr einen bitteren Trank einflößen wollte.

»Ihr müsst das trinken«, sagte Jule, sie klang ungeduldig. Emilia versuchte sich aufzusetzen, aber sie fühlte sich zu schwach. »Nun trinkt schon!«, sagte Jule. »Sakrament noch mal!«

Emilia trank den Aufguss, verschluckte sich und hustete.

»Nicht spucken, bloß nicht spucken!« Die Magd trat einen Schritt zurück vom Bett und verzog das Gesicht. »Oh Gott, ich möchte nicht krank werden«, murmelte sie verzweifelt.

Emilia rieb sich über das Gesicht. »Was?«

»Nichts, gnädiges Fräulein, gar nichts. Ich möchte bloß nicht auch erkranken«, sagte Jule leise. »Und man hört, dass die Ausscheidungen anderer einen krank machen können. Dort steht die Schüssel, wenn Euch schlecht wird. Spuckt dort hinein.«

»Du hast Angst vor mir?«, fragte Emilia verblüfft.

Jule schluckte. »Nein«, sagte sie zögernd, »doch«, gestand sie dann ein. »Ich habe Angst, auch krank zu werden.«

»Das verstehe ich.« Emilia fühlte sich sehr schwach, aber nicht mehr so krank. »Gib mir den Becher. Ist das ein Aufguss, den ich trinken soll?«

»Mamsell hat ihn gebraut.« Zögernd trat das Dienstmädchen vor und reichte ihr mit steifem Arm den Becher.

Emilia trank, obwohl ihr der bittere Tee den Gaumen zusammenzog. Sie kniff die Augen zusammen und schluckte tapfer. »Wenn die Mamsell ein wenig Zeit hat, soll sie zu mir kommen«, bat Emilia.

Jule knickste und ging. Es war ihr anzumerken, dass sie froh war, den Raum verlassen zu können. Emilia ließ sich zurück in die nassgeschwitzten Kissen sinken. Sie fühlte sich so unwohl, hätte am liebsten das Gewand und die Bettwäsche gewechselt, sich gewaschen, aber sie wusste, dass ihr die Kraft dazu fehlte. Die nassen Lappen hingen schlaff um ihre Waden, sie kühlten nicht mehr, sondern waren nur

137

noch unangenehm feucht. Das Feuer im Ofen brannte unablässig und die Luft war heiß und stickig.

»Emma?« Die Tür öffnete sich einen Spalt und ihre kleine Cousine Mathilda schaute hinein. »Lebst du noch?«

»Ja!« Emilia lachte leise. »Du Süße, du solltest nicht hier sein, ich bin leider krank.«

»Ich weiß. Mutter hat auch befohlen, dass niemand außer Jule diese Etage betritt.«

»Und dennoch hast du dich gewagt?«

»Ich war in der Küche. Mutter bespricht sich mit der Schneiderin, sie probieren die Kleider für den Ball an. Und Herr Grünwald und Jasper sind in Studien vertieft. Niemand hat Zeit für mich. Deshalb war ich ja auch in der Küche.« Das Kind schaute ernsthaft, hielt sich immer noch am Knauf fest und spähte um die Türkante. »Kara schien ganz unglücklich. Sie will wohl zu dir.«

»Ach ja.« Emilia seufzte. »Ich hätte sie auch gerne hier.«

»Bist du nicht zu krank?«

»Für den Hund?« Emilia lächelte. »Nein, dafür nicht.«

»Gut.« Mathilda öffnete die Tür und die junge Hündin stürmte herein. Sie lief zum Bett und blieb davor stehen, ihre Rute wedelte wild vor Freude. Winselnd leckte sie Emilias Hand ab.

»Meine Süße«, flüsterte Emilia froh.

»Wirst du jetzt wieder gesund?«, fragte Mathilda. »Damit du mir weiterhin Geschichten vorlesen kannst?«

»Bestimmt. Aber nun geh schnell, bevor dich jemand erwischt. Deine Mutter wäre nicht erfreut, dich hier vorzufinden.«

»Ach, sie ist beschäftigt.« Mathilda zog eine Schnute. »Aber ich geh nur, wenn ich später wiederkommen darf.«

»Das darfst du. Und sobald es mir bessergeht, lese ich dir auch wieder Geschichten vor.«

»Hoffentlich bald«, wisperte das kleine Mädchen. Und dann zog sie die Tür leise hinter sich zu.

Ich hoffe, dachte Emilia und schloss die Augen. Die Hündin legte den Kopf auf die Bettkante und jammerte leise.

»Nun komm schon«, murmelte Emilia und fühlte sogleich den warmen und weichen Hundekörper an ihrer Seite.

»Ihr habt nach mit verlangt?« Die Mamsell blieb in der Tür stehen.

»Fürchtet Ihr Euch auch vor mir und meiner Krankheit?«, fragte Emilia traurig.

»Oh nein. Wer fürchtet sich denn vor Euch?« Die Mamsell trat in das Zimmer.

»Jule.«

Die Mamsell zog die Stirn kraus. »Sie sollte sich um Euch kümmern, das hat sie aber nicht ausreichend getan. Das wird Konsequenzen haben.«

Emilia schluckte. Sie wollte nicht, dass die Magd wegen ihr Ärger bekam.

»Friert Ihr?«, fragte die Mamsell dann.

»Im Moment nicht.«

»Dann werde ich lüften. Die Hitze und der Gestank sind ja nicht auszuhalten. Wenn Euch das recht ist, jedenfalls.«

»Ich bin ganz verschwitzt …«

Die Mamsell kam zu ihr und fühlte Stirn und Wangen. »Das Fieber ist gesunken. Ist Euch noch übel?«

»Mir ist flau und ich werde den bitteren Geschmack des Tees nicht los …«

»Ihr habt seit zwei Tagen nichts gegessen, kein Wunder, dass Euch flau ist. Ich lasse Euch etwas bringen. Aber zuvor wechseln wir Wäsche und Bettbezüge und dann wird gelüftet. Wie ich sehe, hat sich Kara schon hochgeschlichen. Sie hat es kaum ausgehalten ohne Euch, hat auch keine Leckereien angenommen.«

»Zwei Tage?«, fragte Emilia verblüfft und sah zum Fenster, doch draußen war es genauso düster wie vorhin, als sie aufgewacht war. Vorhin war vorgestern? Das konnte sie kaum glauben. »Welcher Tag ist heute?«

»Donnerstag, der vierundzwanzigste November. Es ist fast sechs Uhr abends. Ihr habt den gestrigen Tag und den heutigen verschlafen.« Die Mamsell lächelte. »Ich schicke Jule, damit sie Euch hilft und Ihr Euch frisch machen könnt.«

»Wartet!« Emilia setzte sich auf. »Jule möchte nicht. Sie fürchtet sich doch vor mir und meiner Krankheit.«

»Sie ist ein dummes Ding.«

»Das mag sein, Mamsell, aber ich fühle mich nicht wohl dabei, wenn sie etwas tun muss, vor dem sie sich fürchtet.«

Die Mamsell blieb für einen Moment nachdenklich an der Tür stehen, dann drehte sie sich zu Emilia um. »Es ist ihre Aufgabe und sie hat sie zu erfüllen. Tut sie es nicht, muss sie sich eine andere Stelle suchen. Ich verstehe Euch. Ihr seid schwach und braucht gerade jetzt Hilfe und nicht jemanden, der – verzeiht – sich ekelt. Ich hätte da eine Lösung, glaube aber nicht, dass sie Eurer Tante gefallen würde.«

»Welche?« Gerade der letzte Satz machte Emilia neugierig.

»Nun, über das niedere Gesinde darf ich selbst entscheiden. Ich habe ein Mädchen aufgenommen, das keine Reputation hat. Eine echte Hamburger Deern. Leider kam sie in schlechte Gesellschaft, aber ich kenne ihre Mutter und ihre Tante gut. Es sind rechtschaffene Leute, sie hatten nur Pech nach dem Brand. Ich möchte dem Mädchen, es ist erst vierzehn, eine Chance geben.«

Emilia runzelte die Stirn. »Sie wird als Kammermädchen beschäftigt?«

»Nein.« Die Mamsell lachte leise. »Als Spülmädchen. Aber sie hätte keine Scheu, Euch zu waschen und die Bettwäsche zu wechseln.«

»Was ist ihr zugestoßen?«

»Sie hat sich schwängern lassen«, seufzte die Mamsell. »Das Kind wird erst im Frühjahr kommen. Bis dahin werden wir einen Weg gefunden haben, hoffe ich.«

»Das wird meiner Tante tatsächlich nicht gefallen. Weiß Tante Minna es schon?«

Die Mamsell schüttelte den Kopf.

»Wie heißt die unglückselige Maid?«

»Rieke.«

»Schickt sie hoch.«

»Danke«, sagte die Mamsell leise und ging.

Kurze Zeit später klopfte es an der Tür. Emilia achtete auf Karamell, die an ihrer Seite lag. Die Hündin hob den Kopf, dann klopfte ihre Rute auf das Bett.

»Ja?«, rief Emilia. Das Sprechen fiel ihr schwer, sie fühlte sich so schlapp, als wären alle Knochen in ihrem Körper zu Gelee geworden. Auch schmerzte ihr Kopf immer noch und ein hartnäckiger Husten kratzte in ihrem Hals.

»Ik bin die Deern, die nach Euch kieken soll. Die Rieke.« Das Mädchen trat ein. Mamsell hatte sie in ein sauberes Kleid aus grauem Stoff gesteckt, ihr eine weiße Schürze gegeben und eine Haube, so, wie alle Mädchen im Hause sie trugen. Emilia musterte Rieke. Die Magd trug ein Tablett und blieb unsicher stehen. Dann grinste sie. »Da ist ja die Süße«, sagte sie. »Kara!«

Die Hündin sprang vom Bett und bellte leise. Es war ein freudiges Bellen.

»Die ist vor nix bang, die Zuckerschnute. So ein feines Tier.« Rieke sah sich um. »Könnt Ihr den Trog vom Schemel nehmen? Dann kann ich das Zeugs abstellen.«

Emilia unterdrückte ein Grinsen, hob mit letzter Kraft die Wasch-schüssel an und stellte sie auf den Boden.

»Die Mamsell schickt Suppe und Eier. Erst die Suppe, hat sie ge-sagt, und ein Glas milden Rotwein. Ik soll genau kieken, dass Ihr das nicht verdaddelt und Euch dann wieder in die Tüddeln kommt.«

»Bitte?«

»Na, erst Suppe, dann abwarten, dann Wein, dann abwarten, dann die Eier. Nicht, dass ihr alles wieder ausspuckt.« Rieke schüttelte den Kopf, als wäre das doch selbstverständlich. »Dann rinn damit.« Sie reichte Emilia die Suppenschale und sah sich in dem Zimmer um. »Langsam wird zappenduster. Ich wird mal kieken, dass ich die Lampen anzünde. Und die Luft hier, wie eine tote Katt tut das stin-ken.«

141

»Ja, aber ich würde mich gerne erst ein wenig waschen und umziehen«, sagte Emilia, »und dann gründlich lüften.«

»Ich bin ja nicht tüddelig.« Rieke drehte sich zu Emilia um. »Wo finde ich denn Eure Wäsche?«

»In dem Kasten dort hinten.« Emilia musste wieder grinsen. Sie fand das Mädchen herzerfrischend. Und doch musterte sie es neugierig. Von dem Kind, das sie trug, war noch nichts zu sehen. Vierzehn, hatte die Mamsell gesagt, selbst noch ein Kind fast.

»Och, das ist aber schön. Und kaum geflickt sind die Sachen.« Rieke holte ein Nachthemd und eine Wäschehose nach der anderen aus dem Kasten, besah sie sich von allen Seiten und hielt sie gegen die Lampe. »Feines Zeugs.«

»Für heute«, sagte Emilia streng, »reicht eines. Falte die anderen wieder zusammen und leg sie zurück. Ich bin noch ganz schwach, du musst mir helfen. Hast du warmes Wasser gebracht? Ich will mich waschen.«

»Das Wasser wollte der Bursche bringen. Ich kiek mal in den Flur.« Sie ging zur Tür, öffnete sie und kam dann mit einem Krug dampfenden Wassers zurück. »Hat er abgestellt, vor der Tür, der Schlaumeier. Hätte ja mal klopfen können.« Sie nahm die Schüssel, spülte sie aus und wischte sie trocken, dann füllte sie das Wasser hinein und holte Lappen und Seife von der Frisierkommode. »Lasst Euch helfen.« Mit schnellen Bewegungen zog sie Emilia das Nachtgewand über den Kopf. »Meine Großmuhme, wisst Ihr, die konnte nicht mehr so. Die machte eine Wuling um sich, das war kaum zum Aushalten. Die musste ich auch immer ausziehen, waschen und wieder anziehen. Das kann ich, da habe ich Übung.«

Das Mädchen redete und redete. Dabei half sie Emilia auf, gab ihr Lappen und Seife, wusch den Lappen aus, gab ihn ihr erneut, reichte ihr das Handtuch und das saubere Nachtkleid. »Nun kommt, hopp, hopp! Ich fass Euch unter den Achseln und dann könnt Ihr aufstehen und dann zum Stuhl. Die Suppe ist dringeblieben, jetzt gibt es den Wein. Während Ihr den trinkt, mach ich das Bett. Das ist ja ganz zerwühlt, wer will denn darin pofen?«

142

Sie half Emilia auf den Stuhl, gab ihr das Weinglas und zog behände das Bett ab und die frische Wäsche auf. Dann führte sie Emilia zurück und schüttelte die Kissen aus. »Und jetzt die Eier, die sind ganz weich noch und hoffentlich warm. Die Mamsell hat sie extra in das Wolltuch gewickelt. Frische Eier geben Kraft.«

Während Emilia aß, räumte Rieke auf, öffnete das Fenster, legte aber auch Holz nach. »Zu kalt darf es nicht werden, dann habt ihr den Tod im Nacken und auf der Brust. Ist meinem Onkel so passiert.« Sie nahm das Waschwasser und schüttete es in den Eimer. »Ich bring das in die Küche und kiek mal, ob es nicht noch eine Leckerei dort gibt. Für Euch und für diese Dame.« Sie zwinkerte Karamell zu.

Das Mädchen, so jung es auch war, arbeitete sorgfältig und schnell. Dass sie dabei die ganze Zeit redete, fand Emilia amüsant. Rieke hatte ein Auge dafür, wann sie was zu tun hatte, machte kein großes Aufheben davon, sondern packte an. Sie scheute sich auch nicht davor, immer wieder die Treppen bis in die Küche und zurück nach oben zu laufen, sie beschwerte sich nie.

Emilia erholte sich, doch ein kratzender und hartnäckiger Husten blieb. Auch war sie immer noch sehr geschwächt, obwohl das Fieber schon längst vorbei war.

»Ich werde den Arzt rufen lassen«, entschied Tante Wilhelmina. »Dein Husten wird und wird nicht besser. Hat dir die Mamsell Brustwickel gemacht?«

»Ja, Tante. Jeden Morgen und jeden Abend.«

»Bevor du nicht genesen bist, kannst du nicht wieder am gesellschaftlichen Leben teilnehmen. Schon drei Wochen dauert das jetzt. Doktor Schneider wird sich deiner annehmen.« Sie seufzte und ging.

Bald war Weihnachten und allerorts wurden Feste gefeiert. Emilia hatte viele Einladungen erhalten, die sie bedauernd ablehnen musste. Erst seit letzter Woche schaffte sie es, die Treppen nach unten zu steigen. Oft saß sie, in ein warmes Tuch gehüllt, in der Bibliothek am Kamin und las, den Hund immer zu ihren Füßen.

»Ach, Kara«, seufzte sie. »Zu gerne würde ich mit dir spazieren ge-

143

hen.« Doch der Winter in Hamburg war nebelig, kalt und feucht. Über der Stadt lag der rußige Qualm der vielen Kamine.

Gegen Abend kam Tante Minna zu ihr. »Doktor Schneider ist da, Emma.«

Emilia schoss die Röte in die Wangen. Es war ihr peinlich, einen Arzt konsultieren zu müssen.

Die Tante sah sie streng an. »Du wirst dich doch wohl nicht genieren? Ich bleibe ja im Raum.«

Emilia nickte nur.

»Liebes Fräulein Bregartner«, begrüßte Doktor Schneider sie. »Wir alle machen uns große Sorgen um Sie. Zu lange schon seid Ihr allen gesellschaftlichen Ereignissen ferngeblieben.«

»Es war nur ein Fieber, eine Erkältung, die mich geschwächt hat.«

Er musterte sie sorgsam. »Ihr seid immer noch sehr blass. Habt Ihr Schmerzen?«

Emilia schüttelte den Kopf, dann bekam sie einen Hustenanfall und hielt sich das Schnupftuch gegen den Mund. »Nur diesen Husten, den werde ich nicht los«, presste sie hervor.

»Den habt Ihr seit dem Fieber? Werft Ihr Sputum aus?«

»Ja, sie hustet seit dem Fieber«, sagte Tante Minna. »Zeig das Tuch.«

»Kein Sputum«, wisperte Emilia, der der Rummel um ihre Person unangenehm war.

»Gut, dann werde ich Euch abhören müssen.« Er wandte sich zu Tante Minna. »Isst Ihre Nichte vernünftig?«

»Wie ein Spatz, auch wenn wir ihr alle nur erdenklichen Leckereien vorsetzen.«

»Fräulein Bregartner, ich muss Ihre Lunge abhören.« Er nahm ein Hörrohr aus seiner Tasche.

»Ist das wirklich …«

»Mein liebes Fräulein, ich bin hier als Arzt und nicht als Besucher Eurer Familie. Ihr müsst Euch nicht genieren, wenn ich Brust und Rücken abhöre.«

Emilia senkte den Kopf, das Blut pochte in ihren Schläfen.

144

»Ich muss das Kleid aufknöpfen?«

»Nun komm schon, Kind«, sagte die Tante resolut und trat zu Emilia. »Ich helfe dir.«

»Die oberen Knöpfe reichen«, beruhigte Schneider Emilia. »Ihr müsst jedoch den Kopf heben.« Dann drückte er das Hörrohr auf ihre Brust. »Tief einatmen, Luft anhalten, ausatmen. Und noch einmal.« Er wiederholte den Vorgang an der anderen Seite, hieß sie sich vorbeugen und hörte auch den Rücken ab.

»Es ist ein festsitzender Husten, wie er in diesen Tagen oft vorkommt. Der Schleim sitzt fest und kann nicht entweichen. Deshalb seid Ihr auch so kraftlos.«

»Ist es schlimm?«, fragte Tante Minna.

»Wenn die ungesunden Säfte im Körper bleiben, wird dieser immer schwächer.«

»Was kann man dagegen tun?« Tante Minna presste ihr Taschentuch gegen den Mund.

»Ich würde sie zur Ader lassen.«

»Das klingt gut. Das sollten wir machen, damit die Körpersäfte wieder ins Gleichgewicht kommen.« Tante Minna eilte zur Tür. »Jule!«, rief sie.

Kurz darauf hörte Emilia die Mamsell im Flur mit Tante Minna sprechen.

»Jule hat uns verlassen, gnädige Frau.«

»Ach? Nun denn. Emma muss zur Ader gelassen werden. Bereiten Sie alles vor.«

Der Aderlass war eine übliche Methode, um Krankheiten zu bekämpfen, doch Emilia hatte sich dieser Prozedur noch nie unterziehen müssen. Bang stieg sie die Treppen hoch. Sie ging langsam und kam ganz erschöpft oben an. Rieke stand schon im Zimmer, hatte die Lampen angezündet und das Bett aufgeschlagen. Auf dem Schemel stand eine Schüssel, daneben ein Krug mit dampfendem Wasser und frische Leinentücher.

»Oh je«, jammerte Emilia. »Ich fürchte mich.«

»Het leeper kumm köön«, versuchte Rieke sie aufzumuntern.

145

Emilia sah sie entgeistert an. »Wie bitte?«

Rieke lachte. »Ach, manchmal verfall ik in dat Platt vun mien Omma, die snackt dat so. Aderlass ist halb so schlimm. Mien Onkel, dat is een feister Kerl, der hat es mit der Galle, der wird alle Wochen zur Ader gelassen und der högt schon immer druuf.«

Emilia amüsierte sich über das Mädchen, das mal so, mal so sprach. Doch dann erinnerte sie sich wieder daran, weshalb sie dort oben war. Seufzend ließ sie sich von Rieke aus dem Kleid helfen und zog ihr Nachtgewand an. »Tut es sehr weh?«, fragte sie flüsternd.

»Ach ne, das ist ein Ritz, ganz schnell geit dat. Wenn der Doktor sein Handwerk versteht, jedenfalls.« Rieke schaute sie nicht an und Emilias Furcht stieg. Ein Ritz? Doch da trat schon Doktor Schneider ins Zimmer, die Tante folgte ihm.

Ängstlich sah Emilia ihm entgegen. Er baute seine Tasche auf dem Tischchen auf und nahm Instrumente heraus. Emilia zwang sich, wegzusehen. Ihr wurde schwindelig.

»Bei Damen, und gerade bei so jungen Damen, bevorzuge ich einen Aderlass an der Wade. Wir wollen ja nicht die schönen Arme durch Narben entstellen.

Emilia stöhnte auf, Schneider sah sich zu ihr um. »Nur keine Sorge, mein liebes Fräulein, ich habe mein Skalpell frisch geschärft. Der Schnitt verheilt in der Regel gut und bald schon ist kaum noch etwas zu sehen. Aber Euch wird es bestimmt schnell bessergehen, wenn die giftigen Schleime mit dem Blut zusammen ausgeschwemmt werden.«

Emilia biss sich auf die Lippe. Der Arzt hob die Bettdecke an und nahm ihr linkes Bein. Die Tante stand neben dem Bett und achtete genau darauf, dass die Decke nicht zu weit angehoben, das Nachtgewand nicht zu sehr hochgeschoben wurde.

Rieke legte Leinentücher aus und brachte die Emailleschüssel. Es ging so schnell, dass Emilia gar nicht schreien konnte. Tatsächlich tat es im ersten Moment fast gar nicht weh. Sie hörte das Blut in die Schüssel plätschern, dann drückte Doktor Schneider auf die Wunde.

»Ein Verband, viel Ruhe, kräftige Brühe und Wein mit verquirltem Ei, das sollte Euch wieder auf die Beine bringen.« Er wandte sich an Rieke. »Der Verband sollte täglich gewechselt werden und man halte möglichst jede Aufregung von ihr fern.«

»Über die Feiertage wollten wir nach Othmarschen auf unser Gut fahren«, sagte Tante Minna.

»Das ist wunderbar. Dort ist die Luft auch besser und die Ruhe so erholsam«, stimmte der Doktor dem Plan zu.

Als Emilia das Blut in der Schüssel sah, schwanden ihr kurz die Sinne. Doch dann hielt sie sich an dem Gedanken fest, dass sie Weihnachten zu Hause bei Inken sein würde.

10. Kapitel

Der Aderlass hatte Emilia nur noch mehr geschwächt. Sie konnte kaum aufstehen, auch das Gehen fiel ihr schwer, obwohl die Wunde gut verheilte. Sie fühlte sich kraftlos und der Husten quälte sie unvermindert weiter.

So war sie doppelt froh, als die Kisten und Kästen gepackt, die Koffer auf die Karren verladen wurden und die Familie in die Kutschen einsteigen konnte. Immer noch lag Nebel über der Stadt, vermischt mit dem Rauch der unzähligen Kamine und Öfen. Es war fast windstill und immer tiefer schien sich die dreckige, stinkende Luft auf die Stadt zu legen, wie eine schwere Decke.

Doch kaum waren sie an Altona vorbei und querten Ottensen, wurde die Luft klarer, der Nebel lichter. Der Himmel blieb grau, aber die Schwaden verschwanden.

Inken hatte das Haus geputzt und gewienert. Die Mädchen hatten die Böden geschrubbt und geölt, das Messing der Türgriffe glänzte wie Gold. In der Stube stand schon der Tannenbaum, den Mats geschlagen hatte. Emilia ging langsam durch die vertrauten Räume und sog den Duft ihrer Kindheit ein. Dann ging sie in die Küche und begrüßte Inken herzlich.

»Kind, was bist du blass und schmal geworden. Geben sie dir in Hamburg nichts zu essen?«

Wie auf Bestellung wurde Emilia von einem Hustenanfall geschüttelt. »Ich war krank«, krächzte sie.

»Du bist immer noch krank, Emma«, sagte Inken besorgt. »Geh ins Bett, ich werde dir gleich einen Wickel fertigmachen.«

»Jeden Morgen und jeden Abend habe ich Brustwickel bekommen.«

»Mit was denn?«

»Kampfer, glaube ich.«

»Ach Kind, Kampfer zieht die Atemwege zusammen, dein Husten aber sitzt fest. Spitzwegerich sollte helfen. Gut, dass ich auch frischen Zwiebelhonig zubereitet habe. Davon nimmst du jetzt drei Löffel und heute Abend nochmals drei Löffel. Der Bursche soll dein Zimmer gut aufheizen, damit du es schön warm hast. Ich werde gleich dafür sorgen.«

Emilia würgte den Zwiebelhonig hinunter. Es schmeckte süß und scharf zugleich, aber sie wusste, dass diese Medizin ihr auch in der Kindheit immer bei Husten geholfen hatte. Warum war ihr das nicht früher eingefallen? Sie nahm sich vor, Inken nach den alten Kräuter- und Heilrezepten zu fragen und sich eine Liste anzulegen. Die Mamsell kannte die Wirksamkeit von Zwiebelhonig wohl nicht.

Jasper und Mathilda tollten laut jauchzend zusammen mit Inkens Kindern im Hof umher. Tante Minna, die die unteren Räume inspiziert hatte, kam in die Küche. Onkel Hinrich folgte ihr. Noch bevor die Tante etwas sagen konnte, sprach der Onkel.

»Ganz hervorragend, gute Inken, hast du das alles für uns vorbereitet. Wir wollen ein ruhiges Weihnachtsfest verbringen, ohne großen Aufwand und Hetze. Ich möchte endlich mal wieder zur Ruhe kommen und so gemütlich feiern, wie wir es früher getan haben, ohne Tiffin und Diners und Kaffee trinken und Gesellschaften. Stattdessen deine gute Kost, das frische Brot und Erquickung an der frischen Luft.«

»Aber Hinrich«, empörte sich Wilhelmina.

Der Onkel seufzte. »Ich weiß, wie wichtig dir Gesellschaften sind, aber einmal im Jahr möchte ich friedlich und nur im Kreise meiner Familie feiern. Zu Silvester kehren wir ja zurück und du darfst deinen Ball geben.«

Wilhelmina nickte zufrieden. Dann schaute sie nach draußen und zog die Stirn gleich wieder in Falten. »Jasper und Mathilda ...«

»Ja, herrlich. Endlich können sie sich austoben. Hier ist auch die Luft viel reiner als in der Stadt. Sind das etwa deine Kinder, Inken?«, fragte der Onkel.

Inken nickte.

»Gut, gut. Lass uns in den Salon gehen, Minna, und den Abend genießen. Ich habe einen herrlichen Bordeaux mitgebracht, den kann Mats gleich entkorken.« Er zog sie aus der Küche und Inken seufzte erleichtert auf.

Emilia hatte sich, so wie früher, auf die Küchenbank gesetzt. Ihr Reifrock störte und sie wünschte, sie könnte ihn ausziehen, aber solange Tante Minna dabei war, ging das nicht. Karamell stand an der Küchentür und winselte leise.

»Würde sie weglaufen?«, fragte Inken.

»Ich weiß es nicht, aber hoffentlich nicht. Ob sie die Gegend wiedererkennt? Aber sie möchte bestimmt auch toben und laufen, lass sie raus.«

Inken öffnete die Tür und der Hund sprang nach draußen. Er lief laut bellend um die Kinder herum, die begeistert quietschten und lachten.

Es gab ein frühes und leichtes Abendessen, an dem Emilia noch teilnahm. Doch um danach bei einem Glas Wein am Kamin zu sitzen, fehlte ihr die Kraft. Langsam stieg sie die Treppe hoch zur Mansarde. Ihr altes Zimmer, wie hatte sie es gehasst, wie sehr hatte sie sich im ersten Winter dort oben gefürchtet. Doch nun kam es ihr so vertraut vor, so heimelig, wie es keines der prunkvollen und großen Zimmer in Hamburg sein könnte.

Rieke hatte die Taschen und die Koffer schon ausgepackt. Wasser stand auf der kleinen Waschkommode bereit wie auch frische Handtücher. Die Bettwäsche duftete nach Lavendel und Kamille. Entzückt

149

sah sich Emilia um. Selbst ein kleiner Zweig Ilex stand in einer Vase am Fenster. Die roten Beeren schimmerten im Kerzenschein.

»Schön ist es hier«, sagte Rieke verzückt.

»Hach ja.« Emilia setzte sich aufs Bett. Sie hatte noch drei Löffel von dem Zwiebelhonig hinuntergewürgt und rasch einen Becher Tee aus Schafgarbe und Spitzwegerich getrunken. Gleich sollte sie noch Brustwickel bekommen. Lieber das, als noch einmal zur Ader gelassen zu werden, dachte sie.

»Mien Stuuv is ooch so scheen.« Rieke lachte breit. »Ik bien doch son Bangebüx und nun darf ik im Oken schlafen.«

»Wo?«, fragte Emilia verwundert.

»Na, in die Kammerken nebenan.«

Dort war Sofie gestorben, fiel Emilia ein und ein Schauer lief ihr den Rücken herunter. Zum Glück bemerkte Rieke das nicht, denn sie wollte das Mädchen nicht erschrecken.

Es klopfte und Inken trat ein, um den warmen Spitzwegerichbrei und Tücher zu bringen.

»Du bist das neue Mädchen?«, fragte sie Rieke. Das Mädchen löste die Schnüre und Knöpfe an Emilias Kleid.

»Die Rieke bin ik.«

»Die Mamsell hat mir von dir geschrieben.« Inken betrachtete das Mädchen aufmerksam. »Man sieht ja noch gar nichts.«

Rieke zuckte zusammen. »Von dem Gör? Ne, da kannste kieken, wie de willst, dat siehste nich.«

»Das wird sich aber ändern. Wo ist der Vater?«

»Mein Vater?«, fragte Rieke verwundert. Inken lachte.

»Nein, du dummes Ding, der Vater deines Kindes.«

»Ach, der Schadderbüddel, der Alte, hat sich davongemacht, konnte gar nicht so schnell kieken, wie der weg war. Der war voller Brass, als ik ihm vonne Gör erzählt habe. Is aufn Schiff und fott.«

Inken seufzte. Inzwischen hatte Emilia ihr Kleid ausgezogen und setzte sich auf das Bett. »Die Mamsell sagt, solange ich die Wickel umhabe, darf ich das Nachthemd nicht anziehen.«

»Da hat die Mamsell auch recht. Rieke, leg die Leinentücher auf das Bett, damit es nicht feucht wird.« Sanft trug sie den warmen Brei auf Emilias Brustkorb auf, wickelte die Tücher darum und deckte Emilia bis zum Kinn zu. Dann setzte sie sich auf den Bettrand und schaute wieder zu Rieke.

»Was wirst du mit dem Kind machen?«

Rieke schüttelte den Kopf. »Ich kanns nicht behalten, dat geit nich. Dat Gör muss inne Heim.« Sie senkte den Kopf.

»Würdest du es behalten wollen?«, fragte Inken sanft nach.

»Ei sicher. Is mien Gör. Sehen tut man es nicht, aber ik spür es schon, högen tu ik mich jedes Mal, wenn es tritt.«

Inken seufzte. »Erst mal musst du lernen, richtig zu sprechen.«

»Wat hät dat mit mien Gör zu tun?«

»Es hat etwas mit dir zu tun, Rieke«, sagte Inken und stand auf. »In einer halben Stunde können wir den Wickel abnehmen.« Sie nickte Emilia zu und ging.

»Meint Ihr, sie weiß eine Lösung?«, fragte Rieke hoffnungsvoll und setzte jedes Wort mit Bedacht.

»Wenn nicht Inken, dann niemand«, murmelte Emilia müde.

Der Zwiebelhonig, den Emilia gewissenhaft zweimal am Tag zu sich nahm, und die Umschläge wirkten. Ihr Husten verschwand langsam. Dennoch blieb sie schlapp und kraftlos. Die Feiertage verbrachten sie so, wie es sich Onkel Hinrich gewünscht hatte – in aller Ruhe. Am ersten Feiertag zog der Himmel zu und es begann zu schneien, sacht und leise. Am zweiten Feiertag endlich, nach Wochen grauen Himmels, klarte es auf. Es war, als hätte der Schnee den Himmel geputzt. Die Sonne schien von einem leuchtend blauen Firmament, die Landschaft war wie gezuckert. Emilia stand am Küchenfenster und sah nach draußen. Jasper und Mathilda versuchten Mats zu überreden, mit ihnen zum Nutzteich zu gehen. Aber die Eisschicht, die sich über Nacht gebildet hatte, war noch viel zu dünn.

»Wenn das Wetter so bleibt und die Temperatur noch sinkt, dann vielleicht nächste Woche«, sagte Mats und duldete keinen Widerspruch.

»Nächste Woche.« Mathilda kam schmollend in die Küche, wäh-

151

rend Jasper Mats in den Stall folgte. Hier in Othmarschen war alles für sie ein Abenteuer und sei es auch nur, die Pferde zu füttern. »Nächste Woche. Bis dahin sind wir sicher schon längst wieder in Hamburg. Mutter packt ja jetzt schon.« Sie setzte sich auf die Küchenbank und verschränkte die Arme vor der Brust.

»Ach, Liebchen«, beschwichtigte Emilia sie. »Schau mal, Inken hat Plätzchen gebacken. Du darfst bestimmt naschen.« Sie reichte ihr die Schale mit den nach Gewürzen duftenden Plätzchen.

Doch Mathilda schob sie weg. »Ich will hierbleiben. Warum können wir nicht einfach hierbleiben? Hier ist alles viel schöner.« Sie vergrub ihr Gesicht in den Händen und schluchzte.

»Ach, Kleines.« Emilia setzte sich neben sie und nahm sie in den Arm, schaute hilfesuchend zu Inken. Doch Inken war mit den beiden Dienstmädchen, die Tante Minna aus Hamburg mitgebracht hatte, beschäftigt. Der Haushalt in Othmarschen war anders als der in der Stadt. Mamsell war in der Stadt geblieben, um den großen Silvesterball, den Wilhelmina veranstaltete, vorzubereiten. Musiker waren verpflichtet worden, es sollte zum Tanz aufgespielt werden und sogar ein Feuerwerk sollte es geben. Natürlich musste auch die Küche glänzen und ausgefallene exotische Speisen wurden vorbereitet. Die Mamsell stöhnte schon seit Wochen.

Endlich drehte sich Inken um. »Kindchen, mach dir keine Gedanken. Deine Mutter überlegt schon seit geraumer Zeit, was mit euch während des Balles geschehen soll. Ich habe ihr gesagt, dass ihr ruhig noch hierbleiben könnt. Emma bleibt ja auch.«

Emilia schaute überrascht auf. »Ist das wahr?«

»Oh ja. Emma, du bist viel zu schwach für diesen Ball. Dein Husten wird zwar besser, aber ganz genesen bist du noch nicht.« Sie biss sich auf die Lippe. »Es tut mir leid.«

Emilia lachte. »Das braucht dir nicht leidzutun. Ich bleibe lieber hier und genieße die Ruhe.«

»Wirklich?« Inken zog die Stirn kraus. »Aber … deine Tante sagte, dass sich etliche junge Männer grämen werden. Ist da keiner, der dein Herz erobert hat?«

Emilia senkte den Kopf und griff nach den Plätzchen. »Nein«, sagte sie leise.

Emilia hatte endlich ausgiebig Zeit zum Lesen. Sie las »Moby Dick« und alles von Ephraim Lessing. Sie las, was immer sie in die Finger bekam, und machte sich ihre Gedanken darüber. Seit sie den letzten Brief von Lessing erhalten hatte, waren zwei Monate vergangen. Trotzdem, erst zögerlich, doch dann wie in einem Rausch, schrieb sie ihm Briefe. Es war ein wenig wie Tagebuch schreiben, dachte sie jedes Mal traurig, wenn sie einen Brief zur Post gab, denn auf baldige Antwort konnte sie nicht hoffen. Vielleicht würde er gar nicht antworten, vielleicht waren ihm ihre Briefe und Gedanken zu unbedeutend oder zu naiv. Möglicherweise würde er die Briefe gar nicht bekommen oder, schlimmer noch, sein Schiff würde untergehen. So manches Mal kamen die Segler nicht zurück und niemand hörte je wieder etwas von ihnen.

Sie hatte bisher nur die zwei Briefe von ihm, die sie wieder und wieder las, wobei sie sich seine Gestalt und seine Stimme vorstellte. Aus den wenigen Zeilen versuchte sie, seinen Charakter zu ergründen und sich mögliche Antworten auf ihre Fragen auszumalen. Ernsthafter war er als all die anderen jungen Männer, die sie bisher kennengelernt hatte. Anders und viel faszinierender. Aber dennoch wusste sie nicht, wie er über sie dachte.

Soll ich oder soll ich nicht?, fragte sie sich fast jeden Abend, bevor sie sich noch kurz an ihren Schreibtisch setzte, um wenigstens ein paar Zeilen zu verfassen. Meistens tat sie es, aber manchmal kaute sie auch nur auf dem Federkiel und grübelte über Lessing. Vielleicht sah sie mehr in ihm, als da tatsächlich war. Vielleicht hatte sie seine freundliche Art missverstanden und er war nur nett zu ihr gewesen, weil sie die Nichte des Werftbesitzers war, und mit ihren Briefen gab sie sich nun der Lächerlichkeit preis. Aber vielleicht auch nicht. Möglicherweise empfand er ähnlich wie sie.

»Lieber Kapitän Lessing,

das Wort Kapitän hat eine andere Bedeutung für mich, seit ich

Moby Dick gelesen habe. Kennt Ihr dieses Buch? Obwohl ich die englische Sprache studiert habe und dachte, ich könne mich gut ausdrücken und viel verstehen, so habe ich bei diesem Buch doch meine Grenzen gefunden. Die Fahrt der Pequod beginnt an Weihnachten und Weihnachten ist nun auch hier. Wir sind aber in einem sicheren Hafen, befinden uns über die Feiertage auf dem Gut meiner Familie in Othmarschen.

In Othmarschen geht die Zeit anders als in Hamburg. Langsamer und bedächtiger. Es bleibt viel Raum, weil es weder Gesellschaften noch Tiffins, Diners und Besuche gibt. Da gibt es viel Zeit, um zu lesen. Moby Dick hat es mir angetan. Die Schilderungen sind so plastisch, aber sind sie auch wahr? Geht es so zu an Bord eines Schiffes? Lasst Ihr Euch nicht sehen vor der Mannschaft? Captain Ahab bleibt lang in seiner Kajüte. Wie mag die aussehen? Wie mag Eure Behausung an Bord des Schiffes aussehen? Das Schiff, das Ihr bei meinem Onkel bestellt habt und das auf der Werft liegt, werde ich besuchen. Einfach, um mir ein Bild zu machen. Denn das möchte ich schon. Ich möchte wissen, wo Ihr die nächsten Jahre zu Leben gedenkt. Und auch, wie.

Die Pequod in Moby Dick umrundet das Kap der Guten Hoffnung, Ihr umrundet jetzt vielleicht Kap Hoorn. Meine Gedanken sind bei Euch und Eurem Schiff. Wie mögen die Winde, die Strömungen sein? Mich beruhigt der Gedanke, dass Ihr nicht das erste Mal in diesen Gewässern kreuzt. Dennoch sorge ich mich. Ist das vermessen?

Ich hoffe und warte auf Antwort von Euch, doch werde ich sie erhalten?

Auf der Pequod sind Matrosen aus aller Welt und aus allen Schichten. Wie mag das auf Eurem Schiff sein? Vor Chile, so habe ich gelesen, sind viele riesige Wale. Sind diese Tiere gefährlich? Ihr habt mir von der Begegnung mit dem Wal im Atlantik geschrieben, doch Ihr klangt nicht ängstlich. Eher ehrfürchtig angesichts dieser gewaltigen Tiere. Ich für meinen Teil fürchte mich nun vor ihnen.

Der Gedanke an Euer tägliches Leben beschäftigt mich. Das mag daran liegen, dass wir hier in Othmarschen sind. In Hamburg besorgt die Mamsell den Haushalt, sie wacht über die Dienstboten und den Koch. In Othmarschen führt unsere alte Magd Inken den Haushalt. Jetzt, wo Onkel und Tante in Hamburg weilen und ich mit den Kindern allein hier bin, ist die Küche unser Treffpunkt. Dort ist es schön warm und es duftet immer herrlich. Natürlich hat Inken eine Nascherei auf dem Tisch stehen, die Kinder dürfen immer zugreifen. Es ist eine Küche und keine Kombüse. Hat Euer Smutje auch Leckereien für Euch und die Mannschaft? Ach, ich weiß so vieles nicht, aber ich werde mich erkundigen. Für heute muss ich schließen, ich möchte noch weiter lesen. Ob sie Moby Dick erwischen?

Gute Nacht, lieber Kapitän Lessing«

Am Tag las sie in der Küche oder in der Stube am Kamin und nachts, wenn überall schon das Licht gelöscht und alle in ihren Kammern waren, stellte sie sich die Kerze auf den Schemel neben das Bett. Dann kuschelte sie sich in ihre Kissen und nahm das schwere Buch hoch. Einige Passagen verstand sie nicht, auch wenn sie sie zum zweiten oder dritten Mal las. Auch störte sie die Art, wie über Religion gesprochen wurde. Ob Lessing ein gläubiger Mensch war? Sie musste ihn unbedingt fragen.

Die Tage gingen vorbei, ein neues Jahr begann. Frost senkte sich auf das Land und ließ alles erstarren. Emilia gesundete und bald schon fuhren sie zurück nach Hamburg. Dort nahm Emilia ihr gesellschaftliches Leben wieder auf.

Im April wurde sie achtzehn und die Tante gab ihr zu Ehren einen rauschenden Ball. Doch das größte Geschenk brachte ihr der Postbote – einen Stapel Briefe von Kapitän Lessing. Wieder und wieder las sie seine Worte. Es war, als würden sie einander schon lange kennen. Er beschrieb ihr den Hafen von St. Vincent mit dem Leuchtfeuer auf einem Felsen, der mitten in der Bucht aufragte, so eindringlich, dass sie das Gefühl hatte, ihn selbst gesehen zu haben.

Wie eindrucksvoll musste es sein, über die Weltmeere zu segeln, tagelang nur Wassermassen und Himmel um sich. In St. Vincent schrieb er den letzten Brief und gab den Packen der Schreiben einem anderen Segler mit, der nach Europa zurückfuhr. Lessings nächstes Ziel war Valparaiso, wo er die Abenteurer von Bord lassen würde. Inzwischen musste er aber längst schon in Iquique gewesen sein, um den Salpeter an Bord zu nehmen. Die Zeit, so schrieb er, würde knapp werden, da er das Kap vor dem südlichen Winter mit seinen gefährlichen Stürmen umrundet haben musste.

Emilia schrieb ihm weiterhin wöchentlich Briefe.

Als Riekes Niederkunft nahte, schickte Tante Minna das Mädchen nach Othmarschen.

»Was passiert mit solchen Kindern?«, fragte Emilia am Abend die Mamsell, als sie Karamell aus der Küche holte.

»Uneheliche Kinder?« Die Mamsell zuckte mit den Achseln. »Es gibt Heime für die armen Wesen. In Othmarschen am Röperhof lebt eine Engelmacherin, für ein paar Taler nimmt sie auch Säuglinge in Pflege. Aber meist reicht das Geld nicht.«

»Und dann?« Emilia riss die Augen auf.

»Dann gehen sie den Weg allen Irdischen. Wer sich der Leichtfertigkeit strafbar macht, soll froh sein, wenn er so davonkommt. Und für die Kinder ist es besser so.«

»Warum?«

Die Mamsell drehte sich zu ihr um und wischte sich die Hände am Küchentuch ab. »Was soll denn aus den armen Würmchen werden? Sie können keinen anständigen Beruf ergreifen. Wer Lehrling werden will, muss ehelich geboren sein, sonst nimmt die Zunft ihn nicht auf. Wer keine zweifelsfreie Geburt nachweisen kann, wird nichts in dieser Welt.«

»Aber kann Rieke ihr Kind nicht bei Inken aufziehen?«

»Was wird dann aus dem Balg? Es wird ein Tagelöhner oder Hungerleider, einer mehr, für den die Wohlfahrt sorgen soll. Derer gibt es schon zu viele. Deshalb ist es so wichtig, dass junge Frauen auf ihre Ehre achten.«

Vier Wochen später kehrte Rieke zurück. Sie war ernster geworden, nachdenklicher. Ihre Arbeit verrichtete sie weiterhin gründlich und schnell, deshalb hatte Tante Minna sie behalten und nicht auf die Straße gesetzt.

»Ich fahre zur Werft«, sagte Onkel Hinrich eines Morgens Ende Mai. »Das Schiff für Lessing ist bald fertig.«

Emilia sah auf. »Darf ich mitkommen?«

Tante Minna schaute sie nachdenklich an. »Mein Kind, es ist mir nicht entgangen, dass du dem Kapitän schreibst und er auch dir Briefe schickt. Es verwundert mich sehr.«

»Warum?«, wollte Emilia wissen.

Onkel und Tante wechselten einen Blick, dann seufzte Tante Minna. »Du bist nun achtzehn, im besten Alter, um über eine Verbindung nachzudenken. Es gibt etliche Bewerber, die dich zum Altar führen würden.«

»Ach, Tante Minna, ich fühle mich noch nicht bereit, mich für ein Leben zu binden.«

»Du solltest aber darüber nachdenken«, sagte der Onkel ernst. »Auch wenn du noch nicht dieses oder nächstes Jahr heiratest. Wir wünschen uns natürlich, dass du jemanden wählst, dem du zugetan bist, aber er sollte natürlich auch deinem Stand entsprechen.«

»Und dieser Kapitän Lessing, nun ja«, fügte Tante Minna hinzu, »er ist ganz sicher nicht der richtige Bewerber.«

»Aber Tante, daran habe ich gar nicht gedacht. Wir schreiben uns, diskutieren über Literatur und philosophische Gedanken. Es ist ein sehr angenehmer Schriftwechsel. In keinem der Briefe wirst du persönliche Worte finden, die sich nicht gehören, oder gar Gedanken über die Zukunft.«

»Dennoch würde ich mir wünschen, dass du nicht so viel Zeit mit diesem Schriftwechsel verbringst. Möglicherweise machst du dem armen Kapitän unbegründete Hoffnungen dadurch, dass du ihm so viele Briefe widmest.« Tante Minna räusperte sich. »Du weißt, ein Kapitän ist keine wünschenswerte Partie für dich.«

157

Emilia schob das Kinn vor. »Weder er noch ich haben über eine Ehe gesprochen. Wir sind einander lediglich freundschaftlich verbunden.« Sie stand auf, rief den Hund und verließ das Esszimmer. Ihre Tante und ihr Onkel sahen ihr verblüfft hinterher. Bisher hatte sie sich immer gefügt, war brav und lieb gewesen.

Im Flur blieb Emilia schnaufend stehen. Ein Spaziergang an der Alster, das würde ihre Wut kühlen.

Wie kam die Tante nur dazu, ihr unlautere Beweggründe zu unterstellen? Natürlich wusste sie, dass ihre Familie von ihr erwartete, dass sie sich standesgemäß vermählte. Und trefflich für das Geschäft, natürlich. Emilia wurde von einigen jungen Männern umworben, die Tante und Onkel passend erschienen, das hatten sie schon mehrfach durchklingen lassen.

Ich mag mich noch nicht binden, dachte Emilia. Es gibt auch niemanden, der mein Herz bisher erobert hat. Nett sind sie, ja, aber reicht das für ein gemeinsames Leben?

Und Lessing – machte sie ihm tatsächlich Hoffnungen? Sie erzählte in ihren Briefen von sich und ihrem Leben, aber viel mehr noch von den Büchern, die sie gerade las. Sie berichtete von Konzert- und Opernbesuchen. Seine Meinung über all diese Dinge interessierte sie. Aufgrund seiner Briefe wusste sie, dass er ein nachdenklicher, manchmal sogar melancholischer Mann war, der aber eine ordentliche Portion Humor besaß. Er hatte eine gute Beobachtungsgabe und konnte seine Eindrücke lebhaft schildern.

Eine Freundschaft hatte sich zwischen ihnen entwickelt, aber doch keine romantische Beziehung. Oder doch? Sie hatte das Gefühl, Lessing besser zu kennen als die jungen Männer, die sie zu den gesellschaftlichen Anlässen traf, die mit ihr ausfuhren, die Familie besuchten und mit ihnen aßen. Die Konversation mit jenen Männern blieb oberflächlich. Was in deren Köpfen vorging, wovon sie träumten und worauf sie hofften, wusste Emilia nicht. Und wenn sie ganz ehrlich war, es interessierte sie auch nicht. Lessing hingegen schon.

Sie schrieb weiter Briefe, schickte Rieke damit zur Post, um ihre Tante zu umgehen. Rieke gab die Briefe ab, wenn sie in der Stadt etwas zu erledigen hatte. Sie musste dafür einen Umweg machen, aber das tat sie ohne Murren.

Emilia hatte ein schlechtes Gewissen, denn sie wusste, dass die Tante ihr Verhalten missbilligen würde. Aber sie wollte diesen Schriftverkehr auch nicht missen.

Im Juni kam ein weiteres Paket mit Briefen von Lessing. Er beschrieb die Fahrt um Kap Hoorn, so dass es sie gruselte. Auch er hatte sich »Moby Dick« besorgt und das Buch gelesen.

»Dieser Schriftsteller muss an Bord eines Walfängers gewesen sein. Nur wer selbst diese Erfahrungen gemacht hat, kann es so beschreiben. Das sind echte Erlebnisse und nicht Erzählungen aus zweiter oder gar dritter Hand«, schrieb er ihr.

»Was kann der Kerl denn schreiben, dass Ihr so danach jiepert?«, fragte Rieke sie.

Emilia saß auf der Fensterbank und las einen Brief nach dem anderen.

»Oh, wir haben uns über ein Buch geschrieben, dass wir beide gelesen haben. Ein Buch über einen Walfänger.«

»Den dicken Schinken, den Ihr im Winter überall mit hingeschleppt habt?« Rieke grinste.

»Moby Dick heißt das Buch.«

»Ach, ik klöne lieber, schreiben kann ich kaum. Und lesen macht mich ganz mall und duselig.«

Emilia schaute erstaunt auf. »Lesen ist so wundervoll. Man kann in völlig andere Welten eintauchen und aufregende Dinge erleben. Würdest du das nicht wollen?«

Rieke zuckte mit den Schultern. »Ach, ken Tied. Wann sollte ik schmökern?«

»Abends?«

»Abends?«, Rieke lachte. »Da bin ik so spattlahm, dass ik nur noch slopen will. Und Euer Kapitän? Er schmökert ooch?«

Emilia lächelte. »Er liebt Bücher.«

»Na, solang er sich nicht in Euch verkiekt.«

»Wie kommst du denn darauf?«, fragte Emilia nachdenklich.

»Ihr schreibt jeden Tag, jede Woche und wenn ik den Pakje Briefe ankieke, den er geschrieben hat – oh je, denk ich dann.«

»Wir sind doch nur befreundet, Rieke.«

»Besser so. Ein Kapitän ist ken Keerl für Euch. Die Schipper sind keine gute Wahl.«

Emilia seufzte. Sie wusste, dass sowohl ihre Tante als auch ihr Onkel genauso dachten. Kapitänsfrauen waren einsam, ihre Männer monate-, manchmal auch jahrelang unterwegs. Ihr war auch bewusst, dass sie Kapitän Lessing inzwischen mehr Gedanken widmete, als gut für sie war. Sie fragte sich ständig, was er wohl zu all dem sagen würde, was sie erlebte, wie er die Musikstücke finden würde, die sie hörte. Ob er auch über diese oder jene Situation lachen würde, so wie sie? Und was er wohl über sie dachte.

Schreibt er mir, weil er einsam ist auf hoher See? Seine Steuerleute, das hatte er geschrieben, lasen lieber Räuberpistolen als Literatur, mit ihnen konnte er sich nicht austauschen. Will er mir imponieren oder sich nur mitteilen? Sie fand keine Antwort auf ihre Fragen. Unsicher geworden, schrieb sie weniger und schließlich gab sie es ganz auf. Es war, so gestand sie sich ein, unvernünftig, eine solche Freundschaft zu halten.

Ihre Tante beobachtete das mit Wohlwollen, das merkte Emilia, obwohl Tante Minna kein Wort darüber verlor. Die Tante hatte doch von dem Briefwechsel erfahren, fürchtete Emilia.

Es war Ende August, die Blätter an den Bäumen fingen schon an, sich zu verfärben, als Emilia von einem Besuch bei Bekannten nach Hause kam.

Aus dem Salon hörte sie die Stimme ihres Onkels.

»Ist Besuch da?«, fragte sie die Mamsell und gab Karamell ein Leckerchen.

»Ein Kunde Ihres Onkels, er wird zu Tisch bleiben, hat mir die gnädige Frau vorhin gesagt.«

»Wer ist es?«, fragte Emilia neugierig.

»Das weiß ich nicht.«

Karamell sprang freudig die Stufen nach oben. Obwohl sie gerne bei der Dienerschaft in der Küche war, freute sie sich jedes Mal unbändig, wenn Emilia sie holte. In ihrem Zimmer stand die warme Luft und Emilia öffnete das Fenster weit. Ein lauer Wind blies von der Alster über die Häuser, es duftete schon nach Herbst.

Bald ist Weihnachten, dachte Emilia. Dann fahren wir wieder nach Othmarschen.

»Möchtet Ihr Euch umziehen?« Die Mamsell hatte Rieke nach oben geschickt.

»Wir haben Besuch, ich denke, ich sollte.«

»Ja, so ein Schipper, ein oller Mann mit einem gammeligen Bart.« Rieke verdrehte die Augen.

»Sehr alt?«, wunderte sich Emilia.

»Weeß ik nicht. Hab ihn nur kurz gesehen.«

»Du magst keine Seeleute, nicht wahr?«

»Nee«, sagte Rieke grimmig. »Der Olle, der mich dat Gör gemacht hat, der war auch son Schipper. War schneller weg, als ich kieken konnte. Das sind alles Schadderbüddel.«

Emilia lachte laut auf. »Nicht alle, Rieke, nicht alle.«

Dann wurde sie ernst. Riekes Kind war, wie die Mamsell es vorhergesehen hatte, nur wenige Wochen alt geworden. Rieke hatte sich gegrämt, wollte aber niemandem zeigen, wie tief ihr Schmerz saß.

»Ik würd meinen, Ihr nehmt das blaue Kleid. Das ist schmuck.« Rieke schaute in den Schrank.

»Muss ich mich für einen ollen Schipper zurechtmachen?«

»Vielleicht kommt ja noch mehr Besuch«, meinte Rieke.

Das blaue Kleid schmeichelte Emilia, auch wenn die Taille sehr eng war. Langsam ging sie die Treppe hinunter und öffnete die Tür zum Salon. Tante Minna saß auf dem Sofa, der Besucher stand mit ihrem Onkel zusammen am Bücherregal. Als sie eintrat, drehte sich der Mann um. Emilia erstarrte. Es war Kapitän Lessing. Sein Bart war gestutzt, seine Haare geschnitten. Dort, wo der Bart abrasiert war, und oben an der Stirn war die wettergegerbte Haut viel heller. Seine blauen Augen leuchteten ihr entgegen.

»Mein liebes Fräulein Bregartner.« Er kam auf sie zu, blieb vor ihr stehen und musterte sie eindringlich, so, als suchte er nach einer stummen Botschaft. »Ich freue mich sehr, Euch wiederzusehen.«

»Kapitän Lessing«, hauchte Emilia.

Er nahm ihre Hand, beugte sich darüber und deutete einen Handkuss an. Dann wandte er sich um. »Ihre Nichte und ich haben einander geschrieben. Es waren sehr erbauliche Briefe, die mir über manch düsteren und stürmischen Abend hinweggeholfen haben. Ihre Worte brachten Licht in meine Kajüte.«

Tante Minna räusperte sich missfällig.

»Oh, missversteht mich nicht, wir haben uns nur über Literatur ausgetauscht.« Er wurde vor Verlegenheit ganz rot.

Emilia fand immer noch keine Worte, so überrascht war sie, ihn zu sehen.

Während des Essens sprach Lessing mit ihrem Onkel über das Schiff, die »C. F. Lessing«, die in der nächsten Woche vom Stapel laufen sollte.

»Mein eigenes Schiff, ich kann es kaum erwarten«, sagte Lessing strahlend. »Ich habe auch schon einen ersten Auftrag.«

»Wohin geht es denn?«, fragte Emilia.

»Wieder nach Chile. Salpeter ist gefragt wie nie.«

»Das Schiff ist gut gebaut, ich habe es persönlich überwacht. Ihr werdet Eure Freude daran haben. Ich hoffe doch sehr, dass Ihr die Lessing in unserer Werft zimmern und kupfern lassen werdet.«

»Das versteht sich doch von selbst«, sagte Lessing. »Die Werft kennt das Schiff, sie soll es betreuen, bis es ›Fallen Anker‹, heißt, was in weiter Ferne liegen mag.«

»Und diesmal«, fragte Emilia, »was wird diesmal Euer Ballast sein, wenn Ihr nach Chile segelt? Abenteurer und Glücksritter?«

Lessing schüttelte den Kopf. »Passagiere, und wenn es sich auch nur um Glücksritter handelt, sind eine anstrengende Fracht. Ich fürchte, sie eignen sich nicht als Ballast. Granit und Kohle sind einfacher.«

»Aber verhungert ist niemand?«

»Nein, wir hatten Glück mit dem Passat und den Strömungen. Und überhaupt war uns das Wetter wohlgesinnt.«

»Was werdet Ihr lesen auf der nächsten Reise?«, fragte Emilia lächelnd.

»Ich hatte mir einen Hinweis von Euch erhofft.«

»Ich habe die Werke Eures Großonkels noch einmal gelesen. Ihr kennt sie sicher zur Genüge.«

»Die Bücher meines Großonkels waren Pflichtlektüre in meinem Elternhaus. Mein Vater hielt viel von ihm und hat uns alle angehalten, sie zu lesen und darüber zu diskutieren. Die Zeit ist aber fortgeschritten und die Gesellschaft hat sich verändert. Es ist jetzt Jahre her, dass ich seine Werke gelesen habe. Gerne würde ich sie mir noch einmal vornehmen und mit Euch darüber diskutieren.«

»Lieber Kapitän Lessing«, unterbrach Tante Minna das Gespräch, »erzählt uns doch von Euren Abenteurern. Das waren Auswanderer? Glückssuchende?«

»Ja, glücksuchende Männer, meist aus Irland. Die Kartoffelfäule treibt die Menschen dort aus dem Land. Es sind genügsame Männer, die arbeiten wollen. Arbeit gibt es in Chile, doch die Fahrt dorthin ist nicht gerade einfach. Das hatten sie sich nicht so vorgestellt.«

Er erzählte von der Fahrt bildhaft und lebendig, ernst, aber auch humorvoll.

Er spricht so, wie er schreibt, stellte Emilia fest. Und wieder war sie fasziniert und gefesselt von seinen Worten und seiner ruhigen und natürlichen Art.

»Darf ich Euch besuchen?«, fragte er, als er sich verabschiedete.

Emilia schaute zu ihrer Tante, doch die sprach gerade mit der Mamsell.

»Gerne«, antwortete sie und blickte ihm ernst in die Augen.

11. Kapitel

Am nächsten Tag beschloss sie, Lessing auf der Werft einen Besuch abzustatten. Die »C. F. Lessing« war ein stattlicher Dreimaster, ein beeindruckendes Schiff. Noch war alles neu, es roch nach Pech und Teer, das Schiff war schon kalfatert worden.

Lessing lief gerade über das Deck und begutachtete die Aufbauten der Mannschaften im Bug, als Emilia an Bord kam.

»Ihr hier?«, fragte er überrascht.

Emilia lächelte. »Ich habe mich davongeschlichen. Mein Onkel ist heute den ganzen Tag auf einer Ratssitzung.«

Er zog die Augenbrauen zusammen. »Davongeschlichen?«

Emilia winkte ab. »Ich war gestern so überrascht, Euch zu sehen. Da musste ich einfach kommen. Ich habe die ›Lessing‹ schon im Frühjahr begangen, mein Onkel hat mich mitgenommen. Doch da sah das Schiff noch aus wie ein Gerüst. Jetzt ist es fast fertig. Ich bin beeindruckt. Mögt Ihr mir die Kajüte zeigen, so dass ich weiß, wo Ihr meine Briefe lesen werdet? Es würde mir viel bedeuten.«

Emilia hatte Rieke mitgenommen. Das Mädchen war nur seufzend und klagend auf das Schiff gekommen. Nun winkte Emilia sie herbei.

»Ihr wollt meine Kajüte sehen? Wirklich?« Erfreut ging er voran. »Genau so hatte ich es mir vorgestellt. Euer Onkel hat meine Pläne wirklich trefflich ausgeführt. Schaut her.« Vom Deck gelangten sie über wenige Stufen auf das Oberdeck. Dieses lag um vier Fuß höher, und darin eingelassen war die Kajüte, der »Wohnraum« des Schiffes mit den Nebenräumen.

Vorn und hinten war die Kajüte durch einen kleinen Absatz, von dem drei Stufen nach unten führten, zu betreten. Lessing führte sie durch den vorderen Eingang. Ein langer Tisch beherrschte den Raum. Zu beiden Seiten befanden sich hölzerne Bänke mit Rückenlehnen. Staunend sah Emilia sich um. Der Tisch hatte abklappbare Seitenteile und war durch eine Leiste in der Mitte geteilt.

»Wozu dient das?«, fragte Emilia und prüfte die Scharniere.

Lessing lachte. »Stellt Euch einen Tag mit hoher See vor. Das Meer kocht, das Schiff taucht tief in die Wellen ein, kommt wieder hoch, es krängt nach Backbord, die Segel werden eingeholt, es fällt nach Steuerbord und das Meer schlägt über das Schiff. Alles, was auf dem Tisch steht, rutscht und schlingert.«

»Natürlich! Daran habe ich gar nicht gedacht. Die Seitenteile halten den Teller auf, bevor er zu Boden fällt. Aber die Querleiste, was bewirkt die?«

»Das ist noch einfacher. Auf dieser Seite wird gegessen. Meine Steuermänner und ich essen hier, die Mannschaft isst vorn in der Kombüse, die zeige ich Euch gleich. Also, hier essen wir und hier lebe ich.« Er wies auf die andere Seite des Tisches. »Und meine Männer zum Teil auch. Da liegen die Bücher, die wir lesen, das Briefpapier, die Kästen mit den Messern und Kielen, Federn, Lupen, Zirkeln und anderem Kram.«

Emilia schaute nach oben. Durch das gewölbte Oberlicht schien die Sonne in den Raum, ein diffuses, freundliches Licht. Auch der Kompass war schon angebracht worden. Hinten an der Wand war noch ein freier Platz.

»Dort kommt das Sofa hin«, erklärte Lessing. »Es ist schon bestellt und soll nächste Woche geliefert werden. Darüber wird ein Spiegel gehängt und in die Mitte über den Tisch kommt eine Lampe.« Stolz sah er sich um. »In dieses Regal kommen meine Bücher. Seht Ihr diese Leisten? So können sie auch bei hoher See nicht herausfallen.«

»Und die Türen?«, fragte Emilia. »Wohin führen die?« Sie wusste natürlich, dass um die Kajüte herum die Kabinen lagen, das Badezimmer, die Pantry und das Ofenkämmerchen. Der Proviantraum lag tiefer und in der Nähe der Kapitänskammer.

Lessing öffnete Tür für Tür. »Das ist der Feinschliff«, sagte er grinsend, »der noch zu erledigen ist. Weder mein Bett noch das der Steuerleute steht. Alles soll noch kommen. Die gusseiserne Badewanne allerdings wurde schon geliefert und installiert. Auch das Ofenkämmerlein ist schon ganz mit Blech ausgeschlagen worden. Ein Feuer an Bord möchte schließlich niemand.« Er führte sie wieder an Deck.

165

»Vorn ist das ›Logis‹, die Kombüse und die Unterkunft der Mann-schaft. Schlicht, aber gut. Ich bin sehr zufrieden mit dem Schiff.« Er atmete tief ein. »Und bald schon wird die ›Lessing‹ in den Wellen rol-len, das Tauwerk wird in der Sonne blinken, so fein wie Spitze. Anmu-tig und leicht wie ein Wasserhuhn wird sie durch die Wellen gleiten, behände und flink. Das dreieckige Stagsegel am Klüverbaum wird vom Wind gebläht werden und ich werde am Steuerrad stehen und die ›Lessing‹ durch alle widrigen Winde leiten.« Er richtete sich auf und schaute sehnsüchtig auf die Elbe.

Emilia hielt die Luft an und schloss die Augen. Ein herbstlicher Wind kam auf und fuhr über das noch segellose Schiff. Bald schon würde der Wind die ›Lessing‹ über die Meere schicken. Zu gerne würde sie mit dabei sein.

Rieke weckte sie aus ihren Träumen. »Gnädiges Fräulein, Ihre Tante kommt gleich vom Schnacken mit den anderen Frauen und wird sich wundern, wo Ihr seid«, flüsterte sie Emilia zu. »Wir sollten kieken, dass wir Land gewinnen. Son Schiff ist eh nix für Weibsvolk.«

Emilia lachte leise. »Du hast recht.«

Wieder wurde Lessing hellhörig. »Eure Familie schätzt den Um-gang zwischen uns nicht, oder?«, fragte er leise.

»Ich habe Euch viele Briefe geschrieben und Ihr habt mir geant-wortet. Das ist meiner Tante nicht verborgen geblieben. Sie hielt diese intensive Korrespondenz nicht für schicklich.« Emilia senkte den Kopf.

Lessing schluckte hörbar. »Mich hat diese Korrespondenz wirklich berührt und zum Nachdenken gebracht. Den ›Moby Dick‹ und die beiden anderen Bücher habe ich so gründlich gelesen wie kaum ein Buch zuvor. Und es hat mir Freude bereitet, Euch zu schreiben an manch trüben und einsamen Tagen. Ich wollte Euch aber niemals in Verlegenheit bringen, liebes Fräulein Bregartner.«

Emilia stand auf dem Deck des Schiffes, roch den harzigen Duft des Holzes, den scharfen Geruch von Teer und Pech, verbranntem Werg. Es roch nach frischer Farbe und dem Öl, womit die Planken getränkt worden waren. Es duftete nach einem ganz neuen Schiff. Dagegen stank die Elbe brackig und aus den Hinterhöfen drang der Mief der Abfälle zu ihr. Möwen kreisten über der Werft und dem Hafen, schrien laut, wie kleine Kinder. Und da stand sie nun und fühlte sich völlig verloren und gleichzeitig angekommen. Sie hob den Kopf und holte tief Luft. »Ich bin vielleicht nur eine Brieffreundin für Euch, weil uns Welten trennen, aber die bin ich gerne, lieber Kapitän Lessing. Und gerne führe ich diese Brieffreundschaft auch weiter fort.«

Sie sahen sich an, ihre Blicke tauchten ineinander. Dann löste Emilia sich und ging von Bord. Keine Stunde später schrieb sie ihm eine Karte.

»Lieber Kapitän Lessing,

in der Katharinenkirche werden heute Abend Werke von Händel und Buxtehude aufgeführt. Falls wir uns zufällig dort treffen, wäre es mir ein großes Vergnügen.

Eure Emilia Bregartner«

Sie ließ Rieke loslaufen und die Nachricht überbringen. Mit klopfendem Herzen saß sie in ihrem Zimmer und überlegte, ob sie richtig handelte. Ihre Tante durfte auf keinen Fall davon erfahren, sie würde Emilia den Kopf abreißen. Der Umgang, den Familie Bregartner zu pflegen wünschte, hatte rein geschäftlich zu sein.

Sorgfältig kleidete sie sich an. Ob er wohl kommen würde?, fragte sie sich den ganzen Nachmittag. Schließlich ging sie nach unten. Dort wartete schon Andreas Rickmers, der sie zu dem Konzert begleiten wollte. Lächelnd sah sie ihm entgegen. Verwundert war sie nur, als er seine Lippen feucht auf ihre Hand drückte.

»Mein liebes Fräulein Bregartner …«, hauchte er.

»Wir sind ein wenig spät, nicht wahr?« Emilia lächelte und entzog ihm ihre Hand. Ein ausgeführter Handkuss war nicht schicklich. Was dachte sich der junge Kerl nur? »Das ist meine Schuld. Ich konnte mich für kein Kleid entscheiden.«

»Ihr seht bezaubernd aus, so wie immer«, schwärmte Rickmers.

»Danke!« Sie lächelte strahlend. »Dann lasst uns gehen, damit wir noch einen Platz bekommen. Es wäre zu dumm, wenn wir wegen meiner Eitelkeit außen vor blieben.«

Rickmers lachte laut. »Das wird nicht passieren. Ich habe meinen Burschen geschickt, damit er uns Plätze frei hält.« Er reichte ihr den Arm. »Lasst uns gehen, meine Liebe.«

Die Kirche war kühl und voll. Emilia schritt langsam den Gang entlang, schaute nach links und rechts, konnte Lessing aber nicht entdecken. Enttäuscht ließ sie sich auf der Bank nieder, die der Bursche reserviert hatte. Schon bald darauf fingen die Musiker an zu spielen. Das Konzert begann mit Buxtehudes »Befiehl dem Engel«. Emilia schloss die Augen und gab sich dem Genuss der Musik hin.

Nach dem Konzert verließen sie die Kirche, wieder sah sie sich suchend um. Sie trafen Bekannte, die sehr begeistert von dem Konzert waren. Plötzlich berührte jemand Emilia an der Schulter.

»Fräulein Bregartner.« Es war Lessing.

»Mein lieber Kapitän, es freut mich, Euch hier zu sehen.«

Sie sahen einander an, schwiegen. Dann begannen sie beide gleichzeitig zu sprechen, hielten lachend inne.

»Hat Euch die Musik gefallen?«, fragte sie.

»Oh ja. Sie hat mich tief berührt und bewegt. Ich kann von solchen Eindrücken sehr lange zehren, das muss ich auch, denn außer dem unmelodiösen Gesang des Segelmachers und den schiefen Tönen, die die Matrosen ihren Instrumenten entlocken, gibt es keine Musik auf hoher See.«

»Pardon?« Rickmers drängte sich zwischen Emilia und Lessing. Er sah den Kapitän misstrauisch an.

»Das ist ein Bekannter«, erklärte Emilia. »Er lässt sein Schiff bei meinem Onkel bauen.«

Rickmers nickte Lessing zu. »Wir haben uns schon einmal gesehen«, erinnerte er sich, dann wandte er sich zu Emilia. »Wir sollten jetzt nach Hause gehen, bevor sich Eure Tante sorgt.« Er nahm ihren Ellbogen und zog sie mit sich.

»Darf ich Euch morgen aufsuchen?«, fragte Lessing noch schnell. Emilia nickte.

»Auch wenn Ihr den Mann kennt, sieht er nicht so aus, als sei er die passende Gesellschaft für Euch«, meinte Rickmers nachdenklich.

»Nur weil er nicht der letzten Mode entsprechend gekleidet ist und einen Vollbart trägt?« Emilia blieb empört stehen. »Ihr kennt ihn doch gar nicht. Wie könnt Ihr es wagen, so über jemanden zu urteilen?«

»Ich bin für Euch verantwortlich, mein liebes Fräulein Bregartner«, sagte Rickmers versöhnlich. »Ich wollte nicht, dass Euer Ruf Schaden trägt, wenn Ihr im Gespräch mit diesem Mann gesehen werdet. Falls Eure Tante nichts gegen eine Bekanntschaft mit ihm einzuwenden hat, dann ist ja alles gut. Aber bis dahin und wenn Ihr mit mir unterwegs seid, habe ich auf Euch zu achten.«

Emilia schnaubte. »Ich kann sehr wohl auf mich selbst achten.« Sie nahm Rickmers Arm, denn sie wollte keinen Streit mit ihm.

Hoffentlich, dachte sie, erwähnt er Lessing nicht vor der Tante.

Doch ihre Hoffnung wurde enttäuscht.

»Ein wundervolles Konzert«, schwärmte Emilia. »Ich liebe Händel. Es ist, als ob die Töne meinen ganzen Körper durchziehen.«

»Es war wirklich schön«, bestätigte auch Rickmers. »In der nächsten Woche wird im Opernhaus ›Zar und Zimmermann‹ aufgeführt, eine Oper, die ich Euch wirklich sehr ans Herz legen möchte. Wenn Ihr wollt, liebes Fräulein Bregartner, besorge ich Karten.«

»Das wäre fantastisch. Von Lortzing habe ich bisher wenig gehört.«

»Gut, abgemacht. Aber dann dürft Ihr Euch nicht mit so grimmig aussehenden Männern unterhalten.« Er lächelte.

»Grimmige Männer?« Tante Minna horchte auf.

»Ein Scherz«, versuchte Emilia abzulenken. »Ich werde mir die Handlung der Oper vorher durchlesen. Sollen wir das nicht gemeinsam tun? Ich bin mir sicher, meine liebe Tante würde uns auch ein paar Leckereien reichen. Dann können wir das Stück schon vorab studieren.«

»Mit welchem Mann hast du gesprochen, Emma?«, hakte die Tante nach. »Jemandem, den wir kennen?«

»Aber ja doch. Kapitän Lessing war zufällig auch in der Kirche.«
Emilia hielt die Luft an. Ihre Tante zog die Augenbrauen hoch.

Über Lessing verlor sie kein weiteres Wort, solange Rickmers noch
da war, doch sobald der junge Mann sich verabschiedet hatte, sah sie
Emilia streng an.

»Emma, ich dachte, wir hätten die Geschichte mit diesem Kapitän
einvernehmlich geklärt? Ich wünsche nicht, dass du weiteren Umgang mit dem Herrn hast. Es schickt sich nicht.«

»Er war gestern Abend noch Gast in diesem Haus.« Emilia schob
das Kinn vor.

»Aus geschäftlichen Gründen. Nicht jeder, mit dem wir geschäftlich zu tun haben, verkehrt auch gesellschaftlich mit uns. Du wirst
den Namen Carl Gotthold Lessing auf keiner Einladungsliste unserer
Freunde finden.«

»Natürlich nicht.« Emilia lachte auf. »Er ist ja auch fast immer auf
den Weltmeeren unterwegs, wie soll er da zu Tiffins und Bällen gehen?«

»Nicht so schnippisch, junges Fräulein. Ich erwarte, dass du dich
an mein Geheiß hältst und keinen Kontakt mehr mit ihm pflegst.
Was sollen denn unsere Freunde von dir denken?«

Emilia verabschiedete sich zur Nacht, holte den Hund aus der Küche und stapfte wütend nach oben. Sie kann mir nicht vorschreiben,
mit wem ich rede und mit wem nicht. Ich habe ja nicht vor, den
Mann zu heiraten, er interessiert mich nur. Er ist so anders als Rickmers und Amsinck und all die anderen. Er ist keiner von diesen lang-
weiligen Pfeffersäcken, die nur mit ihrem Geld prahlen.

Emilia setzte sich an ihren Schreibtisch und nahm einen Bogen
Papier hervor, tauchte die Feder in die Tinte. Doch was sollte sie ihm
schreiben? Die passenden Worte wollten ihr nicht einfallen, deshalb
legte sie die Feder wieder beiseite.

Rieke kam und half ihr, sich auszuziehen. Das Mädchen war ungewöhnlich still, doch das fiel Emilia, die auch in ihre Gedanken versunken war, erst auf, als Rieke ihr die Haare bürstete und zu einem
dicken Zopf flocht.

»Ist etwas passiert?«, fragte Emilia das Mädchen.

»Ach.« Rieke verzog den Mund. »Nein.«

»Das glaube ich dir nicht.« Emilia drehte sich zu ihr um. »Nun sag schon, welche Laus dir über die Leber gelaufen ist.«

»Mien Kerl, der Schiffer, der ist wieder da.«

»Der Matrose?«

Rieke nickte. »Jo. Da taucht der Schadderbüddel einfach inne Köke auf. Ist dat die Möglichkeit?«

»Er war hier in der Küche?«

»Jo.«

»Und was hat er gewollt?«

»Er will mik freien.« Rieke senkte den Kopf.

»Was?« Emilia riss die Augen auf. »Bekommt er denn eine Heiratserlaubnis?«

»Ik glöb nich.«

»Und wie soll das dann gehen?«

»Hach, er schnackt nur dummes Zeuch. Nach Amerika will er. Da will er sein Glück machen und mitnehmen will er mich. Der daddelt doch nur Unfug.«

»Würdest du denn wollen?«

»Was? Weggehen?« Rieke biss sich auf die Lippen. »Weeß ik nich. Ich bin doch en Bangbüx. Und dann die lange Fahrt und auf som Schipp, wat da alls passieren kann. Ach nä.«

»Und der Matrose? Was ist mit ihm?«

»Ihn, ja nu, ihn dauert alles, das Malheur mit dem Gör und so. Dat er weggeloopen is und mich hier hat lassen, dat verdrütt ihn wohl.«

»Es tut ihm leid?« Emilia lachte höhnisch. »Das sollte es auch. Aber nun will er sich um dich kümmern?«

Rieke nickte.

»Und willst du das?«

»Ik bin wohl verkiekt in ihn.« Rieke wurde rot.

»Du bist in ihn verliebt? Nach all dem, was er dir angetan hat? Dein armes kleines Kind ist gestorben.«

171

»Ja, das weeß ik ook. Aber da kann er ja nix für. Was hätt er denn sollen machen? Heiraten konnt er mich nitt.«

»Er hätte für dich sorgen können und für das Kind. Er hätte sich eine Arbeit suchen müssen und für euch da sein sollen, das wäre richtig gewesen.«

»Weeß ik und des weeß er ook. Es war schannerlich von ihm, wegzuloopen. Aber nun is er ja wieder da. Und was mach ich nu?«

»Ach, was für ein Schlamassel, Rieke. Liebst du ihn denn wirklich?«

Rieke nickte zögerlich.

»Schlaf darüber. So eine Entscheidung sollte man nicht über das Knie brechen.«

Als sie im Bett lag, musste Emilia immer wieder an Rieke denken. Ob das Mädchen in Amerika eine bessere Zukunft hatte? Man las und hörte so viel. Manch einer fand sein Glück dort drüben, aber andere hatten Pech. Hier, in Hamburg, würde es erst recht keine Zukunft für die beiden geben. Ein Matrose verdiente meist nicht genug, um eine Familie zu Hause ernähren zu können. Wenn die Familien ein Häuschen mit einem Wirtschaftsgarten hätten, wo Rieke wohnen könnte, während ihr Mann auf See war, dann würden sie vielleicht die Erlaubnis bekommen, die Ehe zu schließen. Doch dann ginge es Rieke wie vielen anderen Frauen von Seemännern – sie würde Tag um Tag, Monat um Monat, manchmal sogar jahrelang auf ihren Mann warten. Ihre Gedanken wanderten weiter zu Kapitän Lessing. Schon bald würde auch er wieder zur See fahren. Sie ärgerte sich darüber, dass ihre Tante ihr verboten hatte, Kontakt zu ihm zu halten.

Ich werde einen Weg finden, dachte sie.

Am nächsten Tag läutete die Türglocke. Emilia ging die Treppe hinunter, als sie schon die Stimme ihrer Tante hörte.

»Kapitän Lessing, meine Nichte ist nicht zu Hause.«

»Darf ich später noch einmal vorsprechen?«, fragte er.

»Ich weiß, dass Ihr mit meiner Nichte Briefe ausgetauscht habt, dass Ihr literarische Diskussionen geführt habt. Aber bald schon wird Emilia kaum noch Zeit für solche Dinge haben. Sie ist so gut wie verlobt und wird sicherlich schon verheiratet sein, wenn Ihr das nächste Mal Hamburg anlauft. Es ist für Euch genauso wie für sie nicht sinnvoll, die Bekanntschaft zu vertiefen. Ich wünsche Euch einen guten Tag.« Dann wurde die Tür geschlossen.

Emilia schnappte wütend nach Luft. Verlobt? Und bald verheiratet?

»Hinrich«, hörte sie die Tante sagen, »ich muss dich doch bitten, deine Geschäfte mit dieser Art Klientel im Kontor an der Werft zu führen und nicht hier bei uns zu Hause. Emilia hat einen Narren an diesem struppigen Seemann gefressen, weiß der Himmel, wieso.«

»Mach dir keine Sorgen, meine Liebe«, erwiderte Onkel Hinrich. »Lessing wird schon bald einsehen, dass er nicht zu unseren Kreisen gehört. Selbst wenn sein Onkel ein großer Dichter war, dieser Lessing ist ein armer Schlucker.«

»Kann er das Schiff etwa nicht bezahlen?«

»Nicht zur Gänze. Seine Brüder haben ihm wohl Geld geborgt, aber das ist nicht genug gewesen. Er hatte gehofft, einen größeren Gewinn mit der letzten Salpeterfahrt zu machen, da aber drei weitere Schiffe mit Salpeter kurz vor ihm in Hamburg waren, hat er nicht den gewünschten Preis erzielen können.« Die Stimme ihres Onkels klang vergnügt. »Somit sind wir an dem Gewinn seiner nächsten Fahrt beteiligt. Noch zwei oder drei schlechte Fahrten, und das Schiff gehört wieder uns und er wird unter unserer Flagge segeln.«

Emilia konnte kaum glauben, was sie da hörte. Sie wusste wohl, dass die Geschäfte des Onkels gut liefen, hatte sich aber nie für dessen Geschäftsgebaren interessiert.

»Es ist wirklich einfach«, lachte ihr Onkel nun. »Diese Kapitäne ohne Geld im Hintergrund fallen immer wieder darauf herein. Wir mussten den Preis für das Schiff natürlich anheben, weil die Holzpreise gestiegen sind. Und je länger er nicht zahlen kann, umso höher steigt die Zinslast. Und damit schnappt die Falle zu.«

»Du bist wirklich clever, mein Lieber. Und nur gut, dass dein Bru-

173

der in England so günstig Fahrten kaufen kann. Rickmers würde mir gut für Emilia gefallen, die Verbindung wäre sicher gewinnbringend.«

»In vier Wochen ist Lessing wieder auf See. Dann wird sie ihn schnell vergessen haben. Auch wenn sie jetzt für ihn schwärmt, weiß sie wohl doch, dass sie nicht zur Kapitänsfrau geboren ist.«

Emilia drehte sich um und ging wieder nach oben. In ihrem Zimmer legte sie sich auf ihr Bett. Tränen der Wut stiegen ihr in die Augen. Sie fühlte sich wieder einmal von ihrer Familie verraten. Auf keinen Fall wollte sie Onkel und Tante an diesem Tag entgegentreten.

»Das Essen ist angerichtet«, sagte Rieke zwei Stunden später. Emilia lag immer noch auf dem Bett, ihre Tränen waren inzwischen getrocknet.

»Ich habe Kopfweh. Entschuldige mich bei meiner Tante, dann kannst du mir aus dem Kleid helfen.«

»Ihr wollt jetzt schon slopen?«, fragte Rieke verblüfft. »Ist doch noch hell draußen.«

»Ja, Rieke.«

»Soll ik Euch wat zu mümmeln bringen? Soop un Brood?«

Emilia nickte dankbar und ließ sich mit der Kleidung helfen. Sie zog einen Morgenmantel über und setzte sich ans Fenster. Sollte sie Lessing darüber informieren, dass der Onkel ihn übers Ohr hauen wollte? Sie musste ihn darüber aufklären. Vielleicht konnte ihm einer seiner Brüder noch etwas mehr Geld leihen, so dass Lessing zumindest aus der Zinsenfalle kam. Und auf gar keinen Fall würde sie den Kontakt zu ihm abbrechen, jetzt erst recht nicht.

Rieke brachte ihr ein Tablett mit leichten Speisen. »Einen schönen Gruß von der Mamsell, Ihr sollt kieken, ob Ihr noch etwas braucht.«

»Und, Rieke, hast du nachgedacht?«, fragte Emilia, während sie die köstliche Hühnerbrühe löffelte.

»Ach je, ach je«, seufzte das Mädchen. »Mien Kerl war heute wieder in der Köke. Eure Tante hat ihn gesehen und rausgeschmissen. Schadderbüddel wie ihn willse nicht sehn im Haus.«

Emilia kniff die Augen zusammen. »Hast du der Tante gesagt, dass er dich heiraten will?«

174

»Sie hat nicht wollen hören von sinn Plaan mit Amerika, hat ihn rausgeschmissen. Und mik wolltse ook nich hören.« Rieke wischte sich über die Augen. »Nächste Woche schon geht er wieder auf große Fahrt. Nach Amerika. Will kieken, was dort für uus möglich ist.«

»Wenn es für euch eine Zukunft geben sollte, würdest du mitgehen?«

Rieke nickte. »Wat soll ik hier? Magd oder Lüttdeern für mien Leven lang? Nee, nee. Dann lieber op dem Kahn und över de See. Schlimmer kanns nich sien dort.«

»Ich finde es gut, dass er sich erst mal nach Möglichkeiten erkundigen will. Nach New York segelt man nur sechs bis acht Wochen. In drei oder vier Monaten kann er schon wieder zurück sein.«

»Das hat er ook seggt. So mug wie datt. Un wenn er dort Arbeit hat für uus – und ein Slötel für de Zukunft, abrackern muss ik mich hier ook. Dann liever mit ihm zusammen.«

Rieke wurde ihre Verbündete, gemeinsam hintergingen sie die Tante. Emilia hatte beschlossen, sich über das Verbot hinwegzusetzen. Sie traf sich heimlich mit Lessing, schrieb ihm Briefe. Das Mädchen schmuggelte sie aus dem Haus und brachte ihr seine Briefe. Auch Rieke und ihr Matrose verabredeten sich im Geheimen. Sie schmiedeten Pläne für die Zukunft. Doch schon bald musste der Seemann zurück aufs Schiff.

»Pass bloß auf«, hatte Emilia das Mädchen ermahnt. »Nicht, dass er dir wieder ein Kind anhängt.«

»Ik bin doch nicht meschugge.« Rieke grinste, dann wurde sie wieder traurig. »Ich hoffe, er kommt gesund und mit guten Neuigkeiten zurück.«

Die »C. F. Lessing« war bald fertiggestellt. Emilia hatte Lessing vor dem Geschäftsgebaren ihres Onkels gewarnt und er konnte sich ein weiteres Mal Geld von seinem Bruder leihen.

»Ich bin meinem Onkel arg böse«, gestand Emilia Lessing.

Doch der schüttelte nur sanft den Kopf. »Euer Onkel ist ein Geschäftsmann. Was er macht, ist nicht unanständig, sondern gang und gäbe. Er will Geld verdienen, so wie ich auch. Nur möchte ich mein Schiff behalten«, sagte er lächelnd. »Zum Glück ist mein Bruder großherzig und unterstützt mich in meinen Plänen.«

Die Zeit schien zu rasen und schon näherte sich der Tag, an dem Lessing abreisen würde. Emilia wurde das Herz schwer. Sie hatten viele Gespräche miteinander geführt, ihr schien es, als würde sie ihn schon immer kennen.

Auch Lessing war betrübt über den Abschied, wenngleich er endlich sein eigenes Schiff segeln wollte.

»Ich möchte mit Euch in Kontakt bleiben«, gestand er ihr. »Doch mir missfällt der Gedanke, dass Eure Familie dies nicht gestattet.«

»Sei's drum«, sagte Emilia. »Es gibt keinen Grund, unsere Freundschaft aufzugeben. Sie bedeutet mir viel. Ich habe mir einen Plan zurechtgelegt. Ihr schickt Eure Briefe an die Pension, in der Ihr jetzt wohnt. Ich habe mit der Wirtin schon ausgemacht, dass sie sie Rieke gibt.«

Und dann war er da, der Tag, an dem die »Lessing« in See stach. Emilia hatte sich davongeschlichen, sie wollte noch einen letzten Blick auf das Schiff werfen. Stolz lag es im Wasser, alles schien zu funkeln und zu glänzen.

»Leinen los«, hieß es und schon nahm die »Lessing« Fahrt auf. Dort oben stand er, kaum zu sehen, der Kapitän in seinem weißen Anzug. Das Schiff segelte die Elbe hinunter, wurde kleiner und kleiner. Traurig wandte Emilia sich um. Nun würden Monate vergehen, vielleicht sogar Jahre, bis zu einem Wiedersehen.

»Emma?« Es war ihr Onkel, der sie am Ellbogen fasste und wütend anblitzte. »Was machst du hier?«

Emilia zuckte mit den Schultern und blinzelte die verräterischen Tränen weg. »Es ist ein wunderschöner Anblick, wenn ein nagelneues Schiff in See sticht. Das wollte ich mir nicht entgehen lassen, zumal die ›Lessing‹ ja von unserer Werft stammt.«

Onkel Hinrich sah sie misstrauisch an. »Du hattest doch keinen Kontakt mehr zu dem Kapitän, oder?«

»I wo!«, log Emilia. »Ich bin mit Andreas Rickmers verabredet, war gerade auf dem Weg zu ihm und dachte, dann kann ich auch mal eben am Hafen vorbeischauen.« Sie drehte sich um. »Rieke muss auch hier sein.«

Der Onkel schaute über die Menge, die sich versammelt hatte, aber nun wieder zerstreute. »Da hinten ist sie, glaube ich.«

»Siehst du, mein lieber Onkel.« Sie nahm seinen Arm. »Und überhaupt, was sollte ich denn mit Kapitän Lessing zu tun haben?«

»Ich weiß nicht. Er hat die fälligen Summen bezahlt«, brummte Onkel Hinrich. »Entgegen meinen Erwartungen.«

»Aber das ist doch gut«, sagte Emilia scheinheilig.

»Ja, ja.« Onkel Hinrich tätschelte ihre Hand. »Davon verstehst du nichts, das musst du auch nicht. Das sind keine Angelegenheiten für Frauen. Ihr müsst euch mit Fächern und Sonnenschirmen auskennen und derlei Tand. Und, wenn ich dich so anschaue, kannst du das hervorragend. Und nun lass Rickmers nicht warten.«

Noch am selben Abend schrieb sie Lessing den ersten Brief, dem viele weitere folgten. Nach drei Monaten kam Rieke endlich mit einem Packen Briefe aus der Stadt. Sie hatte sie unter ihrer Schürze versteckt. Begierig nahm Emilia sie ihr ab. »Entschuldige mich bei Tisch. Sag, ich hätte Kopfschmerzen.«

»Dir geht es nicht gut?«

Die Tante war so plötzlich in das Zimmer gekommen, dass Emilia es nur im letzten Moment schaffte, den Stapel mit dem Fuß unter das Bett zu schieben.

»Du hast Post?«, fragte Tante Minna irritiert. »Ich habe gar keine Briefe unten gesehen.«

»Ein Brief von Martin Amsinck«, log Emilia, faltete ihn zusammen und steckte ihn unter ihr Kissen.

»Wenn du Kopfschmerzen hast, solltest du nicht lesen.« Die Tante runzelte die Stirn, dann aber erhellte sich ihr Gesicht. »Post von Amsinck? Ist er nicht in Amerika? Wie schön, dass er dir schreibt.«

Wieso war sie gerade heute so besorgt?, fragte sich Emilia verärgert. Sonst kümmert es sie doch nicht, was ich treibe.

»Aber morgen wird es dir hoffentlich bessergehen«, fuhr Tante Minna fort. »Du hast doch die Einladung nicht vergessen? Godeffroys veranstalten eine Gesellschaft zu Ehren von Johan Cesar, der dir auch sehr wohlgesinnt scheint.«

»Das hatte ich nicht vergessen«, sagte Emilia lächelnd. »Soll ich das rote Kleid anziehen, oder ist das zu gewagt? Es kommen auch die Söhne von Herrn Jenisch, wurde mir gesagt.«

»Es kommt alles, was Rang und Namen hat.« Tante Minna richtete sich auf. »Und langsam wird es Zeit, dass du eine engere Auswahl bei deinen Bewerbern triffst, meinst du nicht? Das rote Kleid wäre dabei absolut förderlich.« Sie zog wissend die Augenbrauen hoch. »Ich lasse dir von der Mamsell etwas zu essen bringen, doch lösch bald das Licht, damit du morgen ausgeruht bist.«

»Ja, Tante, natürlich.« Sobald Tante Minna die Tür hinter sich geschlossen hatte, nahm Emilia den Bogen wieder hervor. Die ganze Nacht las sie, einen Brief nach dem anderen. Glückselig ging sie am nächsten Tag zu der Gesellschaft, kokettierte und plänkelte mit fast jedem jungen Mann. Ihre Tante und ihr Onkel sahen das mit Vergnügen.

Und so ging es die nächsten Wochen und Monate weiter. Heimlich las und schrieb sie Briefe, zeigte sich jedoch sehr charmant im Umgang mit etwaigen Bewerbern. Aber Emilia wusste, dass keiner dieser jungen Männer für sie in Frage kam. Sie hatte schon längst ihr Herz an Lessing verloren. Die Briefe, die sie einander schrieben, wurden immer inniger und vertrauter. Die Zukunft sprachen sie kaum an, beiden war bewusst, dass sie wahrscheinlich keine Aussicht auf ein gemeinsames Leben hatten. Frauen waren auf Schiffen und in der Seefahrt verteufelt, galten als Unglücksbringer, aber einige Kapitäne setzten sich darüber hinweg und nahmen ihre Ehefrau mit an Bord. Zumindest für einige Zeit oder einzelne Fahrten. Aber bei diesen Ehepaaren gab es wohl auch keine Standesunterschiede. Sobald sie Kinder hatten, war es natürlich schwieriger. Emilia hatte noch nicht von ganzen Familien auf einem Schiff gehört.

Wann immer sie konnte, fuhr sie auf das Gut in Othmarschen.

Inken brachte ihr bei, wie man kochte, Kräuter einsetzte, kleine Wunden versorgte und so manch anderes mehr.

»Das wirst du nicht brauchen in deinem Leben, Emma«, sagte Inken immer wieder. Dann senkte Emilia den Kopf und schwieg.

Sie sehnte den Tag herbei, an dem Carl endlich wieder mit der »Lessing« in den Hamburger Hafen einlaufen würde. Doch vorher kam der Tag, an dem Rieke sie verließ. Ein gutes halbes Jahr nachdem ihr Liebster in See gestochen war, kam er zurück. Er hatte in New York abgemustert, sich nach Möglichkeiten für die beiden erkundigt und war auch fündig geworden. In Jersey suchte man Arbeitskräfte.

»Er seggt, dat gibt wat. Wir können dort malochen. Penunsen gibt es. Freien kann er mich ook.«

»Ach Rieke.« Emilia nahm das Mädchen in den Arm. »Und du willst wirklich?«

Rieke nickte heftig. »Dat Geld für die Passage hat er schon zusammen für mich. Trauen kann us de Kapitän. Nur abhauen müsst ik.«

»Und deine Familie?«

»Ach, die jiepern doch nicht nach mir. Denen bin ik egal.« Sie klang traurig. Doch dann hob sie das Kinn. »Helpt Ihr mir?«

»Natürlich. Was soll ich tun?«

»Ach, ik weeß nicht. Ik hab doch kein Plün und kein Kram. Nichts, was ich einpacken könnte. Und ik brauch doch Zeuchs.«

»Wir fragen die Mamsell.«

Rieke schüttelte den Kopf. »Nä, dat soll keener wissen.«

»Die Mamsell hilft dir, gewiss. Ich frag sie.«

Tatsächlich half die Mamsell, nachdem Emilia ihr alles erklärt hatte.

»Ich weiß nicht«, sagte sie erst und schüttelte den Kopf. »Das Mädchen macht Sachen. Erst die Geschichte mit dem Kind und nun, wo ich hoffte, dass sie sich gefangen hat, dies. Eurer Tante wird das gar nicht gefallen.«

»Meine Tante muss das nicht wissen. Wer weiß, ob sie Rieke überhaupt erkennen würde. Riekes Freier hat sich um alles gekümmert und Geld gespart für die Überfahrt. Er liebt sie und sie liebt ihn.«

179

»Die Liebe, ja, ja. Aber ob die über Jahre hält? Und was wird dann aus ihr?«

»Ob die Liebe hält, weiß niemand. Aber was wird aus ihr, wenn sie hierbleibt? Sie wird sich immer nach ihm verzehren. Gemeinsam haben sie hier keine Chance. Ich finde, sie sollten es zumindest versuchen.«

Nachdenklich sah die Mamsell sie an, dann nickte sie. »Ihr habt recht. Also gut. Ich werde ihr eine kleine Aussteuer zusammenstellen. Auch für die Fahrt werde ich einiges für sie packen.«

Schneller als gedacht kam der Morgen, an dem das Auswandererschiff in See stechen sollte. Riekes zukünftiger Mann hatte als Matrose angeheuert und eine Passage für sie gebucht. Heimlich hatten Emilia und die Mamsell Sachen zusammengetragen und brachten sie im Morgengrauen zum Schiff. Rieke zitterte vor Kälte und Aufregung.

»Lass dir bloß kein Kind von ihm anhängen, bevor ihr nicht verheiratet seid«, ermahnte die Mamsell das Mädchen. »Ich habe dir warme Sachen eingepackt und Dauerwürste, teil das nicht mit jedem. Du bist ein gutes Kind, aber nun musst du an dich selbst denken.«

»Ja, Mamsell. Danke, Mamsell«, brachte Rieke hervor.

Emilia fand gar keine Worte. Ihr war das Mädchen richtig ans Herz gewachsen. Sie nahm Rieke fest in den Arm.

»Gib uns Nachricht«, flüsterte sie und schob das Mädchen dann zur Stiege.

»Ik kann nicht skibbern«, seufzte Rieke.

»Dann finde jemanden, der es kann«, beschwor Emilia sie.

Sie konnten nicht bleiben, bis das Schiff ablegte. Die Mamsell wurde in der Küche gebraucht und Emilia hatte um diese Uhrzeit noch nichts auf der Straße verloren.

Als sie wieder im Bett lag, weinte Emilia bittere Tränen. Rieke war ihr eine Freundin geworden, trotz des Standesunterschieds.

12. Kapitel

Die nächsten Monate zogen dahin. Im Sommer fuhr die Familie wieder nach Othmarschen. Emilia war gerade zwanzig geworden. Immer noch wurde sie heftig umworben.

»Ach«, sagte sie, als ihre Tante drängte, »ich kann mich einfach nicht entscheiden. Schließlich soll die Verbindung ja für ein Leben halten.«

»Papperlapapp!« Tante Minna schüttelte den Kopf. »Die Rahmenbedingungen müssen stimmen. Wenn du Glück hast, so wie ich, ist der Mann verträglich und ihr findet eine gemeinsame Basis. Wenn nicht, bekommst du ein paar Kinder, um die Erbfolge zu sicher, und dann geht man höflich seiner Wege. Das siehst du doch bei meinen Freundinnen. Immer dieses romantische Gerede von Liebe – das ist Unfug. Die Liebe kommt während einer Ehe oder nie.« Sie schnaubte. »Wenn ich da an unsere Magd denke, die einfach mit diesem dahergelaufenen Kerl abgehauen ist, die wird es bitter bereuen.«

»Rieke?«

»Genau die. Hätte ich gewusst, dass sie schwanger war, als die Mamsell sie einstellte, hätte ich dem gar nicht zugestimmt. Leichte Mädchen haben bei uns nichts verloren. Und meine Entscheidung wäre richtig gewesen, denn jetzt ist sie weg und wir mussten ein neues Mädchen in den Dienst nehmen.«

»Vielleicht wird Rieke aber glücklich«, seufzte Emilia.

»Unfug. Du wirst glücklich, wenn du dich endlich entscheidest. Du kannst doch nicht immer nur mit allen schäkern und dich hofieren lassen. Auf Dauer ist das kein Zustand. Bis Weihnachten möchte ich eine Entscheidung von dir.« Tante Minna drehte sich um und ging.

Ich habe mich bereits entschieden, dachte Emilia. In diesen Momenten wäre sie gerne vertrauter mit ihrer Mutter gewesen, aber die Briefe aus England blieben sachlich und kühl. Julius war nun vierzehn und wurde schon öfter vom Vater ins Kontor und zu Geschäften mitgenommen. Jasper, ihr Neffe, war gerade elf geworden. Er liebte es, in

181

Othmarschen zu sein. Dort hatte er ein Pony und ritt über den Deich und die Chaussee. Mathilda war neun. Sie war ein stilles und verträumtes Mädchen und Emilia hatte sie sehr ins Herz geschlossen. In Hamburg lasen sie oft zusammen Bücher oder stickten, aber hier in Othmarschen hielt sich Emilia meist in der Küche bei Inken auf.

»Hast du etwas von Rieke gehört?«, fragte Inken.

»Ein kurzer Brief, dass sie angekommen seien, mehr noch nicht. Der Kapitän hat sie getraut, kurz vor New York. Während der Überfahrt darf niemand von der Mannschaft ein Fisternöllchen mit jemandem vom Passagierdeck haben. Auch nicht mit Frauen, die in der dritten Klasse fahren.«

»Aber sie hat das Land als anständige Frau betreten, das ist ein guter Anfang für ein neues Leben.«

Emilia biss sich auf die Lippen und senkte den Kopf. Seit Rieke weg war, musste sie sich aus dem Haus schleichen und bei der Pension nach Briefen von Carl fragen. Damit hatte sie das Gefühl, ihre Familie noch mehr zu hintergehen. Das schlechte Gewissen nagte an ihr, dennoch wollte sie nicht von der Korrespondenz lassen.

»Was ist mit dir, mein Täubchen?« Inken war die Einzige der Dienstboten, die sie noch duzte, und Kosenamen hörte Emilia nur von ihr. »Nun sag schon, du hast doch etwas auf dem Herzen.«

Und dann sprudelte es aus Emilia heraus. Die ganze Geschichte mit Kapitän Lessing, wie sie sich in ihn verliebt hatte und wie sie nun die Familie hinterging.

»Was?« Schon nach wenigen Sätzen von Emilia hatte Inken ihre Hände an der Schürze abgewischt und sich neben sie auf die Bank gesetzt. »Und deine Tante weiß das alles nicht?«, fragte sie, nachdem Emilia sich ihr anvertraut hatte.

Emilia rieb sich die Tränen von den Wangen und schüttelte den Kopf.

»Liebt er dich denn?«

»Ach, das weiß ich doch nicht. Ich glaube schon.« Emilia schniefte.

»Darüber gesprochen, wie es mit euch weitergeht, habt ihr aber nicht?«, wollte Inken sachlich wissen.

»Das schickt sich doch nicht.«

Inken lachte laut auf. »Täubchen, alles, was du mir berichtet hast – sich heimlich treffen und Briefe schreiben –, schickt sich auch nicht.«

»Ich weiß, und manchmal fühle ich mich ganz schlecht deswegen.«

»Du wirst doch umschwärmt von den jungen Männern. Ist da denn keiner dabei?«

Emilia holte tief Luft. Sie schüttete sich ein Glas Wein ein, trank und dachte nach. »Das frag ich mich auch die ganze Zeit. Aber niemand fesselt mich so wie Carl. Niemand kann mich so begeistern wie er. Wir haben gar nicht viel Zeit miteinander verbringen können, aber ich glaube zu wissen, wie er denkt und fühlt. Das habe ich bei keinem der anderen. Mit denen gehe ich zu Konzerten, treffe mich auf Gesellschaften und nehme am kulturellen Leben teil. Aber was diese Männer denken und fühlen, weiß ich nicht.«

»Das weiß man oft nicht«, sagte Inken leise.

»Du hast aber doch Mats geheiratet, weil du ihn liebst, nicht wahr?«

»Ach, Täubchen, Liebe ist ein großes Wort. Zu groß manchmal für das Leben. Ich kannte Mats nun schon viele Jahre. Ich mochte ihn sehr und wir verstehen uns gut. Er bekam die Erlaubnis zu heiraten, weil er hier die feste Stelle hat. Somit hatten wir beide eine gemeinsame Lebensgrundlage. Dann kamen die Kinder, die wir beide lieben und nicht missen wollen. Wir mögen uns und können gut miteinander. Über Liebe, herrje, da denken wir nicht nach.«

Emilia sah sie erstaunt an. »Das klingt so beliebig. Hättest du auch Ole gefreit?«

Inken schaute aus dem Fenster in den Hof. Dort spielten die Kinder gerade mit Karamell. Sie warfen Stöckchen und der Hund brachte sie begeistert und laut kläffend zurück.

»Nein«, sagte sie dann. »Zu Mats habe ich mich schon immer mehr hingezogen gefühlt als zu Ole. Mit Mats kann ich lachen, aber auch schimpfen, wir verstehen uns. Nicht immer, aber das ist dann wohl

183

so. Ole mochte ich, aber mehr nicht. Küssen hätte ich ihn nicht können.« Sie sah Emilia an. »Vielleicht ist das Liebe. Hast du ihn schon geküsst, deinen Kapitän?«

Emilia wurde rot. »Nur auf die Wange, zum Abschied.«

»Es hat dir aber etwas bedeutet.« Inken nickte wissend. »Du bist zumindest in ihn verliebt. Ob es hält? Wer weiß das schon. Aber wie soll das gehen? Er ist kein armer Mann, er hat ein Schiff unter seiner Flagge. Aber er gehört nicht zu der Gesellschaftsschicht, in der dein Onkel und deine Tante verkehren, Täubchen.«

»Das weiß ich. Wenn ich mich für Carl entscheide, dann ganz. Dann gehe ich mit ihm aufs Schiff, auf die große Fahrt.«

Inken lachte leise auf. »Ach, Kind. Das geht doch nicht gut. Das kann nicht gutgehen.«

»Ich will aber, dass es gutgeht.« Emilia schob das Kinn vor, und am liebsten hätte sie mit dem Fuß aufgestampft, dabei wusste sie, wie albern das war.

»Und nun?«, fragte Inken leise.

»Nun warte ich darauf, dass er zurückkehrt.«

»Und dann willst du ihn heiraten und mit ihm auf große Fahrt gehen?«

»Alles, was ich weiß, ist, dass ich mit ihm zusammen sein will.«

Inken nickte. »Dann musst du das tun. Aber auf Teufel komm raus, wahrscheinlich. Denn wenn du es tust, und das sollte dir klar sein, gibt es kein Zurück mehr.«

Das war auch Emilia bewusst. Obwohl die Briefe immer persönlicher und vertrauter wurden, hatten weder sie noch er von einer Zukunft gesprochen. Der letzte Brief, den sie von ihm bekommen hatte, war aus St. Vincent, wo er wegen eines verletzten Mannes länger bleiben musste als geplant. Er hatte das Schreiben einem anderen Segler mitgegeben und sie hatte es vor drei Wochen bekommen. Seitdem hatte sie nichts mehr gehört. Im Herbst wurde die »Lessing« wieder in Hamburg erwartet, Emilia konnte es kaum aushalten.

Jeden Tag ging sie mit Karamell zum Hafen. Manchmal traf sie den alten Lotsen Jörgensen, aber auch der wusste nicht, wann die »C. F.

Lessing« ankommen würde. Sehnsuchtsvoll schaute sie die Elbe entlang, und die Tage vergingen.

Anfang Oktober zogen dunkle Wolken auf, ein Sturm schien sich über der Nordsee zusammenzubrauen.

»Das Barometer fällt und fällt«, sagte Onkel Hinrich besorgt und klopfte gegen den Messingrahmen. »Das wird doch wohl keine Sturmflut werden?« Erst im Januar des letzten Jahres hatte ein schwerer Sturm die Küste verwüstet und viele Schäden im Hafen von Wilhelmsburg angerichtet.

Der Regen prasselte gegen die Fensterläden, der Wind nahm immer mehr zu.

»Ich werde zur Werft gehen und nach dem Rechten sehen«, brummte Onkel Hinrich.

»Doch nicht bei dem Wetter«, meinte Tante Minna besorgt.

»Ich ziehe den Mackintosh über.« Er stapfte hinaus, den Kragen hochgezogen und den Hut fest auf dem Kopf.

Die ganze Nacht über regnete es, der Wind heulte in den Gassen. Emilia lag voller Sorge in ihrem Bett. War es auf See auch so stürmisch? Wo mochte Carl sein? Und würde es tatsächlich eine Sturmflut geben?

Gegen Morgen ließ der Wind nach und Emilia schlief ein. Die Sonne strahlte von einem reingewaschenen Himmel in tiefem Indigoblau. In den Straßen sah man herabgefallene Ziegel, abgerissene Äste und Zweige, doch das Wasser war nicht über die Deiche getreten, die Schäden nicht allzu groß. Der Herbst hatte deutlich Einzug gehalten, die Luft war kühl.

Emilia zog ihren Mantel an und pfiff den Hund herbei. Ihre Tante schlief noch und der Onkel war gerade erst von der Werft heimgekehrt, wo er die Nacht verbracht hatte. Er ließ sich Wasser erhitzen, wollte ein heißes Bad nehmen.

Wie immer ging Emilia durch die Straßen bis hinunter zum Hafen. Im Wasser schwammen allerlei Unrat, Balken und andere Dinge. Ein kleines Segelboot hatte Schaden genommen, es wurde zum Dock geschleppt. Emilia lief den Anleger entlang, ihre Augen fuhren suchend

185

über die Masten, doch die »Lessing« hatte der Sturm nicht in den Hafen getrieben. Sie ging weiter hinaus, an der Elbe entlang. Dort hinten, da, wo es so aussah, als würde das Meer beginnen, entdeckte sie ein Segel. Sie kniff die Augen zusammen, suchte es am Horizont. Hatte sie es sich nur eingebildet? Doch dann tauchte es wieder auf, winzig klein, wie ein Taschentuch in der Ferne. Sie blieb stehen, achtete nicht auf die Zeit und ihre Umgebung. Ihr Herz pochte. Sollte das endlich die »Lessing« sein? Der eisige Wind aus dem Norden schien das Schiff quälend langsam auf sie zuzutreiben. Nach über einer Stunde sah sie immer noch nicht viel mehr als die Topsegel. Welches Schiff es war, würde noch lange nicht zu erkennen sein. Enttäuscht drehte sie sich um und ging nach Hause.

Es dämmerte schon, als sie wiederum den Hund an die Leine legte.

»Du willst noch einmal raus?«, fragte Tante Minna.

»Die Luft ist so herrlich klar und frisch nach dem Sturm«, sagte Emilia. »Ich will auch nicht weit.«

»Es wird schon dunkel, Kind. Das ist keine gute Idee.«

»Ach, liebe Tante, bitte.« Emilia lächelte, so herzlich sie konnte. »Ich weiß, dass Herr Rickmers ein Schiff erwartet und im Hafen sein wird.« Sie zwinkerte der Tante zu. »Ich dachte, ich treffe ihn vielleicht zufällig.«

»Wenn das so ist.« Die Tante zwinkerte zurück. »Aber nimm Tine mit.«

Mit dem neuen Mädchen war Emilia nicht richtig warm geworden. Tüchtig war sie schon, aber ihr fehlte die natürliche Herzlichkeit, die Rieke ausgezeichnet hatte.

Tine murrte: »Kalt ist es geworden. Bei dem Wetter um diese Zeit ohne Not auf die Straße zu gehen, das ist doch verrückt.«

»Dann schleich dich ums Haus und durch den Brücheneingang wieder rein«, seufzte Emilia.

»Ne, ne, ne. Hinterher passiert Euch noch etwas und ich bin schuld. Das mach ich nicht, bin ja nicht blöd.« So trottete sie hinter Emilia her.

Der Weg erschien Emilia auf einmal so lang, ihr konnte es nicht schnell genug gehen. Sollte tatsächlich die »Lessing« angekommen sein?

Und ja, da lag sie, die »C. F. Lessing« mit »Fallen Anker«.

Ein unruhiges Treiben herrschte an Bord. Die Hauptladung würde erst am nächsten Tag gelöscht werden, doch die Matrosen brachten ihr Zeug schon von Bord. Der Hafenarzt hatte also das Schiff bereits kontrolliert und freigegeben.

Zögernd blickte sie nach oben. Vom Kai aus war kaum etwas an Deck zu erkennen. Wo war Carl? Er würde sicher beschäftigt sein. Ihr Herz pochte, und die Sehnsucht schnürte ihr die Kehle zu. Fast ein Jahr hatte sie ihn nun nicht gesehen, eine unerträglich lange Zeit.

Sollte sie? Schicklich war es nicht. Sie schaute sich kurz um, konnte aber kein bekanntes Gesicht erkennen. Ihre Röcke waren schnell gerafft, die Stelling, die an Deck führte, war dünn und wackelig. Aber das sollte sie nicht aufhalten, nichts sollte sie jetzt noch aufhalten, endlich war die »Lessing« da.

»Gnädiges Fräulein?«, rief Tine entsetzt. »Was macht Ihr denn da?«

Emilia sah sich nur kurz um, beschritt dann das Fallreep und ging weiter. Karamell war ihr schon vorausgeeilt.

Wenn der Hund das kann, dachte sie und bemühte sich, das Gleichgewicht auf dem Brett zu halten, dann kann ich das auch. Aber wie steige ich an Bord, ohne zu unschicklich zu sein?

Sie hatte Glück, die Verschanzung war zum Teil abgebaut worden, Emilia kam an Deck, ohne über irgendwelche Planken klettern zu müssen. Auf dem Schiff sah es anders aus, jetzt, nach der langen Fahrt und in Gebrauch. Überall standen Sachen – Eimer, Kisten, Kästen, Fässer. Es war ein Gewusel wie in einem Ameisenhaufen, in den man einen Stock gesteckt hatte. Laute Rufe schollen über das Deck. Die Mannschaft eilte von hier nach dort.

Doch wo war Carl? Emilia sah sich unsicher um. Und dann entdeckte sie ihn. Er sprach mit einem Herrn, der sorgsam gekleidet war, vermutlich einer der Schifffahrtsagenten, die die Ladung bestellt hatten.

Sollte, durfte, konnte sie stören? Würde es Carl peinlich sein, dass sie einfach so an Bord gekommen war? Sie wusste es nicht und eine große Unsicherheit erfasste sie.

Carl Gotthold Lessing schaute plötzlich auf, ließ seinen Blick über das Schiff streifen und erblickte Emilia. Für einen Moment sah er sie an, als wäre sie eine Erscheinung, dann eilte er auf sie zu und blieb kurz vor ihr stehen.

Es schien ihr, als sei er in den Monaten gewachsen. Sein Gesichtsausdruck war noch ernster, seine Haare lang und der Bart struppig. Er hielt sich aufrecht, auch wenn ihm die Müdigkeit anzusehen war. Seine Haut war gegerbt, wie Rindsleder, aber die Augen strahlten hell.

»Emma.«

»Ja …«, sie wusste nicht mehr zu sagen. Am liebsten wäre sie ihm um den Hals gefallen, hätte ihn fühlen und spüren, festhalten und nie wieder gehen lassen wollen. Doch Zweifel beschlichen sie. Was, wenn er nicht so dachte? Was, wenn sie nur die Brieffreundin für ihn war, ein Zeitvertreib für endlos lange und einsame Abende auf dem Meer?

Emilia hielt die Luft an. Carl Gotthold zog die Stirn in Falten, dann nahm er ihre Hand. »Komm«, sagte er und führte sie in die Kajüte im Heck.

Sie bekam fast Schluckauf vor Aufregung. Würde er sie jetzt zurechtweisen, sie von Bord schicken? Natürlich hatte sie zu impulsiv gehandelt und bereute es nun fast. Im »Salon« der Kajüte roch es nach Zwiebeln und Knoblauch und nach etwas, was sie nicht zuordnen konnte. Ein scharfes Gewürz? Der Tisch lag voller Sachen und es herrschte ein heilloses Durcheinander.

Er drehte sich zu ihr um, hielt ihre Hand fest.

»Emma.« Carl schüttelte den Kopf. »Was … machst du nur hier?«

In den letzten Briefen hatten sie sich persönlich angeredet, auf die steife und schickliche Anrede verzichtet. Aus seinem Mund klang »Emma« und »du« noch einmal anders, persönlicher. Ihr wurde ganz warm ums Herz.

»Ich … ich konnte nicht erwarten … dich wiederzusehen.«

Sie schauten sich an, ihre Blicke tauchten ineinander, dann fielen sie sich um den Hals, pressten die Lippen aufeinander.

Sein Bart muss gestutzt werden, dachte Emilia kurz, und er braucht ein Bad, aber dann versank sie in dem Gefühl, ihn endlich festhalten zu können, ihn zu spüren, seine Wärme und Nähe.

»Emma …«, atemlos schob er sie weg, sah sie an. »Unser Wiedersehen habe ich mir wieder und wieder erträumt und vorgestellt, aber das übertrifft all meine Erwartungen.«

»Ach, Carl … ich habe gestern ein Segel fern in der Elbe gesehen und so sehr gehofft, dass es die ›Lessing‹ ist. Immer wieder bin ich voller Hoffnung zum Hafen gegangen und nun … nun bist du endlich tatsächlich da.« Sie drückte sich an ihn, hielt ihn fest, als wolle sie ihn nie wieder loslassen. Dann hob er ihr Kinn und küsste sie wieder. Diesmal störten sie der stachelige Bart und der Geruch nicht, sie ließ sich einfach fallen.

»Gnädiges Fräulein?«, erklang plötzlich die Stimme von Tine. »Wo seid Ihr?«

Carl sah sie verblüfft an. »Bist du in Begleitung hier?«

»Das Mädchen. Tine.«

»Was ist mit Rieke?«

»Das ist eine lange Geschichte, ich erzähl es dir später.« Emilia schob ihren Hut zurecht, strich über den Mantel und das Kleid.

»Wird sie deinen Verwandten etwas sagen?«, fragte Carl.

Emilia ging einen Schritt zurück. »Vermutlich.« Sie holte Luft. »Ist das ein Problem für dich?«

»Für mich?« Er lachte kurz auf. »Nein. Ich will um deine Hand anhalten, die mir vermutlich nicht gewährt wird. Aber was ist mit dir? Du wirst Ärger bekommen.«

»Ja.« Emilia biss sich auf die Lippe, dann fiel sie ihm wieder um den Hals. »Wirklich? Wirklich? Wirklich? Du willst um meine Hand anhalten?«

»Das will ich, seit ich dich zum ersten Mal gesehen habe. Ich hatte jedoch keine Hoffnung, weil ich nicht den Ansprüchen deiner Familie genüge. Aber dann kamst du zu mir auf mein Schiff und seitdem träume und denke ich nur noch daran, dich zur Frau zu nehmen.«

»Oh, Carl.«

Er schob sie von sich. »Aber jetzt solltest du besser gehen, bis wir alles geklärt haben, sonst machst du es nur noch schlimmer für dich. Das möchte ich nicht.«

»Ein Kuss, gib mir noch einen Kuss.« Sie legte die Arme um seinen Hals und drückte die Lippen auf seine. Haut an Haut, Herz an Herz standen sie da, als die Tür zu der Kajüte aufgerissen wurde.

»Fräulein Emma?« Tine stockte, dann schrie sie laut auf, drehte sich um und lief die Treppen hoch zum Deck.

»Tine, Tine, warte!«, rief Emilia hinter ihr her. »Bleib stehen.«

Kaum hatte das Dienstmädchen den Vorbau erreicht, blieb sie kurz stehen und drehte sich um. »Das werde ich Eurer Tante berichten! Welch schamloses Verhalten!« Sie schüttelte den Kopf und stürzte davon.

Emilia blieb wie erstarrt stehen. Dann lief sie hinter dem Mädchen her. »Tine! Tine, bleib stehen! Sofort!« Doch die Magd hörte nicht, raffte die Röcke und lief das Fallreep hinunter zum Kai.

»Und jetzt?« Emilia blieb ratlos an der Verschanzung stehen, sah Tine hinterher.

»Ich gehe sofort zu deinem Onkel«, sagte Carl, der ihr gefolgt war, »und erkläre meine Absicht. Willst du in meiner Pension warten? Ich kann dir sicher dort ein Zimmer besorgen, so dass keine Schande auf dich fällt.«

»Ach Carl!« Emilia sah ihn traurig an. »Das ist doch zwecklos. Mein Onkel wird dieser Verbindung niemals zustimmen. Und wenn ich ein Zimmer in deiner Pension nähme, würde ich alles nur noch verschlimmern. Es würde aussehen, als hätten wir tatsächlich etwas Unsittliches getan.«

»Ich habe keine Erfahrung mit diesen Dingen«, gestand Carl. »Ich will nicht, dass dein Ruf beschädigt wird.«

»Das ist nun wohl zu spät. Dieses blöde Huhn von Magd. Wahrscheinlich hat meine Tante sie angespitzt und sie sucht nur nach etwas, was sie mir ankreiden kann. Na, die kann etwas erleben.« Sie straffte die Schultern und setzte den Fuß auf die Planke. »Ich werde morgen mit dir in Kontakt treten. Wie, weiß ich noch nicht, aber mir wird schon etwas einfallen. Du hast mich hier nie gesehen, ja?«

Carl sah sie erstaunt an. Dann nickte er leicht. »Wenn du meinst. Aber mir wäre es lieber, wenn ich heute noch mit deinem Onkel sprechen würde.«

»Ja, aber taktisch wäre das nicht klug.« Emilia ließ den Blick über die Menge im Hafen schweifen, nickte dann zufrieden. »Herr Jenisch! Hallo! Hallo, Herr Jenisch!«, rief sie und eilte die Stelling hinunter zum Kai. »Lieber Herr Jenisch!«

Der junge Mann sah sie erstaunt an. »Fräulein Bregartner. Was macht Ihr denn hier um diese Zeit am Kai? Und so allein? Oder seid Ihr in Begleitung?«

»Ich war. Aber mein Mädchen ist weggelaufen, nach Hause, denke ich. Sie ist noch nicht lange bei uns und nicht sehr zuverlässig.« Emilia senkte den Kopf und seufzte. »Leider. Das Mädchen, das ich davor hatte, ist mit einem Matrosen nach Amerika durchgebrannt, kann man sich so etwas vorstellen?« Sie schlug die Augen auf und sah ihn zutraulich an. »Und ich war mit ihr hier am Kai, um vielleicht Herrn Rickmers zu treffen, denn er erwartet ein Schiff. Das ist aber wohl noch nicht angekommen.«

»Heute kam nur die ›Lessing‹«, sagte der junge Mann und fasste sie am Ellbogen. »Darf ich Euch nach Hause bringen? Allein solltet Ihr um diese Zeit nicht mehr am Hafen sein.«

»Das wäre furchtbar freundlich von Euch. Ich wusste schon gar nicht mehr, wie ich mich nach Hause trauen sollte.«

»Aber das ist doch eine Selbstverständlichkeit, Fräulein Bregartner.« Zusammen gingen sie vom Hafen zur Alster. »Doch erklärt mir eines: Was habt Ihr an Deck der ›Lessing‹ gemacht? Ich sah Euch die Planke hinablaufen. Ein sehr erfreulicher Anblick.« Er grinste.

»Oh.« Emilia schlug die Hand vor den Mund. »Das war so … ach, ich traue mich gar nicht, davon zu sprechen …«

191

»Mein liebes Fräulein, ich glaube einfach nicht, dass Ihr mir eine pikante Geschichte auftischt. Also?«

»Tine, das Mädchen – ich fürchte, sie hat eine Bekanntschaft mit einem der Matrosen der ›Lessing‹. Jedenfalls, als wir in den Hafen kamen, lief sie schnurstracks auf das Schiff und die Gangway empor. Karamell, meine Hündin«, Emilia zeigte auf den Hund, der friedlich an ihrer Seite lief, »folgte ihr. Da bin ich, als sie nicht wiederkamen, auch hoch.« Sie blieb stehen und schlug die Augen nieder. »Ohne nachzudenken. Das war so dumm von mir, so naiv.« Sie sah ihn wieder an. »Ich weiß, nun haltet Ihr nichts mehr von mir, gar nichts.«

Jenisch sah sie an. »Ich bin kein Trottel, mein wertes Fräulein. Warum sollte ich Euch nicht mehr wertschätzen?«, fragte er verblüfft.

»Ihr kennt Tine nicht. Sie erzählt allenthalben dummes Zeug. Immerzu. Und wer weiß, was sie diesmal erzählen wird. Ich habe sie gefunden und den Hund. Den Hund habe ich an die Leine genommen, aber Tine lief vor mir weg, ließ mich einfach dort oben stehen, inmitten all dieser stinkenden Matrosen.« Emilia verzog das Gesicht. »Ich habe mich so hilflos gefühlt und war so froh, Euch am Kai zu entdecken. Danke, dass Ihr mich nach Hause führt.«

»Das ist doch eine Selbstverständlichkeit. Wovor fürchtet Ihr Euch denn so?«

»Meine Tante«, wisperte Emilia. »Werdet Ihr mir beistehen?«

»Welch eine Frage.« Der junge Mann straffte die Schultern und ging forsch voran.

Als sollte er gegen Drachen antreten, dachte Emilia belustigt, aber auch froh. Ihre Tante hatte durchaus manchmal etwas von einem Drachen.

»Emma!«, rief Tante Minna auch wütend, als sie das Haus betraten. Dann stockte die Tante beim Anblick von Peter Jenisch. »Mein lieber Herr Jenisch …?«

»Ich habe Eure Nichte vom Hafen zurückbegleitet, da die Dienstmagd sich wohl davongemacht hatte. Eure Nichte war voller Furcht, so allein am Kai. Diese Magd ist vielleicht keine gute Wahl und Ihr solltet überlegen, ob Ihr sie weiter beschäftigt.«

192

Tante Minna sah ihn irritiert an. »Tine … nun … Tine«, stotterte sie.

»Tine ist einfach auf dieses Schiff gelaufen«, log Emilia und schämte sich im gleichen Moment. Das Mädchen würde die Stelle verlieren und Emilia hätte Schuld daran. Aber in ein paar Tagen, so hoffte sie, würde sie alles aufklären können. Sobald Carl sich ihrem Onkel erklärt hätte, würde alles gut werden. »Und Kara ist hinterher. Ich bin ihnen gefolgt. Aber da ist Tine schon wieder vom Schiff gelaufen. Ist sie hierhergekommen oder etwa auf Abwegen?« Emilia schlug die Augen unschuldsvoll auf.

»Tine ist hier. Sie hat mir eine ganz andere Geschichte erzählt«, brummte die Tante und sah unsicher zu Jenisch. »Eine ganz, ganz andere Geschichte.«

»Die würde ich gerne hören. Ich kann nämlich Fräulein Bregartners Worte von vorn bis hinten bezeugen!« Jenisch lächelte. »Lasst das Mädchen rufen.«

Tante Minna schüttelte den Kopf. »Wir wollen uns doch allen die Peinlichkeit ersparen. Herzlichen Dank, dass Ihr meine Nichte beschützt und begleitet habt. Alles andere werde ich klären.« Sie schnaufte.

»Dann verabschiede ich mich.« Er lächelte. »Für heute. Wenn ich darf, spreche ich morgen noch einmal vor, um mich nach Ihrem Wohl zu erkundigen, liebes Fräulein Bregartner.«

Sie nickte ihm dankbar zu. »Das war alles sehr aufregend, Tante. Ich möchte jetzt zu Bett gehen.«

»Nun gut, soll die Mamsell dir jemanden schicken. Ich rede mit Tine.«

Wieder überkam Emilia das schlechte Gewissen. Sie wollte nicht, dass Tine Probleme bekam, nur weil die Umstände so kompliziert waren. Aber dann dachte Emilia an Carl. Er wollte um ihre Hand anhalten. Er wollte sie heiraten. Er wollte das, was auch sie wollte – für immer vereint sein. Das Glück war kaum zu ertragen! Seufzend ließ sie sich in ihr weiches Bett fallen. Ihr wurde bewusst, dass, wenn sich ihre Träume erfüllten, dieser Luxus eines weichen Bettes und eines heißen

Bades, einer Dienstmagd und anderer Dinge bald der Vergangenheit angehören würde. Aber was war das schon im Vergleich dazu, dass sie mit ihrem Liebsten für immer vereint sein würde? Nichts, denn dagegen wog nichts auf, kein Personal, kein Essen und schon gar kein heißes Bad, dachte sie.

Er wollte sie. Er wollte um ihre Hand anhalten. Er wollte ein Leben mit ihr. Aber wie er sich das vorstellte, darüber hatten sie nicht gesprochen.

Eine Kapitänsfrau, die monatelang allein an Land war, während ihr Mann gegen die See kämpfte und fremde Länder bereiste, das wollte sie auch nicht sein. Sie wollte bei Carl sein von nun an.

Wie würde ihr Onkel reagieren? Wenn sie ihm klarmachte, dass es ihr Herzenswunsch war, alles, was sie wollte! Würde er dann zustimmen? Emilia konnte sich das nicht vorstellen.

Es wird einen Weg geben, dachte sie trotzig. Und wenn ich ihn ganz allein gehe. Nein, nicht ganz allein, ab nun nie wieder. Denn von jetzt an würde Carl an ihrer Seite sein. Für immer und immer und immer.

Es klopfte und die Tür öffnete sich. Statt eines der Mädchen war die Mamsell persönlich gekommen. Sie sah Emilia ernst an.

»Ich werde Euch behilflich sein«, sagte sie knapp.

Ihr strenger Ton brachte Emilia auf den Boden der Tatsachen zurück. Carl hatte sich ihr erklärt und ganz bestimmt würden sie einen Weg finden, aber leicht würde es nicht werden.

»Ich weiß«, sagte die Mamsell, als sie die Schnüre des Kleides löste, »dass Ihr Euch mit Rieke viel besser verstanden habt als jetzt mit Tine. Rieke war ein sehr herzliches Mädchen, das fehlt Tine. Trotzdem ist sie fleißig und aufmerksam.«

»Ich weiß.« Emilia senkte beschämt den Kopf.

»Nun droht Tine, ihre Arbeit zu verlieren. Ihr wisst, wie schwer es für junge Mädchen in dieser Stadt ist, eine Stelle zu bekommen.«

»Ja.«

Die Mamsell schwieg, Emilia brannte die Schamesröte im Gesicht.

»Ich werde das alles klarstellen«, sagte Emilia leise.

»Wann?«

»Schon bald.«

»Ich fürchte, Eure Tante wird eine schnelle Entscheidung fällen. Es war nicht recht von Tine, dass sie Euch im Hafen alleingelassen hat. Es war auch nicht recht von ihr, böse Worte über Euch zu verlautbaren. Ich nehme auch an, dass Tine übertrieben hat. Ich kann mir nicht vorstellen, dass Ihr Euch tatsächlich unzüchtig verhalten habt.«

Diesmal schwieg Emilia.

»Das habt Ihr doch wohl nicht?«, fragte die Mamsell nach. »Nicht, nachdem Ihr wisst, wie es Rieke ergangen ist. Oder habt Ihr etwa das arme, kleine Kind vergessen, das so jung sterben musste? War Euch das nicht eine Warnung?«

»Doch, natürlich. Und ich habe mich auch nicht unzüchtig verhalten.« Emilia drehte sich zur Mamsell um.

»Nun, ich weiß von Eurem heimlichen Briefverkehr.«

»Woher?« Sie schlug erschrocken die Hand vor den Mund.

»Ich habe Rieke erwischt. Da ich aber bemerkt habe, wie wichtig Euch die Briefe sind, habe ich ein Auge zugedrückt und es nicht Eurer Tante gemeldet. Auch das Versteck im Dielenboden unter Eurem Bett habe ich übersehen.« Sie seufzte. »Ich fürchte aber nun, dass das ein Fehler war.«

»Nein, das war es nicht«, beteuerte Emilia.

»Eure Tante hatte ihre Gründe, weshalb sie Euch den Kontakt zu diesem Mann untersagt hat. Wenn sie nun erfährt, dass Ihr sie hintergangen habt und ich davon wusste, wird es mich die Stelle kosten. Und das möchte ich nicht riskieren. Es ist harte Arbeit und Eure Tante ist sehr anspruchsvoll, aber ich werde gut bezahlt und habe hier ein Zuhause gefunden, welches ich nicht verlieren möchte.«

»Ja.« Emilia biss sich auf die Lippen, Tränen schossen ihr in die Augen. »Aber ich liebe ihn. Ich liebe ihn von Herzen und er liebt mich.«

Die Mamsell holte tief Luft. »Fräulein Emma, ich mag Euch sehr gerne, aber ich glaube, Ihr seid gerade dabei, eine große Dummheit zu begehen.«

195

»Nein.« Emilia streckte das Kinn vor.

»Oh doch. Wollt Ihr Euch wirklich unter Eurem Stand verbinden? Euer Onkel wird das nicht zulassen. Steigert Euch doch nicht in ein so unsinniges Unterfangen hinein. Romantische Liebe.« Sie schüttelte den Kopf. »So viele junge Männer himmeln Euch an. Da wird doch einer dabei sein, dem Ihr auch wohlgesinnt seid.«

»Aber ich liebe Carl Gotthold.«

»Liebe, so ein großes, unnützes Wort. Im Leben kommt es auf andere Dinge an. Ihr seid nicht dazu geschaffen, eine arme Kapitänsfrau zu sein.«

»Woher wollt Ihr das wissen?«, fragte Emilia trotzig. »Meine Tante muss nicht erfahren, dass Ihr von den Briefen gewusst habt. Und das mit Tine werde ich auch regeln, verlasst Euch darauf.«

»Nun gut, ich kann mir nicht vorstellen, dass Euer Onkel dem zustimmt, aber das werden wir ja sehen.« Sie ging zur Tür. »Meine Stelle werde ich jedenfalls nicht aufgeben.«

Ich will sofort zu Carl, dachte Emilia unglücklich. Er weiß sicher eine Lösung. Bei dem Gedanken an die Reaktion ihrer Tante und ihres Onkels wurde ihr ganz mulmig. Doch dann dachte sie wieder an Carl, und ein großes Glücksgefühl durchströmte sie. Wir werden es schaffen, unsere Liebe ist stark genug dafür! Mit diesen Gedanken schlief sie endlich ein.

Am nächsten Morgen schlüpfte sie noch vor dem Frühstück aus dem Haus und brachte einen Brief zu Lessings Pension. Dann huschte sie zurück und wartete voller Anspannung. Doch der Tag verging, nur Jenisch sprach vor und lud sie zu einer Kutschfahrt am Samstag ein.

Gegen Abend kam die Post. Emilia hatte sich in der Diele herumgedrückt, um den Boten nicht zu verpassen.

»Ein Brief für dich«, sagte die Tante und schaute auf den Absender. »Von Kapitän Lessing.« Sie sah Emilia empört an. »Lessing? Seit wann ist der wieder in Hamburg? Dann hat das Mädchen doch die Wahrheit gesprochen?«

Emilia streckte die Hand aus und nahm den Brief schnell an sich. Warum schrieb er und wurde nicht vorstellig? Ihr Herz klopfte.

»Emma! Sag die Wahrheit, was ist gestern am Hafen geschehen?«, presste die Tante wütend hervor.

»Die ›Lessing‹ ist gestern eingelaufen.« Emilia hob den Kopf. »Ich habe Kapitän Lessing begrüßt, aber nichts Unanständiges getan.«

»Ich hatte dir doch den Kontakt zu diesem unseligen Mann untersagt.«

»Für mich ist er nicht unselig. Er ist ein sehr bedachter, gebildeter Mann mit großen Ambitionen.«

»Papperlapapp! Er ist einfacher Kapitän eines Seglers. Er hat keine Zukunft und ich wünsche nicht, dass du mit ihm korrespondierst, geschweige denn, dass du dich mit ihm triffst.«

»Tante Minna, ich bin nun zwanzig. Im nächsten Frühjahr werde ich einundzwanzig. Ich denke, ich kann sehr wohl entscheiden, was für mich richtig ist und was nicht.«

»Kind, du bleibst unter der Mundgewalt deines Onkels, der deinen Vater vertritt, bis du heiratest. Und so lange entscheiden wir für dich.«

»Ich habe vor zu heiraten.«

»Das will ich hoffen. Und dann hat dieser Unfug mit Lessing endlich ein Ende.« Sie schnaufte.

Emilia raffte ihre Röcke und rannte die Treppe empor. »Du bist so ungerecht!«, rief sie.

»Emma!«

Doch sie hörte nicht, stürzte in ihr Zimmer und warf die Tür zu. Mit zitternden Fingern löste sie das Siegel des Briefes.

»Liebste, liebste Emma,

ich konnte in dieser Nacht kaum ein Auge schließen, so voller Glück war ich. Deine Zeilen, die ich heute Mittag bei meiner Wirtin fand, haben das Gefühl verstärkt. Es ist kein Traum, nein, es ist die Wirklichkeit. Wir haben uns gefunden und zusammen werden wir durch das Leben gehen. Noch nie hat mich irgendetwas so glücklich gemacht wie diese Erkenntnis.

Jedoch sollten wir sorgsam vorgehen. Deine Familie lehnt unsere Verbindung ab. Für sie bin ich ein Habenichts, ein dummer Kapitän

197

ohne Vermögen. Natürlich sorgen sie sich um dich, wollen eine sichere Zukunft für dich und einen Ehemann, der gut für dich sorgen kann. Bisher habe ich nur Schulden meinen Brüdern gegenüber, die ich jedoch mit dieser Schiffsladung zum größten Teil zurückzahlen kann.

Um die weiteren Pläne zu besprechen, sollten wir uns treffen. Ich möchte nicht, dass du Nachteile erfährst, wenn deinem Onkel gewahr wird, wie es um uns steht.

Mit Glück werde ich nach einer weiteren Tour etwas Kapital vorweisen können. Wenn man das klug anlegt, könnte ich ein Haus kaufen. Ein Zuhause für uns, für dich.«

Emilia schüttelte den Kopf. Er wollte noch einmal auf große Fahrt gehen, bevor er sich erklärte? Noch einmal monatelanges Warten und Hoffen? Das würde sie nicht ertragen. Sie brauchte keinen Pomp und keinen Status, sie wollte nur ihn.

Unruhig nahm sie den Brief wieder auf, las weiter.

»Aber der Gedanke, noch einmal so lange von dir getrennt zu sein, ohne dass wir unsere Verbindung legalisiert haben, zerreißt mich. Ich werde morgen mit meinen Brüdern sprechen und sie bitten, die Schulden noch ein wenig ruhen zu lassen. Dann könnte ich jetzt schon für eine Unterkunft für dich aufkommen. Ob es für ein Häuschen reicht, muss ich ebenfalls noch in Erfahrung bringen. Eine Wohnung sollte ich auf jeden Fall anmieten können. Wäre das ein Gedanke, mit dem du dich anfreunden könntest?

Morgen, wie gesagt, treffe ich mich mit meinen Brüdern und auch mit dem Agenten, der den Salpeter gekauft hat. Ich muss für eine neue Order sorgen und mich um das Schiff kümmern. Lästige Dinge, aber wichtig für unsere Zukunft. Nur mit einer erfolgversprechenden Order und einem intakten Schiff kann ich an deinen Onkel herantreten und um deine Hand bitten. Gedulde dich also noch ein wenig.

Meine Gedanken sind bei dir, ich küsse dich und halte dich fest.

In Liebe

Dein Carl«

Enttäuscht faltete sie den Brief zusammen. Doch als sie über seine Worte nachdachte, wusste sie, dass er recht hatte. Ihr Onkel würde sie nicht heiraten lassen, wenn ihre Zukunft nicht gesichert wäre.

Wenn sie besser auf ihn zu sprechen wären, könnten wir heiraten und ich könnte hier im Haus verbleiben, während Carl auf große Fahrt ging. Aber das würde nicht möglich sein. Eine Heirat mit Lessing brachte der Firma keine Vorteile. Sie sollte einen aus den Familien der Pfeffersäcke, der reichen Händler, Reeder, Kaufleute oder Werftbesitzer, heiraten. Eine Verbindung, die dem monetären Wohl der Familie diente. Wahre Gefühle spielten dabei keine Rolle.

Ob ihre Eltern Lessing anders beurteilen würden? Ob ihr Vater einer Hochzeit zustimmen würde? Emilia glaubte nicht daran. Aber vielleicht war nun der Zeitpunkt gekommen, nach England zu reisen und ihn um seinen Segen zu bitten. Das Glück seiner Tochter konnte ihm doch nicht gleichgültig sein.

Doch wie sollte sie nach England kommen? Es gab für sie keine Möglichkeit, ohne die Einwilligung ihres Onkels zu reisen. Es war zum Verzweifeln!

Emilia setzte sich an ihren Schreibtisch, nahm Papier, Feder und Tinte hervor. Sie teilte Carl mit, dass ihre Tante erneut jeden Kontakt verboten hatte und dass Rieke nicht mehr in Hamburg weilte. Sie würden einen anderen Weg finden müssen, um miteinander in Kontakt zu bleiben. Auch ein Treffen war schwierig. Zwar konnte sie sich hin und wieder unbeobachtet aus dem Haus schleichen, ohne eine Begleitung mitzunehmen, doch für ein längeres Gespräch würde die Zeit nicht reichen. Sie hoffte auf eine schnelle Lösung der Probleme und wünschte ihm alles Gute für das Gespräch mit seinen Brüdern.

Dann versiegelte sie den Brief und schlich sich in die Küche. Karamell lag vor dem Ofen und schaute erfreut auf, als Emilia eintrat. Die Mamsell besprach gerade mit dem Händler die Bestellungen für die nächsten Tage und schien sie nicht zu bemerken. Flugs schlich sich Emilia aus dem Hintereingang und eilte zu Lessings Pension. Er war nicht dort. Natürlich nicht, er hatte schließlich so viel zu erledigen.

Betrübt ging sie nach Hause, ganz in Gedanken versunken. Sie stieg die Treppen hoch, öffnete die Haustür und stand ihrer Tante gegenüber.

»Emma?«

Erschrocken blieb sie stehen.

»Wo kommst du her, Emma?«

»Ich war nur ein wenig mit dem Hund unterwegs.«

»Allein? Willst du deinen Ruf noch weiter ruinieren? Oder hast du dich gar mit diesem Kapitän getroffen? Ich hatte dir das untersagt und ich wünsche nicht, dass du ohne Begleitung das Haus verlässt.« Die Tante stemmte die Hände in die Hüften. »Bist du denn von allen guten Geistern verlassen?«

Emilia verkniff sich die schnippische Antwort, die sie auf den Lippen hatte, und ging an der Tante vorbei in die Diele.

»Emma, ich spreche mit dir! Was ist denn nur los mit dir? Du warst doch, bis auf diese Geschichte mit Lessing, immer zugänglich und einsichtig. Hast du mir nicht gerade erst versichert, dass du dich vermählen willst? Ist es Jenisch oder Amsinck? Oder etwa Rickmers?«

»Es ist keiner von ihnen«, sagte Emilia leise. »Mein Herz gehört jemand anderem.«

»Was?«

Emilia sah ihre Tante an. »Ich werde selbst entscheiden, mit wem ich mein Leben verbringen will, von welchem Mann ich Kinder bekommen möchte.«

»Das wirst du nicht.« Hart fasste die Tante Emilia am Arm und zog sie in das Hinterhaus, wo das Kontor des Onkels war. »Hinrich! Hinrich, wo bist du?«

»Lass mich los!«, rief Emilia empört. »Ich bin doch keine Dienstmagd.«

»Du benimmst dich aber so. Ich wusste, es war ein Fehler, die kleine Rieke zu beschäftigen, sie hat dich verdorben. Erst lässt sie sich ein Kind machen, dann haut sie auch noch ab. Unglaublich.« Plötzlich blieb die Tante stehen und kniff die Augen zusammen. »Du hast doch wohl nicht … bist doch nicht … ich meine … intim geworden?«

»Tante!«

200

»Na, ich traue dir alles zu, so, wie du dich benimmst. Ich schwöre dir, wenn du Schande über die Familie bringst, wird es keine Gnade geben. Hinrich!«

»Was ist denn los?« Der Onkel kam aus einem der hinteren Räume.

»Hinrich, deine Nichte benimmt sich unmöglich. Sie trifft sich mit diesem Kapitän, diesem Lessing. Er ist seit gestern wieder in der Stadt und geschrieben hat er ihr auch.«

»Emilia?«, der Onkel sah sie streng an. »Ist das wahr?«

Emilia hob den Kopf und streckte die Schultern. »Ja. Er bedeutet mir viel.«

Onkel und Tante wechselten einen missmutigen Blick.

»Du weißt, dass wir das nicht wünschen. Dieser Mann ist kein Umgang für dich. Ich untersage dir auf das Schärfste jeglichen Kontakt zu ihm, egal, auf welche Weise. Und treffen wirst du ihn schon gar nicht. Das ist keine Bitte, Fräulein.«

Emilia starrte ihn wutentbrannt an.

»Geh auf dein Zimmer. Sofort. Und denke darüber nach, wie man sich zu verhalten hat«, sagte Onkel Hinrich ernst.

Sie lief nach oben und setzte sich aufgebracht an ihr Fenster. Hier war sie nun gefangen, in diesem goldenen Käfig.

Eine Stunde später kam die Mamsell nach oben und brachte ihr eine Kleinigkeit zu essen. »Tine kommt gleich und wird Eure Sachen packen.«

»Packen? Verreisen wir?« Würde ihr Onkel sie nach England schicken, zu ihren Eltern? Ein Hoffnungsfunke flammte in ihr auf. Ihre Eltern würden sicher nicht so herzlos und gemein sein, sie würden Verständnis für ihre Tochter haben.

»Ihr verreist. Nach Othmarschen. Zusammen mit Tine. Sie soll ein strenges Auge auf Euch haben.«

Emilia sackte in sich zusammen. All ihre Wünsche schienen zu zerschellen, wie ein Glas, das gegen einen Felsen geworfen wurde.

201

13. Kapitel

Es war schon spät und dunkel, Nebel hatte sich über den Deich gelegt, als die Kutsche vor dem Haus hielt. Sie waren so überstürzt abgereist, dass kein Bote geschickt werden konnte, um sie anzukündigen.

Mats kam auf den Hof, hielt eine Laterne hoch. »Wer da?«, fragte er grimmig.

»Ich bin es, Mats«, sagte Emilia leise.

»Fräulein Emma? Was macht Ihr denn hier? Ist etwas mit der Familie?«

»Ne, nur mit dem Fräulein selbst«, sagte Tine schnippisch und sprang hinter Emilia aus dem Wagen. »Ich habe einen Brief für dich und deine Frau.«

Inken war vorsichtig an der Küchentür stehen geblieben, doch nun lief sie auf den Hof.

»Emma, mein Täubchen. Bist du krank?«

Emilia schüttelte den Kopf.

Inken schaute Tine fragend an, nahm dann den Brief entgegen. »Nun kommt erst einmal rein. Habt ihr Hunger? Ich habe frisches Brot gebacken. Oh weh, die Zimmer sind nicht gerichtet.«

»Macht dir keine große Mühe«, seufzte Emilia. Dann schaute sie zu Tine. »Bring meine Sachen in die Mansarde und pack sie aus. Du kannst mein Bett beziehen, das muss Inken nicht machen. Schließlich bist du meine Dienstmagd«, fauchte sie.

Verwundert sah Inken sie an. »Ich werde einen Tee aufbrühen«, sagte sie nachdenklich. »Hopfen und Melisse, das beruhigt die Nerven.«

Emilia folgte ihr in die Küche, sog den vertrauen Duft des Holzfeuers im alten Ofen, nach frischem Brot und getrockneten Kräutern ein.

»Was ist passiert, Emma?«, fragte Inken besorgt und setzte den Wasserkessel auf den Herd.

»Willst du nicht erst die Briefe lesen? Einer ist von der Tante und der andere von Mamsell. Ich bin in Ungnade gefallen.«

202

»Wegen …?« Inken schaute zum Flur, ging zur Küchentür und schloss sie. »Wegen IHM?«

Emilia nickte.

»Und was ist mit Tine? Warum warst du eben so garstig zu ihr?«

»Sie hat mich verraten und soll mich hier bewachen.« Emilia wischte sich die Tränen aus den Augen. »Bitte gib ihr nicht Sofies Zimmer. Bitte nicht. Ich kann sie nicht ertragen. Und der Gedanke, dass sie in diesem Zimmer schläft, ist grausam.«

»Ist gut«, sagte Inken nachdenklich. »Sie kann im Dienstboten- trakt schlafen. Oder«, dann grinste sie, »in der Remise.«

»Nein, sie würde es erzählen und du würdest Ärger bekommen. Ich war nicht ganz fein, was Tine angeht, aber sie hat mir keine an- dere Wahl gelassen.« Und dann erzählte Emilia der Magd alles.

Mats brachte das Gepäck nach oben. Zwischendurch kam er im- mer mal wieder kurz in die Küche und schnappte das ein oder andere auf.

»Das Gör ist gleich fertig mit dem Zimmer«, brummte er. »Ich habe im Salon Feuer gemacht. Da könnt ihr beide schnacken. Ich werde schauen, dass sie in der Küche keinen Unfug macht. Und mor- gen holen wir Katja von den Jörgensens zum Helfen.« Er zwinkerte ihnen zu.

Mats und Inken sahen immer noch Emilias Eltern als ihre Herr- schaft an und Emilia war deren Nachfolgerin. Tante Minna war nie wirklich mit der alten Dienerschaft warm geworden und Onkel Hin- rich interessierte das Gut nur dann, wenn es Geld kostete. Außerdem war Emilia quasi bei ihnen in der Küche groß geworden, sie hatten ein inniges Verhältnis zu ihr.

Inken goss den Tee auf, legte Brot und Butter, frischen Speck und eingelegte Gurken auf ein Tablett und trug es in den Salon. Hier roch es staubig und die Luft war kühl, doch im Kamin prasselte das Feuer, so dass die Funken stoben. Unschlüssig blieb Inken stehen.

»Nun setz dich schon«, lachte Emilia, erleichtert über die liebevolle Aufnahme in ihrem Elternhaus. »Es sind nur Sessel.«

»Ja, aber sie sind nicht für uns bestimmt.«

»Sitzt ihr denn nie hier? Ich meine, Onkel und Tante sind doch nur wenige Tage, vielleicht ein paar Wochen im Jahr hier draußen. Nutzt ihr die Räume nicht, wenn keiner da ist?«

»I wo, das würden wir nie wagen. Wir haben die Küche und unsere kleine Stube im Gesindetrakt. Die Küche ist immer geheizt und die Stube ist schnell warm, anders als hier.«

Emilia sah sich um. »Warum sind wir dann nicht dort?«

»Das gehört sich nicht, Emma.« Inken seufzte. »Wie soll es nun weitergehen mit dir und deinem Kapitän? Weiß er, dass du hier bist?«

Emilia schüttelte traurig den Kopf. »Ich habe ihm eine Nachricht geschrieben, konnte sie ihm aber nicht mehr überbringen. Und von hier aus habe ich keine Möglichkeit, Kontakt zu ihm aufzunehmen.«

Inken dachte nach. »Kann Tine schreiben?«

»Nur wenig, wenn überhaupt. Wieso?«

»Wenn sie nicht schreiben kann, wie soll sie dann nach Hamburg berichten?« Inken grinste.

»Aber wie kann ich ihm Nachrichten zukommen lassen?«

»Das macht der Bursche, den werden wir schicken. Und wenn dein Kapitän kommen will, dann trefft ihr euch bei Jörgensens. Deine alte Freundin wirst du auch ohne Aufsicht besuchen können. Morgen schon gehst du hin, zusammen mit Tine. Mach es so langweilig wie möglich. Vielleicht fällt uns auch eine Aufgabe für sie ein, die sie dann nicht noch mal machen möchte.« Inken lachte leise, dann wurde sie ernst. »Aber überlege dir gut, mein Täubchen, was du willst und was du tust. Dein Onkel und deine Tante haben nicht unrecht. Sie wollen dir nichts Böses, sie wollen dich nur gut und sicher verheiraten. Als Frau eines Kapitäns ist deine Zukunft ungewiss, besonders, wenn deine Familie dich nicht unterstützt.«

»Das weiß ich.« Emilia seufzte und nippte am Tee. »Ach, Inken, ich kann das nicht machen – das mit dem Boten und mit dem Treffen. Wenn meine Tante das erfährt, dann schmeißt sie euch raus.«

»Das werden wir schon deichseln, mein Kind. Wir wussten es einfach nicht. Und wenn sie Mette zürnt, nun, dann tut sie es eben.« Inken lachte. »Aber jetzt musst du etwas essen. Und ich gehe nach oben und kontrolliere dein Zimmer. Und dann schaue ich, wo ich Tine unterbringen kann.«

»Ich fand es ganz schrecklich, die Stadt verlassen zu müssen, aber nun freue ich mich, dass ich hier bin«, sagte Emilia dankbar.

Sollte es wirklich möglich sein, Carl hier in Othmarschen zu treffen? Er war so eingebunden in all die Dinge, die geschäftlichen Vorgänge, dass er kaum Zeit haben würde, hinauszufahren oder zu reiten. Doch sein Herz sollte genau wie ihres daran hängen, eine gemeinsame Lösung zu finden. Emilia biss in das köstliche Brot, das sie mit der frischen Butter bestrichen hatte, und nahm sich ein Stück des selbstgeräucherten Schinkens. Endlich, nach diesem langen und ereignisreichen Tag, fühlte sie wieder so etwas wie Zuversicht.

Am nächsten Morgen war der Nebel verschwunden. Emilia hatte wunderbar in ihrem alten Zimmer geschlafen. Sie sah ihre Kleider durch. Was konnte sie anziehen, ohne dass jemand ihr das Mieder schnüren musste? Wie machte Inken das nur? Sie musste sie unbedingt fragen. Ein Kleid fand sie, das sie ohne Schnürmieder tragen konnte, das keine Wespentaille hatte und nicht im Rücken geknöpft wurde. Nachdem sie sich gewaschen hatte, zog sie es an. Ungewohnt war es, die Kleidung allein anzulegen. Sie ging nach unten, aus der Küche duftete es schon nach Rührei und frischem Kaffee.

Inken lächelte ihr entgegen. »Der Bursche ist schon unterwegs nach Hamburg.«

Emilia hatte in der Nacht noch einen neuen Brief an Carl verfasst.

Seufzend setzte sich Emilia auf die Küchenbank. »Wo ist Tine?«, fragte sie leise.

»Oh, die habe ich in den Garten geschickt, die letzten Erbsen und Bohnen ernten. Da hängt nicht mehr viel, da wird sie suchen müssen. Danach darf sie das Fallobst einsammeln. Das müssen wir dann einkochen. Und morgen machen wir große Wäsche. Ich habe dich schon bei Jörgensens angekündigt.« Sie grinste und stellte Emilia Rührei und Speck hin. »Und jetzt isst du, du bist ja ganz blass geworden und so dünn.«

Karamell freute sich auch, endlich wieder auf dem Land zu sein.

Vergnügt tobte sie mit dem alten Hofhund über die Wiesen und den Deich.

»Ne, das ist aber alles öde hier«, maulte Tine, als sie zusammen mit Emilia zum Haus der Jörgensens ging.

»Bist du in der Stadt aufgewachsen?« Emilia wurde plötzlich klar, dass sie fast gar nichts von dem Mädchen wusste. Tines schroffe Art machte es nicht leicht, mit ihr ins Gespräch zu kommen.

»Ja, hab immer in Hamburg gewohnt.« Misstrauisch sah das Mädchen sich um. »Wohin gehen wir?«

»Da vorn ist es schon. Ich bin hier groß geworden, in unserem Haus, und Jörgensens waren die nächsten Nachbarn. Mit deren Kindern habe ich oft gespielt.«

»Und was wollt Ihr da?« Misstrauisch sah sie sich um.

»Mette besuchen«, sagte Emilia vergnügter, als sie sich fühlte.

»Emma!«

Sie hatte Mette einige Monate nicht gesehen und nahm die Freundin nun herzlich in die Arme.

»Du … oh je, schon wieder?«, fragte Emilia und schaute ihre Freundin an.

»Das Vierte. Es wird im Frühjahr kommen.«

Der kleine Sohn war ihnen schon auf dem Weg entgegengekommen, das Mädchen saß am Küchentisch und spielte mit Holzpferden.

»Das Letzte ist direkt nach der Geburt gestorben, aber dies«, sie legte die Hand auf den Bauch, »strampelt kräftig. Ich hoffe, es wird ein Junge.«

»Und wie geht es dir?«, fragte Emilia.

»Ach, wie soll's schon sein? Mal gut, mal schlecht. Der Hannes geht jetzt auf Fischfang. Mein einer Bruder bewirtschaftet das Land und der andere wird Lotse, so wie unser Vater.«

Sie erzählten von früher und tauschten Neuigkeiten über die Nachbarn aus. Emilia half Mette, Kartoffeln zu schälen.

»So etwas kannst du? Musst du das in der Stadt etwa auch machen?«, fragte Mette verblüfft.

»Nein, das muss ich nicht. Aber ich weiß, wie es geht. Inken hat mir das gezeigt. Sie hat mir viel beigebracht. Wer weiß, ob ich es nicht noch brauche.«

Die beiden jungen Frauen, die aus so unterschiedlichen Familien stammten, sahen sich plötzlich an und verstanden einander. Tine schaute sich gelangweilt um und war froh, als sie endlich wieder aufbrachen, um nach Hause zu gehen. Auf halbem Weg blieb Emilia plötzlich stehen.

»Ich habe meine Handschuhe vergessen«, sagte sie. »Kannst du sie eben holen?«

»Wieder zurück?« Tine verdrehte die Augen.

»Dann mach ich es. Sag Inken, dass ich gleich komme, und versuch Kara einzufangen. Nicht, dass sie sich hier mit einem der Hofhunde einlässt.«

»Ist gut.« Tine stapfte den Deich hinauf.

Schnell wandte Emilia sich um und lief wieder zurück. Mette hatte sie schon erwartet.

»Inken hat uns Nachricht gegeben«, flüsterte Mette und gab ihr die Handschuhe, die Emilia ihr zugeschoben hatte. »Katja kommt ab heute und hilft, dieses dusselige Mädchen abzulenken. Du darfst dich gerne mit deinem Freier hier treffen.« Ihre Wangen waren gerötet und sie lächelte. »Das ist irgendwie aufregend. Sag, liebst du ihn?«

»Du musst nicht flüstern«, lachte Emilia. »Tine ist auf dem Weg zum Gut. Sie wollte nicht umkehren. Und ja, ich liebe ihn.«

»Was ist er denn für einer?«

»Er hat ein Segelschiff, hat das Kapitänspatent und segelt unter eigenem Namen. Meine Tante und mein Onkel wollen die Verbindung nicht. Es wäre unter meinem Stand.« Emilia verdrehte die Augen.

Mette sah sie nachdenklich an. »Es ist dein Leben«, sagte sie schließlich.

»Ich hoffe, der Bursche bring Nachrichten von Carl. Ich soll ihn weder sehen noch ihm schreiben, hat mein Onkel befohlen. Aber daran halten werde ich mich nicht.«

»Und deine Eltern? Wie denken die darüber?«

Emilia zuckte mit den Schultern. »Ich muss los. Sonst wird Tine noch misstrauisch.«

Der Tag verging, der Bursche kam zurück, hatte Lessing jedoch nicht angetroffen. Die Unsicherheit machte Emilia fast verrückt. Was, wenn Lessing bei ihrem Onkel vorsprach und der ihn des Hauses verwies? Oder, noch schlimmer, wieder eine Lüge über sie auftischte? Sie wäre verreist oder gar verlobt.

Emilia traute ihren Verwandten alles zu. Aber, dachte sie trotzig, ich bin keine Kuh, mit der man handeln kann, um bessere Geschäftsbeziehungen zu bekommen. Mit Mathilda können sie so verfahren, wenn ihnen das Glück ihres eigenen Kindes nicht am Herzen liegt, mit mir nicht.

Endlich, am nächsten Mittag, kam Katja, Mettes jüngere Schwester, auf das Gut. Ihre Wangen waren rot gefärbt, sie zwinkerte Emilia zu. Es war also eine Antwort gekommen.

»Mette fragt, ob du ihr mit den Kindern helfen kannst«, sagte Katja. »Der Bub hat sich wohl eine Erkältung eingefangen und quengelt, aber sie muss doch Quitten einkochen.«

Emilia sah fragend zu Inken.

»Mach ruhig«, sagte diese. »Ihr habt euch ja auch sicherlich noch einiges zu erzählen. Im Kirchspiel ist so manches passiert, seit du das letzte Mal hier warst.«

»Na gut.« Emilia stand auf. »Kommst du, Tine?«

Das Mädchen seufzte. »Ich kann nicht gut mit Kindern umgehen«, sagte sie.

»Eigentlich kann ich Tine auch gut gebrauchen. Katja und ich wollen große Wäsche machen, Tine kann auf den Braten aufpassen.«

»Wenn ich hier gebraucht werde, dann bleibe ich natürlich hier«, sagte Tine zufrieden.

Emilia verkniff sich ein Lachen, nahm Mantel und Handschuhe, pfiff den Hund herbei und spazierte aus der Küche. Sobald sie aber außer Sichtweite war, hob sie die Röcke an und lief. Sie riss die Tür zur Küche auf. »Mette, ein Brief?«

Lessing breitete die Arme aus. »Kein Brief, ich bin selbst gekommen.«

Sie ließ sich glücklich in seine Arme fallen.

»Mein Onkel hat mir verboten, mit dir zu sprechen. Was machen wir nur?«

»Ich habe alles gelesen, was du mir geschrieben hast. Es wird nicht einfach werden.« Er hob ihr Kinn an und sah ihr in die Augen. »Aber es wird einen Weg geben.« Dann holte er tief Luft. »Wie kommt es, dass du mir trotzdem geschrieben hast? Dass wir uns hier treffen können? Wo ist die Magd, die dich bewachen soll?«

»Tine? Ach, wir haben sie ausgetrickst. Mette ist meine älteste Freundin, ihr kann mein Onkel nichts anhaben. Und Inken, unsere Mamsell auf dem Gut, will, dass ich glücklich bin. So können wir uns heimlich sehen.«

»Auf Dauer ist das kein Zustand, Liebes. Ich verhandele gerade, und es sieht so aus, als ob ich bald schon wieder in See stechen kann, wenn die Order kommt. Spätestens Mitte November. Vor dem südlichen Winter muss ich das Kap umsegelt haben.«

»Dann geht es wieder nach Chile?«

»Peru vermutlich. Guano diesmal. Das wird gut bezahlt.«

»Da bleiben uns ja höchstens vier Wochen«, sagte Emilia entsetzt.

»Je schneller ich weg kann, umso eher bin ich auch wieder da.«

»Deine letzte Reise hat fast eineinhalb Jahre gedauert.«

»Ich hatte ein wenig Pech – erst das schlechte Wetter im Kanal, dann musste ich lange vor dem Kap kreuzen, einige andere haben aufgegeben und sind zurückgesegelt. Und auf dem Rückweg kamen wir in einen Sturm und hatten einen schwerverletzten Mann.« Er senkte den Kopf. »Gebe Gott, dass es diesmal besser läuft.«

»Hast du mit deinen Brüdern gesprochen?«

Er nickte. »Robert stundet mir das Geld, Friedrich jedoch nicht. Ich hoffe, dass die nächste Fahrt genügend Gewinn einbringt, damit ich vor deinen Onkel treten kann.«

Emilia trat einen Schritt zurück und stemmte die Fäuste in die Seiten. »Carl, mein Onkel wird niemals die Einwilligung geben. Weder jetzt noch in zwei Jahren. Selbst wenn du als wohlhabender Mann zurückkehren würdest, wiche er keinen Schritt von seiner Meinung ab.« Sie schnaufte. »Und wie stellst du dir das vor? Was soll ich in der Zeit machen? Däumchen drehen? Ich bin schon zwanzig, meine Familie erwartet von mir, dass ich heirate. Sie werden sich nicht noch weitere Monate oder gar Jahre hinhalten lassen.«

»Was soll ich denn tun? Ich kann es nicht ändern, dass ich keiner von diesen reichen Pfeffersäcken bin und dass mein Vater mir nicht mehr hinterlassen hat als ein paar Taschentücher. Ich bemühe mich sehr, mir eine Existenz aufzubauen, die deiner angemessen ist, aber aus dem Hut schütteln kann ich das nicht.«

»Wenn er es eh nicht erlaubt«, sagte Mette, die sich im Hintergrund gehalten hatte, »dann könnt ihr doch auch jetzt heiraten, ohne seine Zustimmung.«

Lessing sah sie entrüstet an. »Dafür müsste Emma mit ihrer Familie brechen.«

Mette zuckte mit den Schultern. »So, wie es aussieht, wird sie das sowieso tun müssen. Es ist deine Entscheidung, Emma – er oder deine Familie.«

»Wir könnten heimlich heiraten, mein Liebes. Und wenn ich dann wiederkomme und dir ein besseres Leben bieten kann …«

»Ach, Carl. Wer sollte uns denn trauen, ohne dass es mein Onkel erfährt? Und überhaupt, Mette, ohne Onkels Erlaubnis wird mich kein Pfarrer verheiraten.«

»Doch.« Mette grinste. »Natürlich. Du müsstest nur schwindeln. Sagen, dass ihr heiraten müsst.«

»Müssen?« Lessing zog die Augenbrauen hoch, dann erst verstand er. »Das geht nicht, das können wir nicht tun. Emilias Ruf …«

»Vielleicht«, sagte Emilia nachdenklich, »würde unter solchen Umständen sogar mein Onkel zustimmen. Aber was dann? In ihrem Haushalt würde ich nicht mehr wohnen können. Das würde ich auch nicht wollen.«

210

»Kannst du nicht in Othmarschen bleiben? Das Haus gehört doch deinen Eltern und nicht deinem Onkel«, meinte Mette.

»Vielleicht«, sagte Emilia nachdenklich, dann schüttelte sie den Kopf. »Aber bei allem Überlegen – Carl, ich ertrage es nicht, jetzt wieder so lange von dir getrennt zu sein. Ich möchte mit dir zusammen sein.«

»Ach, mein Liebes, dann muss ich mir eine andere Existenz suchen.« Er sah sie traurig an.

»Segeln ist dein Leben«, sagte Emilia leise und nahm seine Hand. »Das will und kann ich dir nicht nehmen. Jetzt, wo du dein eigenes Schiff hast, erst recht nicht.«

»Dann fahr doch mit ihm.«

»Was?« Emilia sah Mette verwirrt an.

»Ja, warum denn nicht? Es gibt etliche Kapitäne, die ihre Frauen mit an Bord nehmen. Meist natürlich, bevor sie Kinder haben, und dann später, wenn die Kinder aus dem Haus sind. Frag meinen Vater, er kennt eine Reihe von Kapitänsfrauen, die schon auf großer Fahrt waren.«

Lessing nickte. »Ja, das gibt es. Hier wird nicht oft darüber gesprochen, doch in den Häfen, wenn man sich an Land trifft, ist die ein oder andere Kapitänsfrau dabei.« Dann biss er sich auf die Lippe. »Das Leben an Bord ist hart und manchmal gefährlich, das möchte ich dir nicht zumuten, Emma.«

Emilia strahlte. »Das wäre doch wundervoll, Carl. Überleg doch nur – wir wären Tag und Nacht zusammen, könnten miteinander leben.«

»Aber was, wenn …« Er errötete. »Ich meine, wenn unsere Ehe Folgen hat?«

»Das könnt ihr dann immer noch sehen. Einem Säugling wird es egal sein, wo er schläft, wenn er nur versorgt wird«, sagte Mette nüchtern. »Und wer weiß, ob ihr so schnell gesegnet werdet. Meine Schwester hat vor drei Jahren geheiratet und wünscht sich immer noch sehnsüchtig ein Kind.«

Lessing seufzte. »Ich werde darüber nachdenken, meine Liebste.

Wohl ist mir bei dem Gedanken nicht, auch wenn ich es nicht erwarten kann, mit dir zusammenzuleben.«

Mette zwinkerte ihrer Freundin zu, nahm die Kinder und verließ die Küche.

Es waren innige Momente.

Sie küssten sich, konnten kaum voneinander lassen. Emilia fühlte seine warme Haut, seinen Atem auf ihrem Gesicht. Er hatte den Bart gestutzt und die Haare schneiden lassen, roch nach Seife, Leder und Salz. Das Salz des Meeres schien sich in jeder seiner Fasern festgesetzt zu haben, er schmeckte sogar danach. Schließlich ließ Lessing sie los.

»Du musst gehen. Wir sollten uns in zwei oder drei Tagen wieder hier treffen. Lass uns wirklich und ernsthaft darüber nachdenken, wie wir es angehen wollen. Ob du bereit dazu bist, dich von deiner Familie und allen Sicherheiten loszusagen und mit mir zur See zu fahren. Und ich werde darüber nachdenken, wie wir die Kajüte einrichten können. Vergiss nicht, du wärest die einzige Frau an Bord. Eine Magd können wir nicht mitnehmen, das würde die Mannschaft schier verrückt machen.«

»Das weiß ich. Und ich weiß auch jetzt schon meine Antwort auf deine Fragen. Ja – ich will. Nichts kann so schlimm sein, wie wieder von dir getrennt zu werden.« Sie holte tief Luft. »Aber ich werde mich noch einmal gewissenhaft prüfen.«

Er holte das Pferd aus dem Stall, küsste sie noch einmal und ritt in Richtung Stadt. Emilia schaute ihm hinterher, sie war ganz aufgewühlt.

Mette trat zu ihr in den Hof. »Er liebt dich.«

»Ja.«

»Und du ihn.« Mette lachte leise. »Er mag ein guter Seemann sein, aber was die praktischen Dinge des Lebens angeht, muss er noch lernen.«

Emilia zuckte mit den Schultern. »Er ist ein Mann. Ist deiner da besser?«

»Nein«, kicherte Mette, »aber er hat ja auch mich.« Dann wurde

212

sie wieder ernst. »Du solltest nach Hause gehen. Wenn er wiederkommt, gebe ich dir Bescheid.«

»Darf ich dich auch so besuchen kommen? Ich hätte da einige Fragen.« Emilia lächelte verlegen.

»Du warst hier immer willkommen und wirst es auch immer sein.« Mette nahm die Freundin in den Arm und drückte sie. »Schick Katja zurück, es gibt auch hier einiges zu tun.«

Beschwingt machte sich Emilia auf den Weg nach Hause. Kapitänsfrau, zusammen mit Carl auf hoher See, was für ein wundervoller Gedanke. Sie war sich nur nicht ganz sicher, ob Carl das ebenso sah. Sie kam aus gutem Hause und sein Bestreben war es, ihr ein ebenbürtiges Leben bieten zu können. Wie konnte sie ihm klarmachen, dass ihr nichts daran lag?

Früher, vor dem großen Brand, hatte sie mit ihren Eltern viel schlichter in Othmarschen gelebt. Sie hatte fast nur glückliche Erinnerungen an diese Tage. Das alles änderte sich, als Onkel und Tante hierherzogen und ihren Lebensstil mitbrachten.

Inken sah ihr erwartungsvoll entgegen. Die weiße Wäsche dampfte im Hof. Der Tag war kalt, aber klar und trocken.

»Ich will alles wissen«, wisperte Inken. »Katja sagte, dass er selbst gekommen ist.«

Emilia nickte, dann schaute sie sich um. »Wo ist Tine?«

»Ich habe sie mit Katja zum Röperhof geschickt, Milch holen. Sie werden sicher noch eine Stunde unterwegs sein.« Sie grinste verschwörerisch.

Emilia setzte sich auf die vertraute Küchenbank und berichtete Inken von ihren Überlegungen.

»Eigentlich wird dir irgendwann das Gut hier gehören. Dein Onkel wurde ausbezahlt, weil er in Hamburg bauen wollte. Aber wie das rechtlich aussieht, weiß ich natürlich nicht.« Inken zog die Stirn kraus.

»Selbst wenn. Ich möchte nicht Monat um Monat warten, bis Carl endlich wieder in Hamburg anlegt. Ich will mein Leben gemeinsam mit ihm verbringen. Briefe sind kein Ersatz für Gespräche.«

»Bist du dir sicher, dass du weißt, was du dir da wünschst?«

213

Emilia starrte in das Feuer des Ofens. Das Wasser im Kessel kochte und Inken stand auf, um Tee aufzuschütten.

»Ich wünsche mir«, sagte Emilia leise, »nichts sehnlicher, als mit dem Mann, den ich liebe, zusammen zu sein. Mit ihm zu leben. Er ist nun mal Kapitän, deshalb lebt er auf seinem Schiff. Wie es sein wird, auf einem Schiff zu leben, das kann ich mir nur ausmalen. Aber Mette sagte, dass einige Kapitänsfrauen ihre Männer begleiten, warum dann nicht auch ich?«

»Weil es Frauen von einem anderen Schlag sind«, sagte Inken leise. »Frauen wie Mette oder ich. Wir kennen das Leben und die harte Arbeit, haben nie Zofen gehabt oder Zimmermädchen. Wir brauchen keine Hilfe beim Anziehen. Mal eine Schleife oder ein paar Knöpfe vielleicht, aber wir tragen keine Mieder, die im Rücken geschnürt werden, und haben keine Wespentaillen. Krinolinen stelle ich mir auch sehr unpraktisch auf einem Schiff vor.«

»Ja, darüber habe ich auch schon nachgedacht. Ich brauche diesen Pomp nicht. Ich habe nur keine Mieder, die vorn geknöpft oder geschnürt werden. Ich habe keine Kleider ohne Reifrock, abgesehen von ein paar Sommerkleidern.«

Inken lachte. »Das kann man ändern. Ich meinte eigentlich auch eher, die Art zu leben.«

»Inken, du sagst, du liebst Mats auf deine Art. Ihr seid zufrieden miteinander, glücklich. Würdest du lieber so leben wie ich und unglücklich sein? Einen Mann heiraten, der für die Familie wichtig ist und das Geschäft belebt, den du aber nicht magst?«

Inken schüttelte den Kopf. »Ich würde schon gerne einige Dinge haben, die du hast. Jemanden, der mir das Wasser kocht und die Eimer ins Bad trägt, der den Nachttopf leert und meine Wäsche wäscht. Sich an den Tisch zu setzen und zu essen, ohne vorher Stunden in der Küche gestanden zu haben, ja, das stelle ich mir schön vor.« Sie lächelte. »Aber mit einem Mann verheiratet zu sein, den ich eigentlich nicht mag, das würde ich dafür nicht in Kauf nehmen.« Sie sah Emilia an. »Aber in deinem Stand gibt es viele Ehen, die aus gesellschaftlichen oder geschäftlichen Gründen geschlossen wurden. Dein Onkel

214

und deine Tante haben deshalb geheiratet. Sie erscheinen mir nicht unglücklich.«

Emilia verzog das Gesicht. »Möglich. Aber vielleicht geht das nur, wenn man sein Herz nicht schon verschenkt hat. Kennst du das Buch ›Emilia Galotti‹? Carls Großonkel hat es geschrieben.«

Inken lachte laut auf. »Ich kann zwar lesen, aber Zeit für Bücher habe ich nicht. Der Onkel von deinem Carl schreibt also?«

»Es ist der Großonkel, er ist schon tot. Ich habe es jetzt zum zweiten Mal gelesen, auch weil die Hauptfigur ja meinen Namen trägt. In dem Buch geht es um eine junge Frau, eine Emilia.«

»Das überrascht mich jetzt«, sagte Inken und grinste.

»Ach Inken! Also, da ist dieser Prinz und der will Emilia unbedingt als Geliebte. Sie ist eine Bürgerliche, also gibt es da auch einen Standesunterschied.«

»Ja, aber wenn der Mann höhergestellt ist als die Frau, dann ist das nicht so schlimm. Er muss schließlich für sie sorgen, Emma. Und das macht deinem Carl ja auch so zu schaffen. Er wird dir nie das bieten können, was du jetzt hast.«

Emilia seufzte. »Ja, ich weiß. Aber jetzt hör mir doch erst mal zu. Es geht hin und her, der Prinz lässt ihren Verlobten ermorden. Emilia selbst will nicht zum Spielball werden und bringt ihren Vater dazu, sie zu erstechen. Ich will so nicht enden, als Spielball meines Onkels, er ist wie der Prinz.«

Inken sah sie entsetzt an. »Dein Onkel will dich als Geliebte?«

»Nein, Inken, nein. Er will mich bloß benutzen, will seine Macht ausüben, mich verheiraten für seine Zwecke. Das kann ich nicht zulassen.«

»Aber du liebst Lessing nicht nur aus Trotz?«, fragte Inken leise.

Emilia lehnte sich zurück. »Darüber muss ich nachdenken. Nein, nein. Nein, ich liebe Carl von Herzen. Schon als ich ihn zum ersten Mal im Haus meines Onkels gesehen habe, war da etwas zwischen uns. Wie eine Seelenverwandtschaft, ein Band. Wir verstehen uns, wir können miteinander reden und …«, sie senkte den Kopf, »er küsst so gut«, flüsterte sie dann.

»Emma!« Bevor Inken schimpfen konnte, kamen Tine und Katja in die Küche. Sie trugen die Kästen mit den Milchkannen.

»Wir haben auch Sahne und Butter mitgebracht«, sagte Katja und sah Emilia an. Emilia grinste und Katja seufzte erleichtert auf. »Wenn jetzt alles gut ist, gehe ich zurück und helfe meiner Schwester. Morgen komme ich wieder, die Wäsche fertigmachen.«

»Kannst du mangeln und plätten, Tine?«, wollte Inken wissen.

»Ja doch.« Das Mädchen schien fast beleidigt. »Das hab ich alles gut gelernt.«

»Wunderbar. Dann brauchst du morgen nicht zu kommen, Katja. Ich lasse dich rufen, wenn wir Hilfe brauchen.«

Es war wie eine kleine Verschwörung unter den Frauen gegen Tine. Sie sahen einander lächelnd an. Tine schien das zum Glück nicht mitzubekommen.

»In Hamburg wird uns die Milch geliefert«, seufzte sie. »Mit einem Karren. Schleppen müssen wir nicht.«

»Wir sind hier nicht in Hamburg«, sagte Inken streng. »Du kannst mir helfen, die Wäsche zu mangeln. Morgen werden wir sie plätten. Aber erst gibt es einen Happen zu essen.«

Emilia hatte keinen Hunger, sie ging nach oben, setzte sich an das Mansardenfenster und schaute über die Deichkrone. Die Elbe konnte sie von hier aus nicht sehen, aber hören. Sie wog all die Gedanken, die sie beschäftigten, ab. Warum hatte sie sich in Lessing verliebt? Gab es auf diese Frage eine Antwort? War es vielleicht wirklich nur Trotz?

Nein, dachte sie. Ich habe es versucht. Ich hatte den Kontakt zu ihm abgebrochen und viel mit den anderen Bewerbern unternommen. Sie hatte sich wirklich bemüht, Gefühle für den einen oder anderen zu entwickeln. Amsinck war so jemand, mit dem sie sich hatte austauschen können, den sie wirklich gerne mochte, mit dem sie auch hatte lachen können. Aber wenn sie die Briefe las, die sie von Amsinck bekam, oder bei den Treffen hatte ihr Herz nie so gepocht. Sie mochte ihn, aber sie musste nicht ständig an ihn denken.

Lachen, dachte sie, war so wichtig im Leben. Und über so manche Zeile in Carls Briefen hatte sie herzhaft gelacht. Aber geschriebene

216

Worte waren immer noch etwas anderes als gelebtes Leben. Gemeinsam mit ihm – jetzt war es nur ein Traum, aber möglicherweise ein Traum, der bald in Erfüllung gehen würde.

Sie dachte über das nach, was sie hatte und aufgeben müsste, und das, was sie bekäme. Die Zukunft lag wie im Nebel, nicht greifbar, nicht vorstellbar, einfach, weil sie nicht wusste, was sie erwartete.

Am nächsten Morgen bat sie Inken um Leckereien für Mettes Kinder und machte sich wieder auf zum Hof der Jörgensens. Sie brauchte Antworten auf viele Fragen. Zuallererst über praktische Dinge.

»Kannst du mir bitte erklären«, wollte sie wissen, »wie du es schaffst, dich allein anzuziehen?«

Mette lachte. »Das meinst du nicht ernst?«

Doch Emilia nickte. »Ich weiß es nicht. Von früh an wurde mir geholfen. Ja, ich kann die Haken und Ösen schließen, wenn sie vorn sind, kann Schleifen binden. Aber meine Kleider sind so geschnitten, dass mir jemand helfen muss. Es war bisher auch immer jemand da.« Emilia verzog das Gesicht.

Mette sah sie prüfend an. »Du bist viel schlanker als ich, aber wir haben die gleiche Größe. Komm mit.«

»So viel schlanker bin ich sicher nicht, ich bin nur fester geschnürt als du«, gestand Emilia, als sie in Mettes Schlafzimmer standen.

Mette half ihr aus dem Kleid und öffnete ihr das Mieder. »Mein Gott, das ist ja unmenschlich. Wie kannst du damit überhaupt essen? Da geht doch nichts runter, wenn du so zugeschnürt bist.«

»Man gewöhnt sich daran und das ist noch gar nicht das engste Mieder, das ich habe. Ich esse immer vor den Gesellschaften etwas, bevor ich das Mieder anlege. Damen sollen auch nur manierliche Häppchen zu sich nehmen.« Sie lachte. »Es geht auch gar nicht anders, mehr kriegt man nicht rein.« Sie schaute sich um. »Wie sieht denn deine Wäsche aus?«

»Ich knöpfe oder binde vorn. Das kann ich allein und es ist ganz einfach. Dann ziehe ich die Röcke über, dann das Kleid. Das wird auch vorn geknöpft. Schau.«

217

Emilia seufzte erleichtert auf. »Wenn ich solche Kleidung habe, kann ich mich auch allein anziehen. Da brauch ich keine Dienstmagd.«

»Aber nach ein paar Wochen wirst du dein Personal bestimmt vermissen«, sagte Mette leise. »Glaubst du nicht?«

Emilia lehnte sich zurück. »Vielleicht. Aber das macht nichts.«

»Das sagst du jetzt. Und wenn doch?«

»Dann ist das eben so. Ich habe eine Entscheidung getroffen und muss mit den Konsequenzen leben. Und das werde ich.« Sie zögerte. »Aber es gibt andere, persönlichere Dinge, um die ich mir Sorgen mache …«

Mette lachte. »Wenn die Tür zugeht hinter einem frisch vermählten Ehepaar? Meinst du das?«

»Ich weiß gar nichts«, wisperte Emilia unglücklich. »Ich habe ihn gestern geküsst. Und – oh – das war so schön, so innig und so vertraut. Aber … wie ist das? Ist das so ähnlich wie bei den Tieren?« Sie schluckte.

»Nein, Emma. So ist es nicht. Aber ich kann dir das nicht erklären. Du wirst sehen, es ist wunderschön.« Mette zögerte. »Meistens jedenfalls. Es ist erst sehr ungewohnt, mit einem Mann das Bett zu teilen, aber das geht schnell vorbei.«

»Ach, ich möchte ihm ja nahe sein. Ich habe bloß Angst, dass ich mich dumm verhalte oder etwas falsch mache.«

»Verhalte dich einfach ganz natürlich. Vertrau auf deine Liebe, dann wird schon alles gutgehen.«

»Und …« Emilia schaute auf den gewölbten Bauch der Freundin. »Und das?«

»Das gehört zu einer Ehe dazu. Ja, ich weiß, deine Mutter hatte viele Probleme damit und hat fast alle Kinder verloren. Das ist schrecklich, aber bei dir muss das nicht so sein.« Sie seufzte. »Es ist schlimm, wenn man ein Kind verliert, aber das Leben geht weiter. Ich wünsche dir bloß, dass es nicht so schnell geht mit dem Kinderkriegen. Nicht so lange dauert, wie bei meiner Schwester, aber auch nicht so schnell geht wie bei mir. Aber beeinflussen kannst du es nicht wirklich.«

»Mutter hat immer so furchtbar geschrien.«

»Eine Geburt bedeutet auch, Schmerzen zu haben. Ich habe Glück, bei mir geht es immer recht schnell und es ist komplikationslos gewesen bisher. Doch du musst bedenken – du bist auf einem Schiff. Da gibt es weder eine Hebamme noch einen Arzt, wenn ihr mitten auf dem Meer seid.«

»Das weiß ich. Aber bis dahin ist ja noch Zeit. Carl weiß dann sicher eine Lösung, einen Hafen, den wir anlaufen können. Erst mal müssen wir einen Weg finden, um überhaupt heiraten zu können.«

»Was sagt denn Inken dazu?«

Emilia senkte den Kopf. »Ich habe nur kurz mit ihr sprechen können. Ich glaube, sie macht sich Sorgen. Sie will wohl, dass ich glücklich bin, hat aber Zweifel daran, dass Carl mich glücklich machen kann.«

Mette nickte. »Das verstehe ich gut. Nun ja, du hast aber recht, jetzt müssen wir erst einmal abwarten, was dein Carl erreicht.«

»Es ist schon Mitte Oktober, im November will er wieder fort. Wenn er ohne mich in See sticht, wird es mir das Herz brechen.«

»So schnell bricht kein Herz.« Mette stand auf. »Aber bis November ist nicht mehr lang, wir sollten uns um deine Kleidung kümmern. Hast du eigentlich Geld?«

»Ein wenig. Mein Vater lässt mir immer etwas zukommen und auch meine Tante gibt mir etwas Handgeld. Ich gebe nicht viel aus, ein kleines Sümmchen sollte ich zusammenhaben. Wieso?«

»Weil wir eine Schneiderin brauchen. Und außerdem musst du ja noch andere Dinge haben – eine Aussteuer. Da kann dir aber sicher Inken einiges geben. Vergiss nicht, deinen Carl zu fragen, wie gut sein Schiff ausgerüstet ist, was diese Dinge angeht.«

»An so etwas habe ich noch gar nicht gedacht.« Emilia biss sich auf die Lippen. »Am besten mache ich mir gleich eine Liste.«

1856–1858

Auf erster großer Fahrt

14. Kapitel

Emilia und Carl trafen sich noch ein paar Mal bei Jörgensens, schließlich kam Lessing auch zum Gut der Bregartners, denn Emilia legte Wert darauf, dass Inken ihn kennenlernte.

»Das melde ich Eurem Onkel«, sagte Tine entsetzt.

»Wie denn?«, fragte Inken und grinste. »Geh in deine Kammer, Mädchen. Hier werden Dinge besprochen, die dich nichts angehen.«

»Sehr wohl gehen die mich etwas an. Ich soll Sorge dafür tragen, dass das Fräulein diesen Mann nicht trifft.«

»Na, das hat ja schon mal nicht geklappt. Und jetzt geh in deine Kammer.« Inken verschränkte die Arme vor der Brust und sah die Magd streng an.

»Das wird Folgen für dich haben«, sagte Tine, drehte sich aber um und ging.

»Folgen wird das haben, das fürchte ich auch«, sagte Lessing bedrückt.

»Nun, damit werden wir auch fertig.« Inken musterte ihn, nickte dann. »Setzt Euch. Mögt Ihr einen Kaffee oder einen Tee?«

»Kaffee.« Er lächelte und setzte sich ohne große Umstände auf die Küchenbank. »Ich werde nächste Woche mit Emmas Onkel sprechen«, sagte er und straffte die Schultern. »Mich erklären und um ihre Hand anhalten.«

Emilia verzog das Gesicht. »Muss das wirklich sein? Er wird toben.«

»Ja, das muss sein. Ich habe mit einem Pfarrer gesprochen. Wir können nur heiraten, wenn er die Zustimmung gibt oder dich eben verstößt.«

»Dann eben Letzteres.« Emilia streckte das Kinn vor. »Das wird uns nicht abhalten.«

220

»Die Zeit drängt. Wir haben schon Anfang November. Ich habe Order, die Mannschaft steht. Ich habe mit meinen Steuermännern gesprochen, den Steward umquartiert und einige Veränderungen vorgenommen«, sagte er stolz. »Du kannst also an Bord kommen.« Dann holte er tief Luft. »Als meine Frau.«

»Was sagen die Steuermänner und die Mannschaft?«, wollte Inken wissen.

»Nun, sie waren zuerst nicht begeistert. Eine Frau an Bord, das bringt erst mal Unruhe mit sich. Aber ich bin der Kapitän, und wenn ich beschließe, dass meine Ehefrau mitreist, dann ist das eben so. Ich habe es ihnen gesagt, bevor sie angeheuert haben, sie hätten ja nicht müssen. Zwei der Vollmatrosen und ein Leichtmatrose wollten nicht mit einer Frau segeln. Dann eben nicht, es gibt genügend Seeleute, die sichere Arbeit suchen. Und die Eltern des Schiffsjungen haben es auch verboten, aber ich habe einen anderen bekommen.«

»Das ist gut«, meinte Inken. »Emma wird es schwer genug haben. Wenn dann auch noch die Mannschaft gegen sie wäre, das wäre schrecklich.«

»Mamsell«, sagte Lessing. »Emmas Glück liegt mir mehr am Herzen als mein eigenes, darauf könnt Ihr Euch verlassen.«

»Gut«, sagte Emilia, »nachdem ihr euch beide da einig seid, was mein Glück betrifft, sollten wir besprechen, wie wir weiter vorgehen. Du redest also bald mit Onkel Hinrich. Und was, wenn er sich nicht äußert?«

»Ich habe mit dem Pfarramt gesprochen.« Lessing räusperte sich. »Wenn wir angeben, dass wir heiraten müssen, dann geht das. Ich konnte ein ausreichendes Einkommen nachweisen, auch wenn ich hier keinen Wohnsitz habe. Ich habe das Gut hier in Othmarschen als im Besitz von Emmas Eltern angegeben, und das schien ihnen zu genügen. Ich hätte nur gerne die Einwilligung von deinem Onkel, Emma. Und ich finde auch, dass deine Familie es wissen sollte, ganz egal, wie er sich verhält. Sie sollten es von mir erfahren und nicht von dem Mädchen, dieser dummen Gans.«

»Vielleicht sollten wir erst heiraten. Und dann gehe ich zum Onkel und sage es ihm.«

»Nein, sei kein Dummkopf, Emma«, sagte Inken. »Es besteht eine kleine Chance, dass er doch zustimmt, auch wenn es ihm nicht gefällt. Dann verstößt er dich nicht. Das mag dir im Moment egal sein, aber für deine Zukunft könnte es wichtig sein.«

»Die Mamsell hat recht, Emma«, beschwor Lessing sie. »Lass es uns im Guten versuchen.«

Emilia seufzte. »Nun gut. Aber ich möchte bei dem Gespräch zugegen sein.«

»Und wenn er dich dann einsperrt, Emma?«, fragte Inken entsetzt.

»Das wird er nicht wagen. Ich bin sein Mündel, aber die letzte Entscheidung hat mein Vater zu fällen, denn er lebt ja noch, wenngleich er im Ausland ist. Und bis Vaters Entscheid hier eintrifft, ist die Lessing längst auf Fahrt. Zur Not schleiche ich mich davon und an Bord.« Sie lächelte. »Ich will dabei sein, will auch meine Meinung äußern. Ich will mich weder einsperren noch abspeisen lassen. Viel zu lange haben mein Onkel und meine Tante über mein Leben bestimmt. Nur eine Bitte hätte ich, Carl.«

»Ja?« Er sah sie verblüfft an. Aus dem verträumten Mädchen war plötzlich eine Frau geworden, die zu wissen schien, was sie wollte.

»Wir müssen durch den Kanal. Ich möchte meine Eltern sehen. Ich möchte mit ihnen sprechen und ihnen meine Entscheidung erklären. Vermutlich werden sie es ebenso wenig gutheißen wie mein Onkel und die Tante. Aber ich möchte ihnen die Nachricht persönlich überbringen.«

»Wir werden in Cardiff anlegen müssen. Ein Treffen mit deinen Eltern sollte also möglich sein.«

»Wann wollt Ihr in See stechen?«, fragte Inken.

»Spätestens am elften November, wenn das Wetter es zulässt. Das ist nächste Woche Dienstag. Den Lotsen habe ich schon bestellt. Ballast wird gerade geladen. In wenigen Tagen sollte die ›Lessing‹ fertig sein. Jeder Tag früher wäre besser.«

»Ich habe Emmas Aussteuer fertiggemacht. Dieses Gut gehört ihren

222

Eltern, deshalb habe ich mich frei gefühlt, aus den Besitztümern einiges für sie auszuwählen. Wir haben es in Kisten gepackt, die stehen dort im Flur. Mein Mann wird Euch mit der Kutsche nach Hamburg begleiten, so dass ihr die Sachen schon an Bord nehmen könnt.«

»Mir fehlen die Worte, Mamsell.« Die Dankbarkeit war ihm deutlich anzuhören.

»Mögt Ihr Euch nicht frisch machen, bevor es Essen gibt?«, fragte Inken.

»Das wäre wunderbar.«

Mats hatte Wasser erwärmt und in die Waschstube gebracht.

Während Lessing dorthin verschwand, nahm Inken Emilia zur Seite. »Bist du dir sicher? Ganz sicher?«

»Absolut.«

Inken nickte. »Er liebt dich, das merkt man. Er wird sich immer für dich einsetzen und vor dich stellen. Das ist gut. Ich habe euch beiden das Schlafzimmer deiner Tante zurechtgemacht.« Sie räusperte sich und senkte den Kopf.

»Bitte?« Emilia glaubte, nicht recht gehört zu haben, ihr Herz schlug bis zum Hals.

»Nun, wenn ihr angeben wollt, dass ihr heiraten müsst, wäre es nicht verkehrt, Tatsachen zu schaffen. Ich traue deinem Onkel zu, dass er dich untersuchen lässt, nur um herauszufinden, ob es stimmt.«

Emilia schnappte nach Luft.

»Du liebst ihn wirklich und willst dein Leben mit ihm verbringen?« Eindringlich sah sie Emilia an. »Ganz bestimmt?«

Emilia nickte. »Ja, das will ich.«

»Nun gut. Ich werde dafür geradestehen.«

»Ich will nicht, dass du wegen uns in Schwierigkeiten kommst.«

»Das werde ich nicht. Ich werde alles leugnen, aber was ihr in Mettes Scheune macht, kann ich nicht wissen.« Sie zwinkerte Emilia zu.

»Doch es muss ja nicht im Stroh sein, wenn es auch anders geht. Ihr werdet nächste Woche heiraten, so oder so.«

Emilia wurde rot und dann blass. Inken bemerkte ihre Unsicherheit. »Bist du etwa bang, Täubchen?«

»Ja.«

»Keine Angst. Es tut vielleicht erst kurz weh, aber nur kurz. Und es macht keinen Unterschied, ob du den Segen der Kirche hast oder nicht, was das angeht.« Sie lachte leise. »Ich habe dir ein hübsches Nachthemd rausgelegt und Mats hat den Ofen angeheizt. Außerdem steht eine Karaffe Wein auf dem Tisch. Trinkt ruhig beide, das löst die Anspannung.«

Emilia nahm sie in den Arm und drückte sie fest. »Danke. Du warst immer mehr für mich da als meine Mutter.«

»Das weiß ich und es hat mir so weh getan, dass sie dich nicht mitgenommen hat. Es hätte dir beinahe das Herz gebrochen. Das soll nicht noch einmal passieren. Lessing wird gut zu dir sein, er liebt und achtet dich. Deshalb, und nur deshalb, werde ich euch helfen, so gut ich kann.«

Emilia kämpfte mit den Tränen. »Inken … »

»Ich werde immer hier sein und ich werde immer für dich da sein, Täubchen.« Inken holte tief Luft. »Und nun machen wir Essen. Und damit du deine Gefühle in den Griff kriegst, trinkst du jetzt ein Glas Branntwein.«

»Und was machen wir mit Tine?«

»Sie bleibt hier. Weglaufen wird sie ja wohl nicht. Und wenn ihr nach Hamburg fahrt, um mit deinem Onkel zu sprechen, könnt ihr sie ja mitnehmen.«

Zwei Stunden später standen sich Emilia und Carl in dem Zimmer gegenüber. Carl schloss die Tür hinter sich, lehnte sich dagegen, er atmete angespannt. »Emma …«

Ihr Herz klopfte wie ein kleines Tier, das in ihrer Brust gefangen war. Sie biss sich auf die Lippen.

»Wir sind nicht vermählt, Emma. Das ist nicht rechtens«, sagte er und ging zu dem Tischchen, schenkte ihnen beiden ein Glas Wein ein.

»Nächste Woche wirst du mich ehelichen … es sind nur ein paar Tage …«, sie schluckte, nahm das Glas und nippte daran.

Lessing leerte sein Glas hastig, wischte sich über den Mund. Er wirkte unsicher. Er trat zu Emilia, zog sie an sich heran, küsste sie. »Ich liebe dich«, murmelte er.

Zögerlich erwiderte sie den Kuss. Es war anders als die Male zuvor in Mettes Küche, das wusste sie.

Carl bemerkte ihre Unsicherheit und ließ sie los. Emilia nahm das Glas Wein, trank einen großen Schluck, dann noch einen. Der Alkohol wärmte ihren Magen, sie fühlte sich plötzlich viel leichter. Und dennoch saß die Furcht vor dem, was kommen würde, in ihrem Nacken.

Er wartete, sein Gesicht war wie von Fieber gerötet. Auch ihr stieg die Hitze in die Wangen, oder war es die Scham?

»Soll ich gehen?«, fragte er leise.

Emilia schüttelte den Kopf, trank den letzten Schluck und stellte das Glas wieder ab.

»Ich liebe dich«, flüsterte sie. Er lächelte, beugte sich vor und das Lächeln wurde zu einem langen, weichen Kuss. Seine Hand war unter ihrem Haarknoten, hob ihn hoch. Mit dem Daumen strich er über ihren Hals, Emilia erschauerte.

Sie berührte sein Gesicht, die raue Haut an den Wangen, strich über den weichen Bart. Ein weiterer Schauer lief über ihre Fingerspitzen, durch den Arm, die Brust und wieder zurück. Etwas in ihr sehnte sich danach, ihm noch näher zu sein. Sie ließ sich fallen in das Gefühl des Verlangens, gab ihm nach. Emilia schloss die Augen. Sie wollte nur noch fühlen und riechen und schmecken. Seine Zunge strich über ihre Lippen, zart und sanft, dann wurde der Kuss fester und begehrlicher. Hektisch öffneten sie Knöpfe, Schlaufen und Ösen, ließen die Kleidung achtlos zu Boden fallen. Wie im Fieber und immer noch aneinandergepresst taumelten sie zum Bett.

Mitten in der Nacht wurde Emilia wach. Ein kalter Luftzug strich über ihren nackten Körper. Sie zuckte erschrocken zusammen, zog die Decke über sich. Die Kerze war fast heruntergebrannt, der diffuse Lichtschein flackerte, so dass das ganze Zimmer unwirklich schien.

Sie drehte sich zur Seite, zu Carl. Plötzlich erinnerte sie sich wieder an alles, an jeden Kuss, jede Berührung. Es hatte weh getan, aber nur kurz, und dann hatte die Begierde sie erfasst.

So ist das also, dachte sie und lächelte, dann schloss sie die Augen und schlief wieder ein.

Am nächsten Morgen, als sie in die Küche kam, musterte Inken sie, dann zog ein Grinsen über ihr Gesicht. »Du strahlst«, sagte sie zufrieden.

»Ich habe nicht gewusst, dass es … so sein würde.« Emilia seufzte. »Ich will nicht, dass er heute wieder nach Hamburg zurückkehrt.«

Jetzt lachte Inken laut. »Es sind doch nur ein paar Tage, Täubchen, und dann bist du für immer mit ihm vereint. Lass ihn deine Aussteuer an Bord bringen und eure Räume einrichten. Er wird auch noch das ein oder andere zu erledigen haben.«

»Ich weiß. Und Onkel und Tante sollten noch nichts erfahren, damit sie uns nicht aufhalten können.«

»Nach dieser Nacht werden sie das wohl nicht tun«, sagte Inken und klang zufrieden.

Am achten November 1856 holte Lessing Emilia mit der Kutsche aus Othmarschen ab. Er kam am frühen Morgen, als der Nebel noch das Land bedeckte.

Der Abschied zwischen Inken und Emilia war innig. Sie hielten sich fest, als wollten sie nicht mehr loslassen.

»Ich komme wieder, Inken, ganz bestimmt. Und ich werde dir schreiben, das verspreche ich dir. Ich werde dich nie vergessen, werde nie vergessen, was du für mich getan hast.«

»Ach, Täubchen.« Inken rieb sich die Tränen von den Wangen. »Hier wirst du immer ein Zuhause haben. Und wehe, er benimmt sich nicht anständig dir gegenüber. Pass gut auf dich auf, mein Kind.«

Immer wieder schaute Emilia sich um, nachdem sie in die Kutsche gestiegen war. Obschon es ihr innigster Wunsch war, Lessing zu heiraten und mit ihm zur See zu fahren, schmerzte der Abschied. Ein

226

neuer Abschnitt in ihrem Leben würde beginnen, ganz unbekannt und voller Unsicherheiten.

Die Äcker am Wegesrand schienen im Nebel zu schlafen. Grau- und Gelbtöne der Natur wechselten sich ab, Eisregen fiel. Feuchter Frost machte aus den Büschen riesige Pelztiere. Die Wasserfläche der Elbe war metallisch glatt.

Lessing nahm ihre Hand, drückte sie. »Bereust du es?«, fragte er leise.

»Nein, nein. Aber dies war meine Heimat bisher, mein sicherer Hafen, in den ich flüchten konnte.«

»Emma, ich werde immer für dich da sein, dich beschützen und bewachen. Ich werde, soweit es in meiner Macht steht, dafür sorgen, dass es dir an nichts mangelt.« Er klang so pathetisch, dass Emilia lächeln musste.

»Das weiß ich doch, Liebster.« Sie zögerte. »Fürchtest du dich vor dem Gespräch mit meinem Onkel?«

Lessing schüttelte entrüstet den Kopf. »Nein. Ich weiß, dass wir zusammengehören, und das wird er nicht verhindern können.«

Auf dem Kutschbock neben dem Kutscher saß Tine unter einer dicken Decke. Sie schimpfte leise vor sich hin. Inken hatte sie die letzten Tage in der Dienstbotenkammer festgehalten, was laute Proteste auslöste, woran sich aber niemand störte.

»Ich werde alles erzählen«, hatte sie gefaucht und war auf den Wagen gestiegen. »Alles. Auch dass Ihr Euch unzüchtig verhalten habt. Ich habe das mitbekommen.«

Emilia hatte gelächelt. Ja, dachte sie, erzähl du das nur.

Sie hielten vor dem Haus an der Alster. Tine sprang vom Kutschbock, noch bevor Lessing ausgestiegen war. Wild hämmerte sie an die Tür.

»Gnädige Frau, gnädige Frau«, rief sie. »Man hat mich gegen meinen Willen festgehalten.«

Der Bursche öffnete die Tür und sah sie entgeistert an.

»Tine? Was machst du denn für einen Krawall? Was sollen denn die Leute denken?« Er zog sie in die Diele, sah dann erst die Kutsche.

Schnell eilte er die Stufe hinunter und half Emilia aus dem Wagen.

»Gnädiges Fräulein.« Lessing besah er mit einem misstrauischen Blick.

»Ist mein Onkel schon auf?«

»Natürlich. Er und die gnädige Frau frühstücken gerade.«

»Dann kannst du Kapitän Lessing melden«, sagte Lessing freundlich, aber bestimmt.

Der Bursche sah ihn verblüfft an. »Sofort.« Er eilte die Treppe hoch. Langsam folgten Emilia und Lessing ihm.

In der Diele stand immer noch Tine und lamentierte laut. »Man hat mich gefangen gehalten. Unzucht wurde getrieben!«

Die Mamsell kam und fasste die Magd hart am Arm. »Was machst du denn für ein Geschrei? Was ist das für ein Benehmen? Ab nach unten!«

»Nein!« Tine versuchte, sich loszureißen. »Nein! Ich muss mit der gnädigen Frau sprechen.«

»Das kannst du. Später. Und nicht in der Lautstärke und mit dem Tonfall.« Die Mamsell schnaubte empört. »Es ist Besuch da, siehst du das nicht?« Sie nickte Lessing und Emilia zu, zog die Augenbrauen fragend in die Höhe.

Emilia lächelte nur.

»Das ist kein Besuch!«, rief Tine.

»Jetzt ist aber Schluss! Ab mit dir!« Die Mamsell zwang das Mädchen nach unten.

»Kapitän Lessi …« Onkel Hinrich kam aus dem Esszimmer, er stockte, als er die beiden sah. »Emma?«

»Lieber Herr Bregartner«, sagte Lessing, ging auf ihn zu und streckte die Hand aus. Doch der Onkel ignorierte dies, blitzte Emilia an.

»Was machst du hier und noch dazu in dieser Gesellschaft? Ich hatte dir eindeutige Anweisungen gegeben«, fauchte er.

»Lieber Herr Bregartner, wir möchten etwas mit Ihnen und Ihrer Frau besprechen.«

Onkel Hinrich drehte sich zu ihm um. »Es gibt nichts Gemeinsames zu besprechen.«

228

»Oh doch, Onkel Hinrich.« Emilia lächelte.

»Was ist hier los?«, fragte Tante Minna. »Was machst du denn hier?« Dann entdeckte sie Lessing und wurde blass. »Ihr?«

»Gnädige Frau.« Lessing verbeugte sich leicht.

»Wir hatten dir verboten …«, keifte Tante Minna.

»Liebe Frau Bregartner«, unterbrach Lessing sie. »Emma und ich möchten Ihnen etwas mitteilen. Wir werden heiraten und bitten Sie um Ihren Segen.«

»Was?«

»Lieber Onkel, liebe Tante. Ich habe mich entschieden. Ich werde Kapitän Lessing heiraten.«

»Nein, das wirst du nicht!«, brüllte Onkel Hinrich. »Wie kommt Ihr dazu, ein solch undenkbares Unterfangen an mich heranzutragen, Lessing?«

»Wir lieben uns«, sagte Lessing und straffte die Schultern. »Und wir wollen unser Leben gemeinsam verbringen.«

»Das werde ich nicht zulassen. Ihr habt gar nicht die Mittel, meine Nichte zu unterhalten.«

»Doch, die habe ich.«

»So ein Blödsinn«, sagte Tante Minna. »Wie stellt Ihr Euch das vor? Ihr seid ein einfacher Kapitän, habt kein Vermögen oder Liegenschaften. Wie wollt Ihr für unsere Nichte aufkommen?«

Emilia trat zu Lessing. »Ich brauche kein Haus, ich werde mit ihm zur See fahren.«

Ungläubig schauten die beiden sie an.

»Geh sofort auf dein Zimmer, Fräulein«, herrschte der Onkel sie an. »Hast du den Verstand verloren? Zur See fahren, das ist doch nicht die Möglichkeit.«

»Doch, es ist möglich«, sagte Lessing ruhig. »Ich habe die Kajüte schon entsprechend umgebaut und alle Maßnahmen ergriffen, damit Emma eine angemessene Unterkunft auf meinem Schiff hat.«

»Was für ein Hirngespinst. So etwas schickt sich nicht!«

»Es ist unser Wunsch«, sagte Emilia. »Ich möchte mein Leben mit Carl Gotthold verbringen.«

»Geh sofort auf dein Zimmer«, schrie Tante Minna aufgebracht. »Es kommt überhaupt nicht in Frage, dass du diesen hergelaufenen Nichtsnutz ehelichst.«

Emilia räusperte sich, warf Lessing einen kurzen Blick zu, dann streckte sie das Kinn vor. »Ich werde ihn heiraten müssen, liebe Tante.«

»Nichts musst du!« Dann schlug Tante Minna die Hand vor den Mund.

»Wie bitte?«, fragte Onkel Hinrich fassungslos.

»Ich werde ihn heiraten müssen«, wiederholte Emilia.

»So ein Unfug«, flüsterte nun die Tante. »Das glaube ich nicht. Du warst in Othmarschen bei Inken, und Tine hat auf dich aufgepasst.«

»Ich hoffe, es stimmt nicht, was meine Nichte behauptet.« Onkel Hinrich sah Lessing wütend an.

»Wir lieben uns und wir haben gute Gründe zu heiraten.« Lessing hob den Kopf und lächelte.

»Ihr habt meine Nichte entehrt?«

»Ich liebe sie.«

»Ihr habt tatsächlich …« Onkel Hinrich trat einen Schritt zurück. »Verlasst sofort mein Haus. Ich werde Maßnahmen gegen Euch ergreifen. Wie könnt Ihr es wagen?«

»Nun gut. Wir hatten gehofft, dass Ihr uns Euren Segen gebt«, sagte Lessing gelassen. »Dies scheint nicht der Fall zu sein. Komm, Emma.«

»Du gehst nicht!«, brüllte der Onkel. »Emilia! Du bleibst hier!«

»Lieber Onkel«, sagte sie immer noch freundlich. »Ich bin für deine Pläne unbrauchbar geworden. Ich habe mich aus freiem Willen hingegeben. Niemand in euren Kreisen würde mich jetzt noch wollen. Mein sehnlichster Wunsch ist es, Carl Gotthold zu heiraten. Mit oder ohne deinen Segen.« Sie nahm Lessings Hand und ging mit ihm zur Tür. »Solltet ihr Zweifel haben, fragt Tine. Sie ist ihrer Pflicht, auf mich zu aufzupassen, nicht nachgekommen.«

»Emma!«, rief Tante Minna. »Oh Gott.« Sie presste die Hand auf die Brust. »Ich werde ohnmächtig …«

»Mamsell!«, rief Onkel Hinrich. Das war das Letzte, was Emilia hörte, als die Tür hinter ihnen ins Schloss fiel.

Schweigend half Lessing ihr in die Kutsche, setzte sich neben sie.

»Ich hatte mir ein anderes, besseres Gespräch gewünscht«, sagte er leise. »Es tut mir leid.«

Emilia legte ihm die Hand auf den Arm. »Das muss es nicht.«

Die Kutsche setzte sich in Bewegung und fuhr sie zum Hafen. Ist das jetzt das letzte Mal, dachte Emilia verwundert, dass ich den Weg vom Haus meines Onkels zum Hafen sehe? Werde ich jemals in das Haus an der Alster zurückkehren? Sie fühlte in sich hinein, doch bis auf eine leichte Wehmut empfand sie kein Bedauern.

»Ich habe schon vorsorglich ein Zimmer für dich gemietet«, sagte Lessing.

»Aber … bringst du mich nicht zum Schiff?«

»Nein, diese eine Nacht solltest du in der Pension verbringen. Ich möchte nicht, dass sich alle Welt das Maul über dich zerreißt.«

»Das werden sie so oder so tun.«

»Möglich, dennoch werden wir wenigstens für diese Nacht den Anstand wahren. Morgen werden wir getraut, ich habe mit dem Pfarrer gesprochen und alles vereinbart. Er wird uns auch ohne die Genehmigung deines Onkels verheiraten.«

»Morgen also.«

»Ja, morgen wirst du meine Frau werden, und dann bringe ich dich auf das Schiff.«

In dieser Nacht schlief Emilia kaum. Bei jedem Geräusch zuckte sie zusammen, vor Sorge, ihr Onkel käme, um sie zu holen. Allein Karamell stand ihr zur Seite und legte immer wieder den Kopf auf ihren Schoß, so, als würde sie die Unruhe des Frauchens verstehen und sie trösten wollen.

Am nächsten Morgen wurde ihr ein Brief gebracht.

»Emilia,

wir sind entsetzt und enttäuscht von dir. Du hast Schande über unsere Familie gebracht. Niemals hätten wir das von dir gedacht. Wir haben dir ein Heim gegeben und für dich gesorgt wie für unsere eigenen Kinder, und du dankst uns das mit Niedertracht und Schmach. Ich habe deinem Vater telegrafiert und ihn von dieser unschönen Entwicklung in Kenntnis gesetzt. Dies ist deine letzte Möglichkeit in den Schoß der Familie zurückzukehren. Solltest du deine Pläne jedoch in die Tat umsetzen, werden wir jede Verbindung zu dir abbrechen. Auf Unterstützung kannst du dann nicht mehr hoffen. Überlege dir gut, was du tust!

Hinrich Bregartner«

Sie faltete den Brief sorgsam zusammen und steckte ihn in ihr Tagebuch. Dann setzte sie sich ans Fenster und wartete auf Lessing.

Am Sonntag, den neunten November 1856, wurden Carl Gotthold Lessing und Emilia Frederika Bregartner in Hamburg getraut. Nur der Pfarrer war anwesend, seine Haushälterin und der Küster gaben die Trauzeugen.

Lessing brachte Emilia zum Hafen. Vor der »C. F. Lessing« blieb sie stehen und holte tief Luft. Von nun an sollte dieses Schiff ihre Heimat und ihr Haus sein. Sie sah Lessing an, lächelte. Dann küsste sie ihn.

»Jetzt beginnt unser Leben!«

Die Mannschaft stand aufgereiht rechts und links von der Gangway.

»Hipp, hipp, hurra dem Brautpaar!«, riefen sie, als Emilia und Carl an Bord kamen.

»Meine Herren, darf ich vorstellen: Frau Lessing. Emma – dies ist mein erster Steuermann, Herr Wölsch«, sagte Carl stolz. »Der zweite Steuermann, Herr Gleesberg. Herr Beck, Segelmacher. Julius Kock, unser Steward. Sörensen, Palmer, McPhail – Vollmatrosen. Paulsen – Brüder und Leichtmatrosen. De Tries, unser Smutje. Und Ferdinand, Schiffsjunge.«

Emilia reichte jedem die Hand, schaute in die Gesichter. Mit diesen Männern würde sie nun monatelang zusammen sein. De Tries, der Koch, hatte eine wettergegerbte Haut, die von tiefen Falten durchzogen war. Doch seine blauen Augen blitzten und der Schalk schien ihm im Nacken zu sitzen. Er zwinkerte ihr fröhlich zu.

Dann führte Carl sie in die Kajüte und von dort aus in seine Kammer. Sein Schlafgemach, das nun auch ihres sein würde, hatte sie noch nicht gesehen und voller Neugierde blickte sie sich um. An den Wänden hingen seine Gewehre, über dem Bett, das verbreitert worden war, zwei Äxte. Die Koje selbst war mit Kopf- und Fußende fest in die Seitenwände gefügt und hatte vorn zwei Pfosten, die Emilia verwunderten.

»Die Äxte sind für den Notfall«, erklärte Carl ihr. »Zum Kappen der Masten oder Taue. Und die Pfosten wirst du noch schätzen lernen, Liebes. Daran kann man sich bei kabbeliger See festhalten oder sich dagegenstemmen, wenn das Schiff in der Dünung rollt.«

Emilia schaute sich weiter um. Ein kleines Sofa, ein Sekretär und Carls Seekiste standen auf der einen Seite, ein Waschtisch, ein Wandschrank und eine Kommode auf der anderen.

»Wo sind meine Sachen?«, fragte sie. »In diesem Schrank?«

Sie hatte nur eine Teppichtasche mit dem Nötigsten bei sich, ihre anderen Sachen waren schon vorher auf das Schiff gebracht worden.

»Einiges. Das meiste aber haben wir in die Lotsenkammer geräumt. Ich zeig es dir.«

Die Lotsenkammer lag neben dem mit Blech ausgeschlagenen Ofenkämmerchen. Das Bett für den Lotsen war entfernt worden, auf Borden an den Wänden befanden sich Emilias Bücher, ihre Schreibsachen und die anderen Dinge, die Inken ihr eingepackt hatte. An Haken an der Wand hingen die Schuh- und Strumpfsäcke, in dem Wandschrank waren ihre neuen Kleider verstaut. Carl nahm ihr den Mantel ab und hängte ihn an einen Haken.

»Du wirst dich hier bald zurechtfinden«, versprach Carl ihr. Er legte ihr die Hände ums Gesicht und küsste sie zärtlich. »Magst du dich ein wenig frisch machen? Ich weiß, dass der Smutje eine Leckerei für uns gekocht hat. Wir essen meist gemeinsam mit dem Steuermann, der keine Wache hat. Bei schlechtem Wetter oder bei gefährlichen Passagen teile ich die Wache des zweiten Steuermanns, Gleesberg.«

Ihr schwirrte der Kopf von all den Namen und Informationen. Carl zeigte ihr die Tür zu ihrer Kammer, ließ sie dann allein. Erleich-

233

tert setzte sie sich aufs Bett, das mit der Wäsche aus Othmarschen bezogen war. Karamell legte sich auf den Boden zu ihren Füßen, gähnte herzhaft und schloss dann die Augen.

»Du scheinst dich hier schon heimisch zu fühlen. Dann werde ich es auch bald.«

Auf dem Sekretär stand eine Blechdose, die ihr bekannt vorkam. Sie nahm sie und öffnete den Deckel. Darin waren kleine Säckchen aus Organza, die Inken mit verschiedenen getrockneten Kräutern gefüllt hatte.

»Ach, meine liebe Inken«, seufzte Emilia. Der Geruch von Kamille und Schafgarbe erfüllte die Kammer und plötzlich schien alles nicht mehr so fremd. Sie schloss die Dose sorgfältig und stellte sie wieder ab. Das Wasser im Krug war warm, jemand musste es kurz zuvor gebracht haben. Sie wusch sich Hände und Gesicht, richtete die Haare und besah sich in dem kleinen Spiegel.

Frau Carl Gotthold Lessing. Sie war jetzt eine verheiratete Frau. Ein ungewohnter, seltsamer Gedanke. Doch sie würde von nun an mit Carl zusammenleben. Emilia straffte die Schultern. Es war Zeit, sich dem neuen Leben zu stellen.

Da das Schiff noch im Hafen lag, waren beide Steuermänner in der Kajüte. Sie und Carl standen auf, als Emilia den Raum betrat. Unsicher blieben sie stehen und auch Emilia wusste zuerst nicht, wie sie sich verhalten sollte. Dann lächelte sie und trat an den Tisch. »Ich habe gehört, dass es hier etwas zu essen geben soll.«

»Setz dich, Liebes.« Carl machte ihr auf der Bank Platz. »Der Steward kommt gleich. Zur Feier des Tages habe ich eine Flasche Rotwein entkorken lassen.« Er schenkte ihnen ein.

»Auf Ihr Wohl, gnädige Frau«, sagte Wölsch, der erste Steuermann.

»Auf Ihr Wohl«, fügte Gleesberg leiser hinzu. Immer noch unsicher nahmen die beiden ihr gegenüber Platz.

Der Steward brachte die Teller und Schüsseln, es gab Rinderbraten, den selbst Inken nicht zarter hätte schmoren können.

Nach und nach entspannten sich die Steuermänner. Sie unterhiel-

234

ten sich über Gemeinplätze, das Wetter und die Lieblingsspeisen. Zum Nachtisch gab es Torte.

»Der Koch scheint ja ein wahrer Zauberkünstler zu sein«, meinte Emilia verblüfft. »Richtet ihm aus, dass das Essen köstlich war.«

»Behaltet es gut in Erinnerung«, meinte Wölsch. »In einigen Monaten werden wir froh sein, Fisch fangen zu können, damit wir nicht nur Pökelware auf den Tisch bekommen.«

»Wie sieht es aus?«, fragte Carl und wurde plötzlich ernst. »Der Ballast ist geladen. Sand und Steine haben wir, die wir in Cardiff gegen Kohlen tauschen.«

»Ja, der Ballast wurde gebracht und verstaut. Auch die meisten Lebensmittel sind schon an Bord«, sagte Wölsch. »Ich werde gleich noch einmal mit dem Smutje die Listen durchgehen.«

»Der Wind frischt auf. Wir sollten das nutzen und spätestens am Dienstag in See stechen. Der Lotse ist bestellt«, meinte Gleesberg.

»Die Mannschaft ist vollzählig.« Carl nickte. »Dann können wir wirklich bald los.«

»Ich werde morgen früh die Chronometer holen«, beeilte sich Wölsch zu sagen.

»Hoffentlich haben wir diesmal Glück im Kanal.«

Emilia lauschte den Gesprächen still, aber voller Interesse. Noch sagten ihr die meisten Dinge nicht viel, aber von nun an würde die Seefahrt Teil ihres Lebens sein.

»Und die Katze?«, fragte Gleesberg.

»Die bringt der Lotse mit, so ist es abgesprochen.«

»Dann haben wir tatsächlich alles.« Carl nickte zufrieden und hob sein Glas. »Auf eine gute Fahrt!«

Dies und jenes wurde noch besprochen, dann verabschiedeten sich die Steuermänner zur Nacht.

»Komm«, sagte Carl und nahm Emilia an die Hand. Er holte ihren Mantel, zog sich die Jacke über und führte sie auf das Oberdeck. Der Mond schien hell über dem Hafen. Aus den Kneipen ertönten die lauten und rauen Gesänge der Seeleute, Frauen lachten schrill. Aus der

Ferne klangen die Geräusche der Stadt bei Nacht, das Rattern von Kutschrädern auf dem Kopfsteinpflaster, das Wiehern der Pferde im Mietstall. Das Wasser im Hafen gurgelte und schwappte zwischen Kaimauer und Schiff. Nebelschwaden zogen dicht über dem Wasser, die Luft war kalt und roch nach Kohlenfeuer.

»Hast du Angst?«, fragte Carl leise.

»Mit dir an meiner Seite nicht.«

Sie gingen in ihre Kammer und liebten sich. Diesmal war es anders, nicht so hektisch und ungestüm. Sie nahmen sich Zeit, genossen die Nähe des anderen. Bald schon hörte Emilia die tiefen und regelmäßigen Atemzüge ihres Mannes. Sie selbst konnte nicht in den Schlaf finden, auch wenn sie in der vergangenen Nacht kaum ein Auge zugetan hatte. Es war ungewohnt und fremd, neben Carl zu liegen, gleichzeitig war er ihr doch schon auf eine gewisse Art vertraut. Die Geräusche um sie herum ließen sie nicht einschlafen. Das Schiff ächzte und knackte, das Wasser schlug platschend gegen die Seitenwände, der Wind fing sich in der Takelage und brachte ein Tau zum Knattern. Mäuse trippelten im Unterdeck und einer der Steuermänner, die zwei Kammern weiter schliefen, schnarchte laut. Irgendwann fiel sie doch in einen unruhigen Schlaf. Früh am nächsten Morgen wurde sie durch das laute Rufen auf dem Schiff am nächsten Kai geweckt. Sie hörte das Taktsingen der Matrosen, die die Leinen einholten – das Schiff legte ab.

»Morgen«, sagte Carl und küsste sie zärtlich, »morgen werden wir auch in See stechen.«

Hektische Betriebsamkeit herrschte den ganzen Tag über an Bord. Die letzten Sachen wurden gebracht, Rechnungen beglichen, der erste Steuermann brachte die beiden Chronometer und legte sie sorgsam in das Kästchen, das mit Wolle und Samt ausgepolstert war.

»Wir brauchen sie, um unsere Position bestimmen zu können«, erklärte Carl ihr.

Emilia hatte das Gefühl, überall im Weg zu sein und zu stören. Doch außer der Kammer gab es kaum eine Rückzugsmöglichkeit für sie. In der Kajüte beugten sich Carl und die Steuermänner über die

Karten, legten die Routen fest, überprüften alle Papiere. An Deck herrschte reger Betrieb, und Emilia schien es, dass sie noch lange nicht fertig waren. Doch am Abend kehrte endlich Ruhe ein. Sie war nur von kurzer Dauer, das Barometer fiel und Wind kam auf. Carl fürchtete, dass das Wetter ihnen einen Strich durch die Rechnung machen würde. Immer wieder ging er an Deck, schaute nach dem Flögel, klopfte auf das Barometer. Um vier Uhr morgens, in tiefster Dunkelheit, kochte der Smutje den ersten Kaffee. Dann meldete der Steuermann den Lotsen. Der Schlepper kam längsseits. Emilia überlegte nicht lange, sie stand auf und kleidete sich an. Noch war es ungewohnt, dies ohne Hilfe zu tun. Die neuen Kleider, die sie hatte nähen lassen, trug sie ohne Krinoline. Nur zwei Unterröcke mit einigen Volants erinnerten an die gängige Mode. Vorsichtig ging sie zur Tür der Kajüte und stieg die drei Stufen empor. Unsicher blieb sie dort stehen. Langsam zog der Hafen vorbei, als endlich der Morgen dämmerte und das Schiff loslegte. In der Stadt leuchteten die ersten Lichter auf, die Laternen brannten noch. Und dann das Elbufer, die Chaussee. Emilia starrte in die Dämmerung, suchte vertraute Punkte. Doch vom Schiff aus hatte sie das Ufer nur einmal als Kind gesehen und sie war unsicher.

Da, der Deich, und oben, über dem Deich, das Dach ihres Elternhauses. Sie meinte sogar, das Fensterchen ihres Mansardenzimmers entdecken zu können. Bald schon weitete sich die Elbe. Emilia ging zurück in die Kajüte und setzte sich auf das rote Sofa. Der Steward kam und sah sie überrascht an. »Ihr seid schon auf?«

»Nun, es ist für mich das erste Mal, dass ich auf große Fahrt gehe. Ich wollte noch einen letzten Blick auf Hamburg werfen«, gestand sie.

»Ach, ich weiß es noch genau, es war vor zehn Jahren und ich war ein pickeliger Schiffsjunge, als ich zum ersten Mal auf Fahrt ging. Ich war so aufgeregt, ich hätte mich beinahe bepinkelt.« Erschrocken sah er sie an und schlug sich die Hand vor den Mund. »Verzeiht, gnädige Frau.«

Emilia konnte sich kaum halten vor Lachen. Die Anspannung der letzten Tage fiel von ihr ab, löste sich in dem befreienden Lachen. »Ist schon gut«, keuchte sie schließlich.

»Soll ich Euch Kaffee bringen?«

»Gerne.«

Drei Stunden später schien ein Ruck durch das Schiff zu gehen. Hastig nahm Emilia ihren Mantel und ging zur Treppe. Bis auf das Deck traute sie sich nicht, sie wollte nicht im Weg sein, aber von der obersten Stufe aus hatte sie einen guten Überblick.

Die Matrosen kletterten in die Masten, riefen sich Kommandos zu. Der Lotse gab Carl die Hand, ging dann zur Brüstung und schwang sich hinüber. Er kletterte die Leiter hinab und sprang in das Boot, das längsseits gekommen war.

»Emma!«, rief Carl. »Du bist schon wach?«

»Schon längst, es ist doch fast Mittag.« Wieder lachte sie.

»Komm her. Komm zu mir.«

Vom Oberdeck aus konnte sie das kleine Boot sehen, das den Lotsen abgeholt hatte. Wie eine Nussschale tanzte es auf den hohen Wellen.

»Die Nordsee«, sagte Carl zufrieden. »Jetzt geht es auf Fahrt.«

15. Kapitel

Alle vier Stunden, lernte Emilia bald, wechselte die Wache. Ein lauter Ruf scholl über das Schiff: »Koje de Wacht«.

Pünktlich um zwölf wurde das Essen serviert. Es war Emilias erste Mahlzeit auf See. Sie aß mit Appetit, doch schon bald wurde ihr übel. Das Schiff rollte durch die Wellen, sie konnte kaum gehen, ohne sich abzustützen, und bewunderte die Männer, die anscheinend kein Problem mit dem schwankenden Boden hatten. Es war ihr peinlich, aber sie musste nach einem Eimer fragen und legte sich auf das kleine Sofa in der Kammer, den Eimer neben sich, und erbrach sich wieder und wieder.

Besorgt schaute Carl nach ihr. »Die Seekrankheit. Das gibt sich«, sagte er und reichte ihr einen nassen Waschlappen. »Du solltest dich nach jeder Mahlzeit kurz niederlegen. Der Smutje wird dir einen Tee kochen.«

»Keine Umstände«, murmelte Emilia schwach, war aber dennoch froh, als der Steward ihr das heiße Getränk brachte.

»Der Smutje hat Euch etwas Ingwer in den Tee getan. Das schmeckt scharf, aber es beruhigt den Magen«, erklärte er.

Den ersten Abend auf See verbrachte Emilia allein in der Kammer. Nur Karamell leistete ihr Gesellschaft.

Das Schiff schaukelte und schwankte, neigte sich, richtete sich wieder auf. Langsam schien sich ihr Körper an die Bewegung zu gewöhnen. Es war die erste Nacht, in der sie tief und fest schlief. Überrascht stellte sie am nächsten Morgen fest, dass Carl die Koje längst verlassen hatte. Der Steward brachte warmes Wasser. Sie wusch sich und zog sich an. Immer besser gelang es ihr, die Knöpfe zu schließen, die Röcke ohne Hilfe anzulegen.

In der Kajüte saß Wölsch und trank seinen Kaffee. »Moin«, grüßte er sie knapp.

Die Sonne schien durch das Oberlicht. Sie öffnete die Tür, atmete die frische, kalte Seeluft ein, stieg die drei Stufen nach oben und schaute zum Oberdeck. Dort standen Carl und der zweite Steuermann.

»Emma!« Carl strahlte sie an. »Komm her, mein Herz. Wir machen gute Fahrt.«

Doch im Laufe des Tages zog sich der Himmel zu und der Wind drehte, er kam nun von West und sie mussten vor dem Kanal kreuzen.

Vier Tage ließ der Wind sie nicht in den Kanal. Am Abend des vierten Tages zog ein Unwetter auf. Carl verzog sorgenvoll das Gesicht. »Ich habe es befürchtet, wir segeln zur unseligen Zeit.« Er seufzte. Die Wache wurde verstärkt, denn sie kreuzten über Fischergründen, und wie Glühwürmchen leuchteten die Lampen der Fischerboote des Nachts um sie herum auf.

Der Wind nahm zu, die Wellen wurden steiler und höher.

239

»Schweres Wetter«, warnte Gleesberg Emilia. »Bleiben sie bloß unter Deck.«

»Sind wir endlich im Kanal?«, wollte Emilia wissen.

»Nein, der Sturm ist zu heftig, wir gehen wieder die Nordsee hoch.«

Auf der Bank in der Kajüte konnte Emilia sich kaum halten, sie rutschte von einer Seite zur anderen. Stemmte sich fest, aber verlor bei jeder weiteren Welle doch wieder den Halt. Über den Tisch flog alles, was nicht festgemacht war, knallte gegen die hochgestellten Seitenwände. Manches rollte wie wild über den Boden. Karamell wusste gar nicht, wo sie sich lassen sollte.

Emilia beschloss, ins Bett zu gehen. Der kurze Weg war wie ein Kampf, sie wurde hin und her geschleudert. Im Bett klammerte sie sich gegen die Pfosten, Karamell rollte sich in der hintersten Ecke ein, winselte leise.

Einmal öffnete sich die Tür, Carl schaute kurz hinein. Von seinem Macintosh lief das Regenwasser. »Das ist ein Ritt«, brummte er.

»Werden wir untergehen?«, fragte Emilia furchtsam.

Er lachte laut auf. »Nein, keine Sorge.«

Erst gegen Morgen ließ der Sturm nach. Von Norden kam eiskalte Luft, die auf der Haut brannte. Zum Glück hatte Inken dicke Wollstrümpfe und wollene Wäsche eingepackt.

Alles ist besser als ein solcher Sturm, dachte Emilia.

An Deck zogen die Matrosen die Segel mit lauten Rufen auf.

»Ho, hey, hey, hey ho!«

Als das Groß-Marssegel aufgezogen wurde, sang der Segelmacher vor. Rhythmisch zwar, aber schrecklich falsch. Emilia biss sich auf die Lippen, um das Lachen zurückzuhalten.

Endlich ging es durch den Kanal. Sie sahen etliche Segel um sich herum, die »Lessing« war nicht die Einzige gewesen, die auf eine Chance gewartet hatte.

Das große Feuer von Calais war einige Stunden zu sehen und dann die Felsenküste Englands. Sie hatten den Atlantik erreicht, nun galt es, in den Kanal von Bristol einzufahren. Doch der Wind hatte sich gelegt, das Meer glich einem glattgezogenen Tischtuch.

Emilia räumte ihre Sachen in der Lotsenkammer neu ein. Das meiste war von den Borden gefallen. Der Segelmacher versprach ihr, vor den Borden größere Bretter anzubringen. Alles wurde wieder ein- und zurechtgeräumt, die Männer machten kein großes Aufhebens darum.

»Es war nur ein wenig windig«, sagte Carl und lachte. »Ein richtiger Sturm ist schlimmer.«

»Noch schlimmer?« Wenigstens hatte sie sich nicht übergeben müssen. Es fiel ihr auch immer leichter, sich auf dem schwankenden Schiff zu bewegen.

Am Abend war immer noch kein Wind aufgekommen. Alle halbe Stunde schaute Carl zum Flögel hoch, doch der Windsack hing matt am Top.

Emilia saß in der Kajüte und las, als Carl sie nach oben rief.

»Walfisch!« Der Ruf lief über das Deck.

Eben noch konnte sie den massigen Rücken sehen, groß und schwarz, und schon verschwand er wieder im aufwirbelnden Wasser. Emilia wollte schon in die Kajüte zurückkehren, doch Carl hielt sie fest.

»Warte noch«, sagte er. Und richtig, schließlich tauchte das riesige Tier in einiger Entfernung wieder auf, blies und schwamm davon.

Nachts konnten sie dann das Schnaufen der Wale und das Platschen der Fluken hören, auch wenn man keine Hand vor Augen sah.

Am nächsten Tag frischte der Wind auf und sie konnten den Kanal von Bristol passieren. Im Hafen wurde der Ballast gelöscht. Carl eilte zum Agenten und zum Konsul, um die Charter bestätigen zu lassen. Er hatte Emilia angeboten, sie mit an Land zu nehmen, und gerne folgte sie seiner Einladung.

Englischer Boden unter ihren Füßen. Zuerst dachte sie, der Boden schwankte schlimmer als das Schiff, doch Carl erklärte ihr, dass der Körper sich wohl erst wieder umstellen müsse. Er behielt recht, schon bald merkte sie nichts mehr.

England! Seit sie acht Jahre alt war, sehnte sie sich danach, in dieses Land zu kommen. Hier lebten ihre Eltern. Sie hoffte, dass sie sie aufsuchen konnten.

Doch beim Kontor erwartete sie schon ein Brief ihres Vaters.

»Emilia,

mein Bruder hat mir gekabelt und ich habe seine Nachricht mit Entsetzen gelesen. Du hast Schande über die Familie gebracht, vor allem über deine Tante und deinen Onkel. Wie konntest du das nur wagen? Jahrelang haben sie sich für dich aufgeopfert, dir Heimat und Zuhause geboten. Du hattest alle Annehmlichkeiten einer Tochter aus gutem Hause. Du hast Erziehung und Bildung genossen. Es erschreckt uns sehr, dass du all dies zerstörst und einen anderen Lebensweg, als den für dich bestimmten, wählst.

Deine Mutter und ich sind verzweifelt darüber, dass du nicht an die Familie denkst, deine egoistischen Wünsche auf eine Art durchsetzt, die Schmach über meinen Bruder und seine Frau bringt.

Es ist deine Entscheidung gewesen.

Von nun an habe ich keine Tochter mehr.

Martin Bregartner«

Jedes Wort war wie eine Ohrfeige, und Emilia musste sich setzen, so getroffen war sie. Sie hatte schließlich immer noch gehofft, bei ihren Eltern auf Verständnis zu stoßen. Wenigstens die Möglichkeit, sich zu erklären, hätte sie sich gewünscht.

»Emma.« Carl nahm ihre Hand. »Es tut mir so leid.«

»Ja, mir auch«, sagte Emilia flach. »Sie haben eine Tochter verloren. Möglich, dass sie es irgendwann bereuen.« Sie holte tief Luft. »Ich brauche noch dies und jenes und habe an der Ecke ein paar Läden gesehen.«

Carl gab ihr eine Börse. »Kaufe nach Herzenslust ein und lass es zurücklegen, ich nehme es dann auf dem Rückweg mit. Mich halten die Geschäfte noch ein wenig im Kontor.«

Emilia nahm die Leine von Karamell fest in die Hand, ging zur Tür und dann die Straße hinunter. Es war das erste Mal, dass sie als verheiratete Frau einkaufen ging. Es war auch das erste Mal, dass sie etwas für ihren eigenen »Haushalt« kaufte. Natürlich hatte sie schon einiges erworben, aber das waren immer nur Kleinigkeiten gewesen. Um die

Dinge des täglichen Bedarfs hatte sich die Mamsell gekümmert, den Kauf und das Nähen der Kleidung hatte Tante Minna überwacht.

Inken hatte Emilias Kisten gepackt. Nur die Bücher hatte sie selbst ausgesucht, denn ohne Bücher wollte sie nicht fahren. Sie hatte aus dem reichen Vorrat in Othmarschen geschöpft und fast dreißig Bücher mitgenommen.

Nun aber, wo sie auf dem Schiff lebte, war alles anders. Der Smutje kochte, der Steward war eine Mischung aus Dienstmagd und Bursche, er räumte auf, brachte Wasser, servierte das Essen und putzte. Er war für alle Tätigkeiten im »Haushalt« zuständig.

Ein Mann, der ihre Sachen wegräumte, der Staub wischte und feudelte. Es war auch der Steward, der die Wäsche wusch und stopfte. Emilia war es unangenehm, dass er ihre persönliche Wäsche wusch, deshalb hatte sie beschlossen, die intimen Sachen selbst zu übernehmen.

Sie hatte auch festgestellt, dass ihr einige Dinge fehlten, die wollte sie nun besorgen.

Als sie mit ihren Einkäufen fertig war, ging sie zurück zum Kontor, doch da war Carl nicht mehr. Langsam schlenderte sie zurück zum Hafen. Am Kai wartete schon das Ruderboot, um die Mannschaft, die Landgang hatte, und die Einkäufe zurück zur ›Lessing‹ zu bringen.

Eine Kiste wurde von zwei der Matrosen in das Boot gehoben. Karamell bellte laut und aufgeregt.

»Gnädige Frau.« Die Männer zogen ihre Mützen, setzten sie sogleich wieder auf, und sicherten die Kiste.

»Was ist da drin?«, wollte Emilia neugierig wissen.

»Drei Schweinchen. Und außerdem zehn Hühner und ein Hahn.« Sie deuteten auf eine zweite Kiste am Kai.

»Die nehmen wir mit?«, fragte sie verblüfft und hörte nun auch das aufgebrachte Quieken der Schweine.

»Aye. Und hoffentlich bekommen sie auch noch Ferkelchen. Und die Hühner werden lange Eier legen. Ansonsten wird der Smutje sich ihrer annehmen.« Die beiden lachten.

Eine Kiste nach der anderen wurde in das kleine Boot verfrachtet.

243

»Wollt Ihr mit oder wartet Ihr noch ein wenig?«, fragte einer der Matrosen.

»Ich warte.« Sie ging am Kai entlang und besah sich die Häuser, die wie Puppenhäuser wirkten. Alles schien hier klein, aber fein zu sein. Die Fensterläden waren grün oder blau gestrichen, Efeu wucherte über Zäune und an Hauswänden. Von nun an, machte sie sich klar, werde ich für lange Zeit keinen festen Boden mehr unter den Füßen haben.

»Emma?« Carl kam lachend auf sie zu, beladen mit Paketen und Päckchen – ihrem Einkauf. »Hast du etwa die ganze Stadt leer gekauft?«

Emilia wurde rot. »Nein, das sind nur Stopfgarn und Seife, Tuch, um etwas zu nähen, und …«

»Liebes, du bist mir keine Rechenschaft schuldig. Ich vertraue darauf, dass du nicht sinnlos Geld aus dem Fenster wirfst.« Er schaute sich um, sah zum Schiff. Das Ruderboot hatte die Fracht entladen und kam zurück zum Hafen. Dort wartete schon der Smutje mit weiteren Einkäufen.

Karamell zierte sich dieses Mal, in das Boot zu steigen, und Carl musste sie hineinheben. An Bord kam Emilia nur über die Leiter. Carl ließ alle vor ihr nach oben klettern, blieb hinter ihr zurück. Erst als sie die Röcke raffte, um an Deck zu steigen – Wölsch half ihr über die Verschanzung –, wurde ihr klar, warum Carl so entschieden hatte. Er folgte ihr und grinste. Den Hund zog man in einem Sack nach oben. Karamell ließ es über sich ergehen und drückte anschließend ihren Kopf an Emilias Knie.

Sie hatte Carl gefragt, ob sie das Tier mitnehmen könne.

»Natürlich«, hatte er geantwortet. »Wir haben meist Tiere an Bord, oft auch einen Hund. Immer eine Katze. Die Matrosen kaufen sich häufig Tiere, die sie in Käfigen halten, und sie kümmern sich immer rührend um die Viecher, ob es nun Affen oder Vögel sind, aber meist überleben die Tiere die Fahrt nicht.«

»Und Hunde?«, hatte Emilia angstvoll gefragt.

»Hunde schon. Ich kenne einen Kapitän, der nimmt seit acht Jah-

244

ren seinen Hund mit auf große Fahrt. Das Tier hat öfter die Linie gekreuzt als mancher Seemann in seinem Dienst«, beruhigte er sie.

»Drei Tage«, meinte Wölsch beim Abendessen, »dann sollten wir beladen sein. Ich habe Gemüse, Kartoffeln und Speck geordert. Drei Schweine sind auch an Bord und einige Hühner. Wenn wir morgen ins Dock kommen, können wir die Kohle aufnehmen.«

Carl nickte zufrieden. Die drei Tage zogen schnell vorbei. Jeden Morgen begleitete Emilia zusammen mit Karamell ihren Mann zum Kontor, wo Briefe empfangen und aufgegeben wurden, Orders ankamen. Meist spazierte sie dann noch ein wenig durch das Städtchen und traf sich anschließend mit ihm auf einen Tee im Gasthaus. Karamell hatte inzwischen begriffen, dass es ihr nicht so erging wie den Schweinen, klaglos ließ sie sich in den Sack packen, um aufs oder vom Ruderboot gehoben zu werden.

Der Brief ihres Vaters lag Emilia schwer im Magen. Immer wieder setzte sie zu einer Antwort an, knüllte dann jedoch das Papier zusammen und warf es fort. Erst am letzten Morgen, kurz bevor sie ablegen sollten – der Lotse war bereits an Bord –, fand sie die richtigen Worte. Sie erklärte ihren Eltern, warum sie diesen Weg ging. Dass sie Lessing von ganzem Herzen liebte und mit ihm zusammen sein wollte. Sie erinnerte an die schlichten Tage ohne Pomp in Othmarschen, wie sehr sie das Leben dort geliebt hatte und wie anders es in Hamburg bei Onkel und Tante gewesen war.

»Prunk und Geld ist nicht alles im Leben, meine geliebten Eltern, und gerade Ihr solltet das wissen. Wie glücklich waren wir doch am Küchentisch, viel glücklicher als später im Esszimmer und Salon. Carl Gotthold liebt mich. Er wird immer für mich da sein und mich beschützen, in guten wie in schlechten Tagen. Er hat mich um meiner selbst willen geheiratet und nicht wegen einer Mitgift oder um Geschäfte zu verbinden. Er hat mich genommen, obwohl mir der Bruch mit meiner Familie drohte. Er steht zu mir und an meiner Seite, so, wie ich an der seinigen stehe. Von nun an und für immer. Ihr müsst ihn nicht mögen. Ihr müsst unsere Ehe nicht akzeptieren, aber ich wünsche mir von Herzen, dass Ihr ein wenig Verständnis für mich aufbringt. Ich will kein Geld und keine Hilfe von Euch – Gott bewahre –, ich möchte nur so sehr, dass Ihr mich und mein Handeln versteht. Es ist mein Leben und ich muss es führen, so gut es mir gelingt. Keinen anderen Mann kann ich mir an meiner Seite vorstellen.

Bitte versucht mich zu verstehen.

Eure Emilia«

Hastig versiegelte sie den Brief, das Schiff hatte schon längst abgelegt und glitt durch den Kanal. Das Wetter war ihnen wohlgesinnt, der Wind kam vom Land. Emilia stürmte an Deck, warf einen letzten Blick auf das kleine Städtchen und die Berge dahinter. Die Morgensonne spiegelte sich in den lustigen Wellen, die um die »Lessing« tanzten wie silberne Fische. Ihre erste Scheu hatte sie verloren, das Oberdeck war ihr nicht mehr fremd und ohne Bedenken trat sie zu ihrem Mann und dem Lotsen.

Sie waren kaum aus dem Kanal hinaus und im Atlantik, als auch schon das Lotsenboot auf sie zukam. Inzwischen war es Abend geworden. Der Lotse verabschiedete sich von Carl, nickte Emilia zu.

»Darf ich Euch bitten, dieses Schreiben aufzugeben?« Sie gab ihm den Brief und etwas Geld. »Er ist an meine Eltern.«

»Aber sicher.« Er nahm den Umschlag entgegen, gab ihr das Geld zurück, drückte ihre Hand. »Ich habe auch Töchter«, sagte er leise, »und freu mich über jeden Gruß von ihnen.«

Er nahm seinen Beutel, verstaute den Brief sorgfältig und ging zur Verschanzung. Das Lotsenboot kam bei, und als eine Welle es anhob, schwang er sich über die Reling und sprang an Deck des Kahns. Er winkte fröhlich. Die Matrosen hatten die Segel umgestellt, ein leichter Ruck war durch die »Lessing« gegangen, als das Schiff kurz zum Stillstand kam. Dann, mit einem fröhlichen »Hipphipphurra«, stellten sie die Segel wieder in den Wind und das Schiff nahm Fahrt auf, sie schossen in den Atlantik.

Emilia kannte nun schon den Tagesablauf und genoss ihn inzwischen. Die Katze, die sie in Hamburg an Bord genommen hatten, war ihnen im Dock in Cardiff entwischt. Ohne Katze war keine Fahrt

246

denkbar, so hatte Wölsch am letzten Tag noch eine neue Mäusejägerin besorgt und in einem Sack an Bord gebracht. Damit sie nicht auch noch floh, blieb sie im Unterdeck verschnürt, laut jammernd, bis der Kanal passiert war. Karamell machte einen großen Bogen um das getigerte Tier, da es ihr am ersten Tag schon heftig auf die Nase gehauen hatte. Bald aber schon fand die Katze den Weg in die Kajüte und liebte es, in der Zeit vor dem Nachmittagstee, die Emilia gewöhnlich lesend auf dem Sofa verbrachte, zu ihr zu schlüpfen und sich ihr schnurrend auf den Schoß zu legen.

»Sie soll jagen«, sagte Carl missmutig, als er das Schauspiel beobachtete. Der Hund verzog sich beleidigt in eine Ecke, sobald das Katzentier auftauchte.

Emilia lachte. »Sie jagt nachts. Erst heute Morgen habe ich zwei tote Mäuse vor unserer Tür gefunden.«

»Na, solange sie ihre Arbeit macht, ist es in Ordnung«, brummte er. »Dann darf sie auch ihre Pause bei dir einlegen.«

Emilia liebte es, mit der Katze zu kuscheln. Das Schnurren hatte etwas Beruhigendes. Mit dem Hund ging sie jeden Tag zweimal an Deck und rund um das Oberdeck. Manchmal durfte Karamell mittschiffs toben, der Schiffsjunge hatte seinen Spaß daran, ein Stöckchen für sie zu werfen.

Überhaupt nahm das Leben seinen geregelten Lauf. Alle vier Stunden wechselte die Wache, Emilia hörte den Ruf kaum noch. Nur in den Nächten, in denen Carl aufstand, um nach Wind und Wetter zu schauen, das Ruder zu übernehmen, in Nächten, in denen ihnen bei Wachwechsel Rapport gemeldet wurde, wachte sie auf.

Der Dezember kam und das Weihnachtsfest stand bevor. Sie wollten im Januar die Kapverden anlaufen und dann weiter nach Westen, bis es schließlich südwärts und zum Kap Hoorn ging. Weihnachten, das heilige Fest, auf dem Schiff ohne Kirchgang und Tannenbaum, das konnte sich Emilia noch nicht vorstellen. Zu Hause mochte es jetzt schon schneien und die Teiche waren vielleicht schon zugefroren, doch an Bord wurde es immer wärmer. Das Wollzeug hatte sie schon weggeräumt, die dicken Decken gegen dünnere ausgetauscht. Jetzt verbrachte sie auch mehr Zeit an Deck, ließ sich dort einen Stuhl hinstellen und las im Schatten.

Am Heiligen Abend, die See war ruhig, saßen sie zusammen mit den Steuerleuten und dem Steward. Emilia hatte Kerzen in ein Drahtgestell gesteckt, um wenigstens etwas weihnachtliche Stimmung zu verbreiten. Sie und Carl hatten kleine Geschenke für die Leute der Kajüte besorgt. Wölsch bekam eine neue Meerschaumpfeife, er war passionierter Pfeifenraucher. Für Gleesberg hatten sie in Cardiff ein Schreibset besorgt, da er seine Federn in Hamburg vergessen hatte. Julius, der Steward, liebte Kuchen und Emilia hatte Küchlein in Dosen gefunden. Die drei waren sehr angetan von den Aufmerksamkeiten. Bisher hatte Carl zur Weihnacht immer nur eine Flasche Rum und eine Flasche Rotwein spendiert, aber Emilia meinte, dass man die Leute beschenken sollte.

Für Carl selbst hatte sie einen Zigarrenkasten aus Zedernholz gefunden.

»Ich habe gar kein Geschenk für dich«, sagte Carl bedrückt, doch Emilia lachte nur.

»Hier mit dir an Bord sein zu dürfen, ist mir Geschenk genug.«

Der Smutje hatte Hummersalat gemacht. Nach dem Essen und der Bescherung gingen sie ins Logis. Für die Mannschaft hatten sie einen Sack mit Äpfeln und Nüssen und ein paar Kleinigkeiten gekauft.

»Sie freuen sich immer über Geduldsspiele«, hatte Carl ihr erklärt, »oder Ähnliches, womit sie sich während der Zeit zwischen den Wachen beschäftigen können.«

Auch das Logis war mit Kerzen geschmückt worden. Die Männer waren freudig überrascht. Hier vorn war Emilia noch nie gewesen und sie schaute sich neugierig um. Alles war ordentlich, wenn auch einfach, eingerichtet. Die Männer standen auf und sangen ein paar Weihnachtslieder. »Für den Kapitän und seine Frau!«

Emilia wurde es ganz warm ums Herz, als sie, schief, aber bemüht, »Sah ein Knab' ein Röslein stehn« anstimmten.

Nur Ferdinand, der Schiffsjunge, machte einen betrübten Eindruck. Emilia legte ihren Arm um seine knochigen Schultern.

248

»Hast du Heimweh?«, fragte sie leise.

»Ein bisschen«, gestand er. »Aber eigentlich finde ich die Seefahrt schön. Nur gerade heute …«

Emilia verstand, was er meinte. So gemütlich sie es in der Kajüte auch hatten, so ergreifend der Männergesang auch war, es war doch ganz anders als zu Hause.

Dies ist mein Zuhause, sagte sie sich, ein anderes habe ich nicht mehr.

Kurz vor dem Jahreswechsel begann es zu regnen. Mit großem Getöse stürmte die Mannschaft das Deck. Verwundert blickte Emilia durch das kleine Fensterchen nach draußen. Hastig wurden Eimer, Fässer und sonstige Gefäße aufgestellt.

»Was ist los?«, fragte sie Julius, den Steward.

Er lachte. »Die Männer wollen Wäsche waschen. Das geht mit Regenwasser besser als mit Salzwasser. Das Salz greift die Kleidung an und macht sie steif. Deshalb nutzen sie nun die Gelegenheit zur großen Wäsche.«

Es war ein lustiges und buntes Treiben an Deck, das sich Emilia gerne anschaute.

Am nächsten Tag, die Sonne brannte wieder, flatterte die bunte Wäsche kreuz und quer über Deck. Auch Julius hatte die Chance genutzt und gewaschen. Nun hingen ihre Unterröcke neben den Seemannshosen, ein seltsamer Anblick.

Zwei Tage später regnete es wieder und abermals wurden die Fässer gefüllt.

»Bald schon«, sagte Carl, »wird es nicht mehr regnen, bis wir in die südlichen Strömungen kommen. Aber dort ist der Regen eisig.«

Es regnete weiter. Die schöne Zeit an Deck schien vorbei. In der Kajüte war es heiß wie in einem Dampfofen und der Schweiß rann ihnen allen in Strömen herunter.

»Es ist so trostlos«, sagte Julius. »Bis zum Horizont nur dicke, schwere Wolken. Grau in grau, nichts als grau.« Er seufzte.

»Wird das so bleiben?«, fragte Emilia verwundert.

»Nein, aber ungewöhnlich ist es schon in diesen Breitengraden.«

Erst Mitte Januar besserte sich das Wetter. Durch die Feuchtigkeit waren etliche Lebensmittel verdorben und seufzend schmiss der Smutje sie ins Meer.

»Was die Ameisen und die Schaben nicht fressen, verfault«, schimpfte er. »Und die Katze fängt auch keine Mäuse mehr. Das war ein Fehlgriff.«

Emilia hatte sich mit dem alten Mann angefreundet. Er konnte nicht nur kochen, sondern wusste auch so einiges über Kräuterkunde. Wenn jemand auf dem Schiff krank wurde oder eine leichte Verletzung hatte, kannte er meist ein Gegenmittel oder ein Heilkraut. Er hatte ein ganzes Sammelsurium an Gläsern und Dosen mit allerlei Kräutern und Tinkturen.

»Die Katze ist sehr anhänglich geworden«, sagte Emilia lächelnd. »Und dick. Ich denke, sie wird werfen.«

»Ach?« Plötzlich grinste der Smutje und ein Kranz von Falten durchzog sein Gesicht. »Das ist ein gutes Omen. Je mehr Katzen wir an Bord haben, umso weniger Mäuse und Ratten gibt es.« Dann sah er Emilia prüfend an. »Ihr seht blass aus, gnädige Frau.«

Emilia winkte ab. »Der Seegang macht mir wieder zu schaffen. Meist morgens, wenn ich aufstehe. Das gibt sich sicher bald wieder.«

Er sah sie nachdenklich an. »Ihr etwa auch, Gnädigste?«

»Was?«

Er schwieg erst und lächelte. »Darf man Euch gratulieren?«, fragte er dann sanft.

Emilia schüttelte den Kopf. Langsam ging sie zurück zum Oberdeck. Die Leinen hingen aus und plötzlich rief Ferdinand, der Schiffsjunge: »Delphine!«

Carl kam gelaufen, das Gewehr im Anschlag, legte es über die Brüstung und zielte. Der erste Leichtmatrose, Torben Paulsen, zog sacht an der Leine. »Er hat angebissen. Harpune!«

Carl schoss und Wölsch harpunierte. Sie zogen den Delphin an Deck. »Das gibt ein feines Mahl.«

Emilia drehte sich weg, konnte den Anblick nicht ertragen. Mit

250

letzter Kraft schaffte sie es in die Kammer, übergab sich in den Eimer. Die Katze lag auf dem Bett, streckte sich, ihr Bauch war geschwollen.

Konnte es sein?, dachte Emilia. So schnell? Nein, das konnte nicht sein. Das durfte nicht sein. Was sollte dann werden? Kurz nach ihrer Hochzeit hatte sie zum letzten Mal ihre Menses gehabt, danach nicht mehr. Sie hatte sich bisher keine Gedanken darüber gemacht, es auf die veränderten Lebensumstände geschoben. Das Wetter, die Gezeiten, alles Neue und das Essen.

Sie setzte sich auf das kleine Sofa und holte tief Luft. Konnte es sein? Die Katze sprang auf ihren Schoß, schnurrte laut.

In den nächsten Wochen achtete sie auf jedes Anzeichen. Tag um Tag verging, aber ihre Menses kam nicht. Schließlich war sie sich sicher, dass sie ein Kind erwartete.

Die Katze hatte vier kleine Kätzchen geworfen. Die ganze Mannschaft hatte mitgefiebert und auf den Wurf gewartet. Ferdinand hatte eine Kiste mit alten Lappen ausgepolstert, doch als ihre Zeit kam, hatte sich die Katze in Emilias und Carls Kammer verkrochen.

Vorsichtig bettete Emilia die kleine Familie in die Kiste und brachte sie zum Logis. Es war ein herrlicher Anblick, wie die rauen Seemänner plötzlich um die Kiste hockten und die Kätzchen bewunderten.

»Das muss ein Kater sein«, sagte Paul Paulsen, der zweite Leichtmatrose, und boxte seinem Bruder Torben in die Seite. »Der Schwarzweiße, er hat einen ganz dicken Kopf.«

»Dat is ne Deern«, brummte McPhail, der Schotte. »Die Rote.«

»Und das ist sicher auch ein Mädchen.« Vorsichtig strich Ferdinand mit dem Zeigefinger über das schwarze Kätzchen mit den weißen Pfoten. »Sie hat Strümpfe an.«

»Vier«, sagte Carl und grinste. »Das ist ein gutes Zeichen, ein fruchtbares Schiff. Mir scheint, dass auch die Sau trächtig ist.«

Emilia hatte seine Hand genommen. »Wir werden auch Nachwuchs bekommen«, flüsterte sie ihm zu.

Überrascht sah er sie an. »Wirklich?«

Emilia nickte.

Er lachte leise auf, doch dann wurde sein Gesicht sorgenvoll. »Ich hatte gehofft, dass es nicht so schnell gehen würde.«

»Ich auch«, gab Emilia zu.

»Wann wird es kommen?«

»Im Sommer, denke ich.« Sie seufzte. »Wann werden wir in Callao eintreffen?«

»Das weiß ich nicht, es kommt auf das Wetter am Kap an.« Er überlegte. »Ich kann für dich eine Bleibe in St. Vincent besorgen.«

Emilia schüttelte den Kopf. »Ich werde nicht irgendwo allein auf einer Insel bleiben.«

Carl seufzte. »Nein, eigentlich möchte ich das auch nicht.«

Er umsorgte Emilia noch mehr als schon zuvor. Sie hatten Glück, die See war ruhig und der Wind blies in die richtige Richtung. Fasziniert beobachtete Emilia die Fliegenden Fische, die Sardinenschwärme und immer wieder Walfische, die ihren Weg kreuzten. Große Quallen trieben durch das Wasser und manchmal begleitete eine Delphinschule die »Lessing«. Die Tiere sprangen munter vor dem Bug, überschlugen und drehten sich in der Luft.

Meistens hatten sie die Leinen ausgelegt und fast täglich gab es nun frische Bonitos auf dem Speiseplan.

Sie ließen die Schweine auf dem Mitteldeck laufen und ergötzten sich an den grunzenden Tieren. Die Hühner lebten beim Smutje in der Kombüse. In einem Regal hatte er ihnen Nester gebaut. Doch inzwischen legten sie keine Eier mehr.

»Na, Ferdinand«, neckte Carl den Schiffsjungen, als dieser die Sau mit einem Stecken ärgerte. »Was macht das Bilgenschwein? Hast du es schon gefüttert?«

Der Junge verzog das Gesicht, lachte aber dann. Am Anfang der Reise hatte ihn die Mannschaft zum Füttern des Bilgenschweins in den Rumpf des Schiffes geschickt. Ferdinand war treu hinuntergelaufen, hatte dort aber kein Schwein vorgefunden.

»Es ist fort, es ist fort«, rief er aufgeregt, doch alle lachten.

»In der Bilge«, hatte Carl der verwunderten Emilia erklärt, »sammelt sich Wasser. Das schwappt hin und her. Manche sagen, es klingt wie das Schmatzen eines Schweins. Daher kommt der Mythos, dass es auf jedem Schiff ein Bilgenschwein gibt, das sich von dem fauligen Wasser ernährt.«

Es gab so manche Sitte und manches Ritual auf See. Dazu gehörte auch die Äquatortaufe. Emilia und Ferdinand waren die beiden Täuflinge. Schon am Abend vorher wurde der Besuch Neptuns und seiner Frau Amphitrite angekündigt. Am nächsten Abend, als die Sonne untergegangen war, führte Carl Emilia an Deck. Dort wartete auch Ferdinand schon gespannt. Das Beiboot war zu Wasser gelassen worden und Neptun kletterte die Leiter empor, stieg über das Schanzkleid. Es war Wölsch, der eine Perücke aus Tauen trug und einen weiten Umhang. In der rechten Hand hielt er einen groben Dreizack, der wohl mal ein Besen gewesen war. Hinter ihm stieg die Amphitrite auf Deck, Hugh McPhail, der schottische Vollmatrose. Die langen Haare waren aus Flachs, er hatte einen Kittel übergezogen und die Brust sehr üppig mit allerlei Lappen geformt. Allgemeine Heiterkeit breitete sich aus.

»Hallo!«, rief McPhail mit Fistelstimme, die gar nicht zu seinem imposanten Körper passte.

Neptun nahm den Sextanten, hantierte gewichtig damit herum. Dann schickte er seinen Adjutanten, den Älteren der Paulsenbrüder, der einen Frack aus Segeltuch trug, in die oberste Rah, um die Linie hochzuhalten, damit das Schiff nicht darin festhinge.

Ferdinand wurde mit Kohlenstaub gepudert und musste anschließend sechs Mal in der Regentonne untertauchen, während Emilia nur einen guten Schluck ausgeben musste. Carl hatte dazu einen Krug mit Rum gefüllt, den Emilia erst Neptun, dann seiner Frau und schließlich dem Adjutanten reichte.

Die Mannschaft brüllte: »Hipp, hipp, hurra!« Der Krug wurde an jeden Mann weitergereicht und auch Ferdinand bekam seine Ration. Der Smutje spielte mit der Mundharmonika auf und alle Matrosen rissen sich darum, mit Amphitrite zu tanzen. Es war ein wildes Gehopse auf dem Mitteldeck, verbunden mit viel Fröhlichkeit.

253

Doch in den nächsten Tagen wurden die Gesichter ernster. Der Passat hatte sich gelegt.

»Wir sind bei den Mallungen«, sagte Carl und prüfte den Flögel.

»Mallungen?«, fragte Emilia nach, die neben ihm am Ruder stand.

»Das ist das Gebiet zwischen den Passaten. Oft herrschen hier drückende Hitze und Windstille, deshalb wird das Gebiet gefürchtet. Es geht die Mär, dass die Spanier auf ihren ersten Fahrten hier festhingen und die verendeten Pferde über Bord werfen mussten. Ihnen war das Futter ausgegangen. Deshalb nennt man das Gebiet auch die Rossbreiten.« Er schaute sie an und lächelte. »Mach dir keine Sorgen, bisher konnten wir das Gebiet immer durchlaufen.«

Die schwere Schwüle der nächsten Tage machte Emilia sehr zu schaffen. Inzwischen wölbte sich ihr Bauch und sie musste die Kleider ändern. Sie trug nur noch einen Rock, ließ die Unterröcke in der Kammer. In der Takelage klapperte es, da die Segel nicht unter Spannung standen. Jedes noch so kleine Fetzchen Tuch wurde gehisst, um auch den feinsten Lufthauch aufzufangen. Doch die Segel hingen schlaff an den Masten. Die Luft wurde immer drückender. Zwischendurch regnete es, das Wasser fiel prasselnd vom Himmel, als hätte jemand einen riesigen Eimer ausgeschüttet. So etwas hatte Emilia noch nicht erlebt. Alles klebte und dampfte. Dennoch nutzten sie die Gelegenheit, um zu waschen und zu baden.

In dem kleinen Badezimmer war die Messingwanne nun immer gefüllt und Emilia genoss das kühle Süßwasser. Ihre Knöchel waren geschwollen, aber in der Wanne fand sie Linderung.

Endlich frischte der Wind auf. Die Besatzung jubelte und Carl ließ für jeden eine Extraration Rum ausgeben.

»Fisch an der Lin!« Fast täglich war der Ruf zu hören. Allmählich jedoch mochte niemand mehr Fisch sehen oder schmecken. Der Smutje legte Leinen aus und am Abend hatte er drei Albatrosse gefangen. Emilia taten die großen Vögel leid, die unbeholfen über Deck watschelten.

»Das Ragout schmeckt herrlich«, erklärte der Smutje ihr.

Er hatte recht. Der Eber starb, er gab einen guten Braten ab. Die

Mannschaft sorgte sich um die Sau. Doch diese quiekte fröhlich vor sich hin, fraß, was auch immer man ihr hinwarf, und wurde immer fetter.

In der Kajüte hatte man sich gut eingewöhnt. Emilia liebte die Gespräche bei Tisch. Es wurde viel und oft von der Offiziersschule erzählt, von Fahrten, die sie unternommen hatten. So manches Seemannsgarn wurde gesponnen, da war sie sich sicher. Gemeinsam las man in den Büchern, die Emilia mitgebracht hatte. Auch die Matrosen hatten den Schatz in der Lotsenkammer spitzbekommen. So bat einer nach dem anderen Emilia um Lektüre. Sie fertigte einen kleinen Ausleihkatalog an und entsprach den artigen Bitten der Männer. Die Tage vergingen, einer wie der andere. Emilia fühlte sich wohl auf dem Schiff, aber sie schienen nicht vorwärtszukommen.

Und dann endlich sahen sie in der Ferne etwas. Einer der Paulsens wurde in den Ausguck geschickt, sie verglichen die Karten mit der Position.

»St. Vincent«, sagte Carl erleichtert.

Stück für Stück näherten sie sich der Insel. Öde Gebirgszüge und dazwischen ein Naturhafen. In der Mitte ein steil aufragender Fels, wie ein großer Keil, der das Leuchtfeuer trägt. Carl hatte ihr den Hafen in einem seiner Briefe beschrieben und alles stimmte genau, wie Emilia feststellte. Seltsam war es, Land zu sehen, nach all den Wochen, in denen sie nur von Meer und Himmel umgeben waren. Ruderboote näherten sich, als sie in den Hafen einfuhren. Die Männer auf den Booten priesen ihre Ware an.

»Sorgt dafür«, sagte Carl zu Wölsch, »dass wir genügend Vorräte auffüllen. Der Smutje soll mit Euch kommen. Aber lasst Euch nicht übers Ohr hauen.«

»Aye, aye, Kapitän!«

»Die Siedlung hier ist öde und karg, aber es gibt einen Doktor«, sagte Carl. »Wir sollten ihn aufsuchen.«

»Warum?« Emilia wusste, dass er sich sorgte, aber der Gedanke an einen Doktor war ihr peinlich.

»Bitte, Emma.«

255

Die Felsen der Insel waren mit graugrünen Pflanzen bewachsen, die vom Schiff aus wie Moos wirkten. Das Boot kam, um sie zum Ufer zu bringen. Als sie näher kamen, sah Emilia, dass es kleine, fleischige Pflanzen mit dicken Blättern waren.

»Wie lange werden wir hierbleiben?«, fragte Emilia und hatte Mühe, Karamell zu bändigen. Sie schien schon die Gerüche des Landes zu riechen, wollte so schnell wie möglich aus dem Boot springen.

»So lange, wie es dauert«, sagte er barsch. Er seufzte. »Ich will mit dem Doktor sprechen. Wir kaufen hier nur frische Lebensmittel, geben die Post auf und nehmen Briefe, so denn welche da sein sollten, in Empfang. Dann fahren wir wieder. Aber …«, er zögerte, »ich mache mir Sorgen um dich und das Kind. Was, wenn es auf hoher See zur Welt kommt? Es ist dein erstes Kind und keine Hebamme ist da, die dich unterstützen könnte.«

Emilia holte tief Luft. Die ganze Zeit schon versuchte sie, die Erinnerung an die Schreie ihrer Mutter während der Geburten zu verdrängen. »Ich bin nicht die erste Frau, die ein Kind zur Welt bringt«, sagte sie.

»Du wärst allein …«

»Du bist da und der Smutje. Er versteht viel von Kräutern.«

»Emma, das ist keine Schürfung oder eine ausgerenkte Schulter, Liebes.« Carl klang verzweifelt. »Ich wünschte, ich hätte dir das nicht angetan.«

»Du willst das Kind nicht?« Sie sah ihn entsetzt an.

»Doch, natürlich. Aber ich will nicht dein Leben aufs Spiel setzen. Und ich hätte uns einfach mehr Zeit gewünscht. Gemeinsame Zeit. Mit dir an Bord ist alles anders, das empfinden die Steuerleute und die Mannschaft auch so. Es wird weniger gestritten, es geht alles ein wenig ruhiger und gesitteter zu. Das ist ganz merkwürdig, aber ich glaube, es liegt an deiner Anwesenheit. Ich wäre auch nie auf den Gedanken gekommen, dass die Jungs lesen wollten. Nun streiten sie sich fast um die Bücher.«

»Sie tragen sich immer ganz ordentlich in die Listen ein«, sagte Emilia stolz.

»Ja, aber als es keine Bücher an Bord gab, haben sie Kakerlaken gezüchtet und Kämpfe zwischen ihnen ausgetragen.«

»Du hattest doch auch immer Bücher dabei.«

»Richtig. Aber ich habe höchstens in der Kajüte gelesen, abends oder zwischen den Wachen. Das hat die Mannschaft gar nicht so registriert, denke ich. Ich bin gar nicht auf den Gedanken gekommen, dass sie sich Bücher ausleihen wollten.«

»Nun, sie haben mich gefragt. Ich wäre auch nicht von mir aus auf die Idee gekommen, aber ich finde es gut. Überhaupt«, sie drückte seine Hand, »liebe ich das Leben an Bord.«

»Ja, aber das wird jetzt ein Ende nehmen«, sagte er düster.

»Weshalb?«

Überrascht sah er sie an. »Weil du ein Kind erwartest. Selbst wenn du das Kind in Chile oder Peru bekommst und hoffentlich nicht mitten auf hoher See, wirst du die ›Lessing‹ verlassen müssen, spätestens, wenn wir wieder in Hamburg sind und die Order abliefern. Wie stellst du dir das vor? Mit Kind auf dem Schiff?«

»Ach, Carl. Das werden wir sehen, wenn es so weit ist. Es wird sich eine Lösung finden.«

»Hast du keine Angst?«

»Nein«, log sie.

Der Arzt war ein Mulatte, er hatte in London studiert und sprach fließend Englisch und Französisch. Er beschwerte sich ausgiebig darüber, dass die Menschen auf den Inseln zu gesund seien und er kaum Patienten hätte. Er lamentierte lange mit Carl und beachtete Emilia kaum, ließ Kaffee, Tee und Kuchen auftragen.

»Nun«, sagte Carl schließlich. »Wir brauchen Euren fachlichen Rat. Meine Frau erwartet ein Kind, unser erstes.«

Emilia hatte das Gefühl, als hätte ihr plötzlich jemand kochendes Wasser über den Kopf gegossen. So müssen sich Hummer fühlen, nur dass die wohl nicht darüber nachdenken können, fuhr es ihr durch den Kopf.

Der Arzt sah Emilia an, lächelte. »Wie geht es Euch, Madame?«

»Gut«, presste sie heraus.

»Wann wird das Kind kommen?«

Sie schaute ihn hilflos an.

»Wann hattet Ihr Eure letzte ... Ihr wisst schon.«

»November«, hauchte sie.

»Dann wird es ein Sommerkind. Glückwunsch. Die Fahrt geht wohin?« Er wandte sich wieder Carl zu.

»Callao.«

Der Arzt zog die Stirn in Furchen. »Hm. Über Kap Hoorn. Nun ja, der Winter steht bevor, ich muss Euch nicht sagen, was das bedeutet. Die Fahrt kann lang werden.« Er stand auf. »Ich habe hier eine Tinktur, die kann Eurer Frau helfen. Es ist ein Extrakt der Mohnpflanze. Außerdem habe ich hier noch etwas, das entspannend wirkt. Diese Blätter können als Tee aufgekocht oder auch einfach nur gekaut werden. Sie kommen aus Peru und sind vom Kokastrauch.« Er kratzte sich am Kopf. »Am besten wäre es natürlich, ihr währt in Valparaiso oder einem ähnlichen Hafen, wo es Hebammen gibt, wenn es so weit ist.«

»Das ist mir klar.« Carl nahm ihm das Fläschchen und den Beutel mit den Kokablättern aus der Hand, zahlte einen ordentlichen Betrag dafür und verabschiedete sich dankend.

Auf dem Gang durch das Städtchen war er sehr schweigsam.

»Ach, Carl«, versuchte Emilia ihn aufzumuntern, obwohl sie sich auch nicht sehr wohl fühlte. »Es wird schon alles gut werden.«

16. Kapitel

Sie luden Früchte und Kartoffeln, nahmen Gänse mit an Bord und einige junge Hühner. Auch ein neues Schwein gab es, welches die Sau sogleich wegbiss, weshalb der Zimmermann, William Palmer, einen zweiten Verschlag bauen musste.

Am Abend ließ sich Carl noch einmal an Land rudern. Diesmal nahm er Emilia nicht mit, die, ermattet von dem ganzen Trubel, an Deck auf einem Liegestuhl lag.

Es verblüffte sie, wie schnell hier die Nacht hereinbrach, es gab praktisch keine Dämmerung. Seltsam war auch der Gesang der Vögel an Land, der sich von dem schrillen Kreischen der Möwen so sehr unterschied. Sie schloss die Augen und lauschte fasziniert den nächtlichen Geräuschen.

Dann hörte sie die Ruderschläge, das Wasser gurgelte am Heck. Carl stieg die Leiter empor und kletterte über die Verschanzung.

»Mein verspätetes Weihnachtsgeschenk.« Er reichte ihr einen Fächer aus schillernden Vogelfedern. »Und dies.« Es war eine goldene Kette mit einem Stein als Anhänger.

Emilia stockte der Atem. Sie stand auf und ließ sich von ihm die Kette umlegen. Dann drehte sie sich zu ihm um und küsste ihn.

»Du bist das Beste, was mir in meinem Leben passiert ist. Ich liebe dich.«

Schon am nächsten Tag liefen sie wieder aus. Der Wind stand günstig und die »Lessing« nahm schnell Fahrt auf. Emilia hatte in St. Vincent einige Stoffe und andere Utensilien besorgt und nähte nun. Windeln brauchte sie, dafür hatte sie einen ganzen Ballen Mull erstanden. Aber auch Leibchen und Kleider wollten genäht werden. Sie wünschte sich eine Vertraute herbei, mit der sie hätte sprechen können, denn das, was auf sie zukam, war ihr noch unbekannter als die Seefahrt.

Eines Nachmittags, es wurde mit jedem Tag inzwischen kühler und windiger, stand sie an Deck und starrte auf See, als der Smutje neben ihr auftauchte.

»Gnädigste«, sagte er und tippte an seine Mütze. Er lehnte sich an das Schanzkleid und sah sie nachdenklich an. »Ihr sorgt Euch.«

»Ja, Piet, das ist wahr.«

»Hm. Kann ich Euch helfen? Der Kapitän hat mir eine Tinktur und einen Beutel gegeben. Soll für Euch sein, wenn es losgeht.«

»Ach ja.«

»Nun, min Fru hat neun Kinder.« Er lachte leise. »Alle zwei bis drei Jahre ein, immer dann, wenn ich Landgang hatte.«

259

Emilia sah ihn nachdenklich an.

Er grinste. »Bei drei Kindern war ich aber auch da, als sie kamen. Hab meiner Frau beigestanden, weiß, wie das geht.«

»Wirklich?«

»Doch ja.«

»Würdest du mir auch beistehen?«, fragte sie leise.

»Selbstverständlich.« Er straffte die Schultern. »Jeder an Bord würde das machen, Gnädigste. Zuerst waren wir ja nicht begeistert. Eine Frau an Bord vertreibt den Klabautermann und dann kommen die bösen Seegeister, heißt es. Aber Ihr seid eine Seele, die gute Seele an Bord. Da sind wir alle für.«

Emilia schmunzelte. »Was für ein Kompliment. Ich würde doch den Klabautermann nicht verjagen.«

»Ne, das ist wohl wahr. Aber es gibt so Schrapnelle von Kapitänsfrauen, die verjagen alles, selbst die letzte Schabe, von Bord. Aber Ihr seid anders. Wir sind alle recht froh, Euch zu haben, und deshalb wollen wir auch alle Euer Wohlbefinden und das vom lütten Kapitän auch.« Er zeigte mit seiner Pfeife auf ihren Bauch.

»Oh«, sie wusste gar nicht, was sie sagen sollte, und ihr wurde ganz warm vor Erleichterung. »Ich weiß überhaupt nicht … hast du schon mal erlebt, dass ein Kind an Bord geboren wurde? Ist das schon vorgekommen?«

»Ja doch. Passiert immer wieder, wenn der Kapitän sin Fru mitnimmt. Ist doch auch kein Problem.«

»Nicht? Was brauche ich denn?«

Er sah sie überrascht an, dann verstand er. »Für das Lütte? Windeln und Milch. Die werdet Ihr wohl haben.« Er lachte. »Mehr braucht das nicht, die erste Zeit. Wann kommt es denn?«

»August oder September.«

Er nickte. »Da sind wir ja schon lange wieder auf nördlicher Route und an der Küste. Keine Bange, wird schon alles gutgehen.«

In dieser Nacht schlief sie zum ersten Mal wieder ohne große Sorgen ein. Auch wenn sie es Carl nicht hatte eingestehen wollen, so hatte sie sich doch viele Gedanken gemacht und Ängste gehegt. Dem

Smutje vertraute sie, er war so bodenständig. Einfach, aber ehrlich und beherzt. Ein wenig erinnerte er sie an Inken.

»Piet?« Carl brüllte fast, als sie ihm sagte, dass der Smutje ihr beistehen würde. »Nein!«

»Aber warum nicht, Carl?«, fragte sie verblüfft.

»Ich lasse nicht zu, dass der Smutje dich sieht … so sieht. Du weißt schon.« Verschämt wandte er sich ab.

»Aber der Arzt hätte sollen?« Emilia lachte auf. »Ich bitte dich, Carl. Piet ist mir vertraut. Dann sieht er mich eben … in den Wehen und vielleicht auch nackt. Aber er kann mir helfen, er weiß, was zu tun ist. Oder warst du schon einmal bei einer Geburt dabei?« Nun wurde sie auch lauter. Aus den Augenwinkeln sah sie, wie Wölsch die Kajütentür schnell wieder schloss. Sie hörte, wie er auch Julius abwimmelte, der den Tee servieren wollte.

»Emma, lass uns nicht streiten, aber es geht ganz und gar nicht, dass jemand von der Mannschaft … nein.«

Emilia biss sich auf die Lippen. Sie nahm ihr Schultertuch und stürmte nach oben an Deck. Es war das erste Mal, dass sie sich mit Carl gestritten hatte. Die Wut brannte in ihrem Bauch und ihr Gesicht glühte. Sie ging ans Heck, der kühle Südwind ließ sie frösteln. Die Dünung war hoch, das Meer hatte seine Farbe geändert. Das tiefe Blau war grau geworden. Am Himmel waren dicke Wolken aufgezogen.

»Ihr solltet besser unter Deck gehen«, sagte Wölsch zu Emilia. »Ein Sturm zieht auf.«

Emilia zögerte, sie wollte nicht weiter mit Carl streiten, aber seine Haltung erschien ihr dumm und eitel. Der Wind nahm zu, wurde immer kälter und die Wellen türmten sich vor dem Schiff auf.

Carl kam an Deck, den Kragen des Macintosh hochgeschlagen, den Gürtel festgezogen.

»Um Gottes willen«, rief er. »Geh nach unten, Emma. Ein Sturm am Kap ist schrecklich. Leg dich ins Bett und halte dich gut fest.«

In diesem Moment war aller Ärger vergessen. Emilia lief zu ihm

261

hin, umarmte und küsste ihn. »Pass auf dich auf!«, flehte sie, als sie die Sorge in seinen Augen erkannte.

Der Hund hatte sich unter die Bank verzogen. Emilia setzte sich aufs Sofa, stemmte sich in die Ecke, denn inzwischen rollte das Schiff hin und her. Der Wind heulte in der Takelage und Eisregen prasselte auf das Deck. Julius kam in die Kajüte, schüttelte seinen Kopf, so dass die Tropfen flogen. Erst dann sah er Emilia und grinste verlegen.

»Ich dachte, Ihr wärt in Eurer Kammer. Soll ich Euch einen Tee kochen?«, fragte er.

»Ich glaube nicht, dass man bei diesem Wetter etwas trinken kann, ohne dass die Hälfte danebengeht. Schon das Einschenken dürfte schwierig sein.«

»Die Südstürme am Kap sind berüchtigt.« Julius klammerte sich an der Tischkante fest.

»Wie oft hast du das schon erlebt?«

»Nur einmal bisher, auf der letzten Fahrt. Der Kapitän musste sich an Deck festbinden, damit er nicht von Bord gespült wird. Die See krachte immer wieder über das Schiff, ich war mir sicher, dass wir untergehen würden. Aber der Kapitän hat es gut gemeistert, und das wird er auch wieder.« Julius musste brüllen, um den Sturm zu übertönen.

Emilia war zum ersten Mal wirklich angst und bange. Sie legte die Hand auf ihren Bauch, spürte das Kind.

»Am besten geht Ihr in die Koje, Gnädigste!«

Sie nickte, doch es war nicht so einfach, sich dem Rollen entgegenzustemmen. Schließlich schaffte sie es mit Hilfe des Stewards bis zu ihrer Kammer. Karamell war ihr gefolgt. Sie hatte die Ohren angelegt und die Rute zwischen die Beine geklemmt.

»Meine Süße« sagte Emilia und zog den Hund zu sich auf das Bett. Sie kroch unter die dicken Decken und stemmte sich gegen die Wand, mit der einen Hand klammerte sie sich an den Pfosten und die andere legte sie auf ihren Bauch. Die Bewegungen des Kindes beruhigten sie.

Drei Stunden tobte der Sturm, dann legte sich der Wind etwas. Carl kam nach unten, um nach seiner Frau zu schauen.

»Das Schlimmste ist überstanden«, sagte er und nahm einen großen Schluck aus dem Flachmann. »Zwei Segel sind gerissen, ansonsten scheinen wir ohne großen Schaden davongekommen zu sein.«

Er küsste sie und drehte sich wieder um.

»Bleibst du nicht?« Zu gerne hätte sie sich an ihn gekuschelt, seine Wärme und Nähe gespürt. Die Angst der vergangenen Stunden saß ihr noch tief in den Knochen.

Carl schüttelte den Kopf. »Nein, ich teile mir die Wache mit Gleesberg. Wir wollen hoffen, dass sich das Wetter weiter beruhigt. Der schlimmste Teil der Fahrt liegt noch vor uns.«

»Noch schlimmer?«, flüsterte Emilia, doch Carl hörte sie schon nicht mehr.

Die Sonne wollte am nächsten Morgen gar nicht richtig aufgehen, der Himmel blieb von dichten Wolken bedeckt, die See schien zu kochen. Carl hatte die ganze Nacht am Ruder verbracht, er hatte tiefe Ringe unter den Augen.

»Wie geht es dir?«, war jedoch seine erste Frage, als er die Kammer betrat.

»Du Armer«, sagte Emilia und half ihm aus der Öljacke.

»Eine Stunde Schlaf muss reichen.« Müde ließ er sich angekleidet auf das Bett sinken und schlief sofort ein.

Emilia verbrachte den Tag in der Kajüte. Lesen oder nähen konnte sie kaum, so sehr rollte das Schiff. Julius hatte Mühe, das Essen zu servieren.

»Der Smutje hat auf die Suppe verzichtet«, sagte er und zuckte mit den Schultern. »Ich hätte sie auch kaum vom Logis hierherbringen können.«

Sie hatten eine kleine Pantry an der Kajüte, in der ein Petroleumkocher stand. Dort kochte der Steward den Tee und Kaffee oder wärmte Gerichte auf.

»Mögt Ihr einen Kaffee?«, fragte er.

»Mein Mann kann sicher gleich einen gebrauchen, wenn er aufsteht.«

Julius lachte. »Das glaube ich nicht. Bei dem Wetter trinken der Kapitän und die Steuerleute Rum mit einem Schlückchen Tee. Das wärmt von innen.«

Eine Woche lang hielt das schlechte Wetter an. Carl verzweifelte fast, denn sie machten kaum Fahrt. Jeden Morgen prüfte er ihre Position und verzog das Gesicht. Am Tag machten sie ein wenig Weg, doch in der Nacht trieb die Strömung sie wieder zurück.

»Wir müssen weiter nach Süden«, sagte er sorgenvoll. »Aber zu dieser Jahreszeit ist das nicht ohne Risiko. Das Eis dehnt sich aus und wir dürfen auf keinen Fall in Packeis kommen.«

Nun mussten zwei Mann Wache halten. Emilia tat der arme Tropf leid, meist war es einer der Paulsen-Brüder, der in den Ausguck musste, um nach Eisbergen Ausschau zu halten. Doch sie hatten Glück und konnten so das Kap weiträumig umfahren.

Es wurde bitterkalt und Emilia zog sich sogar ein Paar dicke Wollsocken von Carl über die Stiefel. Sie trug alle drei Röcke übereinander, auch wenn sie allmählich nicht mehr alle Knöpfe schließen konnte. Zum Glück hatte Inken ihr eine Strickjacke und einen Janker eingepackt.

Sie hatten die dicken Decken hervorgeholt und auch das Öfchen in dem kleinen Messingverschlag bullerte Tag und Nacht, doch gegen die eisige Kälte kam es kaum an.

Endlich hellte es auf. Die Luft war dünn, aber klar, und Emilia meinte, das Eis riechen zu können. Sie waren in den Walfanggebieten, und mehr als einmal kreuzten sie den Weg eines Walfängers, über dem schwarzer Qualm lag, der nach Tran stank.

Emilia war froh, endlich wieder an Deck zu können, auch wenn sie das Schultertuch noch über dem Mantel tragen und Fäustlinge anziehen musste. Karamell sprang um sie herum, flitzte bis zum Logis. Sie wusste, dass der Smutje immer eine Leckerei für sie übrig hatte.

Die Katzenfamilie war mitsamt der Kiste in die Kajüte umgezogen, da es dort deutlich wärmer war als im Logis. Nur die Hühner hock-

264

ten immer noch auf den Regalen in der Kombüse. Ihre Anzahl hatte sich jedoch verringert, nach und nach wanderten sie in den Topf, jetzt, wo sie keine Eier mehr legten.

»Die Sau wird bald werfen«, rief Ferdinand und kletterte aus der Luke ans Deck. Seine Aufgabe war es, die Schweine zu füttern und die Verschläge zu säubern.

»Wenn das der Kapitän hört«, brummte McPhail. »Entschuldige dich bei der Gnädigsten.«

Die wachhabende Mannschaft brüllte vor Lachen. Emilia schloss kurz die Augen und überlegte, ob sie pikiert sein müsse, doch als sie wieder aufschaute, sah sie den Schiffsjungen, der wie erstarrt auf dem Mitteldeck stand. Er war bleich geworden und Tränen funkelten in seinen Augen.

»Ist schon gut«, sagte sie und ging zu ihm. Dann sah sie McPhail an. »Der arme Junge, schäm dich.« Der Vollmatrose senkte den Kopf.

»Ich wusste nicht, dass Ihr in der Nähe seid«, murmelte er.

»Nun, damit musst du rechnen.« Sie grinste, pfiff den Hund herbei und ging wieder auf das Oberdeck.

»Was war denn los?«, frage Carl.

»McPhail hat einen Scherz gemacht.«

»Der muss gut gewesen sein, wenn alle lachen«, meinte Carl, fragte aber nicht weiter nach.

Emilia wusste, dass die Mannschaft sie mochte, auch wenn sie derbe Scherze machte. Doch Carl hätte das vermutlich anders aufgefasst.

Sie hatten seit jenem Abend nicht noch einmal über die Geburt gesprochen. Carl kümmerte sich rührend um sie, oft lag er nachts neben ihr und legte seine Hand auf ihren gewölbten Bauch. »Es ist ein Wunder«, flüsterte er. »Ein wahres Wunder.«

»Hättest du lieber einen Sohn oder eine Tochter?«

»Das ist mir gleich. Gesund soll das Kind sein.«

»Und wie würdest du es nennen?«

Carl überlegte. »Einen Jungen würde ich nach meinem und deinem Vater benennen wollen. Friedrich Martin.«

265

Emilia nickte zustimmend. »Und eine Tochter?«

»Nun, nach den Großmüttern. Meine Mutter hieß Wilhelmina. Deine heißt Anna.«

Emilia seufzte. »Meine Tante heißt auch Wilhelmina. Und meine Mutter, nun ja – ich habe keine Mutter mehr«, sagte sie bitter.

»Dann würde ich sie nach dir nennen, mein Liebes. Emilia.«

»Du weißt doch, wie kompliziert es ist, wenn mehrere in einer Familie gleich oder ähnlich heißen«, sagte sie belustigt. »Wir können sie ja Carla nennen.«

»Nein.« Er seufzte.

»Ach, mein Herz«, sagte Emilia und kuschelte sich an ihn. »Es wird sich schon finden.«

Eines Morgens, sie waren nun schon wieder in nördlicher Richtung, rief Carl Emilia an Deck.

»Schau, Pinguine.«

Und richtig, ein ganzer Schwarm der befrackten Tiere schwamm um das Schiff herum, tauchte unter den Bug und auf der anderen Seite wieder nach oben. Sie schienen einander zuzurufen, wie Tröten klangen ihre Schreie.

»Es sind Vögel, aber sie können nicht fliegen«, erklärte Carl.

Die Tiere schossen wie wild durch das Wasser, tauchten ab, kamen wieder hervor und sprangen in die Luft. Sie strahlten pure Lebensfreude aus, so ähnlich wie die Delphine, denen sie immer wieder begegneten.

Mitte Juni warf die Sau. Die Tiere waren im Zwischendeck über der Ladung untergebracht. Dort waren sie wenigstens einigermaßen wettergeschützt, ihre Verschläge waren zudem dick mit Stroh ausgepolstert.

»Es sind zwei Ferkel«, rief Ferdinand aufgeregt. »Bis jetzt.«

Die Mannschaft ließ es sich nicht nehmen, den Zuwachs zu begutachten. Auch Emilia wollte unbedingt nach unten.

»Die Leiter ist steil«, gab Carl zu bedenken.

»Das schaffe ich schon!«

McPhail, der seit seinem Scherz besonders auf Emilia achtete, ging voran.

»Wenn Ihr fallt, fange ich Euch auf, Gnädigste.«

Emilia lachte, war aber beruhigt. Der Vollmatrose war ein Baum von einem Mann, er würde sie halten können.

Obwohl der Schiffsjunge die Ställe regelmäßig reinigte, roch es scharf im Zwischendeck. Vorsichtig stieg Emilia in die Dunkelheit, doch ohne Angst.

»Ein Stückchen noch, Gnädigste«, sagte McPhail mit seiner tiefen, brummigen Stimme. Er war Schotte und hatte seinen Akzent nie verloren, auch wenn er schon seit Jahren auf deutschen Schiffen segelte.

Glücklich kam sie unten an, verzog das Gesicht. »Wo ist die Sau?«

»Dort!« Piet, der Smutje, wies ihr den Weg. »Drei sind es bis jetzt. Leider ist eines tot. Aber eines kommt noch, denk ich.«

»Eines ist ganz blond, das Zweite ist gefleckt – so wie sein Vater, der uns so sehr gemundet hat.«

Emilia lachte laut auf. »Siehst du in den Ferkeln nur die zukünftigen Braten?«

Piet senkte den Kopf. »Aye, Ma'm.«

Emilia kauerte sich vor den Verschlag. Die beiden kleinen Ferkel saugten schon an den Zitzen der Mutter. Der Bauch der Sau bewegte sich wie in Wellen, und fasziniert beobachtete Emilia, wie das vierte Ferkel geboren wurde. Das Schwein drehte sich um, leckte das Neugeborene sauber, fraß die Nachgeburt auf und legte sich auf die Seite. Es dauerte nicht lange, da hatte das Kleine auch eine Zitze gefunden und saugte sich satt.

»Wo ist das tote Tier?«, fragte Emilia leise.

Piet zeigte auf eine abgedeckte Schüssel, die neben ihm stand. »Wenn wir es bei ihr gelassen hätten, so hätte sie es aufgefressen.« Er zuckte mit den Schultern. »Das machen sie so. Aber jetzt werden wir heute Abend ein köstliches Ragout haben.«

»Kommen noch mehr?«

Piet kniff die Augen zusammen und schüttelte den Kopf. »Nein. Das war es. Wir können froh sein, dass sie überhaupt geworfen hat.

Ob die Kleinen überleben, werden wir sehen. Es ist zu kalt in diesen Breitengraden, und es wird noch mindestens zwei Wochen dauern, bis wir wärmere Gewässer erreichen.«

»Können wir hier nicht heizen?«

McPhail lachte schallend. »Gnädigste, wir haben Kohlen geladen. Ein Funke, und das ganze Schiff brennt. Ich habe mal einen brennenden Kohlefrachter gesehen. Der glühte nur, aber sechs Tage lang, und sie haben es nicht in den Griff bekommen. Die mussten das Schiff aufgeben.«

»Dann ist das wohl leider nicht möglich.« Emilia seufzte. »Es ist so kalt. Ich hoffe, sie schaffen es.«

»Wir werden noch Streu dazugeben, Gnädigste«, versicherte ihr Palmer, der Bootszimmermann. »Und auf sie achten. Laufen schon Wetten, ob wer überlebt.«

Schwerfällig stieg sie die Stiege wieder empor, holte tief Luft, als sie an Deck stand. McPhail war dicht hinter ihr geblieben, führte sie zum Oberdeck.

»Gnädigste!« Er verbeugte sich und tippte an seine Mütze. »Wir alle schätzen übrigens, dass Ihr mit auf Fahrt seid. Wirklich!«

Tief berührt ging Emilia zurück in die Kajüte, sie freute sich an dem Lob.

Endlich sahen sie die Küstenzüge von Südamerika. Die Daunendecken wurden verstaut, dann die Wolldecken. Emilia war froh, nur noch die leichtere Kleidung tragen zu müssen. Mitte Juli erreichten sie endlich Valparaiso. Der Hafen lag voller Schiffe, die den südlichen Winter abgewartet hatten und sich jetzt auf die Heimfahrt machten. Wie Bäume ragten die zahllosen Masten auf, man konnte sie gar nicht zählen, so viele waren es.

Sorgfältig kleidete Emilia sich an. Sie hatte ein Kleid ausgelassen, so dass es ihren Bauch verdeckte.

»Wenn ich das Schultertuch noch umlege, dann geht es, nicht wahr?«, fragte sie Carl.

»Was hast du vor?«

»Wir werden doch an Land gehen.«

»Du sicherlich nicht.« Er sagte es so, als dulde er keinen Widerspruch.

»Was?« Emilia schüttelte den Kopf. »Ich bin nun seit sieben Monaten auf diesem Schiff, von dem kurzen Halt auf St. Vincent einmal abgesehen. Du kannst mich doch nicht einfach an Bord lassen.«

»Emma, du erwartest ein Kind. Und zwar bald. Das ist nicht zu übersehen.«

»Und?«, fragte sie verblüfft. »Ich bin ja nicht die erste Frau, die ein Kind bekommt.«

»Es schickt sich nicht, dass du so unter die Leute gehst.«

Sie schnappte nach Luft. »Das ist nicht dein Ernst«, sagte sie leise.

»Natürlich ist das mein Ernst. Ich möchte nicht, dass du so in die Öffentlichkeit gehst.«

»Warum denn nicht?«

»Hast du in Hamburg Frauen in deinem Zustand auf der Straße gesehen?« Er schüttelte verärgert den Kopf.

»Ja, das habe ich.«

»Aber keine deines Standes. Das schickt sich einfach nicht.«

»Es schickt sich ja auch nicht, dass ich mit dir reise. Carl Gotthold, du kannst mich nicht hier auf dem Schiff lassen. Ich will den Hafen sehen, die Stadt. Ich will festen Boden betreten.« Emilia wurde lauter. Sie konnte gar nicht fassen, dass er es anscheinend ernst meinte.

»Ich wusste, es war ein Fehler, dich mitzunehmen«, brummte Carl. »Frauen sind für die Seefahrt nicht geschaffen.«

»Also wirklich – was soll das bedeuten? Ich habe mich doch tapfer gehalten auf der Fahrt. Das klingt ja so, als würdest du unsere Ehe bereuen.« Sie schluckte. So war auch die Tante mit ihr umgegangen, hatte sie gegängelt. War sie vom Regen in die Traufe gekommen? Würde Carl ihr von nun an immer vorschreiben, was sie machen durfte und was nicht? Sie spürte, wie sich die Wut in ihr zusammenballte.

»Emma, bitte, du missverstehst mich. Es geht um deinen Ruf. Du kannst doch nicht so … in die Stadt gehen.«

»Die Mannschaft sieht mich doch auch so, was für einen Unterschied machen die Leute in der Stadt?« Emilia zog die Augenbrauen zusammen. Sie konnte seine Gedanken nicht nachvollziehen, wollte es auch nicht mehr.

»Mir gefällt es auch nicht, dass dich die Mannschaft so sieht.«

»Aber Carl, du kannst mich doch nicht einsperren und vor allen verstecken.« Es war wie ein Déjà-vu, wie vor Monaten, als die Tante und der Onkel ihr den Umgang mit Carl verboten hatten. Damals hatte sie ihr Recht erstritten und auch jetzt würde sie sich keine Vorschriften machen lassen. So sehr sie Carl liebte, dies ging zu weit.

»Natürlich werde ich dich nicht einsperren. Aber du sollst auch nicht in die Stadt gehen. Das will ich nicht«, sagte er nachdrücklich.

»Aber ich gehe dennoch!« Sie verschränkte die Arme vor der Brust. »Und wage es nicht, mich aufzuhalten.« Sie drehte sich auf dem Absatz um.

Bevor Carl noch etwas zu sagen vermochte, rief der Steuermann ihn an Deck. Sie liefen in den Hafen ein. Auch Emilia ging nach oben. Grün bewaldete Hügel säumten die breite Bucht, in der der Hafen lag. Die Häuser strahlten in bunten Farben – grün, rot und gelb waren sie gestrichen –, eine solche überwältigende Pracht war es, dass Emilia sich kaum sattsehen konnte. Und die Gerüche erst. Sie konnte das Land riechen, die Bäume und Blumen, süßlich duftete es und fruchtig.

Es dauerte eine Weile, bis sie einen Ankerplatz hatten. Das Beiboot wurde gefiert.

»Die erste Wache hat Landgang bis zum Wachwechsel«, sagte Carl, nachdem die Duane geregelt und der Hafenarzt wieder von Bord gegangen war.

Emilia biss sich auf die Unterlippe. Sie hatte gedacht, dass sie direkt am Kai anlegen und eine Gangway aufstellen würden. Wie sollte sie in das Beiboot kommen? Über das Schanzkleid und dann die Leiter hinunterklettern konnte sie in ihrem Zustand nicht mehr. Doch McPhail hatte schnell eine Lösung.

»Wir bauen eine Schaukel und lassen Euch hinab«, sagte er. »Auf der Planke könnt Ihr sicher sitzen und Euch festhalten.«

Carl kniff die Lippen zusammen. Emilia lächelte ihn an. »Deine Männer sind wirklich prächtig«, sagte sie.

Nach wenigen Minuten hatten die Männer die Schaukel gebaut und Emilia nahm Platz. Ein wenig mulmig war ihr schon, als sie in die Höhe gezogen und über die Reling geschwenkt wurde. Doch die Männer hielten ihr Versprechen und ließen sie langsam und sachte hinab.

Unten nahm Wölsch sie in Empfang. Brummig stieg Carl die Leiter hinunter, er schaute seine Frau nicht an.

Im Hafen wimmelte es von Menschen. Karamell schien das alles zu viel zu sein, sie drückte sich eng an Emilia.

»Ich muss zum Kontor«, sagte Carl knapp.

Emilia schluckte, dann aber folgte sie ihm beherzt. Immer wieder blieb sie jedoch stehen. Vor den Häusern und auf kleinen Plätzen boten Händler ihre Ware an. Melonen stapelten sich dort, auch Orangen und Äpfel gab es. Dazu aber auch Früchte und Gemüse, die Emilia noch nie gesehen hatte. Die Menschen waren von dunklerer Hautfarbe, aber nicht so dunkel wie die Afrikaner. Sie hatten meist glatte schwarze Haare und dunkle Augen.

»Kommst du?«, fragte Carl mehrfach ärgerlich.

»Es gibt so viel zu sehen. Diese grünen Früchte dort, die aussehen wie pockige Birnen, was sind das?«

»Avocado nennt man sie. Leider halten sie sich nicht sehr lange und sind deshalb als Proviant nicht geeignet. Da vorn, das Gelbe, das sind Zuckermelonen, sie schmecken unglaublich süß. Und diese Früchte nennt man Papaya.« Er wies auf einen Stand. »Wir werden nachher einkaufen, Liebes, aber jetzt muss ich zum Kontor.«

»Liebes« hat er gesagt, dachte sie und lächelte. Er hatte ihr wohl die dickköpfige Tat verziehen.

Das Kontor war ein großes Gebäude mit einem geschnitzten Dachfirst und in einem hellen Blau gestrichen. Sie mussten etliche Stufen emporsteigen, denn die Stadt war in die Hügel gebaut. Immer wieder

271

wurden die Gassen zu Treppen und Emilia hatte Mühe, mit Carl Schritt zu halten. Im Gebäude war es angenehm kühl.

»Kapitän Lessing«, sagte jemand und kam auf sie zu. Es war ein großgewachsener, blonder Mann. »Das ist ja eine Überraschung.«

»Kapitän Schneider, welch eine Freude, Euch zu treffen. Ich hatte die ›Charlotte‹ schon im Hafen gesehen und hätte Euch später meine Aufwartung gemacht.« Carl wies auf Emilia. »Meine Frau.« Er räusperte sich. »Das ist Kapitän Jürgen Schneider aus Bremen.«

»Herzlich willkommen.« Schneider nahm ihre Hand. »Da wird sich meine Frau ja freuen. Bisher haben wir nur wenige Bekannte hier getroffen.«

»Eure Frau ist auch mit auf Fahrt?« Emilia konnte sich vor Glück kaum halten. Sie schaute sich um.

»Ja. Sie ist heute an Bord geblieben, unser Sohn zahnt.«

»Oh!« Nun war Emilia ganz aufgeregt. Es gab eine weitere Kapitänsfrau und diese hatte auch ein kleines Kind. Mit ihr, so hoffte Emilia, würde sie einiges bereden können. »Ich freue mich sehr darauf, ihr zu begegnen.«

»Kommt doch heute Abend zum Essen zu uns. Unser Smutje kocht recht ordentlich.« Schneider nickte ihr zu, dann wandte er sich wieder an Carl, und die beiden begannen, geschäftliche Dinge zu besprechen. Der Kontorinhaber war auch dazugekommen. Emilia war froh, sich setzen zu können. Tee wurde gereicht und Früchte, die so viel süßer und frischer schmeckten als jene, die sie in den Konservendosen an Bord hatten.

Endlich war alles besprochen und die Briefe, die nach Hause geschickt werden sollten, abgegeben. Carl wirkte deutlich entspannter, als sie zurück zum Hafen gingen.

»Wie lange kennst du Kapitän Schneider schon?«, wollte Emilia wissen.

»Einige Jahre. Wir waren zusammen auf der Offiziersschule. Er hat kurz nach mir sein Patent erhalten. Wir haben auch als Leichtmatrosen zusammen gedient.«

»Und seine Frau?«

272

»Ich wusste gar nicht, dass er verheiratet ist«, gestand Carl.

»Aber es klang so, als ob es noch mehr Kapitänsfrauen gäbe, die mit auf Fahrt gehen.«

»Natürlich, Liebes, die gibt es. Aber die sind nicht von deinem Stand.«

»Ist es das, was dich so stört? Immer noch?« Emilia war überrascht. Carl blieb stehen und sah sie an. »Ja. Du bist eine Frau aus einem sehr guten Haus. Du bist so erzogen worden, dass du einen reichen Mann mit einer hohen Stellung in der Gesellschaft hättest heiraten sollen. Du solltest einem großen Haushalt vorstehen und Bälle und so etwas geben. Du bist nicht dazu geboren worden, um auf einem Kahn um Kap Hoorn zu schippern und mit einer rauen Mannschaft zusammenzuleben. Ich schäme mich, dass ich dir nichts Besseres bieten kann als mein Schiff.«

»Aber Carl!« Sie nahm seine Hand. »Oh, Carl. Ich habe diese Entscheidung bewusst getroffen. Und natürlich hatte ich eine Ahnung davon, was mich erwarten würde. Ich möchte keinen großen Haushalt führen, sondern mit dir zusammen sein. Das Leben an Bord ist so aufregend. Denk doch nur – die Abende, die wir zusammen in der Kajüte verbringen, das ist doch wunderbar.«

»Ich mache mir auch Sorgen um dich. Und um das Kind«, sagte er leise. »Ich habe das Gefühl, dich in große Gefahr gebracht zu haben. Und das kann ich mir nicht verzeihen.«

»Du hast doch gehört, auch Schneiders haben ein kleines Kind an Bord. Es wird also möglich sein. Ich freue mich sehr darauf, sie kennenzulernen. Ich habe so viele Fragen. Fragen, die mir nur eine Frau beantworten kann, die in einer ähnlichen Situation ist wie ich.«

Carl nickte. »Ich bin auch dankbar, dass sie hier sind. Wirklich. Es sind noch zwei weitere deutsche Schiffe im Hafen, deren Kapitäne ich kenne, und ein Holländer. Wir werden mindestens eine Woche in Valparaiso bleiben, bis die Ladung gelöscht und Ballast geladen ist, bevor wir weitersegeln. Zeit genug, um sie zu treffen.«

Hand in Hand gingen sie die Treppen und Gassen hinunter bis zum Hafen. Carl kaufte die ein oder andere Frucht und versuchte ihr zu erklären, wie sie schmeckte. Doch Emilia hörte kaum zu, ihre Gedanken waren bei dem Treffen mit der anderen Kapitänsfamilie. So sehr sie sich danach gesehnt hatte, an Land zu gehen, so sehr wünschte sie sich nun, dass die Zeit verginge und sie endlich zur »Charlotte« fahren konnten.

Doch Carl musste noch verschiedene Dinge erledigen, außerdem, so sagte er, würden sie Bescheid von der »Charlotte« bekommen, ob das Treffen wirklich zustande kommen würde.

»Er muss sich doch mit seiner Frau besprechen. Vielleicht ist das Kind ja ernsthaft krank.«

Den ganzen Nachmittag wartete Emilia vergebens auf Nachricht. Ihre Hoffnung sank immer mehr, und als die Sonne unterging, wollte sie schon ganz verzweifeln. Dann endlich kam ein Boot längsseits. Es war Kapitän Schneider, der sie abholte.

Wieder erwies der Hebesitz von McPhail ihnen gute Dienste. Nur Karamell, die schon freudig in den Korb springen wollte, musste zurückbleiben.

Die »Charlotte« lag am Kai, bei ihr war das Stückgut schon gelöscht und Ballast geladen worden. Emilia war froh, dass sie einfach über die Gangway an Bord gehen konnte und nicht nach oben gehievt werden musste.

Voller Spannung folgte sie Kapitän Schneider zum Oberdeck und dann die Stufen hinunter zur Kajüte. In der Tür stand auch schon Frau Schneider und erwartete sie. Die Kapitänsfrau mochte nur wenig älter als Emilia sein. Sie war braungebrannt, klein und schlank und sah sehr gesund und fröhlich aus.

Sie ging Emilia entgegen und nahm ihre Hand, drückte sie fest. »Ich freue mich so, Euch kennenzulernen«, sagte sie in einem warmen Ton. »Es ist immer schön, andere Kapitänsfrauen zu treffen. Kommt doch bitte herein.«

Die beiden Männer standen an Deck und rauchten eine Zigarre mit den Steuerleuten. Emilia war dankbar, dass sie ein wenig Zeit mit Frau Schneider allein hatte.

Die beiden Frauen waren sich sofort sympathisch. Die Kajüte, stellte Emilia fest, war so ähnlich eingerichtet wie die auf der »Lessing«. Auch hier gab es ein gemütliches Sofa, den großen Tisch mit den Bänken und den abklappbaren Seiten. Auf dem Tisch stand ein Kasten mit Pflanzen, die einen intensiven Duft verströmten.

»Mein Gärtchen«, sagte Frau Schneider lächelnd.

»Das ist eine gute Idee.«

»Ja, nur wenn das Wasser knapp wird, dann wird es schwierig.«

»Wir hatten bisher immer genügend Süßwasser.«

Frau Schneider lachte. »Im Herbst hatten wir eine Flaute vor Sumatra, da wurde uns das Wasser knapp. Aber das habe ich auch erst einmal erlebt.«

»Wie lange fahrt Ihr schon mit Eurem Mann?«, wollte Emilia wissen.

»Oh, gut drei Jahre sind es inzwischen.«

Aus der Kammer war ein leises Jammern zu hören.

»Das ist Jakob, unser Sohn. Er muss wach geworden sein. Mögt Ihr ihn sehen?«

»Natürlich. Wie alt ist er?«

»Bald wird er ein Jahr.«

»Und … entschuldigt, wenn ich das frage, aber … wo habt Ihr … ich meine …«, stotterte Emilia und spürte, dass sie rot wurde.

Frau Schneider lachte und öffnete die Tür zu ihrer Kammer. »Ihr seid in Umständen, das ist ja nicht zu übersehen. Macht Ihr Euch Sorgen? Seit wann seid Ihr mit auf Fahrt?«

Emilia lachte verlegen. »Wir haben erst Anfang November geheiratet.«

»Aber Euch geht es gut?« Das Kind lag mitten auf der großen Koje. Frau Schneider nahm es hoch und beruhigte es. »Er zahnt.« Sie gab ihm etwas, was aussah wie ein kleiner Knochen. »Veilchenwurzel. Das hilft gegen die Schmerzen. Setzt Euch«, forderte sie Emilia auf.

Auch in der Kammer gab es ein kleines Sofa. Die Wände waren von Regalen bedeckt, in denen viele Bücher standen. Bewundernd schaute Emilia sich um, dann nahm sie auf dem Sofa Platz und seufzte leise.

»Wann kommt es denn?«, fragte Frau Schneider.

»August oder Anfang September. Da werden wir wohl schon in Callao sein. Vielleicht gibt es dort eine Hebamme«, sagte Emilia leise.

»Ich habe Jakob in der Südsee bekommen. Das nächste Kind wird wohl auf dem Heimweg geboren werden.« Sie lächelte. »Man sieht es noch nicht.«

»Oh. Und dann? Ich meine … wer steht Euch zur Seite?«

»Mein Mann. Das hat er beim ersten auch getan. Und der Segelmacher, auch wenn es seltsam klingt. Aber er hat zu Hause einen ganzen Stall voller Kinder und war auch bei einigen Geburten dabei.«

»Das hat Euer Mann zugelassen?«, fragte Emilia erstaunt.

»Selbstverständlich. Er war heilfroh, Hilfe zu haben.« Sie sah Emilia nachdenklich an. »Hättet Ihr jemanden, der Euch beistehen könnte?«

»Unser Smutje. Der hat Ahnung von Heilkräutern und hat auch schon dreien seiner Kinder auf die Welt geholfen. Aber mein Mann meint, es sei peinlich, wenn einer aus der Mannschaft … nun, mich so sieht.« Sie senkte den Kopf.

Frau Schneider lachte. »Er wird froh sein, wenn dann jemand da ist.«

»Ihr fahrt jetzt zurück?«

»Nach Bremen geht es, wenn wir Salpeter in Iquique geladen haben.«

»Und dann bleibt Ihr dort?«

»I wo! Warum sollte ich? Wir werden die Lotsenkammer räumen und dort ein Kinderzimmer einrichten. Der Steward bekommt sein Quartier auf dem Zwischendeck. Wenn nichts dazwischenkommt, werde ich noch ein paar Jahre mitfahren. Es gibt doch nichts Herrlicheres.«

Emilia seufzte erleichtert auf. »Ich hoffe, dass mein Mann in einigen Monaten genauso denkt.«

17. Kapitel

Das Essen auf der »Charlotte« war köstlich und Emilia genoss die Gesellschaft der anderen Kapitänsfamilie sehr. Sie führten lange Gespräche und der Mond ging schon wieder unter, als sie auf die »Lessing« zurückkehrten.

Am nächsten Morgen ließ Frau Schneider anfragen, ob Emilia mit ihr in die Stadt gehen wollte. Diesmal hatte Carl nichts dagegen.

Aufgeregt stieg Emilia in das Boot. Sie hatte noch so viele Fragen und hoffte, Antworten darauf zu bekommen.

Herzlich begrüßten sich die beiden Frauen.

»Wo habt Ihr Jakob gelassen?«, fragte Emilia verblüfft.

»Der Steward passt auf ihn auf. Wir hatten einen jungen Indonesier eingestellt, aber der ist uns hier von Bord gegangen. Mein Mann sucht noch nach einer Betreuung. Schwierig wird es aber erst, wenn er anfängt zu laufen. Ich kann ihn ja nicht immer in der Kammer oder der Kajüte halten. Aber auf dem Deck darf er auch nicht stören, also brauchen wir einen Boy.«

»Laufen – so weit habe ich noch gar nicht gedacht.«

Sie sprachen über die Ausstattung und Auguste Schneider führte Emilia zu einigen Geschäften, in denen sie die Dinge bekam, die sie noch benötigte. Auguste führte sie zu einer der bunten Standseilbahnen.

»Was ist das?«, fragte Emilia verblüfft.

»Diese Gondeln laufen auf Schienen, ähnlich wie eine Eisenbahn, nur, dass sie diesen Hügel hochfahren. Seht Ihr dieses Teil vorn? Es sorgt dafür, dass die Kabine immer in der Horizontalen bleibt. Es macht Spaß, damit zu fahren, man hat einen unglaublichen Ausblick auf den Hafen und erspart sich das mühselige Treppensteigen.«

Nachmittags kam Auguste zusammen mit Jakob auf die »Lessing« zum Tee. Sie setzte sich auf die Schaukel, hielt sich mit der einen, das Kind mit der anderen Hand fest und ließ sich nach oben ziehen.

»Wir haben für solche Gelegenheiten einen großen Korb, in den ich mich setzen kann. Aber so geht es auch.« Neugierig sah sie sich um, bewunderte die Bücher, die Emilia besaß.

»Was haltet Ihr davon, wenn wir Bücher tauschen? Ich lese so viel, gerade wenn wir schlechtes Wetter haben. Da kann ich neue Lektüre immer gebrauchen.«

Begeistert stimmte Emilia zu. Nach dem Tee gab es ein Glas Sherry und endlich traute Emilia sich, einige intime Fragen zu stellen. Erst hatte sie sich geniert, aber dann überwand sie sich. Zu ihrer Freude antwortete Auguste ausführlich und ohne jede Scham.

»Meine Liebe, was ist denn daran peinlich? Ich hatte das Glück, bei den ersten beiden Geburten meiner älteren Schwester dabei sein zu können, und wusste, was mich erwartet.«

»Wie haben es Eure Eltern aufgenommen, dass Ihr einen Kapitän geheiratet habt?«, fragte Emilia leise.

»Sie haben sich gefreut«, sagte Auguste und schaute Emilia verwundert an. »Eure nicht?«

»Nein, sie haben mich verstoßen. Meine Familie meint, ich hätte nicht die richtige Wahl getroffen.«

»Mein Vater ist selbst lange Kapitän gewesen und meine Mutter hat ihn auch einige Jahre begleitet. Natürlich werde ich mich irgendwann mit den Kindern niederlassen müssen, aber ein paar Fahrten möchte ich noch mitmachen. Ihr werdet sehen, es gibt einige Kapitänsfrauen, die ihre Männer begleiten. Ich freue mich immer, Bekannte in den Häfen zu treffen. Leider geht es für uns morgen schon weiter, aber die ›Susanna‹ ist heute angekommen und der Kapitän hatte das letzte Mal auch seine Frau an Bord.«

Sie sprachen noch eine Weile miteinander und verabschiedeten sich dann herzlich. Emilia winkte Auguste lange hinterher, sie hatte das Gefühl, sich von einer guten Freundin trennen zu müssen.

»Wir werden uns bestimmt wiedertreffen!«, rief Auguste ihr zu.

»Kennst du den Kapitän der ›Susanna‹?«, fragte Emilia Carl, als sie abends zusammensaßen.

»Ja, ich mag ihn nicht besonders.«

»Warum?« Emilia spürte die Enttäuschung in sich hochsteigen. »Frau Schneider meinte, dass er auch seine Frau dabeihätte. Ich hatte mich schon auf weiteren Austausch gefreut.«

»Wir werden es herausfinden. Wenn er seine Frau dabeihat, werden wir sie selbstverständlich einladen.« Carl lächelte sie an. »Ich habe das Gefühl, dass dir das Gespräch mit Auguste Schneider sehr gutgetan hat.« Dann wurde er wieder ernst. »Du bist halt doch sehr einsam.«

»Carl, hör auf damit!« Emilia stand auf und ging ein paar Schritte durch die Kajüte. »Wenn ich an Bord unglücklich bin, werde ich es dir sagen. Natürlich fehlt mir ab und an der Austausch mit einer Frau. Gerade in meiner jetzigen Situation. Auguste hat mir jedoch viele gute Ratschläge geben können.« Sie neigte den Kopf zur Seite. »Sie hat mir auch erklärt, was ich alles noch brauche«, fügte sie leiser hinzu. »Ich fürchte, ich habe dein Konto ziemlich belastet.«

Carl trat zu ihr und nahm sie in den Arm. »Alles, was du brauchst, sollst du auch haben. Und das Kind natürlich auch.« Er zögerte. »Ich habe mit Kapitän Schneider gesprochen ... über ... du weißt schon ... die Geburt«, stammelte er.

»Und?«

»Stell dir vor, der Segelmacher war dabei. Der Segelmacher seines Schiffes.«

Emilia lachte. »Ich weiß.«

»Ich denke noch einmal darüber nach, ob das mit Piet nicht doch eine Möglichkeit wäre.«

»Danke!« Sie küsste ihn stürmisch. »Es wird schon alles gutgehen.«

»Dennoch habe ich eine Hebamme angefordert. Sie soll nach dir schauen, solange wir hier im Hafen liegen. Morgen werden wir an den Anleger geschleppt, damit wir die Kohle entladen und Ballast aufnehmen können. Ich will zügig weiter nach Callao. Dort werden wir sicher einige Zeit verbringen müssen, bis die Ladung Guano an Bord ist.«

Am Tag war es angenehm warm gewesen, nicht heiß oder schwül, eine trockene Wärme, die Emilia sehr genoss. In der Nacht jedoch fror Emilia und sie beschloss, am nächsten Tag die dickeren Decken wieder hervorzuholen. Zudem hielten die vielen Geräusche des Hafens und der nahen Stadt sie wach. Dieser Lärm war ungewohnt nach den vielen Tagen auf See, wo nur die Möwen kreischten, die Wellen gegen die Planken schlugen und manchmal die Matrosen im Logis ihre Shantys sangen.

»Ist dir kalt?«, fragte Carl, als er, nachdem er an Bord nach dem Rechten geschaut hatte, zu ihr in die Koje stieg.

»Hm.« Sie kuschelte sich an ihn, wärmte ihre kalten Füße an seinen warmen Waden.

»Das ist der Humboldtstrom, er bringt kaltes Wasser vom Pol«, murmelte er und schlief sogleich ein.

Am nächsten Tag kam die Hebamme, eine Mestizin, die nur wenig Englisch sprach. Mit ihrer bunten Kleidung und dem schwarzen Hut wirkte sie jünger, als sie sein konnte, die Falten um ihren Mund und am Hals verrieten ihr Alter. Sie lehnte den Tee ab.

»Coffee, please.« Ihr fehlten mehrere Zähne, wie Emilia feststellte. »My name is Ignazia. You are with child when?«

Seit wann, will sie wissen, übersetzte Emilia.

»November, December – it is due in August, I think.«

»August? Pretty soon. Let me see and touch.«

Sie knöpfte ohne Schamgefühl das Kleid auf, drängte Emilia zum Sofa.

»Not here«, hauchte Emilia peinlich berührt. Jeden Moment konnte einer der Steuerleute in die Kajüte kommen oder gar der Steward. Sie nahm die Hebamme bei der Hand und führte sie in ihre Kammer. Dort zog sie das Kleid aus. Die Hebamme drückte auf Emilias Bauch, tastete ihn ab. Murmelte vor sich hin, so dass Emilia angst und bange wurde.

»Something wrong?«

»Child fine and big and healthy. Please undress and lay down.« Die Mestizin lächelte ihr zahnloses Lächeln.

»Was?« Emilia sah sie fassungslos an.

»Undress. Underwear … away.« Wieder grinste sie breit. »I have to feel …«

Nein, dachte Emilia zunächst, doch dann zog sie sich, mit schamrotem Gesicht, aus und legte sich auf die Koje. Die Frau spreizte Emilias Beine und tastete. Emilia machte die Augen zu und beschloss, nicht zu sterben, auch wenn sie es gerade am liebsten wollte. Nur Carl hatte sie so gesehen und angefasst.

»Fine«, sagte Ignazia. »Everything fine. Child healthy, Mother healthy. But you will deliver before September.«

Emilia richtete sich auf und zog die Röcke herunter. »When?«

Ignazia zuckte mit den Schultern. »August, not much time. You better stay here. I have a house for young mothers. Not much cost.« Sie lachte.

»Thank you. I will talk to my husband.«

Den ganzen Nachmittag dachte Emilia über den Vorschlag der Mestizin nach. Sollte sie bei der Hebamme in Valparaiso bleiben? Dort gäbe es andere junge Mütter, sie hätte Betreuung während der Geburt. Aber sie wäre von Carl getrennt, und das für mehrere Wochen oder gar Monate. Zu gerne hätte sie Auguste befragt, doch das war leider nicht mehr möglich.

Auguste hatte ihr Kind auf dem Schiff bekommen, ohne Hebamme oder Arzt. Wenn Auguste das geschafft hat, schaffe ich es auch, dachte Emilia.

»Was hat die Hebamme gesagt?«, wollte Carl abends wissen. Emilia hatte die dickeren Decken herauslegen lassen, schob ihre Füße aber dennoch zwischen Carls Waden.

»Es ist alles gut. Das Kind ist kräftig und gesund, sagt sie.«

»Und die Geburt?«

»Sie meint, ich wäre auch kräftig und gesund. Sie glaubt, dass es vor September kommt.«

»Also im August. Da werden wir in Callao sein, wenn alles gut verläuft. Dort oder in Lima wird es sicher auch Hebammen geben«, murmelte Carl müde.

Emilia kuschelte sich schmunzelnd an ihn. »Das denke ich auch«, sagte sie leise, doch er schlief bereits.

Schon bald stellten sie fest, dass sich viele der Kapitäne zur Mittagszeit oder zum Tee in einem Hotel trafen. Tatsächlich waren zwei weitere Kapitänsfrauen im Hafen. Carl nahm Emilia fast jeden Tag mit und sie freundete sich mit Frau Kruger an, deren Mann der Kapitän der »Henrike« war.

Emilia genoss die Zeit in Valparaiso, doch Carl wurde mit jedem Tag ungeduldiger. Ihn drängte es nach Callao. Und so musste Emilia bald schon wieder Abschied von ihrer neuen Freundin nehmen.

Die ersten Tage unter Segeln waren schwer für Emilia. Sie musste sich wieder an das Stampfen und Rollen des Schiffes gewöhnen, an das Läuten der Schiffsglocke und den strikten Tagesablauf. Sie konnte kein frisches Obst mehr an den Straßenständen kaufen, sich nicht zum Tee verabreden oder durch die Geschäfte flanieren. Doch schon bald gefiel ihr das Leben an Bord wieder. Emilia war unbeweglicher geworden, kam schnell außer Atem. Ihre Füße schwollen an und oft saß sie an Deck, die Füße in einer Schüssel mit kaltem Wasser.

Die Mannschaft war rührend besorgt um sie. Der Smutje hatte ihre Leidenschaft für Avocados entdeckt und bereitete ihr jeden Tag eine Leckerei mit der Frucht zu. Sie wusste, dass sich diese Früchte nicht lange hielten, und genoss sie deshalb noch mehr.

Carl war schweigsam und nachdenklich.

»Was bedrückt dich?«, wollte Emilia wissen.

»Ich mache mir Gedanken um unsere Zukunft, Liebes. Ich habe viele Gespräche in Valparaiso geführt. Die lange Guano- und Salpeterfahrt ist nichts für eine Familie. Die Risiken sind zu hoch, das Kap Hoorn zu gefährlich.«

»Gibt es denn eine andere Möglichkeit?«

»Manch einer hat Australien und Neuseeland angepriesen. Dort werden gute Preise für Frachten gezahlt.«

»Warst du schon mal in den Gewässern? Australien – das klingt so fremd.«

282

»Ja, ich war als Leichtmatrose zwei Mal und als Vollmatrose noch ein weiteres Mal dort. Das Land ist wunderschön, die Farben kann ich dir gar nicht beschreiben. In Küstennähe gibt es fruchtbare Gebiete, doch das Landesinnere soll eine einzige rote Wüste sein.«

»Ist es nicht sehr wild dort?«

Er schüttelte den Kopf. »Die Eingeborenen, kleine, sehr dunkle Menschen, sind friedlich. Sie wandern durch das Land, haben keine Siedlungen. Deshalb stören sie die Einwanderer nicht, sagt man.«

»Und du meinst, unser Leben wäre in diesen Gewässern einfacher?«

»Ich werde mich weiter umhören, Liebes. Fahrten von Europa nach Australien laufen auch um das Kap Hoorn herum. Es gibt noch eine andere Route um das Kap der Guten Hoffnung, aber die ist auch deutlich länger.« Er legte den Arm zärtlich um ihre Schultern. »Wir werden uns genau erkundigen, welche Möglichkeiten es dort gibt, aber ich glaube, wir hätten dort tatsächlich eine bessere Zukunft.«

Der Gedanke an Australien begleitete sie die nächsten Tage. Sie hatte zwei Bücher über dieses fremde Land von Auguste bekommen und las sie nun voller Neugier. Die »Lessing« segelte die Küste nordwärts empor, die Temperaturen waren angenehm, auch wenn es nachts sehr kühl war. Nach zwei Wochen hatten sie fast die Hälfte der Strecke zurückgelegt, doch dann flaute der Wind ab.

Carl fluchte. Immer wieder ging er an Deck, ließ die Segel umsetzen. Er suchte auf den Seekarten nach günstigen Strömungen.

»Hätte ich doch nur diese Order nicht angenommen. Warum habe ich mich auf Guano eingelassen, statt wieder Salpeter zu nehmen?«

»Was wäre denn der Unterschied?«, fragte Emilia. Sie wollte möglichst genau verstehen, was ihn beschäftigte.

»Salpeter gibt es in Iquique, das haben wir schon passiert. Von Iquique bis Callao sind es etwas mehr als sechshundert Seemeilen. Und die müssten wir nicht zurücklegen, wenn …«

»Liebling, mach dir doch nicht solche Gedanken«, versuchte Emilia ihn zu beruhigen.

»Ich mache mir Sorgen um dich. Was, wenn es losgeht und wir immer noch in dieser Flaute stecken? Ich wäre dann lieber im Hafen.«

Ich auch, dachte Emilia, aber sie sagte es nicht. Hätte sie doch das Angebot der Mestizin annehmen und in Valparaiso bleiben sollen? Manchmal dachte sie, dass es besser gewesen wäre. Dann aber schalt sie sich einen Feigling.

Vier Wochen war es nun her, dass sie aus Valparaiso ausgelaufen waren. Immer noch ging es nur langsam voran. Inzwischen war es Mitte August und Emilia merkte, dass es nicht mehr lange dauern würde. Eines Nachts konnte sie nicht einschlafen. Die Hundswache hatte ihren Dienst beendet, die Schiffsglocke hatte geschlagen. Der erste Steuermann Wölsch hatte Dienst an Deck. Carl schlief seit dem letzten Wachwechsel. Sollte sich nichts ereignen, würde er bis zum Morgen nicht gestört werden. Leise kletterte Emilia aus dem Bett, zog sich warme Strümpfe an und legte den Mantel über, dann ging sie an Deck.

»Ma'm?«, fragte Wölsch überrascht. »Geht es Euch nicht gut?«

»Ich wollte nur ein wenig Luft schnappen. Ich kann nicht schlafen.«

Wölsch nickte. Dichter Nebel lag über der ruhigen See.

»Ich habe das Buch gelesen, das Ihr mir geliehen habt«, sagte er leise. »Emilia Galotti. Hat das tatsächlich der Onkel unseres Kapitäns geschrieben?«

»Der Großonkel.«

»Und er hat es nach Euch benannt?«

Emilia lachte. »Das Buch wurde geschrieben, lange bevor ich zur Welt kam.«

»Ich dachte nur«, brummte Wölsch, »wegen des Namens.«

»Das ist ein Zufall.« Emilia lehnte sich an das Schanzkleid und sog die kühle Luft tief ein. Der typische Geruch von Meer und Salz umgab sie. Als sie in Landnähe gekommen waren, hatte Emilia gemeint, die Erde und die Pflanzen schon von weitem riechen zu können. Sie sehnte sich danach.

Plötzlich platschte es an der Bordwand, das Wasser hob sich. Sie hörte ein Schnauben und Grunzen.

»Ein Wal«, zischte Wölsch. »Er ist direkt neben dem Schiff.«

Von einem Moment zum anderen roch es ganz anders, sumpfig irgendwie und nach Tran. Emilia blieb wie erstarrt stehen. Das Tier blies, dann tauchte es wieder ab. Ein wenig entfernt hörte sie kurz darauf ein lautes Platschen.

»Das sind Buckelwale. Sie folgen der Strömung und schwimmen nordwärts nach Kalifornien. Dort gibt es ein Gebiet, in dem sie ihre Jungen zur Welt bringen, habe ich gehört.« Wölsch schaute nach oben, aber der Nachthimmel war verhangen.

»Es wird Zeit, dass Wind aufkommt, nicht wahr?« Emilia ging zu ihm.

»Höchste Zeit. So eine Flaute habe ich hier noch nicht erlebt. Es ist wirklich grausig.« Er seufzte. »Auf manch anderem Schiff hätten wir jetzt Probleme mit der Mannschaft.«

»Wieso?«

Wölsch lachte leise. »Weil eine Frau an Bord ist. Versteht das nicht falsch, Ma'm. Die Seeleute sind abergläubisch. Ich weiß, dass englische Matrosen niemals einen Albatros essen würden. In ihnen, so sagt es ein Mythos, wohnen die Seelen der verstorbenen Seemänner.«

»Aber ... wir haben doch schon mehrfach Albatrosse gegessen.«

»Ja. Weil unsere Mannschaft deutsch ist. Bis auf McPhail und Palmer. Aber die wollten auch lieber satt werden, als zu hungern.« Wölsch lachte leise. »Überhaupt ist diese Mannschaft anders oder diese Fahrt. Ich glaube, das liegt daran, dass Ihr an Bord seid.«

Emilia schluckte. Wie meinte er das?

»Eine Frau an Bord verheißt Unglück, so heißt es«, fuhr er fort. »Aber das scheint nicht zu stimmen. Wir haben deutlich weniger Streit, Animositäten, Gehässigkeiten. Die Jungs lieben Eure Bücher. Ich weiß gar nicht, ob es so etwas auf anderen Schiffen gibt. Es ist wunderbar, dass Ihr den Jungs Eure Bücher verleiht.« Er nickte heftig. »Sie mögen Euch, wollen, dass es Euch gutgeht. Erinnert Ihr Euch an die Äquatortaufe?«

285

»Natürlich. Das war ein lustiger Abend.«

»Das ist nicht immer so lustig. Meine Linientaufe war grässlich.« Er schnaufte. »Das ist die Gelegenheit für die Leichtmatrosen, sich zu rächen. Als Schiffsjunge wurden sie geärgert und manchmal auch gequält und nun geben sie es weiter. Ich musste in den Schweinestall, verdorbene Fischreste essen, wurde geteert und meine Haare wurden geschoren. Der kleine Ferdinand hat es dagegen wirklich gut erwischt. Und das liegt daran, dass Ihr an Bord seid. Ihr seid bei den Leuten wohlgelitten und auch der Kapitän ist auf dieser Fahrt anders.«

»Anders? Wie?«

»Er hat nie jemanden kielgeholt oder gepeitscht, was aber durchaus üblich ist, wenn jemand seine Pflicht nicht erfüllt. Er straft hart, aber nie ungerecht. Auf einem Schiff wie diesem ist das Leben von der Aufmerksamkeit und Arbeit der Mannschaft abhängig. Wenn ein Matrose die Segel nicht ordentlich dichtholt, die Schoten nicht fiert oder die Zeisinge nicht zurrt, kann es Probleme geben. Wenn wir bei hoher See Segel umsetzen oder einholen, müssen wir uns aufeinander verlassen können. Wenn der Ausguck schläft oder träumt, können wir in Teufels Küche kommen. Es gibt viele Situationen an Bord, die über Leben und Tod entscheiden und in denen wir uns aufeinander verlassen können müssen.«

»Ich verstehe. Und wenn es Zwistigkeiten gibt, ist das gefährdet.« Emilia kaute auf der Unterlippe. »Das ist mir gar nicht so klar gewesen.«

»So ist das. Aber auf diesem Lauf ist es friedlicher, und ich glaube, dass es an Euch liegt. Ma'm.«

Die Worte stimmten sie froh, aber auch nachdenklich. Sie ließ Karamell noch ein wenig über das Mitteldeck laufen und ging dann zurück in die Kammer.

Endlich frischte der Wind auf. Sie machten gute Fahrt.

»Wie weit ist es noch?«, wollte Emilia von Carl wissen. Das Land war schon in Sicht, aber sie mussten gegen die Strömung kreuzen.

»Weit ist es nicht mehr. Die Frage ist nur, wie wir die Winde besiegen und anlaufen können. Da vorn ist Callao, unser Zielhafen. Man kann ihn schon fast sehen. Aber die Winde kommen vom Land.« Er seufzte.

Emilia atmete tief ein. Sie fühlte sich nicht wohl. Ihr Kreuz schmerzte, der Bauch drückte. Das Kind bewegte sich seit zwei Tagen weniger als zuvor. Der Appetit war ihr vergangen und selbst das Mus, das der Smutje aus den letzten Avocados gemacht hatte, wollte ihr nicht munden. Unruhig lief sie über das Deck.

»Gnädigste«, sprach sie der Smutje an. »Ihr wirkt so nervös. Wir kreuzen nur gegen den Wind, das heißt, alle sind in den Tauen und an den Segeln. Und Ihr tigert hier über das Deck, als wäre Euch der Teufel auf den Fersen. Paulsens Paul hat gerade nichts zu tun. Er könnte Wasser erhitzen und Euch die Wanne füllen. Wäre das nicht fein? Ein schönes, heißes Bad.«

Ja, dachte Emilia und nickte, ja, das wäre schön. »Haben wir denn genügend Süßwasser?«, fragte sie leise.

»Haben wir. Die Küste ist doch schon zu sehen. Spätestens in drei Tagen liegen wir im Hafen und können alle Vorräte auffüllen.« Er zwinkerte ihr zu. »Ich denke, Euch würde ein Bad guttun.« Er drehte sich um. »Paul! Setz mal die Kessel auf. Die Gnädigste braucht ein Bad. Und heiz ein!«

Eine Stunde später hörte Emilia wieder die Befehle zum Kreuzen. Selbst das letzte Segel war aufgezogen worden, um auch jeden Windhauch einzufangen, damit sie in die Bucht segeln konnten.

Paul Paulsen hatte eimerweise heißes Wasser in den kleinen Baderaum geschleppt. Emilia setzte sich in die Messingwanne und schloss die Augen. Das heiße Wasser tat ihr gut und sie hatte das Gefühl, sich endlich wieder einmal entspannen zu können. Seit Wochen konnte sie nicht mehr richtig schlafen, sie wusste einfach nicht, wie sie sich betten sollte. Bestimmt eine halbe Stunde lag sie so im Wasser, doch plötzlich durchzuckte sie ein stechender Schmerz. Ihr geschwollener Bauch schien sich zusammenzuziehen. Erschrocken hielt sie die Luft an. Doch dann war es auch schon vorbei. Hatte sie sich falsch bewegt? Sie wusste es nicht. Erleichtert atmete sie auf, aber dann kam der

Schmerz zurück. Er fing im Rücken an, es war ein Gefühl, als hätte ihr jemand ein breites Band um den Bauch geschnürt und würde es immer fester zusammenziehen. Emilia stöhnte auf. So schnell, wie es gekommen war, war es auch wieder vorbei. Sie setzte sich auf, wollte sich hochziehen, doch da kam es schon wieder. Fast hätte sie aufgeschrien.

Das Kind kommt, dachte sie verblüfft. So fühlt sich das also an. Schnaufend lehnte sie sich zurück, wartete ab. Der Schmerz kam wie in Wellen. Jedes Mal, wenn sie sich gerade aufgesetzt hatte und aus der Wanne steigen wollte, kam die nächste Wehe.

Ich muss hier raus, dachte sie verzweifelt. Von Deck hörte sie Carl, er rief der Mannschaft Befehle zu. Dass das Schiff schlingerte und rollte, endlich Fahrt aufnahm, machte es nicht einfacher.

Das Badewasser schwappte nun aus der Wanne und dümpelte über den Boden. Beim fünften Versuch endlich schaffte Emilia es, aufzustehen und hinauszuklettern. Der Boden war rutschig, das Schiff rollte und beinahe hätte sie den Halt verloren. Sie stand an der Wanne und klammerte sich an den Rand. Wieder kam eine Wehe, doch im Stehen war sie besser zu ertragen. Aber hier konnte sie nicht bleiben. Was hatte Auguste ihr über die Geburt erzählt? Es fängt langsam an und wird dann immer stärker.

Mutter, erinnerte sich Emilia erschrocken, hatte tagelang in den Wehen gelegen. Sie holte tief Luft, griff nach dem Handtuch und schlang es um sich. Gerade noch rechtzeitig vor der nächsten Wehe schaffte sie es in ihre Schlafkammer. Wenn die Schmerzen kamen, hielt sie die Luft an und krümmte sich zusammen, aber dazwischen ging es ihr erstaunlich gut. Sie streifte sich ein Nachthemd über und ging, die eine Hand zur Seite ausgestreckt, um schnell Halt zu finden, wenn das Schiff rollte, die andere in ihr Kreuz gepresst, durch die kleine Kammer. Liegen war unerträglich. Sie hatte großen Durst, wollte aber den Steward nicht rufen.

Es kann noch ewig dauern, dachte sie und Angst kroch in ihr hoch. Auguste hatte ihr geraten, immer tief in den Bauch zu atmen, wenn die Schmerzen kamen, doch das vermochte sie nicht. Sie hielt die Luft an und biss die Zähne aufeinander. Die Schmerzen kamen in immer kürzeren Abständen und waren kaum noch zu ertragen. Noch hatte sie nicht geschrien, aber das würde sie bald sicher nicht mehr vermeiden können.

Es klopfte. »Soll ich Euch Tee bringen, Ma'm?«, fragte Julius.

»Bitte«, keuchte sie.

Der Steward blieb auf der anderen Seite stehen, räusperte sich. »Geht es Euch gut?«, fragte er dann unsicher.

»Ja«, presste sie hervor.

»Soll ich … soll ich den Smutje holen?«

Emilia überlegte. Eigentlich hatte sie diesen Moment so lange wie möglich hinauszögern wollen. Sie konnte sich noch gut daran erinnern, wie erniedrigend und peinlich sie die Untersuchung durch die Mestizin fand. Gleichzeitig sehnte sie sich nach Unterstützung, nach jemandem, der ihr vielleicht Linderung verschaffen könnte.

»Ja«, keuchte sie, dann kam die nächste Wehe mit einer solchen Wucht, dass sie sich nur noch am Bettpfosten festklammern konnte.

Sie hörte die trappelnden Schritte des Stewards, als er aus der Kajüte eilte.

Ich werde sterben, dachte sie. Ich werde sterben und mein Kind auch. Sie legte die Hand auf den Bauch, spürte, wie es sich in ihr bewegte.

Mein armes, kleines Kind, dachte sie. Und mein armer Carl.

Doch dann konnte sie wieder Luft holen und sich aufrichten. Das Schiff krängte nach rechts. Vom Deck schollen die Rufe der Matrosen, die die Segel neu stellten.

Emilia schnaufte und wischte sich den Schweiß von der Stirn. Sie schwitzte, obwohl es kühl vom Wasser hochzog. Die nächste Wehe kam, diesmal stöhnte sie laut auf, Tränen traten ihr in die Augen. Sie biss die Zähne, so fest sie konnte, zusammen.

»Ma'm?« Piet, der Smutje, stand vor der Tür. »Darf ich eintreten?«

Emilia wartete, bis die Wehe abebbte, holte schnaufend Luft. »Ja.«

»Ist es so weit?«, besorgt sah er sie an.

»Ich glaube schon.«

Der Smutje blieb an der Tür stehen und beobachtete sie. Wieder

289

kam eine Wehe, Emilia biss sich auf die Lippen, klammerte sich am Bettpfosten fest.

»Ganz ruhig«, sagte Piet und trat zu ihr. »Ganz ruhig. Nicht die Luft anhalten. Tief einatmen.«

»Ich kann nicht«, jammerte sie. »Es tut so weh.«

»Es wird besser, wenn Ihr atmet, wirklich. Ich hole Euch eine Wärmflasche und ein paar von den Tropfen, die der Doktor Euch gegeben hat. Und dann atmen wir zusammen.«

Bitte, geh nicht weg, dachte Emilia, aber der Smutje verließ die Kammer.

Bei der nächsten Wehe versuchte sie, tief Luft zu holen. Zuerst war es nicht leicht, in den Schmerz hineinzuatmen, aber dann spürte sie, dass es tatsächlich eine leichte Linderung brachte. Schnell holte sie wieder Luft, atmete hastig aus.

Zwei oder drei Wehen verbrachte sie so, ihr wurde schwindelig und schlecht. Sie taumelte zum Waschtisch und übergab sich in die Schüssel. Jetzt weinte sie haltlos.

»Sch-sch-sch!« Piet war zurückgekommen und schloss die Tür hinter sich. »Kommt«, sagte er und führte sie zum Bett. Obwohl Emilia nicht liegen wollte, zitterten ihre Beine nun so sehr, dass sie sich kaum noch aufrecht halten konnte.

»Setzt Euch.« Piet wischte ihr mit einem feuchten Lappen über das Gesicht und hielt ihr einen Becher an die Lippen. »Trinkt das.«

Sie nippte, dann schnappte sie nach Luft.

»Eine Wehe? Holt tief Luft. So ist es gut.« Piet sah ihr in die Augen, hielt ihren Blick fest. »Und jetzt ganz langsam wieder ausatmen.«

Emilia keuchte schnell und hart.

»Nein«, sagte Piet ruhig, aber bestimmt. »Tief einatmen und die Luft kurz anhalten. Dann langsam ausatmen.« Sie tat es ihm nach und spürte, dass die Übelkeit nachließ.

»Und jetzt trinkt«, sagte er und hielt ihr wieder den Becher an die Lippen. »Seit wann habt Ihr Wehen?«

Emilia schüttelte den Kopf, sie hatte jedes Zeitgefühl verloren.

»Aber schon eine Weile?«

»Es fing an, als ich in der Wanne lag.«

Der Smutje brummte. »Ich hatte gehofft, dass es noch ein Weilchen dauern würde. Zumindest, bis wir an Land sind. Aber nun gut.«

»Es tut so weh«, jammerte sie.

»Wenn Ihr den Tee getrunken habt, wird es Euch bald besser gehen.« Er merkte, dass sie sich wieder anspannte, zeigte ihr, wie sie atmen sollte.

»Das hilft«, stellte Emilia erstaunt fest. »Es schmerzt immer noch, aber ich habe nicht mehr das Gefühl, sterben zu müssen.«

Piet lachte leise auf. »Ihr werdet nicht sterben.« Dann zog er die Stirn kraus. »Liegt es richtig herum? Mit dem Kopf nach unten?«

Emilia zuckte mit den Schultern. »Das weiß ich nicht«, gestand sie.

»Darf ich einmal fühlen?«

Sie sah ihn erschrocken an. »Muss ich …?« Sie senkte beschämt den Kopf.

»Euer Nachthemd stört nicht. Ich will nur einmal den Bauch abtasten. Oft kann man spüren, wie sie liegen.«

Sie nickte, vermied aber, ihn anzusehen.

Vorsichtig tastete er ihren Bauch ab. Als die nächste Wehe kam, hob er ihren Kopf und sah sie an. »Atmen, ganz ruhig und tief!«

»Das Kind liegt richtig. Soll ich Euren Mann holen?«

»Nein!«, wehrte Emilia ab. »Bitte, bleibt bei mir.«

Er lächelte. »Natürlich, das habe ich doch versprochen.«

Sie kämpften sich durch die Stunden. Mit Piets Hilfe konnte Emilia besser mit dem Schmerzen umgehen, und auch das Opiat tat seine Wirkung.

Dann veränderten sich die Wehen, wurden stärker. Sie legte sich auf das Bett und hielt sich an dem Lederband fest.

Zwischendurch war der Steward zur Tür gekommen und hatte nach dem Essen für die Mannschaft gefragt.

»Es ist Eintopf da. Den wirst du doch wohl aufwärmen können«, herrschte der Smutje ihn an. »Und dass du bloß nichts dem Kapitän sagst. Wir wollen doch sicher in den Hafen gelangen.«

291

»Aye, aye, Smutje.«

Emilia hörte die Glasenglocke schlagen, wusste aber nicht, wie viel Zeit vergangen war. Auch der Blick aus dem kleinen Fensterchen brachte ihr nichts, denn den ganzen Tag schon war es nebelig und verhangen gewesen. Das Schiff hatte sich beruhigt, glitt durch die Wellen und schien endlich ordentlich Fahrt aufgenommen zu haben.

Die Wehen kamen in immer kürzeren Abständen und plötzlich knackte etwas in Emilias Bauch, als ob jemand auf ein dünnes Glas getreten sei. Es wurde warm und nass zwischen ihren Beinen. Zum Glück hatte sie, auf Augustes Empfehlung hin, schon vor Stunden alte Laken in die Koje gelegt. Sie kniff die Augen zusammen und hoffte, dass der Smutje es nicht mitbekommen hatte. Du bist eine dumme Gans, schimpfte sie stumm mit sich. Da ist Blut, du bist schweißgebadet, natürlich hat er das bemerkt. Es war ihr peinlich, aber gleichzeitig war sie froh, ihn an ihrer Seite zu haben.

»Die Fruchtblase ist geplatzt«, sagte Piet und grinste zufrieden. »Ma'm, ich werde jetzt einmal nachschauen, ob alles so ist, wie es sein soll. Ich verspreche Euch, dass ich sofort alles wieder vergesse.«

Emilia nickte. Vorsichtig hob er das Nachthemd an.

»Das Kind kommt bald, ich kann den Kopf schon sehen«, sagte er. »Bei der nächsten Wehe holt Ihr tief Luft, ganz tief, dann müsst Ihr den Atem anhalten, den Kopf auf die Brust legen und pressen, so fest Ihr könnt. Meine Frau hat immer gesagt, dass das guttat, wie auch immer sie das gemeint hat.«

Emilia folgte seinen Anweisungen, holte tief Luft und schrie. Es war das erste Mal, dass sie laut schrie, vorher hatte sie nur gestöhnt und gejammert, aber nun konnte sie es nicht mehr zurückhalten. Irgendetwas schien ihr mit einem Messer zwischen die Beine zu stechen.

Es polterte auf der Treppe und Carl riss die Tür auf. »Oh Gott, Emma, geht es los?«

Piet lachte. »Das Kind ist gleich da, Kapitän. Eure Frau hält sich ganz tapfer.«

»Was soll ich tun?«, fragte Carl hektisch. »Oh, Emma!«

Keuchend holte Emilia Luft, die nächste Wehe kam schon. Sie sah Piet an.

»Pressen! Los!«

Diesmal senkte sie den Kopf und drückte nach unten, so fest sie konnte.

»Soll ich etwas tun?« Carl klang sehr aufgeregt.

»Lasst Wasser kochen«, sagte Piet. »Es muss richtig sprudelnd kochen. Am besten beaufsichtigt Ihr das persönlich.«

»Ist gut.« Carl wandte sich um.

»Und dann steht in der Kombüse, in meinem Spind, ein Korb, der in ein Leinentuch gepackt ist. Den soll Julius bringen.«

»Gut. Oh, Liebes, halte durch. Ich bin gleich wieder da.«

»Ich will nicht, dass er das sieht«, flüsterte Emilia und holte wieder Luft.

»Keine Sorge, das Kind ist da, bevor das Wasser kocht. Gnädigste, ich werde das Kind nehmen, nur dass Ihr Bescheid wisst.«

Inzwischen war Emilia alles egal. Sie genierte sich nicht mehr, sie achtete nicht einmal großartig darauf, was um sie herum vorging, sie wollte nur, dass es endlich vorbei wäre.

Er hob das Nachthemd an, tastete. Emilia schob und presste, sie schrie vor Schmerz.

»Noch einmal«, ermutigte Piet sie. »Und noch einmal!«

Sie spürte, wie das Köpfchen austrat, Piet griff danach, hielt es. Emilia holte tief Luft, der stechende, brennende Schmerz hatte aufgehört. Dann spürte sie die nächste Wehe kommen. Sie presste, und etwas rutschte aus ihr heraus.

Emilia lehnte sich zurück, erschöpft, aber glücklich. Sie hatte es überlebt. Das Kind schrie, und Piet legte es ihr in die Arme.

»Ein Mädchen«, sagte er und klang so stolz, als sei er der Vater. »Und genauso hübsch wie Ihr.«

Sie bestaunte das meckernde, zerdrückte, rotblaue Wesen, konnte kaum glauben, dass es in den letzten Monaten in ihrem Bauch gewachsen war, und verliebte sich auf der Stelle in das Kind. »Ein Mädchen«, hauchte sie.

»Emma!« Carl kam in die Kammer gestürzt. »Lebt sie noch?«

»Glückwunsch, Kapitän. Ihr seid Vater einer wunderschönen Tochter. Sie und die Mutter sind wohlauf.«

Carl ließ den Eimer fallen, stürzte an die Koje. »Emma, Emma! Oh. Emma.«

Vorsichtig setzte er sich an den Bettrand, bestaunte das Kind und küsste seine Frau zärtlich. »Ein Mädchen?«

»Bist du enttäuscht?«, fragte Emilia unsicher.

»Nein. Nein, Mädchen bleiben der Familie immer verbunden. Und sie ist so schön. Schau doch nur, die blauen Augen und wie viele Haare sie hat.« Er nahm vorsichtig die Hand des Neugeborenen, das Kind griff nach seinem Finger und hielt ihn fest. Carl wischte sich die Tränen aus den Augen.

»Kapitän«, unterbrach der Smutje die beiden. »Die Nachgeburt muss noch kommen«, sagte er leise.

»Was?«

Der Smutje grinste. »Kocht das Wasser schon?«, fragte er.

»Noch nicht. Brauchen wir es jetzt?« Carl sah ihn unsicher an. »Soll ich es holen?«

»Bitte.«

Als der Kapitän die Kammer verlassen hatte, wandte sich Piet wieder an Emilia. »Es muss noch eine Wehe kommen, damit auch die Nachgeburt herauskommt.«

Emilia nickte, spürte in sich hinein und wieder presste sie, als die Kontraktion kam. Piet wickelte schnell die blutigen Laken zusammen.

»Wofür brauchen wir das kochende Wasser?«, fragte Emilia erschöpft.

»Nur um Euren Mann zu beschäftigen.« Der Smutje lachte leise. »Jetzt ist aber alles vorbei und es ist gutgegangen.«

»Ihr habt eine starke Frau, Kapitän«, sagte Piet, als er an Deck ging. Er schmiss die dreckigen Laken über Bord. Dann wurde er ernst. »Aber alles Weitere wird sich erst in den nächsten Tage entscheiden.«

»Ja, ich weiß«, sagte Carl. »Das Kindbett ist gefährlich.« Er schaute zum Flögel. »Aber der Wind steht gut und wir machen Fahrt. Bald sind wir hoffentlich im Hafen.«

Emilia hatte jegliche Scheu und Scham vor Piet verloren. Sie ließ sich von ihm waschen und helfen, auch beim ersten Anlegen des Kindes war er ihr zur Hand. Er wusch die Kleine, zog sie an und gab sie der Mutter zurück.

Carl kam und bewunderte abermals seine Tochter. Mit großer Dankbarkeit sah er Emilia an. »Ich bin so froh, dass du das geschafft hast. Dass alles gutgegangen ist.« Die Rührung war ihm anzumerken.

»Ohne Piet hätte ich es kaum überstanden«, sagte sie leise. »Er war mir eine große Hilfe.«

»Das ist mir bewusst.«

»Wie sollen wir sie nennen?«, wollte Emilia wissen.

»Ich möchte, dass sie wie die beiden Frauen heißt, die ich am meisten liebe – Emily Wilhelmina. Bist du damit einverstanden?«

»Emily, ja das gefällt mir.«

18. Kapitel

Am nächsten Tag versammelte sich die Mannschaft an Deck vor der Kajüte und gratulierte den frischgebackenen Eltern mit einem kräftigen »Hipphipphurra!«

Emilia erholte sich schnell von der Geburt. Sie verbrachte die Tage in der Koje, bewunderte immer noch ihre kleine Tochter. Der Smutje kochte ihr Leckereien. Drei der Hühner opferte er und das männliche Ferkel. Er verbrauchte auch die letzten Kartoffeln und das wenige Gemüse, das sie noch hatten.

Schon am nächsten Tag fuhren sie in den Hafen ein. Der Arzt und der Zoll kamen an Bord, überprüften die Mannschaft und die Papiere. Der Arzt warf nur einen kurzen Blick auf Emilia.

»Ich schicke Euch eine Hebamme an Bord. Ihr müsst das Kind in Lima anmelden«, sagte er zu Carl.

»Eine Hebamme? Meiner Frau geht es doch gut, oder habt Ihr Sorgen?«

»Nur zur Vorsicht. Kindbettfieber tritt schnell auf und ist gefährlich. Wer hat bei der Entbindung geholfen?«

»Unser Smutje.«

»Nun, wollen wir hoffen, dass alles gutgeht«, sagte er und verabschiedete sich.

Besorgt sah ihm Carl hinterher, ging dann zu Emilia. »Wie fühlst du dich?«

»Wunderbar! Emily trinkt inzwischen auch, ich scheine genügend Milch zu haben.«

»Wir dürfen anlegen und dann wird eine Hebamme kommen.«

Emilia nickte nur. Ihr gefiel es, in der Koje zu liegen und auf den Hafen blicken zu können. Diesmal wollte sie gar nicht an Land gehen.

Die Hebamme kam, und auch sie war zufrieden mit dem Zustand von Mutter und Kind. Sie wies Emilia an, sich weiterhin gut zu schonen und nicht zu früh aufzustehen, aber das hatte Emilia auch gar nicht vor.

Das kleine Mädchen wurde schnell zum Liebling der ganzen Mannschaft. Sie legten zusammen und kauften von ihrer Heuer eine weiche Decke aus Lamawolle für Emily. Der Smutje kam jeden Tag, um nach ihr zu schauen.

»Ich habe das Gefühl, als wäre sie auch ein wenig mein Kind«, sagte er verschämt.

Emilia lachte. »Ohne dich hätte ich es nicht geschafft, Piet.«

Carl fuhr nach Lima, um seine Tochter anzumelden. Er brachte auch Post mit, als er zurückkam.

»Inken hat dir geschrieben. Es sind vier Briefe.«

»Nur Inken?« Emilia hatte in jedem Hafen einen Brief an Inken aufgegeben, hatte aber auch ihren Eltern und Onkel und Tante geschrieben.

Bedauernd zuckte Carl mit den Schultern. »Es tut mir leid. Wirst du deiner Familie mitteilen, dass wir ein Kind bekommen haben?«

»Ja, sie sollen es wissen und dann entscheiden, ob sie ihr Enkelkind wirklich nicht kennenlernen wollen.« Emilia hob trotzig den
Kopf, dann las sie voller Freude die Briefe, die ihr Inken geschrieben
hatte.

Jedes Mal, wenn sie Post bekommen hatten, hatte sie auf eine
Nachricht von Inken gehofft, doch nie war ein Brief für sie dabei ge-
wesen. Jetzt wusste sie auch, warum. Inken hatte alle Briefe zum
Agenten nach Lima geschickt.

Ihr traten die Tränen in die Augen, als sie Inkens Zeilen las. Sie
schilderte die kleinen Dinge, die in Othmarschen vorgefallen waren.
Der Hofhund war gestorben und sie hatten einen neuen anschaffen
müssen. Es hatte kurz nach Weihnachten in der Scheune gebrannt,
aber niemand war zu Schaden gekommen. Die Katze hatte im Frühjahr geworfen, ausgerechnet im Bett der Tante. Neun Kätzchen waren es geworden.

Sie schrieb auch von den Besuchen der Familie, erzählte von Jasper
und Mathilda. Tante und Onkel erwähnte sie nur am Rande.

Emilia hatte Inken geschrieben, dass sie ein Kind erwartete, aber
nicht ihrer Familie. Sie glaubte auch nicht, dass Inken ihnen davon
erzählen würde.

Noch an jenem Abend schrieb sie der Mamsell in Othmarschen
von dem glücklichen Ereignis. Inken davon zu berichten, fiel ihr
leicht. Der Brief an ihre Eltern war jedoch schwer. Mehrfach setzte
sie sich hin, jedes Mal verwarf sie den Entwurf und zerknüllte das
Papier.

Irgendwann werden mir schon die richtigen Worte einfallen,
dachte sie.

Nach zwei Wochen verließ sie zum ersten Mal die Kammer und
nahm ihre Mahlzeiten wieder zusammen mit den Steuerleuten und
Carl in der Kajüte ein.

Der Ballast war schon gelöscht worden, doch es gab Probleme mit
der neuen Ladung. Obwohl bestellt, war sie noch nicht geliefert worden. Carl machte sich Sorgen, dass sie die Rückreise nicht rechtzeitig
würden antreten können.

»Ich war in Lima«, erzählte Wölsch. »Eine prächtige Stadt mit großen Gebäuden und breiten Straßen.«

Das konnte Emilia kaum glauben. Der Hafen und die Gebäude,
die sie vom Anleger aus sahen, wirkten grau und trostlos, ganz anders
als das farbenprächtige Valparaiso.

»Morgen werde ich wieder nach Lima fahren – es geht ganz schnell
mit der Eisenbahn. Ich habe dort einen Schneider gefunden, der
wirklich gut arbeitet und nicht teuer ist.«

»Oh«, seufzte Emilia. Sie brauchte dringend einige neue Kleider,
aber an einen Landgang war vorläufig nicht zu denken.

Meist lag dichter Nebel über dem Hafen, es war kühl und feucht.
Nur selten ging Emilia an Deck, meist blieb sie in der Kajüte. Palmer,
der Bootszimmermann, hatte eine Wiege gebaut und zwei Haken in
die Decke der Kajüte gedreht. Dort konnte das kleine Bettchen aufgehängt werden und die Bewegungen des Schiffes wiegten Emily in
den Schlaf.

Ferdinand kümmerte sich schon seit einigen Wochen um die Hündin. Jeden Tag ging er mit ihr an Land. Wenn er Wache hatte, blieb
Karamell meist auf dem Mitteldeck oder sie lag in der Kajüte und
bewachte das Kind.

Seit der Smutje jeden Tag nach Emilia schaute, besprach er mit ihr
den Proviant und die Mahlzeiten.

»Wir brauchen einen neuen Eber. Die Sau ist gesund und scheint
sich an Bord wohl zu fühlen. Sie hat schon einmal geworfen, vermutlich wird sie das noch mal tun. Besser, wir behalten sie, als sie zu
schlachten.«

Emilia räusperte sich, ihr fiel die Bemerkung ein, die McPhail gemacht hatte. »Bevor ich geschlachtet werde, dann lieber die Sau«, murmelte sie.

»Gnädigste?«

Emilia schüttelte den Kopf. »Nichts.«

»Gänse würde ich gerne mitnehmen und Hühner natürlich. Gänse
kann man auch mittschiffs halten. Die Rückfahrt, so wir denn Glück

mit den Winden haben, wird schneller gehen, die Strömungen sind
günstiger. Trotzdem werden wir nicht vor März in Hamburg sein.
Und das auch nur mit viel Glück.«

»Was ist mit Gemüse und Obst?«

»Orangen und Äpfel habe ich bestellt, die halten sich auch länger.
Zitronen auch. Kohl habe ich bisher nicht bekommen, aber den kriegen wir auch noch in Valparaiso. Frische Sachen habe ich alle – Avocados kamen heute an Bord«, er zwinkerte ihr zu. »Aber für die Fahrt
sind sie natürlich nichts. Genau wie Bananen und Mangos. Wobei
grüne und unreife Mangos sich eine Weile halten, aber nicht Monate
und nicht auf einem Schiff.«

»Äpfel haben wir immer in Fässern im Keller gelagert – über den
Winter. Im Frühjahr waren sie zwar weich und schrumpelig, aber
nicht verdorben.«

»Ja, Gnädigste, aber wir haben keinen Keller. Unter Deck ist es
feucht. Manchmal bleibt einem nur Sauerkraut – das hält sich wirklich immer und ewig.« Er seufzte. »Für die Schweine und das Geflü-
gel werde ich auch noch Futter benötigen.«

»Gibt es Konserven, die wir kaufen können?«

»Ja, allerdings sind sie noch teurer als in Europa. Einige habe ich
jedoch schon bestellt, aber hier läuft die Zeit einfach anders.«

Carl musste die gleichen Erfahrungen machen.

»Nie wieder werde ich eine Order in Peru aufnehmen. Das ist zum
Verrücktwerden. Der Agent und das Kontor haben alles ordentlich
und rechtzeitig verbucht. Ich hatte aus Valparaiso noch hierhergeka-
belt und uns angekündigt, aber die Ware ist nicht da.« Er lief durch
die Kajüte, die Hände im Rücken verschränkt. »Was sollen wir bloß
machen?«, fragte er ärgerlich. »Und nun will das Kontor mir Passagiere mitgeben. Die wissen doch, dass das nicht geht.«

»Passagiere? Im Zwischendeck?«, fragte Emilia verwundert.

»Nein, nein. Manchmal nimmt man Passagiere mit – von einem Hafen zum anderen. Die Lotsenkammer ist selten belegt, man kann auch
einen der Steuerleute umquartieren oder den Steward und nimmt
Gäste auf. Das bringt Geld, die Steuerleute bekommen eine kleine Ent-

299

schädigung und alle sind eigentlich froh, wenn zahlende Gäste an Bord sind. Dann gibt es noch Reisende, die im Zwischendeck mitfahren wollen. Dafür sind wir nicht ausgerichtet. Bis nach Chile würde ich es wohl machen, aber langsam läuft uns die Eisenbahn den Rang ab.« Er schnaufte. »Und Dampfschiffe werden auch kommen.«

»Dampfschiffe? Aber doch nicht in der Hochsee.«

»Ich glaube das auch nicht, ich will es nicht glauben, Emma, aber auf kurzen Strecken werden sie ganz sicher besser sein als Segelschiffe.«

»Bis die Welle bricht, lieber Carl.«

Emily fing an zu weinen und Emilia nahm das Kind aus dem Körbchen und stillte es. Carls Gesicht veränderte sich, seine Züge wurden weicher, er lächelte. »Sie ist ein Schatz.«

»Das ist sie. Und die Mannschaft liebt sie. Ich war heute, als es endlich aufklarte und die Sonne schien, zum ersten Mal mit ihr an Deck. ›Da ist ja unsere kleine Lily‹, sagte der Zimmermann. Lily – das klingt nach einem guten Rufnamen für Emily, findest du nicht?«

»Lily.« Er sprach den Namen langsam und nachdenklich aus, so, als würde er ein Stück Schokolade lutschen. »Das gefällt mir gut. Besser, als zwei Emmas zu haben.« Er lachte leise, wurde dann wieder ernst. »Die ›Weser‹ liegt im Hafen, sie ist heute angekommen und auch der ›Regulus‹. Wir Kapitäne treffen uns heute Abend im Kontor. Ich bin gespannt, wie die anderen die Lage einschätzen.«

Emilia spürte die Last, die auf Carls Schultern lag, immer deutlicher und er tat ihr leid.

»Du machst dir zu viele Sorgen«, sagte sie zu ihm.

Er strich sanft über den Kopf des Säuglings. »Zu viele Sorgen kann ich mir gar nicht machen. Ich habe nun eine Familie.«

Die nächste Woche blieb er ernst und kurz angebunden, dann endlich kam die Ladung und die chinesischen Kulis schleppten sie an Bord. Staunend sah Emilia den kleinen Männern zu, die Sack für Sack über die schwankende Planke trugen und durch die Luke damit nach unten kletterten. Sie sangen dabei und lächelten, auch wenn sie zwei oder drei Säcke geschultert hatten. Die Melodien klangen fremd und seltsam, waren aber rhythmisch.

Und dann ging es Schlag auf Schlag – das Schiff wurde beladen, die Vorräte aufgefüllt, Wasser kam an Bord und zu guter Letzt eine neue Katze, denn die Schiffskatze hatte sich davongemacht und ihre Kätzchen mitgenommen. Nur eines war an Bord geblieben, aber es war ein Kater, und da die Mannschaft abergläubisch war, musste auch eine Katze mitfahren.

Peru, dachte Emilia, als sie aus dem Hafen ausliefen, habe ich nicht gesehen. Nur Nebel. Und wieder zog eine dichte Wolkenfront vom Land über den Hafen.

Nun ging es erst nach Valparaiso und dann um das Kap herum. In einigen Monaten würden sie in den Hamburger Hafen einlaufen. Noch hatte Emilia nichts von ihrer Familie gehört, sie fürchtete sich auch davor. Was wird die Zukunft bringen?, fragte sie sich. Sie hatte an Carl eine nachdenkliche und melancholische Seite entdeckt, die er zuvor nie offenbart hatte. Die Verantwortung für seine Familie schien ihn niederzudrücken. Er machte ihr Sorgen. All ihre Befürchtungen über das Leben an Bord mit einem Säugling hatten sich jedoch in Luft aufgelöst. Lily war ein zufriedenes, fröhliches Kind.

Anfang Oktober waren sie wieder in Valparaiso. Der Frühling zog ein und die grünen Hügel rund um die Stadt schienen mit den bunten Häusern um die Wette zu leuchten.

Das Wochenbett hatte Emilia hinter sich gebracht, und sie fühlte sich so wohl, dass sie wieder mit an Land ging. Wie schon beim letzten Mal traf man sich zum Tee und Tiffin in dem Hotel in der Innenstadt unweit des Kontors.

Wenn Emilia die »Lessing« verließ, nahm der Smutje Emily in seine Obhut. Paul Paulsen hatte einen Korb ausgepolstert und Emilia hatte die Innenwände mit Stoff überzogen. In dem Körbchen lag Emily in der Kombüse und gurrte fröhlich vor sich hin. Sie lächelte, wenn sich jemand über sie beugte, und versuchte auch schon, nach Sachen zu greifen.

Die Gespräche im Hotel kreisten um die gleichen Dinge wie vor einigen Monaten – die rasante Entwicklung der Schifffahrt, die Ladungen und Orders und natürlich das Wetter.

»Es werden immer mehr Eisenbahnstrecken gebaut. Irgendwann wird es eine Strecke vom Atlantik bis zum Pazifik geben«, sagte Johan Johanson, der für eine Reederei in Bremen fuhr.

»Unmöglich.« Carl schüttelte den Kopf. »Es ist unmöglich, eine so lange Strecke zu bauen. Es sind zu viele Gebirge und Flüsse zu überwinden, das ist nicht machbar.«

»Doch, ich glaube schon. Und außerdem werden die Raddampfer auf den großen Wasserwegen eingesetzt werden. Sie sind viel schneller als die Segler und nicht vom Wind abhängig.«

»Ja, aber hochseetauglich sind sie nicht.« Schmitt, ein anderer Kapitän, zog heftig an seiner Pfeife. »Doch wenn es eine Eisenbahnlinie bis zum Pazifik geben sollte, werden wir arge Schwierigkeiten bekommen. Eisenbahnen sind effizienter als Dampfschiffe und leichter zu reparieren. Ich habe ein Dampfschiff gesehen, dem in der Nordsee die Welle gebrochen ist. Ganze drei Wochen trieb es immer weiter nördlich. Sie hatten Glück, dass ein Schnellsegler sie gesehen und ihre Lage rapportiert hat, sonst wären sie alle verhungert. Wenn die Welle nicht arbeitet, sind diese Schiffe verloren.«

»Das sind keine Schiffe«, brummte Carl.

»In England wird an hochseetauglichen Dampfschiffen gearbeitet. Schaufelraddampfer sind dafür natürlich nicht geeignet, aber wer weiß, was denen noch so einfällt.«

»Überhaupt«, sagte de Haan, ein weißhaariger Kapitän aus Amsterdam, »wird die Lage für uns schwieriger, wenn die Briten die Kolonien verlieren sollten. Stabiler Handel ist nur in stabilen politischen Verhältnissen möglich. Und in Indien gärt und brodelt es«, sagte er düster. »Das ist sicher der Anfang vom Ende.«

»Ich habe in der Zeitung gelesen, dass es in Kanpur ein Massaker gegeben hat. Schon möglich, dass England Indien verliert«, meinte Johanson.

»Das wäre eine Katastrophe. Im nächsten Jahr sollte ich auf Reisfahrt gehen.« Schmitt schüttelte den Kopf.

»Was ist mit Australien und Neuseeland?«, fragte Carl. »In Lima habe ich viel Gutes darüber gehört. Dort werden Schiffe gebraucht. Rohrzucker, Kohle und Holz sollen eine lukrative Order sein.«

»Lukrativ könnten Auswanderer sein. Australien steigt im Kurs, nachdem Amerika ja nun schon dicht besiedelt ist und es auch dort unten Gold gibt.«

»Dicht besiedelt?« Schmitt lachte. »Aber nur an der Ostküste und in Kalifornien. Aber der Goldrausch dort ist abgeebbt und die Leute müssen nun anders ihr Glück suchen.«

»Australien bietet sicher vielen Menschen eine Zukunft, aber ich habe kein Passagierschiff, ich will Lasten transportieren.« Auch Carl zündete sich eine Pfeife an und sah nachdenklich in die Runde.

»Wo sich Menschen ansiedeln, brauchen sie Güter. Und sie werden Handel treiben wollen. Kann sein, dass man als Segler dort unten gute Möglichkeiten hat«, sagte Johanson. »Aber wohl kaum, was den Handel mit Europa betrifft. Für welche Reederei segelt Ihr denn?«, fragte er Carl.

»Ich segele unter eigener Flagge.«

»Ja, wenn das so ist … aber was ist mit Eurer Familie? Ihr würdet sie unter Umständen jahrelang nicht sehen. Sieben Monate ist man bis dahin gut unterwegs, und der kürzeste Weg ist immer noch um Kap Hoorn herum.«

»Ich weiß«, sagte Carl nachdenklich. »Ich würde meine Familie mitnehmen wollen.« Er schaute zu Emilia.

»Aber wisst Ihr denn, wie dort die Verhältnisse sind?«

»Bisher noch zu wenig, deshalb frage ich ja.«

Doch niemand aus der Runde konnte ihm genauere Auskunft geben. Sie spekulierten darüber, ob tatsächlich das Kabel von England nach Amerika verlegt werden konnte. Bisher gab es unterschiedliche Meldungen dazu. Immer wieder riss es und musste mühsam geflickt werden.

Emilia lauschte interessiert der Unterhaltung. Auch diesmal waren wieder drei Kapitänsfrauen in Valparaiso. Mit ihnen sprach sie über

303

das, was ihr im Moment am meisten am Herzen lag – die Familie und das Kind.

Kapitänsfrau de Haan war kinderlos geblieben und fuhr schon seit Jahren mit ihrem Mann mit. Sie war eine resolute Person, die die Mannschaft fest im Griff hatte, wie Emilia feststellte, als sie sie an Bord besuchte.

Frau Schmitt hatte einen zweijährigen Sohn. Dies war ihre letzte Fahrt mit ihrem Mann, erklärte sie.

»Julius wird immer mobiler. Ich kann ihn kaum noch aus den Augen lassen. Er liebt es, an Deck zu sein, egal, bei welchem Wetter. Ich habe so Angst, dass eine Welle übergeht und ihn mitnimmt.«

»Habt Ihr einen Boy für ihn?«

»Ja, aber Francois ist unzuverlässig. Er ist am liebsten in der Kombüse und nascht oder klaut, statt auf den Jungen aufzupassen. Wir müssen ihn wohl oder übel noch mitnehmen nach Haiti, wo er herkommt.« Sie seufzte. »Danach werden wir uns eine andere Lösung überlegen müssen. Ich kann ja nicht den ganzen Tag auf das Kind aufpassen, ich komme ja zu gar nichts.«

»Schläft er bei Euch in der Kammer?«

»Schon lange nicht mehr. Wir haben ihn in der Lotsenkammer einquartiert. Doch das ist auch nicht mehr machbar, wenn wir nach Sumatra segeln. In den Gewässern braucht man einen Lotsen für mehrere Tage. Also habe ich beschlossen, dass ich an Land bleibe, wenn wir wieder in der Heimat sind. Ein Jahr also noch.«

»Und dann? Wie werdet Ihr das ertragen?« Emilia schüttelte den Kopf. »Ich kann mir das Leben gar nicht mehr anders vorstellen. Wenn ich an Land bleiben müsste und meinen Mann nur alle anderthalb Jahre sehen würde, ich glaube, das würde ich nicht aushalten.«

»Wir haben vorher schon drei Jahre so gelebt – zwei Monate nachdem wir geheiratet haben, ging er auf große Fahrt und kam erst im nächsten Jahr wieder. Er war in Amerika, als der Junge geboren wurde, und hat ihn erst gesehen, als Justus schon ein halbes Jahr alt war. Da sind wir dann mit an Bord gegangen. Es wird nicht einfach werden. Aber ich weiß keine andere Lösung.«

Der Gedanke an die Zukunft beschäftigte Emilia sehr. Sie konnte sich nicht vorstellen, wieder in Hamburg oder Othmarschen zu leben – wo auch? Sie hatte dort keine Heimat und keine Familie mehr. Sollte sie sich dort etwa eine kleine Wohnung nehmen, in der sie und Emily allein hausen würden, bis Carl von seinen Reisen kam? Ein fürchterlicher Gedanke.

Sie blieben nur wenige Tage in Valparaiso, füllten noch einmal alle Vorräte auf und gaben die Briefe in die Heimat ab. Die Briefe, die über den Landweg an den Atlantik gingen, wären vor ihnen in Hamburg.

Carl hatte es eilig, nach Hause zu kommen und die Order abzuliefern, aber Emilia nicht. Sie segelten aus der schönen Bucht und sahen zu den bunten Häusern und den Standseilbahnen, die Emilia auch dieses Mal mit Vergnügen benutzt hatte.

Es ging erst nach Norden auf den Pazifik und dann nach Süden. Der Rückweg war einfacher zu segeln, die Strömungen günstiger, dennoch war es ein riskantes Unterfangen.

Carl hatte jede Zeitung gekauft, der er habhaft werden konnte. Abends saßen sie oft gemeinsam mit den Steuerleuten in der Kajüte und lasen sich gegenseitig Zeitungsartikel vor, die sie interessant fanden. Das Petroleumlicht über dem großen Tisch leuchtete sanft, Emilia hatte auch einen Kasten mit Blumen angelegt, ihr »Gärtchen«.

Nur Karamell machte ihr plötzlich Sorgen. Die Hündin lag oft auf dem Mitteldeck, und noch nicht einmal Ferdinand vermochte es, sie zum Spielen zu bringen. Außerdem fraß sie plötzlich sehr gierig, erbrach dann aber.

Abends lag sie an Emilia gedrückt und in den Nächten, die Carl am Steuer verbrachte, kroch sie zu ihr ins Bett.

»Sie ist krank«, sagte Emilia traurig zum Smutje. »Sie verändert sich immer mehr. Ihr war doch sonst nie schlecht, egal, wie sehr das Schiff krängte.«

»Vielleicht muss sie sich ja erst wieder an den Wellengang gewöhnen, Gnädigste«, versuchte Piet sie zu trösten. »Ich koche ihr Reis und

Hühnchen, das hilft auch bei Hunden, wenn sie einen empfindlichen Magen haben.«

Doch Karamell machte auch anschließend noch einen sehr erschöpften Eindruck.

Nach fünf Wochen auf See war sich Emilia sicher, dass die Hündin schwer erkrankt war. Sie konnte es kaum fassen und weinte bittere Tränen, weil Karamell sich kaum bewegen wollte und immer noch erbrach. Dennoch wollte sie kein krankes Tier an Bord haben.

»Ach, was mach ich nur?«, fragte sie Carl. »Sie hat mich nun einige Jahre so treu begleitet, ich kann sie doch nicht einfach aufgeben.«

»Wir warten noch ein paar Tage ab. Die Tierchen, die sich die Mannschaft gekauft hat, leiden auch unter dem Nordwind und dem Seegang.«

»Aber Karamell hatte das doch noch nie.« Emilia wischte sich die Tränen von den Wangen. »Vielleicht haben die Tiere eine Krankheit an Bord gebracht?«

Carl zuckte mit den Schultern. »Möglich. Selten überlebt eines der Tiere die Passage ums Hoorn. Aber man kann es den Leuten nicht verbieten, es ist ihr Zeitvertreib.«

Paul Paulsen und sein Bruder Torben hatten sich zwei Chinchillas gekauft und hielten sie in einer Kiste im Logis. Manchmal ließen sie die Tiere an langen Leinen über das Vorderdeck laufen. Es waren putzige Gesellen, aber in den letzten Tagen waren auch sie matt und schlaff geworden.

Die kleine Echse, die sich William Palmer gekauft hatte, bewegte sich kaum noch. Jeden Tag brachte er ihr Ameisen oder andere Insekten, die sich im Unterdeck angesiedelt hatten. In den ersten Tagen hatte sie das Ungeziefer mit ihrer schnellen Zunge überraschend geschickt gefangen. Die Mannschaft hatte sich oft johlend um das Tier versammelt und ihr zugesehen. Doch auch ihr schien das Leben an Bord nicht zu bekommen.

Allein der kleine Papagei, den sich Piet gekauft hatte, war wohlauf und schien sich an Bord wohl zu fühlen. Piet hatte ihm einen Ring um den Fuß gelegt und eine dünne Kette daran befestigt. Er lebte auf den Borden im hinteren Teil der Kajüte, wo auch die Hühner hausten, wenn sie nicht in das Gehege im Mitteldeck gebracht wurden.

»Karamell wird sterben.« Emilia war in die Kombüse gekommen, um ihre Tochter abzuholen. Wann immer es ging, holte der Smutje sie nach vorn. Sie lachte inzwischen schon, wenn sie ihn sah, und griff in seinen struppigen Bart. Bald schon würde sie nicht mehr in das Körbchen passen, aber noch lag sie gerne dort.

Piet lachte laut. »Nein, Karamell wird nicht sterben. Ich habe heute Morgen die Lösung ihres Problems gefunden.«

»Was ist es?«, fragte Emilia leise und konnte seine Antwort kaum fassen.

»Sie ist trächtig. Sie wird werfen.«

»Das kann nicht sein. Sie war doch nie … ich meine … sie war läufig, als wir in Chile waren, aber es ist doch kein Rüde an Bord.«

»Auch dieses Rätsels Lösung habe ich gefunden – ich musste allerdings tief bohren. Sie ist Ferdinand weggelaufen, als er mit ihr an Land war. Er hat sie ein paar Stunden lang suchen müssen und wäre vor Angst beinahe gestorben. Es war ihm so peinlich, dass er nichts davon erzählt hat.«

Emilia schaute nach draußen. Karamell lag am Großmast und ließ sich die Sonne auf den Bauch scheinen. Tatsächlich war sie dicker geworden, wie Emilia nun feststellte. Erleichtert seufzte sie auf und nahm Emily hoch.

»Ich werde Ferdinand kielholen lassen«, sagte sie und zwinkerte dem Smutje zu.

Die Mannschaft freute sich auf den Zuwachs an Bord. Alle hatten die Hündin in ihr Herz geschlossen, nur Julius, der Steward, nicht. Mehr als einmal war er über sie gestolpert, wenn die Dünung hoch war und er eh Schwierigkeiten hatte, das Essen zu servieren. Zudem hatte Karamell eine Decke aus seiner Kammer geklaut, die er für seine Mutter gekauft hatte. Eine feine, weiche Decke aus Alpakawolle. Die Decke hatte die Hündin unter dem Sofa zu einem Nest gebaut und sie dabei zerrissen. Der Steward fluchte wüst. Emilia versprach, ihm den

307

Schaden zu ersetzen, aber sie wusste, dass Geld das Geschenk nicht aufwiegen konnte, und es tat ihr leid.

Als Karamell dann auch noch den Sonntagsbraten aus der Pantry stahl, wollte er sie über Bord werfen.

»Du kannst ja nichts dafür«, versuchte Carl ihn zu beruhigen und nahm sich einen großen Teller von dem Eintopf, den der Smutje als Ersatz geschickt hatte.

»Das ist wohl wahr«, grummelte Julius. »Aber der Hund erschwert mir meine Arbeit deutlich. Er klaut in der letzten Zeit alles, was ich an- oder herrichte, sobald ich ihm den Rücken zuwende. Ich meine, er sollte ins Logis verbannt werden. So geht es zumindest nicht mehr weiter. Gestern hat Kara die Reste des Kuchens gefressen, vorgestern das Brot. Wo soll das hinführen?«, fragte er empört.

»Aber sie ist trächtig«, verteidigte Emilia ihre Hündin, die neben ihr saß und so unschuldig dreinblickte wie ein Lamm. »Sie hat ja früher nicht geklaut. Es wird bald wieder aufhören.«

»Ihr solltet darüber nachdenken, Kapitän, den Hund im nächsten Hafen an Land zu lassen.« Julius drehte sich um und ging.

»Lange wird es nicht mehr dauern«, meinte Wölsch und nahm sich auch von dem Eintopf. »Wir sind schon fast zwei Monate auf See. Sie wird bald werfen. Und die Sau wohl auch, meint der Smutje.«

»Kennt Ihr Euch mit Hunden aus?«, fragte Emilia.

Wölsch nickte. »Wir hatten immer Hunde auf dem Hof. Zwei Monate etwa tragen sie. Und man sieht es ihr auch an. Viel dicker kann sie nicht mehr werden.«

Emilia lachte. »Das stimmt. Wie viele mögen es sein?«

»Hoffentlich nicht zu viele, sie ist nicht mehr ganz jung und es ist ihr erster Wurf.«

Von nun an ließ Emilia die Hündin aus lauter Sorge kaum noch aus den Augen. Ganz wollte ihr das nicht gelingen, denn sie musste sich ja auch noch um Emily kümmern.

An Deck sah es inzwischen aus wie in einem Zoo. Das Wetter blieb gut, der Sommer kam und so waren sowohl die Schweine wie auch die Gänse und Hühner mittschiffs. Emily schienen die Tiere und das

Gewusel Spaß zu machen, gerne schaute sie dem Treiben zu, jauchzte manchmal vor Freude.

Karamell blieb inzwischen lieber in der Kajüte oder verkroch sich unter das Sofa in der Kammer. Emilia hatte ihr einige Lappen und alte Tücher gegeben, mit der Karamell ihr Nest ausgepolstert hatte.

Lange kann es nicht mehr dauern, dachte Emilia, als sie ihre Tochter zu Bett brachte und die hechelnde Hündin beobachtete. Unruhig lief diese durch die Kammer, scharrte in den Ecken.

Auch an Deck herrschte plötzlich große Unruhe. Emilia hörte das Rufen des Segelmachers, das rhythmische Singen der Mannschaft – die Segel wurden eingeholt, die Masten umgestellt.

Carl kam in die Kajüte und klopfte mehrfach auf das Barometer. »Wir sollten die Sachen sichern«, sagte er. »Das Barometer fällt und dichte Wolken türmen sich auf. Da zieht ein Sturm heran.«

»Heute?«, fragte Emilia ungläubig. Den ganzen Tag über war der Himmel blau und wolkenlos gewesen.

»Ja, und er kommt rasch. Zurr alles fest und pass gut auf unser Mädchen auf.«

Was sollte sie tun? Meist schlief Emily in dem Bettchen, das mit zwei Seilen an der Decke befestigt war. Bisher hatten sie nur zweimal so heftige Dünung gehabt, dass sie die Wiege abnehmen mussten. Das Schaukeln machte dem Kind nichts, im Gegenteil, es schlief umso besser, je höher die Wellen waren. Aber ein Sturm war etwas anderes. Emilia erinnerte sich daran, wie sie sich verzweifelt festgekrallt und gegen die Wand gestemmt hatte, um nicht aus der Koje geschleudert zu werden. Wie sollte sie dann noch das Kind festhalten?

Das Körbchen in der Kombüse fiel ihr ein und sie eilte bis nach vorn zum Logis. Alle Mann waren an Deck. Wer keine Wache hatte, brachte die Tiere nach unten oder half beim Fieren und Einholen der Segel. Hektisch war es und eine seltsame Spannung lag über dem Schiff. Nur einen kurzen Moment blieb Emilia stehen. Als sie die dunkle, fast schwarze Wolkenfront sah, die von Süden auf sie zuzurasen schien, packte sie die Angst. Schnell holte sie den gepolsterten Korb aus der Kombüse.

»Ma'm?« William, der Zimmermann, stand plötzlich vor ihr. »Darf ich Euch helfen?«

Emilia schüttelte den Kopf. »Um Gottes willen. Du hast doch sicher schon genug hier zu tun.«

»Im Moment nicht. Es ist nicht meine Wache und es muss auch nicht geflickt oder gehämmert werden. Aber«, er drehte sich um und zeigte auf die Wolken, »da kommt etwas auf uns zu. Wollt Ihr das Kind in den Korb legen?«

»Ja. Dort ist sie besser geschützt. Sie ist so groß, dass sie fast nicht mehr hineinpasst. Wenn ich noch eine Decke um sie stopfe, liegt sie vielleicht sicher.«

Der Zimmermann nickte. »Das ist eine gute Idee. Das Körbchen können wir schnell in Eurer Koje befestigen.«

Es dauerte nicht lange, da hatte William den Korb an der Wand und auf der Koje montiert. »Wenn wir ein Netz darüberspannen, bekommt sie Luft, kann aber nicht herausgeschleudert werden«, meinte er.

»Wird das halten?«, fragte Emilia besorgt.

Palmer nickte. »Aye, Ma'm.«

Emilia legte das Kind in das Bettchen und stopfte die Seiten aus, bis sich die Kleine kaum noch rühren konnte. Emily schrie und weinte.

»Da müssen wir jetzt durch«, seufzte Emilia. Die Dünung hatte zugenommen, die Wellen klatschten gegen die Schiffswand, so manche ging auch über Deck. Noch immer waren die Männer in den Rahen, riefen sich die Kommandos zu. Regen prasselte auf das Schiff, die Männer hatten das Oberlicht in der Kajüte abgedeckt, trotzdem tropfte es auf den Tisch. Schnell räumte Emilia alles weg, was durch die Räume fliegen konnte, zurrte die Sachen fest oder steckte sie in die Laden und Schränke.

Die See brüllte und der Sturm heulte. Schneller als gedacht, hatte das Unwetter das Schiff erreicht. Emilia schaute ängstlich nach draußen. Die Wellen wurden immer höher und höher, das Schiff tauchte in die Täler, der Bug so tief, dass er gewiss nicht mehr hochkommen würde. Wie Berge stand das Wasser an beiden Seiten des Schiffes, die Wellen überstürzten sich brüllend und schäumend, das Schiff zitterte und hob sich dann wieder aus dem Wellental empor. Die Gischt stand wie ein Wassernebel über dem Deck. Dann ging die Fahrt bergan, auf den Rücken einer Welle, der Sturm kreischte und ein Segel riss ab und wurde, wie ein Taschentuch im Wind, davongetragen.

Emilia schlug das Herz bis zur Brust, der Hals schnürte sich zu. Einer der Matrosen wurde von dem Wasser, das überging, erfasst und gegen die Verschanzung geschleudert. Sie sah, dass er wieder aufstand und zu seinem Posten zurückeilte, auch wenn er humpelte.

Die »Lessing« legte sich auf die Seite, das Ende der großen Rah tauchte ins Wasser.

Carl brüllte Befehle und Emilia konnte kaum fassen, dass die Männer bei dem Sturm und dem Wellengang in die Rahen kletterten. Das Sturmsegel sollte herunterkommen, aber es ging Carl nicht schnell genug. Erschrocken hielt sie die Luft an, als er das Schneidemesser aus dem Gürtel zog und die Wanten hochlief, um die Zeisinge mit eigener Hand durchzuschneiden. Das war zu viel für sie, mehr wollte sie gar nicht sehen. Mit Mühe schaffte sie es in die Kammer, wo Emily in ihrem Notbettchen lag und aus Leibeskräften schrie.

»Ist ja gut.« Emilia kletterte in die Koje, presste sich an das Körbchen und schob eine Hand unter das Netz. Sie strich ihrer Tochter über das Köpfchen. Aber wie sollte sie das Kind beruhigen, wenn sie selbst Todesängste ausstand?

Würden sie jetzt sterben? Mit Mann und Maus untergehen? Emilia wurde schlecht vor Angst. Sie konnte schwimmen, die meisten der Matrosen konnten es nicht. Aber sie würde sich bei dieser kochenden See nicht retten können und ihre Tochter erst recht nicht.

Der Steward klopfte, hielt sich mit Müh und Not am Türrahmen fest. »Der Kapitän schickt mich«, rief er, um das Tosen zu übertönen. »Ich soll nachschauen, ob Ihr und Lily in Sicherheit seid.«

Emilia nickte und zeigte auf das Körbchen. »Der Zimmermann hat das gebaut.«

311

»Dann wird es halten.« Julius wandte sich wieder um und schloss die Tür.

Karamell wimmerte und winselte unter dem Sofa, und obwohl Emilia sie rief, wollte sie diesmal nicht in die Koje kommen.

Das Schiff ächzte, ging nach oben und fiel dann in das Wellental. Emilia wusste, dass das Schiff nicht quer zum Wellengang stehen durfte, dann wäre alles verloren.

Emily schrie und schrie, schließlich aber schluchzte sie nur noch und dann schlief sie erschöpft ein. Das Schiff kämpfte, und bei so mancher Welle, die brausend und tosend über dem Schiff brach, glaubte Emilia, ihr letztes Stündlein hätte geschlagen. Die See ging mit Wucht über sie hinweg, der Sturm schien zu schreien. Emilia stemmte sich gegen die Wand, klammerte sich an den Riemen, der um den Pfosten befestigt war, und drückte ihren Körper gegen das Körbchen.

Nach drei Stunden zog der Sturm ab. Immer noch kochte die See, doch der Wind ließ ein wenig nach.

Ihr Handgelenk schmerzte und zeigte einen tiefroten Abdruck, so eng hatte sie den Riemen um die Hand gewickelt. Emily lag, als wäre nichts gewesen, im Körbchen und lutschte am Daumen. Hin und wieder lächelte sie im Schlaf. Vorsichtig stand Emilia auf, ihr tat jeder Knochen und jeder Muskel weh, weil sie sich so angespannt hatte. Kurz schaute sie nach der Hündin, die, wie durch ein Wunder, nicht kreuz und quer durch den Raum geschleudert worden war. Die Decken und Tücher, mit denen sie den wenigen Platz unter dem Sofa ausgestopft hatte, schienen ihr Halt gegeben zu haben.

Kaum war der Sturm ein wenig abgeflacht, kam der Steward wieder nach unten, um nach ihr zu schauen. »Der Kapitän macht sich Sorgen.«

»Sie schläft wie ein Engel«, sagte Emilia lächelnd. »Ihr könnt dem Kapitän sagen, dass wir alles gut überstanden haben. Ist es denn wirklich vorbei?«

»Aye, das Schlimmste schon.«

Breitbeinig, um dem Wellengang standzuhalten, folgte sie ihm durch die Kajüte. Es war immer noch windig, und die Tür krachte gegen die Verkleidung. Die milde Luft der letzten Wochen war eiskalter gewichen. Scharf wehte der Wind in Emilias Gesicht, so dass ihre Augen tränten. Sie ging die drei Stufen nach oben, klammerte sich am Geländer fest. Carl stand neben dem Steuer und blickte grimmig nach vorn. Er bemerkte sie nicht. Die Matrosen waren in den Wanten und Rahen, setzten Segel. Es war düster, nur einige Sterne waren zu sehen. Wolkenfetzen jagten über den Himmel.

In der Kajüte sah es verheerend aus, aber darum konnte sie sich noch am nächsten Tag kümmern. Müde und erschöpft ließ sie sich in die Koje fallen.

Mitten in der Nacht kam Carl, um nach ihr zu sehen. Er küsste sie zärtlich, Wasser tropfte aus seinem Bart und den Haaren. »Wir haben es überstanden«, sagte er leise. Dann trank er einen großen Schluck Rum aus dem Flachmann, den er in der Lade hatte, und ging wieder an Deck.

19. Kapitel

Emily weckte sie mit einem vergnügten Glucksen. Ihre kleinen Fäustchen hatte sie nach oben gestreckt. Sie griff nach den Maschen des Netzes.

»Süße, wir haben die Nacht überlebt«, seufzte Emilia und drehte sich auf den Rücken. Immer noch ging die See hoch, doch das Schiff schien ordentlich Fahrt zu haben. Es war grau draußen, aber nicht dunkel. Sie stand auf, nahm das Kind hoch und schaute in der Kajüte auf das Chronometer. Julius hantierte in der Pantry und sah erschrocken auf, als Emilia plötzlich hinter ihm stand.

»Ma'm«, stotterte er. »Verzeiht. Ich mache gerade Wasser für Euch heiß. Ich wollte Euch schlafen lassen. Der Smutje schickt gleich Frühstück.«

»Ist es schon neun Uhr?«, fragte Emilia verblüfft.

»Ja, aber die Wachen sind alle durcheinandergeraten. Heute Nacht hat kaum einer ein Auge zugetan.«

»Gibt es große Schäden?«

In dem Moment öffnete Carl die Tür und stapfte in die Kajüte. »Moin!« Schnaufend ließ er sich auf die Bank fallen und schüttelte das Wasser aus den Haaren. »Wo bleibt das Frühstück?« Er blickte auf und lächelte, als er Emily sah. »Na, Prinzessin, das war ein Ritt in dieser Nacht. Wie hat sie geschlafen?«

» Palmer hat das Körbchen an der Wand befestigt und ein Netz darüber gespannt. So konnte sie sich nicht verletzen und auch nicht herausgeschleudert werden. Dein Frühstück kommt gleich, sagt Julius. Er macht gerade Wasser warm. Möchtest du dich zuerst waschen und umziehen?«

»Nur ein paar trockene Strümpfe und eine Joppe, dann muss ich wieder raus.«

Gleesberg kam in die Kajüte. »Das Großsegel ist zerrissen, das Topsegel haben wir verloren. Zwei weitere wurden zwischen den Zeisingen zerfetzt. Der Segelmacher ist schon bei der Arbeit. Noch können wir kein neues Top aufziehen.« Er trat an das Barometer und klopfte, schüttelte dann den Kopf. »Ich fürchte, die Wetterlage wird sich noch halten. Es riecht nach Eis, ich habe einen Mann in den Ausguck geschickt.«

»Wir haben ordentlich Fahrt, wenn wir jetzt die günstigen, östlichen Strömungen erwischen, können wir das Kap schnell bezwingen.« Carl stand auf und ging in die Kammer. »Aber wir alle brauchen etwas Warmes im Bauch«, brummte er.

»Kümmert Euch um das Essen«, flüsterte Emilia dem Steward zu. »Das Wasser kann warten.«

»Aye, Ma'm.« Julius eilte an Deck.

Es gab Rührei und Speck, Brot und Schinken, dazu einen Eintopf.

Ob der Smutje die Eier hatte aufschlagen müssen?, fragte sich Emilia amüsiert. Obwohl die See deutlich höher ging als sonst, das Schiff immer wieder schlingerte und stauchte, fühlte sie sich wesentlich sicherer als in der Nacht zuvor.

Sie wickelte das Kind, stillte es in der Kammer, legte es dann wieder in das Körbchen und zog das Netz fest.

Der Steward räumte die Kajüte auf, sie half ihm dabei. Immer noch schurrten die Gegenstände über den Tisch, ihr »Gärtchen« war zu Bruch gegangen und die Erde hatte sich auf dem Boden verteilt.

»Was soll ich damit machen?«, fragte Julius.

Emilia holte tief Luft, zuckte dann mit den Schultern. »Schmeiß es weg, es ist nicht mehr zu retten und Erde werden wir in den nächsten Wochen auch keine bekommen.«

»Aber es war Euer ganzer Stolz.«

»Es ist nicht zu ändern.« Sie nahm Besen und Kehrblech und fegte den Boden, was nicht so ganz einfach war, denn kaum hatte sie etwas zusammengefegt, hob sich das Schiff und alles rutschte nach hinten, dann senkte es sich wieder.

Gegen Mittag kam der Smutje nach hinten.

»Gnädigste, habt Ihr und unsere kleine Lily alles gut überstanden?«, fragte er besorgt.

»Palmer hat eine wunderbare Konstruktion gebaut, gerade noch in letzter Minute. So lag Lily viel sicherer, als wenn ich sie hätte festhalten müssen. Es hat ganz schön geschaukelt.« Sie lächelte. »Aber wir haben es ja überstanden, bis auf einige Schäden.«

»Ja.« Piet nickte ernst.

Emilia spürte, dass etwas geschehen war. »Oder etwa nicht?«, fragte sie nach.

»Ferdinand hat sich wohl böse das Bein gebrochen. Ich habe es geschient, aber es ist ein komplizierter Bruch.«

Emilia stockte das Herz. Der kleine Ferdinand war gerade erst fünfzehn Jahre alt.

»Wird es heilen?«

»Das weiß ich nicht.« Piet seufzte. »Wenn Wundbrand kommt, müssen wir es ihm abnehmen.«

»Das darf nicht passieren.« Emilia schlug die Hand vor den Mund. »Er ist doch noch so jung.«

»Und Palmer hat sich die Schulter ausgerenkt und die Rippen geprellt. Das ist übel, denn wir brauchen ihn. Zum Glück hat der

Segelmacher nichts abbekommen.« Er senkte den Kopf. »Aber um unseren Kleinen mache ich mir ernsthaft Sorgen. Er fiebert.«

»Ist er im Logis?« Emilia griff nach ihrem Schultertuch. »Julius, achte du bitte auf Lily.«

»Ihr könnt nicht mit an Deck. Es ist zu nass und windig. Immer wieder geht Wasser über. Außerdem rennt dort alles durcheinander, um die beschädigten Segel auszutauschen.«

»Natürlich kann ich mit!«, entschied Emilia und öffnete die Tür. Schon nach wenigen Schritten bereute sie, keinen Mantel angezogen zu haben. Wie Eisnadeln stach ihr der Wind in die Haut.

Sie schlingerte über die nassen Planken und klammerte sich an die Verschanzung. Die gesetzten Segel standen gut im Wind, der kräftig blies, sie rauschten nur so dahin, aber die Takelage sah zerrupft aus, als hätte ein Riese sie zerpflückt. Emilia bewunderte die Männer, die stoisch über das Deck stapften, sich gegen den Wind lehnten oder mit ihm im Rücken gingen, ohne zu straucheln.

Im Logis war es warm und stickig. Ferdinand lag in seiner Koje und wimmerte.

»Ach, du Armer.« Emilia legte ihm die Hand auf die Stirn und erschrak, der Junge glühte. Er reagierte auch gar nicht auf sie. »Hast du ihm etwas verabreicht?«

»Opium gegen die Schmerzen, ich hatte ja noch das Fläschchen.«

»Wir müssen das Fieber senken.« Sie hob die Decke an. Das verletzte Bein war verfärbt, zwei Leisten stabilisierten es, die Piet mit Leinenstreifen festgebunden hatte. »Hast du das gemacht?«

»Paulsen hat mir geholfen. Wir haben dem Jungen erst die Tropfen gegeben. Genug, dass er nichts mehr mitbekommt. Und dann habe ich versucht, den Bruch zu richten.«

Emilia strich vorsichtig über das Bein. Der Unterschenkel war gebrochen und sie konnte die Spitze des Knochens unter der Haut fühlen. »Es liegt noch nicht richtig.«

Auch der Smutje tastete nach. »Ihr habt recht. Wir müssen es noch einmal machen.«

Emilia schaute sich um. Paulsen lag in seiner Koje und schlief, aber

316

sein Bruder Torben hatte sich gerade in der Kombüse an den Tisch gesetzt.

»Du musst uns helfen«, sagte Emilia bestimmt.

Der Leichtmatrose schaute auf, tippte an seine Stirn.

»Moin, Ma'm. Wobei?«

»Ferdinand. Wir müssen den Knochen noch einmal richten.«

»Aye.« Sie sah dem Mann die Anstrengung der letzten Stunden deutlich an. »Was soll ich tun?«

Emilia erinnerte sich daran, wie in Othmarschen einmal einem Knecht das Bein gerichtet worden war. »Piet, du fasst seinen Knöchel, und du, Torben, hältst das Bein am Oberschenkel fest.«

Die beiden Männer nahmen die gewünschten Positionen ein. Emilia hatte die Leinenbinden gelöst und die Leisten zur Seite gelegt. »Hast du es fest? Er darf sich nicht bewegen«, schärfte sie Torben ein.

»Aye, Ma'm.«

»Piet, du ziehst jetzt ganz vorsichtig und gerade an dem Fuß, nur ein wenig.«

»Jetzt?«

Sie nickte und strich wieder über den Unterschenkel, fand den Knochen. Als sie den Zug spürte, den Piet ausübte, drückte sie den Knochen sanft, aber entschieden in die richtige Position. »Piet, loslassen.« Sie konnte fühlen, wie der Knochen zurückrutschte und nicht mehr hervorstach. »Jetzt können wir das Bein fixieren. Ein kühler Umschlag auf der Verletzung täte ihm sicher gut. Er hat Glück gehabt, dass die Haut nicht durchstochen wurde, aber vielleicht sind Adern oder Muskeln verletzt. Dagegen können wir jetzt nichts machen.« Sie lächelte Torben zu. »Danke.«

Wieder tippte er sich an die Stirn und ging zurück in die Küche. »Aye, Ma'm. Wann gibt es Essen, Smutje?«

»Gleich«, brummte Piet. Er reichte Emilia die Leisten, die sie schnell und sicher fixierte.

»Du musst seine Koje auspolstern, damit er nicht rollt. Hast du Chinin? Das könnte ihm helfen.«

»Aye. Habt Ihr so etwas schon öfter gemacht?«, fragte er.

317

»Nein, aber einmal dabei zugesehen. Ich hoffe, ich habe es richtig gemacht.«

»Das wird sich zeigen. Ich bring Euch zurück zur Kajüte.«

Sie lachte auf. »Nein, das schaffe ich schon allein. Du musst das Essen machen, die Leute haben Hunger und mein Mann sicherlich auch. Ich komme später noch mal nach dem Jungen schauen. Er muss auf jeden Fall trinken.«

»Aye, aye.«

Diesmal hatte sie den Wind im Rücken und der Weg war einfacher zu meistern. Carl stand oben am Steuer zusammen mit Wölsch. Immer wieder schaute sie zum Ausguck, der nach Eisbergen spähte. Der Sturm hatte sie weit nach Süden getrieben.

Fröstelnd betrat Emilia die Kajüte, doch Julius hatte den kleinen Ofen angeheizt und es war angenehm warm.

»Mögt Ihr einen Tee?«, fragte er.

»Ja bitte, mit einem ordentlichen Schuss Rum.«

Merkwürdig, dachte sie, dass Karamell noch gar nicht aufgetaucht war. Sie ging leise in die Kammer, hörte aber schon, bevor sie die Tür öffnete, ein Fiepen. War Emily wach geworden? Der Steward sollte doch ein Auge auf sie haben. Doch das Kind schlief selig. Das Geräusch kam vom Sofa.

»Kara? Komm, Kara, ich habe ein Leckerchen für dich«, lockte sie ihn, doch der Hund reagierte nicht. »Kara?«

Emilia kniete sich vor das Sofa, beugte sich darunter. Der Hund konnte kaum den Kopf heben, so eng war es dort. An seinen Zitzen saugten zwei kleine Welpen. »Du hast während des Sturms deine Jungen bekommen? Oh, du Arme.« Emilia schossen die Tränen in die Augen. Sie kraulte die Hündin hinter den Ohren und stand dann auf, um ihr eine Schale mit Wasser zu bringen. Gierig schleckte Karamell die Schale leer und auch noch eine weitere.

»Wir haben Nachwuchs«, berichtete Emilia Julius. »Bitte den Smutje um etwas Fleisch für Kara.«

»Wie geht es Karamell? Hat sie alles gut überstanden?«, fragte der junge Mann besorgt.

318

Vor kurzem hatte er die Hündin noch über Bord werfen wollen, dachte Emilia und lächelte. »Es scheint so.«

»Fein. Der Smutje hat bestimmt etwas Gutes für sie.«

Erst gegen Abend verließ die Hündin kurz ihr Lager und ging an Deck, um sich zu lösen. Schnell schaute Emilia in das Nest. Zwei Welpen lebten, ein Dritter hatte es nicht geschafft. Sie wickelte ihn in einen Fetzen und warf ihn über Bord.

Hoffentlich, dachte sie, müssen wir nie einen Menschen der See übergeben.

Die beiden Welpen, eine Hündin und ein Rüde, entwickelten sich prächtig. Auch Ferdinand erholte sich, allerdings nur langsam. Er musste das Bett hüten, was ihm nicht leichtfiel. Um ihn abzulenken, brachte der Smutje den Papageien ins Logis. Der Schiffsjunge liebte den Vogel.

»Wird er je wieder laufen können?«, fragte Emilia besorgt.

»Der Bruch scheint gut zu verheilen, was mit den Muskeln ist, kann man erst später sagen«, seufzte Piet. »Ich fürchte, in die Wanten wird er so bald nicht mehr klettern, wenn überhaupt.«

Sie hatten Glück, trafen die östliche Strömung, die um das Kap herumführte. Von Eisbergen blieben sie verschont. Auch wenn die Fahrt in dieser Richtung leichter war, blieb die See doch rau.

»Um Weihnachten herum werden wir wieder im Atlantik sein«, meinte Carl und studierte die Karten.

»Das sind ja nur noch zwei Wochen«, sagte Emilia überrascht.

»Ja. Und von da an geht es nordwärts und nach Hause. Wenn alles gutgeht, sind wir schon im Mai dort.«

Sie saßen zusammen mit Gleesberg in der Kajüte, Wölsch hatte die erste Nachtwache übernommen.

»Wie geht es dann weiter, Kapitän?«, fragte der zweite Steuermann.

»Das Schiff muss geschrappt und gestrichen werden, bevor wir wieder in See stechen.«

»Ja, es hat ganz schön Algen angesetzt und man merkt, dass wir dadurch schon langsamer werden. Die Top-Rah hat beim Sturm auch etwas abbekommen, auch wenn der Zimmermann meint, dass sie noch hält.«

»Die ›Lessing‹ muss ins Dock, da beißt die Maus keinen Faden ab«, bestätigte Carl.

»Welche Werft wirst du wählen?«, fragte Emilia leise.

Carl zuckte mit den Schultern. »Das werden wir sehen, wenn wir da sind.«

»Wenn Ihr nach Australien geht«, sagte Gleesberg, »bin ich dabei und Wölsch auch, hat er gesagt.«

»Ich muss erst schauen, ob ich eine Order bekomme. Nur auf gut Glück sechs Monate oder mehr zu segeln wäre eine Idiotie.«

»Der Smutje würde auch mitgehen. Und die Paulsens.«

Carl grinste. »Habt Ihr alle schon gefragt?«

Gleesberg nickte eifrig. »Das Land und auch die See dort würden uns locken. Genau wie Sumatra. Man hört die wunderlichsten Sachen aus diesen Ländern.«

»Reis wäre wahrscheinlich eine gute Order. Ich hatte dem Agenten geschrieben, dass er Angebote prüfen solle. Vielleicht liegt in St. Vincent schon Antwort vor.«

»Und Passagiere? Aussiedler?«, wollte Emilia wissen. »Wäre das nicht auch eine Möglichkeit?«

Er schaute sie nachdenklich an. »Nur, wenn ich gar keine andere Order bekommen würde. Und gar nicht, wenn du und die Kleine mit an Bord seid.«

»Nun, das werden wir ja sein. Warum spricht das dagegen?«

»Weil diese Leute … sehr einfach sind und die Strecke nach Australien sehr lang werden kann. Ich möchte dir das nicht zumuten.«

Emilia lachte auf. »Ach, Carl. Das kann gar nicht so schlimm werden.« Sie bückte sich, nahm einen der Welpen auf den Schoß und kraulte ihn. »Passagiere zahlen die Fahrt im Voraus, es wäre eine sichere Fracht, zumindest dorthin.«

»Wir müssten das Unterdeck umbauen, das Zwischendeck erweitern. Stell dir das nicht so einfach vor. Menschen kann man nicht ohne weiteres unterbringen. Wir bräuchten ausreichende Wasservorräte und Proviant.« Er schüttelte den Kopf. »Und das Risiko, dass Krankheiten ausbrechen, ist auch viel größer. Die ›Lessing‹ ist kein Passagierschiff, Liebes.«

»Das weiß ich. Und natürlich hast du recht – Krankheiten an Bord wären schrecklich.«

Gleesberg und Carl nahmen sich die Karten und besprachen die verschiedenen Routen, die nach Australien und Sumatra führten.

»Es wird also Australien?«, fragte Emilia, als sie später in der Koje lagen.

»Je mehr ich darüber nachdenke, desto sicherer bin ich mir, dass unsere Chancen dort unten besser sind als in Europa. Zumindest für mich als Kapitän mit eigener Flagge. Ich könnte zwischen Afrika, Indien und Indonesien pendeln, die Philippinen und auch China ansteuern. Die Meere dort sind nicht ungefährlich, es gibt viele kleine Inseln, Riffs, die man kaum sieht, und Strömungen, die wechseln. Aber die Strecken sind insgesamt kürzer. Wir könnten uns in Australien niederlassen.«

»Niederlassen?«, fragte Emilia entsetzt. »Ich will bei dir an Bord bleiben.«

Carl lacht leise und nahm sie fest in seine Arme. »Das weiß ich, Liebes«, sagte er und küsste sie. »Ich bin ja auch froh, dich auf dem Schiff zu haben. Aber irgendwann wird Lily zur Schule gehen müssen. Mein Kind soll eine vernünftige Ausbildung erhalten. Bildung ist in meiner Familie schon immer wichtig gewesen.« Er seufzte. »Ich war ungefähr in Ferdinands Alter, als ich Schiffsjunge wurde. Ich hatte die Schule besucht und gut abgeschlossen, aber ein Studium konnte mein Vater mir nicht bezahlen, anders als bei meinen Brüdern.«

Emilia hörte den leisen Neid in seiner Stimme. »Was hättest du denn studieren wollen?«

Carl zuckte mit den Schultern. »Ich hatte keine besondere Begabung. Physik hat mich schon immer fasziniert und Astronomie. Beides kann ich an Bord gut gebrauchen. Ich hatte Glück mit dem zweiten Kapitän, unter dem ich als Leichtmatrose angefangen habe. Er hat mich gefördert und mich ermuntert, die Offiziersschule zu besuchen und mein Kapitänspatent zu machen.«

»Dann war das doch der richtige Weg für dich, denn in meinen Augen bist du Seemann mit Leib und Seele.«

Wieder küsste er sie. »Ja, aber mit Leib und Seele bin ich auch Ehemann.«

»Und das ist auch gut so«, sagte sie.

Für das Weihnachtsfest, das sie ja ganz sicher auf See verbringen würden, hatte Emilia schon in Valparaiso eingekauft. Inzwischen kannte sie die Mannschaft gut und konnte für jeden eine passende Kleinigkeit erstehen.

Für Carl hatte sie ein Hemd aus Alpakawolle erworben, das sowohl wärmte als auch wasserabweisend sein sollte. Außerdem hatte sie ihm einen neuen Tabakbeutel gekauft, denn seiner löste sich auf und der Tabak krümelte in seine Jackentasche.

Wölsch liebte Gedichte, und so hatte sie ihm Heines »Buch der Lieder«, das sie zufällig bei einem Händler entdeckt hatte, gekauft.

Gleesberg zeichnete gerne in seiner Freizeit. Oft sah Emilia ihn an Deck, wenn er Vögel beobachtete und sie zu Papier brachte. Ihm hatte sie feine Kohlestifte und Papier besorgt.

Julius, der Steward, würde sich wieder über Naschwerk freuen.

Piet war ihr fast zu einem väterlichen Freund geworden. Immerhin hatte er sie in einem ihrer intimsten Augenblicke begleitet. Für ihn hatte sie ein neues Arzneikästchen aus feinem Holz besorgt und dazu auch einige Tinkturen und Arzneien. Außerdem bekam auch er einen großen Beutel Tabak.

Die Mannschaft wurde ebenfalls beschenkt. Für jeden hatte sie etwas besorgt, was seinen Neigungen entsprach.

Nur für Ferdinand, der immer noch das Bett hüten musste und nur manchmal, wenn ein schöner Nachmittag war, in einem Stuhl an Deck getragen wurde, brauchte es etwas Besonderes zur Aufmunterung.

Sie besuchte ihn jeden Tag und hatte festgestellt, dass er kaum lesen konnte. Deshalb hatte sie mit ihm geübt, und nun hatte er Gefal-

len daran gefunden. Sie würde ihm ihr Exemplar von »Moby Dick«
schenken, damit konnte er sicher einige trübe Stunden vertreiben.

Das zweite Weihnachtsfest an Bord war anders als das erste. Man
war zusammengewachsen, kannte die kleinen Schwächen und Fehler
der anderen, wusste aber die Stärken und die Gemeinschaft umso
mehr zu schätzen.

Selten gab es Streit an Bord und wenn, wurde er meist friedlich gelöst, was keine Selbstverständlichkeit war, wie Emilia aus den Erzählungen der Steuermänner erfahren hatte. Oft war es so, dass die höheren Ränge die niedrigen piesackten oder gar quälten. Carl hatte solche
Quälereien über sich ergehen lassen müssen, als er Schiffsjunge gewesen war. Er sprach nicht gerne darüber, achtete aber sehr genau darauf,
dass es auf seinem Schiff nicht zu groben Ungerechtigkeiten oder Strafen kam.

Am Weihnachtsabend hatte der Smutje wieder ein ganz besonderes
Mahl zubereitet. Es gab Krabbencocktail, dafür hatte der zweite
Leichtmatrose zwei Tage lang mit dem Käscher über der Verschan-
zung gehangen.

Eine der Sauen musste dran glauben. Der Smutje legte einen Teil in
Essig und Rotwein ein, so dass es einen Sauerbraten ergab, der ganz
zart und köstlich war. Als Nachtisch servierte er Apfelsinen und die
letzten Bananen, die sie noch als grüne Büschel an Bord genommen
hatten und die nun fast überreif waren. Danach gab es die Bescherung.

Die Steuerleute hatten für Emilia Stoffe gekauft und für Lily ein
silbernes Glöckchen. Carl bekam eine Flasche Portwein.

Auch die Mannschaft durfte Bananen essen, so viel sie wollte.

Nach dem Essen gingen sie nach vorn ins Logis und bescherten die
Leute. Wie immer wurden sie mit dem Seemannsdank »Hipp, hipp,
hurra!« belohnt. Danach holte McPhail seine Fidel, Paul Paulsen das
Schifferklavier und sein Bruder eine Flöte hervor. Sie spielten Lieder
und Shantys, die Mannschaft sang dazu.

Extra für die Kapitänsfamilie sangen sie »Stille Nacht, Heilige
Nacht«. Emilia war zu Tränen gerührt.

323

Wie seltsam es doch war, dieses Weihnachtsfest unter dem Stern des Südens, das rauschende Meer um sich herum und diese raue, aber doch so feinfühlige Mannschaft dabei. Sie hätte sich nichts Schöneres vorstellen können und sehnte sich keinesfalls in das kalte und winterliche Othmarschen zurück.

Carl hatte ihr einen Muff aus dem Fell eines jungen Seehunds geschenkt und zwei neue Bücher. Oft lasen sie sich abends gegenseitig etwas vor. Da er angefangen hatte, ihr das Schachspielen beizubringen, hatte er auch noch ein schönes Schachspiel aus Elfenbein erstanden. In die Füße der Figuren waren feine Nägel gebohrt und das Brett war aus einem weichen Holz, sodass sie auch bei hoher See spielen konnten, ohne dass die Figuren verrutschten.

Lily hatte Geschenke von der Mannschaft bekommen. Sie hatte ihr ein Mobile aus Walknochen geschnitzt, eine Rassel aus Seehundknochen und ein Bettchen hatte Palmer, der Zimmermann, ihr auch noch gebaut.

Von Carl bekam sie ein goldenes Kettchen. Doch da Lily inzwischen alles greifen und ziehen konnte, verwahrte Emilia die Kette lieber in ihrem Kästchen, als sie ihr umzuhängen. Das silberne Glöckchen jedoch hängte sie über ihr Schaukelbettchen, sehr zum Vergnügen des Kindes, das schon bald danach griff und schlug.

So verging das Weihnachtsfest 1857 auf dem vierundfünfzigsten Breitengrad. Bald schon wurde es wärmer und Emilia liebte es, mit Lily an Deck zu sein. Auf dem Mitteldeck pickten die Hühner zwischen den drei Schweinen. Die Sau war zum Entzücken aller wieder trächtig.

Auch Karamell lag mit ihren beiden Kleinen, die inzwischen die Augen geöffnet hatten und munter umhertapsten, gerne in der Sonne. Der Rüde war schwarz-braun und die Mannschaft hatte ihn »Cookie« getauft, nach den Schokoladenkeksen, die es in England gab. Das Weibchen hatte ein ganz feines und helles Fell, deshalb nannten sie sie »Lady«.

Außerdem hatten sie noch die Gänse, die allerdings bissen und deshalb in einem Gatter am Bug eingesperrt waren.

Es war ein munteres Treiben und Lily jauchzte schon bald, wenn sie nach oben kamen.

Manchmal nahm Carl sie mit ans Steuer und erklärte ihr, wo sie waren und was zu tun war.

Lily gluckste und strampelte vor Vergnügen, griff nach seinem Bart.

»Sie versteht alles«, sagte er voller Stolz. »Ein prächtiges Kind! Eine richtige Kapitänstochter! Bald schon wird sie selbst das Steuer halten können.«

Zwei Wochen nachdem sie die Falklandinseln passiert hatten und nördlichen Kurs einschlugen, gerieten sie in eine Flaute. Es war warm, aber nicht zu heiß. Emilia puckte Lily nicht mehr, sondern hatte die ersten Kleidchen für sie genäht. Gerne lag sie auf einer Decke auf dem Oberdeck, stützte sich hoch, um nach den Tieren zu schauen, drehte sich vom Rücken auf den Bauch und manchmal stemmte sie sich auch schon auf die Knie.

»Bald wird sie krabbeln«, sagte Emilia nachdenklich zu Carl. »Und dann laufen. Wir werden einen Boy brauchen.«

»Darüber habe ich auch schon nachgedacht. Aber noch nicht auf dieser Fahrt. Erst mal kann sich Ferdinand um Lily kümmern. In die Wanten kann er doch nicht klettern und auch sonst ist er noch nicht für wahre Arbeit zu gebrauchen.«

»Ich bin schon froh, dass er überhaupt noch lebt und dass sein Bein nicht amputiert werden musste«, seufzte Emilia. »Das hätten wir doch gar nicht machen können.«

»In der Not hätten wir es machen müssen, aber ich hätte beigedreht und versucht, einen Hafen zu erreichen.«

Ferdinand lernte langsam, aber sicher, wieder zu laufen. Noch humpelte er stark, doch das Bein war gut und gerade verheilt.

»Das verdanke ich Euch, Gnädigste«, hatte er leise gesagt, als sie sein Bein untersuchte und befand, dass er es wieder belasten konnte. Zuvor hatte Palmer ihm Krücken geschnitzt, womit der Junge erstaunlich geschickt über das schwankende Deck hüpfte.

»Es ist eine gute Idee, Ferdinand als Boy zu nehmen. Er entwickelt

325

sich hervorragend. Inzwischen kann er flüssig lesen und holt sich ein Buch nach dem anderen aus meiner Bibliothek«, sagte Emilia stolz.

»Auch das hätte er ohne deine Hilfe, deine Mühe und deinen Zuspruch nicht gelernt. Ich bin sehr froh, dass du an Bord bist.« Carl nahm ihre Hand und drückte sie zärtlich. Das war das höchste der Gefühle, die er ihr an Deck zuteilwerden ließ, aber jedes Mal, wenn er es tat, ging ihr das Herz auf.

Der Januar ging vorüber und der Februar begann mit einer weiteren Flaute. Sie hatten nur wenig Fahrt machen können. Immer wieder verglich Carl die Daten, maß die Position und kontrollierte die Karten. »Wenn es so weitergeht, sind wir erst in vier oder sechs Wochen an den Grenadinen. Dort können wir den Golfstrom nutzen. Aber es dauert mir alles zu lange.« Unruhig stapfte er über das Deck, ließ jeden Fetzen Segel setzen, den sie hatten, um auch die kleinste Brise mitzunehmen.

Die beiden Paulsens konnten geschickt mit der Angel umgehen und fingen Schweinswale, Bonitos und andere Fische und bereicherten so den Speiseplan. Dann endlich kam Wind auf und mit ihm kamen die Regengüsse. Erleichtert dichteten sie alles an Bord ab, fingen jeden Tropfen auf, denn das Wasser auf dem Schiff war knapp und schal geworden.

Emilia freute sich, dass sie Lily endlich wieder ausgiebig baden konnte. Auch sie selbst genoss ein heißes Bad in der Messingwanne in dem kleinen Badezimmer.

Dennoch beunruhigte sie etwas. Ende Februar war sie sich sicher.

»Wir werden ein weiteres Kind bekommen«, gestand sie eines Abends Carl, als sie einen letzten Gang über das Deck machten. Er blieb abrupt stehen.

»Was?«

»Du hast schon richtig gehört. Ich bin wieder schwanger.«

»Jetzt schon?« Er seufzte auf.

»Freust du dich denn nicht? Das ist doch schön, die Kinder können zusammen aufwachsen, haben einen Spielgefährten.«

»Ja, ja.«

Schweigend gingen sie weiter. Emilia spürte, dass der Gedanke an ein weiteres Kind Carl quälte.

Er wird sich schon daran gewöhnen, dachte sie. Zu ändern war es eh nicht. Diesmal hatte sie keine Angst vor der Geburt, zumal das Kind ja erst im Herbst kommen würde. Wenn alles gutging, befanden sie sich dann gerade auf dem Weg nach Australien.

Sie sprachen in den nächsten Tagen nicht mehr darüber, aber jede Nacht, wenn Carl nicht auf Wache war, legte er seine Hand vorsichtig auf Emilias noch flachen Bauch.

Sie merkte jedoch, dass er sehr nachdenklich und schweigsam war.

Ein Tölpel verirrte sich an Bord und wurde vom Smutje zu einer Suppe verarbeitet. »Besser der als eines meiner Hühner«, sagte er grinsend. Ferdinand hatte er als Hilfskoch eingesetzt, was dem Jungen nicht schmeckte. Lieber passte er auf Lily auf. Er spazierte mit ihr auf dem Arm über Deck, denn inzwischen konnte er sicher ohne Krücken gehen, doch zum Klettern in die Rahen reichte es noch nicht.

Emilia war froh über die Entlastung. Fast jeden Abend kam ein Schauer nieder und so konnten sie auch große Wäsche machen. Jeder wusch und scheuerte seine Sachen, Leinen wurden kreuz und quer an den Stagen befestigt und die Sachen dort aufgehängt. Lily klatschte begeistert in die Hände und jauchzte, als sie die bunte und flatternde Kleidung sah. Doch dann fiel das Barometer wieder.

»Wir sind zu dicht an der Küste. Es gibt ein paar kleine Inseln und Untiefen. Wenn jetzt ein Sturm aufzieht, haben wir schnell Land in Lee. Ich werde weiter nach draußen segeln«, beschloss Carl, obwohl sie nicht mehr fern von den Grenadinen waren.

»Gehen wir dann direkt in den Golfstrom und nach Westen?«, fragte Wölsch.

»Wir sollten darüber nachdenken. Aber wir müssen frische Lebensmittel aufnehmen, Obst und Gemüse haben wir kaum noch. Wenn wir Pech haben und zu lange für die Überfahrt brauchen, laufen wir Gefahr, dass jemand an Skorbut erkrankt. Außerdem will die Mannschaft ihre Post.«

»Ja, ich auch.« Wölsch nickte. »Ich dachte nur, wenn wir uns eh nach Osten wenden …«

»Könnte sein, dass wir Glück haben und uns der Wind und der Strom schnell über den Atlantik bringen. Ich habe es schon einmal in etwas mehr als vier Wochen geschafft. Aber da hatte ich vorher in Caracas frische Ware aufgenommen.«

»Vier Wochen – verlockend. An die Lebensmittel habe ich gar nicht gedacht.«

Carl grinste. »Deshalb bin ich ja auch der Kapitän und Ihr nur der erste Steuermann.«

Seine Sorge, das wusste Emilia, galt vor allem aber ihr und Lily. Bisher hatte sie das Kind stillen können, doch allmählich versiegte ihre Milch. Lily aß gerne zerdrücktes und zerkleinertes Obst und Gemüse, aber sie hatten nur noch wenige Kartoffeln, einige schrumpelige Möhren und etwas Sellerie. All das begann nun in der feuchten Luft zu faulen und auch Emilia machte sich Gedanken um die Ernährung des Kindes. Haferschleim und Milchsuppe konnte sie ihr nicht geben. Auch Apfelmus hatten sie nicht. Das Kind gedieh und wuchs und schien bisher keinen Mangel zu haben, doch in den nächsten Wochen brauchten sie dringend frische Lebensmittel.

Dennoch fürchtete Emilia sich vor dem Halt. Würde Post für sie bereitliegen? Wie hatten ihre Eltern auf die Mitteilung reagiert, dass sie Mutter geworden war? Würden sie auch ihre Enkelkinder verstoßen? Sollte Emilia ihnen von dem nächsten Kind schreiben, das sie unter dem Herzen trug? Sie wusste es nicht.

Der Steward kam und räumte alle Sachen in der Kajüte weg oder zurrte sie fest. Emilia sah besorgt nach draußen, das Oberlicht war schon abgedeckt worden, die Matrosen holten die Segel ein. Es war nicht so finster wie bei dem letzten Sturm, aber die Wellen schlugen schon hoch und über das Deck.

»Wird es wieder so schlimm werden?«, fragte sie besorgt und überlegte, wie sie diesmal Lily sichern sollte. In das Körbchen passte das Kind schon lange nicht mehr. Bisher schlief sie in einem Bettchen neben der Koje, das der Zimmermann am Boden verschraubt hatte.

Es hatte hohe Seitenwände und war gut gepolstert, doch Lily konnte sich weder festhalten noch gegen die Wände stemmen.

In diesem Moment kam Carl nach unten und nahm seinen Macintosh vom Haken. Er umarmte Emilia.

»Wir fahren nach draußen aufs Meer.«

»Warum? Willst du nicht lieber versuchen, einen Hafen zu erreichen?«

»Das hat keinen Sinn, Liebes. Wir versuchen, vor dem Sturm herzufahren. Diesmal kommt er uns nicht entgegen und wir haben gute Chancen, ihm zu entkommen. Es wird trotzdem hohe See geben.«

»Was mache ich nur mit Lily?«, fragte Emilia verzweifelt.

»Pack sie in ihr Bett und binde sie fest. Palmer soll dir wieder ein Netz darüberspannen.« Er küsste sie, nahm einen Schluck aus dem Flachmann und eilte wieder an Deck.

Lily weinte, sie bemerkte die Anspannung an Bord. Emilia nahm das Kind in den Arm, drückte es an sich. »Es wird alles gut werden, dein Papa ist ein erfahrener Seemann«, flüsterte sie.

Das Meer brodelte, die Wellen schlugen hoch. Zwei Tage liefen sie nordostwärts vor dem Sturm entlang, es blies hart und das Schiff rollte. Sie hatten die meisten Segel festgemacht in Erwartung des Unwetters, aber dann erholte sich das Barometer und die See legte sich.

»Wir waren auf der äußersten Seite des Zyklons. So etwas habe ich hier noch nie beobachtet«, sagte Carl besorgt. »Jetzt haben wir die Segel gesetzt und werden uns westwärts halten.«

Lily hatte die Zeit gut überstanden. Zuerst zeigte sie Angst, aber Emilia konnte sie immer schnell beruhigen. Doch ihr selbst ging es schlecht. Durch das Rollen des Schiffes war ihr nicht nur morgens übel, sondern fast den ganzen Tag über. Sie war froh, dass Ferdinand Lily betreuen konnte, denn sie selbst lag nur in der Koje, den Eimer neben sich. Der Steward kochte ihr Tee und der Smutje Brühe. Das war das Einzige, was sie bei sich behalten konnte.

Eine Woche dauerte dieser Zustand an, obwohl das Schiff kaum noch rollte, sondern zügig an Fahrt gewann. Immer wieder schaute Carl besorgt nach ihr, brummelte in seinen Bart. Der Smutje brachte ihr Ingwer zum Kauen, doch der scharfe Geschmack ließ sie erst recht würgen. Piet kochte ihr schließlich einen Aufguss aus der Wurzel und süßte ihn stark, das half.

Es war herrlich, als sie endlich wieder an Deck gehen konnte. Der Himmel war fast wolkenlos, die Wellen trugen lustige Schaumkronen.

»Wale!«, kam der Ruf vom Ausguck. Emilia, Carl und die Steuerleute liefen zur Verschanzung.

Eine Gruppe Schwertwale schwamm backbord vorbei. Sie schienen miteinander zu spielen, sprangen aus dem Wasser, drehten sich, schwammen untereinander her. Es war ein prächtiger Anblick, der sich Emilia tief einprägte. Sie hatten guten Wind, aber keine hohe See, auf Deck war es angenehm. Der Regen hatte die Süßwasservorräte wieder aufgefüllt, nur Gemüse und Obst wurden knapp.

Endlich kam Land in Sicht, die Inseln. Diesmal wollten sie nicht am Kai anlegen, sondern nur im Hafen ankern. Kaum war der Anker ausgeworfen, kamen schon die kleinen Boote auf sie zu, die ihre Waren anpriesen.

»Was ist mit den Hunden?«, fragte Carl. »Soll ich sie jetzt mit an Land nehmen oder willst du sie noch bis Hamburg durchfüttern?«

»Oh, Carl.« Emilia hatte gewusst, dass sie sich irgendwann von ihnen trennen musste, aber der Gedanke schmerzte sie. »Können wir sie nicht noch behalten?«

Der Steward, der gerade den Tee brachte, hatte ihre Unterhaltung mit angehört. Er räusperte sich verlegen. »Den Rüden, den Cookie, den würde ich mitnehmen zum Hof meiner Eltern. Er hat ein entzückendes Wesen, so ausgeglichen und ruhig. Ich wette, er wird dort geliebt und verwöhnt werden. Außerdem habe ich ihn ins Herz geschlossen.«

»Du?«, fragte Emilia überrascht. »Aber du hasst doch Hunde.«

»Das hat sich gewandelt«, sagte er leise und wurde rot. »Es sind treue Gefährten.«

»Können wir Lady nicht behalten?«, flehte Emilia. »Sie macht doch kaum Umstände und Kara wäre nicht so allein. Der Gedanke, dass ich von meiner Tochter getrennt würde, bricht mir das Herz.«

330

»Es ist ein Hund, Liebes. Und wir können doch nicht alle behalten.« Er nickte Julius zu. »Cookie darf bis Hamburg bleiben, wenn du mir versicherst, dass du ihn mitnimmst.«

»Aye, Kapitän.«

»Siehst du, für Cookie haben wir nun schon ein gutes Zuhause gefunden, dann können wir doch Lady behalten, Carl.« Emilia lächelte ihn an. »Bitte.«

»Ich werde darüber nachdenken. Bis Hamburg darf sie bleiben, aber danach – das weiß ich noch nicht. Es kommt darauf an, wohin die nächste Fahrt geht. Wenn wir über das Kap der Guten Hoffnung fahren, wird es zu lang für zwei Hunde, denke ich.«

Emilia lächelte zufrieden. Erst mal hatte sie Aufschub gewonnen.

»Wirst du an Land gehen?«, fragte sie Carl.

»Ja. Ich muss mit dem Vertreter der Handelsagentur sprechen und die Post holen. Willst du mitkommen?«

Emilia schüttelte den Kopf. So verlockend es war, wieder einmal festen Boden unter den Füßen zu spüren, so schreckte es sie doch ab, Lily allein an Bord zu lassen, auch wenn es nur für ein paar Stunden wäre. Sie wusste, dass das Kind an Bord gut aufgehoben war und dass sich alle um sie kümmern würden, aber sie war eine echte Glucke.

»Soll ich dir etwas mitbringen?«, fragte Carl.

»Oh ja.« Emilia reichte ihm eine Liste.

»Bestellen kann ich aber nichts. Wir werden mit der nächsten Flut wieder auslaufen. Das wird nur ein ganz kurzer Halt.«

Die Mannschaft war enttäuscht, denn sie bekamen keinen Landgang.

»Spart euch eure Heuer«, sagte Carl. »Die könnt ihr zu Hause noch ausgeben, und da wollen wir ja so schnell wie möglich hin.«

»Was glaubt Ihr denn, wann wir in Hamburg sein werden?«, fragte McPhail.

»Bei gutem Wind wohl Ende Mai. Ich hatte gehofft, es würde früher sein, aber die Flaute hat uns aufgehalten.«

»Ende Mai – in etwas mehr als zwei Monaten«, sagte der Vollmatrose zufrieden. »Hipp, hipp …«

»Hurra!«, stimmte die Mannschaft mit ein.

Zahlreiche Boote lagen längsseits, boten ihre Ware feil, der Smutje kaufte eifrig Obst und Gemüse. Bald schon waren die Vorratskammern in Heck und Bug wieder gefüllt. Lily kaute zufrieden an einer Banane und Emilia genoss eine Mango.

Drei Stunden später scholl der Ruf »Kapitän an Bord« über Deck Emilia hatte gerade ihre Tochter zu Bett gebracht und eilte nach oben. Carl brachte Einkäufe, einen Stapel Zeitungen und einen dicken Packen Briefe mit.

Auch für Emilia waren zwei Briefe dabei. Sie traute sich kaum, sie entgegenzunehmen, sah dann auf die Absender. Der eine Brief war von Inken, der andere trug eine ihr unbekannte Handschrift. »J. Bregartner« entzifferte sie – ein Brief von ihrem Bruder Julius? Sie ging an der Verschanzung entlang bis hinter das Backstag, dort, unter dem Fenster zu ihrer Kammer, war ein ruhiges Plätzchen. Mit zitternden Händen öffnete sie das Siegel. Ihr Bruder – sie hatte ihn seit Jahren nicht gesehen, geschrieben hatte er ihr noch nie. Ob er sich überhaupt an sie erinnern konnte?

»Liebe Emma,

ich schreibe dir, weil ich nun das Oberhaupt unserer Familie bin. Das hört sich seltsam an, für mich immer noch. Vater ist im November 1857 gestorben. Die Cholera hat hier in London einige Opfer gefordert, sie soll von verschmutzten Brunnen herrühren, aber so genau weiß man es nicht. Mutter und Vater erkrankten schwer. Ich war zu diesem Zeitpunkt in der Schule in Essex.

Mutter hat die Krankheit überstanden, ist aber sehr geschwächt. Sie wünschte, zurück nach Othmarschen zu gehen und dort ihren Lebensabend zu verbringen. Auch hätten wir gerne Vater in Ottensen begraben, wo ja eine Reihe Kinder der Familie beerdigt wurden, aber das war nicht möglich. Vater wurde schnell hier unter die Erde gebracht.

Ich versuche mit Hilfe seines Agenten und Onkel Hinrich, der kam, um uns beizustehen, die Geschäfte abzuwickeln. Dann werde ich auch nach Hamburg gehen und dort die Schule besuchen. Später möchte ich nach England zurückkehren, denn dies ist meine Heimat geworden.

Vater hat mit großem Kummer deine Briefe gelesen. Doch die Nachricht, dass du eine gesunde Tochter zur Welt gebracht hast, hat ihn und Mutter erfreut. Kurz vor seinem Tod soll er noch von dir gesprochen haben, liebe Schwester, und das mit Herzenswärme. Ich hoffe, das tröstet dich ein wenig über den Verlust.

Onkel und Tante sind nicht gut auf dich zu sprechen, was ich bedauere. Sei es drum – das Gut in Othmarschen gehört wohl nun mir und du wirst dort immer herzlich willkommen sein.

Dein dich liebender Bruder

Julius Bregartner«

Emilia drückte das Papier gegen ihre Brust und weinte haltlos.

20. KAPITEL

Die Überfahrt über den Atlantik gelang der »Lessing« ohne große Probleme. Der Golfstrom nahm sie mit und der Wind tat sein Übriges. Vor dem Kanal drehte der Wind und sie mussten kreuzen. Das Schiff war in den letzten Wochen von oben bis unten geschrubbt und gesäubert worden, das Deck wurde immer wieder mit Sand gescheuert, alles wurde neu gestrichen und lackiert. Man machte sich fein für die Heimkehr. Nur die Bordwände und den Kiel konnten sie nicht erreichen. Die »Lessing« musste dringend ins Dock, um abgeschrappt und geteert zu werden.

»Jeden Tag fahren wir nordwärts, und jede Nacht treibt es uns zurück.« Carl schlug mit der Faust auf den Kartentisch. »Wir machen so gut wie keine Fahrt.«

Emilia aber genoss diese Tage an Bord, denn es würden vorerst ihre Letzten sein. Sie hatte ihrem Bruder und ihrer Mutter noch an dem Abend in St. Vincent eine Antwort geschrieben und sie einem der Boote mitgegeben.

Über Land, die Küste hoch bis Neuengland und dann über den Atlantik, würden die Briefe vor ihnen in der Heimat eintreffen.

Der Tod ihres Vaters nahm sie sehr mit. Gerne hätte sie sich noch mit ihm ausgesöhnt. Von ihrer Mutter war kein persönliches Wort gekommen und so sah sie einem Treffen mit gemischten Gefühlen entgegen. Aber Carl hatte beschlossen, dass sie in Hamburg bleiben und er ohne sie und die Kinder Australien und die Gewässer erkunden würde.

»Wenn wir dort eine Zukunft haben, was ich sehr wohl glaube, dann lasse ich dich holen oder komme selbst.« Emilia konnte ihn von der Entscheidung keinen Fußbreit abbringen, so sehr sie auch flehte und bettelte.

Mit jeder Woche schien ihr Bauch jedoch zu wachsen und sie stimmte Carl zu, dass es eine Idiotie wäre, ihn in unbekannte Gefilde zu begleiten und dort vielleicht unter schrecklichen Bedingungen ein Kind zur Welt zu bringen. Dennoch konnte sie sich ein Leben an Land nur noch schwer vorstellen. Immerhin tröstete sie der Gedanke, dass sie zu Inken und auf das Gut in Othmarschen zurückkehren konnte.

Wie würde ihre Mutter sie empfangen?, dachte sie mit bangem Herzen. Über ihren Onkel und ihre Tante machte sie sich keine Illusionen, für die war sie gestorben.

»Wirst du die ›Lessing‹ in die Werft meines Onkels bringen?«, fragte Emilia Carl.

»Das weiß ich noch nicht. Aber ich denke, wenn die Bedingungen stimmen, werde ich das wohl machen.«

»Obwohl er dich so schändlich behandelt hat und dich übers Ohr hauen wollte?«

»Emilia, deine Familie nimmt dich auf. Und wahrscheinlich wirst du dort eine Weile bleiben müssen. Ein Jahr oder länger. Ich möchte kein böses Blut zwischen uns und deiner Familie. Zu deinem Wohl und zu dem der Kinder bin ich bereit, Gnade vor Recht ergehen zu lassen. Wie wird es aussehen, wenn ich die ›Lessing‹ in ein anderes Dock bringe?«

Sie wusste, dass er recht hatte, es ärgerte sie aber trotzdem.

Der Wind drehte, sie kamen gut durch den Kanal und über die Nordsee. Als sie in die Elbe einfuhren und die Segel beidrehten, um den Lotsen an Bord zu nehmen, klopfte Emilias Herz bis zum Hals. Den ganzen Tag blieb sie an der Verschanzung stehen, schaute auf das Elbufer. Gegen Abend konnte man schon den Lichterschein der Stadt erkennen. Der Wind stand gut und sie kamen schnell voran. Aufgeregt nahm sie Lily auf den Arm.

»Da«, sagte sie schließlich und zeigte zum Deich, »da wohnen wir, meine Maus. Dort sind deine Großmutter und Inken. Dort bin ich aufgewachsen.«

Lily gurrte und lachte, lehnte dann schließlich ihr Köpfchen erschöpft an Emilias Schulter und schlief ein. Sie brachte das Kind zu Bett, war aber zu aufgewühlt, um zu essen, und kehrte an die Brüstung zurück. Erst spät in der Nacht, sie hatten vor dem Hafen Anker geworfen, kroch Emilia in die Koje. Dies würde wohl für einige Zeit ihre letzte Nacht auf der »Lessing« auf See sein. Bittere Tränen begleiteten sie in den Schlaf.

Am nächsten Morgen fuhren sie in den Hafen ein, geschleppt von einem kleinen Dampfboot. Emilia hatte bereits in Valparaiso und Callao die ersten Dampfschlepper gesehen, aber noch nicht in Hamburg. Sie drehte sich zu Carl um, doch seine ganze Aufmerksamkeit galt dem Anlegemanöver. Zoll und Hafenarzt kamen, Papiere und Besatzung wurden ordnungsgemäß überprüft und das Schiff schließlich freigegeben. Die Mannschaft jubelte.

Carls erster Gang führte ihn zum Kontor und zu dem Agenten, der die Ladung gekauft hatte.

»Möchtest du mitkommen?«, fragte er Emilia.

Was für eine Frage! Natürlich wollte sie. Allerdings hatten ihre Kleider unter der langen Fahrt gelitten. Außerdem wölbte sich ihr Bauch schon sehr. Zweifelnd stand sie in der Kammer, probierte erst dies an, dann jenes. Schließlich nahm sie das beste Kleid, das sie hatte, und schlang sich einen schönen Seidenschal um die Schultern, den sie in Chile gekauft hatte.

»Nimmst du mich so mit?«, fragte sie zweifelnd, doch Carl lachte nur und küsste sie.

»Ja.« Dann zog er sie von Bord.

335

Es war seltsam, die Gangway hinunterzulaufen, noch seltsamer war es, festen Boden zu betreten. Lily schaute sich mit großen Augen um, drückte sich eng an Emilias Hals.

Sie war noch nie an Land, ging es Emilia auf. Die vielen Leute und der Betrieb im Hafen, der Gestank von Teer, Öl und Ruß waren auch für Emilia unangenehm. Es war laut und hektisch. Die Kutschen ratterten über das Kopfsteinpflaster, Pferde wieherten und Hunde bellten. Karamell und Lady waren sicher unter Deck verschlossen worden, es sollte nicht noch einmal ungeplanten Nachwuchs geben.

Als sie in die Droschke stiegen, um zum Kontor zu fahren, weinte Lily laut vor Angst. Emilia sah ihren Mann unsicher an. »Soll ich mit ihr zurück aufs Schiff?«

Er schüttelte den Kopf und strich seiner Tochter über den Rücken. »Komm zu Papa, kleine Motte. Du brauchst keine Angst zu haben.«

Staunend schaute Emilia aus dem Fenster der Droschke, als sie durch die Stadt fuhren. Viel hatte sich in den eineinhalb Jahren verändert, seit sie in See gestochen waren. Die Arbeiten waren weiter fortgeschritten, die Stadt schien noch mehr zu wachsen. Immer noch sah man Lücken zwischen den Häusern und Brandruinen, aber sie wurden weniger, stellte Emilia fest.

Der Besuch im Kontor war erfolgreich. Der Handelsagent nahm die Ware ab, Carl erzielte einen ordentlichen Preis. Davon konnte er seinen Bruder auszahlen und es blieb auch noch genügend über, um Heuer und andere Dinge zu begleichen und das Schiff ins Dock bringen zu lassen. Er besprach nur kurz seine Pläne, Australien betreffend, und verabredete sich dann für den nächsten Tag erneut mit dem Agenten.

»Wie geht es jetzt weiter?«, fragte Emilia, als sie das Gebäude verlassen hatten.

»Wir kabeln jetzt deiner Familie in Othmarschen, dass du da bist, und warten auf die Antwort«, sagte er. »Du kannst dich, wenn du willst, in der Stadt umschauen, ich werde deinen Onkel aufsuchen und klären, ob er die ›Lessing‹ ins Dock nimmt.«

Emilia war froh, dass er sie nicht gebeten hatte, ihn zu begleiten, das wäre ihr unmöglich gewesen. So schickten sie also ein Telegramm nach Othmarschen und gingen gemeinsam durch die Stadt. Vor verschiedenen Geschäften blieb Emilia stehen und bewunderte die Auslagen. Zu gerne hätte sie sich neu eingekleidet, doch dazu war jetzt nicht der richtige Zeitpunkt. Das konnte sie machen, wenn das Kind da war. Schließlich gelangten sie zur Alster. Emilia blieb vor dem Haus stehen, in dem sie so viele Jahre gewohnt hatte. Ihrem Onkel und ihrer Tante wollte sie nicht begegnen, wohl aber hätte sie gerne ihren Cousin und ihre Cousine getroffen. Carl rief ihr eine Droschke, so dass sie Lily nicht bis zum Hafen tragen musste.

»Es wird alles gut«, versprach er ihr.

Mit gemischten Gefühlen kehrte Emilia auf die »Lessing« zurück. Lily quengelte und weinte, die ganze Unruhe und all das Neue waren zu viel für sie gewesen. Emilia war froh, dass sie sich mit dem Kind in die Kajüte zurückziehen konnte. Das Schiff wurde schon vorbereitet, am nächsten Tag sollte die Ladung gelöscht werden. Es herrschte Hektik und Unruhe.

Gegen Abend erst kehrte Carl zurück und brachte das Telegramm mit, das Emilias Mutter geschickt hatte.

»Komm!«, stand darin, mehr nicht.

»Wann soll ich aufbrechen?« Emilia war unsicher. »Sofort oder lieber erst, wenn das Schiff ins Dock geht?«

»So schnell wie möglich. Der Hafen ist laut und dreckig, die Luft stinkt. Das ist nicht gut für Lily. Ich habe morgen früh noch einiges zu erledigen, aber am Nachmittag kann ich dich aufs Land bringen.«

»So schnell?« Darauf war sie nicht vorbereitet, es machte ihr Angst.

»Lass uns schauen, ob es gut läuft, Liebes. Die ›Lessing‹ wird sicher noch einige Wochen im Hafen liegen müssen. Falls du dort nicht zurechtkommst, können wir nach einer anderen Lösung suchen.«

Sie begann, ihre und Lilys Sachen einzupacken. Es fiel ihr nicht leicht. Das Kind in ihrem Bauch trat unruhig und immer wieder kamen Emilia die Tränen. In dieser Nacht schmiegte sie sich eng an

337

Carl. Wann würden sie das nächste Mal das Bett teilen? Darüber mochte sie gar nicht nachdenken.

Julius, der Steward, half ihr am nächsten Tag, weitere Sachen zu packen. Er würde mit von Bord gehen, hatte abgemustert.

»Was machst du als Nächstes?«, fragte Emilia ihn.

»Ich werde wohl mit meinen Eltern sprechen, aber ich würde gerne als Leichtmatrose wieder anheuern und irgendwann die Seefahrtsschule besuchen.«

»Das klingt gut.« Sie hatte ihn nun noch ein wenig mehr ins Herz geschlossen, weil er den gleichen Namen trug wie ihr Bruder, der sie wieder in der Familie aufgenommen hatte.

Bis zum Mittag hatten sie das Nötigste verpackt. Den Rest würde Carl entweder auf der »Lessing« belassen oder ihr nachschicken.

Emilia nahm Abschied von den Steuerleuten und von der Mannschaft. Einige würde sie vielleicht in Australien wiedersehen. Der Abschied von Piet de Tries, dem Smutje, fiel ihr besonders schwer.

»Wir werden uns wiedersehen, Gnädigste«, sagte er, aber auch seine Augen glänzten. Er küsste Lily auf den Kopf und verschwand dann schnell in der Kombüse. »Nicht dass mir das Essen anbrennt vor lauter Sentimentalität.«

»Die Fahrt ohne Euch wird anders sein«, sagte Wölsch. »Weniger schön. Eure Bücher, Eure Deckchen und Euer weibliches Gehabe haben die Reise zu etwas Besonderem gemacht. Und natürlich auch das kleine Mottchen.« Er strich Lily über die Wange.

Wieder musste sie sich die Tränen aus den Augen wischen. Carl hatte eine Kutsche bestellt, das Gepäck war verladen und Emilia ging mit bangem Herzen die Gangway hinunter. Sie fuhren los und sie drehte sich um und schaute auf die »Lessing«, solange sie konnte.

Die Fahrt durch den Hafen und die Stadt war mühsam, denn es herrschte viel Gedränge, doch dann erreichten sie Altona und die Chaussee. Die Pferde trabten munter dahin und Emilia bestaunte das satte Grün der Wiesen, Felder und Wälder.

Als sie durch Othmarschen fuhren, über die Teufelsbek und am Röperhof vorbei, wurde ihr ganz flau. Einerseits freute sie sich auf ein

338

Wiedersehen mit Inken und auf das vertraute Gut, andererseits fürchtete sie sich vor der Begegnung mit ihrer Mutter. Viele Jahre waren vergangen, seit sie sie zum letzten Mal gesehen hatte. Die Kutsche fuhr über den knirschenden Kies in den Hof ein. Hier hatte sich nichts verändert.

Kaum hielten sie an, öffnete sich auch schon die Küchentür und Inken stürmte heraus. Sie blieb kurz vor Emilia stehen, musterte sie von oben bis unten, dann fiel sie ihr um den Hals.

»Meine Emma!« Sie drückte sie an sich, flüsterte: »Geht es dir gut?«

»Ja, Inken, alles ist gut. Schau«, sagte sie, »das ist Emily – wir nennen sie Lily.«

Inken drehte sich um, knickste. »Herr Kapitän.« Ein strahlendes Lächeln erhellte ihr Gesicht. »Ach! Oh, du Süße. Magst du zu Inken kommen?« Sie streckte Lily die Arme entgegen. Lily schaute sie überrascht an, aber dann lächelte sie und ließ sich von ihr nehmen. »Was für ein hübsches Kind! Aber kommt doch rein. Ich habe etwas zu essen vorbereitet. Hannes! Hol das Gepäck vom Wagen und bring es nach oben.«

Emilia traute sich gar nicht, zu fragen, welches Zimmer sie bekommen würde. Wäre es wieder die Mansardenkammer? Oder bekäme sie das Zimmer der Tante?

»Wo ist Mutter?«, fiel ihr plötzlich ein.

»Deine Mutter ist in der Stube.« Inkens Gesicht wurde ernst. »Die Krankheit hat sie sehr geschwächt und der Tod deines Vaters – mein Beileid – hat sie seelisch sehr mitgenommen.«

»Ist mein Bruder auch hier?«

»Nein, er ist wieder in Essex, wird aber bald nach Hamburg zurückkehren.«

In der Küche roch es, wie es nur in Inkens Küche riechen konnte – nach Zuhause. Frisches Brot lag auf dem Tisch, es dampfte noch. Auf dem Herd simmerte eine gute Suppe und im Ofen schmorte ein Braten.

»Ich freu mich so, dass du da bist!«, sagte Inken.

»Ik ooch«, kam es aus der Ecke. Überrascht drehte Emilia sich um.

»Rieke?«

»Jo. Bin wieder da.« Das Mädchen lächelte.

»Und dein Mann?«

»Der is stuvdood.« Sie zuckte mit den Schultern.

»Tot?« Emilia sah sie erschrocken an, aber Rieke grinste nur.

Carl stand im Begrüßungsgewimmel und lächelte amüsiert.

»Kapitän, darf ich Euch den Mantel abnehmen? Mögt Ihr etwas trinken?«, fragte Inken schnell und wurde rot.

»Den Mantel kann ich selbst ablegen, danke schön.« Er half auch Emilia aus dem Reisemantel. »Wir sollten die gnädige Frau begrüßen«, fügte er dann ernster hinzu.

Emilia hatte Rieke umarmt, jetzt trat sie zurück und atmete tief ein. Sie war blass geworden und sah Carl unsicher an.

»Es wird schon gutgehen«, flüsterte er und drückte ihre Hand. Dann nahm er Emily aus Inkens Armen. Er strich ihr über die Locken, zupfte das Kleid zurecht, nickte dann zufrieden.

»Kommt«, sagte Inken und ging voran. Sie klopfte an der Tür zur Stube, öffnete sie.

Anna saß in dem Ohrensessel neben dem Kamin, in dem ein kleines Feuer brannte. Trotz des Feuers und des milden Tages hatte sie auch noch ein Plaid über die Beine gelegt. Ihre Haare waren schlohweiß und ihr dünnes Gesicht von tiefen Falten durchzogen.

»Emma?« Ihre Stimme klang brüchig und die wässrigen blauen Augen schauten sie fragend an.

»Mutter.« Emilia eilte zu ihr, beugte sich hinunter und nahm ihre Hände. Die Haut war dünn wie Wachspapier und sie konnte jeden Knochen fühlen.

»Ach, Kind.« Mehr sagte sie nicht.

»Dies ist Carl Gotthold Lessing, mein Mann. Und Emily – unsere Tochter.«

Anna schaute zu den beiden, nickte nur, blickte dann wieder aus dem Fenster.

»Komm«, sagte Inken leise.

340

Emilia drehte sich um. »Ich möchte noch einen Moment bleiben.«
Carl nickte verständnisvoll und ging zusammen mit Inken zurück
in die Küche. Emilia zog sich einen Stuhl heran, setzte sich neben
ihre Mutter, nahm wieder ihre kalte Hand.

»Mutter, es tut mir leid, dass ich dir und Vater Kummer bereitet
habe«, sagte sie leise.

»Wo ist Martin?«, fragte ihre Mutter verwundert. »Der Mann da,
das war er nicht.«

»Nein, das war mein Mann. Und meine Tochter.«

»Ich habe auch eine Tochter«, sagte Anna ernsthaft. »Sie lebt in der
Fremde.«

»Ich bin deine Tochter. Emma, erinnerst du dich nicht?«

»Emma hat so einen Hottentotten geheiratet«, flüsterte Anna. »Sie
gehört nicht mehr zur Familie.«

Es war wie ein Stich ins Herz, auch wenn Emilia wusste, dass ihre
Mutter verwirrt war.

»Wann kommt Martin?«, fragte die vorzeitig gealterte Frau wieder.

»Nie mehr«, murmelte Emilia. »Vater ist tot.«

»Ja, ja. Mein Vater ist schon lange tot.« Anna nickte, dann schaute
sie wieder aus dem Fenster.

Emilia stand auf. Sie fühlte sich plötzlich ganz schwer und gleichzeitig leer.

»Du bekommst dein altes Zimmer. Deine Tante war schon lange nicht
mehr hier und ich glaube auch nicht, dass sie noch einmal kommen
wird. Ich habe dir unsere Wiege hochbringen lassen, aber ich glaube,
Lily ist schon zu groß dafür. Mats schaut auf dem Dachboden nach
dem Kinderbettchen. Rieke kann es saubermachen«, sagte Inken, die
wie immer alle Fäden in der Hand hielt. »Aber das Kind muss jetzt ins
Bett.«

Die ganze Aufregung hatte Lily geschafft und sie war auf Carls Arm
eingeschlafen.

»Sie kann in meinem Bett schlafen.«

»Wird sie nicht runterfallen?«, fragte Inken besorgt.

341

»Solange hier keine hohe Dünung ist, nicht.« Carl grinste und brachte das Kind nach oben.

Nun waren die beiden Frauen allein in der Küche.

»Mutter …«, sagte Emilia leise.

»So geht es mit ihr, seit sie hier ist.« Inken seufzte und schnitt das Brot. »Es ist ein Trauerspiel.«

»War meine Tante hier?«, wollte Emilia wissen.

»Sie will nichts damit zu schaffen haben, hat sie gesagt.« Inken verzog das Gesicht.

»Und mein Bruder?«

»Ein stattlicher junger Mann und so erwachsen für seine sechzehn Jahre. Er ist sehr ernst, was wohl auf die Umstände zurückzuführen ist. Du wirst ihn ja bald treffen.« Sie sah Emilia an. »Und du? Wie geht es dir?«

»Gut!«

»Hast du die Entscheidung nie bereut?«

»Nie! Es war richtig, meinem Herzen zu folgen.«

»Ach, Emma. Und jetzt kommt schon das nächste Kind?« Sie schaute auf Emilias Bauch.

Emilia lachte. »Ja. Es ist kräftig und strampelt gut. Ich hoffe, die Geburt wird wieder so leicht wie bei Lily.«

»Und was dann?«

»Wir werden nach Australien gehen«, sagte Emilia entschieden. »Dort liegt unsere Zukunft.«

»So weit weg.« Wieder seufzte Inken.

»Mutter erkennt mich nicht mehr. Im Inneren ihres Herzens hat sie mich verstoßen. Was soll ich noch hier? Carl ist der Mann, den ich liebe, und er liebt mich, aufrichtig und innig. Wir wollen unser Leben gemeinsam verbringen. Irgendwann werden die Kinder größer und dann müssen sie zur Schule gehen. Dort unten sind die Handelswege kürzer. Wir müssten uns nicht auf Monate trennen.«

»Du hast dich verändert, du bist wahrhaftig erwachsen geworden«, sagte Inken und klang stolz.

»Und Rieke? Was macht sie hier?«

342

Inken zuckte mit den Schultern. »Sie stand eines Tages vor der Tür. Ihr Mann ist verunglückt und in Amerika hat sie sich nicht wohl gefühlt, also ist sie auf ein Schiff und wieder zurück nach Hamburg. Ich konnte sie gut gebrauchen, da Katja geheiratet hat.«

»Unsere Rieke«, Emilia lachte. »Eine richtige Weltenbummlerin.«

»Das bist ja eher du. Wann wollt ihr denn nach Australien?«

Emilia schluckte, daran mochte sie nicht denken. »Carl will erst mal allein los und vor Ort schauen, wie die Bedingungen sind. Ich soll nachkommen, wenn er meint, dass es passt. Die Fahrt dorthin ist lang. Er will über die östliche Route und auch nach Indien und Sumatra.«

»Du bleibst also erst einmal hier?«, fragte Inken freudig. »Wie schön.«

»Carl ist noch nicht oft in diesen Gewässern gewesen und im Herbst kommt das Kind.« Emilia legte die Hand auf den Bauch. »Mir würde es nichts ausmachen, es auf dem Schiff zu bekommen, Lily habe ich schließlich auch auf der ›Lessing‹ geboren.«

»Ganz allein?«

»Der Smutje hat mir geholfen. Ich habe ihn sehr ins Herz geschlossen und auch du würdest ihn mögen.«

Zwei Tage verbrachte Carl mit seiner Familie in Othmarschen. Er überzeugte sich davon, dass Emilia und Lily dort gut aufgehoben waren, dann fuhr er zurück nach Hamburg. Vieles musste erledigt werden, bevor die »Lessing« wieder in See stechen konnte.

Emilia fiel der Abschied schwer, auch wenn er versprach, alle paar Tage in Othmarschen vorbeizuschauen. Seit November 1856 waren sie keinen Tag getrennt gewesen. Zudem war es ungewohnt für sie, wieder in einem normalen Bett zu schlafen. Nichts schwankte, nichts bewegte sich. Auch Lily fehlte das Schaukeln des Schiffes sehr. Jede Nacht weinte sie sich in den Schlaf, nur wenn Emilia sie trug und wiegte, beruhigte sie sich.

»Ich kann Kufen unter das Kinderbettchen machen«, schlug Mats

343

vor. »Eine große Wiege. Das schaukelt zwar nicht wie ein Schiff, aber vielleicht hilft es ihr.« Der Trick funktionierte ganz wunderbar.

Emilia gewöhnte sich nur langsam an das Leben an Land. Sie genoss es zwar, immer frisches Obst und Gemüse zu sich nehmen zu können, liebte den Geruch des gemähten Grases und der Blumen, aber die Weite des Meeres und des Himmels auf offener See vermisste sie sehr.

Nur Karamell und Lady schienen nichts zu vermissen. Sie jagten vergnügt über die Weiden und Wiesen, schliefen im Hof in der Sonne.

Jeden Tag besuchte Emilia ihre Mutter für eine Weile und sprach mit ihr. Immer wieder fragte Anna nach ihrem Mann, wollte nicht begreifen, dass er gestorben war.

Einmal, Anna schien es recht gut zu gehen, fuhr Emilia mit ihr nach Ottensen zur Kirche und zeigte ihr die kleinen Gräber. Doch Anna stand völlig ungerührt davor.

»Schau«, sagte sie schließlich, »da liegt Klopstock. Er war ein großer Dichter.« Dann ging sie zurück zur Kutsche.

Hin und wieder konnten sie Anna dazu bewegen, sich vor das Haus in die Sonne zu setzen. Emilia gesellte sich dann dazu, Inken brachte ihr das Stricken bei. Lily spielte im Gras.

So, wie Carl es versprochen hatte, kam er sie alle paar Tage besuchen. Ende Juni sollte das Schiff aus dem Dock kommen und dann wollte Carl in See stechen. Die meisten Männer der Mannschaft hatten wieder angeheuert, auch die beiden Steuerleute.

Sie würden abends zusammen in der Kajüte sitzen, Tee mit Rum trinken, sich Geschichten erzählen und gegenseitig aus Büchern oder Periodika vorlesen. Die Glasen würden geschlagen, die Wache würde Bericht geben. Am Morgen würde Carl seinen Gang über das Schiff machen und die Takelage kontrollieren. Bei gutem Wetter säße der Segelmacher an Deck und würde die Segel flicken, während die Matrosen Wetten über die Schweine und Hühner abschlössen und Leinen zum Fischen auslegten. Und sie, Emilia, wäre nicht dabei. Sie vermisste das ruhige, manchmal eintönige, hin und wieder aufregende

344

Leben an Bord jetzt schon und konnte den Gedanken nicht ertragen, hier zu sitzen, während Carl auf hoher See war. Aber es war nicht zu ändern, denn er ließ sich von seinem Vorhaben nicht abbringen und sich auch nicht erweichen, sie doch mitzunehmen.

»Sei vernünftig, Emma. Denk an die Kinder. Lass mich erst mal alles erkunden. Ich werde dir schreiben, so oft es geht.«

Der Tag seiner Abreise rückte immer näher. Doch zuvor kam die Nachricht, dass ihr Bruder Julius aus England zurückkehren würde. Das Haus wurde geschrubbt und ein Zimmer wurde für ihn vorbereitet. Er bekam das Schlafzimmer des Onkels, das sehr fein ausgestattet war, so, wie es sich für den Hausherrn gehörte. Inken plante ein großes Essen, Emilia half ihr, so gut sie konnte.

»Nu musst Ihr Euch nich uppslatte, is doch nur Euer Broor, der kümmt.« Rieke grinste.

»Ja, mein Bruder. Aber ihm gehört nun das Haus, und wenn es ihm gefällt, kann er mich vor die Tür setzen«, seufzte Emilia.

»Lasst Euch nich Bange machen, dat wird er schon nich tun.«

Rieke hatte sich wieder eingelebt, so, als wäre sie nie weg gewesen.

»Vermisst du deinen Mann nicht?«, fragte Emilia verwundert.

»Ooch, nö. Dat war ne feine Tied. Aufregend war dat. Aber nu bin ik too oll für so Abenteuer.«

»Alt?« Emilia lachte laut heraus. »Du bist jünger als ich.«

»Hab genug sehn. Dat reicht für en Leven.«

Carl sollte Julius an der Werft treffen und dann mit ihm nach Othmarschen fahren. Würden die beiden sich verstehen?, fragte Emilia sich. Oder würde Julius Carl mit der gleichen Herablassung behandeln, wie Onkel und Tante es getan hatten?

Voller Sorge stand sie oben auf dem Deich und schaute auf die Elbchaussee. Viele Kutschen fuhren die Elbe entlang, doch kaum eine bog nach Othmarschen ab. Dann endlich sah sie die Kutsche des Hofes, erkannte die beiden Pferde. Eilig drehte sie sich um und lief zurück zum Haus.

»Sie kommen.«

345

Inken holte gerade einen Kuchen aus dem Ofen. »Ganz ruhig«, sagte sie. »Es wird schon gutgehen.«

Anna, die die Aufregung mitbekommen hatte, ging in den Hof. »Martin? Kommt Martin endlich nach Hause?«

»Nein, Mutter.« Emilia nahm sie am Arm und wollte sie zurück ins Haus ziehen, doch die alte Frau stemmte sich entschlossen dagegen und wandte sich aus dem Griff. »Ich warte hier, bis Martin da ist.«

»Julius kommt«, sagte Emilia sanft. »Weißt du, wer das ist?«

Anna kniff die Augen zusammen, dann erhellte sich ihr Gesicht. »Julius ist mein Sohn. Mein einziges Kind, das letzte, das mir geblieben ist.«

Emilia hatte aufgegeben, ihrer Mutter zu erklären, wer sie war. Anna wollte sich nicht an sie erinnern – doch das tat weh.

Karamell lief laut bellend zur Einfahrt, begrüßte die Kutsche. Die Türen öffneten sich und ein junger Mann, gefolgt von Carl, stieg aus.

Er hatte braune Locken und blaue Augen, so wie sie. Allerdings war er sehr hochgewachsen und tatsächlich sehr stattlich für seine sechzehn Jahre.

»Emma?« Er lächelte sie an, zögerte kurz. Emilia ging auf ihn zu, überwältigt von ihren Gefühlen. Julius, ihr kleiner Bruder, dem sie das Laufen und das Sprechen beigebracht hatte.

»Ach, Emma, ich wollte dich immer und immer kennenlernen.« Er nahm sie in die Arme, drückte sie an sich. Sie konnte seinen aufgeregten Herzschlag fühlen, roch den Duft seiner Haut.

Endlich habe ich wieder Familie, dachte sie froh.

Schließlich ließ er sie los, betrachtete sie staunend.

»Du bist so eine schöne Frau. Deinen Mann habe ich schon kennengelernt, er ist prächtig. Du hast anscheinend eine gute Wahl getroffen.« Dann schaute er über ihre Schulter und seufzte. »Mutter!«

Anna sah ihn an und schüttelte den Kopf. »Du bist nicht Martin«, sagte sie und ging zurück ins Haus.

»Ich hatte gehofft«, sagte er traurig, »dass sie sich hier wieder erholen würde.«

346

»Körperlich geht es ihr besser«, sagte Emilia. Sie hatte Carl begrüßt, nahm ihn bei der einen und Julius bei der anderen Hand. »Aber ihr Geist ist vernebelt. Sie erkennt mich nicht und fragt ständig nach Vater. Ich war sogar mit ihr auf dem Friedhof. Das Grab Klopstocks kannte sie, aber von den Familiengräbern wollte sie nichts wissen. Früher war sie oft dort, manchmal fast täglich.«

»An diese Dinge kann ich mich nicht erinnern, auch nicht an dich«, gestand Julius. »Einmal waren wir in Hamburg, da war ich acht oder neun und du warst vierzehn. Ich konnte nichts mit dir anfangen, du warst eine Fremde für mich.«

Emilia schluckte. »Ich erinnere mich an den Besuch. Ich hatte so gehofft, dass die Eltern mich mit nach England nehmen würden, aber sie taten es nicht. Und ja, du konntest mit mir nichts anfangen und für mich warst du auch ganz fremd. Als ich dich zuletzt gesehen hatte, warst du ein kleiner Junge, mein kleiner Bruder.« Schweigend sahen sie einander an.

»Wir werden nie wieder den Kontakt verlieren, das schwöre ich dir«, sagte er leise.

»Lasst uns hineingehen«, unterbrach Carl sie. »Ich habe Hunger und Inken hat sicher groß aufgetischt.« Er lachte herzlich.

»Das stimmt.« Emilia zog die beiden mit sich hinein.

Zur Feier des Tages hatte Inken im Esszimmer gedeckt und auch das feine Geschirr genommen. In der Küche auf der Bank saß Lily und lutschte an einer kandierten Frucht. Sie machte einen vergnügten Eindruck und schien sich dort sehr wohl zu fühlen.

So wie ich früher, dachte Emilia.

»Unsere Tochter«, sagte Carl stolz.

Als Lily ihn sah, quietschte sie vor Vergnügen und streckte die Ärmchen zu ihm aus. Er nahm sie hoch und herzte sie.

»Das ist also meine Nichte«, sagte Julius ganz ehrfürchtig. Vorsichtig strich er ihr über das Köpfchen. »Und bald wird die Familie ja noch größer. Ich kann es gar nicht fassen. Ich habe mich in den letzten Monaten so einsam gefühlt und bin so froh, dass ihr den Weg hierher gefunden habt.«

347

Es war ein schöner gemeinsamer Abend, sie hatten sich viel zu erzählen. Immer wieder hielt Emilia den Atem an, dachte, dies sei ein Traum und gleich würde sie aufwachen. Sie konnte den Blick kaum von ihrem Bruder wenden.

»Wie lange bleibst du bei uns?«, wollte sie wissen.

»Nur ein paar Tage«, sagte er bedauernd. »Dann fahre ich zu Onkel Hinrich. Ich habe die Schule in Essex beendet und werde nun hier weitere Studien aufnehmen. Zudem will der Onkel mich im Kontor einarbeiten.«

Bei der Erwähnung des Onkels zuckte Emilia zusammen. Ihr Bruder ging darüber hinweg. »Aber ich werde dich sicher oft besuchen kommen. Der Onkel hat mir ein Reitpferd versprochen.«

Anna hatte stumm mitgegessen. Hin und wieder schaute sie fragend in die Runde, schüttelte dann den Kopf.

»Ist Martin bei Hinrich, dem Nichtsnutz?«, fragte sie plötzlich laut. »Immer dieser Hinrich, weiß alles besser. Und Minna, die alte Schabracke, muss immer die teuersten Sachen haben. Kommt Martin bald?«

»Vater ist tot«, sagte Julius.

»Natürlich ist Vater tot. Aber Martin, kommt er bald?« Dann versank sie wieder in ihr düsteres Schweigen. Inken, die den Tisch abräumte und den Cognac servierte, trat zu Anna. »Es ist Zeit, ins Bett zu gehen, Gnädigste. Ich helfe Ihnen.«

Anna kniff die Augen zusammen. »Du bist doch die Inken?«

»Ja, gnädige Frau, die bin ich.«

»Gut.« Sie schob den Stuhl nach hinten und stand auf. »Martin soll bald kommen.«

»Sobald er da ist, schicke ich ihn zu Euch«, versprach Inken.

»Vor einem Jahr war sie noch ganz anders«, sagte Julius leise. »Da stand sie noch mitten im Leben. Die Cholera hat sie überlebt, Vaters Tod jedoch nicht verkraftet.«

Zwei Tage später musste Emilia sich schließlich von Carl verabschieden. Die Tränen flossen nur so. Auch Carls Augen glitzerten und er zwinkerte heftig, als er Lily zum Abschied küsste.

»Es sind doch nur ein paar Monate«, sagte er. »Ich lasse dich kommen, so schnell es geht. Ich habe dir alle Häfen aufgeschrieben, die wir anlaufen werden, bitte schreib mir.«

Emilia konnte nicht sprechen, die Trauer und die Angst vor den kommenden einsamen Monaten schnürten ihr die Kehle zu.

»Der Lotse ist für übermorgen bestellt. Wir werden mit der Flut auslaufen. Wirst du am Ufer stehen? Den Gedanken fänd ich tröstlich.«

»Natürlich«, presste Emilia hervor.

Sie sah der Kutsche so lange nach, bis auch die letzte Staubwolke verflogen war. Abends setzte sie sich an ihren Schreibtisch und schrieb ihm den ersten Brief.

In der letzten Zeit hatte sie immer gewusst, dass er in den nächsten Tagen wiederkommen würde, aber nun war es ungewiss, wann sie sich wiedersahen. Vielleicht nie. Die Fahrt war lang und gefährlich. Was, wenn die »Lessing« kentern würde? Was, wenn sie leckschlug und sie nie wieder etwas von ihm hörte? Der Gedanke war kaum zu ertragen. Und auch ihre Zukunft barg viele Risiken. Die erste Geburt hatte sie gut überstanden, aber so manche Frau war schon im Kindbett gestorben. Ihre Freundin Mette hatte letztes Jahr das Fieber dahingerafft. Was würde dann aus Lily werden? Emilia schob die trüben Gedanken beiseite und ging in die Küche zu Inken. Hier hatte sie sich immer geborgen und sicher gefühlt, hier würde sie auch die nächsten Monate überstehen.

Carl schickte eine Nachricht, dass das Schiff nun aus dem Hafen geschleppt würde. Es war ein sonniger Sommertag und Inken bereitete ein Picknick vor.

»Wir gehen alle ans Ufer. Rieke kann sich um Lily kümmern und du bist nicht allein«, hatte sie beschlossen. Auch Julius und Anna kamen mit.

»Wo gehen wir hin?«, fragte Anna unwirsch.

»Wir machen eine Partie an den Elbstrand«, erklärte Emilia ihr. »Das hast du früher immer gerne gemacht.«

349

»Unfug«, schimpfte Anna, kam aber dann doch mit. Mats hatte einen kleinen Wagen beladen und brachte einen Klappstuhl für Anna, den Picknickkorb und eine Zinkwanne mit Eis für die Getränke mit.

Sie breiteten Decken am Ufer aus, stellten den Stuhl für Anna in den Schatten und schauten auf die Elbe und die vielen Schiffe, die vom Hafen kamen oder in ihn einliefen. Es war eine ausgelassene Stimmung, nur Emilia konnte sich nicht freuen.

Julius zog Schuhe und Strümpfe aus, krempelte die Hosen hoch und nahm Lily mit zur Wasserkante. Sie quietschte und schrie vor Vergnügen, platschte, fest von ihm gehalten, durch die seichten Wellen.

»Man merkt ihr an, dass sie ein Wasserkind ist, auf dem Meer geboren«, sagte er lachend.

Plötzlich sah sie den vertrauten Flögel, die Rahen und Takelage. Emilia stand auf, konnte den Blick nicht vom Schiff wenden. Der Schlepper hatte es schon von den Leinen gelassen, stolz segelte die »Lessing« dahin. Als sie auf ihrer Höhe war, konnte Emilia die Mannschaft sehen, die sich an der Reling aufgestellt hatte.

»Hipp, hipp, hurra für unsere Frau Kapitän!«, scholl es über das Wasser.

Sie konnte die Tränen nicht zurückhalten, winkte, so fest es ging, mit einem großen Tuch, wischte sich immer wieder die Augen und wandte den Blick nicht vom Schiff, bis es in der Ferne verschwand.

Dann ließ sie sich erschöpft auf die Decke gleiten. Nun war er fort, der Mann, den sie so sehr liebte, dass es fast weh tat. Lily kam zu ihr gekrabbelt, patschte ihr mit den Händchen ins Gesicht.

»Mama!«

Es war das erste Mal, dass sie wirklich »Mama« sagte. Nun mischte sich Lachen in das Weinen. Emilia drückte ihre Tochter an sich. Du verstehst noch nicht, dass Papa weg ist. Aber wir werden ihm folgen, das verspreche ich dir, dachte sie.

Es war ein heißer, träger Sommer. Julius wohnte nun in Hamburg, in dem prächtigen Haus, in dem auch Emilia viele Jahre gelebt hatte.

350

Sie wünschte ihm, dass er dort glücklicher werden würde, als sie es gewesen war. An den Wochenenden kam er meist nach Othmarschen geritten. Ohne es abgesprochen zu haben, erwähnten sie die Familie in Hamburg nie. Nur einmal fragte Emilia nach Jasper und Mathilda.

Er rümpfte die Nase. »Jasper ist ein arroganter Flegel. Er behandelt die Dienerschaft schlecht. Die Mamsell hat gedroht zu kündigen. Der Onkel überlegt nun, Jasper in ein Internat zu geben. Mathilda ist ein ganz stilles Mädchen, über sie weiß ich leider gar nichts zu sagen.«

Es tat Emilia leid, dies zu hören. Sie hatte die beiden immer gemocht. Vielleicht hätten sie sich anders entwickelt, wenn ich dort geblieben wäre, dachte sie traurig.

Manchmal ging Emilia im Morgengrauen, noch bevor die Hitze sich wie eine Decke über das Land legte, zum Nutzteich und schwamm eine Runde. Das kühle Wasser erfrischte sie. Ihre Füße waren inzwischen wieder angeschwollen und auch ihr runder Leib machte ihr zu schaffen. So manches Mal, wenn sie aus dem Teich stieg, stand ihre Mutter unter dem großen Apfelbaum auf der Wiese und beobachtete sie. Sobald Emilia auf Anna zuging, drehte diese sich um und ging zurück ins Haus. Sie verlor nie ein Wort darüber.

Jeden Abend brachte sie Lily zu Bett, erzählte ihr von Carl und dem Leben auf dem Schiff.

»Der Steward serviert das Essen. Manchmal kocht er auch eine Kleinigkeit in der Pantry. Ich koche dort Pudding, denn weder der Smutje noch der Steward beherrschen das«, erzählte sie. »Wobei wir jetzt einen neuen Steward haben, den ich noch nicht kenne. Und wer weiß, wer noch bei der Mannschaft sein wird, wenn wir an Bord gehen.«

Lily schaute sie mit müden Augen an und schaukelte sich dann in ihrem Wiegenbett in den Schlaf.

Wenigstens sie kann sich die Erinnerung an die Dünung so bewahren, dachte Emilia froh.

Die Tage vergingen, der Herbst kam. Noch blieb die Wärme über Tag, doch am frühen Morgen bildete sich so viel Tau, dass man meinte, es hätte geregnet. Emilia und Rieke gingen die Säuglingssachen durch, die Emilia für Lily genäht hatte. Manches wurde beiseite getan, anderes gewaschen und geplättet, in Schubladen verstaut. Einiges nähten sie neu. Auch Lily brauchte neue Kleider, sie wuchs ohne Unterlass. Emilia ließ ihre eigenen Kleider, die inzwischen schon recht dünn und grau waren, aus.

»Für die nächsten Wochen muss es reichen, danach werde ich mir neue Kleider bestellen und nähen.«

Carl hatte ihr eine kleine Summe dagelassen, weil sie aber nicht wusste, wie lange sie davon zehren musste, haushaltete sie sorgfältig mit dem Geld. Für Kost und Logis musste sie nicht aufkommen, Julius hätte kein Geld von ihr angenommen. Das Erbe des Vaters war nicht unerheblich gewesen und er bot ihr auch Geld an, doch Emilia wollte es nicht annehmen.

»Das kann ich Carl nicht antun. Er bemüht sich so sehr, für uns aufzukommen.«

»Aber du musst es ihm doch nicht sagen«, meinte ihr Bruder.

»Ach, Julius, ich hätte doch das Gefühl, ihn zu hintergehen.«

Er lachte. »Nun gut, aber schenken darf ich dir doch etwas? Kein Geld, aber andere Dinge.«

Emilia überlegte, nickte dann. Als er das nächste Mal kam, brachte er ein weißes Schaukelpferd für Lily mit und gute, feste Stoffe, aus denen sie sich Kleider nähen konnte.

»Du läufst herum wie eine Vogelscheuche«, sagte er. »Wenn dich die Frauen in Hamburg sehen würden, hielten sie dich für eine Spülmagd.«

Emilia lachte auf. »Nur gut, dass sie mich nicht sehen können. Und lange brauche ich die Sachen nicht mehr zu tragen.«

1861–1862

Auf zu fremden Ufern

21. Kapitel

Ende September wurde Emilia durch Unruhe im Haus geweckt. Schritte und Stimmengemurmel, Türen wurden geöffnet und wieder geschlossen. Sie stand auf, zog den Morgenmantel über und schaute nach.

Rieke kam ihr entgegen. »Die gnädige Frau is futsch.«

»Was meinst du damit?«

»Na, in ihrer Kammer is se nich und ooch nich inne Stuuv, inne Köök hamse se ooch nich sehn. Wech isse.«

»Meine Mutter ist weg? Wie kann das sein?«

Rieke zuckte nur mit den Schultern. Emilia eilte nach unten, fand dort nur Hannes, den Knecht.

»Sin all buten un söken die gnädige Frau. Villich is die op zur Chaussee.«

Emilia glaubte das nicht, aber wer wusste schon, was im Kopf ihrer Mutter vor sich ging? Sie lief in den Hof, schaute sich um. Dann erinnerte sie sich daran, dass sie ihre Mutter hin und wieder auf der Obstbaumwiese gesehen hatte. Vielleicht war sie auch jetzt dort. Sie raffte das Nachthemd und lief über den Hof, an den Ställen und der Remise vorbei. Sie schaute in den Gemüsegarten, aber dort war niemand. Im Kräutergarten pickten und scharrten nur die Hühner zwischen den Beeten. Über den Wiesen und Feldern lag feuchter Nebel, die Schwaden schienen einen langsamen Tanz zu vollführen. Es roch leicht moderig nach Herbst.

»Mutter?«, rief Emilia und ging zwischen den Obstbäumen hindurch. Schwer hingen die Äste voller Äpfel. Die Pflaumen und Birnen hatten sie schon geerntet. Karamell war ihr gefolgt und lief neben ihr her, die Ohren und die Rute aufgestellt.

»Mutter? Mutter!«, rief sie wieder und wieder. »Bist du hier?«

Irgendetwas trieb sie immer weiter, bis zum Nutzteich. Die Hündin rannte zum Steg, bellte. Wollte sie eine Ente verjagen? Emilia kniff die Augen zusammen. Hatte sich der kleine Kahn losgerissen? Irgendetwas schwamm dort draußen im Wasser. Der Kahn war es nicht, er lag im Schilf. Sie ging auf den Steg, schaute auf das Wasser, es kräuselte sich. Dort war etwas, was sich seicht im Wasser bewegte. Ein großes Stück Stoff? Emilia fröstelte. Anna war nie schwimmen gegangen, aber sie hatte immer das Wasser geliebt. Wie gerne hatte sie früher am Zierteich vor dem Haus gesessen und die Füße im Wasser baumeln lassen.

War sie etwa hierhergekommen, hatte das Gleichgewicht verloren und war ins Wasser gefallen?

Der Wind trieb den Stoff näher. Es sah tatsächlich aus wie jemand, der im Wasser lag und »toter Mann« spielte. Mats hatte ihr das damals beigebracht.

»Leg dich ganz flach auf den Rücken und breite die Arme aus, du wirst sehen, das Wasser trägt dich«, hatte er ihr erklärt. »Wenn du keine Kraft mehr hast, zu schwimmen, dann leg dich so hin.«

»Mutter!« Der Ruf gellte über das Wasser, schien dann aber vom Nebel verschluckt zu werden.

Emilia streifte den Morgenmantel ab, zog die Schuhe aus, dann stieg sie vorsichtig in den Teich. Am Ufer war das Wasser noch flach, doch schnell wurde es tiefer. Das Wasser war eisig kalt und sie zuckte erschrocken zusammen. Jetzt konnte sie es deutlicher erkennen. Doch war es nur ein Kleid, das vielleicht von der Wäscheleine geweht worden war? Bis zu den Knien stand sie im Wasser, der Schlamm drückte sich zwischen ihren Zehen hoch. Sie ging zwei Schritte nach vorn.

»Mutter?«

Jetzt reichte ihr das Wasser schon bis zur Hüfte. Die Kälte schnitt in ihre Haut, es tat weh. Wenn sie noch weiter ging, würde sie schwimmen müssen. Sollte sie lieber ans Ufer zurückkehren und Hilfe holen? Immer deutlicher erkannte sie, dass dort eine Frau im Wasser trieb, die weißen langen Haare, die weit ausgebreitet um den Kopf schwammen, bewegten sich auf und nieder und auch die Frau schien sich sachte zu bewegen – wie leichte Atemzüge sah es aus. Den Kopf jedoch konnte Emilia nicht erkennen und auch nicht, ob sie auf dem Bauch oder dem Rücken lag. Wieder tat sie einen Schritt nach vorn, streckte den Arm aus. Doch bei jeder ihrer Bewegungen trieb die Frau weiter von ihr fort.

Es ist Mutter, Emilia wusste es plötzlich ganz sicher. Sie ließ sich ins Wasser gleiten, sog den Atem zwischen den zusammengebissenen Zähnen ein. Karamell stand am Ufer und bellte aufgeregt.

Emilia schwamm drei Züge, ihr Bauch krampfte sich schmerzhaft zusammen, doch sie vermochte der Frau nicht näher zu kommen. Noch einmal stieß sie sich mit aller Kraft vorwärts und endlich konnte sie den Rocksaum erfassen. Sie drehte sich um, strampelte, um das Ufer wieder zu erreichen, doch nun senkte sich der Körper ab und schien unterzugehen. Das Gewicht zog sie nach unten.

»Nein, nein, nein«, schrie sie. »Mutter.«

Es half nichts, sie musste das Kleid loslassen. Erschöpft rettete sie sich ans Ufer. Das aufgeregte Gebell der Hündin hatte Aufmerksamkeit erregt. Hannes kam durch die Obstwiese gelaufen.

»Gnädige Fruu? Is dat Euch?«

»Hier, Hannes«, rief Emilia mit letzter Kraft. »Im Teich.« Schluchzend kauerte sie am Ufer, alles tat ihr weh und sie zitterte heftig.

»Ward Ihr etwa swemmen?«, fragte der Knecht entsetzt, doch dann schaute er aufs Wasser und schrie auf. »Hülp! Hülp!«, rief er. »Mats, Jens, Inken. Hierher!« Er half Emilia aus dem Wasser, wollte sie zurück zum Haus bringen, doch sie schüttelte ihn ab.

»Meine Mutter, ich glaube, sie lebt noch!«, keuchte Emilia verzweifelt.

Hannes sah skeptisch auf das Wasser, dann aber ging er beherzt hinein. Er brauchte nur wenige Schritte, um den Saum des Kleides fassen zu können. Mit einem kräftigen Ruck zog er die Frau ans Ufer. Sie schwamm auf dem Bauch. Er drehte sie um, ihre Augen und ihr Mund waren weit aufgerissen, die Haut weiß und aufgequollen, die Lippen blau. Es war Anna.

Emilia schrie auf. Ein weiterer Krampf schüttelte ihren Körper.

»Die is dood«, sagte Hannes. »Un wenn ik Euch nu nich stracks ins Huus bringe, seid Ihr ooch dood«, meinte er besorgt und zog sie hoch.

Doch Emilia konnte sich nicht auf den Beinen halten. Kurzerhand nahm er sie auf den Arm und trug sie zurück. Mats kam ihnen entgegen.

»Um Gottes willen, was ist passiert?«, rief er.

»Die Gnädigste …« Hannes wies zum Teich. »Die is dood.«

Emilia zuckte wieder zusammen, als sie seine Worte hörte. »Mutter … vielleicht lebt sie noch …«, weinte sie hysterisch.

»Nie nich«, sagte Hannes nüchtern, »die is moosendood.« Dann eilte er auf das Haus zu.

Inken stand im Hof. »Was ist mit Emma?«

»Gnädigste is inne See ertrunken. Fruu Emma wollte se utluken.« Hannes sah Inken fragend an. »Wohin mit se?«

»Kannst du sie die Treppe hochtragen? In ihr Zimmer?«

Hannes schnaufte, dann nickte er. »Se is pitschnass. Wenn die sich nich ooch noch de Dood holt.«

Inken eilte voraus. Lily saß in ihrem Bettchen und rieb sich die Augen. »Mama?«

»Deine Mama kommt gleich, Herzchen.« Inken schlug das Bett auf, Hannes stellte Emilia vorsichtig hin. Sie krümmte sich zusammen, presste die Hände auf den Bauch und stöhnte.

»Mama …«, weinte Lily. »Mama!«

»Nimm sie mit nach unten, Hannes«, befahl Inken. »Und such Rieke. Wir brauchen warmes Wasser und die Zinkwanne. Und Holz für den Ofen.«

»Nun, nun«, versuchte sie Emilia zu beruhigen und zog ihr die nassen Sachen aus. »Was, um Gottes willen, hast du denn am Teich gemacht?«

»Mutter«, stöhnte Emilia auf. »Ich habe sie gesucht. Und da schwamm etwas im Wasser – wie ein Kleid. Ich wollte wissen, was es war.« Wieder krümmte sie sich zusammen.

356

»Das Kind kommt«, sagte Inken sachlich. »Du musst erst mal wieder warm werden. Du bist also in deinem Zustand in den Teich gestiegen? Bist du denn von allen guten Geistern verlassen?« Sie trocknete Emilia ab, half ihr ins Bett, zog die Decke über sie, holte eine Zweite. »Ich mach dir eine Wärmflasche. Und lasse die Zinkwanne hochbringen und heißes Wasser.«

»Was ist mit Mutter?«, jammerte Emilia.

»Das werde ich sehen. Aber wenn Hannes sagt, dass sie tot ist, wird das wohl stimmen. Dein Kind will leben, und zwar jetzt, das ist wichtiger.«

»Mein Kind?« Emilia riss die Augen auf. Dann erst verstand sie, dass die Wehen eingesetzt hatten. Für einen Augenblick verkrampfte sie sich vor Angst.

»Täubchen, alles wird gut werden. Ich hole ein paar Dinge und bin gleich wieder bei dir.« Inken eilte davon.

Zitternd lag Emilia unter den Decken. Ihre Füße und Beine konnte sie kaum noch spüren, ihr war so kalt, dass die Zähne aufeinanderschlugen. Dann krampfte sich ihr Körper zusammen. Sie schloss die Augen, wehrte sich gegen den Schmerz. »Du musst atmen, immer tief in den Bauch atmen«, hatte Piet bei Lilys Geburt gesagt. Sie holte Luft, versuchte, sich zu entspannen und ruhig zu atmen. Es wollte ihr nicht gelingen. Die Wehe ließ nach und sofort hatte sie wieder das bleiche und aufgequollene Gesicht ihrer Mutter vor Augen.

»Oh, Mutter«, weinte sie. »Ich hätte mich so gerne mit dir ausgesöhnt.«

Immer und immer wieder kamen die Schmerzen. Inzwischen war ihr nicht mehr ganz so kalt, vor Anstrengung stand ihr sogar Schweiß auf der Stirn.

Inken kam wieder und brachte heißes Wasser. Mats trug die Wanne hinein und stellte sie vor das Bett.

»Was ist mit …?«

Inken schüttelte den Kopf. »Hannes hatte recht. Aber daran solltest du jetzt nicht denken.«

»Wo ist Lily?«

»Rieke passt auf sie auf. Sie ist bei ihr in guten Händen.«

Nachdem Mats den Raum verlassen hatte, fühlte Inken nach Emilias Füßen. »Immer noch eiskalt. Willst du dich in die Wanne setzen? Das heiße Wasser wird dir guttun. Ich habe dir einen Aufguss aus Frauenmantel und Weidenrinde gemacht, das hilft unter der Geburt. Trink davon.«

Der Aufguss wärmte sie von innen, das heiße Wasser taute ihre Füße und Beine wieder auf. Es tat ihr gut, spürte sie, und endlich konnte sie sich ein wenig entspannen. Inken tastete ihren Bauch ab.

»Das Kind liegt schon tief, es wird nicht mehr lange dauern.«

Sie sollte recht behalten. Am Mittag des 30. Septembers 1858 wurde Emilias zweite Tochter geboren. Sie schrie nicht, maunzte nur ein wenig, wie eine junge Katze, und trank sogleich an der Brust. Voller Staunen sah Emilia sie an.

»Wie wunderhübsch sie ist.« Dann traten ihr wieder die Tränen in die Augen. Carl würde seine zweite Tochter erst Monate später kennenlernen, ihre Mutter hatte ihr Enkelkind nicht mehr sehen dürfen.

»Du wirfst Kinder wie eine Hündin«, sagte Inken und grinste. »Das ist nicht damenhaft.«

»Was wäre denn damenhaft?«

»Du müsstest viel mehr leiden.«

Emilia lächelte unter Tränen. »Mir ist es lieber so.«

»Wie soll sie heißen?«

»Carl hatte sich gewünscht, dass eine Tochter nach seiner Mutter benannt wird – Wilhelmina. Ich möchte den Namen meiner Mutter anfügen.«

» Wilhelmina Anna Lessing.« Inken nickte. »Aber wir werden sie nicht Minna nennen.«

»Niemals!«

An diesem Tag ging alles drunter und drüber in Othmarschen. Anna Bregartner wurde in der Stube aufgebahrt, allerdings ließen sie den Sarg schließen, denn der Anblick war grauenvoll. Julius und die Verwandtschaft in Hamburg wurden über ihren Tod in Kenntnis gesetzt.

Julius kam noch am Abend angeritten. Lange blieb er in der Stube, sein Gesicht war verquollen und die Augen gerötet, als er schließlich in die Küche ging.

Inken hatte zwei Hühner geschlachtet und eine kräftige Brühe gekocht. Julius setzte sich auf die Küchenbank, auf der Lily, in eine Decke gewickelt, lag und schlief.

»Warum ist sie nicht im Bett?«, fragte er mit rauer Stimme.

»Einer geht und einer kommt«, sagte Inken leise und gab ihm einen Teller Suppe. »Eure Schwester hat heute eine Tochter geboren. Sie hat vorher noch versucht, Eure Mutter aus dem Teich zu ziehen, ist ganz hineingestiegen.«

»Oh nein. Und das Kind …?«, fragte er erschrocken.

»Alles ist gutgegangen. Es ist ein kleines Mädchen, sie soll nach Eurer Mutter heißen und nach der Mutter des Vaters – Wilhelmina Anna.«

»Wilhelmina Anna«, wiederholte er leise. »In ihr wird meine Mutter weiterleben.« Dann sah er auf. »Und Emma?«

»Sie hat alles wunderbar überstanden.«

»Darf ich zu ihr?«

»Sie schläft. Aber morgen früh, dann ganz sicher.«

Am nächsten Morgen, nachdem Inken Emilia geholfen hatte, sich ein wenig frisch zu machen, besuchte Julius sie.

Er bewunderte das Neugeborene. »Sie ist eine Miniatur von dir.«

»Minnie – das gefällt mir.« Emilia nickte. »Lily und Minnie.«

Dann sprachen sie lange über ihre Mutter. Julius erzählte viel aus der Zeit in England und Emilia berichtete ihm, wie ihre Mutter früher in Othmarschen gewesen war. So manche Träne floss bei den beiden.

»Onkel Hinrich kümmert sich um die Beerdigung, hat er gesagt«, meinte Julius leise.

Emilia schrak auf. »Kommt er her?«

»Mutter wird in Ottensen, im Familiengrab, beerdigt werden. Ich denke schon, dass sie hierherkommen.«

359

»Sie …« Emilia ließ sich in das Kissen zurücksinken. »Oh Gott.«
Später, als Inken das Essen brachte, fand sie Emilia wieder in Tränen aufgelöst.

»Ach, Täubchen, ich weiß, es ist schrecklich. Aber wenn du so viel weinst, wird deine Milch sauer und die Kleine muss hungern.«

»Onkel und Tante kommen hierher«, jammerte Emilia. »Das werde ich nicht aushalten. Sie hassen mich.«

»Ich habe schon Nachricht von der Mamsell. Sie kommen morgens und fahren abends wieder zurück. Da du im Wochenbett bist, wirst du das Zimmer sowieso nicht verlassen können. Sie werden dich nicht belästigen.«

»Und wenn doch? Wenn die Tante hochkommt und mich beschimpft? Das werde ich nicht überstehen.«

»Keine Sorge, ich werde die Tür abschließen und auch sagen, dass du deine Mutter gefunden hast und in keinem guten Zustand bist. Schon bei deiner Mutter konnte die Tante das nicht ertragen. Sie war nur einmal hier und hat sie für ein paar Stunden besucht. Als die Gnädigste sie nicht erkannt hat, ist sie wutentbrannt abgereist. Ich war mir nicht ganz sicher, ob deine Mutter sie nicht doch erkannt hat und nur so getan hat, als ob, denn als sie fuhr, stand die Gnädigste am Fenster und hat gelächelt.«

»Du meinst, sie hat alles nur gespielt?«

Inken schüttelte den Kopf. »Nein, sie war sehr verwirrt. Nur ganz selten hatte sie einen hellen Moment. Und diese Momente, das weißt du selbst, wurden immer weniger. Für die Gnädigste war der Tod eine Erlösung. Nun ist sie endlich wieder bei ihrem Martin.«

Dieser Gedanke war sehr tröstlich für Emilia, daran hielt sie sich fest. Es schmerzte sie, dass sie nicht mit zur Beerdigung gehen konnte, aber sie war auch froh, ihrer Verwandtschaft nicht begegnen zu müssen.

Am nächsten Tag wurde es noch hektischer im Haus. Nur Emilia lag ruhig in ihrem Bett, Minnie neben sich und Lily auf der anderen Seite. Rieke kam ein paarmal, um ihr zu helfen, und auch Inken sah nach ihr, aber nur kurz. Sie hatte sich Hilfe geholt, es wurde gekocht, gebacken und geputzt. Am zweiten Oktober wurde Anna Johanna Bregartner, geborene Hobarth, zu Grabe getragen.

Viele Nachbarn und Bekannte kamen, um zu kondolieren. Emilia lag angespannt im Bett, hörte die tiefe Stimme ihres Onkels, das Keifen ihrer Tante, der alles nicht gut genug war, und das Getrappel von vielen Füßen. Dann brachen alle zum Friedhof auf.

Emilia schlich ans Fenster und warf einen letzten Blick auf den Sarg, der auf dem Karren aufgebahrt war.

»Lebe wohl, Mutter«, sagte sie leise.

Inken hatte recht behalten, weder Onkel noch Tante machten Anstalten, sie zu sehen. Als Rieke Lily nachmittags nach unten holte, schenkten sie dem Kind keinerlei Beachtung.

»Was bin ich froh, dass sie wieder weg sind«, sagte Inken abends und setzte sich zu Emilia aufs Bett. »Aber der Kuchen, den sie aus Hamburg mitgebracht haben, ist köstlich. Hier, iss, ich nehme so lange Minnie.«

Die Tage vergingen. Emilia erholte sich schnell und schon Mitte Oktober verließ sie das Wochenbett.

»Ich mag nicht immer in dem Zimmer liegen, da sitz ich lieber in der Küche.«

Jeden Tag schrieb sie Carl, einmal in der Woche gab sie die Briefe auf die Post. Sehnsüchtig erwartete sie Nachricht von ihm, doch die Briefe kamen erst im November. Die Zeit vertrieb sie sich, indem sie sich neue Kleider nähte. Julius hatte eine gute Wahl getroffen, die Stoffe waren fest und schmuck. Sie würden eine Weile halten.

Die Briefe nahm sie mit in die Stube, sie schloss die Tür hinter sich und setzte sich in den Ohrensessel, in dem ihre Mutter immer gesessen hatte. Das Feuer prasselte warm, draußen fielen die ersten Schneeflocken. Er hatte die Briefe auf St. Helena aufgegeben. Zwei Stunden saß sie da und las einen Brief nach dem anderen. Er schilderte den Bordalltag, erzählte von der Mannschaft, zu der einige Neue hinzugekommen waren. Er schrieb auch von den Büchern, die sie an Bord lasen, und berichtete, dass er ihr System der Ausleihbücherei für die Mannschaft erfolgreich fortführte. Gemeinsam hatten sie in Othmarschen einen kleinen Katalog erstellt und weitere Bücher hinzugefügt. Die Mannschaft liebte alles, was mit Abenteuer zu tun hatte, und, zu Emilias Erstaunen, romantische Liebesgeschichten. So hatten sie denn einige Bücher dementsprechend ausgewählt. Sie freute sich, dass das Angebot so gut angenommen wurde.

In St. Helena hatten sie Obst und Gemüse an Bord genommen.

»Kohlköpfe, so groß wie Wassermelonen«, schrieb er, »und Kartoffeln und Birnen, ›plums‹ – eine Art Pflaume, aber mit pelziger Haut, jedoch sehr süß.

Meine Liebe, ich stehe an der Reling, dort, wo wir oft zusammen gestanden haben, und schaue aufs Wasser. Das Meer ist indigoblau und so klar, dass ich fast bis zum Kiel sehen kann. Mein Herz sehnt sich nach dir, ich kann es kaum in Worte fassen. Nachts liege ich oft wach in der Koje, taste nach deiner Hand, lausche auf deinen Atem, doch du bist ja gar nicht da. Ich vermisse dich so sehr, bei allem, was ich tue. Wölsch hat ein kleines Gärtchen in einer Ingwerkiste angelegt. ›Die Gnädigste liebte die Blumen‹, sagte er verlegen. ›Und auch mir hat das gut gefallen.‹ Du siehst, du fehlst an Bord. Ich verspreche dir, so schnell es geht, werde ich dich und die Kinder holen lassen. Inzwischen wird unser zweites Kind geboren sein. Ich bete, dass du alles gut überstanden hast, dass du gesund und munter bist – und ebenso die Kinder. Was mag es geworden sein? Ein Sohn? Oder eine weitere Tochter? Es ist mir egal, Hauptsache, euch geht es gut. Dafür bete ich Tag und Nacht. Deine Briefe sind angekommen und ich hoffe auf weitere. Der Letzte war von August. Ich liebe dich, Emma, und vermisse euch sehr. Küss die Kinder von mir.

Dein

Carl Gotthold«

Sie schloss die Augen, stellte sich das Rauschen des Meeres vor, das Lachen der Möwen und den salzigen Duft. Wie erdig es roch, wenn man sich Land näherte, manchmal konnte sie es riechen, bevor der

Ausguck es entdeckte. Das Schnauben der Wale und das Schnattern der munteren Delphine, die gerne um das Boot sprangen.

Bald, sagte sie sich, werde ich ihm nachreisen.

Doch ihre Hoffnung war vergebens. Der Winter kam. Lily lief nun in ihren ersten Schühchen tapsig durch die Küche und die Diele. Sie liebte das Schaukelpferd, das Julius mitgebracht hatte, wollte kaum noch absteigen.

»Alles, was hin und her schwingt, hat es ihr angetan«, sagte Julius lachend.

Oft kam er sie besuchen, manchmal auch in der Woche. Abends hörten sie das Getrappel der Hufe auf dem Weg und schon sprang er in den knirschenden Kies vor dem Haus. Inken hielt sein Zimmer immer bereit und ließ regelmäßig Holz nachlegen, damit es nicht auskühlte.

Inzwischen hatten die Geschwister ein inniges und vertrautes Verhältnis zueinander gewonnen.

Weihnachten stellten sie einen Baum auf und schmückten ihn mit Äpfeln und Zuckerwerk. Lily bestaunte die Pracht. Der Schnee fiel dicht in diesem Jahr und sie mussten den Schlitten aus der Remise holen, um zum Gottesdienst nach Ottensen zu fahren.

Auch Minnie entwickelte sich prächtig. Sie war ein ruhiges Kind. Am Heiligen Abend lachte sie das erste Mal glucksend. Emilia war traurig darüber, dass Carl nicht an der Entwicklung seiner Kinder teilhaben konnte. Fleißig schrieb sie ihm, doch Worte auf Papier konnten die persönliche Anwesenheit kaum ersetzen.

Julius hatte ein besonderes Weihnachtsgeschenk für sie. In Hamburg hatte sich ein Porträtfotograf niedergelassen. Dort hatte Julius für Emilia und die Kinder einen Termin vereinbart. Obwohl Emilia von dem Verfahren gehört und auch schon Fotografien gesehen hatte, konnte sie sich kaum vorstellen, Bilder von sich selbst machen zu lassen. Im Sonntagsstaat fuhren sie in die Stadt. Es war das erste Mal, seit die »Lessing« damals angelegt hatte, dass Emilia wieder in Hamburg war.

Der Fotograf hatte einen Laden angemietet und verschiedene Hintergründe gestaltet. Eine künstliche Palme, die ordentlich nach Staub roch, gab es dort ebenso wie ein Sofa und mehrere Sessel, hinter denen Vorhänge drapiert waren.

Der Fotograf ließ Emilia auf dem Sofa Platz nehmen, Lily zur Linken und Minnie auf ihrem Arm.

»Ihr müsst ganz stillhalten«, sagte er wieder und wieder. Dann ging er hinter seinen Apparat, steckte den Kopf unter einen Vorhang und hielt ein seltsames Gestell über seinen Kopf. Lily sah dem Treiben mit großen Augen zu.

»Achtung!«, rief der Fotograf und dann blitzte und knallte es laut.

Beide Kinder schrien laut auf, und auch Emilia, obwohl sie vorher gewarnt worden war, saß der Schreck in den Knochen.

»Wunderbar«, sagte der Fotograf strahlend. Julius eilte zu Hilfe und tröstete Lily, während Emilia sich um Minnie kümmerte.

Das Bild jedoch zeigte sie nur mit schreckgeweiteten Augen und ohne Tränen. Emilia verpackte es sorgfältig in Wachspapier und legte es dem nächsten Brief an Carl bei.

Den Jahresübergang verbrachten sie ruhig in Othmarschen. Julius war nach Hamburg gefahren, denn die Tante gab einen großen Ball. Emilias Bruder war sich seiner gesellschaftlichen Pflichten wohl bewusst, auch wenn er wenig Interesse an dem eitlen Gebaren hatte.

Inken öffnete eine Flasche guten Weins und stieß mit Emilia an. »Im nächsten Jahr wird es für dich wieder auf große Fahrt gehen«, sagte sie leise.

»Hoffentlich«, erwiderte Emilia, »ich kann es kaum erwarten. An Bord sitzen sie nun zusammen, wenn die See es zulässt, und feiern. Der Smutje wird Naschwerk gebacken haben und die Seemannskapelle wird aufspielen – Schifferklavier, Maultrommel und Fidel. Zwei oder drei der Matrosen werden sich als Weibsvolk verkleiden und dann wird getanzt. Sie singen ihre Shantys und Carl wird Rum spendieren«, erzählte sie traurig. »Es ist sehr fröhlich an Bord.«

»Nächstes Jahr Silvester bist du wieder mit dabei.«

Doch das Frühjahr kam und Carls Briefe trafen seltener und unregelmäßiger ein. Er war von Durban nach Sansibar gesegelt, dann nach Rangun und wartete dort auf eine gute Order, um nach Sydney zu gehen. Doch es gab keine gute Order. So machte er sich auf nach Malaysia.

Ein Jahr war er unterwegs, als sie die nächsten Briefe bekam, und immer noch war er nicht bis Australien gekommen. Emilia verzweifelte langsam. Lily wurde zwei, sie sprach schon einige Worte und war aufgeweckt und munter. Minnie würde im Herbst ein Jahr alt werden und hatte ihren Vater noch nie gesehen. Sie blieb ein ruhiges und zufriedenes Kind, hatte aber einen ausgeprägten Dickkopf.

»Wie der Papa«, seufzte Emilia manchmal und musste dann aber lachen.

Im November endlich kam der Brief, auf den sie so lange gewartet hatte.

»Nimm das nächste Schiff nach Sydney«, schrieb Carl. »Ich habe hier einen guten Händler gefunden. Es gibt einige Routen, die ich befahren kann und die sich wohl lohnen sollten. Auch ist die Stadt Sydney nett anzusehen. Immer mehr Häuser werden gebaut. Der Goldrausch ist vorbei und die Abenteurer sind weitergezogen. Es gibt Theater und eine Bibliothek, Ärzte und Schulen. Immer mehr Menschen ziehen hierher, die nicht schnell ihr Glück machen, sondern sich ein neues Leben, eine neue Zukunft aufbauen wollen. Hier können wir glücklich werden, können unsere Töchter aufziehen und ihnen eine Zukunft bieten. Ich habe meinen Bruder Carl Robert angeschrieben, der mir so sehr geholfen hat. Er kann dir bei allen Formalitäten helfen, da er alle Vollmachten von mir bekommen hat.«

Carl Robert hatte Emilia zweimal besucht. Er lebte mit seiner Frau in Berlin und war dort Landgerichtsdirektor. Außerdem war er Herausgeber und Haupteigentümer der »Vossischen Zeitung«. Ein angenehmer und freundlicher Mann, der seinem jüngeren Bruder viel Sympathie entgegenbrachte.

Emilia kabelte ihm sofort. Und sie schickte Julius in den Hafen, um sich nach Schiffen zu erkundigen. Doch so schnell, wie sie es erhofft hatte, ging es nicht.

365

Ohne weiteres konnte sie nicht auf ein Schiff und abreisen, sie brauchte die Erlaubnis ihres Mannes beziehungsweise das Einverständnis von jemandem, dem er die Vollmachten übertragen hatte.

Roberts zweiter Sohn war jedoch gerade im Kindbett gestorben und er schrieb bedauernd, dass er noch an der Seite seiner Frau verweilen müsse.

Außerdem, so berichtete ihr Julius, würde das nächste Schiff, das Passagiere an Bord nahm, vermutlich erst im Frühjahr aus Hamburg auslaufen.

Wieder ein Weihnachten in Othmarschen, dachte Emilia verzweifelt. Dennoch begann sie energisch, ihr Gepäck vorzubereiten. Gute feste Stoffe brauchte sie, Wachsjacken und dicke Socken. Inzwischen strickte sie jeden Abend, es bereitete ihr großes Vergnügen. Eine ganze Kiste voller Bücher nahm sie mit. Das gute Porzellan ihrer Mutter wurde in Holzwolle gepackt, Julius hatte es ihr überlassen.

»Wenn ich einmal heirate, hat meine Frau sicherlich eine Aussteuer. Und wenn nicht, darf sie sich neues Porzellan kaufen«, sagte er lächelnd.

Dass sie ihren Bruder verlassen musste, trübte ihre Aufbruchsstimmung ein wenig. Er war ihr sehr ans Herz gewachsen. Sie tröstete sich damit, dass sie einander schreiben würden.

»Es schmerzt mich«, sagte Inken, »dass du wieder abreist und wir uns vermutlich nie wiedersehen werden.« Sie hatte Tränen in den Augen. »Aber eine Frau gehört zu ihrem Mann und die Kinder zu ihrem Vater.«

Inken war der Fels in der Brandung, der sichere Hafen ihrer Kinder- und Jugendzeit gewesen. Auch Emilia fiel der Abschied nicht leicht, aber nun war sie eine erwachsene Frau, stand mit beiden Beinen im Leben. Sie freute sich auf ihre Zukunft in Australien.

»Doch wie willst du das schaffen?«, fragte Inken zweifelnd. »Mit zwei Kindern allein auf dieser langen Reise? Auch Minnie wird bald laufen. Wie willst du die beiden auf dem Schiff beaufsichtigen?«

»Na, dat hab ich ooch grüüvelt«, sagte Rieke. »Un ik weeß nen Utweg. Haf ik usklamünsternt.« Sie grinste breit. »Ik komm mit!«

366

»Was?« Emilia sah sie erstaunt an.

»Warom denn nich? Ik been Vuljörig, ne Wittfru – ik brooch keene Erlaubnis, ik kann gehen, wohin ik will. Un wenn es Australien is.«

»Stimmt das?«, fragte Emilia.

Inken nickte. »Als Witwe, und sie ist ja verwitwet, darf sie das. Sie braucht keine Erlaubnis, kann frei entscheiden. Sie kann ausreisen, wenn sie will.«

»Un ik will. Ik komm mit. Dann kann ik Euch helfen mit de Blagen aufm Schipp.« Rieke nickte.

»Aber Rieke, was willst du denn dann in Australien machen?«, fragte Emilia hilflos. »Ich glaube nicht, dass Carl dich als Magd einstellen kann. Ich weiß auch gar nicht, ob wir nicht erst mal noch einige Zeit bei ihm auf der ›Lessing‹ leben werden. Und da können wir keine unverheiratete Frau mit an Bord nehmen, auch wenn du Witwe bist.«

»Dat hab ik mich schon dacht. Ik plaan da wat. Ik such mir en Arbeit. Die werden ooch en Deern brauchen da.«

»Du willst auf gut Glück losfahren und dort Arbeit suchen?«

»Warum nich?« Wieder grinste Rieke, dann senkte sie die Stimme. »Ik hab Penunsen bekommen, als min Oller starb. Als wieder good maken, hamse sagt.«

»Du hast Geld bekommen?«, fragte Inken verblüfft. »Für den Tod deines Mannes?«

Rieke nickte. »Un die Faahrt back nach Hus frei.«

»Wirklich? Viel Geld?«, wollte Inken wissen.

»Nu, es wird langen fürn Anfaang.«

Emilia sah sie erstaunt an. »Du würdest wirklich mitkommen? Du würdest in ein ganz fremdes Land reisen, ohne zu wissen, was dich erwartet?«

»Hab drüber gesinnt noch un nöcher. Ever schon, sit Ihr saacht habt, dat Ihr dort hinfahrt. Warum soll ik nich min Dusel dort probieren? Besser den hier kanns immer werden. Un wenn nich, denn kum ik schlicht back.«

Emilia lachte lauthals. »Du bist herrlich. Aber nein, Rieke, das kannst du nicht machen. Noch nicht mal ich weiß, was für ein Leben mich dort erwartet, aber mein Mann ist dort.«

»Na, Mannslüd wird's dort ja ooch geven. Villicht is da ooch ener für mich.« Sie zwinkerte Emilia zu. »Bin too jong um für immer ne Wittfru zu sin.«

»Ich dachte, du bist zu alt für Abenteuer?«

»Habs mir anders entschieden.« Rieke schaute sie trotzig an.

»Ich denke darüber nach. Aber du sollst nicht wegen mir in dein Unglück laufen.«

»Na, dat kann ik ooch ganz alleine.« Rieke schüttelte den Kopf. »Hab ik schon eenmol macht. Gez been ik schlauer.«

Später sprach Emilia mit Inken unter vier Augen über Rieke.

»Ich kann sie nicht mitnehmen, die Verantwortung ist einfach zu groß«, sagte Emilia.

»Rieke ist nicht so dumm, wie sie manchmal tut. Sie hat sich das gut überlegt. Und tatsächlich hätte sie dort vielleicht mehr Chancen auf eine Zukunft als hier, Emma. Sie ist eine einfache Magd. Hier wird sie auch nur eine einfache Magd bleiben. Viele Männer sind nach Australien ausgewandert und suchen dort ihr Glück. So manch einer wird sich dort eine Zukunft aufbauen. Aber wen soll er heiraten? Frauen gibt es dort nicht im Überfluss. Und sie ist fleißig, sie wird immer eine Stelle finden. Ich kann ihr gute Referenzen schreiben und du auch. Falls es tatsächlich schiefgeht, kommt sie eben wieder zurück, so wie aus Amerika.«

»Aber ich habe das Gefühl, sie macht es nur, um mir zu helfen.«

»Nein, das stimmt nicht. Sie sieht es als ihre Chance, noch einmal etwas auszuprobieren. Nimm sie mit. Ich hätte auch ein besseres Gefühl, wenn sie dabei wäre.«

Ich auch, dachte Emilia, als sie zu Bett ging. Mit Rieke an meiner Seite wird die Fahrt nicht gar so schwierig sein.

Ende Februar erst kam Carl Robert Lessing nach Hamburg. Er war viel ernster und verschlossener als bei seinem letzten kurzen Besuch.

»Im April läuft die ›Sophie‹ unter Kapitän Decker aus. Sie ist ein

Passagierschiff und hat nur noch ein wenig Stückware an Bord. Ich habe für Euch, meine liebe Emma, und die beiden Kinder zwei Kabinen gebucht. Auch für Eure Magd habe ich die Überfahrt bezahlt, sie wird mit bei Euch in der Kabine wohnen und nicht im Zwischendeck.«

»Lieber Robert, ich weiß gar nicht, wie ich Euch danken soll«, sagte Emilia freudig.

Inken hatte eines der ersten Salzlämmer schlachten lassen und servierte einen zarten Braten. Robert griff ordentlich zu.

»Ich habe auch Proviant für Euch geordert. Das Essen ist zwar im Preis enthalten, aber man hört ja so manches. Ich möchte nicht, dass meine Nichten Hunger leiden.«

»Essen ist eigentlich selten ein Problem auf einem Schiff, es gibt immer noch Fische, die man fangen kann. Ich habe selten so etwas Köstliches gegessen wie frischen Delphin. Man nennt ihn auch Schweinswal. Oder einen weißen Thuna, einen Bonito, nicht zu vergleichen mit Salzheringen.«

Robert sah sie voller Erstaunen an. »Ihr verblüfft mich immer wieder, Emma. Ihr seht so zart aus, aber in Euch steckt eine starke Frau mit Erfahrungen, die ich nie machen werde. Sei es drum, ich habe Euch einen halben Ochsen reserviert, zusätzlich zu dem normalen Proviant. Außerdem einige Dosen mit gezuckerter Milch und ein paar andere Konserven. Besteht darauf, es ist bezahlt. Und lasst Euch nicht abspeisen.«

»Ich danke Euch, Robert.«

»Ich bin Euch zu Dank verpflichtet, Ihr macht meinen Bruder glücklich. Er hat nie seinen Platz in der Familie finden können. Es war nicht recht von unserem Vater, ihn so jung einfach abzuschieben, nur weil er keine außergewöhnliche Begabung zeigte. Mich und die anderen Brüder hat das sehr verschreckt und wir haben uns umso mehr in der Schule angestrengt.«

»Carl Gotthold ist kein dummer Mensch«, sagte Emma und bemühte sich die Beherrschung zu behalten.

»Um Himmels willen, nein, nein. Missversteht mich nicht. Er ist keinesfalls dumm. Er hatte auch gute Noten in der Schule. Aber er zeigte keine besonderen Interessen, weder für die Literatur noch für die Rechtswissenschaften – so wie ich – noch für Medizin oder Ähnliches. Mein Vater wollte einen Offizier aus ihm machen, einen Offizier zur See, denn die Naturwissenschaften und die Sterne hatten es Carl Gotthold angetan. Vater meinte es sicher nicht böse, er war nur gedankenlos, wusste nicht, was es bedeutet, als Schiffsjunge anzufangen.«

Emilia senkte den Kopf. »Carl Gotthold trägt ihm das immer noch nach. Er fühlt sich minderwertig Euch Brüdern gegenüber. Deshalb will er unbedingt sein Glück auf See machen und erfolgreich werden«, sagte sie leise.

»Wie wichtig ist Euch das denn?«

Emilia schüttelte den Kopf. »Ich brauche kein großes Haus, keinen Prunk und keine Pracht. Die Monate auf See mit ihm waren die schönsten in meinem Leben. Wir waren zusammen, Tag und Nacht. Wir haben gemeinsam Stürme überstanden und Flauten, haben wunderschöne Dinge gesehen und manchmal war um uns herum nichts – nur Wasser und Himmel, kein Luftzug. Aber langweilig war es nie. Im Gegenteil, es war bereichernder als jeder öde Ball, jede prunkvolle und hoffärtige Gesellschaft, wo nur Plattitüden ausgetauscht werden. Was wissen diese Leute schon vom wahren Leben? Carl Gotthold weiß eine Menge darüber. Ich achte und schätze ihn sehr.«

Robert holte tief Luft und lehnte sich zurück. »Ich bin beeindruckt von Euch«, sagte er leise. »Und von Eurer Liebe zu meinem Bruder. Carl Gotthold kann sich glücklich schätzen, Euch gefunden zu haben.« Er räusperte sich. »Mein Bruder hat mir Geld angewiesen, damit ich Eure Reise bezahlen kann. Ich möchte Euch dieses Geld jedoch zurückgeben.«

»Das kann ich nicht annehmen und Carl würde es auch nicht wollen.«

»Das ist mir wohl bewusst. Nehmt es als Sparstrumpf für Eure beiden entzückenden Töchter, als Mitgift meinetwegen. Oder als Notgroschen. Nehmt es einfach und tut es beiseite, falls irgendwann einmal die Zeiten schlecht sind. Man weiß nie, was kommt. Nehmt es als Grundstock für Eure Zukunft. Sagt Carl Gotthold nichts davon, denn er würde mir das Geld sofort zurückschicken, ich weiß, wie stolz er ist.«

Emilia schluckte und überlegte. Robert hatte recht, Carl würde kein Geld annehmen, er wollte keine Almosen. Aber es wäre dumm, es nicht zu tun. Was, wenn sie einmal nicht so viel Glück bei einem Sturm hätten oder Carl sich verletzte oder krank würde? Wäre es ein Verrat an Carl, diese Summe heimlich in der Hinterhand zu haben? Und wenn alles gutginge, käme das Geld den Mädchen zugute.

Sie nickte und steckte den Umschlag, den Robert auf den Tisch gelegt hatte, dankend ein.

22. Kapitel

Ende April sollte die »Sophie« auslaufen. Das ist noch unendlich lange hin, dachte Emilia zu Anfang verzweifelt. Doch dann schien die Zeit zu rasen. Noch so viele Dinge mussten besorgt werden, so viel war zu erledigen.

Und dann war er plötzlich da, der Tag der Abreise. Kisten und Koffer, Taschen und Körbe waren schon am Tag zuvor nach Hamburg an Bord des Seglers gebracht worden.

So sehr hatte Emilia diesen Tag herbeigesehnt, doch nun wurde ihr das Herz schwer. Sie würde auf die andere Seite der Welt reisen, auf einen anderen Kontinent, um dort zu leben. Es war nicht nur eine große Fahrt für viele Monate, die sie jedoch letztendlich wieder in den Hamburger Hafen bringen würde, es war ein Abschied für immer.

Am Ende dieser Reise lag ein neues Leben mit ihrem Mann, dem Vater ihrer Kinder, den sie nun fast zwei Jahre nicht mehr gesehen hatte. Doch Inken und Julius, die beiden Menschen, die ihr nach Carl und den Kindern am meisten bedeuteten, würde sie nie wiedersehen.

Früh am Morgen, der Nebel lag noch über dem Deich, stand sie auf und ging ums Haus. Sie wollte sich alles noch einmal genau einprägen. Sie lief zum Teich, in dem sie nie wieder geschwommen war, seit ihre Mutter dort ertrank, über die Obstwiese und durch den Kräutergarten zurück zum Haus. Karamell folgte ihr. Obwohl sie sorgsam auf die Hündin aufgepasst hatten, war sie ihnen vor einigen Wochen entwischt. Jetzt war sie trächtig. Hundejunge auf der Überfahrt waren nicht zu verantworten, deshalb musste Emilia sie schweren Herzens zurücklassen. Lady würde sie jedoch mitnehmen.

Julius würde sie bis zum Hafen begleiten, doch von Inken musste sie sich jetzt verabschieden. Die beiden Frauen nahmen einander in den Arm, drückten sich fest und herzlich. Sie brauchten keine Worte, jede wusste, was die andere fühlte.

»Schreib!«, rief Inken nur, als Emilia endlich in der Kutsche saß.

»Ja!«, erwiderte Emilia rasch. »Darauf kannst du dich verlassen.«

Die »Sophie« war ganz anders aufgebaut als die »Lessing«. Statt des Laderaums war ein Zwischendeck eingezogen worden, in dem die einfachen Passagiere wohnen würden. Es gab Stockbetten mit Strohlagern. Im Unterdeck und im Heck war der Proviant verladen worden. Auf dem Oberdeck um die Kajüte hatte man Kammern für die Passagiere der ersten Klasse gebaut. Die Türen gingen nach außen, auf das Deck, und nicht zur Kajüte, wie bei der »Lessing«. Für Emilia waren zwei dieser Kabinen angemietet worden, die eine Verbindungstür besaßen. In jeder Kabine gab es eine geräumige Koje und einen Waschtisch, ein kleines Sofa in der einen Kabine, zwei Sessel in der anderen. Es gab auch Regalbretter und einen Wandschrank, einen Tisch, Stauraum für die Kisten und Taschen. Ihr weiteres Gepäck war ins Unterdeck gebracht worden.

Sie sah sich staunend um. Der Steward, Jannes Kraus, zeigte ihr die Kabinen und die Kajüte, wo sie sich zum Essen treffen und auch die Abende gemeinsam verbringen würden. Es gab noch drei weitere Kabinenpassagiere und um die sechzig, die im Zwischendeck reisten.

»Sie essen mittschiffs, wenn es das Wetter zulässt. Ihr werdet nicht von ihnen belästigt werden«, sagte Kraus. »Kapitän Decker ist noch im Hafen unterwegs, er wird Euch aber gleich begrüßen.«

»Sind die anderen Kabinenpassagiere schon an Bord?«, wollte Emilia wissen.

»Ein Ehepaar vom Niederrhein schon seit gestern. Wir erwarten noch einen weiteren Passagier, er sollte bald kommen.«

Emilia nickte.

»Wenn Ihr Hilfe braucht, scheut Euch nicht, mich zu rufen. Es ist noch viel Trubel, weil die Auswanderer jetzt auf das Deck gelassen werden. Ihre Sachen müssen verstaut werden und sie müssen sich einrichten.«

»Kocht der Smutje für alle?«

»Zum Teil. Die Hauptmahlzeiten kocht der Smutje. Die einfachen Reisenden können sich zusätzlich selbst verpflegen. Zusammen mit ihrer Fahrkarte haben sie gewisse Anteile an den Lebensmitteln gekauft – Reis und Bohnen, Sauerkraut und Pökelfleisch. Sie dürfen aber auch eigene Sachen mitbringen.«

»Und kochen werden sie im Zwischendeck? Ist das nicht gefährlich?«

»Es gibt dort eine Kochstelle, die gut bewacht wird. Aber die Hauptmahlzeiten werden in großen Kesseln in der Kombüse gekocht.«

Rieke packte die Sachen aus, Emilia versuchte sie, so gut es ging, zu verstauen. Über dem Hafen lag dichter Qualm, denn zwei große Dampfschiffe waren eingelaufen. Die Schornsteine qualmten immens, die Segel, die die Schiffe zusätzlich hatten, waren schwarz vor Ruß.

Rieke hustete. »Det kann nich gäsunnd sin«, sagte sie. »All de Qualm.«

»Sie werden sich durchsetzen«, sagte Emilia düster, »und die reinen Segelschiffe verdrängen. Aber noch gibt es keine zuverlässigen Dampfer, die nur mit Maschinen laufen.«

»Wat bin ik froh, dat wir uffm Segelschipp sin.«

Lily stand an der Tür und rüttelte am Türgriff. Sie wollte an Deck. Lady stand neben ihr und wedelte aufgeregt mit der Rute.

373

»Als ob sie sich daran erinnern, wie es auf einem Schiff ist.« Emilia lächelte.

Minnie jedoch saß auf dem Bett, drückte ihre Stoffpuppe an sich und lutschte am Daumen, sie wirkte verschreckt.

»Det is janz anders als uffm Schipp nach Amerika«, sagte Rieke und schaute sich begeistert um. »Echte Betten, da können wir gut schlafen. Im Zwischendeck is et schrecklich.«

»Wie ist es denn dort?«

»Eng. Un et mieft, dat könnt Ihr Euch nich ausdenken. Alle schlopen in en Ruum, Bett an Bett. Ens überm aneren. Unten die Kisten und Koffern, dazwischen Tisch un Bänk. Kannst di nich drehn or wenden. Un de Happenpappel wat tu eten giev – gräsig!«

»Das Essen ist schrecklich, ja, das glaube ich.«

»Gemös Tach um Tach – Sauerkruut, Bohnen, Sauerkruut. Un Brood, en Stücksken all acht Tage. Mut reichen.«

»Aber die Leute verhungern dann doch.«

»Ja, de en or andere schafft et nich. Wird innen Sack genäht und ab da für innet Wasser.«

Emilia hoffte, dass ihnen solche Erlebnisse erspart blieben. Sie hatte nur Gutes von Kapitän Decker gehört.

Minnie schlief ein und Rieke blieb bei ihr, während Emilia mit Lily und Lady in die Kajüte ging. Auf dem Oberdeck gab es einen Rauchsalon, dort saß ein Mann, der sich sofort erhob, als Emilia eintrat.

»Ihr müsst unsere Begleitung sein, Frau Lessing?«, fragte er und reichte ihr die Hand. Er trug gestreifte Hosen und eine passende Weste, darüber eine dunkle Jacke. Lange Koteletten zierten seine Wangen, das Kinn war glatt rasiert. »Johannes te Kloot aus Krefeld, sehr zu Ihren Diensten.«

»Guten Abend.«

Sein Händedruck war schwach, seine Hand feucht. »Meine Frau ist entzückt, dass sie weibliche Begleitung hat.«

»Wo ist denn Eure Frau?«

»Sie ruht in der Kabine. Die Fahrt hierher war lang und anstrengend. Wir sind froh, endlich an Bord zu sein und das letzte Stück der

374

Reise, welches aber auch das Weiteste ist, antreten zu können.« Er lachte. »Was führt Euch nach Australien?«

»Mein Mann«, sagte Emilia und lächelte gezwungen. Te Kloot war ihr sofort unsympathisch, ohne dass sie sagen konnte, weshalb. Sie nahm Lily hoch und nickte ihm zu.

»Ach, er ist schon vorausgereist und lässt Euch nun nachkommen?«

»Richtig.« Emilia wandte sich zur Tür, aber te Kloot folgte ihr.

»Habt Ihr schon die Kajüte gesehen? Alles ganz ordentlich hier auf dem Schiff. Ich hoffe nur, dass uns die Lumpen aus dem Zwischendeck nicht belästigen.«

»Die Lumpen?«

»Nun, die armen Schlucker, das Pack, das mitreist. Zum Glück weit unter uns.«

Emilia zog die Augenbrauen hoch, äußerte sich aber nicht dazu.

»Und Ihr fahrt nur mit Eurer Tochter?« Er kniff Lily in die Wange.

»Autsch!«, schrie das Kind und starrte ihn böse an.

»Ich reise mit meinen beiden Töchtern und meiner Dienstmagd.«

»Eine Magd habt Ihr? Respekt. Wir haben unser Personal zurückgelassen. Dienstleute wird es auch in Australien geben.« Er lachte höhnisch. »Unten im Schiff werden ja einige sein, die schnell Arbeit brauchen. Und so zahlen sie ihre Überfahrt selbst und wir müssen das nicht finanzieren.«

Emilia wusste nicht, was sie erwidern sollte, ohne unhöflich zu werden. Sie öffnete die Tür zur Kajüte. Auch hier gab es ein Oberlicht, einen großen Tisch mit Leisten und einen kleinen Ofen. Sofort fühlte sie sich heimisch.

»Frau Lessing!« Der Kapitän kam auf sie zu und begrüßte sie herzlich. »Ich kenne Euren Mann, wir haben vor ein paar Jahren zusammen als Steuerleute auf einem Schiff gedient. Es ist mir eine besondere Ehre, Euch und Eure Kinder als Passagiere begrüßen zu dürfen.«

»Lieber Kapitän Decker, ich freue mich sehr auf diese Reise.«

»Der Steward ist jederzeit für Euch da. Falls Ihr besondere Wünsche wegen der Kinder habt, sagt es ruhig, unser Smutje wird sich darum kümmern.«

375

»Herzlichen Dank. Wann werden wir auslaufen?«

»Morgen mit der Flut werden wir in die Elbe geschleppt.«

Emilia nickte. »Werden wir in England anlegen?«

Decker schüttelte den Kopf.

»Dann hoffen wir mal, dass wir schnell durch den Kanal kommen«, sagte Emilia lächelnd.

»Das wäre unser aller Wunsch.« Decker nickte te Kloot zu. »Geht es Ihrer Frau besser?«

»Sie wird sich schon noch an das Geschaukel gewöhnen, zumal es ja noch gar nicht richtig losgegangen ist«, meinte er brummig.

»Ach, sie ist seekrank? Dagegen hilft ein Ingweraufguss. Ich bin mir sicher, dass der Smutje Euch so etwas zubereiten kann«, meinte Emilia.

»Ingwer hilft tatsächlich, Herr te Kloot. Ich lasse es Euch vom Steward bringen. Übrigens wird in einer Stunde das Essen aufgetragen.«

Das Essen war sehr schmackhaft, die Unterhaltung angenehm. Rieke und die Kinder aßen zusammen in der Kabine. Emilia lernte die beiden Steuerleute, Herrn Reisshoff und Herrn Wartmann, kennen und auch der letzte Passagier hatte an Bord gefunden – Doktor Geisler.

»Ein Arzt an Bord, das nenne ich einen Glücksfall«, sagte Kapitän Decker. »Auch wenn wir hoffen, dass wir Eure Künste nicht benötigen.«

»Dieser Beruf ist auch eine Berufung«, sagte Doktor Geisler sachlich. »Wenn ich benötigt werde, bin ich da.«

»Meine Frau leidet jetzt schon an der Seekrankheit«, erzählte te Kloot. »Sie hat vorhin einen Ingwertee getrunken, der ihr hoffentlich Linderung verschaffen wird.«

Doktor Geisler zog die Augenbrauen zusammen. »Wenn sie jetzt schon Beschwerden hat, deutet das eher auf ein nervöses Leiden als auf die Seekrankheit hin.«

»In dem Moment, als sie die Gangway betreten hat, fing es an.«

»Dann ist es vielleicht eher die Angst vor dem Ungewissen?«, fragte

Doktor Geisler nach. »Habt Ihr Verwandtschaft in Sydney, zu der Ihr reist?«

»Mein Geschäftspartner ist dort und hat sich von den guten Möglichkeiten überzeugt. Er hat alles vorbereitet, wir fahren nicht in eine ungewisse Zukunft, deshalb glaube ich nicht, dass es sich um Ängste handelt.« Te Kloot schnaufte. »Sie ist ein zierliches Frauenzimmer und hat sich schon immer mehr Gedanken über alles gemacht, als nottat.«

»Ich habe Nerventropfen, die kann ich Euch geben. Das sollte Eurer Frau helfen.«

Sie plauderten noch über dies und jenes, doch Emilia verabschiedete sich bald. Sie ging zurück zu ihrer Kabine, blieb einen Moment an der Reling stehen und sah auf die Elbe hinaus. Das Schiff schwankte nur leicht, das Wasser platschte gegen die Bordwand, ein vertrautes Geräusch. Der Wind pfiff durch die Takelage und die Zeisinge knatterten. Sie öffnete die Tür zur Kabine. Rieke saß im warmen Schein der Petroleumlampe und lächelte, Lady hatte sich zu ihren Füßen eingerollt.

»Dat Essen war grandios! Die Deern ham ooch gefuttert un nun slapen se.«

»Fein.« Emilia nahm ihr Strickzeug und setzte sich in den zweiten Sessel. Durch das Fensterchen konnten sie auf den Hafen schauen. Überall brannten Lichter, und obwohl es schon spät war, herrschte noch hektische Betriebsamkeit.

»Morgen in aller Frühe geht es los.« Emilia seufzte. Sie freute sich, dass sie ihrem Ziel endlich näher kam, befürchtete aber auch, dass die Reise schwierig werden könnte. Te Kloot war ein unangenehmer und aufgeblasener Kerl. Wie wohl seine Frau sein mochte?

In dieser Nacht lag sie lange wach, zu viele Gedanken gingen ihr durch den Kopf. Außerdem war es laut und unruhig auf dem Zwischendeck, wo sich die einfachen Passagiere noch einrichten mussten. Sie taten Emilia leid, und gleichzeitig war sie froh, dass ihr dieses Schicksal erspart blieb.

Sie hatte noch einige Zeilen an Carl geschrieben und würde sie am nächsten Morgen dem Lotsen mitgeben. Vielleicht, dachte sie und war plötzlich ganz glücklich, bin ich ja vor den Briefen bei ihm.

Früh am nächsten Morgen wurden die Leinen gelöst. Der Schlepper kam, mit einem Ruck zog er die »Sophie« vom Kai. Rieke und die Kinder schliefen fest. Schnell kleidete sich Emilia an und ging an Deck, die Hündin folgte ihr. Die Ausfahrt aus dem Hafen wollte sie auf keinen Fall verpassen. Langsam manövrierte das Schiff durch den Hafen.

»Emma!«, hörte sie jemanden rufen. »Emma!« Es war Julius, der am Kai stand und winkte.

Sie hatten sich tränenreich verabschiedet, als er sie an Bord gebracht hatte. Dass er zur frühen Morgenstunde aufgestanden war, um zu sehen, wie das Schiff auslief, berührte sie sehr.

»Julius! Wir schreiben uns!«

Immer schneller entfernte sich das Schiff vom Kai. Emilia ging auf das Oberdeck, wo der Kapitän am Steuer stand, neben ihm der Lotse. Decker nickte ihr zu.

»Ein letzter Blick auf die Heimat?«

Sie nickte stumm, ihre Kehle war wie zugeschnürt. Als sie aus dem Hafen heraus waren, wurden die Leinen des Schleppers gelöst. Die Segel waren gesetzt worden, kurz flatterten sie wie die nervöse Hand einer jungen Dame, dann fassten sie in den Wind. Ein Zittern ging durch das Schiff, sie waren auf Fahrt.

»Hipp, hipp, hurra!«, murmelte Emilia kaum hörbar, und doch hatte Decker es vernommen und grinste breit.

»Wir können die Tide optimal ausnutzen und werden schnell die See erreichen«, sagte er.

Emilia nickte.

»Ihr seid nicht zum ersten Mal an Bord eines Großseglers, nicht wahr?«

»Ich war mit meinem Mann auf großer Fahrt bis nach Peru und wieder zurück vor zwei Jahren«, antwortete sie.

»Um Kap Hoorn?«

»Ja. Auf der Rückfahrt hat uns ein böser Sturm erwischt und wir haben drei Segel verloren. Aber zum Glück keine Eisberge.«

»Respekt, da habt Ihr ja schon mehr Erfahrung als mancher meiner Leichtmatrosen. Und nun geht es nach Australien?«

»Carl hat dort gute Routen aufgetan. Er erhofft sich rentable Orders in den Gewässern.«

»Das habe ich auch gehört, aber meine Familie lebt hier«, sagte Decker. »So bin ich zwar immer gut ein Jahr unterwegs und nur wenige Monate zu Hause, aber sie haben hier die Verwandtschaft und alles, was sie brauchen. Wenn die Kinder größer sind, will meine Frau mich auch begleiten.«

»Deshalb gehen wir da runter. Solange die beiden noch so klein sind, will ich mitfahren, aber irgendwann werden wir uns niederlassen müssen. Und dann ist es gut, wenn er nicht monatelang unterwegs sein wird.«

»Das kann ich gut verstehen, aber kein Schlepper brächte meine Frau dazu auszuwandern.« Decker zog an seiner Pfeife und schaute nach oben, zum Flögel. »Der Wind steht gut, die Tide tut das Ihre dazu, wir machen gute Fahrt. Gleich gibt es Kaffee.«

»Ich will noch ein wenig schauen, Abschied nehmen.«

Decker nickte verständnisvoll und ließ sie allein. Emilia stützte sich mit den Armen auf die Verschanzung und schaute zum Ufer. Dort war die Elbchaussee. Die Sonne ging gerade erst auf und der Morgennebel lag über den Deichen. Sie konnte das Dach des Hauses in Othmarschen nur erahnen. Leb wohl, dachte sie und rieb sich die Tränen von den Wangen.

Langsam spielte sich das Leben auf dem Schiff ein. Emilia und Rieke achteten peinlich genau auf die Kinder, wenn sie mit ihnen an Deck gingen. Lily, die in vier Monaten drei Jahre alt werden würde, bewegte sich sicher auf dem schwankenden Schiff, Minnie, die nun anderthalb war, tat sich schwerer damit. Sie aß kaum und weinte viel, doch nach ein paar Tagen wurde sie wieder ruhiger. Gerne saß sie mit Emilia auf dem Oberdeck und schaute in die Segel und zu den Möwen, die das

379

Boot noch begleiteten. Lily interessierte sich lebhaft für die Mannschaft und sprach gerne mit den Seeleuten. Schon bald war sie der Liebling aller.

»Die hat Seewasser im Blut«, meinte der erste Steuermann lachend.

Der Gedanke, dass die Männer nun auch ein Auge auf das Kind hatten, beruhigte Emilia sehr.

Auch um Lady wurde viel Aufhebens gemacht, die Matrosen liebten die Hündin und verwöhnten sie nach Strich und Faden.

Bei gutem Wetter waren die Luken zum Zwischendeck immer geöffnet und die einfachen Leute durften tagsüber ein paar Stunden an Deck kommen. Sie taten Emilia leid, die sich die Zustände im Zwischendeck gar nicht vorstellen mochte.

Endlich auch lernte sie Frau te Kloot kennen, eine kleine, spitznasige Frau, die recht unscheinbar wirkte. Sie war immer noch blass und unsicher, aber nahm nun an den gemeinsamen Mahlzeiten teil.

Emilia kam bald mit ihr ins Gespräch und fand Gefallen an der ruhigen Frau. Oft saßen sie zusammen an Deck oder in der Kajüte. Emilia strickte und Antonie nähte.

Vier Tage kreuzten sie vor der Einfahrt in den Kanal zusammen mit weiteren Schiffen. Zwei Dampfsegler passierten sie und der Kapitän hisste die Flaggen, damit ihre Position rapportiert wurde.

»Mein Mann befürchtet, dass die Dampfer die Segler ablösen werden«, sagte Emilia zu Kapitän Decker.

»Bisher hat man noch keine befriedigende Lösung für reine Dampfer gefunden, die ein wirtschaftliches Betreiben möglich machen, aber ich bin mir auch sicher, dass sich das ändern wird«, sagte er düster. »Die Dampfsegler haben uns schon einen großen Teil unserer Routen weggenommen. Weite Entfernungen schaffen sie noch nicht, so viel Kohle können sie gar nicht bunkern. Bisher jedenfalls.«

»Wenn man sieht, dass sie trotz widriger Winde so mühelos in den Kanal rauschen, kann man schon neidisch werden.«

»Dann schon«, gab Decker zu. »Aber wenn sie technische Probleme auf offener See haben, dann sind sie verloren und auf Hilfe angewiesen. Reißt uns ein Segel, kann es der Segelmacher richten oder wir

380

ziehen ein anderes auf. Bricht eine Rah, so haben wir Ersatz und den Zimmermann. Explodiert aber ein Kessel – und das passiert noch häufig genug –, dann ist der Teufel los.« Er seufzte. »Aber der Fortschritt ist nicht mehr aufzuhalten.«

»Was ist mit den Seeleuten? Sind sie scharf darauf, nicht mehr auf die Winde angewiesen zu sein? Gibt es einen regen Zulauf zu den Dampfern?«

Decker schüttelte den Kopf. »Bisher nicht. In New York habe ich mit einem Kapitän der Hapag-Linie gesprochen. Er beklagte sich, dass sie kaum Männer anwerben können und die Seeleute zum Teil wieder schanghait werden müssen.«

Emilia sah ihn überrascht an. »Schanghait? Sie werden gewaltsam angeheuert?«

»Betrunken gemacht und zur Unterschrift gezwungen oder direkt aufs Schiff geschleppt. Aber auch das wird sich wohl ändern«, brummte Decker. »Wenn ich weiter erfolgreich auf große Fahrt gehen will, werde ich mich wohl oder übel mit der neuen Technik auseinandersetzen müssen.«

»Mein Mann sagt, die Dampfer wären keine richtigen Schiffe.«

»So sehe ich das auch – noch.«

Endlich drehte der Wind und sie konnten den Kanal passieren. Schnell ging es in den Atlantik und schon bald wurde es wärmer. Sie überquerten die Linie. Im Zwischendeck wurde dies ausgiebig gefeiert, am Oberdeck gab es auch Äquatortaufen.

Die Schiffsjungen wurden zu Emilias Erleichterung nur mäßig gequält. Sie wurden eingerieben und rasiert, mussten ein Seewasserbad in einem Fass nehmen. Die Kabinenpassagiere bekamen eine Taufurkunde ausgestellt, für Lily und Minnie hatten die Seeleute kleine Fische und einen Dreizack aus Walknochen geschnitzt.

Es war das dritte Mal, dass Emilia die Linie passierte, und sie fragte sich, ob es das letzte Mal sein würde.

An dem Abend ging sie nach hinten zum Bug. Das Weiß auf den Kämmen der Wellen leuchtete in der Dunkelheit. Aus dem Zwischendeck tönte es noch laut, dort wurde musiziert, gesungen und getanzt.

381

Die Auswanderer hatten zur Feier des Tages billigen Rotwein vom Kapitän spendiert bekommen. Auch in der Kajüte war lustig gefeiert worden, die beiden Steuerleute hatten so manches Seemannsgarn gesponnen. Antonie hatte sich, zu Emilias Bedauern, früh zurückgezogen, und als die Männer immer mehr dem Wein und Cognac zusprachen, war auch Emilia gegangen.

Hier am Heck, hinter dem Backstag, war es ein wenig ruhiger und Emilia war ganz ungestört. Sie hörte ein Platschen und Schnaufen und wusste, dass Wale in der Nähe waren. Schon längst hatte sie keine Angst mehr vor den großen Tieren, im Gegenteil, sie war fasziniert von ihnen. Pott- und Blauwale wirkten immer so gelassen, als ob sie nichts stören würde. Dabei hatte der Walfang noch zugenommen.

Plötzlich hörte sie Schritte hinter sich, drehte sich erschrocken um. Es war te Kloot, der schwankend auf sie zukam. Er stank nach Alkohol und Zigarre. Pfeifenrauch mochte Emilia, aber von Zigarrenqualm wurde ihr übel.

Te Kloot lehnte sich schnaufend an die Reling. »Wassn wunnerschöna Aaben«, lallte er.

Bis eben schon, dachte Emilia und trat einen Schritt zurück. Sie bedauerte es, dass die Hündin in der Kabine und nicht an ihrer Seite war.

»Hab mir schooo dacht, dass Ihr hier saaid.« Er grinste. »Hab Euch ööffer hier sehn.«

Sie schluckte, schon länger hatte sie das Gefühl gehabt, dass te Kloot sie beobachtete.

Er trat einen Schritt auf sie zu, schwankte, wäre beinahe gestürzt. Wieder wich Emilia ein wenig zurück, spürte die Rückwand der Kajüte hinter sich.

»Du bisss schooo so laan von deim Mann getrennt, du vermisssss ihn sicher dolle.«

»Herr te Kloot, meint Ihr nicht, dass Ihr wieder hineingehen solltet?«

»Nein, wauum?« Er streckte die Hand aus, berührte Emilia an der

382

Schulter. »Du bissss so schööön und viel lebändiga als meine Frau. Isch möchte dich küsssn.«

»Aber Herr te Kloot, das gehört sich nicht.« Langsam ging sie Schritt für Schritt seitwärts. »Ich glaube, Ihr habt zu viel getrunken.« Er lachte auf, es klang nicht freundlich. »Jaaa un? Bin ein Mann, Männa müssn manchmal trinken. Nu komm, hab disch nich sooo. Du vermisss das doch auch. Zwai Jahr ohne Kerl? Bis sicha ganz vertrocknet. Komm, isch hälf dir …«

Inzwischen hatte Emilia Angst. Was, wenn er sie packen würde? Vorn auf dem Schiff wurde noch lautstark gefeiert, würde es jemand hören, wenn sie um Hilfe rief? Hatte jemand außer te Kloot mitbekommen, dass sie ans Heck gegangen war? Was sollte sie tun? Noch einmal appellierte sie an seine Vernunft, fürchtete jedoch, dass dies nicht durch sein vernebeltes Hirn dringen würde.

»Herr te Kloot, ich werde jetzt zu meinen Kindern gehen und Ihr solltet auch Eure Kabine aufsuchen. Es ist schon spät.«

»Ach!« Er machte eine wegwerfende Handbewegung, sprach plötzlich wieder klarer. »Da ist nur meine Frau und die leidet immer noch. Nun komm doch her, ich verkürze dir die Wartezeit, bis du wieder bei deinem Mann bist.« Er leckte sich über die Lippen. »Du süßes Früchtchen.«

»Lasst mich in Ruhe!«, rief Emilia nun laut und energisch. »Sonst werde ich den Kapitän rufen.«

Wieder lachte te Kloot. »Der hört dich nicht. Hier hört dich niemand!« Er machte einen großen Schritt auf sie zu, sie konnte seinen alkoholgeschwängerten Atem auf ihrem Gesicht fühlen, rümpfte angewidert die Nase. Er wollte nach ihr greifen, doch das Schiff holte in diesem Moment über und legte sich nach steuerbord. Emilia hatte den Wind gespürt, den Ruck der Segel, und sich instinktiv nach hinten gelehnt. So strauchelte sie nur ein wenig. Te Kloot jedoch rutschte zur Seite und krachte auf den Boden.

»Verdammich!«, brüllte er.

»Ma'm?« Der zweite Steuermann tauchte plötzlich am Backstag auf. »Ist Euch etwas passiert?«

383

»Mir nicht«, sagte Emilia und holte tief Luft. Dann zeigte sie auf te Kloot. »Dieser Herr hat wohl etwas zu sehr dem Alkohol zugesprochen.«

»Hat er Euch etwas getan?«, fragte Tom Wartmann leise.

Sie schüttelte den Kopf. »Noch nicht. Ich gehe in meine Kabine, vielleicht könnt Ihr Euch des Trunkenbolds annehmen.«

Wartmann nickte, sah zu te Kloot, der versuchte, wieder auf die Beine zu kommen. »Soll ich Euch begleiten?«

»Passt lieber rauf, dass er nicht über Bord geht. Danke.« Sie nickte ihm zu und ging. An diesem Abend verriegelte sie zum ersten Mal die Tür.

Te Kloot erschien am nächsten Tag erst zum Mittag. Er sah sehr bleich aus, aß nicht viel, blieb wortkarg. Auch in den nächsten Tagen hielt er sich sehr zurück. Trotzdem versuchte Emilia ihm, so gut es eben ging, aus dem Weg zu gehen. Keiner von beiden erwähnte den Abend, und sie war sich noch nicht einmal sicher, ob er sich überhaupt daran erinnern konnte. Der Schreck saß ihr tief in den Knochen, und sie ging nicht mehr allein auf das Hinterdeck, auch wenn sie die ruhigen Momente vermisste.

Eine große Sorge herrschte bald an Bord. Die Regenfälle, die normalerweise nach dem Überqueren des Äquators einsetzten, waren ausgeblieben. Das Wasser wurde rationiert. Das betraf erst mal nur die Auswanderer und nicht die Kabinenpassagiere, doch der Kapitän wirkte beunruhigt.

Jeden Tag stand er an Deck und schaute in den Himmel, aber keine Wolke wollte heranziehen. Auch war der Wind schwächer als gewöhnlich in dieser Region.

»Wir müssen St. Helena erreichen. Oder beten, dass es endlich regnet. Wir haben schon die Süßwasservorräte eingeschränkt, für die Unterdeckpassagiere haben wir das Wasser sogar rationiert, aber das wird uns nicht lange helfen. Zumal die Verhältnisse dort unten immer schlimmer werden.«

»Kann man da nichts machen?«, fragte Emilia.

Er zuckte mit den Schultern. »Sie haben die Möglichkeit, sich Pro-

384

viant mit an Bord zu nehmen. Wir sorgen nur für das Nötigste. Einige haben das nicht getan, sie hungern nun, da das Essen nicht ausreicht. Oder sie haben sich minderwertige Lebensmittel mitgebracht, voller Kakerlaken und Fliegen, zum Teil schon verdorben. Und davon werden sie krank.«

»Aber das ist doch furchtbar.«

»Es ist jedes Mal dasselbe«, seufzte er. »Man kann sie darauf hinweisen, sie warnen, aber sie nehmen die Warnungen nicht ernst. Manchmal haben sie auch einfach kein Geld, haben die letzten Taler für die Überfahrt zusammengekratzt oder sich geliehen. Ich nehme schon weniger Passagiere an Bord als andere Schiffe, damit es nicht so eng ist. Und ich sorge für guten, nahrhaften Proviant. Aber auch ich muss leben und einen Gewinn machen.«

»Das verstehe ich. Aber gibt es nicht irgendetwas, was wir tun können?«

»Beten, dass es bald regnet und der Wind auffrischt.«

Eine weitere Woche ohne Regen verging, doch dann endlich tauchten dunkle Wolken am Horizont auf. Immer wieder wanderten die Blicke zum Himmel, versuchten zu erkennen, ob die Wolken näher kamen. Die Matrosen kletterten Wanten hoch und schwangen sich in die Rahen. Sie lösten die Zeisinge und hissten jedes Segel.

»Der Wind steht gut«, meinte Decker und schaute zum Flögel. »Es hat aufgefrischt. Wir machen gute Fahrt und die Wetterfront kommt auch näher. Ihr solltet alles sichern.«

»Wird es sehr stürmisch werden?« Antonie te Kloot nahm das Riechfläschchen aus ihrer Tasche und hielt es sich unter die Nase.

»Das kann ich noch nicht abschätzen. Es wird sicherlich mehr Wellengang geben, die Dünung hat ja jetzt schon zugenommen. Aber nichts, worüber Ihr Euch sorgen müsstet.«

»Kommt«, sagte Emilia beruhigend, »ich zeige Euch, wir Ihr Eure Sachen am besten verstaut.«

Es war das erste Mal, dass sie die Kabine der te Kloots betrat. Sie hatte ein ungutes Gefühl dabei und ließ die Tür zum Deck offen. Die Kabine war peinlich sauber aufgeräumt. Auf dem Waschtisch standen nur wenige Flakons, zwei Bürsten und ein Kamm lagen daneben. Auch in den Regalen war kaum etwas verstaut.

Emilia gab ihr ein paar Hinweise. »Viel müsst Ihr nicht tun, es kann ja nichts schurren oder fliegen, wenn nichts da ist«, sagte sie lachend. »Bei mir sieht es doch anders aus, dafür sorgen schon die Mädchen.«

Antonie senkte den Kopf. Emilia wusste, dass sich ihre Freundin sehnlichst ein Kind wünschte, dieser Wunsch aber noch nicht in Erfüllung gegangen war. Sie strich ihr tröstend über den Arm, es gab keine Worte, die Trost spenden würden. Schnell eilte sie auf die andere Seite des Decks, wo ihre Kabinen waren. Die Dünung hatte zugenommen und die eine oder andere Welle peitschte schon über die Verschanzung, Gischt machte das Deck feucht und glitschig. Eilig räumten Rieke und sie die Sachen weg, verstauten alles in die Kästen und Kisten, schütteten das Waschwasser über Bord. Emilia überlegte, wie sie die Kinder sichern konnte. Aber es gab keine Möglichkeit, Netze an den Betten zu spannen.

»Wir polstern die Ecken mit den Decken aus«, sagte Emilia und holte die Daunendecken aus dem Kasten, wo sie sie verstaut hatten, als es wärmer wurde. »Wenn es ganz arg wird, legst du dich mit Minnie in das eine Bett – das Kind zur Wand –, und dann hältst du sie fest, stemmst dich mit den Füßen gegen die Wand. Und ich nehme Lily.«

»So arg wird's werden?« Rieke schaute sie verängstigt an.

»Nur zur Vorsicht. Ich glaube nicht, dass das ein schlimmer Sturm wird. Es sieht eher nach Regen aus.« Sie überlegte. »Wir sollten jetzt alle noch etwas Leichtes essen, damit unser Magen nicht ganz leer ist. Nicht zu viel, bloß ein wenig.«

Der Steward stand in der Pantry und kochte Tee. »Kann ich Euch helfen, Ma'm??«

»Ihr habt vermutlich ordentlich zu tun, aber könnt Ihr den Smutje fragen, ob er vielleicht eine Brühe oder leichte Suppe hat?«

»Hab ich schon.« Jannes Kraus lächelte. »Es wird gleich serviert. Er hat zwei der Hühner geschlachtet, schon heute Morgen.«

Emilia aß mit Rieke und den Kindern zusammen in der Kabine. Minnie wollte nicht viel essen. Immer wieder schaute sie ängstlich zum Fenster. Die Wolken standen nun über dem Boot, so niedrig, dass man glaubte, der Topmast würde sie auseinanderreißen. Es war windiger geworden, aber nicht kabbelig. Das Schiff hob und senkte sich mit der See, lag aber gut im Wind und rollte nicht. Plötzlich regnete es und prasselte. Ein Gerenne und Getrappel war an Deck, dass Emilia ganz mulmig wurde. Sie hob Lily von ihrem Schoß und drückte sie Rieke in die Arme, nahm den Wachsmantel und öffnete die Tür. Die Luft war frisch und roch herrlich nach süßem Regen, doch es war fast, als würde man in ein Bad eintauchen. Keine einzelnen Tropfen fielen, es war eine Wasserwand, die niederging.

»Mehr Fässer!«, schallte es über das Deck. Emilia drückte sich an die Wand des Aufbaus und schob sich zur Treppe, die hinunter in die Kajüte führte. Dort, unter dem Vordach, blieb sie stehen und schaute Richtung Bug.

»Endlich«, sagte Kapitän Decker hinter ihr. Emilia zuckte zusammen.

Er stand neben ihr, den Kragen der dunklen Jacke hochgeschlagen, die Mütze tief in die Stirn gezogen, sie hatte ihn gar nicht bemerkt.

»Eimer, los, los!«, rief der erste Steuermann. Die Mannschaft hatte jede Ritze der Verschanzung verstopft und schöpfte nun das Wasser auf. Fass um Fass wurde gefüllt.

Decker ging die drei Stufen nach oben. »Luken dicht!«, brüllte er, kehrte dann wieder zu Emilia zurück. »Ich hatte die Luken aufgelassen, damit sie unten auch Frischwasser bekommen und der Boden reingeschwemmt wird.«

»Nehmen wir dann nicht zu viel auf?«

»Nein. Was zu viel ist, wird später rausgelenzt oder läuft durch die Speigatt ab. Einiges wird in die Bilge laufen, aber das stört uns nicht. Es war so trocken da unten und dreckig, da ist es nur gut, wenn es mal durchgespült wird. Die haben zwar Seewasser genug zum Putzen, nutzen es aber nicht ordentlich.« Er rümpfte die Nase.

»Ich habe sie gesehen, gestern, als sie an Deck waren. Manche sind nur noch Haut und Knochen und können sich kaum auf den Beinen halten. Die Kinder sind besonders schlecht dran«, sagte Emilia leise.

»Wir können es nicht ändern, Gnädigste. Wir tun ja schon, was wir können.« Er stapfte wieder nach oben, schaute in die Takelage. »Abbrassen und Segel einziehen!«, brüllte er. Er drehte sich um und nickte ihr zu, verschwand dann aufs Oberdeck zum Steuer.

Die Windböen ließen nach und auch der Regen fiel jetzt nicht mehr so heftig. Emilia kehrte zurück in die Kabine, hängte die tropfende Jacke an den Haken neben der Tür. Der Seegang war hoch, aber nicht unregelmäßig oder stampfend. Lily spielte vergnügt auf dem Bett mit ihrer Puppe, Minnie war auf Riekes Arm eingeschlafen, die Hündin lag unter dem Sofa.

»Wenn es weiter regnet, können wir morgen alle ein Bad nehmen«, sagte Emilia vergnügt. Zwar gab es genügend Seewasser, das auch zum Baden genutzt werden konnte, aber Emilia hatte immer das Gefühl, dreckiger und klebriger als zuvor aus dem Salzwasser zu steigen.

Am nächsten Morgen schien die Sonne wieder und trocknete alles. Die Auswanderer durften Leinen ziehen und ihr Hab und Gut an Deck trocknen. Tatsächlich war der Gestank, der aus den Luken nach oben stieg, wesentlich weniger geworden, stellte Emilia fest. Sie hatte die armen Leute bedauert, auf die das Wasser durch die Luken geprasselt war, war nun aber froh darüber, dass es etwas genutzt zu haben schien.

Rieke hatte sich mit einigen der Frauen angefreundet und traf sie, wenn sie an Deck kamen. Damit die Kabinenpassagiere nicht durch den Anblick der einfachen Leute gestört wurden, war eine Persenning als Sichtschutz gezogen worden. Meist saßen Emilia und Antonie sowieso auf dem Hinterdeck unter dem Sonnensegel und handarbeiteten. Dort wurde nun, da es stetig wärmer wurde, auch der Tee serviert. Die Kinder liebten es, an Deck zu spielen, wobei es Lily immer wieder nach vorn zog.

Die Männer trafen sich lieber im Rauchsalon, was Emilia gar nicht bedauerte.

Alle paar Tage ging nun ein warmer Schauer nieder, jedes Mal wurden die Fässer aufgefüllt. Sie näherten sich St. Helena.

»Dort werden wir vor Anker gehen und unsere Vorräte auffüllen«, erklärte Kapitän Decker. »Es gibt zudem die Möglichkeit, Post aufzugeben, und hoffentlich werden wir auch welche erhalten.«

Das hoffte Emilia sehr. Da Carl ihre Route kannte, würde er sicherlich dorthin geschrieben haben.

Manchmal lag sie nachts im Bett und stellte sich sein Gesicht vor. Mit Schrecken hatte sie bemerkt, dass ihre Erinnerung an ihn zu verblassen drohte. Doch bald, das sagte sie sich, würden sie sich wiedersehen.

Die Insel kam in Sicht, Emilia konnte sie schon riechen, als noch der Morgennebel über der See lag. Kaptauben flogen an Bord und Tölpel setzen sich in die Takelage. Gespannt beobachteten alle, wie die Insel näher kam, und endlich lagen sie in der Bucht vor Anker. Etliche kleine Boote, die die »Sophie« schon erwartet hatten, schossen längsseits und boten ihre Ware feil.

»Trade, Ma'm, Master. Trade«, riefen die Leute auf den Booten und hielten frische Früchte und Gemüse hoch.

Te Kloot machte sich einen Spaß daraus, die Preise tiefer und tiefer zu treiben, und kaufte zum Schluss doch nichts. Enttäuscht wandten sich die Händler ab.

Kapitän Decker ließ sich zum Ufer rudern, kam erst ein paar Stunden später zurück. Emilias Herz klopfte aufgeregt, als er die Post auf den Tisch der Kajüte legte. Vier Briefe von Carl waren gekommen. Sie hatte Decker ihre Post mitgegeben, so, wie die anderen Reisenden auch.

Die Dämmerung fiel schnell ein. Es herrschte ein unruhiges Treiben an Bord – Ware wurde verladen, Handel getrieben. Decker hatte die Auswanderer eindringlich aufgefordert, ihren Proviant aufzustocken. Der zweite Steuermann sollte darauf achten, dass sie nicht übervorteilt wurden. Auch hatte er den Smutje angewiesen, Kohl und Obst zu kaufen, Fleisch und Milch.

Emilia nahm die Briefe an sich, schaute suchend über das Deck.

Seit dem Abend der Äquatorquerung war sie nicht mehr auf dem Hinterdeck am Backstag gewesen. Wartmann, der zweite Steuermann, sah ihren Blick und die Post in ihren Händen. Er nickte ihr zu. »Geht ruhig, ich werde ein Auge auf den Gang haben«, sagte er und lächelte. »Dort lese ich auch immer die Briefe meiner Liebsten. Nirgendwo an Bord ist man so ungestört. Meistens zumindest.«

Emilia atmete erleichtert auf.

Carl ging es gut, die Geschäfte entwickelten sich. Auch hatte er ein kleines Häuschen für sie gefunden und gekauft. Die Einrichtung, so schrieb er, war schlicht, aber zweckmäßig.

Sein letzter Brief jedoch ließ Emilia den Atem stocken.

»Meine Liebste,

ich habe wunderbare Nachrichten für uns. Ich habe einen guten Agenten gefunden, der mir viele Orders verspricht. Regelmäßige Orders in hiesigen Gewässern bis hoch in die chinesische See und nach Singapur. Es klingt alles fast zu gut, um wahr zu sein. Es ist ein Deutscher, der vor zwei Jahren hierhergekommen ist, ein Herr Beckerath. Seinen Kompagnon kennst du schon – Herr te Kloot. Er reist zusammen mit dir, das ist kein Zufall, das ist Schicksal. So kennst du nun schon einen der beiden Männer, auf die wir in Zukunft bauen können, von denen unsere geschäftliche Entwicklung abhängt. Ich habe den Kontrakt unterschrieben, was dich sicherlich freut. So ist unser Leben für die nächsten Jahre gesichert.«

Sie ließ den Bogen sinken, schluckte. So sehr hatte sie gehofft, te Kloot am Ende dieser Reise nie wiedersehen zu müssen, doch nun schienen ihre Leben für etliche Jahre miteinander verbunden zu sein. Antonie war eine gute Freundin geworden und sie hatte auch Kontakt zu ihr halten wollen, jedoch nicht zu ihrem Mann. Und nun musste sie freundlich zu ihm sein, womöglich auch noch liebenswürdig. Ein dicker Kloß saß ihr im Hals, denn sie verabscheute te Kloot.

Als sie zum Abendessen in die Kajüte kam, strahlte ihr te Kloot schon entgegen und schwenkte einen Brief.

»Mein Kompagnon hat mir geschrieben. Wisst Ihr es auch schon?

Euer Gatte hat einen Vertrag mit ihm unterzeichnet. Er wird unser Geschäftspartner. Wir werden uns also auch in Sydney noch oft treffen.«

Antonie nickte begeistert. »Ist das nicht schön, meine Liebe? Und so ein Zufall, dass wir uns schon auf der ›Sophie‹ kennengelernt haben.«

»Ja«, sagte Emilia leise. Sie brachte kaum etwas von dem köstlichen Essen herunter. Jetzt, das war ihr klar, musste sie doppelt so vorsichtig sein.

23. KAPITEL

Am nächsten Tag stachen sie wieder in See, nun ging es zum Kap der Guten Hoffnung. Das Meer änderte seine Farbe, es war nun mehr grün als blau. Sie kamen in die reichen Fischgründe vor Afrika und hatten fast jeden Tag eine ordentliche Ausbeute an den Leinen, die auch den Auswanderern zugutekam. Zwei Monate waren sie nun unterwegs und knapp drei weitere würden sie noch auf See sein. Die Lage der Aussiedler hatte sich etwas verbessert, aber als sie im Indischen Ozean waren und südliche Richtung einschlugen, traten die ersten schweren Fälle von Diarrhö im Zwischendeck auf. Eine Frau und ein älterer Mann starben, auch ein Kind war dem Tod nahe.

Doktor Geisler kümmerte sich um die Erkrankten, hatte aber wenig Hoffnung. »Einige von ihnen sind zu geschwächt. Da kann man nicht viel machen. Vermutlich haben sie verdorbenes Wasser getrunken oder den Fisch zu lange liegen lassen.«

»Aber warum sollten sie das tun? Es gibt doch fast täglich frischen Fisch!«, sagte Emilia verwundert.

»Wer weiß, wie lange noch? Ich habe dort unten unter den Matratzen Brotreste gefunden, die steinhart sind – als Notfallreserve. Sie haben den Wassermangel noch deutlich vor Augen und wollen lieber alles horten, als es zu schnell zu verbrauchen.«

»Das ist doch der reine Wahnsinn«, murmelte Emilia traurig.

»Ihr könnt sie nicht ändern, Gnädigste.«

»Ihr habt ein viel zu weiches Herz«, polterte te Kloot. »Damit kommt Ihr nicht weit.«

»Es sind Menschen, so wie wir. Mit Träumen, wie wir sie auch haben. Sie wollen sich ein neues Leben in Australien aufbauen, genau wie wir«, sagte Emilia energisch.

»Sie haben aber nicht die Mittel dazu, wir schon«, antwortete te Kloot süffisant. »Hoffen wir nur, dass die Krankheiten nicht auf das Oberdeck übergreifen. Man sollte alle Kranken von Bord schmeißen.«

Emilia hielt die Luft an und zählte stumm bis zehn. Erst gestern war der kleine Junge, der gestorben war, in einem Sack vernäht in die See geworfen worden. Der Anblick hatte sie sehr berührt und der Gedanke, dass es auch eines ihrer Kinder treffen könnte, war fast unerträglich.

Eines Abends, es war ungewöhnlich still an Bord, ging Emilia auf das Hinterdeck und schaute in den Himmel. Dort war das Kreuz des Südens und der junge Mond sah aus wie eine leuchtende Schale, die am Himmel schwebte. Plötzlich spürte sie, dass noch jemand da war. Ihr stockte der Atem und dann roch sie auch schon den Zigarrenqualm, der te Kloot immer umgab. Sie drehte sich um, zwang sich zu einem Lächeln.

»Guten Abend.«

»Nun, meine schöne Mitreisende, noch so spät auf? Sehnt Ihr Euch nach Eurem Mann?« Er trat zu ihr, so dicht, dass sich ihre Arme berührten. Emilia wollte zurücktreten, blieb dann aber stehen.

»Ja.«

»Das kann ich mir vorstellen. So lange seid Ihr jetzt von ihm getrennt. Unmenschlich lange.« Er grinste.

»Wie geht es Eurer Frau?« Antonie hatte seit Tagen Migräne und die Kabine kaum verlassen.

»Ach, sie kränkelt mal wieder«, sagte er abfällig. »Sie ist nicht so robust und stark, wie Ihr es seid.«

»Solltet Ihr Eurer Frau nicht Gesellschaft leisten?«

Er lachte leise. »Eure Gegenwart empfinde ich als sehr angenehm.

392

Ihr seid eine reizende Frau. Sprüht nur so vor Lebenskraft. Das gefällt mir.« Er rückte noch dichter an sie heran.

»Ich wollte gerade zu Bett gehen.« Sie drehte sich um, aber er hielt sie am Ellbogen fest.

»Aber nicht doch. Schenkt mir noch ein wenig Eurer Zeit. Nur noch ein paar Wochen und wir haben das Ziel erreicht. Freut Ihr Euch darauf?«

»Ja, sehr! Ich kann es kaum erwarten.«

»Was wohl die Zukunft bringen wird?« Wieder lachte er leise, es klang höhnisch. »Ob sie Eurem Mann gute Charter bringen wird?«

Emilia biss sich auf die Lippen. »Er schrieb davon. Gute Aussichten soll es geben.«

»Ja, ja. Er muss nur die richtigen Charter und Orders bekommen, und das wollt Ihr doch auch?«

Emilia schwieg. Ihre Nackenhaare stellten sich auf.

»Ihr könnt Eurem Mann helfen.« Te Kloot drehte sich zu ihr um, er stand ganz dicht vor ihr, griff nach ihren Händen. »Ihr müsst nur …«

»Frau Lessing? Seid Ihr dort hinten?«, rief auf einmal der erste Steuermann. »Eure Magd sucht Euch.«

Emilia riss sich los und eilte nach vorn.

»Ihr müsst Euch in Acht nehmen«, wisperte Wartmann.

»Danke!« Schnell ging sie die Stufen hinunter, öffnete die Tür zu ihrer Kabine und verschloss sie hinter sich. Schwer atmend lehnte sie sich an die Tür. Sie war unvorsichtig gewesen. Noch mehr als zwei Monate würde das Schiff brauchen. Sie machte sich keine Illusionen, te Kloot würde seine Position ausnutzen, wann immer er dazu in der Lage wäre. Sie nahm sich vor, ihn deutlich in seine Schranken zu weisen, wenn er ihr das nächste Mal zu nahe trat.

Das Wetter wurde wieder schlechter, je weiter sie nach Süden kamen. Oft war es nebelig, und von der Antarktis wehte ein eisiger Wind. Die dicken Decken wurden wieder ausgepackt, das Sonnensegel verstaut.

»Wenn wir Glück haben, ist es nächste Woche schon wieder bes-

393

ser«, beruhigte Kapitän Decker seine Passagiere. »Wir haben hier eine vorteilhafte Strömung, die uns schneller voranbringt, als wenn wir nördlicher segeln würden.«

Es war Mitte August, Winter auf der Südhalbkugel.

»Ihr wart doch schon des Öfteren in Sydney, oder?«, fragte Emilia Kapitän Decker. »Wie ist dort das Klima?«

»Zumeist mild. Jetzt im Winter kann es kühl werden, aber es schneit nicht. Auch Frost habe ich noch nicht erlebt. Im Sommer ist es warm, manchmal auch heiß, aber nicht so unangenehm wie in den Tropen.«

»Regnet es viel?«

»Das kann ich Euch nicht sagen.« Decker lachte. »Ich bin nie längere Zeit dort. Ich lade die Passagiere aus, lasse Ballast an Bord bringen und segle nach Perth. Dort wird Weizen verladen und damit geht es zurück nach Europa. Dies ist nun schon die dritte Tour, bei der ich es so halte.«

»Sydney soll sehr angenehm sein«, sagte Antonie. »Das schrieb uns unser Geschäftspartner Adam Beckerath. Er hat uns ein Haus besorgt mit einem feinen Garten. Ich freu mich schon darauf. In Krefeld hatten wir auch einen kleinen Garten.«

»In Krefeld waren die Verhältnisse sehr beengt«, berichtete te Kloot. »Ich habe fünfzehn Geschwister bisher und hoffe, auch für den ein oder anderen von ihnen Möglichkeiten in Australien zu finden.«

»Deine beiden älteren Schwestern sind verheiratet«, sagte Antonie. »Sie und ihre Männer werden sicher nicht auswandern.«

»Nun, ich habe ja noch drei jüngere Brüder.« Te Kloot lachte.

»Simon ist siebzehn und in der Lehre, Rudolph ist gerade zehn und Jakob erst drei.« Antonie schüttelte den Kopf. »Es wird wohl noch eine Weile dauern, bevor du sie nachholen kannst.«

Je näher sie dem Ziel kamen, umso mehr beschäftigten sie die konkreten Fragen des zukünftigen Lebens.

Carl hatte ein Haus gekauft, hatte er geschrieben. Dabei wollte Emilia doch weiterhin mit ihm auf Fahrt gehen. Das hatten sie so

394

ausgemacht und daran würde sie auch festhalten, bis Lily in die Schule gehen musste. Vier gemeinsame Jahre würden sie also noch auf der »Lessing« haben. Doch vielleicht war es gar nicht verkehrt, ein Haus zu besitzen, in das sie heimkehren und in dem sie zwischen den Touren wohnen konnten.

»Aber wenn das Haus über Monate leer steht, dann ist das auch nichts«, sinnierte Emilia.

»Muss ja nich«, sagte Rieke und grinste. »Ik kann ja oppassen. Wenns denn groß genug is.«

»Du?«

»Ik muss ja nun ooch jichtenswo leven.«

»Ich glaube nicht, dass wir dich als Magd einstellen können, Rieke.«

»Weeß ik doch. Ava ik seek mir en Arbet inne Stadt. Da werd ik scho watt finnen.«

Emilia dachte nach, die Idee war gar nicht schlecht, fand sie. Rieke konnte das Haus hüten, während sie mit den Kindern und Carl auf der »Lessing« war. So würden sie zwei Fliegen mit einer Klappe schlagen – das Haus stünde nicht leer und Rieke hätte eine Unterkunft.

Jeden Abend schrieb sie Carl, auch wenn sie wusste, dass die Briefe zusammen mit ihr ankommen würden, denn sie planten nicht, einen weiteren Hafen anzulaufen. Aber es war ihr eine liebe Gewohnheit geworden, eine Art Tagebuch für ihren Mann zu führen.

Decker hatte recht gehabt, bald schon wurde es wieder wärmer, auch wenn die Strömung kalt blieb. Die Temperaturen waren angenehm, so dass sie, wenn auch mit Jacken und Mänteln bekleidet, den Tee wieder auf dem Oberdeck einnehmen konnten.

Minnie war ein Mamakind, am liebsten saß sie auf Emilias Schoß oder an ihrer Seite, spielte ruhig und vergnügt mit ihren Puppen und schaute in die Segel. Sie sprach nur wenig, dafür aber deutlich. Lily dagegen war ein Wirbelwind, wäre am liebsten in die Wanten geklettert und schlich sich manchmal nach vorn zur Kombüse. Dort saß sie dann bei den Matrosen und hörte ihren wilden Geschichten zu.

395

Bei den ersten Malen war Emilia vor Sorge schier verzweifelt, jetzt aber wusste sie, wo sie suchen musste, wenn Lily mal wieder ausgebüxt war.

»Nun lasst die Deern mal ruhig bei uns«, sagte der Smutje grinsend. »Sie stört ja nicht.«

Emilia lachte. Im Grunde war sie froh, dass Lily das Leben an Bord genoss. Lady hielt sich meist in der Nähe des Kindes auf, sie bellte, wenn Lily zu nahe an die Verschanzung ging, und auch, wenn die See rauer wurde.

»Das ist ein Seehund«, sagte Kapitän Decker begeistert. »Egal, wie die Dünung ist, sie hält sich immer auf den Beinen.«

»Sie wurde während eines Sturms geboren«, erzählte Emilia.

»Ich hatte früher auch einen Hund an Bord, einen Pudel. Hunde sind treue Gefährten.«

Emilia und Kapitän Decker hatten sich so manches zu erzählen. Er war schon öfter in den südlichen Gewässern gesegelt, kannte die meisten Häfen. Emilia war gespannt, wohin sie die nächsten Touren mit der »Lessing« bringen würden.

Ende August ging sie noch einmal spät mit Lady an Deck. Der Hund hatte Stockfisch geklaut und sich den Magen verdorben.

An der Reling stand te Kloot und rauchte eine Zigarre. Als sie ihn sah, drehte sie um und wollte auf die andere Seite gehen, doch te Kloot folgte ihr.

»Was habt Ihr es so eilig, meine Gute?«, fragte er. »Ich freue mich immer, wenn ich Euch sehe. Vor allem abends allein.« Er verschliff die Silben, hatte wieder dem Cognac ordentlich zugesprochen. »Nun habt Euch nicht so und leistet mir Gesellschaft.«

Emilia schnaufte und blieb stehen. »Es wäre besser«, sagte sie in einem scharfen Ton, »wenn Ihr in Eure Kabine gehen würdet.«

»Ach ja? Jetzt klingt Ihr ja fast wie meine Frau. Wollt Ihr nicht ein wenig lieb zu mir sein?«

»Ich bin so freundlich, wie ich es vermag, und vielleicht wäre es gut, wenn Ihr auf Eure Frau hören würdet.«

»Na, na! Ihr wollt es Euch doch nicht mit mir verderben?« Er zwinkerte ihr zu. »Denkt Ihr gar nicht an die Zukunft Eures Mannes? Wollt Ihr mir nicht einen Kuss geben?«

»Ich denke an meinen Mann, immerzu. Und nein, ich werde Euch ganz sicher nicht küssen, was fällt Euch ein?«

»Denkt doch mal nach«, sagte er leise. »Euer Mann ist von mir abhängig.«

»Mein Mann hat mit Eurem Kompagnon einen Kontrakt unterschrieben. Dieser Kontrakt beinhaltet Orders und Charter, aber nicht mich.« Sie streckte das Kinn nach vorn.

Te Kloot kniff die Augen zusammen. »An Eurer Stelle würde ich darüber noch einmal nachdenken«, zischte er.

»Ich habe darüber nachgedacht. Vermutlich kann ich meinem Mann nicht empfehlen, mit Euch zusammenzuarbeiten, wenn Ihr solche Mittel gebrauchen müsst, Herr te Kloot. Und auch keinem anderen Kapitän. Mein Mann kennt einige und auch Kapitän Decker ist mit vielen wohlbekannt.« Sie zog die Augenbraue hoch.

»Miststück!« Te Kloot drehte sich um und ging. Nach wenigen Schritten hielt er inne und sah noch einmal zu ihr. »Wagt es nicht, falschen Leumund über mich zu verbreiten.«

»Etwas Falsches über Euch verbreiten?« Sie lächelte. »Das würde ich nie tun, Herr te Kloot. Niemals. Ich würde Euch nur raten, Abstand von mir zu halten.«

Te Kloot schüttelte grimmig den Kopf und stampfte davon.

Erleichtert atmete Emilia auf. Sie hoffe inständig, Carl keinen Bärendienst erwiesen zu haben. Falls te Kloot die Verträge nun nicht einhalten würde, wäre es vielleicht auch besser so, tröstete sie sich. Jemand, der mit solch unlauteren Methoden arbeitete, konnte kein guter Geschäftspartner sein.

Von nun an ließ te Kloot sie in Ruhe. Wenn sie abends an Deck kam, ging er in den Rauchsalon oder in die Kabine.

»Ich mache mir Sorgen um meinen Mann«, gestand Antonie Emilia. »Seit zwei Wochen ist er schlechtgelaunt. Ich hoffe, er brütet keine Krankheit aus.«

»Vielleicht«, sagte Emilia, »macht er sich nur Gedanken um Eure

397

Zukunft. Jetzt sind wir fast am Ziel, und auch wenn Euer Geschäftspartner schon viel berichtet hat – es ist ein ganz neuer Anfang in einem fremden Land. Auch mich beschäftigt das.«

»Das kann natürlich sein«, sagte Antonie erleichtert. »Gedanken mache ich mir auch. Wie wohl dort die Lebensmittel sind und was es geben mag? Ob wir schnell vernünftiges Personal finden? Wir hätten es so machen sollen wie ihr und wenigstens das Mädchen mitnehmen sollen. Jetzt stehen wir erst einmal ohne Dienstleute da.« Sie seufzte.

»Ihr werdet bestimmt schnell eine Hilfe finden.« Sie mochte Antonie wirklich sehr gerne und hatte kurz überlegt, ob sie ihr Rieke empfehlen sollte. Aber das würde sie nur im allergrößten Notfall tun, wenn Rieke wirklich keine andere Arbeit fände. Te Kloot traute sie nicht über den Weg, er war ein Schürzenjäger, der Leute erpresste und ausnutzte. Das wollte sie Rieke nicht zumuten.

Im Zwischendeck hatten sich die Zustände verschlechtert. Ein weiteres Kind war gestorben. Emilia hatte den Smutje angewiesen, ihr restliches zusätzliches Rindfleisch und die Konserven mit gezuckerter Milch den Schwächsten zu geben. Die Verpflegung auf dem Oberdeck war vorzüglich. Und da sie sich nun dem Ende der Reise näherten, wurden die verbliebenen Schweine und Gänse geschlachtet. Frischer Fisch wurde fast täglich gefangen und dem Smutje fiel immer wieder eine neue Zubereitungsart ein, so dass es ihnen nicht über wurde.

Am 18. September meldete der Ausguck Land. Noch war es kaum zu erkennen, aber Stunde um Stunde konnte sie mehr erahnen und schließlich sehen. Dort war Australien, sie hatten ihr Ziel fast erreicht.

Unruhe erfasste das Schiff. Es wurde gepackt und geräumt.

»Da ist Papa?«, fragte Lily immer wieder und war kaum noch in die Kabine zu bekommen. Sie stand am Oberdeck und schaute zum Land. »Papa!«

Emilia glaubte nicht, dass das Kind sich tatsächlich an Carl erinnern konnte, aber sie hatte den Mädchen jeden Abend von ihm erzählt und mit ihnen für ihn und die »Lessing« gebetet.

Minnie saß, ihre Puppe fest im Arm, auf dem Sessel. Ängstlich betrachtete sie das Treiben um sich herum. Auch Rieke war stiller als sonst.

»Machst du dir Sorgen?«, fragte Emilia.

»Weeß nich. Ist halt en neues Land. Aventeuer, irjentwie. Wer weeß, wat allet kümmt.«

»Ich werde immer für dich da sein, wenn du Hilfe brauchst.«

»Dat weeß ik ooch.« Rieke grinste. »Wird scho werden.«

Am Abend kam der Lotse an Bord und sie fuhren in den großen Hafen ein. Lange stand Emilia an der Verschanzung, suchte den Hafen ab. Schließlich wurde sie fündig. Dort war die »Lessing«. Erleichtert atmete sie auf.

Sie gingen im Hafenbecken vor Anker. Ein seltsames Gefühl. Das Schiff rollte zwar noch ein wenig in den Wellen, aber es lief nicht mehr durch die See.

Emilia und Rieke hatten ihre Habseligkeiten verstaut. Ein letztes Mal wurde in der Kajüte zu Tisch gebeten. Eine seltsame Abschiedsstimmung lag über allen. Sie hatten Monate zusammen verbracht und am kommenden Tag würde jeder seiner Wege gehen. Mit Antonie, das wusste Emilia, würde sie in Kontakt bleiben. Auch Doktor Geisler hatte sie ins Herz geschlossen. Doch er wollte weiterziehen, ins Landesinnere und Forschung betreiben. Kapitän Decker und die »Sophie« würden sie vielleicht in einem anderen Hafen wiedertreffen. Aber nie wieder würden sie so zusammensitzen.

In dieser Nacht schlief kaum jemand an Bord. Im Zwischendeck wurde gepackt und verstaut, Unruhe und Angst vor der ungewissen Zukunft lag über dem Schiff. Aber auch die Freude, endlich das langersehnte Ziel erreicht zu haben.

Emilia konnte kaum glauben, dass sie morgen ihren Carl endlich wieder in die Arme schließen würde. Mehr als zwei Jahre hatten sie sich nicht gesehen. Sie freute sich darauf, machte sich aber auch Sorgen, ob alles noch so sein würde wie früher. Immerhin kannte er

Minnie noch gar nicht und Lily war sehr groß geworden. Doch als sie sich erinnerte, wie liebevoll er mit Lily umgegangen war, schob sie ihre trüben Gedanken beiseite.

Aber zwei Jahre waren eine lange Zeit. Sie hatte ein weiteres Kind bekommen, hatte Entscheidungen allein treffen müssen, hatte diese Reise angetreten, die nun ihrem Ende entgegenging. Carl hatte die neue, unbekannte Welt erkundet, ein Haus gekauft und Charter ausgemacht. Auch er würde sich verändert haben. Sie wusste, dass er ihr schreckliche Erlebnisse, so er denn welche gehabt hatte, verschwieg, um sie zu schonen. Waren sie in einen Sturm geraten? War jemand von der Mannschaft erkrankt? Von kleineren Übeln berichtete er, aber nicht von den großen. Doch sie hatte auch zwischen den Zeilen gelesen, gerade die ersten Briefe waren voller unterdrückter Sorge gewesen. Sorge um sie und die Kinder, aber sicher auch Sorge darüber, ob es in Australien tatsächlich eine Zukunft für die Familie geben würde. Morgen würden sie sich endlich wiedersehen und sie konnte es kaum erwarten. Sie sehnte sich nach seinem Anblick, seiner Stimme, seinem Geruch, seiner Haut und seinen Händen.

Früh am Morgen, die Schiffsglocke schlug zum Wachwechsel, stand sie leise auf und kleidete sich an. Dann begab sie sich an Deck. Die Sonne ging gerade auf, der Hafen lag noch in einem diffusen, unwirklichen Licht. Dort irgendwo würden sie wohnen. Der Himmel schien hier viel weiter und größer zu sein als in Europa, das Meer war von einem leuchtenden Blau. Die Hügel in der Ferne schimmerten rötlich. Ein Land voller Farben, mit fremden Gerüchen. Ein Kormoran glitt durch die Luft, stieß seinen Ruf aus – eine Mischung zwischen dem Gurren einer Taube und dem Jammern der Schafe bei Regen, fand Emilia. Es war frisch, fast schon kalt, aber klar.

Langsam kam Leben in den Hafen, Segler und Fischerboote liefen aus, Arbeiter ent- oder beluden die Frachtschiffe. Auch hier gab es schon die ersten Dampfsegler und auch kleine Dampfschlepper.

Die »Sophie« hatte am Außenrand des Hafens geankert, erst musste

der Hafenarzt das Schiff abnehmen und die Zollkontrolle stattfinden.
Da näherte sich auch schon ein Boot, kam längsseits.

Kapitän Decker trat an Emilias Seite. Das Fallreep wurde heruntergelassen, der Arzt und die Zollbeamten kamen an Bord.

Die Auswanderer mussten sich auf Deck aufstellen und einen großen Teil ihrer Kleidung ablegen.

»Wollt Ihr nicht lieber hineingehen?«, fragte Decker Emilia.

Sie schüttelte den Kopf. »Wonach schaut er?«

»Nach Krankheiten wie den Blattern oder den Pocken.«

»Und wenn jemand das hat?«

»Dann muss er in Quarantäne gehen. Eigentlich alle Passagiere.«

»Wir auch?«, fragte sie entsetzt.

»Nein.« Decker schüttelte den Kopf. »Das gilt nicht für das Oberdeck. Wohl aber für die Mannschaft. Haben wir ansteckende Krankheiten an Bord, wird der Landgang eingeschränkt oder sogar untersagt. Das ist mir bisher nur einmal passiert. Der Matrose kam an Land auf die Quarantänestation, und als wir wieder in See stachen, haben wir ihn zurückgeholt.« Er grinste. »Aber macht Euch keine Sorgen, Doktor Geisler hat uns allen beste Gesundheit bescheinigt. Der Arzt wird Euch nur kurz anschauen.«

»Muss ich mich auch ausziehen?«, wisperte Emilia und schaute wieder mittschiffs. »Das musste ich noch nie.«

Decker lachte laut. »Nein, keine Sorge.« Er tippte an seine Mütze und ging nach vorn.

Einige der Auswanderer waren extrem erschöpft und zeigten Mangelerscheinungen, aber keiner hatte Anzeichen einer ansteckenden Krankheit. Wie Decker vorausgesagt hatte, wurden die Passagiere des Oberdecks nur kurz begrüßt und bekamen dann die Genehmigung, das Land zu betreten. Auch die Zollformalitäten waren schnell abgeschlossen. Der Arzt und die Beamten verließen die »Sophie« und ein Schlepper kam, nahm die Leinen und mit einem Ruck setzte sich das Schiff wieder in Bewegung, nachdem der Anker eingeholt worden war. Langsam wurden sie zum Kai geschleppt. Emilia stand an der Reling, Minnie auf dem Arm und Lily an der Hand. Wo war Carl?

Ihre Augen suchten den Kai ab, viele Menschen standen dort, Händler, Agenten, Arbeitsvermittler und Gauner, die die Neuankömmlinge übers Ohr hauen wollten. Decker hatte die Auswanderer eindringlich vor den Betrügern gewarnt.

Dort? War das Carl? Aber er sah so hager aus und kleiner, als sie ihn in Erinnerung hatte. Aber vielleicht täuschte die Entfernung? Ihr Herz schien ein kleines Tier zu sein, das wild in ihrem Brustkorb herumsprang.

»Wo ist Papa?«, fragte Lily und stellte sich auf die Zehenspitzen. Dennoch konnte sie kaum über die Verschanzung schauen. »Ich sehe gar nichts!«, sie stampfte wütend mit dem Fuß auf.

Rieke, die hinter ihnen stand, trat vor und hob sie hoch.

»Papa?«

»Dort.« Emilia zeigte in die Menge. »Der Mann mit dem blauen Anzug und dem Bart«, sagte sie fast tonlos.

»Das ist Papa? Hallo, Papa!« Lily winkte. »Papa, hier bin ich!«

Emilia konnte sich das Lachen kaum verkneifen. Minnie schmiegte sich an sie, klammerte sich geradezu an ihr fest. »Mama«, sagte sie leise. »Will Mama.«

»Ich bin doch hier, Täubchen.« Emilia spürte Minnies Angst vor dem Unbekannten, ihr ging es ähnlich. Doch die Freude überwog. Endlich! Endlich hatten sie sich wieder. Der Abstand zum Ufer verringerte sich mehr und mehr, die Fender wurden ausgehängt. Das Schiff vibrierte, als es anlegte, die Leine geworfen und festgemacht wurde. Die Gangway wurde ausgelegt, die »Sophie« war mit dem neuen Land verbunden. Nur wenige Schritte trennten Emilia jetzt noch von Carl.

Te Kloot stand schon an der Gangway, er verließ als Erster das Schiff, seine Frau folgte ihm mit trippelnden, unsicheren Schritten. Doktor Geisler lächelte und ließ Emilia den Vortritt. Sie eilte die Planken hinunter, hatte ihren Blick fest auf Carl gerichtet, der unten am Kai stand und ihr entgegensah. Dann betrat sie das Land, atmete einmal tief durch. Carl stand vor ihr, sie schauten sich an, erst unsicher, aber dann lächelte er freudig.

»Emma, endlich!«

Am liebsten wären sie sich in die Arme gefallen, aber das schickte sich nicht.

Carls Blick wanderte zu Minnie. Fassungslos schüttelte er den Kopf. »Bist du groß geworden, Lily«, sagte er leise.

Emilias Anspannung löste sich in einem lauten Lachen. »Aber das ist Minnie, deine zweite Tochter.«

»Was? Das kann nicht sein.« Er schluckte. Dann streckte er die Hände aus. »Hallo, Minnie, Süße.«

Das Kind drückte sich eng an Emilia, wandte den Kopf ab.

»Papa! Du bist Papa!«, rief Lily, die mit Rieke die Gangway hinunterkam. »Mein Papa!« Sie riss sich los, stürmte auf Carl zu und sprang in seine Arme.

Es war ein aufregendes Wiedersehen und bald wusste Emilia nicht mehr, wo ihr der Kopf stand. Minnie weinte, sie hatte Angst vor den vielen Leuten und dem Lärm am Kai, dem fremden Mann und all dem Neuen. Schließlich nahm Rieke sie und ging mit ihr zu der Kutsche, die auf sie wartete.

»Das Gepäck und der Hund …«, sagte Emilia.

Carl lächelte. »Darum wird Wölsch sich kümmern.« Er drehte sich um und winkte seinen Steuermann herbei, der abseits gewartet hatte.

»Gnädigste, endlich seid Ihr hier. Der Kapitän war kaum noch zu ertragen in den letzten Wochen«, sagte er grinsend. »Fahrt Ihr mal in Euer neues Zuhause, ich werde mich um alles kümmern, die Jungs sind da hinten und werden helfen. In null Komma nichts haben wir Euer Gepäck von Bord.«

»Ach, Herr Wölsch, es freut mich so, Euch zu sehen. Das ist, wie nach Hause zu kommen.« Emilia seufzte erleichtert. »In der Kabine ist der Hund. Ich habe sie angebunden, damit sie nicht wegläuft.«

»Die gute Kara? Ihr habt sie mitgebracht?«

»Nein. Ich habe Lady dabei.«

»Fein, sie ist ein wahrer Schiffshund, sturmgeboren. Keine Sorge, ich werde mich kümmern.«

403

Lily wollte gar nicht mehr von Carls Arm herunter, auch hörte sie nicht auf, zu reden.

»Papa, und einen Hai haben wir gefangen. Und Tölpel. Wale habe ich gesehen, ganz große mit ihren Kindern. Riesig sind die. Gehen wir jetzt auf die ›Lessing‹?«

»Nein, mein Herz, wir gehen jetzt in unser Haus, in dem wir wohnen werden.«

»Wohnen wir denn nicht auf der ›Lessing‹?«

Carl schaute Emilia fragend an. Sie zog eine Augenbraue hoch.

»Bald, meine kleine Meerjungfrau, wohnen wir auf der ›Lessing‹«, sagte sie. »Und immer wenn wir an Land sind, wohnen wir in unserem Haus.«

Sie gingen dicht nebeneinanderher. Carl tastete nach ihrer Hand, nahm sie und drückte sie zärtlich. Wie ein Stromschlag durchfuhr es sie und sie musste sich auf die Lippen beißen und kurz die Augen schließen, so glücklich war sie.

Das Haus in Glebe, einem Vorort der Stadt, war klein, aber zweckmäßig. Emilia blieb einen Moment davor stehen, dann betrat sie die Diele, ging langsam durch jeden Raum. Hinter dem Haus befanden sich ein großer Hof und ein Garten, den sie bewirtschaften konnten. Emilia war froh, dass Inken ihr all die Sachen – das Geschirr und die Wäsche – mitgegeben hatte, denn außer einigen Möbeln gab es noch nichts.

Rieke und sie putzten das Haus gründlich, begannen dann die Kisten auszupacken und alles einzurichten. Carl war mit Emilias Vorschlag, Rieke in dem Haus wohnen zu lassen, einverstanden. Er nahm sich viel Zeit mit den Kindern, aber Minnie blieb verhalten und schüchtern ihm gegenüber. Nur Lady tat so, als hätte sie schon immer in dem Haus gewohnt. Sie lief einmal durch alle Räume und legte sich dann zufrieden unter den Tisch im Esszimmer.

In der ersten Nacht war Emilia plötzlich wieder so schüchtern wie vor ihrer Eheschließung. Doch als sie endlich mit Carl allein war, er sie in den Arm nahm und vorsichtig küsste, verlor sie alle ihre Bedenken und Ängste. Leidenschaftlich presste sie sich an ihn, schmeckte und fühlte ihn, genoss seine warme Haut und seine zärtlichen Hände auf ihrem Körper.

»Ich muss so bald wie möglich wieder auslaufen. Die Mannschaft wird schon langsam unruhig und außerdem brauchen wir Einkommen«, sagte Carl und legte den Arm um Emilia.

Sie kuschelte sich an ihn, die zwei Jahre der Trennung waren wie weggewischt.

»Hast du schon eine Charter?«

»Ich werde morgen zu Beckerath und te Kloot gehen, sie haben mir weitere Aufträge in Aussicht gestellt. Du hast te Kloot ja kennengelernt, ich habe nur Gutes über ihn gehört.«

Emilia versteifte sich unwillkürlich. Was sollte sie Carl sagen?

Ihr Mann bemerkte ihre Reaktion und rückte ein wenig ab, sah sie an. Das Mondlicht schien durch die Fenster, an denen noch keine Vorhänge hingen.

»Was ist mit te Kloot?«, fragte er leise.

»Ich mag ihn nicht. Seine Frau ist mir sehr liebgeworden, aber er ist … kein feiner Mensch.«

»Meinst du?« Carl zog sie wieder an sich. »Gut zu wissen.«

»Aber wir brauchen die Orders.«

»Das stimmt. Und ich habe einen Kontrakt. Warum magst du ihn nicht?«

Emilia zögerte, dann erzählte sie ihm, wie verächtlich er über die Aussiedler gesprochen hatte, schilderte sein arrogantes Verhalten den Händlern bei St. Helena gegenüber, seinen rüden Ton, den er vor der Mannschaft an den Tag gelegt hatte. Sein Verhalten ihr gegenüber verschwieg sie.

»Ich sehe schon, wir werden nicht die besten Freunde werden«, sagte Carl ruhig. »Das macht nichts, solange Beckerath mit im Geschäft ist. Außerdem gibt es auch noch andere Agenten in Sydney.«

»Wann willst du in See stechen?«

»Wenn es geht, noch diese Woche, spätestens nächste.«

»Lily freut sich schon. Sie ist ein wahres Meereskind.« Emilia lächelte.

»Minnie ist ganz anders. Ein liebes Mädchen, scheint mir, aber so ruhig.«

»Ihr wird es auch auf der ›Lessing‹ gefallen.«

Sie redeten noch eine ganze Weile, sie hatten sich so viel zu erzählen. Carl berichtete von der Mannschaft – wer noch dabei war und von den Neuen. Dann schliefen sie erschöpft ein.

Vier Tage später lief die »Lessing« aus dem Hafen von Sydney aus in Richtung Perth. Dort würden sie Weizen aufnehmen und nach Neukaledonien bringen. In Neukaledonien sollten sie Sandelholz aufnehmen, das nach Singapur verschifft wurde. Von Singapur aus ging es mit einer Ladung Reis zurück nach Sydney.

Schnell gewöhnten sich die Mädchen an das Leben an Bord. Minnie blieb jedoch stiller und zurückhaltender als Lily. Emilia genoss es, endlich wieder mit Carl vereint zu sein. Nur wenige Wochen im Jahr verbrachten sie in ihrem Haus in der Glebe Point Street, das Rieke treu hütete und in Ordnung hielt. Sie hatte eine Stelle in einer Gärtnerei gefunden. Der Eigentümer, Martin Vollmer, war Deutscher und freundete sich bald mit Carl an. Mit ihm besuchte Carl regelmäßig den deutschen Club in der Innenstadt, auch Emilia schloss ein paar Freundschaften. Der Kontakt zu Antonie te Kloot brach nie ab, sie wurden enge Freundinnen, auch wenn Emilia es tunlichst vermied, mit Antonies Mann zusammenzutreffen. Am 1. Juli 1861 brachte Emilia eine weitere Tochter zur Welt. Sie waren gerade in Melbourne. Sie nannten sie Amalie Antonie und Frau te Kloot wurde Taufpatin.

Anfang September 1862, sie waren unterwegs von Rangun nach Hongkong und Emilia war wieder einmal hochschwanger, zog schlechtes Wetter auf.

»Wind von Nordosten«, sagte Carl besorgt. »Es scheint ein Sturmtief zu sein.«

»Wie schlimm wird es?«, fragte Emilia sachlich. Sie hatte inzwischen schon einige Stürme mitgemacht, so schnell konnte sie nichts mehr schrecken. Allerdings spürte sie, dass die Geburt des Kindes bevorstand.

»Es könnte sich zu einem Taifun entwickeln.« Carl wirkte sehr ernst, das kannte sie gar nicht von ihm.

Emilia sicherte routiniert alle Sachen, die See schlug hoch, überkam das Schiff. Für die Kinder hatten sie inzwischen die Lotsenkammer ausgebaut. Die Stockbetten waren mit Netzen gesichert und hatten Riemen, an denen sich die beiden Mädchen festhalten konnten. Die vierjährige Minnie war verängstigt und weinte, Lily, sie war gerade fünf geworden, wäre am liebsten auf das Deck zu ihrem Vater gegangen. Sie liebte es, wenn ihr der Wind die Gischt ins Gesicht peitschte.

Amalie Antonie, die sie Tony nannten, schlief noch in dem kleinen Bettchen in Emilias und Carls Kammer, in dem schon Lily geschlafen hatte. Das Körbchen für den nächsten Säugling stand bereit.

Der Steward hatte eine Kabine mittschiffs bekommen, in seiner ehemaligen Kammer schlief nun Francis, ein Mulatte aus Indonesien, der die Rolle der Nanny übernommen hatte.

»Francis, pass bloß auf, dass Lily nicht ausbüxt«, sagte Emilia und brachte Tony zu Bett, stopfte die Kissen und Decken fest um sie herum. Es regnete in Strömen, der Wind blies böig und heftig. Carl hatte die Segel einholen lassen, nur die Sturmsegel standen noch. Als es heftig blitzte und donnerte, kroch Emilia in ihre Koje, Tony schlief zum Glück tief und fest.

»Mama«, rief Minnie weinend. »Mama, ich will zu dir.«

Seufzend stand sie auf und holte das Kind zu sich. Die »Lessing« rollte im Sturm, hob sich, so dass Emilia fast glaubte, das Schiff würde hintenüberschlagen, dann senkte sich der Bug wieder und sie schossen in das Wellental. Lily saß in ihrem Bett und schaute fasziniert durch das Fensterchen nach draußen. Die grellen Blitze erinnerten Emilia an das Magnesium, das der Fotograf entzündet hatte, der Donner schien die »Lessing« bis in die Bilge zu erschüttern. Minnie zitterte vor Angst und auch Emilia fürchtete sich. Gegen Morgen flaute der Sturm ab. Sie hatten Wasser aufgenommen und mussten es abpumpen und lenzen. Die Kinder waren zum Glück irgendwann eingeschlafen, doch Emilia hatte kein Auge zugemacht. Sie schleppte sich an Deck, die

Faust ins Kreuz gepresst. Carl stand am Steuer und sah immer noch besorgt aus, die See war unnatürlich ruhig und es war windstill.

»Es ist doch vorbei«, sagte sie.

Carl schüttelte den Kopf. »Das ist ein mächtiger Taifun, eine riesige Windhose und wir sind im Auge des Sturms.«

Emilia wurde bleich, ein Krampf schüttelte sie. Langsam ging sie nach vorn zur Kombüse. Piet, der Smutje, war der »Lessing« all die Jahre treu geblieben.

»Ich brauche dich«, sagte Emilia leise. »Das Kind kommt.«

Er sah sie prüfend an, nickte dann. »Der Boy soll mit den Kindern in die Kombüse gehen, so dass sie Euch nicht stören.« Dann grinste er. »Lange wird es ja nicht dauern, so, wie ich Euch kenne.«

»Schnell wie eine Katze«, sagte Emilia lachend. »Ich weiß, es ist nicht damenhaft, aber ich bin froh darüber.«

Die Wehen kamen schnell und waren heftig. Am 7. September 1862 gegen Mittag gebar Emilia ihr viertes Kind in der südchinesischen See. Es war ein Junge und sie nannten ihn nach ihren Vätern Frederick Martin Lessing.

Sie hatten keine Zeit, das freudige Ereignis gebührend zu feiern, der Wind frischte wieder auf und das Schiff schlingerte. Schon bald war es stockdunkel, wieder stürzte der Regen herab, es gewitterte mächtig. Die Kinder waren sicher in ihren Betten verstaut, Emilia hielt den Säugling dicht an sich gepresst. Obwohl die Geburt schnell und leicht gewesen war, fühlte sie sich erschöpft.

Riesige Wellen gingen über das Schiff und Emilia musste an die Erzählungen der Matrosen denken, wenn sie von Kaventsmännern berichteten. Obwohl das Oberlicht in der Kajüte abgedeckt war, drang dort Wasser ein. Auch vom Deck strömte Wasser in die Kammern und in die Kajüte. Verzweifelt bemerkte Emilia, dass das Wasser immer höher und höher stieg.

»Francis«, rief sie. »Nimm Lily und geh mit ihr in Minnies Bett, jetzt sofort. Hol auch Tony!«

»Aye, Ma'm«. Dem Boy war die Angst ins Gesicht geschrieben, doch er folgte ihren Anweisungen.

Das Wasser stand nun schon bis an die Kante der Koje, immer, wenn sie in das Wellental rauschten, floss es in das Bett. Emilia nahm den Säugling und kämpfte sich bis zur Kajüte. Sie führte ein Seil unter dem Tisch hindurch, kletterte hinauf und legte sich hin. Das Seil verknotete sie über ihrem Leib, so konnte sie nicht vom Tisch rutschen. Sie schützte das Kind mit ihren Armen, so gut sie konnte.

»Alle Mann an Deck«, hörte sie Carl brüllen. »Es geht um Kopf und Kragen!«

Stundenlang tobte der Sturm, gegen Morgen endlich ließ er nach. Die Männer hatten sich an den Pumpen abgewechselt, sie waren bis auf die Knochen erschöpft. Als das Wasser in der Kajüte nur noch knöcheltief stand, löste Emilia das Seil. Auch ihr tat alles weh, sie war steif und verkrampft, fror. Frederick schlief selig, er schien nichts mitbekommen zu haben. Francis nahm das Kind, während Emilia vorsichtig nach oben an Deck ging.

Die »Lessing« sah furchtbar aus, die Takelage war zerrissen, zwei Rahen gebrochen, der Besanmast abgeknickt. Die Segel schienen nur noch in Fetzen zu hängen. Auch die Verschanzung war zum Teil davongespült worden. Zum Glück gab es keine Schwerverletzten, nur einige Prellungen und Quetschungen.

Emilia konnte den Anblick des Schiffes kaum ertragen. Dann scholl ein Ruf über das Deck. »Dschunke in Seenot backbords.«

Alle schauten in die Richtung und tatsächlich sank dort eine chinesische Dschunke, nur noch das Oberdeck und die beiden Masten ragten aus dem Wasser. In den Wanten und auf den Rahen saßen die Seeleute und klammerten sich verzweifelt fest.

Carl überlegte nicht lange. »Vier Mann an die Pumpen und weiter auslenzen, der Rest an die Segel. Zieht die Sturmsegel auf, sichert den Besan. Beidrehen. Wir nehmen sie an Bord.«

»Das … ist das Euer Ernst?«, fragte Wölsch verblüfft. »Die ›Lessing‹ hat viel Wasser genommen, wir wissen noch nicht einmal, ob wir nicht leckgeschlagen sind. Es müssen an die dreißig Leute dort drüben in den Wanten sein. Das zusätzliche Gewicht könnte uns den Hals kosten.«

Carl sah ihn durchdringend an. »Wenn die ›Lessing‹ in Seenot wäre und die Dschunke den Sturm überstanden hätte, worauf würden wir dann hoffen? Na also!« Dann schaute er wieder nach vorn. »Ihr müsst halsen! Los, los!«

Als hätte es keinen Sturm gegeben, brannte die Sonne auf das Deck. Eilig schafften sie die nassen Matratzen und Möbel auf das hintere Oberdeck, wo sie trocknen konnten, ohne im Weg zu stehen.

Der Smutje drängte Emilia, sich auszuruhen, aber es gab keinen trockenen Platz unter Deck, so legte sie sich, gut zugedeckt, auf eine Liege ans Oberdeck, den Säugling in den Armen.

Sie näherten sich rasch der Dschunke, ließen das Beiboot zu Wasser und nahmen einen Mann nach dem Nächsten an Bord. Piet hatte schnell einen großen Kessel mit Eintopf gekocht – er nahm das Schwein, das eh ertrunken war. Der heiße Eintopf weckte die Lebensgeister der Männer wieder, ein guter Schluck Rum, den Carl ausgeben ließ, tat das Übrige. Die Chinesen bedankten sich wortreich, auch wenn niemand sie verstehen konnte, doch ihre Verbeugungen und Gesten sagten mehr als tausend Worte. Sie halfen beim Lenzen und Segelaufziehen und schon bald war die angeschlagene »Lessing« wieder einigermaßen fahrtüchtig. Nach zwei Tagen erreichten sie den nächsten Hafen an der Küste Chinas.

Doch der Schaden an der »Lessing« war größer als vermutet. Carl saß voller Sorgen in der Kajüte und listete die nötigen Reparaturen auf. »Das wird uns Wochen kosten, vom Geld ganz zu schweigen«, stöhnte er. »Wir müssen ins Dock, es hilft alles nichts.«

»Wir sind doch in einem Hafen«, sagte Emilia.

»Aber auf chinesischem Gebiet, Liebste. Es gibt nur wenige Häfen, die wir anlaufen dürfen. Die Bezirke werden von Mandarinen befehligt, und die sind den Europäern gegenüber eher feindlich gesinnt.«

»Heißt das, die ›Lessing‹ kann hier nicht ins Dock gehen?« Emilia mochte es kaum glauben.

»Schon. Aber die Preise, die sie nehmen, sind unerschwinglich.« Carl senkte bedrückt den Kopf.

»Wir haben Besuch«, verkündete der Steward plötzlich. »Schaut.«

Carl ging ans Deck. An der Gangway stand eine ganze Delegation Chinesen. Zum Glück hatten sie einen Übersetzer dabei, der Englisch sprach. Zwei Stunden später kehrte Carl in die Kammer zurück. Er schüttelte ungläubig den Kopf. »Das war der Mandarin des Bezirks. Seinem Schwager gehörte die Dschunke, deren Männer wir gerettet haben. Aus Dankbarkeit übernimmt er die Reparatur der ›Lessing‹. Heute noch werden wir ins Dock geschleppt. Und eine Fracht hat er mir auch versprochen.«

1880–1890

Minnie

24. Kapitel

»Minnie«, sagte Emilia und schaute auf die Küchenuhr. »Bitte geh zum Hafen und schau, ob es Neuigkeiten gibt. Dein Vater müsste jeden Tag rapportiert werden.«

Die zweiundzwanzigjährige Minnie stand seufzend auf. »Kann das nicht Lily machen? Sie treibt sich doch eh am liebsten im Hafen und bei den Schiffen herum.«

»Lily ist mit Lina und May im botanischen Garten. Nun hab dich nicht so. Du sollst doch kein Schiff besteigen«, sagte Emilia amüsiert.

Nach dem Sturm in der chinesischen See hatten sie eine Glückssträhne. Aus Dankbarkeit unterstützte sie der Mandarin einige Jahre und verschaffte ihnen immer wieder Orders. Im Dezember 1863 brachte Emilia ihr fünftes Kind, Clara Mathilde, auf dem Weg nach Neukaledonien zur Welt. Es war das letzte Kind der Familie, das auf der »Lessing« geboren wurde. 1864 blieb Emilia mit den Kindern in Sydney. Rieke hatte inzwischen geheiratet, kam aber des Öfteren, um Emilia zu helfen. Sie hatten ein bis zwei Ureinwohnerinnen als Hilfen, mehr konnten sie sich nicht leisten, auch wenn Carl eine Charter nach der anderen annahm. Die Dampfschiffe liefen den Seglern immer mehr den Rang ab.

1866 bekam Emilia ihr sechstes Kind, wieder ein Mädchen – Johanna. 1870 wurde die kleine Susan geboren, sie war von Anfang an kränklich und schwach und starb kurz vor ihrem ersten Geburtstag. Es war das erste Kind, das Emilia zu Grabe tragen musste, und es schmerzte sie sehr. 1873 kam Marie Pauline, genannt May, zur Welt und 1876 wurde das letzte Kind, Lina – Caroline –, geboren. Neun Kinder hatte Emilia zur Welt gebracht. Bei der ersten Geburt war sie einundzwanzig gewesen, bei der letzten vierzig Jahre alt.

Die »Lessing« war inzwischen altersschwach. Manchen Sturm hatte sie überstanden, in vielen Häfen hatte sie angelegt, aber nun konnte sie mit den modernen Schiffen nicht mehr mithalten. Im Jahr zuvor hatte Carl beschlossen, noch einmal nach Europa zu segeln und seinen Bruder Robert abermals um Geld zu bitten, um damit ein Dampfschiff zu kaufen. Er hatte den knapp siebzehnjährigen Frederick, der von allen Fred gerufen wurde, mitgenommen. Auch Tony hatte mitreisen dürfen, sie hatte mit achtzehn die Schule beendet. Fast alle Kinder liebten es, wenn Carl sie auf die eine oder andere Tour mitnahm, nur Minnie nicht.

»Minnie, bitte!« Emilia schaute auf. Ihre Tochter stand an der Tür zum Hof und blickte in den Garten, wo sich die Enkelin ihrer Hündin Lady im roten Staub wälzte.

»Ja, Mama«, seufzte Minnie und ging. Es war gut eine Stunde Fußweg bis zum Hafen.

»Bitte bring auf dem Rückweg Tee und Milch mit«, rief Emilia ihr hinterher und hoffte, dass ihre Tochter sie gehört hatte. Es war nicht immer leicht mit den vielen Kindern. Gerade die älteren Mädchen waren sehr unterschiedlich und stritten sich oft. Lily, Minnie und Tony hatten die Schule beendet, darauf hatte Carl großen Wert gelegt. Oft erzählte er von seinem Großonkel, dem Schriftsteller, und erinnerte sie daran, dass in ihren Adern auch sein Blut floss. Meist erntete er nur ein müdes Lächeln bei seinen Kindern, doch alle liebten es, ihrem Vater Briefe zu schreiben, wenn er auf Fahrt war. Carl schrieb oft und viel. Er und Emilia hatten ihren regen Briefwechsel wieder aufgenommen, als sie in Glebe sesshaft geworden war. Seine Touren dauerten höchstens Wochen oder Monate. So eine lange Trennung wie jetzt hatte es seit dem Anfang ihrer Ehe nicht mehr gegeben. Mittlerweile gab es Telegrafen und auch Dampfschiffe, die die Post brachten und mitnahmen, deshalb musste sie nicht mehr ewig auf die Briefe warten. Dennoch war es für sie belastend, dass er mit der »Lessing« diese lange Fahrt unternommen hatte. Robert hatte ihm wieder einmal Geld zur Verfügung gestellt und Carl hatte auch schon einen Dampfsegler in Auftrag gegeben. Die »Centennial« lag schon im Dock. Doch die große Familie kostete viel Geld und so sehr die beiden auch wirtschafteten und sich bemühten, reich waren sie über die Jahre nicht geworden.

Glücklich sind wir jedoch, dachte Emilia froh und pulte weiter die Bohnen, die sie im Garten anbaute. Der Nutzgarten war ein großes Glück für sie und auch, dass Inken ihr damals vieles gezeigt und beigebracht hatte. Emilia legte Kohl ein, trocknete Erbsen und Bohnen, baute Gemüse und Obst an. Minnie half ihr begeistert.

In Martin Vollmer, einem Deutschen aus dem Alten Land, der vor zwanzig Jahren nach Australien gekommen war, hatten sie einen guten Freund gefunden. Oft traf er sich mit Carl im deutschen Club, manchmal besuchten sich die Familien auch gegenseitig. Vollmers Frau Johanna war die Taufpatin von Hannah, Emilias sechstem Kind und dem Ersten, das auf australischem Boden geboren worden war. Vor allem Minnie liebte die große Gärtnerei, die Vollmer betrieb. Seit einem Jahr hatte sie dort eine Stelle.

Lily ging zum College, sie wollte Lehrerin werden. Tony würde eine Ausbildung zur Krankenschwester absolvieren, wenn sie wieder zurück war. Fred würde weiter die Schule besuchen, wie die anderen Kinder auch.

Es ist nicht leicht, dachte Emilia, aber wir gehen unseren Weg. Nie hatte sie bereut, ihrem Herzen gefolgt zu sein und Carl geheiratet zu haben. In Australien fühlte sie sich wohl und es war ihr Zuhause geworden, auch wenn sie so manches Mal von den Wintern in Othmarschen träumte.

Die Hündin, Carly hatten die Kinder sie genannt, kam in die Küche und legte sich unter den inzwischen alten und schrundigen Tisch.

Es war Dezember und der Hochsommer stand bevor. Weihnachten im Sommer war das Einzige, woran sich Emilia nicht gewöhnen konnte. Nur dann fehlten ihr der Schnee, die Kälte und der Tannenbaum, der nach Weihnachten duftete. Es gab Zedern und andere Nadelbäume, die sie notgedrungen als Ersatz nahmen, doch in der Hitze dufteten die Bäume nicht so wie ein Tannenbaum neben dem knisternden Kamin.

Weihnachten war anders in Australien, aber sie machten jedes Jahr
ein Familienfest daraus, servierten Gans und Knödel, sangen Weihnachtslieder. Die Kinder verstanden alle Englisch und Deutsch, aber
die jüngeren sprachen fast nur noch Englisch.

Hoffentlich, dachte Emilia, ist Carl bis Weihnachten zurück. Ein
Fest ohne ihn hatte es, außer im letzten Jahr, lange nicht mehr gegeben.

Minnie lief die Straße hinunter zur Blackwattle Bay. Dort führte eine
Straße am Ufer entlang. Rechts davon war ein Sumpfgebiet, in das
jahrelang die Abwässer der Schlachtereien und Abkocher am Ufer der
Bay geleitet worden waren. Es hatte hier immer entsetzlich gestunken
und Minnie konnte nie verstehen, wie aus diesem stinkenden Gewerbe Seife und Kerzen erzeugt wurden. Lange Zeit hatte es eine
Überpopulation an Schafen gegeben. Ihre Wolle war begehrt, aber die
alten und kranken Tiere, von denen es in manchen Jahren tausende
gab, wurden nicht mehr benötigt. Andere Schafe wurden geschlachtet, aber nur die Keulen und das Filet kamen in den Handel und auf
die Tische der Menschen. Alles andere wurde verkocht, die Gelatine
und das Fett wurden abgeschöpft und zu wohlriechenden Seifen und
Kerzen verarbeitet. Die Abwässer hatten den kleinen Bach und den
Sumpf verseucht. Da immer mehr Menschen sich in Sydney ansiedel-
ten, wurden die Fabriken auf die andere Seite der Bucht verlegt, wo
der Gestank niemanden störte. Vor einigen Jahren hatte man damit
begonnen, den Sumpf trockenzulegen und aufzufüllen. Ein Park sollte
dort entstehen.

Sie eilte die Straße entlang und kam auf die Pyrmont-Halbinsel,
die so genannt wurde, weil es dort eine klare Quelle gab. Aber es gab
auch guten Sandstein, der abgebaut wurde. Das Hämmern und Bohren der Steinbrüche lag genauso in der Luft wie der feine Staub. Minnie hielt sich ihren Schal vor den Mund. Es gab einen anderen Weg
zum Hafen, aber der war eine halbe Stunde länger zu gehen.

Eine lange Brücke führte über die Bucht zur Innenstadt. Sie schlenderte über die Hickson Road, schaute in die Auslagen der Geschäfte.

Ein buntes Treiben herrschte hier, Gherrys – einspännige Kutschen –
fuhren genauso wie schwere Karren, die von Kaltblütern gezogen wurden. Es gab eine Pferdetram, die mit lautem Klingeln durch die Straßen fuhr, und auch Rikschas, die von Einwanderern aus Indien
gezogen wurden. Garküchen an jeder Ecke verbreiteten ihre Gerüche,
aus den Bäckereien duftete es nach frischem Brot. Sie ging weiter bis
zu Millers Point und von da aus zu den Docks des Hafens. Die Türen
der Hafenkneipen standen auf und es stank nach billigem Bier und
Wein.

Minnie ignorierte die Rufe der Matrosen und ging weiter bis zu den
Kais. Im Hafenbüro begrüßte sie der Beamte mit einem freundlichen
Lächeln. Die Lessings waren bekannt. Hier rapportierten die einlau-
fenden Schiffe alle, denen sie begegnet waren, und meldeten die Positionen und Flaggen.

»Euer Vater wird spätestens übermorgen einlaufen«, sagte er.

»Das wird Mutter freuen.«

»Vielleicht schon früher, der Wind steht günstig. Er hat einen
Schlepper angefordert.«

»Dann kann er ja nicht mehr weit sein. Gibt es sonst noch Neuigkeiten?«

Der Beamte schaute in seinen Papieren, schüttelte dann den Kopf.
»Keine Nachrichten kurz vor dem Hafen sind gute Nachrichten«,
sagte er. »Aber vorhin hat ein Dampfer angelegt, der aus Europa
kommt, vielleicht hat er auch etwas zu rapportieren. Wollt Ihr nicht
warten? Es kann höchstens eine halbe Stunde dauern.«

Wenn die »Lessing« Kranke an Bord oder eine Havarie gehabt hätte,
hätte sie das geflaggt und es wäre schon gemeldet worden. Aber vielleicht hatte die »Lessing« ja mehr Fahrt gemacht und würde früher
kommen. Minnie beschloss, draußen zu warten. Sie nickte dem Ha-
fenbeamten zu, drehte sich um und wollte gehen. Doch in der Tür
wäre sie beinahe mit einem älteren und beleibten Mann zusammenge-
stoßen. Es war Johannes te Kloot, der sich nun Jean te Kloot nannte.
Er schnaufte wütend. Minnie wich ihm schnell aus. Sie kannte ihn,
ihr Vater lief mit mancher Order von Beckerath und te Kloot. Die

Familien waren auch in derselben lutherischen Gemeinde und sahen sich oft bei den Gottesdiensten.

»Du bist doch Minnie Lessing?«, fragte te Kloot.

»Guten Abend, Herr te Kloot.« Minnie lächelte, knickste und wollte sich schnell nach draußen verziehen.

»Ich kann mich noch an dich erinnern, als du hergekommen bist. Wir waren auf demselben Schiff damals, auf der ›Sophie‹.« Er lächelte milde. »Das waren noch Zeiten, da gab es nur wenige Dampfer. Zu segeln ist doch etwas ganz anderes, als auf diesen Maschinen zu fahren.«

»Die ›Charlotte‹ hat schon angelegt, Herr te Kloot«, sagte der Hafenbeamte. »Ihr erwartet doch Verwandtschaft, nicht wahr? Das Schiff wurde freigegeben, die Passagiere dürften jeden Moment an Land kommen.«

»Das ist fein. Ja, mein Bruder Rudolph kommt endlich. Lange habe ich gebraucht, um ihn zu überreden herzukommen. Ich hoffe, er steigt in unser Geschäft ein. Dann will ich mal schauen, wo er bleibt.« Zufrieden drehte er sich um. »Was führt dich hierher, Minnie?«

»Ich wollte schauen, ob es Nachricht von meinem Vater gibt, er wird jeden Tag zurückerwartet.«

Te Kloot runzelte kurz die Stirn, dann nickte er. »Stimmt – Weizen nach Hamburg und mit Einwanderern zurück. Er hat sich ja lange gesträubt, die lange Tour zu nehmen und Einwanderer mitzubringen. Bin froh, dass er sich umentschieden hat, nichts bringt mehr Geld als Menschen als Fracht.« Er lachte, es klang höhnisch. »Zu schade, dass die Yankees den Krieg gewonnen haben, da wäre noch eine Menge Geld zu machen gewesen.«

Minnie sah ihn entsetzt an. »Mein Vater bringt doch keine Sklaven nach Australien. Das ist doch nicht erlaubt.«

Wieder lachte te Kloot. »Natürlich macht er das nicht, du kleines Vögelchen. Mein Bruder ist gerade eingetroffen. Er kommt aus Krefeld hierher. Komm, begrüß ihn mit mir.« Er fasste sie fest am Ellenbogen und zog sie mit sich. »Rudi wird sich sicher freuen, sogleich ein so hübsches Mädchen zu sehen, wenn er das neue Land betritt.«

417

Sie waren kaum auf dem Kai, als auch schon die ersten Passagiere die Gangway der »Charlotte« hinunterkamen. Te Kloot kniff die Augen zusammen.

»Wie sieht denn Euer Bruder aus?«

»Als ich ihn das letzte Mal gesehen habe, war er neun Jahre alt. Ich habe zwar eine Fotografie von ihm, aber ob ich ihn erkenne?«, brummte te Kloot.

»Er ist so viel jünger als Ihr?«

»Zwanzig Jahre, um genau zu sein.« Unruhig ließ te Kloot seinen Blick über die Neuankömmlinge wandern.

Auch Minnie schaute interessiert zu den Menschen, die ihr Glück in Australien suchten. Ob sie den Bruder erkennen würde? Wäre es auch so ein Griesgram wie Jean te Kloot?

»Hannes?« Es war eine tiefe, aber angenehme Stimme neben ihr. Minnie drehte sich verblüfft um. Ein großer und schlanker Mann mit einem dunklen Bart und einer Nickelbrille stand neben ihnen und lächelte sie an. »Hannes, bist du das?«

Minnie zupfte Jean te Kloot am Ärmel. »Ich glaube, Ihr werdet gesucht.«

»Was?« Te Kloot schaute zu ihr, dann sah er seinen Bruder. »Rudi? Rudi!« Die beiden fielen sich in die Arme, klopften sich auf den Rücken. »Ich freue mich so!«

Sie rückten voneinander ab, musterten sich.

»Sag jetzt nicht ›Mensch, bist du groß geworden‹«, meinte Rudolph lachend. »Dann sage ich auch nicht ›Mensch, bist du alt geworden‹.«

Jean fiel in sein Lachen ein. »Ich hätte dich nicht erkannt.«

Minnie trat ein paar Schritte zurück, das Wiedersehen der beiden Männer berührte sie. Hier zeigte Jean te Kloot eine Menschlichkeit, die er sonst nicht an den Tag legte.

Rudolph sah sie plötzlich an. »Und wer ist das? Willst du mich nicht vorstellen, Hannes?«

»Das ist Minnie Lessing, die Tochter eines ansässigen Kapitäns. Sie war noch in Windeln und lutschte am Daumen, als sie hierherkam. Sie war auf demselben Schiff wie wir damals.« Te Kloot grinste breit.

Minnies Wangen glühten, als hätte jemand sie mit kochendem Wasser übergossen.

»Minnie? Ist das ein Name hier?« Er lachte, es klang freundlich.

»Wilhelmina – nach meiner Großmutter. Herzlich willkommen in Australien.« Sie reichte ihm die Hand.

»Ich bin erfreut, direkt eine so schöne Frau kennenzulernen.«

»Ihr wollt Euch hier niederlassen?«, fragte Minnie und schalt sich sofort. Natürlich wollte er das. Er war sicher nicht nur gekommen, um seinen Bruder zu besuchen.

»Er wird in die Firma einsteigen«, polterte te Kloot. »Rudi spricht perfekt Französisch. Wir wollen eine Niederlassung auf Neukaledonien eröffnen. Das ist mein Begrüßungsgeschenk an dich – du sollst die Niederlassung dort leiten. Alles schon mit Beckerath abgesprochen. Na, was sagst du?«

Rudolph schaute seinen Bruder stumm an. Es wirkte, als sei plötzlich ein Visier vor sein Gesicht geklappt worden. »Darüber reden wir noch«, antwortete er schließlich.

»Ich wusste, dass dich das Angebot überraschen würde.« Te Kloot klopfte Rudolph kräftig auf die Schulter. »Aber ich habe dir geschrieben, dass es hier phantastische Perspektiven für dich gibt, und ich habe dir nicht zu viel versprochen. Deine Zukunft ist schon gesichert. Und nun komm, wir müssen uns um dein Gepäck kümmern.« Er drehte sich um und zog ihn mit sich. Rudolph befreite sich von dem Griff, wandte sich Minnie zu. »Ich hoffe, wir werden uns wiedersehen.« Dann folgte er seinem Bruder.

Das hoffe ich auch, dachte Minnie. Sie ging zurück in das Hafenbüro, wo schon der erste Steuermann des Dampfers stand.

»Ihr Vater wird wohl morgen einlaufen«, sagte der Hafenbeamte. »Schönen Gruß an Eure Frau Mutter.«

»Danke.« Beschwingt ging Minnie nach Hause, in Gedanken ganz bei Rudolph. Seine tiefe Stimme, sein Lächeln und seine angenehme Art hatten sie beeindruckt. Darüber vergaß sie, Milch und Tee mitzubringen. Doch die Neuigkeit, dass die »Lessing« schon am nächsten Tag einlaufen würde, ließ Emilia Minnies Nachlässigkeit vergessen.

»Wir müssen morgen einkaufen. Ein Festmahl soll es geben. Und die Betten muss ich frisch beziehen, gewischt muss auch werden. Ich weiß gar nicht, wo ich anfangen soll.« Emilia lief ins Schlafzimmer und begann, die Betten abzuziehen.

Ihre großen Töchter lachten.

»Mama, immer mit der Ruhe. Wir helfen dir. Lass uns einen Plan machen«, sagte Lily und nahm ihre Mutter in den Arm. »Wir alle freuen uns, dass Papa endlich wiederkommt.«

Emilia ließ die Arme sinken, lachte dann auch. »Ich benehme mich wie ein aufgeschrecktes Huhn, nicht wahr? Aber ich bin so aufgeregt.«

Fast zwei Jahre war Carl unterwegs gewesen, es war seine Abschiedsreise auf der alt gewordenen »Lessing«. Zu gerne hätte Emilia ihn noch einmal begleitet, aber die Kinder brauchten sie. In Australien gab es eine Schulpflicht für alle Kinder von sechs bis vierzehn Jahren, was die Lessings sehr begrüßten, denn Bildung war ihnen sehr wichtig.

Vielleicht, dachte sie, als sie sich am Mittag des nächsten Tages auf den Weg zum Hafen machte, kann ich später noch einmal mit Carl auf große Fahrt gehen. Doch auf dem Dampfer würde alles anders sein. Die Dampfschiffe waren nicht von Strömungen und den Winden abhängig, sie liefen stumpf ihre Route. Das hatte zwar viele Vorteile, Flauten gab es nicht und Stürme konnten umfahren werden, aber auch der Zauber der Seefahrt war somit nicht mehr gegeben.

Carl war die Entscheidung schwergefallen, doch eine große Familie musste ernährt werden. Er wollte seinen Kindern einen angemessenen Lebensstandard bieten und ihnen eine gute Ausbildung zukommen lassen und auch für Emilia sollte es leichter werden.

Rieke hatte geheiratet, war aber kinderlos geblieben. Noch immer kam sie hin und wieder vorbei, um Emilia im Haushalt zu helfen. Vor allem dann, wenn das Dienstmädchen sich mal wieder klammheimlich über Nacht davongeschlichen hatte. Emilia beschäftigte einheimische Dienstmädchen, um ihnen eine Perspektive zu geben. Ihr taten die Aborigines leid, die von den Weißen verdrängt wurden und ihre Kultur immer mehr verloren. Oft sah man die dunkelhäutigen Männer und Frauen, die so anders aussahen als die Inder, Malaien und Chinesen, betrunken vor den Kneipen sitzen.

Seit einigen Jahren war Darri, eine Aborigine, bei ihr angestellt. Doch immer wieder verschwand sie für Wochen oder Monate.

»Es sind die Träume unserer Ahnen, denen wir folgen müssen«, hatte sie erklärt. Darri kam immer zurück, aber Emilia wusste nie, wann sie das nächste Mal auf ihre Traumpfade gehen würde.

Inzwischen waren die älteren Mädchen groß genug, um auch im Haushalt zu helfen, dennoch war es viel Arbeit und ganz ohne Hilfe nicht zu schaffen.

Nachdenklich ging Emilia weiter. Seit Wochen hatte es nicht geregnet und roter Staub lag in der Luft, drang durch jede Ritze, in jeden Winkel. Emilia hielt ihren Schal vor den Mund. Seit einiger Zeit wurden die Straßen mit Hartholz, meist Eukalyptus, gepflastert. Das sollte Erleichterung bringen, denn die Straßen der stetig wachsenden Stadt mit den vielen Fuhrwerken und Pferden waren in einem katastrophalen Zustand. Im Sommer lag eine Staubwolke über den Häusern und im Winter versank man im Matsch. Steine hatten sich als unpraktisch erwiesen. Der australische Granit war zu hart, die Hufeisen der Pferde und die Räder der Karren litten schnell darunter, zudem dröhnte es laut zwischen den hohen Häuserzeilen.

Emilia kam in die Innenstadt. Große Veranden vor den feinen Geschäften luden zum Flanieren ein, in den Straßen drängten sich die Menschen und Fuhrwerke dicht an dicht.

Sie hatte keine Zeit und auch keine Muße, sich die Auslagen anzusehen, eilte weiter zum Hafen. Dort standen die Lagerhäuser und Speicher eng beieinander, in den schmalen Gassen herrschte ein geschäftiges Treiben.

Endlich erreichte sie den Kai, gerade noch rechtzeitig. Die Gangway wurde herabgelassen, als Erstes gingen die Kabinenpassagiere von Bord. Aber dann … die junge Frau, war das etwa Tony? Und der

421

großgewachsene Mann, konnte das ihr Sohn Fred sein? Emilia holte tief Luft, lief zum Anleger.

»Tony? Fred?«

»Mama!«

Die beiden stürmten die letzten Schritte hinunter, fielen ihr um den Hals. »Mama! Oh, wie schön ist es, zu Hause zu sein!«

Emilia drückte ihre Kinder an sich, hielt sie fest. Sie schaute nach oben, sah Carl an der Reling stehen. Er winkte ihr zu. Ihn würde sie erst später begrüßen können, wenn das Schiff entladen und alle Formalitäten abgewickelt waren.

»Wir hatten Glück auf der Überfahrt«, sagte Fred, »Gute Winde …«

»Und wir haben eine Walfamilie gesehen, vor vier Tagen noch …«, fiel Tony ihm ins Wort. »Ich soll dich ganz herzlich von Onkel Robert grüßen.«

»Und von Onkel Julius …«, sagte Fred.

Sie redeten durcheinander, fielen sich immer wieder ins Wort.

»Nun kommt erst einmal nach Hause«, sagte Emilia lachend. »Eure Schwestern sind auch schon ganz gespannt auf eure Berichte.«

»Wir haben dir etwas mitgebracht«, sagte Tony.

»Die Kisten werden aber erst später entladen«, meinte Fred.

»Ich weiß. Aber ihr seid schon da! Nun kommt.«

»Was hast du gekocht? Bitte, bitte frisches Fleisch und nichts Gepökeltes.«

»Ist Milch im Haus? Und Eier?«

»Ja, ja!« Wieder lachte Emilia glücklich und zog die Kinder mit sich.

Verblüfft sahen sie sich um. Sydney wuchs und wuchs. Schon längst war die Stadt größer als Hamburg. Vor zwanzig Jahren, als Emilia hier ankam, hatte sie sich ausgemalt, dass Sydney eine weitläufige Stadt mit viel Platz zwischen den Häusern sein würde, mit breiten Straßen und großen Gärten. Aber schon am Tag ihrer Ankunft wurde sie eines Besseren belehrt, es war eng, laut und dreckig. Natürlich gab es auch Viertel, die großzügig angelegt waren, dort wohnten die reichen Leute

422

in großen Häusern mit parkähnlichen Gärten an breiten Straßen. Doch die Arbeiter lebten in hohen Mietshäusern in spartanischen Verhältnissen.

Emilia nahm, zum Erstaunen der Kinder, den Weg durch die Innenstadt.

»Warum gehen wir nicht durch Millers Point zur Pyrmont Bridge, das ist doch viel kürzer?«, meine Fred.

»Da sollte man sich nicht mehr aufhalten«, sagte Emilia knapp. »Es ist zu gefährlich. Einige Banden kontrollieren das Viertel, schlimme Dinge passieren dort.«

Die neugepflasterten Straßen verblüfften die Kinder ebenso wie der trockengelegte Sumpf. Staunend blieben sie stehen, als die mit Dampf betriebene Straßenbahn an ihnen vorbeiratterte.

»Wo sind die Pferdebahnen hin?«, fragte Tony.

»Dampf ist effektiver. Viele Fabriken arbeiten inzwischen mit Dampfmaschinen«, seufzte Emilia.

»Das ist in Europa nicht anders«, sagte Fred und erzählte wieder aufgeregt von den Dingen, die er gesehen hatte.

Herzlich wurden die beiden von ihren Geschwistern begrüßt, nur die kleine Lina saß verschüchtert in der Ecke. Sie war gerade zwei gewesen, als ihr Bruder und ihre Schwester zu der großen Fahrt aufbrachen, und konnte sich nicht mehr an sie erinnern. Auch ihren Vater begrüßte sie verhalten, als er endlich gegen Abend nach Hause kam.

Lange saß die Familie beisammen, viel wurde erzählt. Emilia trug köstlichste Gerichte auf, labte sich aber selbst mehr an den Gesichtern ihrer Lieben als am Essen. Fred langte ordentlich zu und auch Tony lobte das Essen immer wieder.

»Den Smutje musst du feuern, Papa«, sagte sie. Piet hatte vor einigen Jahren abgeheuert und in Singapur eine Garküche eröffnet.

»Schon geschehen«, sagte Carl lachend. Immer wieder schaute er zu Emilia. Noch hatten sie keine Minute allein gehabt.

»Wie geht es weiter?«, fragte Emilia spät nachts, nachdem sie sich innig geliebt hatten.

»Die ›Lessing‹ ist verkauft«, seufzte er. »Die ›Centennial‹ wird noch einige Zeit auf dem Dock liegen, bevor sie fertig ist. Ich werde mich um eine Mannschaft und um Charter kümmern müssen. Der Mechaniker wird mir einige Dinge zeigen, aber ich habe mich schon ausgiebig mit dem Thema beschäftigt. Auch auf einem Dampfer muss man Kurs halten, Karten lesen und den Sextanten bedienen können.«

»Es fällt dir schwer, nicht wahr?« Sie schmiegte sich an ihn, schloss die Augen und genoss den Duft seiner Haut, immer leicht salzig und würzig.

»Die ›Lessing‹ war jahrelang mein Leben, sie ist untrennbar mit dir verbunden. Hätte ich damals nicht die Werft deines Onkels aufgesucht, hätten wir uns nie getroffen, mein Liebes.« Wieder seufzte er. »Hast du es jemals bereut?«

»Meinem Herzen gefolgt zu sein? Nein, niemals. Meine Liebe zu dir ist noch größer geworden in den Jahren.«

»Ich hätte mir ein leichteres Leben für dich gewünscht.«

»Ein anderes Leben kann ich mir gar nicht vorstellen. Mir gefällt es so, wie es ist.« Dann lachte sie leise. »Es wird nur Zeit, dass Darri wiederkommt, denn ihre Cousine Jiba ist lange nicht so geschickt wie sie.«

»Ach, das ist ihre Cousine?«

Emilia zuckte mit den Schultern und lachte leise. »Ob sie es wirklich ist, weiß ich nicht. Denn es ist inzwischen die achte Frau, die sich als Darris Cousine bei mir vorgestellt hat. Ich bin mir nicht sicher, ob sie es mit den Verwandtschaftsbezeichnungen so halten wie wir.«

»Da ja noch einige Zeit vergehen wird, bis ich wieder in See stechen kann, habe ich mir überlegt, mit dir und den Kindern einen Ausflug in die Blue Mountains zu machen. Oder würdest du lieber zu einem der Strände fahren? Bondi oder Taylors Bay?«

»Blue Mountains? Die Hotels dort nehmen schwindelerregende Preise inzwischen.«

»Das weiß ich wohl, aber Martin Vollmer hat dort ein Wochenendhaus, das er uns für einige Tage überlassen würde. Ich könnte mit den Kindern angeln gehen.«

»Können wir nicht beides machen? Es ist so heiß in diesem Jahr, dass ein paar Tage an der Küste auch nicht zu verachten wären. Lina hat gerade schwimmen gelernt und liebt es. Sie kennt dich bisher kaum, es wäre eine gute Gelegenheit, dass ihr euch näherkommt.«

»Sie ist schon so groß geworden, unser letztes Baby.«

Emilia lachte. »Ja, das ist sie. Und so langsam müssen wir uns an den Gedanken gewöhnen, dass wir in ein paar Jahren die ersten Enkelkinder um uns haben werden.«

Carl richtete sich auf. »Die Mädchen sind doch noch viel zu jung«, sagte er empört.

»Lily ist dreiundzwanzig. Im Winter wird sie ihr Studium beendet haben und Lehrerin sein. Minnie ist zweiundzwanzig. Sie arbeitet schon seit fast zwei Jahren bei Vollmer. Es macht ihr großen Spaß. In ihrem Alter war ich schon verheiratet und zweifache Mutter.«

»Das ist doch etwas ganz anderes«, brummte Carl. »Gibt es etwa Verehrer?«

»Bisher nicht, soweit ich weiß. Aber lange kann es nicht mehr dauern. Schau dir unsere Töchter an, sie sind allesamt hübsche und aufgeweckte Mädchen.«

»Sie sind viel zu jung, um sich zu binden.«

»Du wirst es nicht verhindern können, Carl.« Emilia zog ihn in ihre Arme. »Ich hoffe, sie werden so glücklich, wie wir es sind.«

Carl verstand sich gut mit seinen Kindern. Das mochte daran liegen, dass er durch die Briefe immer Kontakt mit ihnen gehalten hatte, auch wenn er auf längeren Touren unterwegs gewesen war. Auch jetzt gelang es ihm schnell, Linas Herz für sich zu gewinnen, und schon bald begrüßte sie ihn jubelnd, wenn er nach Hause kam.

Nur Minnie hatte ein distanzierteres Verhältnis zu ihm. Sie war immer noch ein Mamakind, obwohl sie längst erwachsen war. Carl und Minnie gingen freundlich miteinander um, aber ihnen fehlte die Herzlichkeit, die zwischen ihm und den anderen Kindern herrschte.

»Ich geh heute zu Beckerath und te Kloot. Mal schauen, was es in der nächsten Zeit an Orders gibt«, sagte Carl zwei Tage später beim Frühstück und ließ sich eine weitere Tasse Kaffee geben. »Ist das Jiba?«, fragte er Minnie flüsternd, als die Aborigine zurück in die Küche gegangen war.

»Nein«, flüsterte sie zurück, »das ist Kiah.«

»Eine Cousine?«

Minnie lachte. »Vermutlich. Immerhin sorgen sie inzwischen für prompten Ersatz aus der Verwandtschaft, wenn sie auf ihre Traumpfade gehen.« Dann biss sie sich auf die Lippe. »Darf ich dich in die Stadt begleiten? Zu deinem Agenten? Ich habe heute frei.«

Verblüfft sah er sie an. »Wenn du möchtest, gerne.«

Die anderen Kinder begleiteten ihn oft in die Stadt. Er nahm sich viel Zeit, flanierte mit ihnen durch die Straßen oder nutzte die Tram. Oft kaufte er auch etwas für das jeweilige Kind, viel zu selten hatte er dazu Gelegenheit. Sein schlechtes Gewissen, weil er manchmal monatelang abwesend war, tat einiges dazu. Das hatten die Kinder natürlich spitzbekommen und nutzten es gerne aus. Nur Minnie war diesen Versuchungen nicht erlegen.

»Ich kläre das dann auch mit dem Haus von Vollmer, Liebes«, sagte er zu Emilia, als er seinen Hut nahm und sich zum Gehen bereitmachte.

»Gut. Kannst du bitte das Fleisch mitbringen? Ich habe es beim Metzger bestellt.« Emilia schaute auf ihre Tafel, auf der sie die Einkäufe notierte. »Und Milch. Fred trinkt Milch literweise. Wenn das so weitergeht, sollten wir uns eine Kuh anschaffen«, sagte sie lachend.

»Er ist noch im Wachstum.«

»Er ist jetzt schon größer als du, Carl. Wo soll das noch hinführen? Neue Schuhe braucht er auch schon wieder«, seufzte Emilia.

Carl lachte. »Kommst du, Minnie?«

Emilia zog die Augenbrauen hoch. »Du nimmst Minnie mit?«

»Sie hat mich gefragt«, sagte er stolz.

»Sollen wir mit der Tram fahren?«, fragte er seine Tochter.

»Wenn du möchtest.«

Auch Carl war überrascht, wie sehr sich die Stadt in den zwei Jahren verändert hatte. Immerhin fand er das Büro seiner Agenten ohne Probleme. Kaum hatten sie die Räume betreten, schaute Minnie sich suchend um, dann errötete sie leicht, es war kaum zu sehen, aber Carl bemerkte es dennoch. Er folgte ihrem Blick. Im Nebenraum stand te Kloot und neben ihm ein jüngerer Mann mit einem beeindruckenden Vollbart und einer Nickelbrille. Carl hatte den Mann noch nie zuvor gesehen. Te Kloot wirkte sichtlich verärgert.

»Wir hatten das doch alles schon besprochen. In jedem Brief hatte ich dir die Möglichkeiten aufgezeigt, Rudi. Ich weiß nicht, was das jetzt soll!«, polterte er.

»Hannes, du hast mir das geschrieben, aber offensichtlich meine Antworten nicht gelesen.« Auch Rudolph klang wütend. »Ich gehe nicht nach Neukaledonien. Ich bleibe hier.«

»Hier haben wir aber keine Verwendung für dich. In Noumea wartet ein Büro und jede Menge ertragreicher Arbeit auf dich. Nickel ist das Erz der Zukunft und Zuckerrohr ist gefragt wie noch nie. Wir können ein Vermögen machen.« Te Kloot schüttelte den Kopf. »Nun sieh das doch ein.«

»Und du solltest einsehen, dass ich andere Vorstellungen von meinem Leben habe.«

Rudolph drehte sich um und rauschte hinaus, nur kurz stockte er, als er an Carl und Minnie vorbeikam, nickte ihnen zu, ging aber dann nach draußen.

Carl räusperte sich, te Kloot sah ihn an, holte tief Luft und setzte dann ein gezwungenes Lächeln auf.

»Mein lieber Lessing. Ich habe gehört, die ›Centennial‹ kommt in einigen Wochen aus dem Dock.« Er ging auf sie zu. »Minnie, wie schön dich zu sehen. Magst du nicht meinem störrischen Bruder folgen und ihn beschwichtigen? Ihm scheint die Sommerhitze zu Kopf gestiegen zu sein. Es ist aber auch heiß in diesem Jahr.«

Minnie lächelte. »Darf ich, Papa?«

Nachdenklich schaute er sie an. Jean te Kloot war ihm immer noch unsympathisch und sein Bruder machte einen aufbrausenden Eindruck, außerdem kannte er den jungen Mann ja noch gar nicht. Allerdings hatte er einiges mit te Kloot zu besprechen und Minnie würde sich nur langweilen. »Sicher, wir haben ja viel zu bereden. Vielleicht kannst du den jungen Hitzkopf dazu bringen, einen Kaffee mit dir zu trinken.« Er drückte ihr einen Geldschein in die Hand. »Oder du kaufst dir etwas Nettes. Aber geh nicht zu weit fort.« Dann wandte er sich wieder te Kloot zu. »Jean, schön Euch zu sehen.« Er benutzte den englischen Vornamen, den te Kloot angenommen hatte. Carl nannte sich seit seiner Einbürgerung meist »Charles«, denn es war einfacher, englische Namen zu benutzen.

Minnie nickte te Kloot zu, nahm das Geld und folgte Rudolph nach draußen.

25. Kapitel

Suchend sah sie sich um, dann entdeckte sie ihn auf der anderen Straßenseite an der Tramhaltestelle.

Aufgrund des dichten Verkehrs war es gar nicht so einfach, die Straße zu überqueren, doch sie setzte geübt und gezielt ihren zusammengeklappten Sonnenschirm ein und drängelte sich durch.

»Herr te Kloot.« Ein wenig atemlos blieb sie vor ihm stehen. »Erinnert Ihr Euch?«

»Fräulein Lessing, nicht wahr?« Er mühte sich ein Lächeln ab. »Tut mir leid, ich hatte gerade eine Meinungsverschiedenheit mit meinem Bruder.«

»Das war nicht zu überhören.« Sie lächelte. »Ich kenne das, mit meiner älteren Schwester bin ich auch selten einer Meinung.«

»Wir haben uns zwanzig Jahre nicht gesehen, nur geschrieben. Er wollte schon immer, dass ich ihm hierher folge.« Rudolph seufzte laut. »Aber so habe ich mir das nicht vorgestellt. Jetzt weiß ich noch nicht einmal, wie ich zu seinem Haus kommen kann.«

»Ihr Bruder wohnt doch in Woollahra? Das ist östlich von hier. Eins der schönsten Viertel der Stadt. Aber dorthin führt keine Tramlinie. Ihr müsstet Euch eine Droschke nehmen.«

»Wo wohnt Ihr denn?«

»In Glebe. Das ist nördlich der Innenstadt.«

»Die Stadt ist so riesig, ich werde mich hier nie zurechtfinden«, sagte er seufzend.

»Doch, das werdet Ihr«, lachte Minnie. »Ich kann Euch ein wenig zeigen.«

»Was ist mit Eurem Vater?«

Daran hatte Minnie gar nicht gedacht. Zu lange und zu weit durfte Minnie sich nicht von den Geschäftsräumen des Agenten wegbewegen. Sie senkte nachdenklich den Kopf.

»Wie wäre es, wenn wir etwas trinken gehen? Einen Tee?«, fragte Rudolph.

»Wunderbar.«

In der Nähe war ein kleines Hotel. Sie setzten sich auf die Veranda.

»Ich hoffe, Ihr verzeiht es mir«, sagte Rudolph leise, »aber ich brauche etwas Stärkeres als einen Tee.«

Er bestellte sich einen Brandy, Minnie nahm einen Kaffee.

»Ihr wollt nicht nach Neukaledonien gehen?«, fragte sie. »Ich habe es mit angehört, verzeiht.«

»Ich will nicht Händler werden. Das wollte ich noch nie, und das habe ich meinem Bruder auch immer geschrieben.«

»Was wollt Ihr dann werden?«

»Ich war in Proskau, dort ist die preußische höhere Lehranstalt für Landwirtschaft. Ich habe mein Studium mit Auszeichnung abgeschlossen.« Stolz sah er sie an. »Ich möchte eigenes Land erwerben und bewirtschaften. Es gibt hier Landflächen, die äußerst fruchtbar sein sollen.«

»Ja, im Westen, da ist der Weizengürtel des Landes.«

»Nein, auch hier. Ich habe mir etliche Untersuchungen und For-

429

schungsberichte angeschaut. Australien hat mehr zu bieten als Gold, Wolle und Weizen. Ich bin mir sicher, dass ich mit meinen modernen Erkenntnissen ein Gut errichten könnte.«

»Ihr wollt Farmer werden?«, fragte sie erstaunt.

»Ja, mit Leib und Seele. Ich liebe das Land und den Ertrag, den es hervorbringt. Nur habe ich noch nicht genügend Ersparnisse, um Land zu erwerben«, sagte er geknickt. »Und ich fürchte, wenn ich einmal in das Gewerbe meines Bruders einsteige, komme ich da nicht mehr heraus. Ich muss mich auch erst mit dem Land hier vertraut machen und mit den Möglichkeiten, die es bietet.«

Minnie stockte der Atem. »Ich falle in meiner Familie auch aus dem Rahmen. Sie sind alle begeisterte Seeleute, alle meine Geschwister lieben das Meer. Ich kann leidlich schwimmen, bade aber lieber in Süßwasser und hasse Seegang und Wellen, auch wenn ich selten seekrank werde. Was ich eigentlich sagen wollte – ich liebe unseren Garten. Meine Mutter sagt immer, ich hätte einen grünen Daumen.« Sie lächelte ihn an. »Es gibt für mich nichts Schöneres, als Gemüse und Obst anzupflanzen und zu ernten.«

»Das ist ja interessant. Kennt Ihr Euch denn damit aus? Mit Anbau und Ernte?«

»Ich habe keine landwirtschaftliche Schule besucht, so wie Ihr, aber ich habe schon als kleines Kind immer den ›Garten‹ an Bord gepflegt. Das war eine kleine Kiste, die in der Kajüte stand und in der meine Mutter Blumen zog. Sehr erholsam für Auge und Nase, wenn man monatelang nur von Wasser und Horizont umgeben war.«

»Ihr seid mit Euren Eltern zur See gefahren?«, fragte er ungläubig.

Und nun sprudelte es aus Minnie heraus. Sie erzählte von der Überfahrt nach Australien, den Jahren, in denen sie an Bord gelebt hatten, von dem Taifun, der ihnen beinahe das Leben gekostet hätte, und anderem mehr.

Staunend hörte Rudolph ihr zu. »Und alle Eure Geschwister sind dem Meer verbunden, nur Ihr nicht? Wie kommt das?«

»Meine Mutter meint, es läge daran, dass ich auf dem Gut in Othmarschen geboren wurde, auf dem sie aufgewachsen ist. Als Einziges der Kinder meiner Eltern wurde ich in Europa geboren. Ob das wirklich damit zusammenhängt? Ich weiß es nicht.« Sie zuckte mit den Schultern.

»Und Ihr habt hier einen Nutzgarten?«

»Ja, unser Grundstück ist bei weitem nicht so groß wie das Eures Bruders, wir haben keinen Park. Wir bauen Gemüse und Obst an.«

»Das ist wunderbar. Ich würde auch gerne bei meinem Bruder im Garten experimentieren, aber das lässt er nicht zu.« Nun senkte Rudolph den Kopf. »Ich brauche eine Arbeit, möglichst schnell. Ich will ihm weder unnütz auf der Tasche liegen, noch will ich Agent werden.« Unglücklich verzog er das Gesicht.

Minnie lachte leise. »Ich arbeite bei Vollmers Nursery. Das ist kein Kinderheim, sondern eine große Gärtnerei. Es sind einige Hektar Land in Ryde, nördlich von Sydney. Meist bin ich hier im Büro in der Innenstadt und kümmere mich um die Bestellungen und die Sämereien. Aber manchmal arbeite ich auch dort draußen. Ich liebe es, zwischen den Beeten und Feldern zu spazieren, und packe auch gerne mit an. Morgen fahre ich wieder hinaus. Wollt Ihr mitkommen? Vielleicht hat Onkel Martin eine Anstellung für Euch.«

»Euer Onkel?«

»Nur ein Nennonkel. Mein Vater ist schon seit Jahren gut mit ihm befreundet, seine Frau ist die Taufpatin einer meiner Schwestern, wie Eure Schwägerin im Übrigen auch.«

»Mein Bruder ist aber kein enger Freund Eures Vaters.«

»Das stimmt. Aber Eure Schwägerin ist eine gute Freundin meiner Mutter. Sie haben sich bei der Überfahrt angefreundet und nie den Kontakt verloren.« Nachdenklich rührte Minnie in ihrer Tasse. Dort waren nur noch der Kaffeesatz und etwas Zucker. Ihre Eltern mochten te Kloot nicht, aber sie wusste nicht, weshalb. Rudolph war ihr jedoch mehr als sympathisch.

Sie schaute auf die Uhr, die auf einer Anrichte in der Hotellounge stand. »Ich muss zurück zu meinem Vater«, entschuldigte sie sich.

»Ich habe Euch viel zu lange aufgehalten. Das tut mir leid.« Rudolph beglich die Rechnung. »War Eurer Angebot ernst gemeint?«,

431

fragte er leise, als sie die Straße überquerten. »Mich in der Gärtnerei vorzustellen?«

»Aber natürlich. Habt Ihr etwas zu schreiben? Ich fahre morgen früh um sieben mit der Eisenbahn nach Ryde.«

»Mit der Eisenbahn? Ihr allein?«

»Sollte ich etwa hinlaufen?« Sie warf ihm einen fragenden Blick zu und grinste. »Das ist hier so üblich.«

»Um sieben? Von wo?«

Sie nannte ihm die Straße. »Schreibt es Euch auf. Ich fahre die nächsten drei Tage hin. Dann sind Ferien, zumindest für mich. Wir werden Weihnachten mit der Familie in den Blue Mountains verbringen und danach wohl ein paar Tage an den Strand fahren.«

»Darf ich Euch schreiben, falls ich es morgen nicht schaffe?«

»Ich bitte darum«, sagte Minnie kokett und ging forsch die Stufen zu den Geschäftsräumen des Agenten hoch. Ihr Vater schien gerade fertig geworden zu sein und begrüßte sie gutgelaunt.

»Papa, das ist Rudolph te Kloot.«

Schlagartig änderte sich Carls Gesichtsausdruck, er wurde ernster. Minnie hatte den Eindruck, als ob er Rudolph misstrauisch anschaue.

Die beiden Männer reichten sich die Hände, schienen einander zu taxieren. Carl nickte nur und zog Minnie mit sich zur Tür.

»Sollen wir noch ein wenig durch die Stadt gehen? Hast du dir etwas Schönes gekauft?«, fragte Carl, sobald sie wieder auf dem Trottoir standen.

»Wir haben zusammen Tee getrunken«, sagte Minnie. »Solltest du nicht noch für Mama zum Metzger gehen?«

»Das hätte ich fast vergessen, mein Täubchen. Dann lass uns einkaufen.«

Am nächsten Morgen stand Minnie schon früher auf, als sie musste. Lily drehte sich stöhnend um, sie hatte noch eine Stunde Zeit, bis sie aufstehen musste. »Lösch die Lampe«, schimpfte sie.

»Dann sehe ich ja nicht, was ich anziehe.«

432

»Ich will schlafen.«

»Zieh dir die Decke über den Kopf. Ich kann auch nichts dafür, dass der Zug so früh geht, und ich will nicht zu spät zur Arbeit kommen.« Minnie ignorierte die weiteren Unmutsäußerungen ihrer Schwester. Sie wusch sich, zog sich sorgfältig an und legte sogar ein wenig Parfüm auf, das der Vater ihr aus Hongkong mitgebracht hatte.

Dann schlich sie in die Küche. Mutter hatte ihr schon abends eine Brotzeit in den Henkelmann gepackt. Schnell kochte sie Wasser, achtete darauf, dass sie den Kessel vom Feuer nahm, bevor er pfiff, und schüttete sich eine Tasse Kaffee auf. Stark und süß musste er normalerweise sein, um ihre Lebensgeister zu wecken. Aber an diesem Morgen belebte sie der Gedanke an Rudolph te Kloot. Er hatte die sanftesten Augen, verborgen hinter den Gläsern seiner Nickelbrille, eine weiche, jedoch nicht unmännliche, tiefe Stimme und er wusste, was er wollte. Genau wie ihr Vater strebte er nicht vorrangig nach Reichtum, legte jedoch Wert auf ein gutes Auskommen, wie sie Rudolphs Worten entnommen hatte. Er wollte seinen Traum verwirklichen. Vaters Traum war das eigene Schiff gewesen und Rudolphs war die eigene Farm, der eigene Hof. Das war auch ihr Traum. Nichts zog sie zur See, und die immer größer und enger werdende Stadt löste Beklemmungen bei ihr aus.

Doch das war nicht der einzige Grund, weshalb ihr Herz bei dem Gedanken an Rudolph sprang und pochte. Vom ersten Augenblick an hatte ihr seine ruhige, gelassene und humorvolle Art gefallen. Auch wie er sich gegen seinen Bruder durchgesetzt hatte, fand sie bemerkenswert. Ob er das durchhalten würde? Immerhin winkte Jean te Kloot mit fetten Gewinnen und einem guten Auskommen. Leichter als das Farmerleben war das des Händlers allemal.

Immer wieder schaute sie sich auf dem Weg zum Bahnhof um, doch sie konnte ihn nirgendwo entdecken. Auch an der Station war er nicht, wie sie enttäuscht feststellte. War er doch nicht so erpicht auf eine Stelle? Hatte das frühe Aufstehen ihn verschreckt? Immerhin war es eine ganze Strecke von Woollahra bis zur Station und er müsste schon mindestens eine Stunde länger auf den Beinen sein als sie. Oder

433

hatte er es nicht gefunden? Er war fremd in der Stadt, hatte noch keine Orientierung.

Wenn er es finden will, dann findet er es auch, dachte sie und streckte trotzig ihr Kinn nach vorn, so, wie es auch ihre Mutter immer tat.

Sie schaute auf die Bahnhofsuhr, es war noch zeitig, sie war zu früh gekommen. Jetzt schon lag die Hitze des kommenden Tages drückend über der Stadt, obwohl die Sonne kaum aufgegangen war. In mancher Fabrik am Hafen wurde schon gearbeitet, Qualm und Dampf zogen sich zu dunklen Wolken zusammen, drückten den Gestank der Abfälle und Abwässer zwischen die Häuserschluchten. Zum Glück würde mit der Tide auch Wind aufkommen, der die Hitze etwas erträglicher machte und auch Abkühlung brachte. In Ryde war alles luftiger, dort gab es bisher kaum Industrie, und der einzige Dampf kam von der Eisenbahn, die den Vorort dreimal am Tag anfuhr.

Wenn er diese Bahn nicht nimmt, kommt er vielleicht mit der Nächsten, versuchte Minnie sich zu trösten, aber die Enttäuschung saß wie ein Kloß in ihrem Hals und machte das Schlucken schwer.

Hätte ich doch nur ein wenig Wasser mitgenommen, schalt sie sich. Es gab zwar einen Wasserhahn am Bahnhof, aber das Wasser kam aus dem öffentlichen Leitungssystem und nicht, wie bei ihnen in Glebe, aus einer Quelle. Oft war die Flüssigkeit rötlich oder bräunlich verfärbt und stank. Gerade jetzt im Sommer, wo es wenige Niederschläge gab, die die Trinkwasserreservoirs auffüllen konnten. Ihre Mutter warnte sie immer davor, aus den Wasserhähnen zu trinken.

Wieder schaute sie sich um, kein Rudolph war zu sehen. Einige verschlafene Arbeiter kamen mit gesenkten Köpfen zum Bahnhof, mancher gähnte laut. Eine Gruppe kichernder Mädchen näherte sich. Entweder fuhren sie zur Schule oder sie arbeiteten als Hilfskräfte und Saisonarbeiterinnen auf den Farmen in und um Ryde. Man konnte schon das rhythmische Stampfen der Dampfeisenbahn hören, den Rauch sehen, aber Rudolph war nicht gekommen. Enttäuscht trat Minnie an den Bahnsteig. Sie hatte fest damit gerechnet, dass er auftauchen würde.

Jetzt war der Zug schon zu sehen, er verlangsamte sein Tempo, die Pfeife machte einen ohrenbetäubenden Lärm, als das Dampfross in den Bahnhof einfuhr.

»Minnie! Fräulein Lessing!« Eine Gherry, ein kleiner Einspänner, fuhr mit einem atemberaubenden Tempo die Straße hinunter. Hinter dem Kutschbock stand ein Mann, er hielt sich an dem Kutscher fest und schwenkte seinen Hut. »Fräulein Lessing! Nicht einsteigen!«, rief er wieder. Es war Rudolph.

Minnie lachte erleichtert auf. Er war gekommen.

Die Eisenbahn setzte sich schnaufend und dampfend wieder in Bewegung, erst schwerfällig, doch dann nahm sie immer mehr Tempo auf und stampfte davon.

»Fräulein Lessing!« Rudolph sprang von der Kutsche und griff mit beiden Händen nach ihrer Hand. Er keuchte so sehr, als hätte er selbst die Kutsche gezogen. »Das war in letzter Minute. Ich dachte schon, wir schaffen es nicht mehr. Amaroo hat zuerst nicht verstanden, wohin ich wollte, und dann hatte er es nicht eilig.« Rudolph verdrehte die Augen und zeigte auf den Aborigine, der auf dem Kutschblock saß und Minnie angrinste.

»Sie haben einen anderen Begriff von Zeit als wir«, erklärte Minnie beschwichtigend. »In ihrer Kultur gibt es keine Eile. Aber Ihr habt es doch geschafft. Nur haben wir jetzt leider den Zug verpasst.« Sie verzog besorgt das Gesicht. »Der Nächste kommt erst heute Mittag. Es gibt eine Tram, die uns an den Stadtrand bringt, und dort fahren Pferdebusse. Sie führen nicht direkt nach Ryde, das letzte Stück werden wir laufen müssen.«

»Nein, nein!«, sagte Rudolph und zog sie zur Gherry. »Wir werden mit der Kutsche fahren. Ich habe sie mir für den ganzen Tag von meinem Bruder geborgt.«

»Es sind gut neun Meilen bis nach Ryde.«

»Das werden wir doch schaffen.« Er lachte befreit. »Was bin ich froh, Euch noch erwischt zu haben. Nun steigt ein. Diese Einspänner sind fantastisch, schnell und wendig. Warum gibt es das bei uns noch nicht?« Er half ihr auf den Einspänner.

»Bei uns?«, fragte sie irritiert. »Hier sind sie gang und gäbe. Ich glaube, sie kommen aus Indien. Genau wie die Rikschas. Die sind in der Stadt sehr praktisch, aber Ihr würdet keinen Eingeborenen dazu kriegen, eine Rikscha zu ziehen.«

»Ich bin immer noch mit einem Fuß in Europa, verzeiht. Dort gibt es diese wendigen Gherrys nicht.« Er tippte dem Kutscher auf die Schulter. »Amaroo, to Ryde now, please and hurry up.«

Sein Englisch war nicht schlecht, stellte Minnie fest, aber von den Einheimischen hatte er keine Ahnung. »Jetzt« und »schnell« gehörte nicht zu ihrem Vokabular. So setzte sich das Gefährt auch gemächlich in Bewegung.

»Hurry up!«, sagte Rudolph strenger.

Minnie schüttelte sich vor Lachen. »Das wirkt nicht.« Sie wandte sich zu dem Kutscher. »Amaroo – that is the name for ›Beautiful place‹ isn't it?«, fragte sie ihn.

Überrascht sah er sich um. Die weißen Zähne blitzen in seinem mattschwarzen Gesicht auf.

»Yes. You know?«

»I do. We need to go to a beautiful place, to the Vollmer nursery, do you know it?«

»A cousin of mine works there. It is a beautiful place. Lots of plants there.«

»Exactly. Well, my ancestors dream told me to get there as soon as I can. I am supposed to take this man there, it will be his fulfilling.«

»I understand. A dream is important, even more so, when it is from an ancestor.« Er schnalzte und schwang die Peitsche, das Pferd trabte los.

»Ein Traum? Ihr hattet einen Traum und deshalb beeilt er sich? Unglaublich.« Te Kloot lehnte sich zurück und verschränkte die Arme vor der Brust. »Ich glaube, ich muss noch viel lernen.«

»Es ist ihre Kultur. Sie folgen den Träumen ihrer Ahnen. Diese Träume, die von Generation zu Generation weitergegeben werden, bestimmen ihr Leben. Es ist schwer zu erklären, schwer für uns zu begreifen. Es ist so, als würden sie noch ein anderes Bewusstsein haben, andere Sinne.« Minnie biss sich auf die Lippen. Klang das albern, was sie sagte?

»Woher wisst Ihr das alles? Woher wisst Ihr, was sein Name bedeutet?«

»Ich spreche ein paar Worte ihrer Sprache, einer ihrer Sprachen. Es gibt viele Stämme in Australien und sie haben unterschiedliche Sprachen, doch in ihrer Traumwelt können sie sich alle miteinander verständigen, dafür hat das große Känguru gesorgt.« Sie lachte leise. »Ich klinge wie eine Verrückte, nicht wahr? Es ist eine ihrer Legenden, dass das große Känguru alle Wörter aller Menschen ausgespuckt und ihnen zu Verfügung gestellt hat.«

»Und woher wisst Ihr das?«

»Von Darri und ihren Cousinen – sie ist unser Mädchen. Sie hat mich quasi aufgezogen.« Wieder lachte sie. »Das mit den Cousins und Cousinen ist auch so eine Sache. Außer Vater, Mutter und Vorfahre haben sie nur noch die Verwandtschaftsbezeichnung ›Cousin‹. Das gilt für Schwester, Bruder oder enger Freund. In ihren Sprachen gibt es noch andere Unterscheidungen, aber dafür passt keins unserer Worte.«

»Faszinierend.« Er dachte darüber nach. »In Europa gibt es viele verschiedene Staaten, Kulturen und Sprachen, dennoch sind die Unterschiede nicht so groß.«

»In Australien gibt es viele verschiedene Herkünfte und Ursprünge. Ich hoffe, irgendwann verschmilzt das alles, ohne dass die unterschiedlichen Kulturen verlorengehen«, sagte Minnie leise. »Ich spreche Deutsch und Englisch und ein wenig Wororan – die Sprache der Ureinwohner. Etwas Französisch kann ich auch, aber meine Aussprache ist nicht so gut.« Dann schüttelte sie den Kopf. »Das ist alles sehr kompliziert. Nun sagt mir lieber, wie Ihr Euren Bruder überzeugen konntet, Euch nicht nach Neukaledonien zu schicken.«

Rudolph schluckte verlegen. »Ich will erst den Besuch in der Gärtnerei abwarten. Ich hoffe natürlich, dort eine Anstellung zu bekommen. Meinem Bruder habe ich nur gesagt, dass ich heute das Umland erkunden will.«

»Oh, er weiß es also noch gar nicht. Gut, ich kann verstehen, dass Ihr erst herausfinden wollt, ob es in Ryde überhaupt eine Möglichkeit für Euch gibt. Ich glaube, ich würde es genauso machen.«

Die Fahrt über unterhielten sie sich angeregt und Minnie genoss seine Gesellschaft sehr.

Sie fuhren am Ufer der Bay entlang durch die nördlichen Vororte. Auf der anderen Seite der Bay wurde die Besiedlung dünner, das Land hügeliger. Es duftete köstlich nach Zitrusfrüchten und anderen süßen Aromen.

Endlich kam Ryde in Sicht. Das Farmhaus der Vollmer-Gärtnerei war ein zweistöckiges Gebäude mit einer großen, überdachten Veranda an der gesamten Längsseite des Hauses. Hinter dem Haus begann die Plantage. Reihenweise Weinstöcke mit dicken Trauben, Mandarinen-, Zitronen- und Orangenbäume und dahinter die Apfel- und Kirschplantage.

Auf der anderen Seite waren die großen Gemüsegärten mit Tomaten, Kohl und Gurkenpflanzen. Staunend stieg te Kloot aus der Gherry.

»Das ist ja traumhaft«, murmelte er.

»Minnie?« Ein älterer Mann kam aus dem Haus, er trug ein kurzärmeliges Hemd und eine beige Hose, sein Bart war schon ergraut, doch das dichte Kopfhaar noch dunkel. Die Augen blitzten freundlich. »Du kommst mit einer Gherry?«

»Das ist Rudolph te Kloot, Onkel Martin «, stellte Minnie ihre Begleitung vor. »Der Bruder von Jean te Kloot.«

Vollmer strich sich nachdenklich über den Bart. »So, so«, sagte er leise. Dann musterte er den Besucher, reichte ihm schließlich die Hand. »Ich wusste gar nicht, dass Jean einen Bruder hier hat.«

»Ich bin erst vor kurzem angekommen«, erklärte Rudolph.

»Und nun schaut ihr Euch das Land an, bevor Ihr bei Eurem Bruder in das Geschäft einsteigt?«

»Das war sein Plan, meiner ist ein wenig anders.« Rudolph räusperte sich. »Ich habe in Proskau studiert und meinen Abschluss gemacht.«

»In Proskau? Der landwirtschaftlichen Akademie? Alle Achtung,
man hört viel Gutes von dort. Wollt Ihr nicht mit hineinkommen?
Meine Frau hat frische Zitronenlimonade gemacht.«

Minnie lächelte zufrieden und ging in die Gärtnerei. Schließlich
war sie zum Arbeiten hier und nicht zum Vergnügen.

Immer wieder während des Tages musste sie an Rudolph denken,
doch sie sah ihn nicht. Noch nicht einmal beim Mittagsmahl, das die
Angestellten zusammen im Hof einnahmen. Es gab einfache, aber
sättigende Gerichte und kühle Getränke. Der Blick über die Hügel
war fantastisch, die Farben leuchteten intensiv und der Duft der
Plantage lag über allem. Auch Vollmer, der mittags normalerweise
vorbeikam und nach dem Rechten schaute, ließ sich an diesem Tag
nicht blicken.

»Wo ist denn Onkel Martin?«, fragte Minnie verwundert.

»Er fährt mit einem Besucher über die Plantage. Das scheint ein
Fachmann zu sein«, sagte seine Frau.

»Das ist der jüngere Bruder von te Kloot, Tante Hanna. Er ist gerade erst aus Deutschland hierhergekommen.«

»Von Jean te Kloot? Kein angenehmer Mensch.«

»Rudolph ist zwanzig Jahre jünger als Jean. Sie hatten immer nur
Briefkontakt, und wirklich gut zu verstehen scheinen sie sich nicht«,
flüsterte Minnie Hanna zu. »Rudolph möchte Land erwerben und
bewirtschaften. Aber erst mal muss er die hiesigen Gegebenheiten
kennenlernen.«

»Besser, als sich einfach in das Abenteuer Farm zu stürzen. Dann
ist er ja bei Martin an der richtigen Adresse.«

»Das dachte ich mir auch, deshalb habe ich ihn mitgebracht.«
Minnie spürte, dass sie rot wurde.

Hanna musterte sie überrascht. »So ist das also«, sagte sie dann
nachdenklich. »Du weißt aber, dass weder Martin noch dein Vater te
Kloot besonders schätzen.«

»Aber er ist doch ganz anders als sein Bruder«, sagte Minnie empört.

»Das wird wohl erst die Zeit erweisen.«

Am Abend, nach der Arbeit, sah sich Minnie suchend um. Sie musste sich beeilen, wenn sie den Pferdebus erreichen wollte, der zur Eisenbahnstation fuhr. Von Rudolph war nichts zu sehen, und so machte sie sich enttäuscht auf den Heimweg. Doch sie war kaum ein paar Schritte gegangen, als sie ihn rufen hörte.

»Fräulein Lessing! Wartet, ich fahre Euch nach Hause.«

Die Heimfahrt war noch angenehmer als die Hinfahrt, denn diesmal konnten sie sich mehr Zeit nehmen. Amaroo ließ es gemächlich angehen, und sie genossen ihre Gespräch und die wunderschöne Landschaft.

»Ich bin Euch zu großem Dank verpflichtet. Herr Vollmer denkt darüber nach, mich einzustellen. Das wäre eine große Chance für mich und ich könnte zwei Fliegen mit einer Klappe schlagen. Ich könnte die landwirtschaftlichen Verhältnisse besser kennenlernen und zugleich auch Geld verdienen.«

»Das hört sich wunderbar an«, sagte Minnie froh. »Vielleicht sehen wir uns dann ja öfter in der nächsten Zeit.«

»Das wäre zu wünschen. Aber sagtet Ihr nicht, dass Eure Familie wegfährt?«

»Nur über die Feiertage. Das Schiff meines Vaters liegt noch im Dock und so hat er endlich ein wenig Zeit für uns. Mutter kann einen kleinen Urlaub auch gut gebrauchen.«

Sie plauderten angeregt und so verging die Zeit viel zu schnell, wie Minnie fand.

»Sehe ich Euch morgen wieder?«

»Ich muss erst noch ein paar Dinge klären und wollte mich mit Herrn Vollmer in seinem Büro in der Stadt treffen.«

Enttäuscht stieg Minnie aus der Gherry. »Wie schade.«

»Aber wir werden ganz sicher in Kontakt bleiben, mein liebes Fräulein Lessing.«

Da Minnie ein ruhiges Wesen besaß, fiel keinem bei Tisch auf, wie in sich gekehrt sie war. Sie dachte über Rudolph nach, darüber, wie sehr sie seine Nähe und die Gespräche genossen hatte. Doch war er nur freundlich zu ihr, weil sie ihn Vollmer vorgestellt hatte, oder mochte er sie auch? Sie wusste es nicht, hoffte, dass die Zuneigung auf Gegenseitigkeit beruhte.

Am nächsten Tag hielt sie Ausschau nach ihm, auch wenn ihr klar war, dass es vergebens sein würde. Dennoch war sie enttäuscht, als sie nach Hause kam. Dort herrschte Chaos, denn Emilia hatte begonnen zu packen. Vorher hatte sie mit Jiba und einer weiteren Aborigine noch große Wäsche gemacht.

Das Weihnachtsfest würden sie in dem Wochenendhaus von Onkel Martin in den Blue Mountains verbringen, und alle, bis auf Minnie, freuten sich darauf.

»Warum hast du denn so schlechte Laune?«, fragte Lily sie abends, als sie ihre Taschen packten.

»Hab ich doch gar nicht«, fauchte Minnie.

»Das merkt man.« Lily streckte ihr die Zunge heraus. »Jetzt verdirb Mama bloß nicht das Fest, nur weil dir eine Laus über die Leber gelaufen ist.«

»Lass mich in Ruhe. Ich werde schon niemandem das Fest verderben.« Es beschämte Minnie, dass Lily ihr etwas anmerkte. Auch ärgerte sie sich über sich selbst.

Ich kenne den Mann doch kaum, dachte sie, warum beschäftige ich mich dann so viel mit ihm? Sie stopfte die Blusen und die Wäsche achtlos in die Teppichtasche und ging dann in das Nachbarzimmer, um ihrer kleinen Schwester zu helfen.

Am nächsten Tag fuhr sie noch einmal nach Ryde, durfte aber schon eher gehen.

»Ich weiß, dass ihr aufbrechen wollt«, sagte Onkel Martin gutmütig. »Nimm den Mittagszug, dann kannst du deiner Mutter noch helfen. Sie hat ja reichlich zu tun mit euch allen.«

»Danke, Onkel Martin«, sagte Minnie erfreut und packte ihre Sachen. Dann drehte sie sich noch einmal zu ihm um. »Was ist eigentlich aus Rudolph te Kloot geworden?«

»Er wird nach den Feiertagen anfangen, für mich zu arbeiten. Eine große Bereicherung, denn er bringt viele Neuerungen aus Europa

441

mit. Ich bin gespannt, ob wir einiges davon hier anwenden können und ob es tatsächlich die Erträge verbessert. Wir richten gerade eine der Hütten für ihn her.«

Minnies Herz hüpfte. Er hatte die Stelle bekommen, und sie würde ihn wahrscheinlich schon bald öfter sehen. Beschwingt fuhr sie nach Hause, gab ihrer Mutter einen liebevollen Kuss und half dann, die restlichen Sachen einzupacken. Eigentlich hatten sie erst früh am nächsten Morgen aufbrechen wollen, doch da Minnie nun zu Hause war und Lily und die anderen Mädchen schon Ferien hatten, beschloss Carl, dass sie sogleich losfahren würden.

Er hatte sich drei Kutschen ausgeliehen, die sie nun beluden.

»Wo ist den Jiba?«, fragte er, als er sah, wie Emilia einen schweren Korb hinaustrug.

»Weg«, seufzte sie. »Und leider ist sie gegangen, ohne für Ersatz zu sorgen.«

»Das ist doch eine Frechheit«, brummte Carl.

»Ich denke, unsere Aufbruchstimmung hat sie angesteckt und auch bei ihr ist das Reisefieber ausgebrochen.«

»Ich möchte aber, dass du dich auch erholst. Sonst können wir ja auch gleich hierbleiben.«

»Wir werden Mama tatkräftig unterstützen, Papa«, sagte Minnie und packte mit an. »Sie wird schon ihren Urlaub bekommen, sie hat ihn verdient.«

Carl nickte zufrieden. Es dauerte eine Weile, bis alles in den Kutschen und der Karre verstaut war, noch einmal ging Emilia durch das Haus, kontrollierte, ob auch alle Feuer gelöscht worden waren, dann brachen sie auf.

Gut drei Stunden brauchten sie bis nach Emu Heights, einem kleinen Ort am Fuße der Blue Mountains. Dort machten sie einen kurzen Halt am »Arms of Australia Inn«, bevor sie weiterfuhren zu dem Häuschen, das Onkel Martin ihnen für die Feiertage zur Verfügung gestellt hatte. Es lag an einem kleinen Nebenarm des Nepean River. Das Haus hatte eine große Veranda, eine gut eingerichtete Küche, ein Wohnzimmer mit einem Kamin und mehrere kleine Schlafkam-

442

mern. Sogar ein Badezimmer mit einer Wanne und einem Badeofen gab es.

Auf dem Esszimmertisch stand ein großer Korb mit Früchten aus der Gärtnerei, und im Wohnzimmer hatte Onkel Martin eine Zeder aufstellen lassen.

»Ach, der Gute«, seufzte Emilia entzückt. Die Betten waren bezogen und nach einer kleinen, leichten Mahlzeit schickte sie die jüngeren Mädchen zu Bett, während Lily, Tony, Fred und Carl zum Fluss hinuntergingen.

Emilia und Minnie setzten sich auf die Veranda und genossen den Ausblick auf die Berge, die bläulich in der untergehenden Sonne schimmerten.

»Es ist der Eukalyptus«, sagte Minnie leise. »Seine ätherischen Öle steigen in der Hitze auf und reflektieren das Sonnenlicht.«

»Was du nicht alles weißt«, meinte Emilia stolz. Sie nahm das Strickzeug aus dem Korb und klapperte mit den Nadeln, ein Geräusch, das untrennbar mit ihr verbunden war.

In der ersten Nacht konnte Minnie kaum einschlafen. Die Luft war hier draußen so anders, viel frischer und reiner. Außerdem war es einerseits viel stiller als in der Stadt, keine Hufe klapperten auf den Straßen, keine Karrenräder knirschten im Staub, keine Stimmen, außer denen ihrer Eltern, die noch auf der Veranda saßen und sich leise unterhielten, waren zu hören. Andererseits gab es jedoch auch viele unbekannte Geräusche – das Gebälk des Hauses knackte, der Wind rauschte in den Bäumen, die das Haus umgaben, Nachtvögel riefen sich ihre Grüße zu und Dingos heulten in den Bergen. Sie konnte Lilys Atem hören und das leise Seufzen von May, als sie sich im Schlaf umdrehte.

Was Rudolph wohl jetzt gerade machte? Ob er im Haus seines Bruders traumlos schlief? Oder ob er sich seine zukünftige Farm ausmalte? Ob er vielleicht an sie dachte? Wenigstens ab und an ihr einen kleinen Gedanken schenkte?

Sei keine dumme Gans, schalt sie sich. Warum sollte er?

Zu Emilias großer Überraschung und Freude standen am nächsten Tag zwei Aborigine-Mädchen an der Hintertür.

»Mister Vollmer has send for us«, sagten sie. »We help with household. My name is Kylie and hers is Toora.«

Minnie lachte laut auf. »Kylie – ein Bumerang. Na, immerhin bedeutet das, dass sie immer wieder zurückkommen wird. Und Toora heißt Frau – das stimmt offensichtlich auch.«

Die beiden grinsten sie breit an, gingen zielstrebig in die Küche und feuerten den Ofen an. Carl, Fred und Lily liefen zurück zum Ort, um frische Lebensmittel in dem kleinen Gemischtwarenladen zu kaufen, den sie am Abend zuvor entdeckt hatten.

Emilia wollte sich daranmachen, die Sachen auszupacken, aber Tony und Minnie hielten sie zurück.

»Setz dich in den Schaukelstuhl auf der Veranda und genieß einfach die schöne Aussicht«, sagten sie. »Wir kümmern uns schon darum.«

Hannah, May und Lina erkundeten die Umgebung.

»Geht nicht zu weit weg«, ermahnte Emilia sie besorgt.

Es waren wunderschöne und ruhige Tage für die Familie. Sie saßen abends zusammen, die Eltern erzählten Geschichten von ihren gemeinsamen Fahrten oder sie lasen sich der Reihe nach etwas vor. Fred hatte in Europa neue Kartenspiele gelernt und brachte sie den Schwestern bei. Es gab kaum Streit und zur Verblüffung aller tauchten die beiden Mädchen jeden Morgen auf und kümmerten sich um die Küche und den Haushalt.

»So könnte es immer sein«, seufzte Emilia verzückt.

Am dritten Tag, es war Heiligabend, kam Carl, der noch schnell die letzten Einkäufe besorgt hatte, mit Post zurück.

»Zwei Briefe für dich, Minnie«, sagte er verwundert. »Wer schreibt dir denn?«

»Freunde aus der Gärtnerei«, antwortete sie und senkte den Kopf. Es war nicht wirklich gelogen, dachte sie. Sie nahm die Briefe und zog sich hinter das Haus zurück. Beide waren von Rudolph. Ihre Fin-

444

ger zitterten vor Aufregung, so dass sie zuerst das Siegel kaum lösen konnte, doch dann schaffte sie es und faltete den ersten Bogen Papier auseinander. Er hatte eine schwungvolle Schrift, wie sie feststellte.

»Liebes Fräulein Lessing,
Ihr seid nun in die Berge gefahren. Dort soll es angenehmer sein als in der Stadt. Ich bin überrascht von der Hitze, auch wenn mein Bruder mir geschrieben hatte, dass es im Sommer durchaus heiß werden kann. Doch die schwüle Hitze ist sehr ungewohnt für mich. In Ryde ist es besser zu ertragen als in Woollahra, auch wenn das Haus meines Bruders mit kühlen Fliesen und großen Fenstern mit Markisen ausgestattet ist. Vieles ist hier anders, auch wenn Sydney europäisch wirkt. Es wird mein erstes Weihnachtsfest auf diesem Kontinent sein und ich hoffe, nicht das Letzte. Ich habe meinen Bruder darüber in Kenntnis gesetzt, dass ich bei Herrn Vollmer arbeiten werde. Hannes war nicht erfreut. Er hofft, dass ich mich noch umbesinne, und deshalb werden wir nach Neukaledonien fahren. Aber mein Entschluss steht fest. Martin Vollmer ist ein formidabler Mensch, bei ihm werde ich viel lernen können.

Ich hoffe, meine Zeilen haben Euch nicht gelangweilt, und verbleibe mit herzlichen Grüßen
Rudolph te Kloot«

Enttäuscht ließ sie den Brief sinken. So etwas hätte er auch seiner Tante oder Großmutter schreiben können. Tränen stiegen ihr in die Augen. Sie war verblendet gewesen von seinem charmanten Auftreten. Er sah in ihr nur ein freundliches Mädchen, das ihm zu einer Arbeit verholfen hatte, mehr nicht.

Sei nicht blöd, schalt sie sich. Du kennst ihn nicht und er kennt dich kaum. Was soll er da anderes schreiben? Liebesbekundungen hätte sie genauso unpassend gefunden. Aber vielleicht hätte er ja ein paar persönlichere Worte finden können? Sie öffnete den zweiten Brief ohne große Hoffnungen.

»Liebes Fräulein Lessing,
oder darf ich ›liebe Minnie‹ sagen? So nennt Euch nämlich Herr Voll-

mer. Er lobt Euch in den höchsten Tönen und spricht sehr anerkennend von Eurer Familie, die ich hoffentlich bald kennenlernen werde.

Vielleicht liegt es daran, dass Ihr die erste fremde Person auf dem fremden Kontinent wart, mit der ich gesprochen habe, vielleicht auch daran, wie Ihr Euch an jenem Tag um mich bemüht habt, als ich im Streit das Kontor meines Bruders verlassen hatte und völlig verloren auf der Straße stand – jedenfalls seid Ihr mir lieb und teuer geworden und liegt mir sehr am Herzen. Ich möchte gerne mehr Zeit mit Euch verbringen, Euch besser kennenlernen, denn ich habe das Gefühl, dass wir uns viel zu sagen haben. Es ist so erstaunlich, dass ihr Euch für die Landwirtschaft interessiert. Ihr, die erste Person, die ich getroffen habe. War das vielleicht Schicksal? Ich bin kein Mensch, der an Himmelsmächte zu glauben vermag, aber diesmal kann ich mich des Gedankens nicht erwehren.

Morgen laufen wir aus nach Noumea. Mich reizt diese Reise gar nicht, doch mein Bruder besteht darauf. Lieber würde ich Australien und die Umgebung von Sydney genauer erkunden, mich mit der Fauna und Flora und den Bodenbeschaffenheiten vertraut machen. Aber wir werden zurückkommen. Mögt Ihr mir schreiben? Ich bitte Euch sehr darum.

Herzlichst

Euer Rudolph te Kloot«

Gerührt las Minnie den Brief erneut und dann ein drittes Mal. Schließlich faltete sie die Bögen zusammen und steckte sie in ihre Rocktasche. Sie ging zurück ins Haus. Vater war mit den jüngeren Kindern wieder angeln gegangen, Mutter und Lily saßen auf der Veranda. Lily las ein Buch und Mutter studierte ihre Post. Sie schrieb regelmäßig und viel, hielt Kontakt zu ihrem Bruder und der alt gewordenen Mamsell in Deutschland, von denen sie oft berichtete. Aber sie schrieb sich auch mit ihren Freundinnen in Sydney und anderen Kapitänsfrauen, die sie im Laufe der Zeit kennengelernt hatte.

Als Minnie an ihnen vorbeihuschen wollte, sah Emilia auf und versah Minnie mit einem strengen Blick.

446

»Hanna hat mir geschrieben«, sagte sie sachlich und kühl. Minnie blieb wie angewurzelt stehen.

»Ja?«

»Was hast du mit dem Bruder von te Kloot zu tun? Davon hast du mir gar nichts erzählt.« Ihre Stimme klang schneidend.

»Doch, das habe ich doch erzählt – ich habe ihn getroffen, am Kai, zusammen mit te Kloot, als du mich zum Hafen geschickt hast, damit ich mich nach der ›Lessing‹ erkundige.« Sie trat von einem Bein aufs andere.

»Das hast du nicht erzählt«, sagte Lily und schaute auf. »Was ist das denn für ein Bruder? Von dem fetten Ekel Jean?«

»Rudolph heißt er und er ist weder fett noch eklig. Lily, halt du dich da raus.«

»Hach, das Schwesterchen hat Gefühle?«, spottete Lily.

»Nein! Halt die Klappe. Er ist nett, ganz anders als sein Bruder.«

»Sei's drum«, sagte Emilia und zog die Stirn in Falten. »Du bist mit ihm allein in einer Gherry gefahren? Mit einem uns unbekannten Mann? Minnie, was ist bloß in dich gefahren?«

»So war das gar nicht.« Minnie biss sich auf die Lippe.

»Wie war es dann?«, fragte Emilia leise, aber eindringlich. »Setz dich bitte. Lily, lass mich mit Minnie allein.«

»Gerade jetzt, wo es spannend wird?« Lily erhob sich schwerfällig, warf ihrer Schwester einen gehässigen Blick zu und lächelte. »Ich geh ja schon.«

Minnie wartete, bis Lily den Hügel hinuntergegangen und außer Hörweite war, dann setzte sie sich seufzend neben ihre Mutter.

»Da ist gar nichts. Ich weiß nicht, warum du so ein Aufheben darum machst.«

»Meine Freundin hat mir geschrieben, dass sie es höchst seltsam fand, wie du dich verhalten hast. Sie schreibt jedoch auch, dass Martin den jungen Mann sehr lobt. Also, was ist geschehen?«

Minnie erzählte, wobei sie versuchte, sich kurz zu fassen und sehr sachlich zu bleiben.

»Es war reiner Zufall. Ich hatte ihm die Zug- und Pferdebus-Verbindungen genannt und nicht damit gerechnet, dass er mit einer Gherry auftauchen würde. Aber dann hatte ich meinen Zug verpasst und war froh, dass er mich mitgenommen hat und ich rechtzeitig zur Arbeit gekommen bin.« Sie holte Luft und schaute so unauffällig wie möglich zu ihrer Mutter. Emilias Stirn war in Falten gezogen, sie nickte ernst.

»So ist das also«, sagte Emilia nachdenklich.

»Ich habe nichts Verwerfliches getan, Mama. Und er ist wirklich nett.«

»Nett.« Das Wort fiel wie ein Stein in einen Brunnen.

»Du kennst ihn doch gar nicht«, sagte Minnie vorwurfsvoll.

»Ich kenne Jean te Kloot.«

»Ja, sicher. Und Tante Antonie hast du zu Tonys Patentante gemacht. Tante Antonie ist immerhin mit Jean verheiratet.« Minnie verdrehte die Augen und stand auf. »Vielleicht änderst du ja deine Meinung, wenn du Rudolph kennenlernst. Er ist ein netter und höflicher Mensch. Er will hier Landwirtschaft betreiben, das ist sein Traum und den will er verwirklichen.«

Mit erhobenem Haupt ging sie in ihr Zimmer, setzte sich an den winzigen Schreibtisch und nahm einen Bogen Papier hervor, um Rudolph zu antworten.

Wird meine Familie ihn ablehnen, nur weil sie seinen Bruder nicht mag?, fragte sie sich. Das kann ich mir nicht vorstellen. Dann tauchte sie die Feder in die Tinte und begann, ihm zu schreiben.

26. Kapitel

»Rudolph te Kloot«, sagte Emilia mit Grabesstimme, als sie nachts nebeneinander im Bett lagen.

»Was ist mit ihm?«, murmelte Carl müde. »Das ist Jeans Bruder.«

»Und unsere Minnie.«

Carl schwieg und für einen Moment dachte Emilia, er sei eingeschlafen, doch dann richtete er sich auf.

»Was?«

»Nun, Jeans Bruder Rudolph … wird bei Martin anfangen. Minnie hat ihn dorthin vermittelt.«

»Unsere Minnie?« Das Entsetzen war ihm anzuhören. »Wie? Bei Martin? Er soll doch das Kontor in Noumea übernehmen.«

»Nein, er ist Landwirt, Carl«, sagte Emilia immer noch sachlich. »Und er hat eine Stelle bei Martin in Ryde bekommen, er wird auch dort wohnen.« Sie schluckte. »Es scheint mir, als hätte Minnie ihn gern.«

»Einen te Kloot? Niemals.«

»Der Bruder ist sehr viel jünger als Jean.«

»Es ist eine Familie. Das ist unmöglich, kein te Kloot … nicht mit einer meiner Töchter«, brummte Carl und warf sich auf die Seite, stopfte das Kissen zurecht. »Nein, kein te Kloot.«

Australien war britische Kolonie und wie im Heimatland wurde Weihnachten dort am 25. Dezember begangen. Emilia hatte nachts noch Strümpfe gefüllt und sie am Kamin aufgehängt.

Seit die Kinder etwas größer waren, hatten sie beschlossen, dass jeder von allen anderen Geschwistern gemeinsam ein Geschenk bekam, meist nur eine Kleinigkeit, aber sie machten sich schon einige Wochen zuvor Gedanken darüber.

Den Eltern schenkten sie auch gemeinsam etwas und die kleineren Kinder malten oder bastelten eine Überraschung. Es war immer ein sehr liebevoller Tag, den alle genossen und schätzten.

In diesem Jahr war es etwas anders, da Tony und Fred erst kurz vor den Feiertagen aus Europa zurückgekommen waren. Sie hatten für jeden eine Kleinigkeit besorgt und machten auch viel Aufhebens darum.

Emilia sorgte sich mehr um die Küche. Die beiden Aborigines wollten ihr kaum Zugang gewähren, aber das Weihnachtsessen hatte sie schon immer selbst zubereitet. Wie jedes Jahr, wie schon in Othmarschen, gab es Gans. Die Wildgänse hatte Carl vor zwei Tagen frisch geschossen. Dank der reichen Gaben von Vollmer konnte Emilia sie mit Äpfeln und Pflaumen stopfen. Auch Kartoffelknödel machte sie. Rotkohl gab es indes nicht, es war nicht die Saison dafür. Aber Rotkohl mit ausgelassenem Speck schmeckte eh nur bei Frost, und den hatte Emilia in den zwanzig Jahren in Australien noch nicht erlebt.

Jeder packte der Reihe nach sein Geschenk aus, das war auch so ein Brauch in ihrer Familie. Erst das, was die Geschwister sich schenkten, und dann noch das, was die Eltern für sie hatten. Da sich alle viel Mühe gaben, ging es ohne Enttäuschungen ab.

Emilia bekam Bücher, auch Carl schenkten die Kinder Lektüre. Die beiden lasen gerne und viel und freuten sich sehr darüber. Zudem erhielt Emilia Stricknadeln und einen neuen Handarbeitskorb, denn ihrer war in die Jahre gekommen. Carl bekam Tabak und eine Pfeife, die er seiner inzwischen stattlichen Sammlung hinzufügen konnte, die er schätzte und pflegte.

Für Minnie hatten die Geschwister ein Herbarium besorgt und ein Pflanzenbestimmungsbuch. Von den Eltern bekam sie einen Gutschein und Samentüten. Der hintere Teil des Gartens war nun ihrer und sie konnte dort walten und pflanzen, was sie wollte. Sie freute sich sehr.

Dennoch war sie froh, als sie mitten im Trubel in einem unbeobachteten Moment aus dem Haus schlüpfen konnte. Die Nacht war herrlich kühl und klar, Glühwürmchen schwebten zwischen den Sträuchern. Sie ging nur ein paar Schritte den Hügel hinunter, sah zum Kreuz des Südens und dachte an Rudolph. Er war nun auf Noumea. Was, wenn es ihm dort doch gefiel und er das Kontor übernehmen wollte?

»Minnie?«, hörte sie plötzlich die Stimme ihrer Mutter hinter sich.

»Ich bin hier.« Sie ging auf Emilia zu.

»Bist du enttäuscht?«, fragte Emilia besorgt.

»Nein.« Minnie schüttelte den Kopf. »Ich brauchte nur ein wenig frische Luft und musste nachdenken.«

Emilia holte tief Luft. »Über Rudolph?«, fragte sie dann fast tonlos.

»Woher weißt ... wie kommst du darauf?«

Emilia lachte leise. »Ich war auch mal jung und verliebt.«

»Ich bin nicht verliebt«, sagte Minnie barsch. »Was für ein absurder Gedanke. Ich kenne ihn ja kaum.«

»Aber er schreibt dir und du ihm.«

»Kontrollierst du mich etwa?«

»Meine liebe, süße Minnie. Die Briefe von ihm sind ja nicht heimlich angekommen, und dass du zurückgeschrieben und deinen Brief zur Post gebracht hast, war auch kein Geheimnis, oder?«, sagte Emilia sanft.

»Ich mag ihn, er interessiert mich. Wir haben viele Gemeinsamkeiten.« Sie streckte das Kinn vor und stopfte die Fäuste in die Taschen.

»Das habe ich mir gedacht«, sagte Emilia freundlich. Sie hakte sich bei ihrer Tochter unter. »Sollen wir ein wenig spazieren gehen?«

Schweigend lief Minnie neben ihr her.

»Weißt du, als ich deinen Vater kennengelernt habe, da war es ähnlich. Er hat mich von Anfang an fasziniert. Wir haben uns viel geschrieben. Ich wohnte damals bei meiner Tante und meinem Onkel.«

»Das hast du schon oft erzählt«, seufzte Minnie.

»Ich weiß.« Emilia lächelte. »Was ich euch aber nie erzählt habe, war, dass meine Tante und mein Onkel mir den Kontakt zu deinem Vater verboten hatten.«

Minnie blieb abrupt stehen. »Wirklich? Warum das denn?«

»Sie waren der Meinung, dass er nicht der richtige Umgang für mich wäre.«

»Aber … Papa hat doch die ›Lessing‹ in der Werft deines Onkels bauen lassen, das hast du uns immer erzählt. Und du hast gesagt, dass ihr euch deshalb kennengelernt habt.«

»Das stimmt. Als Kunde war er gut genug. Als zukünftiger Ehemann jedoch nicht. Meine Tante wollte mich gut verheiraten, möglichst so, dass es für das Geschäft meines Onkels von Vorteil wäre. Mit dem Sohn eines Reeders zum Beispiel.«

»Gab es da denn Bewerber?« Minnie grinste. »Erzähl!«

»Ja, die gab es durchaus. Es gab einen jungen Mann, den ich auch sehr nett fand. Martin hieß er, wie mein Vater. Martin Amsinck«, sagte Emilia versonnen. »Es gab auch noch andere, ich war ja schließlich eine gute Partie.«

»Dein Leben in Hamburg war ganz anders als unser Leben hier, nicht wahr?«

»Meine Familie war sehr wohlhabend, das ist richtig. Es gab Personal, eine Mamsell, die für den Haushalt zuständig war, Zimmermädchen, Zofen, Knechte, Dienerschaft, Hauslehrer.« Emilia lachte. »Oh, wie aufwendig und umständlich das alles war.«

»Denkst du manchmal daran zurück?«

»Natürlich. Aber mehr noch an die Zeit in Othmarschen, auf unserem Gut. Dort habe ich mich immer wohler gefühlt als in Hamburg. Es gab zwar auch Personal, aber es war persönlicher und anheimelnder als in der Stadt.«

»Und warum sollte Papa nicht der passende Bewerber für dich sein?«

Emilia lachte leise. »Er hatte nicht genug Geld. Mit nur einem Schiff war er kein potentieller Geschäftspartner.«

»Es ging nur um Geld? Kannten sie Papa denn?«

»Er war öfter bei meiner Familie zu Gast. Aber es war schon zu merken, dass er anders war, nicht in die gehobene Gesellschaft passte. Er fühlte sich bei gesellschaftlichen Anlässen nicht wohl.«

»Warum hast du dich in ihn verliebt?«, wollte Minnie wissen.

»Ich mochte seine ernsthafte und nachdenkliche Art, mochte die klaren Vorstellungen, die er von seinem Leben hatte. Ich habe ihn bewundert, weil er nicht so geckenhaft und oberflächlich war wie die anderen jungen Männer.«

»So ist er ja immer noch«, kichert Minnie. »Ernsthaft.«

»Ich mag auch seine Art von Humor. Er lacht gerne, mag aber keine Schenkelklopfer.«

»Er war doch auf See, wie hast du das alles festgestellt?«

»Wir haben uns geschrieben. Viele, viele Briefe. Papa schreibt gerne.«

»Oh ja. Ich liebe seine Briefe, auch wenn er mich oft ermahnt, lieb zu dir zu sein.« Minnie drückte Emilias Arm. »Du hast also deine

Wahl nie bereut? Auch wenn es dir mit dem anderen Mann besser ergangen wäre?«

»Woher willst du wissen, dass es mir mit Martin besser ergangen wäre?«

»Weil er Geld hatte. Du hättest Personal gehabt und dich um nichts kümmern müssen.«

Emilia dachte nach. »So gesehen hast du recht. Aber das ist nicht alles im Leben. Ich fand es mit dem vielen Personal, all den Regeln, die man beachten, und all den Geboten, die man befolgen musste, zum Teil anstrengender. Oder anders anstrengend als unser Leben. Mit Martin hätte ich nie so viel erlebt wie mit eurem Papa. Andere Dinge vielleicht. Aber meine Erfahrungen möchte ich nicht missen.«

»Wenn du könntest, was hättest du gerne anders?«

Emilia seufzte. »Ein größeres Haus. In einer anderen Gegend vielleicht auch. Aber die großen Grundstücke liegen außerhalb – das hat auch Nachteile. Wir haben einen Garten, einen schönen Hof. Und wir sind schnell in der Stadt, haben die Geschäfte vor der Tür. Die Tramhaltestelle ist nicht weit und die Eisenbahnstation schnell erreicht. Mit der Bahn ist man rasch außerhalb der Stadt und die Bahnstrecke wird stetig erweitert.«

»Hauslehrer, Personal, Zimmermädchen«, sagte Minnie schwärmerisch. »Das hört sich aber traumhaft an. Nichts, was man selbst machen muss.«

Emilia lachte laut auf. »Es gibt auch unfähiges Personal, es gibt Bedienstete, die klauen und lügen. Es gibt welche, die unverschämt sind, frech und dreist. Man muss immer ein Auge auf sie haben. Und – bedenke – das Personal sieht und hört fast alles, was du tust, nichts bleibt privat, nicht einmal deine intime Wäsche. Es gibt natürlich auch anderes Personal, Menschen, die einem ans Herz wachsen und irgendwann fast zur Familie gehören.«

»So wie Rieke?«

»So wie Rieke und Darri. Obwohl uns natürlich die Mentalität und Kultur der Aborigines immer fremd bleiben werden.«

»Das stimmt«, sagte Minnie überrascht. »Aber du musst trotzdem immer arbeiten. Darri ist zwar eine Hilfe, aber immer noch hast du viel zu tun.«

»Kind, das ist mein Leben. Ich liebe euch und ich liebe euren Vater. Ich will es gar nicht anders haben.«

»Kann man jemanden durch Briefe kennenlernen?«, fragte Minnie fast tonlos.

»Einen Teil seiner Persönlichkeit schon.« Emilia seufzte. »Du magst ihn wirklich gern, nicht wahr?«

»Ich glaube schon. Warum könnt ihr seinen Bruder nicht leiden?«

»Jean hat sich als unangenehmer Mensch erwiesen«, sagte Emilia knapp.

Minnie spürte, dass mehr hinter diesen Worten steckte, als ihre Mutter verraten wollte.

»Rudolph ist aber anders«, sagte sie eifrig.

»Bist du dir da sicher?«

»Nein«, gab Minnie zu und verzog das Gesicht. »Aber ich glaube, dass er anders ist. Ich mag ihn.«

Emilia seufzte. »Dann schreib ihm, versuch herauszufinden, wie er wirklich ist, was ihn beschäftigt, was er mag und was nicht. Manchmal sind es bestimmte Kleinigkeiten, die einen Menschen auszeichnen.«

Sie kehrten zurück in Richtung Haus. Von drinnen ertönten laut deutsche Weihnachtslieder und Emilia lief ein Schauer des Glücks über den Rücken.

»Hast du noch einmal etwas von dem Mann gehört? Von diesem Martin?«

»Martin Amsinck? Natürlich, er hat mir hin und wieder geschrieben, manchmal schickt er noch eine Weihnachtskarte. Seinen Werdegang und den seiner Brüder konnte ich in der Zeitung verfolgen. Sie sind äußerst erfolgreich.«

Bis Silvester blieben sie in Emu Heights, danach packten sie ihre Sachen und fuhren zum Coogee Beach. Dort hatte Carl einige Zimmer im Hotel gebucht.

Sprachlos stieg Emilia aus der Kutsche. »Carl«, sagte sie endlich und schlug die Hand vor den Mund. »Das können wir uns doch gar nicht leisten. Ein Hotel! Für uns alle.«

»Ich finde, wir sollten es uns leisten, mein Liebes. Du hast es verdient.«

»Aber ... aber ...«

»Kein Aber! Mein Bruder hat mir genügend Geld gegeben, damit ich die ›Centennial‹ bezahlen kann und meine letzte Fahrt mit der ›Lessing‹ hat auch ordentlichen Gewinn gebracht. Es sind nur vier Tage, die wir hier verbringen werden. Wir sollten sie genießen.« Er strahlte sie an.

Emilia schüttelte den Kopf, küsste ihn dann sacht. »Du mein lieber, großer Dummerjan. Danke!«

Es waren herrliche Tage am Strand. Die Bucht bog sich einige Kilometer U-förmig, weißer, weicher Sand bedeckte das flache Ufer. Das Wasser war von einem klaren Blau und einige Meter sehr flach. Sanfte Wellen liefen am Ufer aus.

Lina kreischte vor Vergnügen, wenn ihre Geschwister sie mit zum Wasser nahmen. Es gab Umkleidewagen und zwei Anleger, die in das tiefere Wasser führten.

»Schwimmt bloß nicht zu weit hinaus«, sagte Emilia besorgt. »Dort gibt es Haie.«

Carl hatte Liegestühle gemietet, die unter Sonnenschirmen aus Palmenwedeln standen.

Sie bekamen drei Mahlzeiten pro Tag im Hotel, die Zimmer wurden peinlich sauber gehalten. Es war der pure Luxus und Emilia genoss es sehr.

Alle waren ausgelassen und fröhlich, nur Minnie zog sich zurück.

»Sie wird doch nicht krank werden?«, fragte Carl bekümmert. »Sie war erst einmal schwimmen.«

»Minnie war noch nie eine Wasserratte«, meinte Emilia lächelnd. »Mach dir keine Sorgen.«

Minnie schrieb Briefe. Dafür brauchte sie viel Zeit, denn sie wollte ihre Worte mit Bedacht wählen. Sie hatte das Gefühl, dass es wichtig war. Auch Rudolph schrieb fast täglich. Jeden seiner Briefe hütete sie wie einen Schatz.

Die Urlaubstage gingen viel zu schnell zu Ende und bald schon mussten sie ihre Sachen wieder einpacken und nach Glebe zurückfahren. Darri erwartete sie schon, so, als sei sie nie weg gewesen. Eine ihrer Verwandten war auch gekommen, um bei der großen Wäsche zu helfen. Das Waschwasser wurde im Hof erhitzt, die Kessel befüllt. Dann wurde eingeweicht, gerieben, geschlagen, gespült, gewrungen, durch die Walze gedreht und die Sachen schließlich aufgehängt. Es roch nach Soda und Seife, die Lauge wurde in den Abfluss gegossen und frisches Wasser aus dem Brunnen gepumpt. Hektisch und laut ging es zu, es war ein echtes Durcheinander. Emilia überwachte die Arbeiten genau.

Carl war froh, dass er dem Chaos entfliehen konnte, er hatte so einiges im Hafen und im Dock zu regeln.

Voller Elan kam er am Abend wieder zurück.

»Nächste Woche schon kann die ›Centennial‹ auslaufen. Ich habe Order erst nach Sumatra und dann nach Südafrika. Von dort nach Rangun und dann vielleicht nach Hongkong«, erzählte er erfreut.

»Wie lange wirst du unterwegs sein?«

»Vier Monate. Vielleicht mehr, wenn ich noch weitere Charter bekomme.«

»Steht denn die Mannschaft?«

»Ja, ich habe alle angeheuert. Die Männer sind ganz wild auf den nagelneuen Dampfer.«

Emilia nickte. Ihr bereitete die neue Technik Angst, auch wenn sie wusste, dass sie nicht darum herumkamen. Jetzt waren es nicht die Flauten oder die Stürme, die die Mannschaft bedrohten, auch wenn ein Dampfer ebenso wie ein Segler bei einem Taifun untergehen konnte, jetzt waren es die explodierenden Kessel oder technischen Fehler, die Carl in Lebensgefahr bringen konnten.

»Nächste Woche also schon?«, fragte sie leise.

»Ja, bis dahin ist noch viel zu tun.« Er nahm seine Geschäftsbücher und verzog sich an den Sekretär in der Stube.

Die nächsten Tage vergingen wie im Fluge. Die Kinder gingen wieder zur Schule, Tony hatte einen Ausbildungsplatz im Krankenhaus und Fred besuchte das College.

Auch Minnie ging wieder zur Arbeit. In der ersten Woche arbeitete sie im Kontor in der Innenstadt. Sie hoffte sehr, dass Rudolph dort auftauchen würde, aber er kam nicht. Auch hatte sie schon einige Tage keine Post mehr von ihm bekommen. Hatte sie irgendetwas geschrieben, was ihn verärgert oder verschreckt hatte? Sie konnte sich keinen Reim darauf machen.

Jeder Tag mehr, der verging, ohne dass ein Brief kam, ließ ihre Hoffnung sinken. Zu Hause saß sie lustlos herum, half nur beim Nötigsten.

Emilia beobachtete ihre Tochter voller Sorge. Am Sonntag schließlich, Carl war auf der Werft, beschloss sie, etwas zu unternehmen.

»Minnie, wir fahren zu Tante Hanna«, sagte sie beim Frühstück. »Mit Hannchen, May und Lina. Tante Hanna erwartet uns zum Mittagessen.«

Minnie wurde glühend rot. Sie wollte nicht zur Gärtnerei fahren, dort würde sie vermutlich auf Rudolph treffen, wobei sie sich nicht einmal sicher war, ob er die Arbeit dort auch tatsächlich angetreten hatte.

»Och, Mama«, sagte sie und verzog das Gesicht. »Kann nicht Tilda oder Lily mitfahren?«

»Tilda ist verabredet und Lily muss lernen. Sie hat im Herbst ihre Abschlussprüfungen.« Emilia hob den Kopf und schaute ihre Tochter resolut an. »Ich brauche deine Hilfe. Außerdem bist du doch immer gerne dort.«

»Mama! Ich will nicht!«

»Warum?«, fragte Emilia überrascht. »Hast du Ärger mit Onkel Martin? Hast du irgendetwas angestellt?«

»Mama!« Minnie stand auf und verließ den Raum, die Tür fiel krachend hinter ihr ins Schloss. Emilia verkniff sich ein Grinsen.

Eine Stunde später standen sie am Bahnhof und warteten auf den Zug. Minnie wirkte nervös. Ungeduldig herrschte sie ihre kleine

Schwester an, die über den Bahnsteig hüpfte. Dann biss sie sich auf die Lippe, nahm das erschrockene Kind in den Arm.

»Ich habe es nicht so gemeint, Lina-Maus. Es tut mir leid.«

»Warum hast du so schlechte Laune? Hat Lily dich geärgert? Hat sie dir wieder einen Frosch ins Bett gelegt?«, fragte Lina.

Minnie lachte. »Nein, diesmal ist Lily ausnahmsweise nicht schuld.«

»Was ist es denn dann?«, wollte May wissen.

»Lasst eure Schwester in Ruhe«, ermahnte Emilia die Mädchen. »Kommt her und nehmt euch an den Händen. Lina, du kommst zu mir. Ich höre schon den Zug.«

Sie fuhren bis zur Landspitze, nahmen dann die Meadowbank-Fähre und danach die Pferdetram bis nach West Ryde.

Tante Hanna erwartete sie schon. Sie nahm Emilia herzlich in die Arme.

»Du warst schon so lange nicht mehr hier«, sagte sie vorwurfsvoll. Dann lächelte sie. »Wie schön, dass ihr da seid. Mädchen, wollt ihr nicht im Stall gucken gehen? Millie und Andrea sind da, wir haben ein neues Fohlen und zwei Schäfchen.« Dann nahm sie Hannah, ihr Patenkind, in die Arme und flüsterte ihr etwas ins Ohr.

»Oh, wirklich?« Hannah sah sie mit großen Augen an. »Ein Kätzchen für mich?« Sie schaute zu ihrer Mutter.

Emilia seufzte, lächelte dann und nickte.

»Im Stall?« Es war keine Frage, sie lief sofort los, zog May mit sich. Lina schaute den Mädchen unsicher hinterher.

»Komm«, sagte Minnie. »Ich zeig dir, wo es ist. Onkel Martin hat auch einige Strauße hinten auf der Weide, willst du sie sehen?«

»Ja«, seufzte das kleine Mädchen glücklich und nahm die Hand ihrer Schwester.

»Da muss man aber aufpassen, Strauße können furchtbar hart treten.«

Emilia und Hanna sahen ihnen hinterher, dann schauten sie sich an.

»War es schön in Emu Heights?«, fragte Hanna ihre Freundin.

458

»Traumhaft. Vielen Dank noch einmal, dass wir in eurem Haus wohnen durften.«

»Ach, Emma, das Haus könntet ihr fast jede Woche nutzen, Martin fährt kaum noch raus. Das habe ich dir doch schon so oft gesagt. Warum soll es unnötig leer stehen?«

Emilia seufzte. »Carl wird nächste Woche wieder in See stechen.«

»Und dann bist du wieder allein.« Hanna hakte sich bei ihrer Freundin unter, führte sie auf die Veranda, wo das Mädchen schon den Tee serviert hatte. »Es ist nicht so weit bis Emu Heights, nur wenige Stunden Fahrt. Du könntest mit den Mädchen auch nur mal für ein Wochenende hinfahren. Im Haus ist alles soweit vorhanden.«

»Das habe ich gesehen. Es war fantastisch.«

»Wir könnten auch gemeinsam mit den Kindern hinfahren. Millie und Andrea lieben es dort.«

»Wirklich? Das würdest du machen? Was würde Martin dazu sagen?«

»Ach, Martin.« Hanna lächelte traurig. »Der ist doch mehr mit seiner Farm verheiratet als mit mir.« Sie schaute auf. »Du weißt, wie ich das meine.«

»Zumindest ist die Gärtnerei in greifbarer Nähe.« Emilia setzte sich auf den Rohrlehnstuhl und nahm sich eine Tasse Tee. »Und nicht auf hoher See.«

»Machst du dir Sorgen?«

»Ich weiß es nicht. Die Dampfer sind zwar nicht von den Winden abhängig, aber diese Maschinen – was da alles passieren kann. Man hört so grässliche Dinge.« Sie seufzte.

»Aber deshalb bist du nicht hier.« Auch Hanna nahm sich Tee und Gebäck.

»Nein. Ist er bei euch? Dieser Rudolph?« Emilia sah ihre Freundin angespannt an.

Hanna seufzte. »Ja. Er hat eins der Häuser bezogen, die Martin für die Angestellten hat bauen lassen. Ich habe ihn noch nicht oft getroffen, weiß nur, dass er eine gute Ausbildung hat und Martin ganz begeistert von ihm ist. Die beiden fachsimpeln viel.«

Emilia schnaufte. »Arme Minnie«, murmelte sie.

»Wieso?«

»Er hat ihr viel geschrieben während der Feiertage. Ich glaube, er hat Minnie wirklich beeindruckt. Und jetzt lässt er nichts mehr von sich hören. Sie ist am Boden zerstört. Ein te Kloot halt.« Sie verzog das Gesicht. »Was soll man da schon erwarten?«

»Er ist nicht Jean«, sagte Hanna. »Vergiss das nicht.«

»Das mag sein, aber er hat meine Tochter auflaufen lassen.«

Hanna schüttelte den Kopf. »Martin hat ihn, seit er hier ist, sehr in Beschlag genommen. Rudolph hat mehrfach nach Minnie gefragt und war sehr enttäuscht darüber, dass sie zurzeit in der Stadt arbeitet.«

»Und wo ist er heute? Ich würde zu gerne mal einen Blick auf den Mann werfen, der meiner Tochter den Kopf verdreht hat.«

»Wer hat deiner Tochter den Kopf verdreht? Und von welcher deiner Töchter ist die Rede?« Martin Vollmer trat auf die Veranda. »Gibt es für mich auch noch Tee?«, fragte er gutgelaunt.

»Martin! Wie schön, dich zu sehen.« Emilia stand auf und begrüßte den Freund herzlich. »Ich dachte, du triffst dich in der Stadt mit Carl.«

»Carl ist auf dem Dock, keine zehn Pferde bekommen ihn von seinem neuen Schiff. Ich habe alles versucht, damit er mit mir in den Club kommt, aber vergebens.«

Emilia nickte. »Neu und aufregend. Er ist sehr gespannt, wie die Jungfernfahrt verlaufen wird. Angespannt eher.«

»Verständlich. Aber er macht sich sehr gründlich mit allem vertraut.« Martin setzte sich seufzend. »Und um welche Tochter handelt es sich?« Dankend nahm er die Tasse, die seine Frau ihm reichte.

»Nur Frauengeschwätz«, winkte Emilia ab.

»Nun komm schon, Emma. Du neigst nicht gerade zum Tratsch. Geht es um Minnie?«

Emilia sah ihn schweigend an, nickte dann.

»Das habe ich mir gedacht«, sagte er. »Te Kloot hat einen Narren an ihr gefressen und ich, das muss ich gestehen, an ihm.«

»Wie meinst du das?«, fragte Emilia verwundert.

»Wir alle kennen Jean. Keiner von uns kann ihn wirklich leiden, mit seiner großspurigen Art. Wir alle mögen Antonie, und keiner von uns versteht, wie diese feine Frau es mit dem groben Klotz aushält, aber sie scheint ihn wahrhaftig zu lieben.«

»Und er wirft uns vor zu tratschen, Emma. Ist das die Möglichkeit?«, sagte Hanna amüsiert.

»Liebste, ich war mit meinen Ausführungen noch nicht fertig«, sagte Martin. »Also, Rudolph ist Jeans Bruder, und was läge näher, als auch ihn für einen groben Klotz zu halten? Dennoch täuscht ihr euch, Ladys. Rudolph ist ganz und gar nicht wie Jean. Er ist ein gewissenhafter, strebsamer Mensch. Er möchte Land erwerben und bewirtschaften. Und das wird er auch tun, so, wie ich ihn einschätze.«

»Ein Bauer«, seufzte Emilia.

»Nein, ein Landwirt. Er hat ein Studium absolviert und sich intensiv mit verschiedenen Möglichkeiten der Landwirtschaft auseinandergesetzt. Er will Wein anbauen.«

»Weintrauben? Davon allein kann man nicht leben. Da kann man ja nur zwei Monate im Jahr den Markt beschicken.«

»Hanna, meine Liebe, das ist wohl wahr. Aber er will den Wein keltern.« Martin lehnte sich zufrieden zurück. »Er will die erste australische Domäne aufbauen, australischen Chardonnay. Und es spricht vieles dafür, dass er damit Erfolg haben könnte. Das Land nördlich von hier hat guten, dunklen Boden, ideal für die Reben. Es ist sonnig und trocken, so dass die Früchte genügend Süße entwickeln können. Es hat Zukunft. Auch unsere Weinstöcke hängen voller Trauben, ich habe schon überlegt, ob wir nicht keltern sollten, aber mit der Herstellung von Alkohol habe ich mich noch nicht genügend befasst.«

Es war ein angenehmer Nachmittag. Sie redeten über dies und das, genossen das schöne Wetter und das gute Essen, welches Hanna servieren ließ. In der Gärtnerei gab es Schafe und Ziegen, die das Gestrüpp zwischen den Obstbäumen kurz hielten, Pferde und Federvieh aller Art. Die Kinder liebten es, auf der Plantage Verstecken zu spielen, von den süßen Früchten zu naschen und die Tierkinder zu streicheln.

Minnie spazierte gedankenverloren durch den großen Nutzgarten. Kohl wuchs hier und Möhren, es gab ein großes Feld mit Kartoffeln. Erbsen und Bohnen rankten an hohen Stangen empor. Sie liebte diesen Teil der Gärtnerei. Die Obstbäume trugen jedes Jahr ihre Früchte, sie mussten nur beschnitten und gedüngt werden, doch das Gemüse musste man aussäen und die Setzlinge sorgsam pflegen, so dass sie tüchtig wuchsen, um schließlich geerntet zu werden.

Rudolph hatte sie nicht gesehen und sie war auch nicht auf der Suche nach ihm, redete sie sich ein. Es war schon Mitte Januar, im Februar begann meist eine Zeit mit viel Regen hier an der Küste. Dann kamen schon der Herbst und der Winter. Es wurde kalt, und obwohl es selten Frost gab, war es meist sehr ungemütlich. Einen Winter, wie er in Deutschland vorherrschte und von dem ihre Eltern berichteten, konnte Minnie sich aber nicht vorstellen. Sie hatte Schnee auf Berggipfeln gesehen, aber noch nie von nahem. Eis wurde in großen Stücken von der Antarktis herangeschleppt und in Kühlhäusern und Erdkellern gelagert.

Sie hatte nicht den Drang, andere Länder zu sehen und Abenteuer zu erleben. Sie war sehr erdverbunden. Sydney war ihre Heimat und hier fühlte sie sich wohl.

Ich werde in diesem Jahr dreiundzwanzig, dachte sie unglücklich. Ich möchte nicht für immer bei meinen Eltern wohnen, auch wenn ich meine Mutter von Herzen liebe. Ihr Gehalt reichte nicht, um sich eine eigene Bleibe zu suchen. Oder wenn, dann nur in Gegenden, wo sie nicht sicher leben konnte. Außerdem hätte sie ein schlechtes Gewissen ihrer Mutter gegenüber gehabt.

»Fräulein Lessing?«, hörte sie auf einmal jemanden erstaunt sagen.

Sie fuhr herum und erblickte Rudolph. Hemdsärmelig stand er da, trug einen Korb mit etwas, das wie Erde aussah, aber entsetzlich stank.

»Was macht Ihr denn hier? Heute ist Sonntag, das weiß ich ganz

462

gewiss.« Er hatte ordentlich Farbe bekommen in den letzten Wochen und seine Augen blitzten fröhlich hinter den Brillengläsern.

»Herr te Kloot«, brachte sie hervor. Sie wusste nicht, wie sie sich ihm gegenüber verhalten sollte. Schon über eine Woche hatte sie keinen Brief mehr von ihm erhalten, dabei hatte er vorher fast täglich geschrieben. Ihr Herz klopfte vor Freude, ihn zu sehen, aber gleichzeitig verspürte sie Wut und Enttäuschung.

»Nun, was führt Euch hierher?«, fragte er und stellte den Korb ab. »Es tut mir leid, aber wir probieren eine neue Mischung Dünger aus. Riecht entsetzlich, soll aber gute Erträge bringen. Es ist Guano gemischt mit Kalk und verrottetem Grünschnitt.«

»Und es stinkt«, sagte sie und rümpfte die Nase. »Wir sind zu Besuch hier. Meine Mutter ist mit Frau Vollmer gut befreundet.«

»Eure Mutter ist hier?« Er wand sich plötzlich, wirkte nervös.

»Ja, ich nehme an, sie sitzen auf der Veranda. Es ist so wunderschön hier draußen. Die Luft ist so viel besser als in der Stadt.«

»Ich wollte Euch schon längst wieder geschrieben haben. Ich habe Euch sogar geschrieben, aber ich bin noch nicht zur Post gekommen. Ich hatte eine unschöne Auseinandersetzung mit meinem Bruder, der nicht verstehen kann, dass ich lieber hier arbeiten möchte als für ihn.« Rudolph senkte den Kopf.

Minnie atmete tief durch. »Ach so. Ich hatte mich schon gewundert. Aber natürlich, solche Umbrüche im Leben erfordern Zeit.« Ihre Stimme, das wurde ihr bewusst, klang kühl. »Ich wünsche Euch noch einen angenehmen Tag.« Mit diesen Worten ließ sie ihn stehen.

Das war nicht nett, dachte sie, als sie davonstapfte. Aber andererseits – was war das für eine Entschuldigung? Wenn ihm etwas an ihr lag, dann auch, wenn er zu tun hatte. Wenn er nur schreiben wollte und konnte, wenn er gerade nichts anderes vorhatte, dann war sie für ihn bloß ein netter und läppischer Zeitvertreib, und das wollte sie nicht sein. Sie hatte ihn sympathisch gefunden, sogar mehr als das, gestand sie sich ein. Er nahm ihre Gedanken ein, hatte sich in ihre Träume geschlichen. Doch sie, das war ihr nun bewusst, hatte nicht diesen Stellenwert für ihn. Sie würde es sich nicht anmerken lassen, nein, das würde sich nicht. Es traf sie auch gar nicht wirklich, nur im ersten Moment, und der war ja jetzt vorbei.

Mit hocherhobenem Kopf ging sie zurück zum Haus und drehte sich nicht um, so sehr es sie auch reizte. Wie erwartet saßen Mutter und Tante Hanna, ja sogar Onkel Martin auf der Veranda und ließen es sich gutgehen.

Minnie stieg die wenigen Stufen hoch, begrüßte Vollmer und setzte sich dann neben ihre Mutter in den gepolsterten Rohrliegestuhl.

Emilia warf ihr einen fragenden Blick zu, Minnie lächelte angespannt zurück und hoffte, dass es niemandem auffiel. Aber sie hatte kein Glück.

»Hast du Rudolph schon getroffen?«, fragte Martin.

Minnie schnappte nach Luft, räusperte sich und lächelte dann bemüht. »Nur flüchtig. Er verteilt stinkendes Zeugs im Gemüsegarten. Da wollte ich mich nicht länger aufhalten.«

»Wir machen gerade Studien, welche Düngermischungen auf diesem Boden am besten wirken. Dazu haben wir Parzellen eingeteilt und gekennzeichnet«, berichtete Martin begeistert. »Das hat mir Rudolph gezeigt, so machen sie es an der landwirtschaftlichen Akademie in Proskau. Faszinierend. Ich bin auf das Ergebnis gespannt. Der arme Rudolph hatte kaum eine ruhige Minute, seit er hier eingezogen ist. Aber wir müssen die Zeit vor den ersten großen Regenfällen nutzen.«

Minnie horchte auf. Sollte es wirklich stimmen, dass er sich hier in die Arbeit stürzte und deshalb keine Zeit mehr für andere Dinge hatte?

»Es ist Sonntag«, sagte Emilia und klang missbilligend. »Du lässt ihn am Sonntag arbeiten?«

»Wir müssen das neue Projekt rasch durchführen und dokumentieren. Pflanzen wachsen nicht nur während der Woche, meine Liebe. Er hat sich angeboten, mehr oder weniger.«

»Also wirklich, Martin «, sagte nun Tante Hanna. »Angeboten. Der arme Kerl will dir alles recht machen. Schließlich hat ihn Jean hochkant rausgeworfen. Er hat keine Bleibe mehr außer bei uns und, wenn ich es recht verstanden habe, auch nur wenig Geld. Er wird sich verpflichtet fühlen, auch am Sonntag zu arbeiten. Du gehst jetzt los und bittest ihn bei uns zu Tisch. Wir sind weder Sklavenhalter noch Ausbeuter«, sagte sie empört.

Emilia rutschte auf ihrem Stuhl unruhig hin und her. »Wir müssen gleich aufbrechen, sonst erwischen wir den letzten Zug nicht mehr. Minnie, hol die Mädchen.«

Minnie stand auf und ging zu den Ställen. Kaum war sie außer Hörweite, fasste Hanna Emilia am Arm.

»Du glaubst doch nicht, dass ich dich jetzt so einfach gehen lasse? Ihr bleibt natürlich auch zum Essen. Ich habe euch doch schon längst eingeplant und alles vorbereiten lassen. Außerdem möchte ich, dass du den jungen Mann triffst und dir selbst ein Urteil bildest.«

»Aber der Zug …«, warf Emilia ein.

»Papperlapapp, ihr fahrt mit der Kutsche nach Hause.« Sie ließ deutlich durchblicken, dass sie keine Widerworte duldete.

Emilia lachte. »So, so. Du willst also ein Urteil von mir.«

»Nein, eigentlich will ich, dass du ihn kennenlernst, bevor sich bei dir zu viele Vorurteile festgesetzt haben. Schau ihn dir an und vergiss für einen Moment, dass er Jeans Bruder ist.«

»Nun gut.«

Nur wenig später kam Minnie mit den Mädchen zum Haus zurück. Die Kinder lachten und kreischten, spielten Fangen.

Emilia schlug die Hände über dem Kopf zusammen. »Was, um Himmels willen, hat Lina denn gemacht? Den Mist durchwühlt? Da hilft aber bloßes Händewaschen nicht. Hannah und May, klopft eure Kleider gut aus, bevor ihr ins Haus geht! Beeilt euch, es gibt gleich Essen.«

»Ich dachte, wir fahren nach Hause, Mama«, sagte Minnie erstaunt.

Hanna lachte. »Akala soll etwas zum Anziehen von Millie raussuchen. Ich habe noch etliche Kleidungsstücke, die ihr zu klein sind und die du sowieso für Lina haben kannst.«

Minnie ging mit den Mädchen ins Badezimmer der Familie und

staunte wieder einmal über die Pracht, die hinter der schlichten Fassade des Hauses herrschte. Es gab eine Emaillewanne und fließendes Wasser aus den Kränen am Waschbecken, das aus einem großen Auffangbecken auf Stelzen gespeist wurde, welches im Hof stand. Es war eine ganz neue Technik, die Onkel Martin sehr schätzte. Der Wassertank war höher als das Haus und wurde mit Regen oder Süßwasser aus dem Fluss gefüllt, und somit war Druck auf den Leitungen. Es gab einen Holzofen, durch den die Leitungen aus Messing liefen, so dass man das Wasser direkt erhitzen konnte. So etwas, dachte Minnie seufzend, während sie Lina beim Waschen und Umkleiden half, hätte ich auch gerne. Sie hatten in Glebe nur einen Brunnen, Krüge und Schüsseln, mussten das Badewasser mühsam im großen Kessel auf dem Hof erhitzen.

Als sie, rotwangig und sauber geschrubbt, Lina sogar neu eingekleidet, auf die breite Veranda zurückkamen, war dort schon ein großer Tisch bereitgestellt und eingedeckt worden. Sie brauchten nur noch Platz zu nehmen.

»Du kommst zu mir«, sagte Emilia zu Lina und klopfte auf den Stuhl an ihrer rechten Seite. Das Mädchen gähnte herzhaft und kletterte dann auf den Stuhl, ihre müden Augen drohten schon, zuzufallen.

Onkel Martin kehrte aus der Plantage zurück, brachte frische Bananen und Mandarinen, die ersten reifen Pfirsiche und Pflaumen mit. Er nickte Hanna zufrieden zu.

Das Mädchen trug die Vorspeise auf – eine klare Brühe mit Einlagen, dazu ein Salatbouquet aus dem Garten. Ein Platz am Tisch war noch frei. In dem Moment kam Rudolph herbeigeeilt. Er blieb am Fuße der Veranda stehen, schaute beklommen nach oben.

»Nun kommt, te Kloot«, rief Martin. »Wir warten schon auf Euch.«

Er hatte sich gewaschen und umgezogen. Seine Hände und das Gesicht glänzten rosig, so, als hätte er die Haut ordentlich mit Seifenwasser geschrubbt. Sein gepflegter Vollbart schien noch feucht zu sein.

»Ihr habt Besuch«, sagte te Kloot leise. »Da will ich nicht stören.«

»Die Lessings gehören quasi zur Familie«, meinte Martin gutgelaunt und stand auf. »Nun ziert Euch nicht, Ihr seid doch kein Mädchen.« Er nahm Rudolph am Ellbogen und wies ihn zu seinem Platz.
»Dies ist Frau Lessing, ihre Tochter Minnie kennt ihr ja schon, und
das sind Lina, May und Hannah. Das ist nur die eine Hälfte der Les-
singsprösslinge.« Er lachte fröhlich.

Rudolph verbeugte sich vor Emilia, nickte den anderen zu und
nahm dann Platz. Zuerst hielt er den Kopf gesenkt und beteiligte sich
nicht an den Gesprächen, aber Martin Vollmers laute und lustige Art
lockerte die Runde schnell auf. Es gelang ihm, Rudolph in ein Gespräch zu ziehen, und schon bald unterhielten sich alle angeregt.

Lina war nach kurzer Zeit auf ihrem Stuhl eingeschlafen und Minnie hatte sie in Millies Zimmer gebracht.

»Du kannst morgen hier in der Gärtnerei einiges erledigen«, sagte
Martin zum Abschied, »und deine Schwester dann mit nach Hause
nehmen. Millie wird sich freuen, eine Spielkameradin zu haben.«

Der Vollmond stand rot und leuchtend am Himmel, als die Kutsche vorfuhr.

Immer wieder während des Essens hatte Minnie zu Rudolph geschaut, aber schnell weggesehen, wenn sich ihre Blicke trafen.

Emilia sorgte dafür, dass die kichernden und lachenden Mädchen
in die Kutsche einstiegen. Minnie wartete ein paar Schritte entfernt.

»Auf Wiedersehen, Fräulein Lessing«, sagte Rudolph plötzlich an
ihrer Seite. Er war nach dem Essen aufgestanden, hatte sich verabschiedet und war weggegangen. Es hatte Minnie verletzt, dass er kein
persönliches Wort des Abschieds für sie gefunden hatte.

Nun drückte er ihr einen Packen Briefe in die Hand. »Wie gesagt,
ich war nicht dazu gekommen, sie abzuschicken. Geschrieben habe
ich wohl, Fräulein Lessing.«

»Minnie«, sagte sie. »Ihr nennt mich doch auch in den Briefen
Minnie, lieber Rudolph.«

»Wir sehen uns morgen. Ich freu mich schon.«

Sie meinte, eine leichte Röte auf seinen Wangen zu sehen, aber das
konnte auch am Mondlicht liegen.

Ihr Herz klopfte, als sie in die Kutsche stieg und sich neben ihre Mutter setzte. Die Briefe hatte sie in ihre Tasche geschoben. Sie würde sie heute Nacht noch lesen, nahm sie sich vor.

»Er ist nett. Netter, als ich gedacht habe«, sagte Emilia zu ihr, als sie an der Bay entlangfuhren.

27. KAPITEL

Eine Woche später stach Carl in See. Die Farbe auf der »Centennial« schien noch frisch zu sein, so sehr leuchtete das Schiff in der Sonne. Die Familie hatte sich am Kai versammelt. Kein Schlepper musste den Dampfer aus dem Hafen ziehen, er lief von ganz allein hinaus. Eine große Dampfwolke stand in der Sommerluft über dem Kamin, löste sich nur zögerlich auf. Emilia verdrückte ein paar Tränen, sie hatte diesmal mehr Angst als bei all den anderen Malen, als Carl mit der »Lessing« auf große Fahrt gegangen war. Er war ein Hochseesegler, kein Ingenieur. Er war ein Kapitän der alten Schule. Aber er hatte sich gründlich mit der neuen Technik vertraut gemacht, tröstete sich Emilia, als sie mit den Kindern die Tram bestieg und zurück nach Glebe fuhr.

Einige Monate würde er unterwegs sein, aber schon an diesem Abend schrieb sie ihm den ersten von zahlreichen Briefen. Dieses Briefeschreiben war ihr inzwischen eine liebe Routine geworden, es half ihr über die einsamen Abende hinweg und war eine Art Zwiesprache mit Carl, auch wenn er nicht körperlich anwesend war. Sie wusste, in Gedanken war er bei ihr, so, wie sie bei ihm war. Manchmal hatte sie ihm in den Briefen kleine Ängste oder Nöte verschwiegen. Wenn ein Kind krank oder das Geld knapp gewesen war, Dinge, die er aus der Ferne nicht hätte ändern können. Alle großen Sorgen hatte sie jedoch mit ihm geteilt. Dies war das erste Mal, dass sie es nicht tat.

Schon nach dem Sonntag bei Vollmers war ihr klargeworden, dass ernste Gefühle zwischen Minnie und Rudolph aufgeflammt waren.

Allein schon wie sich ansahen oder wie sie bemüht den Blickkontakt miteinander vermieden, hatte es ihr gezeigt. Sie hatte darüber nachgedacht, mit Carl darüber zu sprechen, doch er war zu sehr mit dem neuen Schiff und der Order beschäftigt gewesen, hätte weder Zeit noch Gehör für solche Gedanken gehabt. Sie wollte ihn vor der Abfahrt nicht belasten, hatte sie beschlossen. Und auch jetzt, entschied sie, würde sie ihm nichts davon schreiben. Wer wusste schon, wie sich die Sache zwischen Minnie und Rudolph entwickeln würde? Vielleicht war es nur ein Strohfeuer, das schnell wieder verlöschen würde. Falls nicht, war später immer noch genügend Zeit, mit Carl darüber zu reden.

Martin Vollmer hatte recht gehabt, soweit sie das bis jetzt beurteilen konnte, Rudolph war ganz anders als Jean. Rudolph machte einen ernsthaften, nachdenklichen Eindruck, er war kein Hallodri. Ihm schien auch nichts daran zu liegen, Machtpositionen einzunehmen und auszuüben, er wollte, so schien es ihr zumindest, einfach nur seinen Traum verwirklichen.

Sein Traum war es, ein Stück Land urbar zu machen und zu bewirtschaften. Er war Carl nicht unähnlich, auch wenn die beiden Männer unterschiedliche Elemente liebten.

Minnie lag schlaflos im Bett, wälzte sich von einer Seite zur anderen. Es war April, und der war mit klammer Nässe gekommen.

»Gib endlich Ruhe oder hast du Flöhe im Bett?«, maulte Lily.

»Lass mich«, raunzte Minnie zurück.

»Lass du mich – nämlich schlafen. Noch zwei Monate, dann bin ich hier raus, ich kann es kaum erwarten.«

»Geht mir genauso! Zwei Monate muss ich noch das Zimmer mit dir teilen, bis du endlich weg bist.« Insgeheim beneidete Minnie Lily. Ihre Schwester hatte jetzt schon die Zusage für eine Stelle an einer Schule in Kingsford, südlich von Sydney. Dort würde sie zusammen mit ihren Kolleginnen in einem Wohnheim leben. Minnie mochte gar nicht daran denken.

Schon immer, seit sie denken konnte, hatte sie das Zimmer mit Lily

469

geteilt. Die beiden jungen Frauen waren so unterschiedlich wie Feuer und Wasser, aber trotzdem liebte Minnie ihre Schwester. Meist zumindest.

»Dann kannst du jeden Abend in aller Ruhe Briefe schreiben, so wie Mutter«, spottete Lily. »›Mein lieber Rudolph, heute habe ich Tomaten ausgesät. Die Gurkensetzlinge habe ich veredelt und gedüngt.‹ Wie romantisch!« Sie lachte höhnisch.

»Du hast meine Briefe gelesen?«, zischte Minnie empört. »Was fällt dir ein?«

»›Liebe Minnie, es ist so schön zu lesen, dass du meinen Rat angenommen und mehr Grünschnitt unter den Guano gemischt hast. Ich bin mir sicher, dass du dadurch mehr Ertrag bei den Tomaten haben wirst‹. Wie liebevoll und zärtlich ihr euch über Guano schreibt«, kicherte Lily. »Über Vogelscheiße. Es ist nicht zu glauben.«

»Du Biest!«, kreischte Minnie auf, sprang aus dem Bett und riss ihrer Schwester die Decke weg. »Wie kannst du es wagen?«

»Ich bitte dich, wie kannst du dich in diesen biederen Mann verlieben? Einen Bauern.«

»Du kennst ihn doch gar nicht!«

»Ich habe ihn gesehen«, sagte Lily triumphierend. »Ich war in der Gärtnerei letzte Woche an meinem freien Tag. Hab Tante Hanna ein paar Sachen gebracht, die Mutter ihr gestrickt hat. Und bei der Gelegenheit habe ich deinen Schatz in Augenschein genommen.«

Minnie schnappte nach Luft. »Hast du mit ihm gesprochen?«

»Nur belangloses Zeugs.«

»Das hat er mir gar nicht gesagt«, hauchte Minnie.

»Wie auch? Er dachte, ich sei eine Kundin. Ich habe ihm nicht unter die Nase gerieben, dass ich deine Schwester bin. Gib her!« Sie zog Minnie die Decke aus den Händen, rollte sich darin ein. »Und jetzt geh ins Bett, du holst dir sonst noch den Tod. Außerdem müssen wir morgen früh aufstehen«, gähnte sie.

Minnie trollte sich in ihr Bett, zog sich die Decke bis zum Kinn. »Und?«, fragte sie dann leise. »Wie findest du ihn?«

»Stattlich«, sagte Lily nachdenklich. »Groß und kräftig. Die Nickel-

470

brille ist niedlich, er zwinkert immer so heftig, wenn er nervös ist, oder?«

»Ja«, sagte Minnie grinsend. »Ich mag das.«

»Und er wirkt durchdacht.« Lily schwieg für einen Moment. »Landwirtschaft ist sein Leben, nicht wahr?«

»Ja.«

»Dann seid ihr ja wie geschaffen füreinander.« Sie drehte sich um und schon wenig später konnte Minnie ihre ruhigen Atemzüge hören.

Sie selbst fand nur schwer in den Schlaf. Ihre Gedanken waren bei Rudolph.

Was Lily nicht wusste und auch sonst niemand, war, dass sie sich regelmäßig trafen, wenn sie in der Gärtnerei arbeitete. Meist hinter der hohen Mauer des Gemüsegartens, wo die Backsteine die Wärme der Sonne speicherten. Viel hatten sie miteinander geredet, immer vertrauter waren sie sich geworden. Sie hielten sich an den Händen, küssten sich. Seine Küsse waren süß und warm. In seinen Armen fühlte sie sich sicher und geborgen. Mit ihm, das wusste sie, wollte sie ihr ganzes Leben verbringen.

Doch das musste noch ein wenig warten. Er hatte an seinen Onkel und an seinen Schwager geschrieben und um ein Darlehen auf sein Erbe gebeten. Mit dem Geld wollte er staatlichen Boden in der Nähe von Liverpool südwestlich von Sydney kaufen. Das Land lag am George River, der in den Lake Moore floss.

An einem Sonntag hatte er sie heimlich abgeholt und sie waren dorthin gefahren. Ein großer Findling stand an der Einfahrt zum Grundstück.

»Ich will die Farm ›Crefeld‹ nennen, nach meiner Heimatstadt«, sagte er hoffnungsvoll. »Dort hinten werden wir ein Haus bauen.«

»Ich sehe es schon vor mir«, hatte Minnie geschwärmt. »Die Weinstöcke setzen wir da am Hügel, hinter dem Haus werde ich Gemüse ziehen. Es ist auch noch genügend Platz, um Obstbäume zu pflanzen.«

»Es wird unser Zuhause, unsere Zukunft, wenn ich das Geld bekomme.« Er seufzte. »Ich hoffe, mein Schwager macht bald die An-

471

weisungen. Mit der Behörde habe ich schon gesprochen und auch den Antrag auf Einbürgerung gestellt. Sobald ich das Land erworben habe, werde ich deinen Vater um deine Hand bitten.«

Minnie hatte sich bei diesen Worten auf die Lippen gebissen. Ihr Vater wusste nichts von ihrer Verbindung zu Rudolph. Ihre Mutter ahnte es wohl, hatte sich aber nicht mehr dazu geäußert.

Wie würde Vater wohl reagieren?, fragte sie sich unsicher.

Auch in dieser Nacht dachte sie wieder darüber nach. Wie konnte sie Rudolph in ihre Familie einführen? Der Name te Kloot war negativ besetzt, das wusste sie. Aber Rudolph war ganz und gar nicht wie sein Bruder Jean.

Und noch etwas betrübte sie: Der Herbst in diesem Jahr war nass und kalt. Es gab für Minnie wenig in Ryde zu tun, sie wurde im Büro in der Stadt gebraucht. Lily würde bald ihr Studium beenden und nach Kingsford ziehen. Fred war auf dem College und kam nur an den Wochenenden nach Hause und Tony wohnte jetzt in einem Wohnheim am Krankenhaus. Die fast achtzehnjährige Clara würde dieses Jahr die Schule abschließen und Sekretärin werden. Es war nur eine Frage der Zeit, wann auch sie ausziehen würde.

Minnie und Rudolph schrieben sich regelmäßig, die innigen Briefe versteckte sie im Schuppen, damit Lily sie nicht fand.

Im August kam Carl endlich zurück, Emilia hatte ihn schon sehnsüchtig erwartet. Alle waren erleichtert, dass die Jungfernfahrt der »Centennial« reibungslos verlaufen war, Carl selbst auch. Emilia hatte ihn selten so erschöpft erlebt.

»Es ist anders, wenn das Schiff mechanisch läuft. Man muss nicht mehr die Winde beachten, die Strömungen aber schon, auch wenn man sie leichter durchlaufen kann. Ich hatte ständig Sorge, dass etwas mit den Kesseln oder Maschinen schiefgeht, auch wenn der Heizer und der Ingenieur versucht haben, mich zu beruhigen«, seufzte er, als sie gemeinsam am Tisch zu Hause in Glebe saßen.

Minnie traute sich erst eine Woche später, Emilia zur fragen, ob sie Rudolph einladen dürfte.

»Du willst ihn zu uns einladen?«, fragte Emilia verblüfft. »Ist es denn ernst mit euch?«

Minnie senkte den Kopf. »Ja.«

Emilia setzte sich und wischte ihre Hände am Küchentuch ab. »Ich habe so etwas fast vermutet, habe auch gehofft, dass du zu mir kommst, wenn du reden willst.« Sie seufzte. »Ich habe Rudolph nur kurz gesehen, weiß aber, dass Martin viel von ihm hält und auch Hanna nichts Negatives zu sagen weiß.«

»Wir wollen heiraten.«

Emilia verschlug es für einen Augenblick die Sprache. »Heiraten«, murmelte sie. »Mein kleines Mädchen, meine Minnie, will heiraten? Hast du dir das auch wirklich gut überlegt? Das ist ein großer Schritt.«

»Ich liebe ihn, Mama!«

»Wovon wollt ihr denn leben?«

»Er bekommt Geld aus einer Erbschaft, damit will er sich ein Grundstück bei Liverpool kaufen. Wir wollen dort Weingärten anlegen. Wir haben alles genau geplant.« Minnie klang ganz euphorisch. »Wir haben uns schon überlegt, wie das Haus aussehen soll.«

»Ich werde mit Papa sprechen«, sagte Emilia leise.

»Freust du dich denn nicht mit mir, dass ich jemanden gefunden habe, den ich liebe und der mich auch liebt? Wir haben gemeinsame Träume, haben konkrete Pläne. Wir wollen unser Leben gemeinsam verbringen!«

Emilia legte das Küchentuch, das sie in den Händen gehalten hatte, zur Seite, stand auf und nahm ihre Tochter in den Arm. »Doch, ich freue mich für dich. Sehr sogar. Und ich kann dich gut verstehen.«

Minnie seufzte erleichtert auf.

Der Gedanke, dass ihre Tochter heiraten wollte, machte Emilia Sorgen. Aber sie erinnerte sich noch zu gut daran, wie es damals gewesen war, als sie sich gegen den Widerstand ihrer Familie in Carl verliebt hatte. Diesen Kummer wollte sie ihrer Tochter ersparen.

Es war schon Nacht, alle Kinder schliefen, als Carl endlich ins Bett kam. Er hatte über den Unterlagen für die nächste Order gebrütet.

Er kroch leise unter die Decke, drehte die Petroleumlampe herunter.

»Ich bin noch wach, mein Liebster.«

»War ich zu laut? Das tut mir leid, Emma.«

»Nein, ich konnte nicht schlafen. Wann stichst du in See?«

»Nächste Woche. Ich muss zusehen, dass Geld reinkommt. Die laufenden Kosten fressen uns sonst auf. Ein Dampfer ist zwar schneller als ein Segler, aber auch sehr viel teurer. Ich hoffe, ich bekomme ein gutes Angebot für Kohle. Te Kloot meint wohl, er könne mich übers Ohr hauen mit seinen Preisen, aber ich bin ja nicht auf den Kopf gefallen.«

Emilia biss sich auf die Lippen. Dies war kein guter Auftakt für das Gespräch, das sie führen wollte.

»Was hält dich wach, Liebes?«, fragte er und nahm sie zärtlich in den Arm.

»Ich bin traurig, weil du schon so bald wieder aufbrichst, aber ich kann es verstehen.«

»Diesmal wird es nur eine kurze Tour, sie bringt aber Geld. Ich werde Insulaner von Neuguinea nach Queensland zu den Zuckerrohrfeldern bringen.«

Emilia schnappte überrascht nach Luft. »Blackbirding? Das wolltest du doch nie machen.«

»Ich weiß«, sagte er betrübt und ließ sich in sein Kissen zurücksinken. »Es verstößt gegen mein Gewissen, aber die Bezahlung ist unschlagbar. Die ›Centennial‹ ist noch nicht abbezahlt und die anderen Charter, die es im Moment gibt, bringen nicht genug ein.«

»Blackbirding« nannte man den Transport von Insulanern, die, meist gegen ihren Willen, auf die großen Baumwoll- und Zuckerrohrplantagen in Queensland verfrachtet wurden. Auch wenn die Insulaner einen Arbeitsvertrag über drei Jahre bekamen, war es im Grunde eine Art der Sklaverei, das wusste Emilia. Sie hatten sich oft darüber unterhalten, denn tatsächlich war es für die Reedereien und Kapitäne

474

ein sehr lukratives, wenn auch gefährliches Geschäft. Nicht selten wehrten sich die Gefangenen, die mit Alkohol willig gemacht und betrunken an Bord gebracht wurden, heftig, wenn sie aus ihrem Rausch erwachten und ihre Lage erkannten. Die Zustände auf den Plantagen waren grauenvoll. Giftige Schlangen lebten auf den Feldern, die Verpflegung und die Unterkünfte waren spartanisch, viele Arbeiter starben qualvoll.

»Es ist … gefährlich«, sagte sie tonlos.

»Ja, das ist mir bewusst, Liebes.« Auch Carl klang ernst. »Aber ich muss es machen. Nur dieses eine Mal. Die Tour wird mir so viel Geld einbringen, dass wir Zeit zum Luftholen bekommen und ich auf bessere Charter hoffen kann. Ich mache es nicht gerne, weiß Gott nicht. Und wenn ich ein anderes, ähnlich gutes Angebot hätte, so würde ich das lieber annehmen.«

»Und wenn dir etwas zustößt?«

»Die Fahrt ist gut versichert.«

»Ach Gott, Carl. Wie kannst du so etwas so leichtfertig sagen? Ich brauche kein Geld. Ich brauche dich, und die Kinder brauchen dich auch.« Tränen stiegen ihr in die Augen und das Entsetzen schnürte ihr die Kehle zu. Sie drückte sich an ihn, küsste ihn. »Ich brauche dich. Ich liebe dich so sehr.«

»Ich dich auch.«

In dieser Nacht schliefen sie kaum. Es war, als müssten sie sich gegenseitig noch einmal bis zur Neige auskosten.

Emilia beschloss, Carl noch nichts von Minnies Plänen zu erzählen. Sie nahm ihre Tochter beiseite und führte ein ernstes Gespräch mit ihr.

»Papa wird eine Blackbirdingtour machen.«

»Oh nein! Das ist ja lebensgefährlich«, rief Minnie entsetzt aus.

»Ja, aber er hat keine andere Wahl. Weil das so ist, und weil er in Gedanken schon voller Sorge auf dieser Tour ist, habe ich ihm noch nichts von Rudolph te Kloot gesagt.« Sie musterte ihre Tochter. Minnie nickte verständnisvoll. »Auch denke ich, dass es falsch wäre, te

Kloot in diesen Tagen einzuladen. Wenn Papa angespannt ist, dann ist er nicht besonders aufgeschlossen anderen gegenüber.«

Enttäuscht senkte Minnie den Kopf. »Ich weiß, dass du recht hast, Mama. Ich hatte nur so gehofft …«

»Er wird nicht so lange fort sein, dieses Mal. Wenn er zurück ist und alles gut verlaufen ist, holen wir die Einladung nach. Glaub mir, es ist besser so.«

»Ja.«

»Ich möchte, dass er seinem zukünftigen Schwiegersohn mit Wohlwollen entgegentritt, Minnie.«

Minnie hob den Kopf und schaute ihre Mutter an. »Das heißt, du bist nicht gegen diese Verbindung?«

Emilia schüttelte den Kopf. »Du bist meine Tochter und ich kenne dich. Du handelst nicht überstürzt, sondern immer überlegt. Du hast dir Zeit gelassen, um dich zu entscheiden. Ihr habt beide nachgedacht und eine Zukunft für euch gefunden.«

»Ach, Mama!« Minnie fiel ihr um den Hals.

»Ihr habt gemeinsame Träume und du folgst deinem Herzen, so, wie ich meinem Herzen gefolgt bin. Papa wird das verstehen. Vielleicht braucht er ein wenig Zeit, um sich an den Gedanken zu gewöhnen, aber er wird es verstehen.«

»Ich hoffe es so sehr«, seufzte Minnie.

Carl stach in See. Die nächsten Wochen wartete die ganze Familie beklommen auf Nachrichten. Er kabelte zweimal, bevor er Neuguinea anfuhr, danach hörten sie nichts mehr von ihm. Die Zeit wurde Emilia sehr lang und jeden Abend zündete sie eine Kerze im Fenster neben der Haustür an. Es war ein Aberglaube, der den Seeleuten den sicheren Weg nach Hause zeigen sollte.

Auch Minnie hatte es nicht leicht.

»Die Anweisung aus Deutschland ist gekommen«, sagte Rudolph verstimmt zu ihr. »Ich habe schon eine Anzahlung auf das Land gemacht. Meine Einbürgerung werde ich in den nächsten Wochen bekommen. Warum müssen wir noch warten? Ich will nicht mehr warten. Wir sind uns doch einig, lass uns heiraten.« Er küsste sie stürmisch.

Minnie wand sich aus seinen Armen. Sie schaute ihn empört an. »Wir können doch nicht heiraten, ohne die Einwilligung meines Vaters zu haben.«

»Ach, Schatz, ich möchte nicht mehr warten.« Rudolph senkte beschämt den Kopf. »Aber natürlich hast du recht.«

»Außerdem«, sie stemmte die Fäuste in die Hüften, »haben wir noch gar kein Haus. Wo sollen wir denn wohnen? Ach, Rudolph.« Sie strich ihm über den Kopf. »Sei doch nicht kindisch. Es sind nur noch ein paar Monate. Und dann werden wir für immer vereint sein.«

»Das weiß ich doch, Liebes. Ich habe schon Baumaterial bestellt und werde mich in der nächsten Woche um Arbeiter kümmern, damit das Haus so schnell wie möglich fertig wird.«

Mitte November endlich kam die erlösende Botschaft – Carl hatte die Tour unbeschadet überstanden. Alle freuten sich sehr, und Emilia weinte nahezu vor Erleichterung.

Anfang Dezember kehrte er nach Hause zurück.

»Ich habe dich so vermisst«, sagte Emilia, als sie nebeneinander im Bett lagen. Der Mond goss eine Pfütze aus Licht durch das Fenster auf den Boden. »Ich habe vor Sorge kaum ein Auge zugetan.«

»Es tut mir leid. Ich werde so eine Tour nie wieder machen. Am Sonntag werde ich in der Kirche um Vergebung bitten.« Carls Stimme klang seltsam brüchig.

»Möchtest du darüber reden?«

Er schüttelte kaum merklich den Kopf. »Noch nicht.«

Die Schreie der Gefangenen verfolgten ihn jedoch bis in den Schlaf und so manches Mal wachte er schweißgebadet auf. Emilia sorgte sich um ihn. Doch mit der Zeit wurde er ruhiger. Er bereitete die nächste Reise vor, diesmal würden es nur Kartoffeln sein, die er nach Rangun brachte, um dort Reis einzuladen und wieder zurückzukehren.

477

»Wie lange wirst du unterwegs sein?«, fragte Emilia, die immer noch nicht wusste, wie sie ihm Minnies Pläne nahebringen sollte.

»Einige Wochen nur. Ich breche direkt nach Weihnachten auf.« Er sah sie an. »Was ist los, Liebes? Du bist so seltsam. Und wenn ich es nicht besser wüsste und wir das Alter nicht längst überschritten hätten, würde ich denken, du wärst wieder schwanger.« Er lachte.

»Nein, schwanger bin ich nicht.« Nachdenklich schaute sie ihn an. »Wollen wir ein wenig spazieren gehen?«

»Immer wenn du das sagst, hast du etwas auf dem Herzen.« Er nahm ihren Arm. Sie gingen hinunter zur Bay, zunächst schweigend.

»Muss ich mir Sorgen machen?«, fragte Carl schließlich.

»Eigentlich nicht. Du hast einen Grund, dich zu freuen. Minnie möchte dir jemanden vorstellen«, sagte Emilia vorsichtig.

Carl blieb abrupt stehen. »Was?«

»Nun, unsere Minnie ist dreiundzwanzig Jahre alt, kein kleines Kind mehr. Es scheint, als hätte jemand ihr Herz erobert.«

»Wer ist es?«

Emilia seufzte. Als sie seine zusammengezogenen Augenbrauen sah, schwante ihr nichts Gutes. »Du kennst ihn noch nicht. Es ist Rudolph te Kloot.«

Carl schüttelte den Kopf. »Das ist nicht dein Ernst. Sag, dass das nicht wahr ist!«

Emilia lachte leise. »Nun, doch, es ist wahr.«

»Unsere Minnie? Hat der Kerl sie etwa schon angerührt? Ich breche ihm den Hals. Mein Mädchen rührt niemand an!«, polterte er so laut, dass sich andere Spaziergänger, die am Ufer entlangflanierten, zu ihnen umdrehten.

»Carl!«, zischte Emilia. »Bitte! Contenance. Was sollen denn die Leute denken?«

»Die Leute sind mir egal, wenn es um meine Kinder geht, Emma.« Empört stapfte er weiter, dann blieb er wieder stehen. »Das ist der Bruder von Jean? Ich habe ihn ein paarmal in der Stadt getroffen. So ein Hänfling mit einer Nickelbrille. Was will der von unserer Minnie?«

»Ich denke, sie lieben sich und wollen heiraten.« Emilia lächelte.

»Was? Das kommt gar nicht in Frage.«

»Carl, nun nimm doch Vernunft an. Als ich in Minnies Alter war, waren wir schon einige Jahre verheiratet und ich hatte bereits zwei Kinder. Es überrascht mich eher, dass noch keines der anderen Mädchen mit einem ernsthaften Verehrer angekommen ist.«

»Ich bin froh darüber«, Carl schnaubte. »Was macht der Kerl? Er arbeitet nicht für seinen widerlichen Bruder, das weiß ich.«

»Er arbeitet bei deinem Freund Martin Vollmer in der Gärtnerei. Er hat Landwirtschaft studiert und beabsichtigt, einen Weinberg anzulegen.«

»Wein aus Australien? Davon hat man ja noch nie gehört. Was für ein Blödsinn.« Carl biss die Zähne zusammen. »Ich mag die te Kloots nicht, aus gutem Grunde. Du hast es mir nie erzählt, aber Kapitän Decker schon – er hat dich damals an Bord der Sophie bedrängt. In so eine Familie lasse ich meine Tochter nicht einheiraten.«

Emilia seufzte. »Ich bin mit ihm fertig geworden und du hättest es nie erfahren sollen, mein Lieber. Außerdem ist Rudolph nicht Jean. Die beiden haben sogar miteinander gebrochen, weil Rudolph nicht für seinen Bruder arbeiten will. Martin ist sehr zufrieden mit Rudolph, das hat er mir mehrfach gesagt.«

»Martin weiß also vor mir von den Ambitionen meiner Tochter und hat den Kandidaten schon abgesegnet? Ich bin fassungslos, Emma. Seit wann geht das schon? Und warum hat mir keiner etwas davon gesagt?«

»Ach, Carl, so ist das doch gar nicht.« Sie nahm seinen Arm, drückte sich zärtlich an ihn. »Die beiden kennen sich seit letztem Jahr, als Rudolph hierherkam.«

»Ich erinnere mich, ich erinnere mich. Ich habe Minnie sogar noch zu ihm geschickt, weil er wütend nach draußen gestürmt war, als er einen Streit mit Jean hatte. Hat es da angefangen? Bin ich schuld?«

Wieder lachte Emilia. »Liebster, das ist doch keine Schuldfrage. Minnie liebt das Land, sie ist anders als unsere anderen Kinder. Sie liebt es, in der Erde zu wühlen, Dinge anzupflanzen, zu hegen und zu pflegen. Rudolph ist in der Hinsicht der passende Mann für sie.«

479

»Papperlapapp. Sie ist viel zu jung und naiv. Er arbeitet bei Vollmer? Als Gärtner? Rupft Unkraut und gräbt die Beete um? Wie soll er da meiner Tochter ein angemessenes Leben ermöglichen?«

»Er hat geerbt und Land erworben. Oben bei Liverpool am George River. Dort will er eine Farm gründen, zusammen mit Minnie.«

»Sie will einen Bauern heiraten«, sagte Carl düster. »Meine Tochter. Ich kann es gar nicht fassen.«

»Erinnerst du dich an unsere ersten Jahre, Liebster?«

»Natürlich.«

»Erinnerst du dich auch daran, wie sich meine Tante und mein Onkel verhalten haben? Weißt du das noch? Wir mussten uns heimlich treffen, uns heimlich schreiben. Wir mussten sogar unsere Ehe erzwingen, indem wir … «

»Ja, ja, das weiß ich noch«, unterbrach er sie verärgert. Dann holte er erschrocken Luft. »Willst du mir damit sagen, dass die beiden heiraten müssen?«

»Nein, soweit ich weiß, müssen sie nicht heiraten. Bisher. Das wollen wir doch auch nicht. Wir wollen ihnen doch unseren Segen geben.«

»Du vielleicht, ich nicht. Minnie ist mein kleines Mädchen.« Er schüttelte den Kopf, drehte sich um und ging nach Hause. Auch den Rest des Tages sprach er nur das Nötigste, wirkte verstimmt.

Erst als sie gemeinsam im Bett lagen, tastete er nach Emilias Hand. »Wann stellt sie ihn uns vor?«, fragte er leise.

»Am Sonntag, nach der Kirche. Er ist zum Glück auch Lutheraner.«

»Immerhin.«

Bei der ersten Zusammenkunft blieb Carl reserviert und kühl, er machte keinen Hehl daraus, dass er nicht begeistert von der Verbindung war.

Minnie starb fast tausend Tode. Schon vorher machte sie sich und alle anderen verrückt. Das Haus musste geputzt, das Unkraut im Garten gejätet, das Essen vorbereitet werden. Wäre es nach ihr gegangen, hätten sie auch noch alle Fenster putzen und die Vorhänge waschen müssen.

»Nun übertreib es nicht«, versuchte Emilia ihre Tochter zu beruhigen. »Er soll das Haus ja nicht kaufen.«

»Du hast ja recht«, sagte Minnie kleinlaut. »Ich möchte doch nur, dass alles perfekt ist.«

»Das wird es nie sein.«

Emilia hatte sich besonders viel Mühe mit dem Braten gegeben, das gute Geschirr wurde aus dem Schrank geholt. Sie deckten draußen auf der Veranda, denn es war ein heißer Hochsommertag. Das Essen verlief ruhig, die Unterhaltung war angenehm, aber oberflächlich. Die Spannung, die über der Gesellschaft lag, war fast greifbar. Nach dem Essen bat Carl Rudolph in die Stube. Mehr als eine Stunde blieben die beiden Männer hinter verschlossenen Türen.

»Setz dich«, befahl Emilia Minnie. »Und trink einen Schluck Wein für deine Nerven.«

»Ich wollte dir beim Spülen helfen, Mama.«

»Dies ist das Geschirr meiner Mutter. In deinem Zustand fasst du es besser nicht an. Schau doch, deine Hände zittern wie Palmen im Wind.« Emilia lachte. »Er wird ihm schon nicht den Kopf abreißen.«

Endlich öffnete sich die Tür wieder und die beiden Männer kehrten zurück. Rudolph zwinkerte Minnie zu, wirkte aber bleich. Emilia sah Carl an und zog die Augenbrauen hoch.

»Minnie«, sagte Carl leise, aber deutlich. »Herr te Kloot hat um deine Hand angehalten.«

Sie nickte stumm.

»Du möchtest ihn wirklich heiraten?«

»Oh ja, Papa.«

»Nun gut. Auch Euer Interesse an meiner Tochter ist ehrbar und aufrichtig?«

Rudolph nickte nur.

»Emma?« Carl sah ihr nachdrücklich in die Augen, sie lächelte. Carl räusperte sich. »Dann habt ihr unseren Segen.«

»Oh, Papa!« Minnie fiel ihm um den Hals. »Danke!«

481

»Ich hoffe, ihr wisst, was das bedeutet. Es ist eine Entscheidung, die für den Rest eures Lebens gilt«, sagte Carl streng, dann endlich lächelte er und küsste seine Tochter. »Ich wünsche dir alles Glück der Welt. Hör immer auf dein Herz.«

»Das werde ich, Papa.«

»Eines noch«, sagte er. »Ich möchte sicher sein, dass meine Tochter eine anständige Bleibe hat.«

»Ich habe den Bau schon in Auftrag gegeben, werde selbst nach den Feiertagen mit Hand anlegen«, sagte Rudolph eifrig.

»Gut. Wenn das Haus fertig ist, dürft ihr heiraten.«

Rudolph nickte und verabschiedete sich höflich.

»Ich begleite Rudolph noch zum Bahnhof«, sagte Minnie, wartete die Antwort ihrer Eltern erst gar nicht ab, sondern schlüpfte hinter ihm aus dem Haus.

»Und?«, fragte sie und nahm seine Hand, die sich verschwitzt anfühlte.

»Er hat mich genau ausgefragt über meine Mittel«, sagte Rudolph und seufzte. »Es war schlimmer als bei der Einbürgerungsbehörde.« Dann blieb er stehen und sah sie an. »Ich kann es immer noch nicht fassen. Du wirst meine Frau werden!«

»Ja!« Minnie strahlte. »Ja, das werde ich. Und wir werden glücklich sein, bis an das Ende unserer Tage.«

Nach den Feiertagen, die sie ruhig in Glebe verbrachten, brach Carl wieder auf. Rudolph hatte sie noch zweimal besucht. Er bemühte sich sehr um Emilia und Carl, doch Carl blieb reserviert.

»Pass auf Minnie auf«, bat er Emilia, als sie sich am Kai verabschiedeten. »Frage sie noch einmal, ob sie sich auch wirklich ganz sicher ist.«

»Da habe ich keine Zweifel.«

Er seufzte. »Ich denke auch, dass sie sich sicher ist. Dennoch bin ich nicht wirklich glücklich mit ihrer Wahl. Muss es denn ein te Kloot sein?«

»So ähnlich wird meine Tante auch gesprochen haben«, sagte Emilia lachend. »Muss es denn ein Lessing sein? Minnie folgt ihrem Herzen, so, wie ich es getan habe.«

»Wir wollen nur hoffen, dass diese Ehe kein böses Ende nimmt«, sagte er, nahm seinen Koffer und stieg die Gangway empor. Zu gerne hätte Emilia ihn begleitet, doch zu Hause warteten die Kinder auf sie.

Rudolph legte sich, angestachelt von den mahnenden Worten seines zukünftigen Schwiegervaters, ordentlich ins Zeug. Aber das Land war noch nicht erschlossen. Es gab kein Wasser und auch kein Abwasser. Er musste eine Güllegrube graben lassen, einen Brunnen bohren. Das Buschland musste gerodet werden, was sich als schwieriger erwies, als er gedacht hatte. Das Dornengestrüpp war zäh und undurchdringlich, Schlangen und anderes Getier lebten im Unterholz. Die Zufahrt musste angelegt werden, der Boden hinter dem Haus, wo der Nutzgarten entstehen sollte, wurde mühsam umgegraben. Doch das Haus nahm langsam Gestalt an. Sie bauten eine Scheune, in der der Wein später gekeltert werden sollte, einen kleinen Stall für das Pferd, das er sich gekauft hatte, zwei Schweine und ein paar Schafe und Ziegen.

Einige Möbel bekamen sie von Minnies Eltern, andere mussten geschreinert werden. Es gab viel zu tun, doch im April war das Haus fast bezugsfertig. Vollmer schenkte ihnen Saatgut und Setzlinge, sogar einige Weinstöcke gab er Rudolph zu denen, die er kaufte, dazu.

Minnie hatte eifrig Bettwäsche genäht, Handtücher gesäumt und auch ansonsten an ihrer Aussteuer gearbeitet.

Am 17. Mai 1882 gaben sich Wilhelmina Anna Lessing und Rudolph te Kloot das Eheversprechen in der Lutherischen Kirche.

»Bis dass der Tod euch scheidet«, sagte der Pfarrer feierlich und Emilia drückte das Taschentuch an ihre Augen, sie konnte es immer noch nicht recht fassen, dass ihre erste Tochter jetzt verheiratet war.

Sie feierten die Hochzeit auf dem Anwesen der Vollmers. Es war ein schönes, fröhliches Fest und nach einigen Gläsern Bier haute Carl seinem Schwiegersohn kräftig auf die Schulter. »Dass du mir bloß auf mein Mädchen aufpasst.«

»Natürlich. Ich liebe sie doch. Ich verspreche dir, dass ich alles für sie tun werde.«

Es war schon spät in der Nacht, die Mondsichel ging bereits langsam unter, als Minnie und Rudolph endlich in die Kutsche stiegen und zur Farm fuhren.

Emilia und Carl standen Hand in Hand und schauten ihnen hinterher. Die Nacht war voller seltsamer Geräusche, in der Ferne heulten Dingos und aus dem Dorf klang das Bellen eines Hundes.

»Lass uns nach Hause fahren«, sagte Carl müde.

»Ja.« Emilia schaute noch immer die Straße hinunter, doch die Kutsche war schon nicht mehr zu sehen.

Über eine Stunde fuhren Minnie und Rudolph durch die Nacht. Sie hatte sich an ihn gelehnt, ihr Herz pochte aufgeregt. Wie würde die erste Nacht in ihrem neuen Haus sein? Die erste Nacht, in der sie das Bett mit ihm teilte? Ihre Mutter hatte sie nicht fragen wollen, aber Emilia hatte sie vor ein paar Tagen zur Seite genommen und ein Gespräch mit ihr geführt.

»Hab keine Angst, mein Kind. Es ist ungewohnt, es ist merkwürdig zu Anfang. Aber wenn er dich liebt, wird es dir gefallen. Er muss nur zärtlich sein, liebevoll. Lasst euch Zeit, euch kennenzulernen.«

»Ach, Mama.« Minnie war rot geworden. »Und wenn ich es falsch mache?«

Emilia hatte lachend den Kopf geschüttelt. »Wenn du ihn wirklich liebst, wirst du es schon richtig machen.«

An diese Worte dachte sie, während der Wagen ratternd über den unebenen Lehmweg fuhr. Endlich erreichten sie die Einfahrt. Noch am Morgen hatte Rudolph mit weißer Farbe »Crefeld« auf den großen Findling geschrieben, der am Straßenrand stand. Zu Minnies Erstaunen brannte im Haus Licht.

»Wer ist dort?«, fragte sie.

»Eines eurer Mädchen. Deine Mutter hat sie gestern schon hierhergeschickt, damit sie alles vorbereitet, mein Liebes.«

»Wen?«

»Ich glaube, sie heißt Darri.«

Erleichtert stieß Minnie den Atem aus. Ihre Darri war da, die Aborigine, die sie schon seit Jahren begleitete. Auf einmal waren all ihre Ängste verschwunden. Wo Darri war, war sie zu Hause.

28. KAPITEL

Darri ließ sich nicht blicken, aber frisches Brot, Käse und Schinken standen auf dem neuen Esstisch als Imbiss bereit. Auch eine Flasche Wein war bereits entkorkt.

Minnie sah sich staunend um. Sie war vor einer Woche zuletzt hier gewesen, da hatte es innen noch sehr unfertig ausgesehen. Aber nun machte alles einen sauberen und geordneten Eindruck.

»Möchtest du noch etwas davon?«, fragte Rudolph unsicher und zeigte auf den Tisch.

Minnie schüttelte den Kopf. Rudolph nahm die Flasche mit dem Wein und zwei Gläser, fasste ihre Hand und zog Minnie ins Schlafzimmer. Das kleine Öfchen in der Ecke war angeheizt worden, da es in den Nächten schon kühl wurde. Verzagt folgte sie ihm.

»Möchtest du ein Glas?«

Sie schüttelte den Kopf, traute sich gar nicht, ihn anzusehen. Er kam auf sie zu, nahm sie in den Arm.

»Hab keine Angst, ich liebe dich sehr.« Dann küsste er sie erst sanft, dann immer hungriger. Das Verlangen, das sie in den letzten Monaten unterdrückt hatte, flammte auf. Minnie schloss die Augen und gab sich ihren Gefühlen hin. Emilia hatte recht gehabt.

Im August trafen sich alle bei Lessings. Lily hatte Geburtstag, sie wurde fünfundzwanzig Jahre alt. Zur Feier des Tages war sie von Kingsford nach Hause gekommen. Sie hatte sich verändert, wirkte erwachsener und fast so, als sei sie auch gewachsen. Begeistert erzählte sie von ihrem Leben als Lehrerin und wie sehr sie den Beruf liebte.

Später am Nachmittag ging sie zusammen mit Minnie durch den Garten. Die beiden Schwestern, die zwar immer wie Katz und Hund gewesen waren, aber dennoch sehr aneinander hingen, nahmen sich bei den Händen.

»Und?«, fragte Lily leise. »Bist du glücklich?«

Minnie schmunzelte. »Sehr.«

»Wie ist es denn so …?« Lily senkte den Kopf und biss sich auf die Lippen.

Minnie lachte. »Es ist schön und sehr innig. Ich kann es dir nicht beschreiben.«

Sie spürte die Hitze in ihren Wangen. »Was ist mit dir? Hast du keinen Verehrer?«

Jetzt wurde Lily rot. »Doch, da gibt es jemanden. Aber sag noch nichts den Eltern. Ich weiß nicht, wie ernst es ist.«

Minnie drückte ihren Arm. Sie gingen zurück zum Haus.

»Du hast dich verändert«, sagte Minnie. »Obwohl wir uns viel schreiben, merke ich das erst jetzt.«

»Du dich auch. Du bist irgendwie weicher geworden, sanfter.«

»Ich erwarte ein Kind«, sagte Minnie leise.

»Wirklich?« Lily blieb stehen und sah ihre Schwester an.

Minnie nickte. »Du bist die Erste, der ich es sage.«

»Mama weiß es noch nicht?«

Minnie schüttelte den Kopf. »Ich warte noch auf den richtigen Moment.«

»Mach es jetzt!« Lily zog sie ins Haus. »Los!«

»Nein, ich möchte es ihr in Ruhe sagen.«

Es war etwas mehr als eine Stunde Fahrt mit dem Karren von Liverpool bis nach Glebe. Zwei Tage später, Rudolph rodete weiteres Land, fuhr Minnie zu ihren Eltern. Die Kinder waren alle in der Schule und Carl in seinem Kontor im Hafen.

Überrascht sah Emilia sie an, als Minnie in die Küche kam. »Ist etwas passiert?«

Minnie lachte. »Nein. Ich wollte nur mal mit dir reden. In Ruhe.«

486

»Hast du Ärger mit Rudolph?« Emilia zog die Stirn in Falten.

»Mama, alles ist gut. Ich wollte nur unter vier Augen mit dir sprechen.«

»Ach so.« Emilia seufzte erleichtert. »Soll ich uns einen Tee kochen?« Sie wartete die Antwort gar nicht ab, sondern füllte den Kessel mit Wasser. Dann wischte sie vermeintliche Krümel vom Tisch und räumte ein Brettchen weg.

»Mama, setz dich.«

»Ich weiß«, sagte Emilia, »diese Sache zwischen Mann und Frau ist manchmal nicht so einfach.« Sie kaute auf ihrer Unterlippe. »Aber wenn ich dir irgendwie …«

»Mama, ich habe keine Probleme. Ich bekomme ein Kind.« Minnie strahlte sie an.

»Was?« Fassungslos sah Emilia Minnie an, dann lachte sie. »Wirklich?«

»Ja. Ende Februar wahrscheinlich.« Minnie legte die Hand auf ihren noch flachen Bauch.

»Das ist ja wunderbar!« Emilia stand auf und umarmte ihre Tochter. »Was für eine Freude.«

»Hast du noch irgendwelche Sachen? Ich meine, Lina ist jetzt ja schon sechs.«

»Oh, ich habe einiges aufgehoben. Auf dem Dachboden steht, gut verpackt, die alte Wiege. Auch Mulltücher habe ich noch und so einiges mehr. Das muss natürlich alles gut gewaschen und gesäubert werden …«

In den nächsten Monaten richtete Minnie zusammen mit Emilia das erste Kinderzimmer auf der Farm ein. Die beiden schrieben sich jeden zweiten Tag, meist ging es nur um Alltägliches – um den Weinanbau, der sich als schwieriger gestaltete als gedacht, um die Kinder, das Wetter. Aber natürlich stand Emilia ihrer Tochter mit Rat und Tat zur Seite. Hin und wieder fuhr sie auch nach Liverpool, um mit anzupacken. Darri, die nun eigentlich bei Minnie wohnte, war wieder auf Wanderschaft und ihre Verwandte war nicht besonders tüchtig. Da Rudolph den ganzen Tag am Weinberg und auf den Feldern arbeitete, musste Minnie sich um das Haus und die Tiere kümmern. Rundherum war noch Buschland und Dingos hatten schon zwei Schafe und etliche Hühner gerissen. Es gab viele Schlangen, vor denen sich Minnie sehr fürchtete.

Emilia war immer betroffen, wenn sie ihre Tochter besuchte. Das Geld, das sich Rudolph geliehen hatte, war fast ausgegeben. Es würde noch eine Weile dauern, bis sie die ersten Erträge einfahren konnten, noch waren die Weinreben klein und ohne Trauben. Sie hatten auch Zitrusfrüchte und Beerensträucher gesetzt. Sie hofften auf das Gemüse, das sie großflächig hinter dem Haus anbauten, sie wollten es auf dem örtlichen Markt verkaufen.

»Das ist es«, schimpfte Carl, als Emilia ihm ihre Sorgen offenbarte. »Davor habe ich Angst gehabt. Und jetzt erwartet sie auch noch ein Kind von diesem Taugenichts.«

»Aber Carl, er ist sehr fleißig und strebsam.«

»Und kann meine Tochter und demnächst meinen ersten Enkel nicht ernähren. Und dann muss sie auf dieser primitiven Farm wohnen in schrecklichen Verhältnissen. Das hält doch keiner aus. Sie bekommt ein Kind! Er muss für sie sorgen.«

Emilia lächelte milde. »Auf einem Schiff in einem Sturm oder in einer wochenlangen Flaute herrschen auch keine besseren Verhältnisse«, sagte sie und zog die Augenbrauen hoch.

»Das war doch etwas ganz anderes! Ich fahre jetzt hin und hole sie zu uns.«

»Das wirst du nicht machen, Carl Gotthold Lessing. Nicht, solange ich hier stehe!« Emilia stemmte die Fäuste in die Hüften. »Bei Gott, das lass ich nicht zu. Die beiden lieben sich von Herzen. Minnie würde nie freiwillig die Farm verlassen, es ist ihr Zuhause.«

Verblüfft sah Carl sie an. »Es mangelt ihr aber dort an allem.«

»Dann ist es unsere Aufgabe, ihr in dieser Zeit zu helfen. Rudolph ist sehr bestrebt, Gewinne zu erzielen. So, wie ich ihn inzwischen kenne, wird es ihm auch glücken. Er braucht nur ein wenig Zeit.«

Schnaufend setzte Carl sich hin. »Genau das habe ich befürchtet, Emma. Wir haben sieben Töchter, wenn wir sie alle für immer unterstützen müssen, dann werden wir bald am Hungertuch nagen. Ich hätte mir so sehr eine gute Partie für Minnie gewünscht.«

»Genauso wie meine Tante sich eine gute Partie für mich gewünscht hat«, sagte Emilia resolut. »Schäm dich, Carl Gotthold.«

Carl brummte vor sich hin, rauchte zwei Pfeifen, dann zückte er seine Börse und gab Emilia Geld. »Gib das Minnie.«

»Sie wird es nicht annehmen, sie hat auch ihren Stolz, genau wie du.«

»Herrje, dann kauf halt Lebensmittel oder was sie sonst so braucht.«

Emilia nickte zufrieden und steckte das Geld ein. Von nun an brachte sie immer einiges an Lebensmitteln mit, wenn sie ihre Tochter besuchte.

Der Sommer kam und damit Weihnachten. Carl war auf Tour, aber alle Kinder fanden sich im Haus in Glebe ein. Auch Minnie und Rudolph kamen. Minnies Bauch wölbte sich deutlich und sie war schnell außer Atem.

In einer ruhigen Minute setzte sich Emilia zu ihr. »Dir geht es nicht gut.«

»Nein.« Minnie schüttelte den Kopf. »Ich kann mich noch gut daran erinnern, wie es war, als du mit Lina schwanger warst. Ich war ja schon achtzehn. Du hast alles mit Leichtigkeit bewältigt, den Haushalt, uns alle. Und dann hast du dich ins Bett gelegt und Lina bekommen. Zwei Tage später standest du schon wieder in der Küche und hast Eier gebraten.«

Emilia lachte. »Das mag dir so erscheinen, Liebes, aber es war auch für mich nicht leicht. Ich kannte es schon, wusste, wie ich mich fühlen würde, ich war ja oft genug schwanger.«

»Ich habe Angst«, sagte Minnie fast unhörbar. »Die Hitze macht mir zu schaffen, ich fühle mich immer matt, kann kaum etwas machen. Jeden Morgen muss ich mich zwingen, hinauszugehen und die Tiere zu füttern. Ich habe seit zwei Wochen nicht mehr die Küche gefegt und die Ameisen haben sich überall eingenistet.«

»Was ist mit dem Mädchen?«

»Es ist kaum zu gebrauchen.«

»Dann muss sie gehen. Ich werde mich umhören, damit du eine tüchtige Hilfe bekommst.«

Minnie schüttelte den Kopf. »Lieber nicht. Wir können sie gar nicht entlohnen.«

»Wirklich?«, fragte Emilia plötzlich barsch.

Minnie nickte, Tränen liefen ihr die Wangen hinunter.

»Ach, Kind«, seufzte Emilia. »Wie soll das nur werden?«

»Es sind schon Trauben an den Reben, einige zumindest. Kürbisse, Gurken und Tomaten wachsen reichlich. Sie müssen nur noch reifen. Auch das andere Gemüse kommt. In ein paar Wochen können wir ernten.«

»In ein paar Wochen kommt dein Kind.«

»Ja, ich weiß«, seufzte Minnie. »Und das macht mir auch Angst.«

Emilia straffte die Schultern. »Das schaffen wir schon.«

Nach den Feiertagen nahm sie May und Lina, packte den Karren und fuhr zu Minnie. Clara war nun neunzehn und wohnte eigentlich im Schwesternwohnheim, doch sie war für zwei Wochen nach Hause gekommen und passte nun zusammen mit der sechzehnjährigen Hannah auf Haus und Hof auf.

Für die neunjährige May und die sechsjährige Lina war es ein großer Spaß. Sie liebten Minnie innig und waren gerne auf dem Land.

Minnie war erst entsetzt, dann aber erleichtert.

»Du«, sagte Emilia, »legst dich jetzt hin. Ich richte mir das Zimmer mit den Mädchen ein.«

»Aber … wie lange willst du denn bleiben?«

»Nur ein paar Tage, bis wir deinen Haushalt wieder im Griff haben. Morgen kommen Bega und Jiba. Ich werde sie gründlich einarbeiten. Bega wird für den Garten und die Tiere zuständig sein und Jiba für den Haushalt.« Sie hob das Kinn. »Und es gibt kein ›Aber‹.«

»Rudolph wird das nicht gefallen«, seufzte Minnie.

»Das lass meine Sorge sein.«

Sie räumte alles ein, während die Kinder vergnügt im Hof spielten, dann kochte Emilia einen guten Eintopf mit einem großen Stück

Lammkeule, das sie mitgebracht hatte. Es duftete köstlich, genauso wie das Brot, das sie buk. Die Küche fegte sie aus, wischte sie und putzte alle Schränke aus. Dann streute sie Soda auf die Ameisenstraßen, überbrühte die beiden Nester, die sie am Hausrand fand, mit kochendem Wasser. Gegen Abend ging sie zum Weinberg, der eher ein Hügel war. Rudolph kam ihr erschöpft entgegen. Bei ihm waren zwei Arbeiter. Überrascht blieb er stehen.

»Was machst du denn hier? Ist etwas mit Minnie?«, fragte er panisch.

»Ja, es ist etwas mit Minnie.« Emilia sah zu den beiden Aborigines. Sie gingen an ihnen vorbei zu den Hütten hinter dem Stall. »Wer sind die?«, fragte Emilia.

»Ganan und Dural, sie arbeiten für mich.«

»Ach so«, sagte Emilia streng. »Und für eine Haushaltshilfe habt ihr kein Geld?«

Rudolph schnappte nach Luft.

»Antworte nicht«, sagte Emilia. »Denk einfach darüber nach. Deiner Frau geht es nicht gut. Sie ist schwanger und es ist Hochsommer. Euer Haus ist schlicht. Ihr habt noch nicht mal einen Waschkessel. Minnie muss jeden Liter Wasser, sei es, um zu putzen, oder für das Bad, auf dem Herd kochen und dann umfüllen. Ihr habt nur gestampften Boden im Haus, keine Dielen. Das ist schwer sauber zu halten. Es gibt keine ordentliche Latrine, nur eine Güllegrube, in die Minnie jeden Tag die Exkremente schütten muss.« Sie schnaubte. »Du hast zwei Arbeiter, aber Minnie muss alles allein machen, weil ihr euch keine Hilfe leisten könnt?«

»Wir hatten eine Hilfe. Sie war zu nichts nütze«, entschuldigte sich Rudolph.

»Dann müsst ihr eine andere suchen.«

»Das Geld ist knapp«, gab er zu. »Die Männer brauche ich, um das Land zu roden und zu beackern. Wir werden Gewinn erwirtschaften, aber es wird dauern. Ich habe nicht damit gerechnet, dass alles so teuer sein würde.«

»Offensichtlich nicht.« Emilia schaute ihn streng an. »So geht es nicht weiter. Minnie ist mit ihrer Kraft am Ende. Ich bin hierhergekommen, ohne sie zu fragen, ohne von ihr gebeten worden zu sein – also spare dir deine Vorwürfe –, und werde ein paar Tage bleiben, um den Haushalt auf Vordermann zu bringen. Außerdem kommen zwei Mädchen, Bega und Jiba, um Minnie zu helfen.«

»Zwei?« Rudolph schüttelte entsetzt den Kopf.

»Mach dir keine Gedanken, ich bezahle sie. Sie werden eine Weile bleiben und helfen.«

Rudolph holte tief Luft. »Ich möchte das nicht …«

»Das ist mir wohl bewusst. Die andere Möglichkeit ist, dass ich Minnie mit zu uns nach Hause nehme.«

»Nein!« Rudolph war entsetzt. »Das kannst du nicht machen.«

Emilia nickte. »Dann sind wir uns ja einig. Morgen brauche ich einen deiner Männer, damit er eine ordentliche Latrine anlegt. Ich weiß, du brauchst ihn auch, aber das ist wichtiger.«

Rudolph senkte den Kopf. »Du beschämst mich.«

»Das kann dir jetzt egal sein, es geht um Minnie und um euer Kind. Und nun komm, ich habe etwas Ordentliches gekocht.« Sie ging auf ihn zu, hakte sich bei ihm unter.

»Du bist zu Recht wütend auf mich«, sagte er, als sie fast das Haus erreicht hatten, »und dennoch freundlich zu mir. Warum?«

»Denkst du, wir hatten es leicht, als wir jung waren?«, sagte sie nur.

Nach einer Woche zeigte die Farm »Crefeld« deutlich Emilias Handschrift. Der Boden in den Räumen war mit Dielen belegt, ein Aborthäuschen war im Hof gebaut und ein Kanal bis zur Güllegrube gegraben worden. Das Haus blitzte und roch nach Schmierseife, die Wäsche war gewaschen und Dural mauerte, nach Emilias Anweisungen, einen Waschkessel im Hof. Sie hatte Rudolph geschickt, um eine passende Zinkwanne mit Abflussrohr zu besorgen. Rund um die Wanne wurde nun das Mauerwerk errichtet. Unten war der Ofen, der mit Holz befeuert wurde, darüber kam die Wanne. Es gab eine Wasserleitung vom Brunnen zum Kessel, die mit der Pumpe bedient wurde.

Zufrieden rieb Emilia sich die Hände. Zumindest die Wäsche würde Minnie leichter von der Hand gehen. Sie müsste die Kleidungsstücke nur noch in kalter Lauge einweichen, in den Kessel mit dem kochenden Wasser geben und mit den Paddeln umrühren. Hartnäckigem Schmutz konnte in einem Becken, das neben dem Kessel stand, mit Waschbrett und Bürsten zu Leibe gerückt werden.

Bega und Jiba waren inzwischen eingezogen. Jiba hatte eine Kammer im Haus bezogen, während Bega eine der Hütten hinter dem Stall bewohnte. Emilia zeigte ihnen ihre Aufgaben und machte ihnen weis, dass das große Känguru, eine Figur aus ihrer Mythologie, sie überwachen würde. Die Mädchen grinsten, sie schienen zu wissen, dass es eine leere Drohung war. Aber sie sahen Minnie, die immer noch sehr kraftlos wirkte, mitleidig an und verrichteten ihre Aufgaben gewissenhaft.

Schließlich packte Emilia wieder ihre Sachen und nahm die beiden Kinder, um zurück nach Glebe zu fahren.

»Du gibst mir sofort Bescheid«, sagte sie eindringlich zu Minnie, »wenn es dir schlechter geht. Und du schonst dich!«

»Ja, Mama.« Minnie nickte ergeben. »Wie soll ich dir danken?«, schluchzte sie dann.

Emilia nahm ihre Tochter in den Arm. »Das brauchst du nicht. Ich liebe dich. Als ich in deiner Lage war, hätte ich mir meine Mutter an meiner Seite gewünscht, aber ich hatte keine. Ich bin immer für dich da, Schatz!«

Mindestens einmal in der Woche fuhr Emilia nach Liverpool. Das Leben dort mit den Mägden hatte sich eingespielt. Der Januar ging und der Februar kam mit heftigen Regenfällen. Aber Rudolph war froh darüber, denn die Pflanzen wuchsen und gediehen.

Am späten Nachmittag des 18. Februar 1883, es war ein Sonntag, kam der Aborigine Dural nach Glebe.

»Ma'm, Ihr sollt nach Liverpool kommen«, sagte er.

»Das Kind?«, fragte Emilia.

Er nickte nur.

Hektisch packte Emilia eine Tasche zusammen. Minnie hatte sie gebeten, bei der Geburt dabei zu sein, und natürlich wollte sie ihrer Tochter diesen Wunsch erfüllen.

493

Lina ging gerade erst zur Schule. So wichtig den Lessings die Bildung war, ein paar Fehltage würde sie verkraften können. Das Kind war einfach noch zu jung, um allein bei ihren Schwestern zu bleiben.

»Hannah«, sagte Emilia eindringlich zu ihrer Tochter. »Du musst morgen May wecken und sie zur Schule bringen. Arora wird das Frühstück machen und auch abends Essen kochen. Ich habe es ihr eingeprägt. Aber du musst dich um May kümmern.«

»Ja, Mama. Ich mach das schon«, sagte Hannah und verdrehte die Augen. »Fahr du zu Minnie und kümmere dich um sie.«

»Wenn irgendetwas ist, gehst du zu Schmitz nebenan und bittest um Hilfe. Sie wissen Bescheid und haben ein Auge auf das Haus.«

»Och, Mama, was soll denn passieren? Wir sind doch schon groß«, seufzte Hannah.

Unruhig bestieg Emilia die Kutsche, die Fahrt dauerte ihr diesmal viel zu lange. Endlich erreichte sie die Farm. Rudolph hatte den Namen »Crefeld« inzwischen in den Findling eingeritzt und noch einmal mit Farbe nachgezogen, der weiße Schriftzug leuchtete ihr schon von weitem entgegen.

Rudolph kam die Einfahrt herunter, nahm das Pferd am Halfter.

»Seit wann?«, fragte Emilia knapp.

»Seit heute Mittag.« Er war bleich.

»Kümmere dich um die Sachen und um Lina.« Emilia nahm ihre Tasche und sprang von der Kutsche, eilte ins Haus. Minnie stand in der Küche, stützte sich auf den Tisch und keuchte. »Mama!«

»Jetzt bin ich ja da«, sagte Emilia und alle Unruhe fiel von ihr ab. »Wie oft hast du die Wehen? Ist die Fruchtblase schon geplatzt?«

Minnie schüttelte nur den Kopf und schnaufte verängstigt. »Ich werde sterben«, jammerte sie.

»Papperlapapp. Hier wird nicht gestorben, hier wird geboren.« Sie führte ihre Tochter ins Schlafzimmer und breitete Laken, die sie schon zurechtgelegt hatte, über dem Bett aus.

Minnie stand daneben, sah ihr hilflos zu. Dann krümmte sie sich zusammen und schrie vor Schmerz auf.

»Nun, nun«, sagte Emilia beruhigend. »Du musst tief einatmen. Ganz tief. Hol Luft, Minnie.«

Minnie keuchte. »Ich kann nicht.«

Emilia wartete ab, bis die Wehe vorbei war, dann half sie ihrer Tochter aufs Bett. »Sollen wir die Hebamme rufen?«

»Ich weiß nicht.«

Emilia tastete den Bauch ab, nickte dann. »Ich komme gleich wieder.«

»Geh nicht.«

»Ich komme wirklich gleich wieder«, sagte Emilia lächelnd.

In der Küche wartete Rudolph schon. Er rang die Hände. »Kann ich etwas tun?«

»Ja, geh und hol die Hebamme. Sie soll Minnie einmal untersuchen, schauen, ob das Kind richtig liegt. Es ist keine Eile vonnöten, es wird noch dauern.«

»Lange?«

Emilia lachte auf. »Ich fürchte schon. Aber sie wird es überstehen.« Dann sah sie sich um. »Wo ist Lina?«

»Darri ist heute Nacht zurückgekommen, sie sagt, sie hätte geträumt, dass sie gebraucht würde.« Er schnaubte. »Sie hat Lina mit zum Stall genommen.«

»Darri? Wunderbar. Weiß Minnie das schon?«

»Ich glaube nicht, ich wollte sie erst zum Teufel jagen, dieses Kommen und Gehen, wie es einem gefällt, ist furchtbar.«

»Es ist ihre Kultur«, sagte Emilia milde. »Schick Darri hinein. Ich weiß, sie kann Minnie beruhigen.«

Minnie hatte sich in ihr Kissen gekrallt, ihre Augen waren angstgeweitet, Schweiß stand auf ihrer Stirn. »Es tut so weh!«

»Du musst dich entspannen, musst loslassen.«

»Ich sterbe, es tut so weh!«

»Minnie, meine Süße, du wirst nicht sterben. Komm, lass das Kissen los. Leg dich auf die Seite und atme tief in deinen Bauch.« Sie legte ihr die Hände auf den geschwollenen Leib. »Hierhin musst du atmen.«

»Ich kann nicht.«

»Doch. Komm, versuch es.«

»Nein.«

»Minnie«, sagte Emilia sanft. »Du kannst dich mit aller Kraft dagegen wehren, aber dein Kind will auf die Welt kommen. Du machst es dir leichter, wenn du mitarbeitest. Glaub mir.«

Minnie nickte und versuchte, den Anweisungen ihrer Mutter zu folgen. Plötzlich öffnete sich die Tür, und Darri spähte ins Schlafzimmer. »Ma'm? Minnie?« Sie lächelte breit. »Ich bin da. Ich habe geträumt, dass alles gutgeht und dass es ein Mädchen wird.« Ihre weißen Zähne leuchteten im Dämmerlicht.

»Darri!« Minnie wirkte plötzlich viel ruhiger. »Ein Mädchen, meinst du?«

»Ja.« Darri setzte sich in die Ecke und stimmte einen Gesang an. Es schienen keine Worte zu sein, nur eine dunkle, tiefe Melodie, ähnlich wie das Didgeridoo, dieser Holzstamm, auf dem die Aborigines dumpf schwingende Töne bliesen. Die Atmosphäre in dem kleinen Raum veränderte sich, es wurde ruhiger, die Angst, die wie eine Wolke über Minnie geschwebt hatte, verschwand. Sie atmete ruhig und tief.

Es war schon dunkel, als die Hebamme endlich kam. Sie untersuchte Minnie nur kurz. »Das Kind liegt gut, der Kopf ist schon weit unten. Die Fruchtblase steht noch, es wird noch dauern.«

»Wie lange?«, fragte Minnie wieder ängstlich.

»Morgen kommt das Kind.« Die Hebamme nickte. »Es ist Vollmond und noch drei andere Frauen auf den Nachbarfarmen liegen in den Wehen«, seufzte sie. »Ich komme später wieder.«

Emilia begleitete sie zur Tür. »Macht euch keine Gedanken, wir schaffen das schon.«

Die Hebamme sah sie forschend an, nickte dann. »Ihr seid die Mutter? Dann wisst ihr ja, wie es geht. Ich komme wieder, weiß aber noch nicht, wann.«

Darri sang ihr endloses Lied, die Zeit verstrich. Nur einmal schaute Emilia nach Lina, Jiba hatte das Mädchen gewaschen und zu Bett gebracht. Rudolph saß in der Küche, wusste nicht, wohin mit sich.

»Koch Tee«, forderte Emilia ihn auf. »Und dann geh eine große Runde mit dem Hofhund, um die Dingos zu vertreiben. Es wird noch dauern.«

»Wird sie es überstehen?«, fragte er ängstlich.

»Mach dir keine Sorgen«, versuchte sie ihn zu beruhigen.

Der Mond zog auf und ging wieder unter, die Nachttiere riefen einander ihre unheimlichen Grüße zu. Emilia saß an Minnies Bett, half ihr, zu atmen, so, wie es Piet damals bei ihr getan hatte.

Am frühen Morgen nahmen die Wehen zu. Minnie schrie auf.

Emilia hob die Decke an und lächelte zufrieden. »Die Fruchtblase ist geplatzt, es wird nicht mehr lange dauern«, sagte sie, nachdem sie ihre Tochter untersucht hatte. Erst hatte sich Minnie geschämt, aber Emilia hatte nur gelacht. »Ich habe dich zur Welt gebracht, dich nackt und bloß gesehen, dich gewickelt und gebadet. Da ist nichts, was ich nicht gesehen hätte und weshalb du dich schämen brauchtest.«

»Ich sterbe!«, jammerte Minnie wieder.

»Du musst jetzt pressen«, wies Emilia sie an. »Luft holen, den Kopf auf die Brust legen und pressen.«

»Es tut so weh.«

»Wenn du mitarbeitest, wird es gleich aufhören.«

Minnie schnaufte, presste dann, holte tief Luft, die Wehe war vorbei. »Es ist schrecklich. Ich will nie wieder ein Kind bekommen. Wie hast du das neunmal geschafft?«

Emilia legte die Hand auf Minnies Bauch, spürte die nächste Wehe kommen. »Press!«, sagte sie nur.

Der erste blassrosa Schein des neuen Tages zeigte sich am Horizont, als Minnies Tochter das Licht der Welt erblickte. Sie quäkte nur kurz, als Emilia sie anhob.

»Ein Mädchen. Darri, du hattest recht.«

Darri saß immer noch in der Ecke, sang wie in Trance das Lied und schien niemanden zu hören. Dann schrie das Neugeborene laut und empört auf, als Emilia es in eine Decke wickelte. Darri öffnete die Augen und lachte laut. »Ein Morgenkind. Cardina!«

497

Minnie nahm ihre Erstgeborene in die Arme.

»Neugeborene riechen so gut«, flüsterte Emilia. »Ein einmaliger Geruch, den du nie vergessen wirst.«

Gegen Mittag hatten sie das Bett neu bezogen, Mutter und Kind gewaschen und versorgt. Rudolph hatte staunend seine Tochter begrüßt, seine Frau zärtlich und erleichtert geküsst.

»Es tut mir so leid«, flüsterte er ihr zu.

»Was?«, fragte sie verwundert.

»Dass ich dich diesen Schmerzen ausgesetzt habe.«

Minnie lachte leise. »Mama hat es mir prophezeit, ich wollte es nicht glauben, aber sie hatte recht – ich kann mich an die Pein nicht mehr wirklich erinnern. Es tat weh, ja, aber es war nicht so schrecklich, wie ich gedacht hatte.«

Rudolph schüttelte den Kopf. »Ihr Frauen seid bewundernswerte Geschöpfe.«

Er sah wieder seine Tochter an, die an Minnies Brust lag und trank. »Wie sollen wir sie nennen?«

»Was heißt ›Cardina‹?«, fragte Minnie Darri.

»Sonnenaufgang«, antwortete die Aborigine.

»Car … ola … Emma?« Fragend sah Minnie Rudolph an.

»Carola – das bedeutet ›die Freie‹. Ein passender Name für mein erstes Kind in diesem neuen Land.« Wieder küsste er Minnie. »Ich möchte sie aber auch nach meiner Mutter und meiner Schwester nennen – Carola Mathilda Emma te Kloot.«

Minnie schnupperte nochmals wie berauscht am Kopf der Neugeborenen. »Carola Mathilda Emma te Kloot«, murmelte sie leise. »Möge dein Leben wunderbar werden.«

Emilia stand in der Küche und kochte eine kräftige Brühe, für die Darri einem der Hühner den Hals umgedreht hatte. Es duftete köstlich, und Rudolph rieb sich den Bauch.

»Du erzählst wenig von deiner Familie«, bemerkte Emilia. »Deine Schwester heißt Mathilda?«

»Wir sind siebzehn Geschwister, ich bin das jüngste Kind meiner Eltern. Meine Mutter starb, als ich zwei Jahre alt war. Meine Schwester Mathilda ist fünf Jahre älter als ich, wir hatten immer ein sehr inniges Verhältnis zueinander. Sie hat vor einigen Jahren geheiratet und ist aus Krefeld nach Hamburg gezogen«, erzählte er.

»Nach Hamburg?«, fragte Emilia überrascht. »Das wusste ich gar nicht.«

»Sie hat sich schon immer für Naturwissenschaften und Medizin interessiert und hat einige Vorlesungen besucht, gegen den Willen meines Vaters.« Er lächelte. »Sie ist eine starke Frau. Und sie hat sich für wohltätige Zwecke eingesetzt und so ihren Mann kennengelernt. Er ist Armenarzt.«

»Ach? In Hamburg?«

»Ja. Die Familie ist sehr wohlhabend, er muss nicht unbedingt Geld verdienen«, seufzte Rudolph. »Es sind Reeder und Händler, Pfeffersäcke nennt man sie wohl.«

»Wie heißt die Familie?« Emilia hatte den Löffel beiseitegelegt und sah Rudolph gespannt an.

»Amsinck, sie heißen Amsinck. Warum?«

»Wie heißt der Mann deiner Schwester?«, fragte sie leise.

»Johannes, glaube ich.«

Emilia nickte. »Ich kenne die Familie Amsinck.« Dann widmete sie sich wieder der Brühe.

Ein paar Tage blieb Emilia auf der Farm. Minnie hatte sich schnell von der Geburt erholt, aber Emilia schärfte Rudolph ein, sie zu schonen.

»Sie ist noch im Wochenbett und muss sich ausruhen.«

»Ich bleibe«, sagte Darri entschieden. »Ich werde aufpassen.«

Beruhigt fuhr Emilia mit Lina zurück nach Glebe. Hannah hatte sich um May gekümmert, und Arora hatte, wie versprochen, den Haushalt geführt. In den nächsten Wochen fuhr Emilia oft nach Liverpool, doch Minnie hatte sich schnell an ihre neue Aufgabe gewöhnt.

»Ich habe dich als Vorbild«, sagte sie dankbar. »Bei dir sah es immer spielend leicht aus, wenn du ein Kind bekommen hast. Jetzt erst weiß ich, was es bedeutet, Mutter zu sein.«

»Du machst das hervorragend«, sagte Emilia stolz.

Als Carl von seiner Tour wiederkam, führte ihn sein erster Weg nach Liverpool. Er nahm die kleine Carola vorsichtig hoch und schaute sie lange schweigend an. Seine Augen glitzerten und er blinzelte.

»Mein erstes Enkelkind.« Später nahm er Rudolph mit nach draußen. »Ich erwarte von dir, dass du dich um meine Tochter und meine Enkelin kümmerst, dass es ihnen an nichts mangelt und fehlt. Ich werde darauf aufpassen!«

Rudolph nickte. »Jetzt, wo ich ein eigenes Kind habe, kann ich dich und deine Sorge verstehen. Aber glaub mir, ich liebe die beiden so sehr, ich brauche keine Ermahnungen.«

»Das war nicht recht«, sagte Emilia später zu ihm, als sie nebeneinander im Bett lagen. Sie hatte, wie so oft, seine Hand genommen und hielt sie fest. »Rudolph ist erwachsen. Er weiß genau, welche Verantwortung er trägt. Und er liebt unsere Tochter und unser Enkelkind von Herzen.«

»Ja«, brummte Carl. »Ich sehe, dass er sich bemüht.«

»Wir sind jetzt Großeltern.« Emilia schmunzelte.

Carl schnaufte. »Es ist komisch, mit anzusehen, wie unsere Kinder langsam erwachsen werden. Ich kann mich immer noch nicht so recht daran gewöhnen. Auch wenn Minnie verheiratet ist, für mich bleibt sie mein kleines Mädchen, auf das ich aufpassen muss. Nur dass mein Kind jetzt selbst ein kleines Mädchen hat.«

»Auch die anderen werden Ehepartner finden und ihrer Wege gehen, Carl.«

»Hoffentlich nicht so bald.«

Das Jahr verging. Im Herbst besuchten Rudolph und Minnie mit ihrer Tochter die Großeltern in Glebe.

Minnie war schweigsamer als sonst, was kaum auffiel, denn das Augenmerk lag auf der kleinen Carola, die von allen geherzt und verwöhnt wurde. Sie war acht Monate alt und ein wahrer Sonnenschein, ihr Lachen steckte alle an.

Als Rudolph das Pferd anspannte, fand Emilia einen kleinen Moment allein mit Minnie.

»Was bedrückt dich?«

Minnie seufzte. »Ich bin wieder schwanger«, sagte sie und senkte den Kopf. »Wir freuen uns sehr, aber die Farm wirft immer noch keinen großen Gewinn ab.« Sie biss sich auf die Lippe. »Bitte erzähl Papa nichts davon. Rudolph arbeitet hart.«

Emilia seufzte leise. »Ist Darri noch bei euch?«

»Nein, sie sagte aber, dass sie wiederkommt, wenn ich sie brauche.«

Diese Schwangerschaft war anstrengender für Minnie als die erste. Ihre Eltern beobachteten es mit Sorge, doch Emilia hatte Carl eindringlich erläutert, dass er sich nicht einmischen durfte. Emilia selbst fuhr oft nach Liverpool, um ihre Tochter zu unterstützen. Doch Lina, die im nächsten Sommer acht Jahre alt werden würde, brauchte ihre Mutter auch. Es zerriss Emilia, dass sie Minnie nicht noch mehr unterstützen konnte.

Am ersten Mai 1884 wurde Arthur te Kloot geboren. Wieder stand Emilia ihrer Tochter bei der Geburt bei. Auch Darri hatte ihr Versprechen eingelöst und war auf die Farm zurückgekehrt.

Trotz der finanziellen Schwierigkeiten waren Minnie und Rudolph sehr glücklich, wie Emilia erleichtert feststellte.

Im Jahr darauf warf die Farm endlich Gewinn ab. Der große Gemüsegarten brachte reichlich Ertrag und auch die Weinstöcke wuchsen.

Keiner war überrascht, als Minnie zu Weihnachten verkündete, dass sie im Sommer ihr drittes Kind erwartete. Dieses Mal nahm Emilia Carola und Arthur mit nach Glebe, damit Minnie sich nach der Geburt ihrer Tochter Hermine erholen konnte.

Carl lachte freudig, als er Emilia vorlesend in der Stube vorfand, den kleinen Arthur auf dem Arm und Carola zu ihren Füßen.

»Du hast es noch nicht verlernt«, sagte er.

»Es ist noch nicht so lange her, dass Lina klein war«, erinnerte

501

Emilia ihn. »Und es ist ein wunderbares Gefühl, ein Kleinkind im Arm zu halten.«

»Deine Kinder und Enkel können sich glücklich schätzen, dich zu haben. Und ich bin es auch!«

Lily kam oft zum Hafen, wenn die »Centennial« auslief oder zurückkam. Sie, und auch die anderen Geschwister, liebten es, wenn Carl sie auf die eine oder andere Fahrt mitnahm.

Auf einer dieser Touren im Jahr 1887 gestand sie Carl, dass sie sich verlobt hatte.

»Er ist Kapitän, so wie du«, sagte sie lächelnd.

»Wie heißt er?«

»Frederick Ferdinand Evers.« Lily strahlte glücklich.

Carl nickte nur. »Ich kenne ihn, ein guter Mann. Aber du weißt, dass das Leben als Kapitänsfrau oft sehr einsam ist.«

»Mama hat all die Jahre nie unglücklich gewirkt.«

»Dennoch hat sie so manche Nacht einsam im Bett liegen müssen. Viele Entscheidungen, die sie ganz allein treffen musste, weil ich auf See war, sind ihr nicht leichtgefallen.«

»Sie hat es gemeistert, dann werde ich es auch schaffen.« Lily streckte das Kinn vor.

»Ja, du bist ihr ähnlich«, sagte Carl und schmunzelte. »Ich hoffe, du hast eine gute Wahl getroffen, aber davon werde ich mich schon überzeugen.«

Auch wenn es ihm schwerfiel, wusste Carl inzwischen, dass er seine Töchter nicht ihr Leben lang beschützen konnte. Es war nicht leicht für ihn, doch er litt nicht mehr so wie beim ersten Mal, als er Lily am 1. Mai 1888 zum Altar führte. Im Jahr darauf heirateten auch Clara und Hannah.

Das Haus leerte sich und Emilia war froh, wenn ihre Enkel zu ihr kamen.

29. Kapitel

Am 20. November 1888 hatte Minnie ihr viertes Kind, Elsa, zur Welt gebracht. Im Herbst des folgenden Jahres zerstörte ein Rudel Riesenkängurus den Gemüsegarten und einige Wochen später vernichtete ein schweres Unwetter die Weinernte. Die Lage auf »Crefeld« war ernst. Vier Kinder mussten ernährt, Schulden zurückgezahlt werden.

»Was sollen wir tun?«, fragte Minnie Rudolph, als sie den zerstörten Weinberg begingen. Rudolph sammelte einige der Trauben auf, probierte eine und spuckte sie mit verzogenem Gesicht wieder aus.

»Noch zu sauer. Sie sind noch nicht reif.« Er schleuderte die Trauben zur Seite, ballte die Faust. »Verdammt. Ich habe so mit dieser Ernte gerechnet. Wir müssen die Kelteranlage bezahlen, all das Material, das ich gekauft habe.«

»Die Haushaltskasse ist leer. Bisher konnte ich alle laufenden Kosten daraus bestreiten. Der Stand auf dem Markt hat uns immer genügend Geld gebracht. Aber die Kängurus haben die Tomaten, Gurken und alles andere zertrampelt. Nur noch Kartoffeln haben wir und die Kürbisse. Aber beides ist noch nicht so weit, dass wir es ernten können.« Sie schlug die Hände vor den Mund. »Elsa ist erst ein halbes Jahr alt ...«

Grimmig stapfte Rudolph weiter, dann drehte er sich zu seiner Frau um, die stehen geblieben war. Die Tränen liefen ihr über das Gesicht.

»Mein Vater ist vor drei Jahren gestorben.« Rudolph runzelte die Stirn.

»Ach, Rudolph, darüber haben wir doch schon so oft gesprochen. Glaubst du wirklich, dass dir noch mehr Erbe zusteht?« Minnie schloss die Augen. »Und selbst wenn, wie willst du das von hier aus einfordern? Briefe hast du zur Genüge geschrieben.«

»Jean hat Geld bekommen. Er hat auch von meinem Onkel, der kinderlos starb, etwas geerbt.«

»Dein Bruder Jean ist vor vier Jahren gestorben. Er hat dich nicht als Erben bedacht.«

»Das weiß ich«, brüllte Rudolph. »Und wie ich das weiß. Meinst du, ich mache mir keine Gedanken um unsere Zukunft und die unserer Kinder? Ich denke Tag und Nacht an nichts anderes. Man hat mich betrogen, von Anfang an bin ich betrogen worden.«

»Wie meinst du das?«, fragte Minnie fassungslos.

»Ich war neu hier, ich kannte das Land noch nicht so gut, wie ich es jetzt kenne. Man hat mir minderwertigen Grund verkauft. Hier gibt es nur eine dünne Schicht fruchtbarer Erde, darunter ist es steinig und viel zu trocken. Das Problem ist, dass wir den Hügel gekauft haben. Felsen. Die ganze fruchtbare Erde verteilt sich um den Fluss, dort ist auch Grundwasser. Erinnerst du dich daran, wie tief wir für den Brunnen bohren mussten? Erinnerst du dich daran?«, schrie er.

Minnie schwieg betroffen. Seit fast sieben Jahren waren sie jetzt verheiratet und bisher hatte Rudolph immer gesagt, dass das Land gut sei und sie bald Gewinn machen würden. Tatsächlich war die Erde am Farmhaus sehr fruchtbar, aber je weiter man den Hügel hochkam, umso trockener und sandiger wurde es. Mit einem Mal wurde ihr bewusst, dass Rudolph dies schon lange wusste, er sie aber hatte schützen wollen und deshalb seine Sorgen, die ihn immer schweigsamer gemacht hatten, nicht mit ihr geteilt hatte.

Er kam auf sie zu, schüttelte den Kopf und nahm sie in die Arme. »Es tut mir leid, es tut mir leid, es tut mir leid«, murmelte er in ihre Haare. »Ich wollte dich nicht anbrüllen.«

»Warum hast du nicht mit mir darüber gesprochen?«

»Du warst entweder schwanger oder im Wochenbett oder musstest dich um die stetig wachsende Familie kümmern. Du hast vier Kinder in sechs Jahren bekommen. Das ist mehr, als ich jemals leisten kann. Du erträgst dein hartes Leben geduldig und immer mit einem Lächeln auf den Lippen. Klaglos. Ich wollte dir nicht noch mehr aufbürden.«

»Aber wir sind ein Ehepaar, Rudolph. Wir teilen Freud und Leid, zumindest sollten wir das.«

»Das weiß ich. Dein Vater hat mir jedoch sehr deutlich gemacht, dass er genau darauf achtet, ob ich euch alle ernähren kann.« Er ließ die Arme sinken, stand mit gebeugten Schultern vor ihr. »Und so, wie es aussieht, kann ich es nicht.«

»Wenn es nach Papa ginge, müssten wir alle reich heiraten. Reiche, nette Männer.« Minnie verzog das Gesicht. »Dabei ging es uns oft selbst finanziell nicht gut. Immer dann, wenn Papa keine gute Order bekommen hat, musste Mutter den Gürtel enger schnallen. Manchmal gab es wochenlang Kartoffeln. Gekocht, gebraten, als Auflauf, gerieben. Papa will verhindern, dass es uns mit unseren Ehemännern auch so ergeht.«

»Nun, es ist ihm nicht gelungen.« Rudolph setzte sich auf einen Stein und knetete verzweifelt seine Hände. »Uns geht es noch schlechter als deinen Eltern früher.«

»Aber nur, solange die Kartoffeln noch nicht reif sind.« Minnie lächelte schwach, hockte sich neben ihn und nahm seine Hände. »Was machen wir nun?«

»Meine letzte Hoffnung ist das Erbe von meinem Vater und meinem Onkel. Ich muss es nur einfordern.«

»Dazu musst du nach Europa.«

»Ja, dazu muss ich nach Europa und dich und die Kinder allein lassen. Und das kann ich nicht.«

»Wenn du nicht fährst, was passiert dann?«, fragte Minnie und war plötzlich ganz ruhig.

»Dann verlieren wir die Farm.«

»Du musst fahren. Du musst. Sonst würdest du dir immer vorwerfen, die letzte Chance verschenkt zu haben.« Sie überlegte. »Aber lohnt es sich überhaupt, ›Crefeld‹ zu halten?«

»Schau dich um, Minnie, schau dich um. Trotz Dürre und schlechter Böden hätten wir dieses Jahr eine sensationelle Ernte gehabt. Die Weinstöcke waren voller Trauben. Und die Früchte sind süß und saftig, wenn sie reif sind. Wir könnten hervorragenden Wein keltern, wir müssen nur einmal Glück haben. Die Ernte ist vernichtet, die Weinstöcke aber nicht. Nächstes Jahr könnte es ganz anders aussehen.«

»Wir brauchen nicht weiter zu diskutieren, du musst fahren, mein

Liebling.« Minnie küsste ihn. »Ich werde schon klarkommen.« Meine Familie wird mir helfen, dachte sie, sprach es aber nicht aus.

Schweren Herzens buchte Rudolph eine Fahrt nach Europa. Carl und Emilia sahen dies mit gemischten Gefühlen. Sie sorgten sich um ihre Tochter, die monatelang mit Farm und Familie allein sein würde.

Fred, Minnies einziger Bruder, erklärte sich bereit, zu ihr auf die Farm zu ziehen und ihr zu helfen. Auch Emilia kam oft und packte mit an. Tony hatte eine Stellung als Krankenschwester in Sydney angenommen und war wieder zu Hause eingezogen. Sie half im Haushalt mit und betreute die jüngeren Schwestern, so dass es für Emilia einfacher war, zur Farm zu fahren.

»Es ist mir so unangenehm, dass du kommen musst«, sagte Minnie bedrückt.

»Mein Schatz, als ich in deinem Alter war, habe ich mir oft gewünscht, eine Mutter zu haben, die mich unterstützt. Ich hatte niemanden und obwohl ich hoffe, dass ihr das nicht bemerkt habt, war es oft nicht einfach für mich. Damals habe ich mir geschworen, dass ich immer für euch da sein werde, auch wenn ihr erwachsen seid und eigene Familien habt. Jetzt kann ich diesen Schwur einlösen. Und glaube mir, es macht mich froh, dir helfen zu können.«

»Rudolph hat geschrieben«, sagte Minnie fast tonlos. »Er ist auf dem Rückweg.«

Emilia musterte ihre Tochter nachdenklich. »Du klingst nicht froh. Bedeutet das, dass sein Bemühen erfolglos war?«

Minnie nickte stumm, Tränen liefen ihr über die Wangen. »Wir werden die Farm nicht halten können«, wisperte sie schließlich. »Was soll nun aus uns werden?«

»Liebes Kind.« Emilia nahm ihre Tochter in den Arm und hielt sie fest. »Es wird einen Weg geben. Es gibt immer einen Weg. Rudolph ist sehr rührig, er wird eine Möglichkeit finden, euch zu ernähren.«

»Ich hoffe es«, sagte Minnie trostlos. Sie liebte die Farm mehr, als sie zugeben wollte. Hier hatte sie ihre Kinder zur Welt gebracht, hatte viele glückliche Stunden mit Rudolph geteilt. Ihr großer Nutzgarten war ihr Augapfel. Sie hatte mit verschiedenen Gemüsesorten experimentiert, hatte Sorten ausprobiert und verworfen, neue angepflanzt. Sie fühlte sich mit der Erde verbunden. Was sollte sie bloß ohne Garten machen, abgesehen davon, dass er die Familie auch ernährt hatte? Wo sollten sie hinziehen und wovon leben?

Hier konnten sich die Kinder frei bewegen, sie spielten auf dem Hof und in der Scheune, liefen herum. Glücklich waren sie, frei und gesund, anders als die Kinder, die in der Stadt aufwuchsen. Doch es half nichts, die Farm musste verkauft werden.

Rudolph setzte sich mit einem Makler in Verbindung, der Land verkaufte. Er führte ihn über die Farm, zeigte ihm alles.

Beeindruckt kehrten die beiden zum Wohnhaus zurück, wo Minnie einen Imbiss vorbereitet hatte.

»Herr te Kloot«, sagte der Makler ruhig. »Sie haben mir Grund und Boden in höchsten Tönen angepriesen. Wäre ich einer der Auswanderer, die zu Hunderten, ja sogar zu Tausenden ins Land kommen, würde ich Ihre Farm auf der Stelle zu einem Höchstpreis kaufen. Zu einem höheren Preis, als der, zu dem Sie die Farm anbieten, wo ist also der Pferdefuß?«

»Das Land ist zu felsig und zu trocken«, sagte Minnie, die Verzweiflung war ihr anzuhören. »Aber wir waren hier immer glücklich.«

Rudolph sah sie verärgert an. »Das Land ist gut. In manchen Jahren ist es zu trocken. Wir hatten Pech mit Kängurus – sie haben letzten Herbst den Gemüsegarten in Grund und Boden getrampelt. Das war aber das erste Mal.« Er stöhnte auf. »Wir haben uns einfach übernommen«, sagte er dann leise.

»Sie mögen ein begabter Landwirt sein«, sagte der Makler anerkennend. »Sie sind aber ein noch besserer Verkäufer und scheinen Ahnung von Bodenbeschaffenheiten zu haben. Ich kaufe die Farm, ich mache Ihnen einen guten Preis.« Er nickte und nahm sich von dem Wein, den Minnie ihnen hingestellt hatte. »Und ich mache Ihnen ein Angebot, das Sie nicht ablehnen können.« Er grinste breit.

Rudolph sah ihn skeptisch an. »Was für ein Angebot?«

»Ich stelle Sie ein. Als Makler.«

Rudolph biss sich auf die Lippe, zog die Stirn in Falten. »Ich denke darüber nach«, sagte er ernst.

»Es ist eine Chance«, sagte Minnie leise, als sie wieder allein waren.

»Ja.« Rudolph klang verzweifelt. »Aber es ist auch eine Beerdigung. Hiermit begraben wir all unsere Träume. Unsere Farm, den Gemüseanbau, die Selbständigkeit. Wir geben die Erde auf, auf der unsere Kinder geboren wurden. All das geben wir auf.«

»All das ist schon lange verloren«, sagte Minnie wütend. »Es war eine Totgeburt. Du hast unwissentlich einen Felsen mit ein wenig Mutterboden gekauft. Ja, auf lange Sicht, mit Geld im Hintergrund, mit Nerven und gutem Wetter, könnte man hier einen ertragreichen Weinberg anbauen.« Sie schnaubte. »Aber wir hatten Pech, von Anfang an«, fügte sie leiser hinzu. »Das war weder dein noch mein Fehler.«

»Minnie te Kloot, bereust du es, mich geheiratet zu haben?« Rudolphs Stimme war kaum zu verstehen.

»Nein, das habe ich nie getan.« Sie wandte sich zu ihm und küsste ihn. »Niemals. Ich liebe dich. Ich liebe unsere Kinder. Sie sind das Beste, was mir passieren konnte. Wir werden das Leben schon meistern, auch wenn sich gerade Berge vor uns auftürmen.«

»Dummerweise keine Weinberge.«

Minnie lachte, laut und befreiend. »Ja, es sind keine Weinberge. Vielleicht ist das auch gut so, damit hatten wir kein Glück.« Sie wurde wieder ernst. »Wirst du das Angebot annehmen und für ihn arbeiten?«

»Ich glaube schon.« Er schwieg einen Moment lang. »Vollmer würde mich auch wieder einstellen, hat er mir gesagt, aber das möchte ich nicht. Ich wäre tagtäglich damit konfrontiert, was ich verloren habe.«

Sie beschlossen, nicht noch länger zu warten und das Angebot des Maklers anzunehmen. Leicht fiel es ihnen nicht. Minnie weinte bittere Tränen, als der Karren mit ihren letzten Habseligkeiten die Farm verließ. Sie bat den Fahrer, am großen Findling anzuhalten, und sah noch einmal auf den Schriftzug »Crefeld«.

508

Hier habe ich alles durchlebt – großes Glück, aber auch große Hoffnungslosigkeit, dachte sie. Doch ich möchte diese Jahre auf keinen Fall missen.

»Fahr an«, rief sie dem Kutscher zu und zwang sich, sich nicht noch einmal umzusehen.

Dann beginnt eben eine neue Epoche, dachte sie und streckte das Kinn vor, so, wie es alle Frauen der Familie taten.

So sehr Emilia ihre Tochter bedauerte, so war sie doch froh, dass die Familie te Kloot in die Stadt und somit in ihre Nähe zog. Rudolph nahm die Arbeit bei dem Immobilienmakler an. Land war gefragt, denn immer mehr Einwanderer kamen nach Australien. Er musste viel reisen, und Minnie litt darunter, dass sie oft allein mit den Kindern war. Zudem war die Wohnung, die sie gemietet hatten, feucht und kalt. Oft waren sie bei den Eltern in Glebe. Emilia freute sich, ihre Enkelkinder um sich zu haben, machte sich aber große Sorgen um Minnie, die immer dünner und blasser wurde.

»Kind, es werden wieder bessere Zeiten kommen, da bin ich mir sicher. Gräme dich nicht so um den Verlust. Viele Familien müssen einen Traum aufgeben und neu anfangen. Rudolph ist so fleißig, er wird seinen Weg gehen.«

Minnie schlug die Hände vors Gesicht, ihre Schultern zuckten. »Ach, Mama, das ist es ja gar nicht.«

»Was ist es dann?«

»Ich erwarte wieder ein Kind.«

Emilia musste sich setzen. Es war nicht die finanzielle Not der Familie, die sie bestürzte, sondern der Gesundheitszustand ihrer Tochter.

»Es geht ihr nicht gut«, sagte Emilia zu Carl. »Was sollen wir bloß tun?«

»Du kannst es nicht ändern«, seufzte er. »Du tust schon so viel für Minnie, aber die Schwangerschaft kannst du ihr nicht abnehmen.«

»Ich weiß. Ich habe mir überlegt, dass ich Carola und Arthur zu uns nehme. Vielleicht auch Hermine. Dann muss sie sich nur noch um

Elsa kümmern. Wäre dir das recht?« Er nickte. »Die Kinder lieben dich. Sie sind gerne hier. Und ich freue mich, wenn sie da sind. Manchmal habe ich das Gefühl, ich habe zu ihnen eine engere Beziehung als zu Minnie früher.«

Emilia wurde nachdenklich. »Du hast Minnies erste Lebensjahre verpasst. Und jetzt bist du nicht mehr so viel und so lange unterwegs.«

»Ob es daran liegt?«, grübelte Carl.

Tatsächlich nahm er kaum noch Orders an, die ihn weiter wegführten. Meist fuhr er nach Queensland, um Zuckerrohr nach Sydney zu bringen. So hatte er mehr Zeit für die Familie. Emilia hatte sich immer gewünscht, noch einmal auf große Fahrt mit ihm zu gehen, doch nun, wo ihre Kinder groß wurden, waren die Enkelkinder da. Lily und Clara hatten Söhne bekommen, und Minnies vier Kinder waren mehr in Glebe als bei sich zu Hause.

»Ist dir das nicht zu viel?«, fragte Carl sie oft voller Sorge. »Du hast neun Kinder geboren, acht großgezogen. Selbst unsere kleine Lina ist jetzt vierzehn. Sie wird langsam zu einer jungen Dame.«

Emilia schüttelte den Kopf. »Es gibt nicht Schöneres für mich als die Kinder. Ich liebe es, wenn das Haus voller Lachen ist.«

Minnie hatte schwer mit der Schwangerschaft zu kämpfen. Oft war sie erschöpft, und ein trockener Husten quälte sie.

»Du musst Brustwickel machen«, sagte Emilia.

»Habe ich schon«, erwiderte Minnie müde. »Es hilft nichts. Noch nicht einmal Eukalyptus hilft.«

»Warst du beim Arzt?«

»Nein. Dafür fehlt mir das Geld.« Sie sagte es so leise, dass Emilia sie kaum verstand.

»Wilhelmina Anna Lessing te Kloot!«, schimpfte Emilia. »Das ist doch nicht die Möglichkeit. Du bist krank, du musst zum Arzt gehen. Er soll mir die Rechnung schicken. Denk doch an deine Kinder, sie brauchen dich.«

»Ich weiß, Mama, aber ich kann doch nicht immer Geld von euch nehmen. Wenn Rudolph das erfährt, wird er ärgerlich sein.«

»Dann erfährt er es eben nicht. Und nun geh zum Arzt, ich bleibe bei den Kindern«, sagte sie resolut.

Zwei Stunden wartete sie unruhig auf ihre Tochter. So geht das nicht weiter, dachte sie. Minnie kann hier nicht wohnen bleiben. Es ist feucht und muffig in dieser Wohnung, kein Ort, um Kinder aufzuziehen, geschweige denn für eine Geburt. Außerdem war ihre Tochter sichtlich unglücklich.

Endlich kam Minnie zurück. »Der Arzt hat mir Tropfen gegeben und mir eine Luftveränderung angeraten. Ich soll in die Berge. Was stellt er sich vor? Ich kann doch nicht einfach meine Sachen packen und wegziehen.«

»In die Berge?« Emilia überlegte. »Vollmers haben doch das Wochenendhaus. Vielleicht kannst du dorthin?«

»Das haben sie im letzten Jahr verkauft«, sagte Minnie müde.

»Dann zieht ihr zu uns. Platz genug haben wir und die Kinder sind eh mehr bei uns als bei euch.« Emilia verschränkte die Arme vor der Brust. »Carola wird erst im Sommer mit der Schule beginnen, das kann sie auch in Glebe.«

»Ach Mama, ich kann doch nicht zu euch ziehen.«

»Minnie, dich habe ich in Othmarschen bekommen, in dem Haus meiner Eltern. Ich wäre auch dort mit euch geblieben, wenn euer Vater nicht Kapitän wäre. Keine Widerworte, du kommst zu uns.«

Wieder wurde gepackt. Es war weniger als beim letzten Mal, dachte Minnie traurig, die sich schon von vielen Dingen hatte trennen müssen.

»Wir ziehen zu euch, Großmutter?«, jubelte Carola. Sie liebte ihre Großeltern, kannte das Haus von klein auf, hatte sogar ein kleines Beet im Garten übernommen und zog dort Gemüse. Obwohl sie erst sieben Jahre alt war, hatte sie begriffen, dass es nicht gut um die Familie stand. Fürsorglich kümmerte sie sich um die jüngeren Geschwister. Carola stritt selten, und wenn, war sie im Recht, stellte Emilia verwundert fest. Ihre eigenen Kinder hatten keine Gelegenheit ausgelas-

511

sen, sich zu bekämpfen, auch wenn sie wie Pech und Schwefel zusammenhielten, wenn es darauf ankam.

Oft saß Carola bei Emilia in der Stube. Sie hatte schon früh lesen gelernt, sprach Deutsch und Englisch fließend und liebte es, zu handarbeiten.

Emilia und Carola standen einander sehr nahe, was daran liegen mochte, dass Emilia ihr auf die Welt geholfen hatte.

Minnies Zustand verbesserte sich auch nach dem Umzug nicht. Rudolph nahm es ihr übel, dass sie zu ihren Eltern gezogen war.

»Ich werde mich um euch kümmern, für euch aufkommen«, schimpfte er. »Schon bald werden wir genügend Geld für eine bessere Wohnung haben.«

»Dann können wir ja wieder umziehen«, sagte Minnie müde.

»Aber bis es so weit ist, bleiben wir in Glebe.«

»Ich habe vor deinem Vater an Ansehen verloren.«

»Papas erstes Interesse ist, dass es uns gutgeht. Ach Rudolph, sieh doch ein, dass es so am besten für uns alle ist.«

Auch wenn Carl kein Wort über ihre finanzielle Situation verlor, schämte Rudolph sich sehr. Er arbeitete umso härter, war wochenlang unterwegs, um Immobilien und Land zu verkaufen.

Ende September nahte die Geburt. Emilia sorgte sich sehr um ihre Tochter, die kaum noch die Kraft hatte, das Bett zu verlassen. Wie soll sie bloß die Wehen überstehen?, fragte Emilia sich.

Am Morgen des 24. September 1890 stand Darri in der Küchentür. Sie nickte Emilia zu, ging dann nach oben in Minnies Zimmer.

Es ist so weit, dachte Emilia. Die Aborigines hatten eine besondere Wahrnehmung und schienen Dinge zu wissen oder zu erahnen. Emilia wunderte sich schon lange nicht mehr darüber.

Sie folgte Darri nach oben. Minnie lag keuchend im Bett, sah ihnen mit weit aufgerissenen Augen entgegen.

»Ich werde sterben, Mama«, flüsterte sie.

»Daran darfst du noch nicht einmal denken«, sagte Emilia, aber insgeheim fürchtete sie, dass diese Geburt keinen guten Ausgang nehmen würde.

Darri seufzte, dann setzte sie sich zu Minnie ans Bett und nahm ihre Hand, ohne ein Wort zu sagen.

Carl war vor zwei Tagen nach Hause gekommen. Emilia schickte ihn mit den Kindern in den botanischen Garten.

»Danach geht ihr in die Stadt und esst irgendwo etwas. Nehmt euch ruhig Zeit«, sagte sie zu ihm. »Vielleicht kannst du versuchen herauszufinden, wo Rudolph steckt, und ihm kabeln, dass er herkommen soll.«

Carl nickte, auch er machte sich große Sorgen. »Wird es lange dauern?«

Emilia zuckte die Achseln. »Schwer zu sagen. Es ist ihr fünftes Kind, bisher waren die Geburten leicht und schnell, aber sie bekommt kaum Luft und hat keine Kraft.«

»Aber es wird gutgehen?«

»Das weiß Gott allein«, seufzte Emilia.

Zu Emilias Überraschung und Erleichterung kam das Kind am Nachmittag ohne Probleme zur Welt. Es war ein Junge. Minnie war jedoch zu schwach, um ihn zu halten. Sie sah ihn nur kurz an, schloss dann die Augen. Ihr Gesicht war unnatürlich gerötet, sie schien zu glühen, ihr Atem rasselte. Emilia schickte nach dem Arzt.

»Ist es das Kindbettfieber?«, fragte sie angstvoll.

Der Arzt schüttelte den Kopf. »Nein. Sie hat eine Lungenentzündung. Sie muss viel trinken. Gebt ihr alle Stunde fünf von diesen Tropfen. Es ist ein Opiat und wird sie entspannen, die Luftwege weiten.«

»Seid ehrlich zu mir, wie steht es um meine Tochter?«

»Das werden die nächsten Stunden entscheiden. Ich komme morgen wieder, um nach ihr zu schauen.«

Darri verschwand so leise und unauffällig, wie sie gekommen war. Emilia hatte gehofft, dass die Aborigine bleiben würde, weil ihre Anwesenheit Minnie beruhigte.

Sorgsam flößte Emilia ihrer Tochter die Tropfen und Brühe ein, doch Minnie wollte kaum schlucken. Sie war in einen unruhigen Schlaf gefallen, der immer wieder von quälenden Hustenanfällen unterbrochen wurde. Sie hatte weder die Kraft noch genügend Milch, um ihr Kind zu stillen. Emilia schickte das Mädchen, um eine Amme zu besorgen.

Gegen Abend kam Carl mit den Kindern nach Hause. Er sah Emilia an, senkte dann den Kopf. An ihren Augen hatte er gesehen, dass es nicht gutstand.

»Ihr habt einen kleinen Bruder bekommen«, sagte Emilia zu den Kindern und zeigte ihnen den Säugling, der in der Wiege lag und leise quäkte.

»Was ist mit Mutter?«, fragte Carola ängstlich. »Kann ich zu ihr?«

Emilia schüttelte den Kopf. »Sie muss schlafen, um sich von der Geburt zu erholen.«

»Aber ich will zu ihr!«, schrie Carola, Tränen schossen ihr in die Augen. »Bitte lass mich zu Mama, Großmutter.«

Arthur, Minchen und Elsa sahen ihre große Schwester bange an.

»Mach deinen Geschwistern keine Angst«, sagte Emilia streng. »Geht in die Küche, Joba wird euch Kakao machen. Ihr wollt doch brav sein und eurer Mutter keinen Kummer bereiten.«

Die ganze Nacht saß Emilia an Minnies Bett, machte kühle Wadenwickel, warme Brustwickel und flößte ihr die Tropfen und Brühe ein, doch das Fieber wollte nicht sinken und die Luftnot nahm immer mehr zu.

In den frühen Morgenstunden, die Dämmerung war gerade zu erahnen, kehrte Darri zurück. Sie brachte Rinde und Blätter vom Eukalyptusbaum und zündete sie in einem kleinen Topf an.

»Was machst du?«, fragte Emilia entsetzt. »Du kannst doch nicht das Zimmer ausräuchern. Sie bekommt doch so schon kaum Luft.«

Darri antwortete nicht, sondern schaute Minnie nur an. Nach einer Weile wurde der Atem der Kranken ruhiger, sie schien besser Luft zu bekommen.

»Als die große Schlange die Welt und alle Menschen gebar, gab sie uns diesen Baum. Es ist ein magischer Baum mit vielen Kräften. Aber manchmal ist auch die Magie nicht stark genug, um das Böse zu überwinden. Wir werden warten müssen.« Sie setzte sich im Schneidersitz auf den Boden, senkte den Kopf und sang leise.

Emilia verließ in den nächsten Stunden kaum das Zimmer. Auch Tony blieb zu Hause und half ihr, Minnie zu versorgen.

»Sollen wir sie ins Krankenhaus bringen?«, fragte Emilia verzweifelt.

Doch Tony schüttelte den Kopf. »Dort können sie auch nicht mehr machen. Hier bei uns wird sie besser gepflegt.«

Der Arzt kam, hörte Minnie wieder ab. »Es ist eine leichte Verbesserung eingetreten, aber sie ist noch nicht über den Berg.«

»Was können wir noch tun?«, wollte Emilia wissen.

»Warten und beten.«

Gegen Abend öffnete Minnie die Augen und sah Emilia an. Ihr Blick war klar und nicht verwirrt, so wie in den letzten Stunden.

»Mein Kind?«, fragte sie leise.

»Ein Junge, er lebt. Habt ihr einen Namen für ihn?«

»Ich will ihn sehen.«

Tony eilte aus dem Zimmer und brachte den Säugling. Emilia half Minnie, sich aufzurichten, und legte ihr das Kind in die Arme. Minnie schloss die Augen und schnupperte am Kopf des Neugeborenen.

»Rudolph soll einen Namen wählen.«

»Willst du ihn weiter halten?«, fragte Emilia leise, doch Minnie schüttelte den Kopf. »Pass auf meine Kinder auf, Mama. Und sag Rudolph, dass ich ihn immer geliebt habe. Er ist die Liebe meines Lebens, ich bereue nichts. Sag ihm das!« Ihre Stimme klang schwach, aber eindringlich.

»Das kannst du ihm morgen selbst sagen, er ist hierher unterwegs.«

Noch einmal sah Minnie ihre Mutter an. »Danke für alles, Mama.«

Tränen schossen Emilia in die Augen. »Ruh dich aus, deine Familie braucht dich noch.« Doch sie spürte, dass Minnies Kräfte schwanden.

Minnie fiel wieder in einen unruhigen Schlaf, hin und wieder schien sie wach zu werden, erkannte aber niemanden mehr. Gegen Morgen wurden ihre Atemzüge flacher.

»Weck Papa und die Kinder«, sagte Emilia zu Tony, die mit ihr am Krankenbett gewacht hatte. »Sie sollen Abschied nehmen.«

»Küsst eure Mutter«, sagte Emilia leise.

»Mama schläft«, meinte Arthur verwundert. »Warum schläft Mama so fest?«

Emilia schluchzte auf, Carl legte den Arm um sie, hielt sie fest.

»Macht, was Großmutter euch gesagt hat«, brummte er, dann wandte er sich ab und wischte sich über die Augen.

Carola blieb am Bett stehen, nahm Minnies Hand. »Mama«, flüsterte sie. »Mama, bitte wach auf. Bitte, bitte.«

Tony brachte die drei Kleinen wieder hinaus, nur Carola weigerte sich, zu gehen.

Gegen acht Uhr am 26. September 1890 tat Wilhelmina Anna te Kloot ihren letzten Atemzug.

Emilia konnte sich kaum halten vor Kummer, sie streichelte ihrer Tochter über das Haar und das Gesicht. »Mein Kind, mein armes Kind«, sagte sie immer wieder.

Carola saß wie versteinert am Bett ihrer Mutter, die Augen gerötet, aber die Tränen wollten nicht fließen.

Sie konnten das Kind nicht dazu bewegen, den Raum zu verlassen.

»Sie braucht ihre Zeit«, schluchzte Emilia in Carls Armen.

Gegen Nachmittag kam Rudolph. Er sagte kein Wort, stürmte nach oben und riss die Tür zu Minnies Zimmer auf.

»NEIN!« Der Schrei gellte durch das ganze Haus.

Emilia stand auf. Es fiel ihr schwer, sich zu bewegen, sie hatte das Gefühl, um Jahre gealtert zu sein und keine Kraft mehr zu haben. Mühsam schleppte sie sich nach oben. Rudolph kniete vor Minnies Bett, weinte haltlos.

»Nein«, schluchzte er immer wieder.

Emilia ließ ihn weinen. Carola hatte sich auf den Stuhl neben das Bett gesetzt, sie verzog keine Miene, hatte noch immer kein Wort gesprochen.

Als Rudolphs Schluchzen leiser wurde, zog Emilia ihn hoch, nahm ihn in die Arme und wiegte ihn hin und her.

»Sch… sch… sch«, murmelte sie.

»Ich habe sie umgebracht. Ich bin schuld an ihrem Tod.« Rudolph riss sich los, drehte sich um und schlug die Hände vor sein Gesicht, seine Schultern zuckten.

»Das bist du nicht«, sagte Emilia leise.

»Das Kind, das Kind hat sie umgebracht. Und ich bin schuld daran, dass sie wieder schwanger war.«

»Bist du Gott, Rudolph?«, fragte Emilia.

Er drehte sich zu ihr, schaute sie an.

»Gott entscheidet über Leben und Tod, nicht du. Nur Gott allein. Das Kind lebt, es ist ein Junge. Minnie wollte, dass du ihm einen Namen gibst.«

Tony war ihrer Mutter gefolgt, wartete in der Tür. Als sie die Worte der Mutter hörte, ging sie in das Kinderzimmer nebenan und holte den Neugeborenen.

»Hier«, sagte sie leise und hielt ihn Rudolph hin. »Dein jüngster Sohn.«

Vorsichtig nahm Rudolph das Kind, sah es staunend an. Der Säugling gähnte und kniff die Augen zusammen, dann öffnete er sie und schmatzte.

Ein kleines Lächeln schlich sich auf Emilias Lippen. Es war das Wunder des Lebens, das sie in diesem Augenblick berührte.

»Ist er gesund?«, fragte Rudolph unsicher.

»Ja. Er ist gesund und munter. Ein kräftiger kleiner Kerl.«

»Er soll nach seiner Mutter heißen – Wilhelm.«

Emilia nickte. Das Kind stopfte sich die Faust in den Mund und saugte daran. »Er hat Hunger.«

Rudolph hob den Kopf. »Ohne Milch wird er sterben, genau wie Minnie«, sagte er verzweifelt.

»Das wird er nicht, wir haben eine Amme besorgt. Komm, gib mir den kleinen Wilhelm.« Sanft nahm sie ihm das Kind aus den Armen und reichte es Tony.

Wieder wandte Rudolph sich seiner toten Frau zu. »Meine Liebste, meine Liebste, wie soll ich nur ohne dich leben? Ich kann nicht ohne dich leben.«

»Du hast Kinder, für die du leben musst«, sagte Emilia mit fester Stimme. »Für sie bist du verantwortlich, für sie musst du da sein. Sie haben ihre Mutter verloren, sie brauchen ihren Vater jetzt umso mehr.«

»Wie soll ich das schaffen ohne Minnie? Wie soll ich leben ohne sie?«

»Mit der Zeit, Rudolph, mit der Zeit wirst du es können.« Emilia berührte ihn sacht an der Schulter. Er wandte sich zu ihr, fiel ihr schluchzend um den Hals.

»Emma, ich wollte das nicht. Ich wollte ihr ein schönes Leben bereiten. Ich wollte alles für sie tun.«

»Das weiß ich und das wusste Minnie auch. Sie hat zuletzt von dir gesprochen, mich gebeten, dir zu sagen, dass sie dich geliebt hat. Und dass sie nichts bereut.«

»Oh Gott«, stöhnte Rudolph. »Oh mein Gott. Warum? Warum nur?«

»Es war eine Lungenentzündung. Der Arzt war hier, aber er konnte nichts mehr tun.«

Emilia hielt den verzweifelten Mann fest, versuchte, ihm Trost zu spenden und ihre eigene Trauer und Verzweiflung zu unterdrücken.

Plötzlich hörte sie Schritte auf der Treppe. Es war Ende September und schon ziemlich warm. Die Vorschriften bei einem Todesfall waren streng, morgen würden sie Minnie beerdigen müssen. Carl war in die Stadt gegangen, um alles zu regeln.

Emilia fürchtete sich vor der Begegnung der beiden Männer, denn sie ahnte, dass Carl Rudolph für Minnies Tod verantwortlich machen würde.

Carl kam hinein, blieb an der Tür stehen und schnaufte, als er seinen Schwiegersohn sah. Rudolph schien in sich zusammenzusacken.

518

»Es tut mir leid«, flüsterte er. »Es tut mir so leid.«

Carl ging auf ihn zu, berührte seine Schulter, zog ihn dann von Emilia in seine Arme und drückte ihn an sich.

»Es tut uns allen leid.«

»Ich wollte das nicht«, sagte Rudolph mit gebrochener Stimme.

»Ich weiß. Du hast sie geliebt und sie dich.«

»Du bist doch schuld!« Es war Carola, die aufgestanden war und ihren Vater voller Verachtung ansah. »Du hast Mama alleingelassen.«

Dann rannte das Mädchen aus dem Zimmer und die Treppe hinunter, die Tür zum Hof fiel krachend ins Schloss.

Rudolph wollte ihr folgen, doch Emilia hielt ihn zurück. »Ich rede mit ihr.«

Sie fand das Kind hinten im Garten. Carola hatte die Hofkatze in den Armen und weinte bitterlich in das Fell des Tieres.

Emilia setzte sich neben sie. »Weine, schreie, sei wütend, böse, enttäuscht und verzweifelt. All diese Gefühle stehen dir zu.«

»Großmutter, was soll denn nur werden?«

»Das wird sich finden, mein Kind.«

Carola seufzte, dann drückte sie sich an Emilia. »Ich hasse ihn«, murmelte sie.

»Wen?«

»Papa. Er hat Mama umgebracht. Wenn wir nicht die Farm aufgegeben hätten, wäre Mama noch am Leben.«

Emilia hielt die Luft an, zählte bis zehn. »Weißt du das ganz sicher, Carola?«

»Ja!«, sagte das Kind überzeugt.

»Deine Mama war krank. Schon länger. Sie war krank und erschöpft. Auf der Farm war ihr Leben noch härter als in der Stadt. Sie musste sich um die Tiere und den Garten kümmern. Es war viel Arbeit. In der Stadt brauchte sie das nicht.«

Carola hob den Kopf und wischte sich die Tränen aus den Augen. »Das stimmt«, sagte sie überrascht.

»Dein Vater hat deine Mutter sehr geliebt. Er wollte alles für sie

519

tun. Warum Gott sie schon jetzt zu sich gerufen hat, wissen wir nicht, nur der Herr allein.«

»Ja, Großmutter.«

»Dein Vater und deine Geschwister brauchen dich jetzt, Carola. Es ist nicht die Zeit, einander Vorwürfe zu machen. Du darfst trauern und wütend sein, aber du darfst deinem Vater keine Schuld geben.«

Das Mädchen senkte den Kopf. »Ja, Großmutter.« Und dann schluchzte sie wieder.

»Weine ruhig, weine«, sagte Emilia. »Das hilft.«

Sie wuschen Minnie und zogen ihr ein schönes Kleid an, machten sie zurecht. Es sah so aus, als würde sie friedlich schlafen, aber ihre Haut wurde schon wächsern. Sie würde am nächsten Tag in der Familiengrabstätte neben ihrer Schwester Susan beerdigt werden. Es gab noch viel zu tun an diesem Tag. Sie mussten Formulare ausfüllen, und Essen für die Beerdigung musste gekocht werden. Endlich hatte Emilia alles erledigt. Müde ging sie nach oben. Ihre Augen brannten vor ungeweinten Tränen, für die sie keine Zeit gehabt hatte.

Carl hatte sich schon hingelegt, Emilia sah nach den Kindern. Bevor sie in ihr Schlafzimmer ging, öffnete sie die Tür zu Minnies Zimmer und setzte sich neben das Bett. Endlich konnte auch sie ihrer Trauer nachgeben.

»Mein Kind, meine Minnie«, weinte sie leise. »Oh, mein Kind.«

Nach einer Weile trocknete sie ihre Tränen, putzte sich die Nase und küsste ihre Tochter ein letztes Mal. Dann ging sie leise zu Bett.

Carl war noch wach.

»Eltern sollten nie ihr Kind beerdigen müssen«, sagte er. »Das ist unnatürlich.«

»Das ist es.« Emilia seufzte.

»Es bricht mir das Herz«, flüsterte er mit rauer Stimme.

»Uns allen. Sie war viel zu jung.« Emilia biss sich auf die Lippe. »Du hast mich überrascht.«

»Womit?«

»Dein Verhalten Rudolph gegenüber. Ich hatte befürchtet, dass du ihn zusammenschlagen würdest.«

»Ich auch. Aber als ich ihn so sah, so voller Schmerz, hat er mir leidgetan. Ich war mit dieser Verbindung nie einverstanden, aber er hat Minnie aufrichtig geliebt und sie ihn.«

Emilia nickte, schwieg. Dann setzte sie sich auf. »Was wird mit den Kindern?«

»Nun, das musst du entscheiden. Und Rudolph.«

»Ich möchte, dass sie bei uns aufwachsen.« Emilia hielt den Atem an und wartete auf Carls Antwort. Er nahm ihre Hand und drückte sie an seine Brust.

»Ja«, sagte er. »Wenn du dir das zutraust.«

»Minnie hat es so gewollt.«

»Dann stellt sich die Frage doch gar nicht. Wir werden Minnies Wunsch erfüllen.«

1891–1909

Carola

Epilog

Aufgrund seiner Reisen hatte Rudolph nicht die Möglichkeit, die Kinder zu betreuen. Deshalb stimmte er schweren Herzens zu, dass sie bei Emilia und Carl blieben. Alle paar Wochen kam er nach Glebe, um nach ihnen zu sehen und Zeit mit ihnen zu verbringen.

Im Frühjahr 1891 bat er seine Schwiegereltern zu einem Gespräch.

»Ich habe Post aus Deutschland bekommen. Meine Schwester Mathilde hat mir geschrieben. Sie ist entsetzt über Minnies Tod.«

Emilia senkte den Kopf. Immer noch tat es weh, wenn sie an ihre Tochter dachte. Der Schmerz war nicht mehr so frisch und stechend, sondern dumpf und beständig.

»Sie hat mir ein Angebot gemacht, das ich nicht ablehnen kann.«

»Ein Angebot?«, fragte Carl misstrauisch.

»Nun, ihr müsst wissen, dass sie kinderlos ist. Sie lebt in sehr guten Verhältnissen. Sie und ihr Mann Johannes haben Besitztümer in Krefeld und in Hamburg. Er ist Arzt und mildtätig.«

»Und?« Emilia straffte die Schultern. Sie spürte, dass ihr der Vorschlag nicht gefallen würde.

»Sie ist Carolas Taufpatin.«

Emilia kniff die Augen zusammen. »Das ist die Schwester, die mit einem Amsinck verheiratet ist?«

»Richtig. Sie möchte Carola adoptieren.«

»Was?« Carl richtete sich auf.

»Sie möchte, dass Carola nach Deutschland kommt und bei ihr aufwächst.« Rudolph knetete seine Hände. »Sie würde mir genügend Geld zukommen lassen, damit die anderen vier eine ordentliche Schulausbildung in Australien bekommen können.«

522

»Das kann doch nicht dein Ernst sein«, sagte Emilia aufgebracht. »Wir kümmern uns um die Kinder, es mangelt ihnen an nichts.«

»Wir tun alles für die fünf«, polterte nun auch Carl. »Wir brauchen keine Almosen.«

»Du kannst die Geschwister doch nicht trennen.«

»Es ist eine großartige Chance für Carola. Ich habe meiner Schwester schon gekabelt, dass ich einverstanden bin. Sie wird nach Europa gehen und dort aufwachsen.«

Emilia stand abrupt auf und ging hinaus. Der Gedanke, ihre Lieblingsenkelin zu verlieren, war unerträglich. Sie konnte nicht glauben, dass Rudolph es ernst meinte.

Doch Rudolph beharrte auf seiner Entscheidung.

Am Abend saß er in der Stube am Kamin, den kleinen Bill auf dem Arm. Das Kind lachte und gurrte fröhlich. Emilia zog den anderen Sessel hinzu und setzte sich neben ihren Schwiegersohn.

»Als ich acht Jahre alt war«, sagte sie leise, »gingen meine Eltern mit meinem kleinen Bruder nach England und ließen mich bei meiner Verwandtschaft in Hamburg zurück. Es war furchtbar für mich. Jahr um Jahr habe ich gehofft, dass sie mich zu sich holen würden. Doch das taten sie nicht. Jede Woche, jeden Monat, jedes Jahr habe ich auf den Brief gewartet und wurde immer enttäuscht. Meine Tante und mein Onkel haben mich versorgt, aber es waren nicht meine Eltern. Meinen kleinen Cousin und meine Cousine mochte ich sehr, aber sie waren nicht meine Geschwister.« Emilia sah ihn an, doch Rudolph erwiderte ihren Blick nicht. »Du weißt, dass Carola sehr an ihren Geschwistern hängt, sie zu trennen wäre furchtbar für alle.«

»Carola ist erst acht. Sie wird sich daran gewöhnen. Es ist eine große Chance für sie, siehst du das nicht, Emma?« Nun schaute er sie an, sein Blick war kalt. »Meine Schwester und mein Schwager begleichen meine Schulden, ich kann hier neu anfangen. Die Anstellung ist gut, und wenn es so weiterläuft, kann ich demnächst für meine Kinder sorgen.«

»Du willst sie zu dir nehmen?«, fragte Emilia fast tonlos.

»Nein, aber ich will für ihren Unterhalt bezahlen können und nicht weiter in eurer Schuld stehen.«

»Es geht also um dich und nicht um die Kinder«, sagte Emilia empört. »Nur um dich und deine Finanzen. Es ist dir egal, was du deiner Tochter damit antust.«

»Sie wird es sehr gut haben, dessen bin ich mir gewiss.«

Emilia stand auf, strich ihren Rock zurecht. »Wenn Carola in Europa wohnt, wirst du sie selten, vielleicht nie mehr, sehen.«

»Carola hasst mich. Sie wird froh darüber sein«, sagte er und klang verbittert.

Es stimmte, Carola hatte sich sehr von Rudolph distanziert. Aber, dachte Emilia verzweifelt, das Kind hatte die Mutter verloren. Wenn er ihr ein wenig Zeit gäbe und etwas mehr Liebe zuteilwerden ließe, würde sich das bestimmt ändern. Das Mädchen war nicht nachtragend.

»Ich halte deine Entscheidung für falsch. Bitte denk noch einmal darüber nach.«

Rudolph nickte steif. Doch Emilia wusste, dass er sich nicht umstimmen lassen würde.

»Nein!«, schrie Carola, als Rudolph ihr sagte, dass sie nach Europa reisen würde. »Nein, ich bleibe hier. Ich gehe doch hier zur Schule, bin hier zu Hause. Ich kenne die Tante ja gar nicht.« Verzweifelt sah sie ihre Großmutter an. »Das kann er nicht machen, das lasst ihr nicht zu, oder?«

»Täubchen, er ist dein Vater und hat lange darüber nachgedacht. Es ist das Beste für dich.«

»Nein, nein, nein. Ich will nicht, Großmutter, ich will nicht. Bitte, lasse es nicht zu, dass er mich wegschickt.«

»Herrgott noch mal«, brüllte Rudolph und schlug mit der Faust auf den Tisch. »Es ist so abgemacht. Du wirst bei deiner Tante Mathilde leben. Ich will nichts mehr darüber hören. Morgen buche ich dir eine Passage auf einem Dampfer.«

Entsetzt sah Carola von ihm zu Emilia und Carl. »Bitte, Großmutter und Großvater, tut doch etwas. Bitte. Ich werde auch immer lieb sein.«

Emilia schloss die Augen. Sie sah sich als kleines Mädchen, wie sie versucht hatte, mit Gott einen Pakt zu schließen, und versprochen hatte, immer lieb zu sein, wenn er ihre Mutter und das Kind in ihrem Bauch am Leben ließ. Ihre Mutter hatte Julius geboren, dennoch war alles anders geworden, als sie gedacht und gehofft hatte.

Sie nahm Carola in den Arm. »Du bist schon lieb genug, mein Täubchen. Manchmal passieren Dinge im Leben, die wir uns nicht wünschen.« Über den Kopf ihrer Enkelin hinweg funkelte sie Rudolph wütend an. Sie konnte immer noch nicht verstehen, wie er seiner Tochter dies anzutun vermochte. »Aber im Nachhinein sind sie oft gar nicht so schlimm, wie wir denken.«

»Du willst auch, dass ich gehe? Du willst mich nicht mehr, Großmutter?«, schluchzte Carola verzweifelt.

Viele Dinge lagen Emilia auf der Zunge, die sie gerne gesagt hätte. Sie schluckte sie alle hinunter. »Es ist zu deinem Besten, Täubchen.«

»Er will sie allein auf ein Schiff setzen und nach Europa schicken.« Carl stapfte wütend durch die Küche, die Hände hinter dem Rücken verschränkt. »Ist er denn von allen guten Geistern verlassen? Auch wenn die Reise auf einem Dampfer und durch den Kanal keine Monate mehr dauert, kann er das doch nicht mit einer Achtjährigen machen.«

»Was willst du tun? Sie selbst bringen?«, fragte Emilia. »Das kannst du nicht.«

Carl blieb stehen und sah sie an. »Warum eigentlich nicht? Dann kann ich meinen Bruder Robert noch einmal treffen.«

»Das würdest du tun?«, fragte Emilia verblüfft. »Du wolltest doch nie wieder nach Europa.«

»Ich wollte auch nie meine Enkelin hergeben«, sagte er leise. »Und ich halte es immer noch für einen Fehler, die Kinder zu trennen.«

»Er macht es wegen des Geldes«, seufzte Emilia. »Und er will nicht weiterhin in deiner Schuld stehen.«

»Es war mein Fehler.« Carl senkte den Kopf. »Ich habe ihm damals gesagt, dass ich erwarte, dass er für unser Mädchen sorgt. Das hat er nie vergessen.«

»Er ist und bleibt unser Schwiegersohn und der Vater unserer Enkel. Wir müssen seine Entscheidungen akzeptieren.«

»Ja«, sagte Carl. »Aber vielleicht können wir es Carola etwas leichter machen.«

Zwei Tage später hatte Carl alles geregelt. »Ich fahre nach Europa. Ich habe eine Order bekommen, die zwar keinen großartigen Gewinn bringt, aber so ist die Fahrt wenigstens auch kein Verlust für uns.«

»Nimm May mit. Sie hat die Schule beendet und es wäre für sie eine gute Erfahrung. Außerdem kann sie sich um Carola kümmern. Die beiden hängen sehr aneinander.« Sie senkte den Kopf. »Alle hängen aneinander«, fügte sie flüsternd hinzu.

Carl umarmte sie. »Es ist schwer, sie gehen zu lassen. Aber für dich ist es am schlimmsten, das weiß ich.«

»Carola ist Minnie so ähnlich. Sie liebt es, im Garten zu arbeiten, sie ist so ruhig und friedlich. Es ist, als würde unsere Minnie in ihr weiterleben.«

»Das tut sie auch.«

Rudolph stimmte den Reiseplänen zu. Die wenigen Wochen bis zur Abfahrt der »Centennial« vergingen viel zu schnell, und dann standen sie schon am Kai. Emilia versuchte, tapfer zu sein und ihre Tränen zurückzuhalten. Aber als Carola die Arme um ihren Hals schlang, sie fest drückte und dabei schluchzte, konnte sie sich kaum noch halten.

»Wir schreiben uns, Täubchen. Wir schreiben uns jede Woche, einverstanden? Dank der Briefe sind wir gar nicht so weit voneinander entfernt, du wirst sehen.«

»Werde ich irgendwann zurückkommen?«, fragte das Kind voller Verzweiflung.

»Bestimmt.«

Die Pfeife erklang und zeigte an, dass es Zeit war, auf das Schiff zu gehen. May küsste ihre Mutter herzlich, hüpfte dann die Gangway empor. Für sie war es ein großes Abenteuer, mit der Sicherheit, in einigen Wochen wieder zurück in Australien zu sein. Carola, die May an der Hand führte, sah sich immer wieder um.

Rudolph war geschäftlich unterwegs, er hatte es nicht geschafft, seine Tochter zu verabschieden.

Vielleicht ist das auch besser so, dachte Emilia bitter, als das Schiff ablegte. Zumindest war Carola bei Carl sicher, er würde auf sie aufpassen wie auf seinen Augapfel.

Als das Schiff den Hafen verlassen hatte und nicht mehr zu sehen war, drehte Emilia sich um und ging langsam zurück nach Glebe. Die anderen Kinder warteten dort, sie brauchten sie.

Emilia hielt ihr Versprechen und schrieb ihrer Enkelin regelmäßig. Arthur, Hermine, Elsa und Billy wurden im Haushalt der Lessings groß. Rudolph besuchte sie oft, er heiratete nie wieder. Er war als Immobilienmakler erfolgreich.

Alle Kinder von Emilia und Carl heirateten und gründeten eigene Familien bis auf Tony. Sie zog Minnies Kinder mit groß, wohnte bis zu ihrem Tod mit Bill, dem Jüngsten der fünf, zusammen.

Auch die anderen Enkelkinder waren oft bei Lessings. Emilia half ihren Töchtern, wann immer sie konnte. Zu Weihnachten trafen sich die stetig wachsenden Familien und feierten gemeinsam.

Carls Dampfer »Centennial« wurde von einem anderen Schiff im Hafen von Sydney gerammt. Ein Matrose starb infolge des Unfalls. Carl war nicht schuld an dem Unglück, dennoch gab er seinen Beruf auf und blieb von da an zu Hause. Die Familienbande waren eng und die Kinder unterstützten die Eltern.

»Liebste Großmutter«, schrieb Carola 1908 an Emilia. »Ich hoffe, es geht dir gut und du und Großvater erfreut euch bester Gesundheit. Ich für meinen Teil bin sehr unglücklich. Es fällt mir schwer, dir darüber zu schreiben, aber ich weiß sonst niemanden, dem ich mein Herz ausschütten könnte. Du bist Großmutter und Mutter für mich gewesen, Vertraute und mein Fels im Leben. Ich vermisse dich manchmal so sehr, dass es weh tut. Das klingt so, als wäre ich undankbar. Tante Tilly hat mich aufgenommen und mich immer so behandelt, als sei ich ihr leibliches Kind, ich habe alles bekommen, sie und Onkel Johannes kümmern sich rührend um mich.«

Emilia ließ den Brief sinken und seufzte. Viel lieber hätte sie diese Worte gehört und nicht gelesen. Irgendetwas bereitete Carola großen Kummer, das stand zwischen den Zeilen in unsichtbaren Großbuchstaben. Sie nahm den Brief wieder hoch und las weiter.

»Ich bin fünfundzwanzig Jahre alt, habe eine gute Ausbildung genossen und arbeite bei meinem Adoptivvater in der Praxis. Man kann also sagen, dass ich fest im Leben stehe und kein unvernünftiges Wesen bin. Nun sagt aber genau dies meine Adoptivmutter, Tante Tilly. Ich muss dir, liebste Großmutter, dies genauer erklären. Vor einigen Monaten habe ich einen Neffen von Onkel Hannes kennengelernt. Werner Amsinck. Diese Familie ist so groß, dass ich immer noch nicht jeden kenne. Außerdem nehmen Tante Tilly und Onkel Hannes selten an den großen Familienfeiern der Amsincks in Hamburg teil, sie halten sich über die Feiertage lieber im biederen Krefeld auf.«

Das ist es also, dachte Emilia und lächelte, ein Mann. Sie schob die Brille zurecht, die sie seit einigen Jahren brauchte, und las weiter.

»Werner ist drei Jahre älter als ich und arbeitet in der Reederei seines Großvaters Martin.«

Emilia stutzte. Martin Amsinck war der Großvater des jungen Mannes? Sie hatte Carola nie erzählt, dass sie einen der Amsincks gut gekannt hatte. Über die Jahre war der Kontakt eingeschlafen, aber Emilia erinnerte sich noch genau an Martin. Wäre Carl nicht gewesen, hätte sie Martin als Verehrer durchaus in die engere Wahl gezogen. In der Tat war er der Mann, auf den sie sich hätte einlassen können, von all den Bewerbern, die Tante Minna ihr vorgestellt hatte. Martin hatte Humor gehabt und großes Interesse an allen Neuerungen und Entwicklungen. Er war, wie man es heute nannte, fortschritt-

528

lich gewesen. In ihn hätte ich mich durchaus verlieben können, dachte sie und schmunzelte. Aber Carl war nun mal die Liebe ihres Lebens.

»Tante Tilly wünscht jedoch keine Verbindung zwischen uns, dabei sind wir noch nicht einmal verwandt. Sie hält ihn für einen Hallodri, einen Tunichtgut, weil er nicht wohltätig arbeitet, so, wie Onkel Hannes und sie.«

Ach, dachte Emilia, so kann es gehen. Meiner Tante war Carl nicht strebsam genug, Carolas Stiefmutter hingegen lehnte anscheinend die Strebsamkeit der Familie, in die sie eingeheiratet hatte, ab. Dabei konnten sie nur wohltätig sein, weil sie vom Familienvermögen lebten.

»Sie wünscht sich für mich einen Idealisten, vielleicht einen Missionar oder einen Pfarrer. Ein Armenarzt oder ein Forscher wären ihre erste Wahl, aber sie hat noch keinen geeigneten Kandidaten gefunden. Am liebsten wäre es ihr, ich würde gar nicht heiraten, glaube ich. Natürlich kannst du dir nicht wirklich ein Urteil bilden, da du Werner nicht kennst, dennoch wünsche ich mir von dir einen Ratschlag. Mit Werner kann ich lachen und fröhlich sein. Er macht mich glücklich. Die Zeit mit ihm wird mir nie lang, wir können immer und immer miteinander reden, die Themen scheinen uns nicht auszugehen. Und nein, er ist kein Verschwender, kein egoistischer Mensch. Er kümmert sich sehr wohl auch um Hilfsprojekte, die die Familie Amsinck unterstützt. Ach Großmutter, ich liebe ihn doch, was soll ich nur tun? Deine Carola.«

»Meine liebe Carola, mein Täubchen«, schrieb Emilia zurück. »Als ich in deiner Lage war, wohl einige Jahre jünger als du, wollte meine Tante, bei der ich lebte, dass ich mich ordentlich verheiratete. Ich hatte aber Großvater getroffen und mich hoffnungslos verliebt. Mit ihm konnte ich lachen und ich kann es immer noch. Mit ihm konnte ich reden und schweigen, es war nie quälend oder unangenehm. Das ist heute noch so. Er war und ist die Liebe meines Lebens. Meine Vormunde, Tante und Onkel, wollten nicht, dass wir heiraten. Er war nicht wohlhabend genug als Kapitän unter eigener Flagge. Viel lieber hätten sie mich mit dem Sohn einer der Pfeffersäcke vermählt. Aber ich bin meinem Herzen gefolgt und habe deinen Großvater geheiratet. Das haben sie mir nie verziehen.

Deine Mutter hat deinen Vater getroffen und sich in ihn verliebt. Die beiden teilten einen Traum, sie wollten Land bewirtschaften, einen Weinberg aufbauen. Dein Großvater war gegen diese Verbindung. Er sah nur die Schwierigkeiten, die das mit sich bringen würde. Damit hatte er recht. Was er nicht bedacht hatte, war die Liebe der beiden zueinander. Diese Liebe war stark und nicht zu unterschätzen. Ich erinnerte Großvater an unser Kennenlernen und wie meine Familie sich gesträubt hatte. Daraufhin lenkte er ein und gab deiner Mutter und deinem Vater den Segen. Ich weiß, mein liebes Kind, du trägst deinem Vater immer noch nach, dass meine geliebte Minnie, deine Mutter, so früh verstorben ist. Aber es war nicht seine Schuld, es waren die widrigen Umstände. Dein Vater hat alles für deine Mutter und euch getan, was in seiner Macht stand. Er liebte sie aufrichtig und sie ihn. Ich habe es nie bereut, dieser Ehe zugestimmt und deinen Großvater überredet zu haben, sein Einverständnis zu geben.

Was ich damit sagen will, mein Täubchen, ist: Prüfe dich und dein Herz. Prüfe dich gut, denn eine Ehe währt ein Leben lang. Ist dies der Mann, mit dem du alt werden willst? Kannst du auch noch in zehn oder zwanzig Jahren mit ihm lachen? Das weiß man nicht, aber kannst du es dir vorstellen? Was ist dir wichtig im Leben? Was sind seine Träume, was sind deine? Prüfe dich, fühl in dich hinein und lasse dein Herz entscheiden. Mein Kind, ich war bei deiner Geburt dabei, ich war die Erste, die dich gehalten hat, du bist mein erstes Enkelkind. Auch wenn du acht Jahre alt warst, als du Australien verlassen hast, und ich dich damals das letzte Mal gesehen habe, bist du mir so nahe, als wärst du in meinem Haus aufgewachsen. Du bist Blut von meinem Blut – und deshalb: Folge deinem Herzen. Heirate ihn, wenn du dir sicher bist.

In Liebe
Deine Großmutter Lessing

PS: Hätte ich nicht meinen Carl Gotthold geheiratet, wäre mein Auserwählter vermutlich Martin Amsinck gewesen. Wir kannten uns gut. Vielleicht musst du diese Schicksalslinie nun erfüllen. Ich würde Darri fragen, wenn sie zu uns käme, aber das tut sie nicht mehr.«

Nachdem Carola den Brief ihrer Großmutter erhalten hatte, schickte sie ihr ein Telegramm.

»Ist das wahr? Du trägst es meinem Vater nicht nach?«

Emilia antwortete: »Nein, ich trage ihm nichts nach. Seine Liebe war wahr und echt und die deiner Mutter auch.«

Carola versöhnte sich mit Rudolph. Sie folgte dem Rat der Groß-mutter und ihrem Herzen und heiratete Werner Theodor Amsinck am 19. November 1909. Das Paar hatte sechs Kinder, fünf Söhne und eine Tochter.

Carl Gotthold Lessing starb am 16. März 1910. Emilia Frederika Les-sing, geborene Bregartner, lebte nach seinem Tod noch zwölf Jahre. Sie starb am 24. März 1922. Sie war eine großartige Frau.

Nachwort

Anfang 2012 bekam ich eine E-Mail. E-Mails bekomme ich öfter, aber diese war aus Australien von einer Robyn Jessiman. Sie sei eine Nachfahrin von der Familie te Kloot, sie beschäftige sich mit Genealogie und habe (Google sei Dank) herausgefunden, dass ich Bücher über Anna te Kloot (Die Frau des Seidenwebers, Die Seidenmagd) geschrieben habe.

Nun wollte sie wissen, wie viel von dem Buch wahr und wie viel erfunden sei.

Wie immer in meinen historischen Romanen ist es beides. Ich habe das Tagebuch des Abraham ter Meer als Grundlage der Geschichten genommen, habe viel recherchiert und viele Fakten eingefügt. Aber es ist ein Roman, eine Fiktion. Gedanken, Gefühle und anderes habe ich erfunden.

Ein reger Mailaustausch folgte, der bis heute anhält. Wann denn die te Kloots nach Australien gekommen seien, wollte ich wissen, und da nahm diese Geschichte ihren Anfang.

Robyn berichtete mir von Johannes te Kloot und seinem Bruder Rudolph – der 1880 nach Sydney auswanderte und 1882 Wilhelmine Lessing geheiratet hatte.

Lessing?

O ja, Minnies Vater war Carl Gotthold Lessing, der Großneffe des Dichters.

Aha. Spannend. Aber es wurde noch besser. Carl Gotthold Lessing hatte 1856 Emilie Frederika Pactecia Bregartner geheiratet – Großmutter Lessing. Eine bemerkenswerte Frau, schrieb mir Robyn. Und dann erzählte sie mir von Großmutter Lessing, ihrer Urgroßmutter. Sie ist mit ihrem Mann auf große Fahrt gegangen, hat vier ihrer neun

Kinder auf See zur Welt gebracht und ist mit Mann und Kindern in fast allen Gewässern der Erde unterwegs gewesen.

Eine Frau und Kinder an Bord eines Hochseeseglers? Damals? Ich konnte es kaum glauben. Aber es stimmte.

Robyn schickte mir Dokumente, Fotos, Briefe, Berichte und vieles mehr über Großmutter Lessing und ihre Familie. 1864 nahmen sie und ihr Mann Carl Gotthold die australische Staatsbürgerschaft an.

Robyn, fragte ich, darf ich ein Buch über Großmutter Lessing schreiben?

Nur zu!, antwortete sie.

Und so begann das also.

Ein Buch, auch wenn man viele Fakten hat, ein Roman, ist auch Fiktion. Manches kann man nicht mehr herausfinden, manches bleibt im Dunkeln, manches muss man ein klein wenig verändern, damit die Geschichte spannend bleibt.

Fakt ist – Emilie Bregartner, die ich Emilia (Emma) genannt habe, wurde am 9. April 1836 in Othmarschen geboren. 1842 kam ihr Bruder Julius zur Welt. 1844 wanderten ihre Eltern Martin und Anna mit dem kleinen Julius nach England aus, Emilia blieb in Hamburg bei Verwandten. Warum das so war, weiß ich nicht.

Bregartners hatten tatsächlich eine Werft, sie waren Schiffsbauer.

Carl Gotthold Lessing ließ die »C. F. Lessing« in Hamburg bauen. Wie er Emilie getroffen hat, weiß ich nicht, aber ich konnte es mir gut ausmalen.

Am 9. November 1856 heirateten Carl und Emilie in Hamburg, sie ging mit ihm auf große Fahrt, brachte gut neun Monate später ihr erstes Kind in der Nähe von Lima zur Welt.

Zehn Monate später erblickte Minnie, Wilhelmine Anna Mathilde Lessing, das Licht der Welt – in Othmarschen. Carl war nach Australien gesegelt, weil er sich dort eine bessere Zukunft versprach.

Emilia folgte ihm mit den beiden Töchtern 1860. Sie reiste auf der »Sophie« unter Kapitän Decker.

Wunderbarerweise gibt es Aufzeichnungen der Passagiere und

Mannschaften aus der Zeit. Man findet sie auf http://mariners.re-cords.nsw.gov.au.

Jean (Johannes) te Kloot kam jedoch erst 1865 nach Sydney. Ich habe ihn ein wenig eher anreisen lassen. Vermutlich war er ein ganz liebenswerter Mensch und hoffentlich verzeiht er mir, dass ich einen Ekel aus ihm gemacht habe.

Fakt ist, er war Händler und reich. Er hatte ein großes Anwesen in Woollahra und überredete seinen zwanzig Jahre jüngeren Bruder Rudolph, nach Australien zu kommen. Da Rudolph fließend Franzö-sisch sprach, sollte er auch Händler werden und eine Niederlassung in Neukaledonien leiten.

Fakt ist auch, dass Rudolph lieber Landwirtschaft betreiben wollte. Er hatte in Proskau studiert und seinen Abschluss gemacht. Also nahm er die Arbeit bei M. Vollmer auf (der tatsächlich ein guter Freund von Carl Gotthold war – er sprach sogar auf seiner Beisetzung 1910). Wie und wo Minnie Rudolph kennengelernt hat, ist nicht überliefert.

Aus den vielen Briefen, die mir vorliegen, geht aber klar hervor, dass Carl Gotthold Rudolph nicht leiden konnte und gegen die Hochzeit seiner Tochter war. Schließlich hat er jedoch seine Einwilli-gung gegeben, Emilie hatte keinen unwesentlichen Beitrag daran.

Rudolph te Kloot kaufte Land etwas außerhalb Sydneys und baute dort eine Farm auf. Er nannte sie »Crefeld«. Es gibt heute noch einen großen Findling dort, in den der Name »Crefeld« eingeritzt ist. Aller-dings kann man die Farm nicht mehr besichtigen, es ist Militärgebiet, leider. In den Weltkriegen war die Farm Inhaftierungslager für deut-sche Soldaten und es gibt Fotos, die die deutschen Gefangenen an diesem Stein mit der Aufschrift zeigen. Wie seltsam muss das für sie gewesen sein?

Minnie und Rudolph heirateten am 17. Mai 1882. Minnie war ebenso fruchtbar wie ihre Mutter, bekam in rascher Folge fünf Kinder. Sie starb zwei Tage nach der Geburt ihres jüngsten Sohnes am 26. Sep-tember 1890.

Großmutter Lessing, diese beeindruckende, starke Frau, die nie still saß und wenn, dann nur mit Stricknadeln in den Händen, nahm ihre Enkelkinder zu sich und zog sie groß. Nur die älteste Tochter, Carola te Kloot, wurde nach Deutschland geschickt, nach Krefeld zu Rudolphs kinderloser Schwester Mathilde. Warum dies so war, weiß ich nicht.

Es muss schrecklich für die Achtjährige gewesen sein, allein nach Deutschland zu reisen und dort zu leben, während ihre Geschwister zusammenbleiben konnten.

Carola hielt jedoch engen Briefkontakt zu ihren Großeltern und ihren Geschwistern.

Fakt ist – Carola te Kloot heiratete am 19. November 1909 Werner Theodore Amsinck.

Ob Emilie seinen Großvater wirklich gekannt hat, ist nicht überliefert, aber möglich.

Alle Bediensteten sind erfunden. Die Mannschaft der »Lessing« allerdings nicht, die habe ich recherchiert. Ob Piet de Tries auch ein begnadeter Geburtshelfer war? Wer weiß.

Ich habe viele, viele Briefe von Carl und Emilie, von Minnie und ihren Geschwistern, von Carola und anderen gelesen. Ich hoffe, ich bin diesen großartigen Menschen gerecht geworden.

Ich bin eine absolute Landratte, bin noch nie in meinem Leben gesegelt. Deshalb musste ich mich schlaumachen. Mein Glück war, dass sich »Max« (Sabine Schröder) bei den 42er Autoren – dem weltbesten Autorenverein – anmeldete. Sie ist einer der ersten weiblichen Hochseekapitäne, und ich hoffe, es wird demnächst ein Buch von ihr geben. Sie schickte mir Informationen und Pläne von Schiffen, half mir bei meinen Ausführungen.

Alle Fehler – und ich bin mir sicher, es gibt etliche – habe ich aus Unkenntnis verbrochen. Der geneigte Segelexperte möge es mir verzeihen.

Allen Lesern, die sich mit dem Thema »Auswanderer« befassen, kann ich das Deutsche Auswandererhaus in Bremerhaven wärmstens empfehlen. Ich war mehrfach dort, es bietet eine Fülle an Informationen.

Frauen auf hoher See? War das nicht verpönt und verboten? Tatsächlich war das so. Allerdings stellten Kapitänsfrauen eine Ausnahme dar. Zwei wunderbare Bücher boten mir einen Einblick in das Leben der Kapitänsfrauen des 19. Jahrhunderts.

»Die abenteuerlichen Reisen der Mimi Leverkus« von Inge und Ernst Leverkus, ISBN 3-931148-93-9

und vor allem:

»Auf großer Fahrt« von Eugenie Rosenberger, Kabel Verlag, ISBN 3-8225-0419-X

Verblüfft hat mich, dass sich viele Begebenheiten, die Eugenie Rosenberger schildert, mit den Briefen von Emilia Lessing decken. Sie schreiben sehr ähnlich, haben Ähnliches erlebt.

Emilia Lessing, Großmutter Lessing, gab es wirklich. Ich habe ein wenig Fiktion um ihr Leben herumgestrickt, es ist jedoch kein Seemannsgarn.

Für alle Fehler bin ich also mal wieder allein verantwortlich.

Danksagung

Dieses Buch hätte nie und nimmer ohne die Hilfe von Robyn Jessiman entstehen können, ihr gilt mein größter Dank. Herzlich bedanken möchte ich mich auch für die vielen Pakete mit Briefen und Bildern, Geburtsurkunden und anderem Material, das sie mir per »snail-mail« – mit der Post – schickte.

Danke auch für die beiden Schals, die sie mir gestrickt und geschickt hat, und die ich in Ehren halte.

Bedanken möchte ich mich auch bei meiner Kollegin Cordula Broicher, die sich als eine geniale Betaleserin entpuppte. Sie erkannte manchen Fehler, wies mich auf Unstimmigkeiten hin und fand Dreckfuhler. Ohne ihre Hilfe wäre das Buch nicht so stimmig geworden. Ich freu mich schon auf ihr nächstes Buch!

Heike Wolf und Joan Weng, zwei wunderbare Kolleginnen, haben gegengelesen und mich auf Längen hingewiesen, die ich rigoros weggekürzt habe, auch wenn es mich schmerzte – »kill your darlings«.

Gerald Drews ist mein absoluter Lieblingsagent. Ich bin so froh, dass ich ihn habe und dass aus einer Zusammenarbeit eine tiefe Freundschaft geworden ist.

Lieber Gerald, die nächste Bratwurst auf der Messe geht auf mich.

Conny Heindl ist der Motor und das Herz der Medienagentur Gerald Drews, was Belletristik angeht. Liebe Conny – ich liebe deine Mails, unsere Telefonate und dein unermüdliches Engagement. Jetzt fehlt uns nur noch der Bestseller, aber daran arbeiten wir ja.

Max (Sabine Schröder) danke ich für ihr Bemühen, einer Landratte das Hochseesegeln zu erklären.

Erwähnt werden müssen auch die 42er Autoren – ein fantastischer Verein, der mich hin und wieder auffängt und ein Stück weit mitträgt.

Meine Blogkollegen Joan, Dorrit, Christoph, Cordula1 und Cordula2 sowie Horst-Dieter schaffen es, auch in verzweifelten Augenblicken, mich zum Lachen zu bringen. Ihr seid genial und meine Helden. Danke für das Komma-her-Pony.

Immer wenn ich ein Buch schreibe, versinke ich in die Geschichte und in die Zeit. Meine Familienmitglieder sind die Leidtragenden. Sie können die Figuren, die in intensiven Schreibphasen neben mir stehen und mit mir flüstern (»Ich will das aber nicht so, das kannst du nicht mit mir machen« oder »Ach komm, das machen wir anders, das geht doch noch besser«), weder sehen noch hören. Aber sie wissen, diese Figuren sind da.

Meine Familie erträgt es, dass ich über Wochen geistesabwesend bin, mich in mein Arbeitszimmer zurückziehe und immer weniger Zeit habe, je näher der Abgabetermin rückt.

Tim – es tut mir leid, dass sich mein Arbeitszimmer unter deinem Zimmer befindet und ich die Drums und den Bass deiner Musik nicht aushalte, wenn ich schreibe.

Ihr, meine Lieben – Philipp, Lisa, Tim und Robin –, ich liebe euch sehr! Und »Ich MUSS schreiben!« heißt nicht, dass ich euch nicht zuhören will.

Bedanken möchte ich mich bei meinen Eltern Margarethe und Walter Loefke, die immer zuhören und für mich da sind. Danke.

Ein Glücksfall für mich ist mein Lieblingsbruder Christian, der zufällig Historiker ist und jede Menge Informationen mit mir teilt. Bussi, Chris!

Und dann sind da noch die Freunde, die verstehen, dass ich manchmal wie abwesend bin und dann wieder sie mit Informationen überschütte, die sie gar nicht interessieren. Sie ertragen mich klaglos.

Heike und Michael, Karen und Mario, Kirsten und Klaus, Susanne und Fred, Claudia, Andrea – um den engsten Kreis zu erwähnen.

Ich verspreche, ich werde euch zu einem grandiosen Essen einladen! Danke, dass es euch gibt.

Und natürlich Claus, der »Master & Commander« auch das fünfte

Mal mit mir geschaut hat, damit ich in »Segelstimmung« komme, der mit dem Hund geht, wenn ich eine Schreibnacht hinter mir habe und in den Seilen hänge, der den Kindern essen kocht, wenn ich über einer Szene brüte, und auch sonst alles, alles, alles tut.

Ohne dich wäre ich nur halb.

Oder um es mit den Beatsteaks zu sagen:

»Get up and swing
you make me sing

…

and I don't care as long as you sing
and I don't care as long as we swing
I don't care as long as you sing«

ULRIKE RENK
Die Frau des Seidenwebers
Historischer Roman
443 Seiten
ISBN 978-3-7466-2618-5
Auch als ebook erhältlich

Faszinierendes Familienepos

Im November 1753 reist die 25-jährige Anna von Radevormwald nach Krefeld. Sie soll ihrem Onkel den Haushalt führen. Auf der Reise lernt sie den Verleger Claes kennen, der sich bei einem Überfall schützend vor sie stellt. Anna verliebt sich in ihn, doch er ist schon einer anderen versprochen. Die Geschichte einer Frau, die ihren eigenen Weg geht, bis sie endlich den Mann findet, der sie liebt. Ein Roman über die Seidenweberei und Buchkunst im 18. Jahrhundert, basierend auf einem authentischen Tagebuch. Eine der Hauptfiguren zählt zu den ersten Verlegern Deutschlands.

Mehr Informationen erhalten Sie unter www.aufbau-verlag.de
oder in Ihrer Buchhandlung

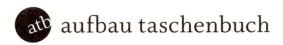

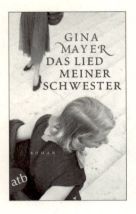

GINA MAYER
Das Lied meiner Schwester
Roman
544 Seiten
ISBN 978-3-7466-2867-7

»Wenn man nur die Ohren schließen könnte wie die Augen.«

Die 30er Jahre sind eine Sternstunde des Swing und Jazz, der Oper und Operette. Doch als Orlanda von den Nazis das Singen verboten wird, beschließt sie, gemeinsam mit ihrer Schwester Anna Widerstand zu leisten. Ein Roman über Verrat und Liebe in schweren Zeiten, die ergreifende Geschichte zweier Schwestern, die ihre Passion höher schätzen als das eigene Leben.

»Fesselnd, einfühlsam und mit akribisch recherchiertem Detailwissen schildert Gina Mayer das Leben vor und zwischen den Weltkriegen.«
RHEINISCHE POST

Mehr Informationen erhalten Sie unter www.aufbau-verlag.de
oder in Ihrer Buchhandlung

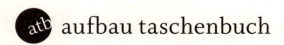

TRODLER, DAGMAR
Der Duft der Pfirsichblüte
Eine Australien-Saga
448 Seiten
ISBN 978-3-352-00824-5
Auch als E-Book erhältlich

Verbannt ans Ende der Welt

London 1812. Mary MacFadden verdient sich ihr Geld als »Engelmacherin« mit illegalen Abtreibungen. Als eine Adlige dabei stirbt, wird sie nach Australien verbannt. Sie erreicht, dass ihre geliebte Tochter Penelope mit aufs Schiff darf. Doch die Überfahrt wird zum Höllentrip. Penelope wird vergewaltigt und gebiert an Bord eine Tochter. In Sydney werden Frauen und Kind jäh voneinander getrennt. Mit Glück findet Penelope eine Anstellung in gutem Hause und führt fortan ein besseres Leben. Doch der Verlust von Mutter und Tochter quält sie, und sie will die beiden um jeden Preis finden. Als ein junger Arzt seine Hilfe bei der Suche anbietet und ihr seine Zuneigung offenbart, weiß sie nicht mehr, was sie fühlt – Dankbarkeit oder Liebe.

»*Dagmar Trodler ist ein fesselnd leichtes Buch gelungen.*«
OSTTHÜRINGER ZEITUNG

»*Mitreißend und teilnahmsvoll.*« MAIN-ECHO

Mehr Informationen erhalten Sie unter www.aufbau-verlag.de oder in Ihrer Buchhandlung